亚太地区的政府政策和民族关系

Government Policies and Ethnic Relations in Asia and the Pacific

Michael E. Brown [英]米歇尔·E. 布朗
Šumit Ganguly[法]苏米特·甘古力 主编

张红梅 译

東方出版社

著作权登记号　图字:01 - 2009 - 3346

Government Policies and Ethnic Relations in Asia and the Pacific

By Michael E. Brown & Sumit Ganguly

First published 2005

《民族关系与公共政策译丛》

前　言

民族是人类社会一种普遍的文化与政治现象，几乎生活在这个世界上的每一个人都属于某个特定的民族。民族传统和民族习俗深刻影响着个人的思维方式和生活习惯，民族心理和民族认同也在一定程度上支配着个体的行为方式。当今世界有3000多个民族，民族问题是深刻影响人类历史和社会发展的重大问题，也是世界上多民族国家面临的一个普遍问题。民族构成是影响国家结构形式的重要因素，而和睦的民族关系则是国家统一、社会稳定、经济发展的必备条件。

中国是一个统一的多民族国家，民族区域自治制度是我国的基本政治制度之一。实践证明，这一制度适合中国国情，得到了各民族的衷心拥护，具有强大的生命力。但随着改革开放的不断深入、市场经济体制的成长壮大、社会结构调整和利益格局的变化，以及国际社会的影响，民族区域自治制度也面临着许多新的情况和问题。改进与完善民族区域自治制度，既要立足于中国国情，也需要借鉴国际经验。

中央民族大学"985"工程"中国少数民族地区公共管理与公共政策研究中心"在对中国民族地区公共管理与公共政策若干重要问题进行深入研究的同时，组织编译了《民族关系与公共政策译丛》。"译丛"对所译著作的选择主要考虑了以下三个方面：一是从学科专业领域的角度，尽量选择以公共管理和公共政策视角分析民族问题的著作；二是选择近年来出版的著作，力求反映国外相关研究的最新成果；三是在著作性质方面，既选择基础性理论研究著作，也选择了有关英美和亚太地区实证分析的成果。《译丛》由李俊清教授任主编，张红梅、施巍巍、谷明任副主编。管理学院行政管理专业04和05级王宏宇、贾丽莎、徐慧杰等部分研究生参与了翻译工作，12级社会保障专业研究生杨明明、宗元淇、杨卓耸参与了译校工作，在此一并致谢。由于民族问题的复杂性，译著涉及内容极为广泛，加之时间和水平所限，所以我们在书目选择和翻译的准确性方面必然会存在许多问题，恳望读者批评指正。

李俊清

2010年10月

撰稿人

米歇尔·E. 布朗(Michael E. Brown):国际安全计划处副处长以及哈佛大学肯尼迪政府学院科学与国际事务中心出版的期刊 International Security 的主编。他的出版物包括 Ethnic Conflict and International Security (Princeton University Press,1993)和 The International Dimensions of Internal Conflict (MIT Press,1996)。同时,他还参与合编 East Asian Security (MIT Press,1996)。目前他正在编写一本关于引发国内战争的原因的书。

苏米特·甘古力(Sumit Ganguly):哥伦比亚大学南亚事务研究所成员,纽约市立大学亨特学院政治科学教授,主讲南亚和东南亚地区政治方面的课程。曾编写过 The Origins of War in South Asia(Westview,1994)和 The Crisis in Kashmir: Portents of War,Hopes of Peace(Cambridge University Press and the Woodrow Wilson Center Press,1997)。

萨米纳·艾麦德(Samina Ahmed):伊斯兰堡地区事务研究所研究员。曾写过有关巴基斯坦国内政治以及巴基斯坦与印度和中亚地区关系的文章。其最近的发表的文章是"The Military and Ethnic Conflict in Sindh"摘自查尔斯·H. 肯尼迪主编的 Pakistan Briefing,1995 (Westvew,1995)。

凯蒂·巴迦帕(Kanti Bajpai):新德里贾瓦哈拉尔·尼赫鲁大学(Jawaharlal Nehru University)国际研究学院副教授。他的研究和著作主要涉及南亚地区的地区安全、民族冲突和对外政策等方面。他参与合著的著作主要有 South Asia After the Cold war: International Perspectives (Westview,1993)和 Interpreting World Politics (Sage,1995)。

琼·托伊费尔·德雷尔(June Teufel Dreyer):迈阿密大学政治科学专

业的教授。她曾对中国的国内政治进行过多方面研究，出版过 China's Forty Millions: Minority Nationalities and National Integration in People's Republic of China (Harvard University Press, 1976) 一书。

克里斯汀·弗莱彻(Christine Fletcher)：达尔文市澳洲国立大学北澳研究部主任。在此之前，她曾在堪培拉市的澳洲国立大学的国家发展研究所担任高级讲师和研究员。她曾编写过 Aboriginal Politics: Intergovernmental Relations (Melbourne University Press, 1992)，最近出版了 Equity and Development Across Nations: Political and Fiscal Realities (St. Martin's, 1996)。

查理斯·凯耶斯(Charles Keyes)：华盛顿大学人类学与国际研究专业教授，东南亚地区事务研究所西北地区联盟部主任。他的著作包括 The Golden Peninsula: Culture and Adaptation in Mainland Southeast Asia (University of Hawaii Press, 1995) 和 Thailand: Buddhist Kingdom as Modern Nation - State (Westview, 1987)，曾参与编写 Asian Visions of Authority: Religion and the Modern State in East and Southeast Asia (University of Hawaii Press, 1994)。同时，他还主持过关于泰国和其他东南亚地区的文化认同政策的广泛研究工作。

斯蒂芬·里维尼(Stephen Levine)：惠灵顿维多利亚大学政治学院的主席和讲师，主要教授南太平洋地区的政治学。同时他也是新西兰政治交换项目的主要负责人，新西兰政治研究协会所出版的刊物 Political Science 的编辑。

R. 威廉·里德(R. William Liddle)：俄亥俄州立大学(Ohio State University)政治学教授，曾写过大量关于印度尼西亚的政治的文章。他的著作主要有 Leadership and Culture in Indonesian Politics (Allen and Unwin, 1996) 和 Islam, Politics, and Modernization (Sinar Harapan, 1997)。同时他还参与过许多书相关章节的编写，发表过许多学术性的文章。

R. J. 梅(R. J. May)：澳洲国立大学政治与社会发展部资深研究员。曾编写、编辑或参与合著了超过 12 本关于民族问题和东南亚地区的书籍，其中包括 Mindanao: Land of Unfulfilled Promise (New Day Publishers, 1992)

和 Managing Diversity? Governments and Ethnicity in Southeast Asia and the South Pacific（即将出版）。

安德鲁·沙拉普(Andrew Sharp):奥克兰大学政治研究学教授。他的出版物主要有 Justice and the Maori: Maori Claims in New Zealand since the 1970s (Oxford University Press, 2nd ed., 1997)和 The Political Ideas of the English Civil Wars, 1641 – 49 (Longmans, 1983). 同时,他还是 Leap into the Dark: The Changing Role of the State in New Zealand since 1984 (Auckland University Press, 1994)的编辑。

阿米塔·沙斯蒂(Amita Shastri):旧金山州立大学(San Francisco State University)政治科学副教授。她主要研究南亚地区的发展政治经济学、选举政治学和民族政治学。其有关斯里兰卡民族冲突的著作曾发表在 Journal of Asian Studies, Electoral Studies 和 Asian Survey 上。

约瑟夫·西尔弗斯坦(Josef Silverstein):拉特格斯大学(Rutgers University)政治科学名誉教授,曾出版过 Burma: Military Rule and the Politics of Stagnation(Cornell University Press, 1977)和 Burmese Politics: The Dilemma of National Unity (Rutgers University Press, 1980)等书。同时,他也是 Independent Burma at Forty Years: Six Assessments (Cornell Southeast Asia Program, 1989)的编辑。

前 言

当今世界，大多数政府都面对着这样或那样的民族问题。世界上180多个国家中只有不到20个是单一民族国家，这些国家中即使有少数民族，其人数也不到全国总人口的5%。毫无疑问，民族问题对一个国家来说是至关重要的，因为一个国家的民族政治制度的发展几乎不可避免地对这个国家的政治和经济产生着重要的影响。但是，纵观世界，现今有太多的地区因民族冲突而导致了极其可怕的暴力冲突，这无疑给人类带来了巨大的苦难。

本书将从族群、民族问题和民族冲突这几个十分重要却一直未被我们所重视的方面入手，对政府政策进行分析。具体地说，本书包含了对印度、巴基斯坦、斯里兰卡、缅甸、泰国、马来西亚、新加坡、印尼、菲律宾、澳大利亚、新西兰、斐济、巴布亚新几内亚、瓦努阿图斯坦和密克罗尼西亚联邦等十五个亚太国家的政府政策进行了个案研究。该书回顾了这些国家在民族问题方面政府政策的演变，分析了这些政策对民族关系的影响，构建了思考这些问题的框架，并针对上述问题提出了一系列建议方案。

不同的政府面临着不同的民族问题，而这些民族问题的形成又是由很多因素造成的：人口结构及其发展趋势、殖民前和殖民后的遗留问题、经济因素及其发展、政治议程和不同族群的愿望、跨国民族的复杂性、周边国家所采取的政策和措施及国际力量和组织的影响等。尽管如此，政府政策仍是极其重要的。对这个问题有意或无意的忽视会左右国家的前进方向：稳定、和谐、公平或动乱、冲突和不公平。因此在本书中，我们试图从好的、坏的甚至丑陋的等各方面全面分析和进一步理解国家在民族问题中所采取的各种政策。

发起编撰本书计划的是美国创价大学的太平洋盆地研究中心(PBRC)主任约翰·D. 蒙哥马利(John D. Montgomery)和哈佛大学肯尼迪政府学院的科学与国际事务中心(CSIA)国际安全计划处处长史蒂芬·米勒(Steven Miller)。约翰和史蒂芬参加了该项目的创立,并在构建和收集该项目的焦点问题上做出了巨大贡献。我们将重心放在政府政策上而不是民族问题上的想法来源于约翰,而史蒂芬则在帮助我们选择案例方面发挥了重要作用。非常感谢他们的支持和建议。

这本长篇著作得以在一年多的时间就完成并出版要归功于许多人的巨大付出。本书的10位作者付出了很大的努力来关注各国面临的这一系列问题,并在非常短的时间内取得了一流的研究成果。本书对这一主题的学术研究和分析所做出的贡献主要归功于他们。4位主要的亚洲事务权威,丹尼斯·J. 恩卡特(Dennis J. Encarnation)、罗伯特·哈得格雷(Robert Hardgrave)、西德尼·琼斯(Sidney Jones)和杰拉尔德·瑟戈(Gerald Segal)在百忙之中抽出几天时间帮助我们审阅了大部分章节的初稿。我们工作组全体成员对他们在专业方面的慷慨相助和学术指导表示诚挚的感谢。作为计划的负责人,我们还要感谢以下几位专家,他们在关键问题上为我们提出了宝贵的建议,他们分别是:阿米塔·阿查亚(Amitav Acharya)、扎卡里亚哈吉·艾哈迈德(Zakaria Hiji Ashmed)、本尼迪克特·安德森(Benedict Anderson)、罗宾·阿特(Robyn Art)、凯伦·巴伦特(Karen Ballentine),纳延·钱德(Nayan Chanda)、扬·克劳福德(Jan Crawford)、帕特里克·克罗宁(Patrick Cronin)、芭芭拉·克罗塞特(Barbara Crossette)、唐纳德·艾默森(Donald Emmerson)、米尔敦·J. 艾斯曼(Milton J. Esman)、泰沃·范达(Trevor Findlay)、史蒂夫·霍德利(Steve Hoadley)、唐纳德·霍洛维茨(Donald Horowitz)、S. 加瑟卡兰(S. Jayasankaran)、香缇·德·扬·奥德拉(Chantal de Jonge Oudraat)、斯蒂芬妮·劳森(Stephanie Lawson)、肖恩林恩·琼斯(Sean Lynn - Jones)、安德鲁·迈克(Andrew Mack)、R. J. 梅(R. J. May)、奇希·纳格勒(Traci Nagle)、维杰·南北亚尔(Vijay Nambiar)、K. S. 内森(K. S. Nathan)、德怀特·帕金斯(Dwight Perkins)、卢西恩·派伊(Lucian Pye)、P. 拉玛沙米(P. Ramasamy)、利奥·罗斯(Leo Rose)、史蒂芬·斯特德曼(Stephen Stedman)、埃兹拉·沃格尔(Ezra Vogel)和唐纳德·扎戈里亚(Donald Zagoria)。

米拉·凯甘(Meara Keegan)作为项目协调者,以极其专业的精神和从容的态度将跨国性事务中的复杂问题处理得十分妥当。另外,除了将杂乱无章的草稿归纳清晰外,她还用电脑制作相应的地图,大家在接下来的篇章中将会看到。科学与国际事务中心《国际安全研究》的执行编辑凯伦·莫特利(Karen Motley)就编辑方面的大量问题给我们提供了明智的建议,并与艾兰(Elan)共同完成了本书的最后制作。海伦·斯尼维利(Helen Snively)熟练、高效地编辑了本书的11个案例这项十分伟大的工程。安·克拉汉(Ann Clalahan)负责了全书的校对工作,并帮助我们完成了长条榜样的制作和页面的校样。德博拉·卡曼(Deborah Kamen)、凯伦·莫特利(Karen Motley)和唐·奥普斯塔(Dawn Opstad)塔则仔细检查了最后一系列的页面校样。克里斯坦·(Kristen Casghin)、林恩·梅耶(Lynne Meyer – Gay)、罗宾·里根(Robin Regan)和韦思·托尔(Wyeth Towle)也在管理和调查方面给予了我们巨大的帮助。科学与国际事务中心的马里阿里拓(Marie Allitto)、帕格·斯卡奈尔(Peggy Scannell)和格伦塔多(Graceann Todaro)以及太平洋盆地研究中心的威喆·A. 卡瑟莫(Virginia A. Kosmo)从管理方面保证了所有事情的顺利运行。惠灵顿制图社的汤姆·D. 埃斯皮诺萨(Tom D'Espinosa)及其同事娴熟地完成了大量的样板设计工作。在此,我们对所有人都表示深深的谢意。

最后,在对此计划给予慷慨的财政支持方面,我们要感谢为太平洋盆地研究中心提供资金的美国创价大学,资助科学与国际事务中心的纽约卡内基基金会,以及为本地区专家提供资助、使他们能够参与到这一工作中亚洲基金会伊斯兰堡代表处,感谢他们对此项目给予的慷慨的资金支持。此外,我们还要对美国创价大学的丹尼尔·哈布凯((Daniel Habuki),卡内基基金会的大卫·翰伯格(David Hambury),大卫·斯彼得(David Speedie)和阿斯特丽德·托米兹(Astrid Tuminez),以及亚洲基金会的艾瑞克·延森(Erik Jensen)的慷慨和鼓励表示感谢。没有他们的帮助,这项研究不可能展开。

尽管民族问题和民族冲突受人口结构、政治和经济等因素的影响很大,但同时他们也深受各国领导人和政府的决策、行为和政策的影响。如果学术界想就民族冲突的起因建立一套真正的理论,就必须将后者考虑在内。毫无疑问,这是极其重要的,它不仅仅源于学术方面的原因,更因为在制定冲突预防、冲突管理和冲突解决的战略前,我们必须有一套关于民族冲突起因的理论。我们希望这一研究为达到这两个目标做出一些贡献。

米歇尔·E.布朗　剑桥,1997 年 3 月

苏米特·甘古力　纽约,1997 年 3 月

目　录

第一部分　南亚

第二部分　东南亚和东亚

第三部分　澳大利亚和亚太地区

第四部分　结论

表目录

导言

米歇尔·E.布朗　苏米特·甘古力

民族问题是当代世界普遍存在的问题。这些问题轻则造成政治、经济和社会日常秩序的混乱;重则引发严重暴力冲突事件。在本书中,我们将试图从亚太地区的族群、种族问题和种族冲突等方面分析政府政策,以进一步加深大家对民族问题的理解。我们认为,政府政策几乎一直对我们所要讨论的民族关系问题的发展产生着重大影响。对这个问题有意或无意的忽视会导致国家冲突,影响国家的安全和稳定;但如果处理得当也许会促使国家形成稳定、和谐与正义的局面。然而,有关政府政策对民族问题的影响程度和方式在学术研究上并没有引起太多关注,而且政府政策也没能从一个宽泛的比较的视野得到审视。

我们主要做三个方面的研究。首先,我们回溯了印度、巴基斯坦、斯里兰卡、缅甸、泰国、马来西亚、新加坡、印尼、菲律宾、澳大利亚、新西兰、巴布亚新几内亚、斐济、瓦努阿图斯坦、密克罗尼西亚联邦等亚太地区国家关于民族问题的政府政策的演变。我们的目的是区分上述国家已实施的主要政策,研究和判断政府政策过去的演变方式,分析这些政府政策对国家内部民族关系的影响。其次,我们要评估这些政策。我们试图弄明白政府如何在促进和平、秩序和稳定的同时又维护政治、经济和社会问题上的正义。我们希望找出最有效的政策类型及其适用的最佳条件与环境,以促进和平和正义。最后,基于这种描述和分析基础,我们总结出一整套经验教训和政策建议。

对于大多数政府而言,有关民族关系的治理问题在可以预见的未来都将是一个难以克服的政策挑战。我们希望为这些处在极度敏感和重要地区的国家在制定和执行政府政策上提供一些具体的建议。

我们为什么要研究亚太地区的政府政策和民族关系,而不是世界其他地区呢?第一,亚洲在全球事务中的作用日益凸显。它拥有接近世界总人口一半的人口,几个有影响力的大国都位于该地区。另外,亚洲还是世界上经济发展后劲最足的地区,20 世纪 70 年代、80 年代、90 年代都保持着较高的经济增长率。对于亚太地区内外的人们而言,能够深刻理解民族关系问题(几个最为重要的问题之一)对塑造该地区的强大力量是非常重要的。

第二,以分析的视角观察亚太地区是很有意义的。这个地区的国家有不同的民族背景;它们执行着各种各样的政策;它们在具体的政策领域里采取不同的措施;它们经历了一系列政治、经济和社会实践。例如,有的政府倾向于一元文化治理观,而有些政府则倾向于多元文化治理观。一些政府偏好高压政策,而另一些政府却偏好诱导性政策。一些国家经历暴力冲突和国内战争,但另一些国家却保持相对和平。因此,作为一个整体,亚太地区为有关民族关系的政府政策的比较分析提供了极其丰富的材料。虽然世界其他地区也面临着民族间的紧张态势,但是由于亚太地区正在经历着高速的经济和社会变革,因此从分析的观点来看,该地区更有研究的价值。

第三,各国政府对于亚太地区民族关系所采取的政策,还没有被大家从一个更宽泛的比较的视野来研究过。对该地区民族问题的研究大多是单个国家的个案研究。尽管这些研究非常细致,但却没有关注不同国家间所存在的相同的问题,因此这些案例都不具有可比性。有关该地区的绝大多数比较研究更多关注的是政治和经济问题。在有限的对该地区民族问题的研究中,大家也很少去关注政府在塑造该地区民族关系上所扮演的角色[①]。因此,本书将填补在研究亚洲问题的学术性著作和研究民族问题的其他著作方面的重要空白。

一、民族问题的重要性

几乎每个国家都存在着各种各样的民族问题。世界上到底有多少个族群,大家的估算结果各不相同,但其主要取决于研究者的估算是建立在民族语言的差异上还是政治特色的不同上。那些支持前种估算方法的研究者认为世界上有 3000 ~ 9000 个民族共同体。[②] 而支持后者的研究者则发现世界上至少有 200 个民族共同体。[③] 在世界上 180 多个国家中至少 160 个国家(大约 90%)是多民族国家,其中少数民族占到了总人口的 5%。[④] 此外,

---

① 有关亚太地区民族问题的个案研究,可在本书最后的参考书目查找相关书目阅读。而少数有关地区民族问题的比较研究可参阅的有:分裂运动的比较分析(Ralph Premdas, S. W. R. de A. Samarasinghe, and Alan B. Anderson, eds., Secessionist Movement in Comparative Perspective (London: Pinter, 1990));民族矛盾的国际化(K. M. de Silva and R. J. May, eds., The Internationalization of Ethnic Conflict (London: Pinter, 1991));和平协议与民族冲突(K.. M. de Silva and S. W. R. de A. Samarasinghe, eds., Peace Accords and Ethnic Conflict (London: Pinter, 1993);东南亚国家及其民族政策(David Brown, The State and Ethnic Politics in Southeast Asia (London: Routledge, 1994));亚洲本土居民研究(R. H. Barnes, Andrew Gray, and Benedict Kingsbury, eds., Indigenous People of Asia (Ann Arbor, Mich.: Association of Asian Studies, 1995));南亚的民族冲突与大规模暴动(Stanley J. Tambiah and Leveling Crowds, Ethnonationalist Conflicts and Collective Violence in South Asia (Berkeley: University of California Press, 1996))。

② 参见无国家民族:当代民族运动历史大辞典(James Minahan, Nations Without States: A Historical Dictionary of Contemporary National Movements (Westport, Conn.: Greenwood Press, 1996), p. xvi);第三次世界大战(Bernard Nietschmann, "The Third World War", Cultural Survival Quarterly, Vol. 11, No. 3 (September 1987), pp. 1 – 16)。

③ 广泛研究后,学者们认为有 233 个少数民族群体曾受到过蓄意的歧视,或为争取集体利益采取过政治行动,参见少数民族的危机:种族冲突的全球观(Ted Robert Gurr, Minorities at Risk: A Global View of Ethnopolitical Conflicts (Washington, D. C.: U. S. Institute of Peace Press, 1993), pp. 5 – 11)。另外一项调查显示 210 个少数民族群体为追求民族自决而采取行动,参见无国家民族(Minahan, Nations Without States, pp. xvi – xvii)。

④ 参见国内政治与种族冲突(David Welsh: Domestic Politics and Ethnic Conflict),摘自种族冲突与国际安全(Michael E. Brown, Ethnic Conflict and International Security (Princeton, N. J. Princeton University Press, 1993), p. 45)。

至少有75%的国家存在着政治上特色鲜明的少数民族群体，至少一半还要为实现民族自决而斗争。①

即使是那些从人口结构上来说少数民族只占极少数的国家以及那些在追求政治自决权中有所保留的国家，其民族问题也会产生众多复杂而难料的社会、经济和政治问题。以新西兰这个相对而言并不排斥民族多样性的国家为例，太平洋岛民也仅仅占其总人口数的5%，可还是引起了棘手的政策问题。太平洋岛民和新西兰的大部分本土毛利人一样，都面临着收入水平和受教育程度低下、高失业率以及高犯罪率等问题，就更别说他们的住房和卫生问题了。这些问题一直存在，根深蒂固，这也是为什么惠灵顿的政治集团以及新西兰一般民众如此关注它们的原因。②

那些种族群体在政治上十分活跃的国家，其民族问题往往更复杂也更容易恶化。而在社会、经济和政治上受歧视的族群通常会形成一个政治团体，努力通过现有的政治渠道来寻求改变。这几乎不可避免地导致一些矛盾的产生，因为一些人在政治和经济上的获利往往都伴随着另一些人的损失。以种族为界限来划分政党的方法特别容易导致政党间的不和及两极化。在加拿大、捷克斯洛伐克、印度、巴基斯坦、南非、斯里兰卡和英国，只需引证几个示例就可以证明这的确是个问题。③ 即使民族冲突保持非暴力状态，他们仍然会冲击一个国家的政治和经济发展，并破坏其国内社会的稳定和团结。

当那些少数民族认识到通过自治及地方分权制度是其寻求社会、经济

---

① 有关在世界前127个大国中的政治特色鲜明的群体，可参阅少数民族危机(Curr, Minorities at Risk, pp. 10 – 11)。古尔(Gurr)发现这127个国家中将近75%都存在政治色彩鲜明的少数民族，尽管统计时他排除了人数不到100,000人的族群和人口占不到该国总人口1%的族群。关于91个国家的210个自决运动的细节，可参见无国家民族(Minahan, Nations Without States, pp. 651 – 668)。另一项调查显示，据不完全统计，大约有70个国家发生过自决运动，参见国际新秩序中的自决运动(Morton H. Halperin, David J. Scheffer and Patricia L. Small, Self – Determination in the New World Order (Washington D. C.: Carnegie Endowment for International Peace, 1992), pp. 123 – 162)。

② 见本书安德鲁(Andrew Sharp)编写的关于新西兰的那一章。

③ 关于民族和政党政策之间复杂关系的全面论述，参见族群冲突(Donald L. Horowitz, Ethnic Groups in Conflict (Berkeley: University of California Press, 1985), chaps. 7 – 10)。

和政治公平的最佳途径时，我们便找到了解决民族问题的最重要的切入口。但中央权威以及占主导地位的民族几乎一直都将其视为分离主义形成和国家分裂态势出现的开始。因此，少数民族在获取更多的自治过程中将不可避免地遭致中央权威和占主导地位民族的强烈反对。

例如，在缅甸，下至老百姓上至军事首领都反对地方自治，因为他们认为沿着这条路走下去很有可能会导致国家的分裂。自独立以来，印尼领导人在这个问题上始终立场一致。与其他地区的情况一样，地方政治与经济利益等因素驱使人们更关注国家领土的完整，因此在那些高度集权的国家里，中央权威总是热衷于保持他们的政治统治地位，并渴望从其掌握的局面中不断谋取经济和商业利益。如上所述，有关自主管理和区域自治的争论是一个普遍的问题：91 个国家中有至少 210 个团体在寻求更多的区域自治和自决权。对许多亚洲国家而言，比如缅甸、印度、印度尼西亚、巴基斯坦、巴布亚新几内亚、菲律宾和斯里兰卡等，这就是一个十分敏感的政治问题。

在一些地区，有些民族组织或团体并没有诉诸暴力就解决了他们之间的分歧。在比利时，讲荷兰语的佛兰德人（Flemish）和讲法语的瓦龙人（Walloons）没有发生流血冲突就建立了区域自治的制度。捷克斯洛伐克也在 1993 年 1 月成功地实行了“天鹅绒分离”。在亚洲，泰国也几乎没有经历过持续的民族暴力活动。和世界其他地区经常发生的民族问题相比，太平洋地区的新西兰已然成为了一个民族安定和谐的岛屿。

遗憾的是，民族冲突经常演变为暴力运动。仅在 20 世纪 90 年代，民族团体先后在阿富汗、安哥拉、阿塞拜疆、缅甸、波斯尼亚、布隆迪、克罗地亚、格鲁吉亚、印度、利比里亚、摩尔多瓦、俄罗斯、卢旺达、塞拉利昂、斯里兰卡、苏丹、塔吉克斯坦和扎伊尔等国燃起了战火。民族冲突在其他很多地方也处于萌芽阶段，例如孟加拉国、不丹、爱沙尼亚、斐济、印度尼西亚、伊朗、伊拉克、以色列、肯尼亚、黎巴嫩、马其顿王国、巴基斯坦、巴布亚新几内亚、菲律宾、塞尔维亚、斯洛伐克、南非、土耳其、乌克兰和英国等。民族间的战争频繁地对平民构成直接、蓄意的侵害，造成了极高的死亡率和巨大的破坏力。那些死亡、受伤与无家可归的人,数以千计,有的地方甚至达到数百万人。[①] 最严重的事例是1994年发生在波斯尼亚和卢旺达的种族大屠杀。

如果任事态继续发展下去,情况将更令人担忧。对这个问题进行综合的数据分析后,我们得出这样的结论:自20世纪50年代以来,各种形式的团体冲突都有了显著的增加。非暴力抗议成倍增加;暴力反抗增加了四倍;而公开的叛乱也几乎呈四倍增长。自从20世界50年代起,有超过100个少数民族参与了不同形式的叛乱。[②] 同时,应该指出的是,州际战争的次数比起过去则是急剧减少的。自1945年以来更是没有发生过大规模的战争。西欧、北美和南美为争夺福克兰群岛也仅打过一次仗。1945年以来发生的164次战争中仅有30次,为典型的国家间战争。[③] 在1990年进行的31次主要的武装冲突中仅有一例是国家间战争。[④] 1995年以后发生的35次武装冲突则都不是国家间战争。在当今的国际体系中,国内冲突成为最普遍的武装冲突形式;这些冲突中大部分都有民族因素牵扯其中;并且,民族问题所导致的冲突在将来还将继续存在。

不论是暴力还是非暴力的民族冲突,都会对该地区乃至整个国际社会产生重要影响。民族冲突会导致大量难民越过边界逃亡到邻国。此外,国内冲突还会给邻国带来一些经济和军事问题。两国间的贸易被中断,邻国有可能成为军事行动的中转国或基地。最严重的情况是,当民族团体跨越国家边界线时,这种动乱和冲突就可能从一个国家蔓延到另一个国家,而这种情况也确实时有发生。当然,除了作为民族动乱的被动受害者以外,邻国

---

① 关于对像1995年末发生的大型国内冲突的评论,参见国内冲突的国际影响(Michael E. Brown, The International Dimensions of Internal Conflict (Cambridge, Mass.: MIT Press, 1996), pp. 4-7)。

② 参阅少数民族危机(Gurr, Minorities at Risk, pp. 98-100)。

③ 参阅国家、战争和国内战争(Kalevi J. Holsti, The State, War, and the State of War (Cambridge, U.K.: Cambridge University Press, 1996), pp. 21-25);对于进一步的探讨可参见逃离末日:战争已经过时了(John Mueller, Retreat From Doomsday: The Obsolescence of Major War (New York: Basic Books, 1989))。

④ 我们一般认为一个较为严重的武装冲突中,至少会造成一千人死亡。

一般也会采取一些积极的措施来介入其周围的冲突——有些是为了防御的原因；有些是为了保护民族同胞，还有些是基于机会主义的考虑。[①] 而那些与民族冲突发生地似乎并没有什么联系的国际力量和组织也经常介入到民族冲突中来——有些是因为人道主义的原因，有些是为了恢复地区稳定，以维护国际法规和秩序；也有的只是基于狭隘的利益方面的考虑。

所有这些原因，对于理解民族关系的动态变化、民族冲突的原因、民族冲突演化为暴力活动的过程以及那些用心良苦的各国领导和政府可以采取哪些措施来解决这些问题都是非常重要的。

二、政府政策的重要性

毫无疑问，任何一个国家的民族关系都会受到诸多因素的影响。国内的因素包括：人口结构及其发展趋势，前殖民时期以及殖民时期的遗留问题，经济及其发展问题，政治议程，个别民族团体的期望偏好，政府对相关问题的忽视以及政策措施（但实际上政府政策措施通常并不是以整个社会的安定和和谐为考虑而制定的）。在地区层面上，民族问题受跨国界的民族的复杂性以及邻国行为的影响（这一般只有负面影响）。而就国际范围而言，经济领域内的发展问题、各种国际力量以及国际组织的介入都能影响民族关系的进程。

因此，尽管政府所采取的政策措施是影响民族关系的很重要的一方面，但它也仅仅是构成影响民族关系的众多原因之一。所以，我们要构建这个议题，就要：第一，区分影响所讨论国家的内部因素和外部因素；第二，区分精英阶层和大众阶层的不同影响。[②]因此，在对民族关系和民族冲突的分析中主要需要考虑四个因素，它们可以通过二阶分块矩阵描述出来（见表1）。

---

① 以地区视角对民族和国内冲突的进一步探讨可参阅国内冲突的原因以及地区性影响（Michael E. Brown，The Causes and Regional Dimensions of Internal Conflict），摘自布朗（Michael E. Brown）“国内冲突的国际影响”一书的第590—600页。

② 参阅国内冲突的原因以及地区性影响（Michael E. Brown，The Causes and Regional Dimensions of Internal Conflict），摘自布朗（Michael E. Brown）“国内冲突的国际影响”一书的第572—590页。

首先,毫无疑问,国内的民众阶层会对民族关系造成极其重要的影响。这些因素包括所研究国家的民族构成以及民族共同体的地理分布，影响民族群体内部及民族群体之间关系的前殖民和殖民时期的遗留问题,以及各种族群的历史等。人们认为有代表性的许多著作,都更多地关注国内的大众层面的因素,比如国内的安全问题,经济发展问题,现代化对社会关系的影响以及社会歧视、文化歧视的形式等。

表1　民族关系的影响因素

	国内	国外
精英层 大众层	国内精英和政府政策 国内因素及其发展	地区和国际行为者或参与者 地区因素和发展问题

一些学者认为当国家实力减弱以及这些国家的个别族群感到有必要为自己的安全提供保护时,安全问题就会被提上议程。[①]但问题是,当这些民族在采取措施保护自己的过程中,他们的行为又常常会威胁到其他群体的安全。于是,其他群体也会采取相应的行动,而这反过来又破坏了第一个群体的安全。这种事态逐渐恶化的螺旋式演变就是所谓的“安全困境”。另一些学者对大多数国家不时出现的经济问题以及这些经济问题所造成的国内及各群体间的紧张局势给予了更多的关注。[②] 失业、通货膨胀和资源竞

① 参阅安全困境与种族冲突(Barry R. Posen,The Security Dilemma and Ethnic Conflict),摘自布朗(Michael E. Brown)种族冲突与国际安全(Ethnic Conflict and International Security)一书第103—124页;参阅防止灾难蔓延:种族冲突的起源与管理(David A. Lake and Donald Rothchild,Containing Fear: The Origins and Management of Ethnic Conflict)一文,引自国际安全(International Security,Vol. 21,No. 2 (Fall 1996),pp. 41 – 75);同时参阅族群政治(Milton J. Esman,Ethnic Politics (Ithaca, N. Y.: Cornell University Press,1994),pp. 244 – 245)。

② 更为全面的论述和几个相关案例的研究参见种族冲突的经济层面(S. W. R. de A. Samarasinghe and Reed Coughlan,eds. ,Economic Dimensions of Ethnic Conflict (London: Pinter,1991))。关于前南斯拉夫战争经济根源的详细论述可参见巴尔干半岛的悲剧:冷战后的混乱和解散(Susan L. Woodward,Balkan Tragedy: Chaos and Dissoution After the Cold War (Washington D. C.: The Brookings Institution,1995),especially chap. 3)。关于发展中国家骚乱的经济根源的论述参见南亚的资源和不稳定性(Sandy Gordon,“Resources and Instability in South Asia”, Survival, Vol. 35, No. 2 (Summer 1993),pp. 66 – 87)。

争,尤其是对土地的争夺,都会导致社会关系的紧张及经济的萧条,可以说它们是冲突的温床。而那些对不同种族实行区别对待的不公平的经济秩序也可能会引发民众的仇恨和不满,并最终导致暴力冲突。[①]许多学者还指出经济发展和现代化也是国内政局动乱的根源。[②]

现代化进程的加速、工业化时代的到来以及新技术的引进被认为带来了一系列广泛而深刻的社会变化:移民和都市化瓦解了现有的家庭和社会体系,破坏了传统的政治制度;教育水平的提高,文化层次的提升以及大众媒介的发展壮大,唤起了不同群体重新审视自己在社会中地位的意识。最起码,这给现行的社会体系造成了巨大的压力。它还会提升人们对经济和政治的期望,当这些期望没有得到满足时,就会助长公众的不安情绪。而根深蒂固的社会模式和文化歧视则在大众层面上加重了这一趋势。

其次,研究第二系列因素的学者非常多,但著作很少,他们强调大众层面因素的重要性,这些因素不受限于国界。新闻记者和政策制定者在谈论冲突的时候,总认为它们像"野火"一样经常从一个地区蔓延至其他地区。[③]

---

① 关于马克思对国内暴力经济根源的论述可参阅民间暴力理论(James B. Rule, Theories of Civil Violence (Berkeley: University of California Press, 1988), chap. 2);同时参阅革命理论(A. S. Cohan, Theories of Revolution (New York: Wiley, 1975), chaps. 4 – 5)。

② 参见变革社会的政治秩序(Samuel P. Huntington, Political Order in Changing Societies (New Haven, conn.: Yale University Press, 1968));参阅暴力和发展进程(Samuel P. Huntington, Civil Violence and the Process of Development),摘自民间暴力和国际体系(Civil Violence and the International System, Adelphi Paper No. 83 (London: International Institute for Strategic Studies [IISS], 1971), pp. 1 – 15);参阅人们为什么叛乱(Ted Robert Gurr, Why Men Rebel (Princeton University Press, 1970));参阅民族建构还是民族毁灭(Walker Conner, "Nation – Building or Nation – Destroying?" World Politics, Vol. 24, No. 3 (April 1972), pp. 319 – 355);参阅种族主义:寻求理解(Walker Conner, Ethnonationalism: The Quest for Understnding (Princeton, N. J.: Princeton University Press, 1994))。对于此观点总体评价可参见现代化是否会滋生种族冲突(Saul Newman, "Does Modernization Breed Ethnic Conflict?" World Politics, Vol. 43, No. 3 (April 1991), pp. 451 – 478)。关于这种方法的批评可参见革命再思考理论:集体暴力的对比(Rod Aya, "Theories of Revolution Reconsidered: Contrasting Models of Collective Violence," Theory and Sociaty, Vol. 8, No. 1 (July 1979), pp. 1 – 38);同时可参见现代化是否会滋生革命(Charles Tilly, "Does Modernization Breed Ethnic Conflict?" Comparative Politics, Vol. 5, No. 3 (April 1973), pp. 425 – 447)。

③ 关于细节及讨论参见国内冲突的国际影响(Brown, The International Dimensions of Internal Conflict)导言的第23—26页。

在谈到冲突是如何从一个地方蔓延到另一个地方时，他们常常用洪水、野火、疾病等自然现象来进行简单而粗略地类比。同样，学者们也经常会陷入这种思维定式中去。确实，很多学术著作都不约而同地将这种问题表述为"传染性"问题。[1] 我们可以通过分析和区别一些具体问题以及导致冲突由一个地区蔓延至其他地区的大众机制来提高讨论分析的准确性。这些问题包括难民流浪所引发的经济、政治和安全问题；跨国界的经济活动的中断所引发的经济发展问题；当邻国成为避难所或军事行动中转国时所引发的一系列问题；而当一些族群在地理分布上跨越一国边界时所造成的动乱从一国蔓延至其他国家的问题。

再次，第三系列的因素带有很强的区域性和国际性，但是其主要作用于精英阶层，并以各邻国和国际力量所采取的个别决议和行动为特征。虽然邻国被卷入一国的国内民族冲突的现象时有发生，但关于这些邻国卷入进

① 参阅如国际暴力蔓延和扩散的相关因素（John A. Vasquez, "Factors Related to the Contagion and Diffusion of International Violence," in Manus Ⅰ. Midlarsky, ed. , The Internationalization of Communal Strife (London: Routledge, 1992), pp. 149 – 172）；种族冲突的国际化：一些理论探讨（Ralph R. Premdas, "The Internationalization of Ethnic Conflict: Some Theoretical Explorations," in de Silva and May, The Internationalization of Ethnic Conflict, p. 10）；危机中的少数民族（Gurr, Minorities at Risk, pp. 132 – 135）。关于本著作更权威的观点可参见非洲及世界政治冲突的蔓延（Stuart Hill and Donald Rothchild, "The Contagion of Political Conflict in Africa and the World," Journal of Conflict Resolution, Vol. 30, No. 4 (December 1986), pp. 716 – 735）。

去的原因,却很少有人研究。[①] 在一些案例中,一些邻国是出于人道主义或自我保护这种“善”的动机参与进来的,而在另一些案例中,邻国采取干涉措施则是旨在帮助自己的民族同胞或从对方国家的动乱中谋取利益。邻国也会经常支持对方国家内的叛乱者进行持久的对抗,以使对方忙于应付国内事务,从而达到削弱对方竞争实力的目的,如巴基斯坦支持印度的克什米尔人叛乱而印度则对巴基斯坦信德省起义提供强有力的支持;俄罗斯利用后苏联阿塞拜疆和格鲁吉亚的民族动乱来提升它在高加索的位置。更有甚者,他们会利用敌对国因国内动乱而出现的暂时的军事防御能力下降的机会来发动侵略行动。例如,1970 年叙利亚利用约旦内战的时机对其发动了入侵。[②]

最后,第四系列也是最后一系列影响民族关系的因素作用于国内的精英层,包括政治精英和政府所做的决策、所采取的措施和所制定的政策。一些学者和分析家已经对国内精英和国内政治团体在民族冲突演变中所扮演

① 参见内部纷争的国际方面(James N. Rosenau, ed., International Aspects of Civil Strife (Princeton, N. J.: Princeton University Press, 1964));内战中的外部参与(Karl W. Deutsch, “External Involvement in Internal War,” in Harry Eckstein, ed., Internal War: Problems and Approaches (New York: Free Press, 1964), pp. 100 – 110);内部暴力与国际秩序(Hedley Bull, “Civil Violence and International Order,” in Civil Violence and the International System, Adelphi Paper No. 83 (London: IISS, 1971), pp. 27 – 36);内战的国际规则(Evan Luard, The International Regulation of Civil Wars (London: Thames and Hudson, 1972));少数民族分裂和外部参与(Alexis Heraclides, “Secessionist Minorities and External Involvement,” International Organization, Vol. 44, No. 3 (Summer 1990), pp. 341 – 378);民族主义和国际社会(James Mayall, Nationalism and International Society (Cambridge, U. K.: Cambridge University Press, 1990));社会内乱的国际化(Midlarsky, The Internationalization of Communal Strife);种族冲突的国际化(de Silva and May, The Internationalization of Ethnic Conflict);种族冲突和国际安全(Brown, Ethnic Conflict and International Security)。可以发现布朗(Brown)试图以系统的方法来研究这一问题,还可参见内部冲突的原因及地区影响(The Causes and Regional Dimensions of Internal Conflict, pp. 590 – 600)。

② 进一步详细的论述参见内部冲突的原因及地区影响(Brown, The Causes and Regional Dimensions of Internal Conflict, pp. 590 – 600)。

的角色进行了分析。[①] 此外,在民族问题上大家已经投注了太多的精力去关注那些由国内的精英阶层所构建起来的民族主义意识及政治制度的影响力,却很少去关注政府的政策——而这正是本书的焦点所在。[②]

我们认为有必要对政府政策的优点进行调查,原因有三:

第一,我们所讨论的政府政策,它们几乎都对民族关系的演变进程产生过重大的影响。我们只需要几个例子就足以说明这点。印度是一个典型的

---

① 参见人权观察杂志“邻国间的杀戮:部族暴力的政治根源”(Human Rights Watch, Slaughter Among Neighbors: The Political Origins of Communal Violence (New Haven, Conn.: Yale University Press, 1995));民族主义与国际冲突:塞尔维亚案例(V. P. Gagnon, Jr., “Ethnic Nationalism and International Conflict: The Case of Serbia,” International Security, Vol. 19, No. 3 (Winter 1994/95), pp. 130 – 166);灾难的起源(Warren Zimmermann, Origins of a Catastrophe (New York: Times Books, 1996));加速战争:塞尔维亚、克罗地亚和波斯尼亚 – 黑塞哥维那的媒体(Mark Thompson, Forging War: The Media in Serbia, Croatia and Bosnia – Hercegovina (London: Article 19; International Centre Against Censorship, 1994);卢旺达危机:种族灭绝的历史(Gérard Prunier, The Rwanda Crisis: History of a Genocide (New York: Columbia University Press, 1995));民族政治学:一个概念框架(Joseph Rothschild, Ethnopolitics: A Conceptual Framework (New York: Columbia University Press, 1981));冲突中的族群(Horowitz, Ethnic Group in Conflict)。

② 关于民族主义意识形态参见民族主义和后苏联国家的危机(Jack Snyder, “Nationalism and the Crisis of the Post – Soviet State,” in Brown, Ethnic Conflict and International Security, pp. 79 – 101);民族主义和市场化观念(Jack Snyder and Karen Ballentine, “Nationalism and the Marketplace of Ideas,” International Security, Vol. 21, No. 2 (Fall 1996), pp. 5 – 40);1780 年以来的民族与民族主义:计划、神话与现实(E. J. Hobsbawn, Nations and Nationalism since 1780: Programme, Myth, Reality (Cambridge, U. K.: Cambridge University Press, 1990));想像的共同体:关于民族主义的起源与传播(Benedict Anderson, Imagined Communities: Reflections on the Origin and Spread of Nationalism, 2nd ed. (London: Verso, 1991));种族与民族主义:理论与比较(Paul R. Brass, Ethnicity and Nationalism: Theory and Comparison (Newbury Park, Calif.: Sage, 1991));以及人权观察“邻国间的杀戮”:民族主义与国际冲突(Gagnon, Ethnic Nationalism and International Conflict)。\关于制度问题和种族问题的体制性解决途径可参见社会的民主(Arend Lijphart, Democracy in Plural Socictics (New Haven, Conn.: Yale University Press, 1977));冲突中的族群(Horowitz, Ethnic Group in Conflict, chaps. 7 – 13);分离社会的民主(Donald L. Horowitz, “Democracy in Divided Societies,” Journal of Democracy, Vol. 4, No. 4 (October 1993), pp. 18 – 38);民族冲突与世界政治(Ted Robert Gurr and Barbara Harff, Ethnic Conflict and World Politics (Boulder, Colo.: Westview Press, 1994), chap. 5);制度再发现:政治的组织基础(James G. March and Johan P. Olsen, Rediscovering Institutions: The Organizational Basis of Politics (New York: Free Press, 1989));政治组织(James Q. Wilson, Political Organizations (Princeton, N. J.: Princeton University Press, 1995));是否与制度有关系:美国与外国政府的能力(R. Kent Weaver and Bert A. Rockman, Do Institutions Matter? Government Capabilities in the United States and Abroad (Washington, D. C.: The Brookings Institution, 1993))。

多民族国家，如果不是其政府承诺了民主及自治，并采取一系列十分具有建设性的政策提议，它很可能就在1947年脱离英国殖民统治后的几十年中走向分裂了。确切地说，就是政府灵活的语言政策及其抓住机遇重组国家体系的计划对该国非常有用。①

19世纪后半叶开始，泰国历任政府在避免造成各国民族关系恶化的偏狭军国民族主义的同时，已经成功地铸造了一个国家实体。因此，泰国在近几十年没有经历过持续的民族暴力问题。② 斯里兰卡作为一个民主传统很强的国家，本应该能够避免陷入国内战争的。然而一系列涉及公民权利、语言、宗教信仰、教育和政府招聘等多方面的错误导向及有所偏颇的民族政策，离间了国内的泰米尔群体，并将该国的主要民族群体推上了暴力冲突的道路。讽刺和可悲的是，该国政府直到1995年才主动提议给予泰米尔人更多的区域自治权，而如果这个提议在50年代、60年代或者70年代提出来的话，很有可能在一开始就可以阻止战争的爆发。但是，到90年代，泰米尔共同体的成员已经变得十分激进，他们不愿意接受除了完全的政治独立之外的任何事情。③

第二，如果学者们要发展一个有关民族关系变化和民族冲突原因的重大的统一理论，就不得不考虑政府政策。因为如果以一个更为广泛的视角来分析引发民族关系变化及民族冲突的各种因素的话，政府政策无疑是其中一个重要的组成部分。然而，因为现今对关于民族关系的政府政策的研究还没能站在一个宽泛的比较视野之上，也不够深刻和系统，所以我们几乎找不到与此相关的具体资料，而有关此问题的分析框架也没有构建起来。总之，我们现在还找不到从描述性和分析性的角度来诠释此议题的学术著作，因此我们试图沿着这个方向探讨这些问题。

第三，在影响民族关系和民族冲突的所有因素中，政府政策相对来说可控性更强、更容易被改变。而另一些因素，例如，民族的人口结构和分布状

---

① 参见本书关于印度的章节。

② 参见本书关于泰国的章节。

③ 参见本书关于斯里兰卡的章节。

况一般会以缓慢的速度改变；民族历史和群体态度也不会轻易改变；我们也很难控制经济发展和现代化进程的速度。虽然政府政策并不是无限灵活的，但是它相对其他因素而言，还是具有较大弹性的。如果我们希望民族关系动态的学术研究会最终发展成为一系列包含了民族冲突的原因和冲突的预防、冲突的管理以及冲突的解决策略的系统理论，那么对政府政策予以特别关注无疑是明智的。因此，它对这一领域的学术研究产生巨大的影响，尤其是对解决现实世界中的重要问题具有重大意义。

三、分析框架

既然本书研究的焦点是有关民族问题的政府政策，因此我们应该从定义“政府政策”、“族群”和“政策成功”开始。

首先，“政府政策”广义地说，包括了一个国家、一个省（或州）以及地方所制定的各种政策。除了研究正式的决定和正式管理机构的行为之外，我们还将考虑非正式行为和易被忽视的模式——不决策和不作为——即使不作出任何决策、不采取任何行动也都会对民族问题产生影响。但是，在本书中我们仅对政府的决定和作为以及不决策和不作为加以探讨，而公司（主要包括本地企业、国家企业和跨国企业）的活动、非政府组织、地区性及国际性力量以及国际组织等，均不在本书研究范围之内。

既然我们认为广泛地了解各群体间的关系很有价值，那么我们将采用一个广义的民族定义。按照我们的观点，“民族团体”是一个拥有自己名字以及集体意识的团体，有着一个共同的祖先，历史纽带和历史记忆，分享一种包含了种族、语言、宗教、法律、风俗、制度、服装、音乐、手工艺和食品等方面的文化。① 本书中，民族团体包括多数民族和少数民族团体，基于语言和宗教信仰分类的团体、本土居民、殖民者以及一些移民和外来务工者。称本土居民为“族群”可能会与一些国家的民族情况不一致，例如，澳大利亚

① 这个定义源自民族主义的民族根源（Anthony D. Smith，“The Ethnic Sources of Nationalism，” in Brown，Ethnic Conflict and International Security，pp. 27 – 41）。

和新西兰,但是我们认为在讨论中包含这些民族是一个很好的佐证。我们不是研究主要由意识形态因素或者经济因素划分的团体。但是很显然的,民族分类的标志各国不尽相同,因此各国的民族群体必须按各国不同的民族分类标志进行分类。①

最后,既然我们试图寻求区分成功和不太成功的政策,那么我们就需要对我们所说的“成功”和“失败”有一个清晰的概念。就本书而言,我们把成功定义为能够促进国内民族关系的和谐、维护社会的秩序,维持国家的稳定团结,以及促进政治、经济及社会公正的发展。② 社会正义应该被定义为在一个国家法律下得到公平对待,有获得政治、经济和社会各种权利的平等机会。就目前讲,要建立平等的机会应该包括为了消除结构上的不平等而导致的暂时的不平等的出现,而在此过程中,政府所面临的最大的挑战就是还需要同时促进国家稳定及社会正义。至少在短期来讲,独裁的政府经常在保持政治秩序方面很有效,但是他们的方法仍有太多要改进的地方,特别是它们常常在维护“正义”方面难以令人满意。

我们对政府政策的分析框架主要由三方面进行构建:政策背景、政策参数、政策领域。(见表2)

---

① 目前,世界上并没有简单完美的划分种族的办法,实际上很多人已经混和了其他民族的背景和多种民族特征。例如,在新西兰,很多人具有毛利人和新西兰白种人(尤指祖先是欧洲人的新西兰人)的双重背景。在印度,民族是通过宗教和语言来区分的。

② 和平、秩序和稳定是容易衡量的。但政治、经济和社会正义却不易衡量,它具有很强的主观性。一个民族可以把一个特定的政策看作是公平正义的,而另一个民族却可能看法完全相反。哪个民族的看法是正确的?因为政策会经常偏向一些民族,而损害其他民族利益,这对试图评价政策的人来说是个问题。另外,一个人认为的“正义”很大程度上要依据他的政治、经济和社会价值观。一些亚洲的领导者会更多地依照政治秩序和经济发展及社会繁荣做出价值判断,然而美国的学者可能会多从个人权利和多党制的政治程序评判。

表 2 分析框架

政策背景
人口结构和民族的地理分布状况
殖民地前和殖民时期的遗留问题
族群历史、忧虑和目标
经济因素及其发展趋势
地区的和国际的影响
政策参数
政策目标
政策工具
政策模式
政策问题
政策领域
政治结构和制度
公民政策
一般民众和少数民族权利政策
宗教信仰和宗教团体政策
语言政策
教育政策
经济政策

(一)政策背景

要分析政府政策我们首先必须考虑政策制定的背景,它主要包括政府需要面对的大量的民族问题及各种挑战。毕竟,政策的制定不能脱离实际。不同的政府需要应对不同的民族问题和挑战;这些问题会因为政府的所作所为、本国地区及国际形势的发展而随时间不断变化。通过先前对各种影响民族关系和民族冲突因素的讨论,我们将通过对 5 组因素的分析来构建政策背景的讨论:人口结构和民族的地理分布状况;殖民前和殖民时期的遗留问题;族群的历史、忧虑和目标;经济因素及其发展趋势;以及地区及国际的影响。

尽管这些刚刚从殖民统治中脱离出来的国家的新政府受到各种民族问题的影响,但是其制定政策的背景却已经开始随着政府的所作所为、国内外的发展状况不断变化了。人们不应该认为背景或者政策是一成不变的。事实上,我们必须在整个过程中关注两者之间的相互作用:比如,背景影响政策的制定,政策反过来又会影响群体的忧虑和政治议程等。而我们分析的重点就是民族群体的议程是如何变得激进的。在许多国家,曾经有政治目标的族群已经采用政治议程,并支持政治自治,把政府自治当作解决自身问题之道。另外,随着目标已经变得更加具有争议性,族群就会变得更愿意通过暴力的方式来实现他们的目的。为什么族群的目标会发生变化,又是如何变化的?在何种条件下族群会诉诸暴力?激进化过程中的关键临界是什么?善政的政府和外部力量该对这些问题做些什么?我们希望能找到这些问题的解决方式。

(二)政策参数

利用这些已掌握的环境因素,我们参考构成政府政策的主要参数,来讨论一些基础的政策问题。在此,我们将讨论的焦点主要集中在以下四个方面:政策目标、政策工具、政策模式和一般的政策问题。

国家政府通常都把维护政治稳定和领土完整作为至高目标,不同的政府就其如何在国内构建民族关系有不同的看法。一些政府执著于维护国家的政治稳定和领土完整,因此,他们会做出各种努力试图塑造单一的国家身份,镇压其他民族身份,压制民族运动。你可能认为这些政府有着一元文化的倾向。其实很多政府都有一元文化倾向,这主要是出于他们狭隘的政治目光。很多政府都是由一个或多个族群控制的,他们都希望能留在权力的中心,而这意味着要将其他族群排挤于权力之外,需要得到自己民族同胞选民的支持,因此,大多情况下,他们并不关心或希望去帮助其他族群。[①] 很多政府稳定的政策议程都是以民族所属关系和选民为基础建立起来的,因此,这些政府在民族问题上并不是中立的"政策制定机器"。而其他的政府

① 我们应该感谢罗恩(Ron May),他为我们就如何描述这个问题提出了宝贵的意见。

则不是对民族多元化更为宽容就是接受民族多元化为既定事实。还有一些政府远远比勉强接受文化和民族的多样性做得更多。一些政府意识到民族问题并对这个问题十分敏感,所以它们在提高经济、政治和社会正义方面做出了巨大的努力。你可能会说这样的政府有多元文化倾向。我们希望通过进行这方面的研究更好地理解民族观念和目标的起源,它们随时间而改变的原因,以及政府如何平衡国家身份与民族多元化的方法。

综合以上,就产生了政府行为的问题,以及政府将民族观念转化为现实的工具手段的问题。政府最常使用什么政策工具手段获得最大成功?如前所述,在本书中我们将通过对15个国家的研究找到最重要的政策模式。目标和手段通常是怎样结合的?政策是如何随着时间而演变发展的?从政府的角度看,什么样的政策是最为成功的,从广义的平等与公正的角度看,结果又会怎样呢?政策在什么条件下才能更成功?

因此,以下三类政策问题也是值得注意的:时效问题,执行问题以及政治困境。

通常,政府在民族问题上反应滞后,总是在出现危急情况时才采取行动,而这个时候问题往往已经变得更为棘手和严重了。政府在什么情况下容易忽视民族问题?为什么政府会经常对这个问题反应迟钝呢?他们为什么总是错过解决问题的最佳时机?当政府采取政策措施时,什么样的问题最常见和最易造成不利影响呢?政策在什么时候以及怎样产生预料之外和难以预期的结果?对民族问题来说,什么样的政策执行问题最需要特别注意?最后,我们将分析那些使政府在民族问题上的所作所为复杂化的政治困境的种类。

(三)政策领域

有了这样一个大致的框架,我们将从几个具体政策领域入手分析政府政策的情况:政治结构和制度;公民政策;少数民族的权利问题;宗教信仰以及宗教团体的政策;语言政策;教育政策以及经济政策。在本研究中,我们将试图区分政策措施和项目对民族关系和问题所产生的好的及坏的影响,同时我们还将进一步探明这些政策的成与败,相信这两者都具有十分重要的启示意义。由于政策往往只在某个特定的时间地点起效,而在其他条件下未必同样有效,所以我们将根据上面所概述的标准努力找到在什么样的情况下政策能成功以及在什么样的情况下会失败。

四、案例选择

为了综合起见,我们将用比较研究法研究亚洲及太平洋地区六十多个国家和地区的民族问题。然而这样的研究方法比较繁杂,容易造成分析上的混乱。为了使这项工作更加条理化、清晰化,案例的选择将遵循以下原则:

首先,我们只选择有着十分显著的少数民族人口结构的国家。理由很简单:我们不能从少数民族极少的国家中得出一般性规律,因为那些规律很难适用于种族问题更为复杂的国家。因此,像日本、北朝鲜、南朝鲜、基里巴斯共和国、汤加群岛、图瓦鲁、西萨摩亚、以及马绍尔群岛将被排除在外。

其次,我们只选择政治独立的实体。同样,理由很简单:独立国家能够控制整个政府政策——这是我们主要关注的——也是殖民地区无法做到的。

美属萨摩亚、库克岛、法属波利尼西亚、关岛、新加勒多尼亚、纽埃、北马里亚纳群岛、托克劳、瓦利斯群岛,它们都是殖民地或者受其他力量统治,所以也都被排除在外。

再次,为了研究的简便,我们排除了西亚的国家以及6个中亚国家(哈萨克斯坦,吉尔吉斯斯坦,俄罗斯,塔吉克斯坦,土库曼斯坦以及乌兹别克斯坦,它们是在1991年苏联解体后极为特殊的情况下成立的,所以它们面临着一系列独特的政治和经济问题)。蒙古,也在苏联解体后失去了庇护,尽管它的独立有着不同的情况,但为了简化我们的研究,它也被排除在外。此外,阿富汗直到1989年都一直被苏联控制着,政治早已四分五裂,因此,也被排除在外。

最后,因为我们主要关注广义的区域概念,所以,南亚、东南亚、东亚以及亚太地区是我们的研究对象。值得注意的是,我们所研究的15个国家——印度、巴基斯坦、斯里兰卡、缅甸、泰国、马来西亚、新加坡、印度尼西亚、菲律宾、澳大利亚、新西兰、斐济、巴布亚新几内亚、瓦努阿图以及密克罗尼西亚联邦——都是整个地区的代表。[①] 更重要的是,它们在民族背景、政策及其结果上都富于变化,所以我们需要进行宽泛的比较性研究。此书的特点就是比较性研究,因此,我们的书将比那些只研究单一国家或冲突的书提供给读者以更多的历史细节。另外,本书的作者关注的是一系列普遍的问题,所以它将为进一步的概括和政策建议提供实证和分析的基础。我们有理由相信,我们的结论和政策建议将适用于不同的国家和地区。

五、本书结构

本书共分为四个主要部分。前三个部分是案例介绍,主要为整个研究提供实证基础。它们将以地区为单位,先后对南亚、东南亚、东亚、澳大利亚以及亚太地区进行分析。本书将聚焦于自 1945 年以来这些地区的发展情况以及一些国家在政治独立方面所取得的成就。第四个也是最后一个部分,将在上述研究的基础上从一个宽泛的比较性视野来解读政府在民族问题上采取的政策,并归纳出一些分析后的结论和政策建议。

(一)南亚

本书第一部分将关注南亚地区,分析印度、巴基斯坦和斯里兰卡的政府管理以及对民族关系管理不当的原因。

1. 印度

根据巴吉帕依(Kanti Bajpai)的观点,印度的民主政治制度尽管有很多缺陷,但是它对于这个多民族国家的民族关系的管理却显得尤为重要。印度的民族多元化——包含了以语言、宗教信仰、实行种姓制度的部落以及地区等分类的印度民族多元化——已经给国家稳定带来了巨大的挑战。为了应对这些挑战,印度主要采取了三个措施:第一,建立在自由宪政和世俗主

① 最后,考虑到这次研究过程中不可避免的现实的约束,我们终于做出了对哪些国家进行研究这个艰难的抉择。当然,更为完美的选择还应该包含孟加拉国,柬埔寨,老挝,尼泊尔以及越南。

义基础上的政治秩序；第二，建立在族群利益和向较低层级政府分权基础上的权力共享制度；第三，当前两个措施失败后使用武力和高压政治。事实证明，建立在权利共享和适当分权基础上的政策在所有控制民族纷争和暴力冲突的方法中最为成功。武力和高压政治则在一定程度上对镇压反对者有所作用，并能使其回到谈判桌前，这种作用在旁遮普以及印度东北部地区尤其突出。不过，这些策略还包括了除加强中央集权以外，印度政府所采取的一些其他政策，它们加剧了各地区（如如查谟和克什米尔地区）民族间的疏离。不断对强硬政策的依赖会导致报复和暴力冲突的升级。最后，巴吉帕依（Kanti Bajpai）认为印度政府在对其民族问题的管理上喜忧参半。

2. 巴基斯坦

巴基斯坦是作为从英属印度分离出来的印度穆斯林的定居地建立起来的。尽管巴基斯坦大部分人都是穆斯林，但他们在语言、宗教同盟以及文化识别方面也有着巨大的差异。正如萨米那·艾哈迈德（Samina Ahmed）所说，一个单一的民族——旁遮普人主导着这个国家的内政及军事管理权，但这个新兴国家并没有成功建立起切实可行的代议制制度。所以大多数其他民族共同体都开始意识到国家实际上仍带有一定的民族偏见。

使这些问题加剧的是，这个国家的领导人忽略了严重的民族问题并采取了一系列措施使得民族竞争上升为暴力冲突。1971 年，巴基斯坦由于这些政策的失败而最终解体。占巴基斯坦东部多数人口的孟加拉人在印度的支持下成功独立，建立孟加拉共和国。至此，伊斯兰堡的统治阶级仍然忽视这个问题，他们拒绝民族地区自治的要求，施行将少数民族排除在外的文化和教育政策，不得不说，他们对民族问题的管理是极其失效的。阿米德（Ahmed）论道，巴政府长期以来都没能积极有效地解决这些民族问题，这已经严重威胁到了巴基斯坦的稳定和统一。

3. 斯里兰卡

尽管斯里兰卡是在没有流血冲突的情况下脱离英殖民统治而独立的，但是它最终还是陷入民族暴动的泥潭中。根据阿米塔·沙斯蒂（Amita Shastri）的观点，斯里兰卡民族暴动的根源是中央政府在协调处理泰米尔少数民族的合理要求上的失败。独立后,僧伽罗领导人选择了中央集权的政府组织形式拒绝少数民族自治。除此之外,尽管僧伽罗领导人宣称要建立民主国家,但逐渐地,这种民主就变得只适用于大多数人,特别是对处于这个国家偏远地区的泰米尔人来说,一系列政治、经济上的歧视,使他们中的一半人都背井离乡去了印度。而斯里兰卡随后的政策尤其是1956年的官方语言法案通过,加重了对泰米尔人和其他少数民族的歧视。1972年,斯里兰卡施行新宪法进一步加强了中央集权,使司法权力附属于立法权力,授予僧伽罗语官方地位,规定佛教为国教(僧伽罗人的宗教),1977年大选(建立在1972年宪法上)中,僧伽罗人控制的统一国民党获得压倒性的胜利。大选结果使泰米尔人更加边缘化。当通过法律来改变自身处境的希望破灭时,一部分泰米尔人选择了暴动。对此,斯里兰卡政府迅速采取镇压措施,其结果是,斯里兰卡在80年代陷入了残酷的内战。尽管政府在1994年的时候试图解决这种冲突,甚至允许泰米尔人享有自治权,但此时泰米尔军方拒绝了除独立外的任何提议。斯里兰卡悲剧给我们一个重要的启示:

如果政府能在20世纪50年代、60年代或70年代采用调解政策处理民族问题的话,那么战争很可能不会发生。

(二)东南亚和东亚

本书第二部分回顾和分析了东南亚和东亚各国的发展历程。追溯了缅甸、泰国、马来西亚、新加坡、印度尼西亚和菲律宾的政府所采用的各项政策措施。

1. 缅甸

自从缅甸1948年独立以来,它在文官和军事统治下的管理都不能说是成功的。[①] 约瑟夫·席尔维斯坦(Josef Silverstein)认为这些政策失效的根源可以追溯到前殖民及殖民时期。首先,缅甸国王并没有建立起针对少数民族的清晰的民族政策。一些少数民族,比如蒙族人以及阿拉干人都意外地

---

① 1989年6月,缅甸军方将这个国家的名字改为"缅甸联邦"(Union of Myanmar)旨在整合民族感情,将国内和国际注意力从缅甸民主政府的处事原则,国际公认的人权标准以及民主的和民族意见异己者上转移走。我们并不赞成这些团体的做法。我们在该书中仍然使用"缅甸"(Burma)。

被同化了,而另外一些民主,比如克伦族、掸族、克钦族以及钦族则仍然保持着各自鲜明的民族特色。缅甸脆弱的统治阶级和管理者常常需要面对具有分离主义倾向的要求。接着,英国通过采取使民族差别加剧的“分而治之”政策及对外国移民特别是针对印度移民的开放政策,使得这种情况进一步复杂化。缅甸独立后的第一部宪法并没能够触及到该国最根本的民族问题:理论上规定缅甸是个联邦国家,但实际运行上却是中央集权制,这无法满足一些少数民族群体,特别是克伦族人的自治要求。因此,可以说这个宪法并没能从根本上解决该国的民族问题。尽管缅甸卓越的民族领袖昂山试图将缅甸整合为多元民族主义国家,但是缅甸的公民法于 1948 年进行了一些修改,这使得印度人在缅甸更难获得公民身份。这个国家的华人也同样遭受着歧视。在 1962 年的军事政变后,缅甸新领导人正式取消了联邦制,而极力推行政治中央集权制和文化同化政策。武装夺取政权后,军政府采取分而镇压的政策,一方面和某些少数民族签订停火协议;另一方面对那些不肯屈服的少数民族加大打压力度。尽管在 1993 年召开全国大会修订新宪法,但是西尔维斯坦(Silverstein)认为除非独裁政权让位于法治、各公民政治权利得到尊重、联邦政府体制得以确立,否则缅甸的民族问题将无法得到解决。

2. 泰国

查尔斯·凯耶斯(Charles Keyes)认为一百多年来,泰国政府推行了民族包容政策,从而淡化了民族差异减少了民族冲突。19 世纪的暹罗有很多本土人以及外来人口,只有一部分被同化入泰语家族。直到 19 世纪末,欧洲殖民统治进入缅甸、柬埔寨以及越南,暹罗君主才把民族多元化当作一个政治问题看待,因为他们担心欧洲人会利用文化多样性来分裂国家。最后这个国家的领导人开始齐心协力营造一个统一的民族国家。为了达到这个目标,他们宣布了三个泰民族的法令:重视泰语,坚持信仰佛教,忠诚于君主。然而 1932 年的军事政变结束了君王统治,新的领导人希望将泰国塑造成一个以泰语和泰历史更甚于泰君主制为基础的国家。即便如此,凯耶斯(Keyes)认为整个 20 世纪,泰国统治者已经发展了一个更具包容性的民族主义:如果你学习了泰语,并对国家忠诚就可以“成为”一个泰国人。值得注意的是,国王普密蓬于19世纪70年代采取措施拓宽了民族主义的定义,将非佛教信徒也纳入其中。这有助于降低泰国穆斯林民族(特别是那些住在临近马来西亚地区的穆斯林)的疏远情绪。总之,泰国经验表明文化差异未必就导致冲突和暴动,政府可以成功地在建立国家身份和尊重民族文化多元之间找到一种平衡。

3. 马来西亚和新加坡

在这一章里,苏米特·甘古力(Sumit Ganguly)阐述了马来西亚和新加坡,和其他亚洲和太平洋地区的国家一样,都面临着英国殖民者所带来的一系列民族问题。大量印度及中国劳工的涌入促成了新的更加复杂的民族关系,新加坡人更是在英国人的支持下大力开展各种商业活动,并取得巨大成就,而英国人认为马来人更适合担当管理国家的重任。结果,当马来西亚1957年获得独立时,多数民族马来人发现自己在经济上和社会生活中都处于完全的劣势地位。于是,马来人对其他民族的怨恨,特别是对华人的怨恨,导致了1969年的民族暴动。

1969年的暴动之后,马来精英发起了声势浩大的要求获得主要民族应该获得的待遇的运动,并要求政府对其过去遭受的痛苦进行补偿。一系列建立在人身自由政策、经济政策以及再分配政策基础之上的措施使马来西亚得以保持民族间的和平,尽管这是以政治自由为代价的。

新加坡,于1959年脱离英国获得独立,名义上宣称建立民主政权;然而,实际上它仍是依靠严厉的极权主义统治维持民族和平和公共秩序的。与马来西亚公开支持马来民族在政治中占主导地位不同,新加坡实行各民族精英共同统治制度。不过,事实上,新加坡的华人在其政治和经济生活中都占主导地位。马来西亚和新加坡民族冲突已经在两国极力压制政治自由的政策以及两国不时出现的经济发展奇迹中明显减弱了。但是,这种稳定能否持续还有待时间的考验。

4. 印度尼西亚

印度尼西亚(荷属东印度群岛)成立于1945年,有着极为复杂多样的民族背景。它经过了4年与荷兰艰苦的斗争后才于1949年正式独立。印度尼西亚是横跨四千多英里的群岛，拥有将近两亿人口。如R. 威廉里德(R. William Liddle)所说，它是世界上民族成分最复杂的国家，各民族在文化地域、宗教以及种族上有着惊人的差异。自1966年苏哈托总统宣誓就职并宣布施行独裁主义政治以来，强硬政策仍然是其处理复杂的民族关系问题从而保持政治稳定的主要手段，尽管政府有时候也施行劝说、互换以及合作等各种措施。但出于维护国家统一以及自己能够继续执政的考虑，苏哈托政府继续中央集权式的制度安排。不过，这一举动却恶化了爪哇人——这个最大的少数民族群体——和其他民族之间的紧张关系。政府对中央集权的执著也伤害了它和亚齐、东帝汶和伊里安查亚等民族的关系；这些民族对自治的不懈追求使它们经常遭受残酷的制裁。随着中央领导人的渐渐老去以及各少数民族群体对政治自由和地区自治普遍需求的增长，印度尼西亚正进入一个困难时期。不过，正如里德所观察到的，没有什么迹象表明这个国家的领导人愿意采纳民主渐进政策以及分权政策。

5. 菲律宾

除了和摩洛民族有关的较为明显的问题外，R. J. 梅(R. J. May)指出，民族问题在菲律宾政治中并不突出。华人已经被同化了，原始部落族群也被边缘化了。在西班牙统治时期，华人被允许大量移民至菲律宾，但是他们仍时常遭到歧视和压迫。直到20世纪早期，在美国人的统治下，华人的境遇才得到一定好转。随着二战的结束和菲律宾的独立，这个国家不再接收移民，华人也开始逐渐被同化。也正是在这个时期，华人几乎完全被同化了。

美国人还通过创立“特别省”和推广英语教育来改善菲律宾部落民族的境遇。在总统费迪南德·马科斯(Ferdinand Marcos)执政时期，部落民族的境遇在20世纪六七十年代严重恶化。牧场工人、樵夫以及矿工强行没收了他们的土地，政府也采取镇压政策以压制他们的不满。直到20世纪80年代后期，科拉松·阿基诺(Corazon Aquino)执政后，这一状况才发生一些积极的转变。尤其是修改后的宪法规定给予土著民族文化上的权利。

然而，正如梅(May)所评论的，根源于16世纪西班牙殖民时期的“摩洛问题"还将在很长一段时期内继续存在。三个世纪以来,西班牙采取军事管制以镇压穆斯林岛民,并建立一套民族等级制度,将穆斯林置于社会政治阶层的最底层,这种状况一直延续到美国殖民统治时期。特别是马科斯执政期间,摩洛人仍然积极抵制同化政策,并试图保护自己世世代代生活着的土地不被侵占。而阿基诺政府则改变了态度,启动了与摩洛伊斯兰解放阵线的和平对话,并试图满足摩洛人自治的要求。不过,政府和摩洛人之间的关系直到1996年拉莫斯(Fidel Ramos)总统签署了一项协议,同意穆斯林地区实现真正的自治时才出现转折点。然而,这项大胆的决策是否能结束摩洛人的叛乱,仍然有待时间的检验。

(三)澳大利亚和亚太地区

本书的第三部分剖析了澳大利亚和亚太地区民族关系以及政府政策的演化。它包括对澳大利亚、新西兰、斐济、巴布亚新几内亚、瓦努阿图以及密克罗尼西亚联邦等的政策发展的案例研究。

1. 澳大利亚

克里斯汀·弗莱彻(Christine Fletcher)认为由于澳大利亚的原始居民、大量移民人口以及联邦形式的政府使得它在亚太地区有着独特性。弗莱彻(Fletcher)认为,自英国1788年占领澳大利亚开始,两个世纪以来,这个大陆的土著民族遭受了各种各样的苦难。澳大利亚政府对土著民族所采取的最主要政策就是同化政策。

于是,土著家庭被拆散,孩子被带走,禁止社会运动的法案被制定出来,土著民族的领土被占领。最重要的,土著民族的权利在国家的任何一个宪法中都没有体现,在澳大利亚联邦宪政下也没有涉及。实际上,直到20世纪60年代末之前,在澳大利亚宪法下,土著人根本没有受到公民待遇,宪法也不允许政府在人口统计时将土著人计算在内。除此之外,1901年到1969年,政府施行"白色澳大利亚"政策,以禁止非白人的移民进入澳大利亚。直到1969年,澳大利亚政府才开始实施非歧视性的移民政策。

从20世纪60年代末期开始,澳大利亚州政府以及联邦政府开始采取对土著人民的补偿政策。特别是在全民投票后,土著民族被澳大利亚国家人口统计计算在内，联邦政府也在国家司法体系中被赋予提请通过关于土著民族法律的权力。而1970年通过的法案又进一步扩大了澳大利亚土著民族的权利。1980年重组的土著民族发展部（Department of Aboriginal Affairs）标志着政府将采取更积极的政策提高土著民族的权利。从1992年开始，随着最高法院判决的生效，土著人又获得更多的和土地请求权有关的法律权利。尽管有这些进步，但弗莱彻同时指出，移民者和土著人之间的文化差距仍然很大。最后，即便政府善意的政策并没有带来人们预期的目标，但是如果政府能够重视这个问题，那么土著人就有希望获得真正的政治权利。

2. 新西兰

在很大程度上，正如安德鲁·夏普（Andrew Sharp）所说的那样，新西兰都是处理民族关系方面的绝佳典范。特别是这个国家在几十年中都从未发生过大规模的民族暴动。除此之外，新西兰在对待公民和政治权利方面的记录也令人称道。它的立法保护体系既宽泛又细致，并赋予所有公民政治参与权。不过，在其政策领域也存在争议，其政策条款也存在改进的空间。怀唐伊条约，这个1840年签署的协议提供了欧洲移民者及他们的子孙和毛利人之间的关系的法律框架，并受到两者不同的理解。政府在20世纪八九十年代给许多毛利人提供了财政支持，但是那些最急需资金支持的毛利人却未享受到此待遇，所以，总体上说来，毛利人和太平洋岛民在就业、经济发展、教育、健康以及住房等问题上遭受诸多困扰。尽管这种情况在20世纪40年代得到缓解，但这还是远远不够的。夏普认为，政府可以也应该在解决经济和社会不公平问题方面做出更多努力，同时应该提供更多的补偿措施。无论如何，这些问题的争论将扩展到政治、法律及行政等方面，并以非暴力的形式继续下去。

3. 斐济，巴布亚新几内亚，瓦努阿图以及密克罗尼西亚联邦

此书的最后一个案例研究中，斯蒂芬·莱文（Stephen Levine）介绍了太平洋最大的、多民族的、政治上独立的共同体的政府政策：斐济，巴布亚新几内亚，瓦努阿图以及密克罗尼西亚。作者认为这个地区都面临各种各样棘手的问题：独立不久、政治经济基础薄弱、国家统一面临挑战等。由于这些

国家仍在不断演化,所以它们的前途也不甚明朗。

1970 年脱离英殖民统治后,斐济不得不处理帝国主义统治遗留下来的法律问题,这也普遍存在于亚洲和太平洋地区。斐济和斯里兰卡、缅甸、马来西亚、新加坡以及其他地区一样,英国殖民统治时期带入大量印度劳工,从而改变了当地的人口结构并使得民族成分复杂化。印度人几乎占了斐济总人口的一半,这使得整个国家的民族关系越发紧张。1987 年,一直都是由斐济人构成的斐济军队突然发动政变,夺取了政权以防止印度人控制的内阁获得执政权。新宪法随后起草并于 1990 年获得通过。它包括保留和加强传统领导者的地位,即本地人的领导者地位;该宪法的设计,简言之,就是为了阻止印度人掌握政权。斐济同时采取各种措施防止印度人和欧洲人侵占斐济的领土。由于斐济人和印度人在很大程度上已经融合了,所以地区自治以及联邦制的解决办法并不是解决斐济民族问题的优先选择办法。暴力冲突在未来很难消除。

巴布亚新几内亚,1975 年获得独立,其领土面积和人口规模远大于其他太平洋岛国。除此之外,它还拥有令人吃惊的多民族成分——它有一千多个不同的民族。所以所有巴布亚新几内亚的问题就在于如何创造出一个国家身份便不足为奇了。可是这却非常困难,因为独断的殖民统治给这个国家造成了明显的民族界限,并且这个国家缺乏共同的历史。巴布亚新几内亚宪法意识到了其多民族的国家特点,所以赋予所有民族平等的权利。然而,即便如此,巴布亚新几内亚仍然发生过民族暴动。具体说,布干维尔岛的居民不愿意被并入巴布亚新几内亚。而对铜矿、土地的控制以及资源是否公平分配等问题的疑虑最终导致了暴动。莱文相信布干维尔的流血冲突或许提醒其他地区的人不要诉诸暴力解决问题,但是这个国家的未来仍然充满不确定性。中央政府是脆弱的,地方政府也颇受争议,很多经济和社会议题仍然还停留在政策议事日程表上。

瓦努阿图群岛(以前称新赫布里底群岛)从 1906 年到 1980 年一直处在法国和英国联盟的控制之下。值得注意的是,这个国家的各民族群体直到欧洲殖民者到来之后才聚合起来。当 1980 年瓦努阿图群岛独立后,圣吐以及几个其他岛屿的民众试图脱离这个羽翼未丰的国家;但它们的分离运动在巴布亚新几内亚的支持下很快就被镇压下来,巴布亚新几内亚对打击这个地区的分离势力有着自己的考量。瓦努阿图群岛之后再也没有经历过任何分离运动和大规模的民族暴动,但是和很多新成立的多民族国家一样,它也在努力构建国家身份。它颁布了自由使用语言的法案、通过多语教学体系以及强大社区政府以确保多元文化的保存,但这些措施同时也造成了国家统一和民族多元化之间的矛盾,这种矛盾仍将持续存在下去。

密克罗尼西亚联邦(FSM)于1986年独立并于1990年加入联合国,它的政治发展仍然在很大程度上处于变迁中。密克罗尼西亚联邦是20世纪70至80年代美国所统治的太平洋岛屿中最可信任的四个实体之一——其他几个是马里亚纳群岛、马绍尔岛和帕劳群岛,所有这些地区都具备丰富自然资源。密克罗尼西亚联邦之所以以其目前的形式存在,不仅因为其他三个群岛有着各自的生存发展方式,还因为它的四个主要大岛——丘克岛(Chuuk)、波纳佩(Pohnpei)、雅浦岛(Yap)和科斯雷(Kosrae)都被外部势力进行了分类。这四个主要岛屿的居民有着明显的民族身份,四个岛由广阔的水域分割开。所以不可避免地,密克罗尼西亚联邦在建立国家身份上遇到巨大的困难。它试图通过采用联邦制度来打破中央和地方期望的平衡;它可以算得上是太平洋地区唯一一个真正的联邦政体。密克罗尼西亚联邦四个主要州都有充分的自治权,而联邦政府的影响力却极其有限。莱文相信这个联邦政体可能难逃解体的命运,正如很多殖民产物一样,不过对于这些岛屿的居民来说,这却未必是糟糕的结果。

六、总结和建议

在此书的结论部分,建立在经验和分析的基础上,米歇尔·布朗(Michael Brown)对政府政策和民族关系做了总结,并且给出了一系列政策建议。

第一部分

亚洲南部

第一章　印度的民族多样性、民主政治和权力转移

凯蒂·巴迦帕(Kanti Bajpai)

从民族问题的角度来看,印度可以说是世界上最复杂的国家之一。从某种程度上说,这一情况使印度政府的民族事务变得混杂不堪。事实上,印度自 1947 年独立以来,最主要的成就是五十年来一直保持着其政治实体的完整性。与此同时,在这五十年期间印度也遭受了无数次的民族紧张局势和暴力冲突运动。

本章将分析印度政府惯常使用的民族关系政策,以及这些政策成功或失败的条件。我认为印度在管理民族关系方面运用了一整套政策,这里的民族问题涉及到建立在诸如种族、宗教、种姓制度、宗族、语言和地域特性基础上的社会身份。印度政府的整套政策包括三个主要原则:第一,政治秩序包括自由宪政,国家支持的世俗民族主义,以及国家引导的社会现代化及经济发展;第二,根据民族权利分享权力,权力从当局转移到少数民族掌控的低层政府手中;第三,当前两个原则无法遏制或解决民族问题时,将采用高压政策和暴力手段。政府围绕权力分享和权力转移,采取谨慎的"伟大政策"计划,政府在民族问题上取得了重大成效。尽管暴力和高压政策能有效对付武装反抗者,迫使他们接受新的权力分享安排,但政府的做法仍然会导致民族隔阂。若某一地区政府加强高压政策和暴力镇压,该地区的暴力冲突和隔阂也将陷入无止境的恶性循环。

本章分为四部分。第一部分,概述印度民族人口统计和政策制定的政治背景。

表 3　印度民族构成(依据宗教划分)

分类	人数	百分比
印度教	672,600,000	82.41
穆斯林教	95,200,000	11.67
基督教	18,900,000	2.32
锡克教	16,300,000	1.99
佛教	6,300,000	0.77
其他	6,900,000	0.84
总计	816,200,000	100.0

资料来源:1991 年印度人口普查。

第二部分将叙述印度政府所依托的包括宪政、世俗民族主义的一整套政治制度,以及以国家支持的现代化和经济发展的政治秩序来避免和抑制民族不满情绪。第三部分,分析印度解决宗教、种姓制度、宗族、语言和地方分裂问题的方法。同时也阐明了民族权利、权力转移、高压政策和暴力手段,这些都曾被用来管理民族事务。民族权利运用于各种宗教、种姓制度、宗族和不同语言民族。权力转移是管理语言和宗教不满情绪的关键所在。暴力和高压手段多用于对抗要求更多自治权甚至脱离国家的反叛行为。第四部分,评价到目前为止印度政府的政策,表明谨慎的"伟大政策"计划是一个杰出的政策。以上政策作为基础,为这一地区其他政府制定相关政策提供意见。

印度民族人口统计

印度有四个主要的宗教群体:印度教徒、穆斯林教徒、基督教徒和锡克教徒。1991 年,印度教徒占总人口的 82%,穆斯林教徒占 12.12%,基督教徒占 2.34%,锡克教徒占 1.94%。这四个宗教的教徒总共约占印度总人口的98%,其中仅印度教徒和穆斯林教徒就占了印度总人口的94%。[①]（见表3)穆斯林教徒分散于印度各地,但绝大多数居住于印度北部。基督教徒的分布也很广,在印度东北部和在喀拉拉邦(注:位于印度西南部)分布较多。锡克教徒主要居住于旁遮普(注:印度西北部)。

印度教中的种姓制度来源于印度教,其复杂程度非同一般,在地区之间甚至是在当地都表现出多样性。

表4 印度民族构成(依据主要用语划分)

语言分类	数量	百分比
印度语	264,500,000	31.3
孟加拉语	51,300,000	6.1
泰卢固语	50,600,000	6.0
马拉地语	49,500,000	5.9
泰米尔语	41,800,000	5.2
乌尔都语	34,900,000	4.1
古吉拉特语	33,100,000	3.9
马拉雅拉姆语	25,700,000	3.0
坎拿达语	25,700,000	3.0
奥利雅语	23,000,000	2.7
旁遮普语	19,600,000	2.3
阿萨姆语	11,000,000	1.3
信德语	2,000,000	0.23
克什米尔语	3,200,000	0.37
其他	208,400,000	24.6
总计	**846,300,000**	**100.0**

资料来源:印度1995 - A参考年鉴(India 1995 - A Reference Annual(New Delhi: Ministry of Information and Broadcasting,1995))。

① 参见印度1991年人口普查(Census of India 1991, Series1, Paper 1 of 1995 (New Delhi: Registar General and Census Commission,1995), p. xi);参见印度1981年人口普查(Census of India 1981, p. 176)。

就宗教而言，包括四个世袭的社会等级：婆罗门、刹帝利、吠舍、首陀罗。此外还有随从或叫“贱民”，他们被排除在这四个种姓之外。贱民在法律上已经被废除，但社会问题仍然存在。在政治上和行政上，有种姓划分权的是地位较高的和中间的种姓，然后是其他靠后的阶层，以及原属于贱民的低种姓和低宗族。这些低种姓和低宗族常常被称为达利人。[①] 低种姓占印度人口的16%，低宗族占8%。

在语言方面，印度各地更是相差甚远。有十五种宪法认可的主要语言。印度的通用语言是印地语，文字是梵文。在1981年的统计中，讲印地语的人占到38.7%，而讲其他语言的人都没有超过8%的。[②]（见表4）其他十四种语言被作为官方用语在印度不同的地区使用。英语仍然是作为“公用语”用于中央和地方政府及地方政府之间的公务处理。

位于边疆地区的克什米尔，旁遮普及七个位于印度东北部的邦不断挑战着印度的主权独立。在克什米尔，克什米尔峡谷的穆斯林教徒已成为了反叛新德里的核心。穆斯林教徒占克什米尔总人口的64%，更为重要的是，其教徒也压倒性地占据了峡谷中总人口的95%。[③]

旁遮普的锡克教徒从邦中的一个很小的族群变成最大的族群。在1947年分割以前，印度教约占旁遮普总人口的26%，而锡克教徒大约占13%。分割以后，这一数字发生了戏剧性的变化——印度教徒占61%，锡克教徒占35%。到了1966年9月旁遮普重组的时候，锡克教徒占总人口的54%，而印度教徒占44%。[④] 到了1991年，锡克教徒占旁遮普人口的比例

---

① 参见什么是达利人和达利主义（“What is ‘Dalit’ and ‘Dalitism,’” Dali Voice, Vol. 2, No. 16 (June 1 - 15, 1983), pp. 1, 2, 11）。

② 参见印度人口普查（Census of India, Series1, Part IV B(i) (New Delhi: Regirtar General and Census Commission, 1988), p. x）。

③ 参见三个妥协的民族主义：为什么克什米尔地区一直问题不断（Ashutosh Varshney, “Three Compromised Nationalisms: Why Kashmir Has Been a Problem,” in Raju G. C. Thomas, ed., Perspectives on Kashmir: The Roots of Conflict in South Asia (Boulder, Colo.: Westview Press, 1992), p. 207）。

④ 参见锡克族的分离主义：政治信仰（Rajiv, Sikh Separatism: The Politics of Faith (London: Allen and Unwin, 1986), p. 203）。

数增长为63%,与此同时印度教徒的比例缩小为34%。[①]

印度的东北部是一个复杂的地区,其中包括七个邦。在1961年和1972年期间,那加兰邦,梅加拉亚邦,米佐拉姆和阿鲁纳恰尔邦从阿萨姆邦分离出来。[②] 这些邦中大多数都有一个占支配地位的宗教族群,但是也有许多的少数民族。阿萨姆邦仍然有显著的差异,其差异表现在它按照语言、宗教和宗族分割。讲阿萨姆语的人占主导,阿萨姆印度教徒是最大的宗教群体,但是穆斯林教徒也相当可观,主要是来源于移民的增加,特别是来自于孟加拉国的移民。[③] 阿萨姆人还有宗族和非宗族的区别。阿鲁纳恰尔邦有五十五个语言群体和五十三个主要宗族,但是他们都没有占明显优势。[④] 在曼尼普尔,迈特斯人占主导。梅加拉亚邦居住的主要是卡西人、伽罗人、和贾因提亚人。

到目前为止,在米佐拉姆,米佐人一直是最大的群体。在那加兰邦是那加族占主要地位,但还存在唐库尔人、库基人,阿纳斯人,马奥斯人,翰玛斯人,和浩科普人。最终特里普拉邦的种族结构发生了戏剧性的变化。在1947年,宗族人口占了特里普拉邦人口的93%,到了1981年,由于孟加拉印度教徒和穆斯林教徒移入印度,使得这一比例下降到仅为28.5%。[⑤]

总而言之,根据宗教、种姓制度、宗族、语言和区域认同划分,印度的民族具有极大的差异性。然而在这个人口统计概述中,的确指明了不稳定的根源:那便是在全国范围缺乏以民族为基础的分界线。沿着这条错误的路线,宗教、种姓制度、宗族、语言和地域差异不能达成一致。因而民族危机更

① 参见印度1991年人口普查(Census of India 1991,Series 1,Paper 1 of 1995,pp. xvi – xvii)。

② 参见土地的儿子:印度的移民和民族冲突(Myron Weiner,Sons of the Soil: Migration and Ethnic Conflict in India(Princeton,N. J. :Princeton University Press,1978),pp. 86 – 87)。

③ 参见印度的东北部和移民危机(Sanjoy Hazarika,India's Northeast and the Crisis of Migration. RGICS Paper No. 32(New Delhi:Rajiv Gandhi Institution for Contemporary Studies,Rajiv Gandhi Foundation,,1996),pp. 15 – 17,especially)。

④ 参见神奇之地的外地人:印度东北部的战争与和平(Sanjoy Hazarika,Strangers of the Mist: Tales of War and Peace from Northeast(New Delhi:Viking,1994),p. 129)。

⑤ 参见神奇之地的外地人:印度东北部的战争与和平(Sanjoy Hazarika,Strangers of the Mist: Tales of War and Peace from Northeast (New Delhi:Viking,1994),pp. 123 – 124)。

趋于地方化,但这样政府就比较容易控制了。

政治和经济背景

印度是一个采取议会民主的联邦制国家。由于实行议会民主制,政府的政策必须由内阁和议会通过。政府必须遵守大陆基本法,如有违法将通过法院被推翻。新闻舆论是另一种监督政府行为的手段。英语新闻媒体是强有力且相对独立的,它是既能够削弱又能够帮助政府政策合法化的手段。最终政府将在选举中,最广泛地接受人民大众的检验。在开始的五十年里,印度有十一项普选,许多地方村务委员会(地方政府)以及自治地方的选举。大体上,选举过程是自由和公正的。尽管难以证明,但由民主带来的制衡已经存在于印度一部分难以驾驭的民族中。如果不是采用民主政体,印度自 1947 年以来不可能一直保持统一和稳定。

印度也是一个联邦制国家,包括二十五个邦,六个行政区和国家首都德里。这些地区中的绝大多数都由民族来划分。因此联邦制也来自于民族政策,在某种意义上来说是民族群体,这样的话,语言群体就被赋予了实质的权利。在这种分权的情况下,印度工会赋予新德里联邦政府权利,以管理国防、外交事务、金融业、银行业和所得税等事务,各邦负责公共秩序和治安、福利、医疗、教育、当地政府、工业、农业和土地税收;联邦政府和地方政府都制定民法、刑法以及经济发展规划。①

这也表现出联邦政府的承诺还是有些保留的,他们限制了一些印度难以控制的民族地区,尽管这些联邦制度的实施造成了疏远,特别是对于克什米尔、旁遮普和一些东北部的邦。

权力的分散表明地方政府拥有相当程度的自治权。而事实上,印度还是相当集权的,常被称为"准联邦制"。② 联邦政府负责国家的防御,它有强

---

① 参见印度:发展中国家的行政和政治(Robert L. Hardgrave, Jr. and Stanley A. Kochanek, India: Government and Politics in a Developing Nation, 3d ed. (New York: Harcourt Brace Jovanovich, 1993), p. 129)。

② 参见印度:发展中国家的行政和政治(Robert L. Hardgrave, Jr. and Stanley A. Kochanek, India: Government and Politics in a Developing Nation, 3d ed. (New York: Harcourt Brace Jovanovich, 1993), p. 127)。

大的力量去应对紧急事件并聚集大量的财政收入。因此由联邦政府行使武装力量，它可以因国内外的各种紧急状况解散地方政府，并且控制关键的财政手段和经济计划。印度政府从不觉得使用全副武装的军队管理民族关系有何不妥。这些手段的使用产生了混和的效果。联邦政府在成功控制地方政府的同时，也激起了地方政府对中央政府的不满。

在印度还有其他一些集权方面的政治事件。全印度的行政事务是行政管理的“钢铁结构”，全由新德里掌控。此外，印度有超过一百万的军队用来镇压民族反叛，并拥有相当数量的准军事武装。然而国家中最重要的集权机构是国民大会党，该党是一个在地区的概念上组织起来的全国性政党。主张地区或邦要服从中央的领导。特别是在英迪拉·甘地领导该党期间(1966—1977，1980—1984)，中央控制稳步增强。国民大会党从1947年到1977年一直掌握权力，并且自独立后的五十年中统治新德里长达四十四年。

在国家最初几年中，有集权结构的倾向是可以理解的，其原因有三。第一，英属印度被高度集中的殖民统治长达两百年，这种传统很难被立即推翻。第二，印度民族主义者放弃自己的政治手段，投入到德里中央体系中来。第三，国家的分裂和民族复杂性在印度统治精英的政治思想中留下了不可磨灭的印记。

这使得他们对于印度分裂的担心也非常强烈。民族主义者将印度历史视为在帝国交替的过程中统一和分裂的循环往复的模式，这使人们更加坚信强有力的中央集权会成为不时之需，以避免政局动荡和垮台。

政治的中央集权也是一些印度经济领导者希望建立的。自1947年到1991年，政府制定了艰巨的五年计划并且通过大量的公共部门负责指导经济的增长来维持高速的经济增长和一定程度的社会公平。政府除了通过财政手段外还使用许可、配额和特许制度控制私营部门的工作。

自1967年起中央集权开始感到压力。1967年大选以后，国大党依旧控制中央但是逐渐失去对北部和南部邦政府的控制，而北部和南部演变出各种地区性政党。在1996年的大选更显示了国大党对中央的控制将要终结。虽然它仍然赢得了全国范围内最多的选票(31%),却仅仅获得议会的130个席位。“得票最多者当选”的选举制度造就印度人民党这个右翼政党,得到了议会最多的席位,尽管它只赢得了25%的选票。联合阵线是印度第三大非常重要的政治构成,然而,也经过一些曲折才在1996年大选后组成政府。联合阵线政府依靠所谓联邦阵线的支持,联邦阵线是一个地区政党组织。这个阵线的“共同的最低纲领”支持把中央的权力转移到地方。

经济中央集权也面对一定的压力。首先,在二十世纪八十年代末印度经历了最大程度的外汇储备下跌。第二,中央政府的财政赤字增加,占1991年国内生产总值的8.4%。第三,1990—1991年的通货膨胀是12.1%,比1989—1990年增加了3%。第四,在1991—1992年,年增长是极小的1.2%,比1990—1991年的5.2%和1989—1990年的5.6%下降了很多。[①] 经济改革计划随后制定了包括拆解政府计划代理处,削减政府开支,改进公共部门,改革税制,放宽许可证办理程序,放松进出口控制以及鼓励外商投资。

印度民族政策将一直在相对立的压力和倾向共存的政治经济背景下制定和延存。

印度的领导者必须在集权和分权之间做出权衡。太多的集权即政府想要抑制民族问题将导致民族难以控制,太多的分权有可能鼓励分离论者想要取而代之。总而言之,国人越来越感受到国家离集权的方向是越来越远了。

多样社会中的政治秩序

印度的民族人口统计数据指出政府面对的民族问题并没有斯里兰卡的严重。斯里兰卡用一条单一的错误路线划分整个国家。然而,这一偏离中央集权方向的政策,在独立后的几十年使得国家在民族动荡面前显得更加

---

① 参见经济革命:随后的两年和先前的任务(Government of India, Economic Reforms: Two Years After and the Task Ahead, Discussion Paper (New Delhi: Ministry of Finance, n. d.), pp. 2-7)。

脆弱。于是相应的印度领导者逐渐提出政治秩序的三个因素，他们希望能够控制民族认同和需求的增长和激化：自由的立宪制度，国家支持的世俗民族主义，以及国家领导社会现代化和经济发展。这些措施起到一定效果，政府依靠承诺实践自由宪政，在国家传播“包罗万象”的民族主义，并且至少实现最小程度的社会现代化和经济发展以缓和与规避民族不满。

印度立宪主义的承诺由四部分组成。第一，立宪制度承诺保障基本权利，如有需要可通过法庭。第二，努力确保政府和个人在各方面的行为得到规范，受法律管理而不是任意专断的判决。第三，假如政府或私人行为违反基本权利，印度宪法为被侵害方提供途径寻求补偿。第四，立宪制度试图保护政治参与手段和公共义务：选举权、政治党派和立法机构。总而言之，立宪制度保障每个民族团体的成员都能够享受基本的自由，依靠政府的程序办事，寻求补偿，并且允许他们组织政党参加竞选来影响法律和政策的制定。这里没有任何的可以自动影响立宪制度的方法，但这对于那些有想要改正或施加影响宪法制度的人，未尝不是一种办法。

政治秩序的第二个特征是民族主义的概念，即非宗教性的和包罗万象的。在这一概念下，印度人并不属于任何一个特别的宗教、种姓、宗族或语言群或定居在一个特定的排除其他人的地区；更准确的理解应该是印度人就是出生在印度国界之内或者加入印度国籍并且忠诚于宪法、法律和规章制度的人。

因而，官方媒体、公立教育机构以及其他公开和宣传手段全都强调在自己的民族社区的自豪感，包容和赞美民族多样性，并且把一切奉献给一个庞大而多民族的国家作为一个普通民众的一生的追求。简而言之就是，不考虑个人的民族社团，一个人要认识到自己作为印度国的一员。

政治秩序的第三个特征是，政府承诺通过国家领导的现代化和经济发展来维护民族关系稳定。印度的正统性某种程度上依靠它促进社会现代化和经济发展的能力。改善民众的教育、电子媒介、医疗设施、住房和工作是现代化发展努力的核心，政府会全力以赴去完成。至于管理民族关系，政府可以适度加快或缓和。政府不过度干预民族事务，这点得到了广泛认可。

但是在边远地区对于落后和贫穷的改进依然是重中之重。政府认为最终这将是唯一可以长期的,减轻很多人痛苦的方法。政府依靠这一能力去支配和缓和民族不满和反叛。

原则上,印度这三方面应该会在取代、软化、甚至消除民族间怨恨的问题上取得成功。立宪制度,包括民族主义和现代化发展承诺的政治合理性、可补偿性和责任感、文化认同和社会公平。这些都被视为民族和谐的基础。尽管,政治秩序的这三方面自二十世纪六十年代已经逐渐减弱。立宪制度的规定被操控,而且非国会控制范围内的规定与日俱增,在政策系统中由于地方部门很多行为是非世俗的和宗派主义形式也在不断增加,世俗的或包罗万象的民族主义已经招致极坏的名声;印度现代化发展带来的利益,不会被已有的社会经济利益团体允许惠及到众多印度人身上。简而言之,在最初独立的时候这三个承诺得到了实质性的遵守,而自从二十世纪六十年代渐渐的遭到破坏和违反。结果导致民族群体逐渐变得怀疑他们的中央政府,而他们影响政府的能力是极微弱的,对于他们是否被尊重,以及能否过上更好的生活产生疑虑。

宗教

印度管理宗教关系是一项复杂而又需要大量努力的工作。政府从两个层次着手。第一层,政府不得不管理自身与个别宗教社团的关系。在第一层次中,有可能区分三方面的问题:宗教自由;政府出于社会改革的目的干涉宗教事务;政府通过宗教社团形成保护信教民众生活的制度方式。第二层,政府必须管理宗教社团之间的关系。在这一层,也有三个问题摆在面前:宗教游行,公共暴力或骚乱和宗教场所争端。政府在第一层次的方法已经保护了宗教团体的权利,尽管对这一承诺的履行并不完全。在第二层次,政府一直致力于运用法律法规条款来解决。

宗教自由

政府处理宗教自由的措施已经写入宪法,强调个人拥有自由的权利,更重要的是宗教团体有权利保持他们对宗教制度的控制。多方面的条款被写入宪法;基本上,得到政府的遵守。宪法承诺法律面前人人平等并且所有公民都享有平等的受保护权。宪法禁止基于宗教、种族、种姓、性别和出生地的歧视,同时保证在政府雇用中机会平等。条款25(1)规定“有关公共秩序、道德和健康……所有人平等的享有思想自由的权利和宣称信仰、信奉和传播信仰的自由。与此同时印度法院明确也声明,他们也可以根据条款25(1)的规定限制宗教自由。因为该条规定,“政府需要确保没有任何力量可以超越个人意志,这项权利是绝对的。”①除此之外,根据宪法,没有人能够为了宗教目的强行征税。最终,任何接受政府基金或政府其他形式的帮助的教育机构,都不能坚持宗教教育或参加宗教崇拜仪式。②

宪法赋予宗教的自由不仅仅是对个人也是针对宗教团体。它允许办事处工作人员被限制在宗教团体内,而这些工作人员应该是与宗教团体或教派机构或主管团体有关联的。③

这再一次说明公共秩序、道德和健康,“每一个宗教教派或其中任何部分”都有权利出于宗教目的或慈善目的创建和维持机构,管理事务,拥有和获得固定资产以及依法管理这些资产。④

基本上,政府需要尊重个人和团体的宗教权利。人们可以自由的入教和信奉他们的信仰而不用担心政府的干预。印度政府不像巴基斯坦政府,它不颁布任何政令来反对独特的宗教或教派。巴基斯坦政府采纳穆斯林宗教领袖的建议,禁止阿麽迪亚教派宣称是伊斯兰教徒。在齐亚-哈克总统时代,巴基斯坦政府把宗教税强加于什叶派教徒和逊尼派教徒身上。尽管这一决定随后被推翻,但这种情况在印度仍是不可想象的。印度也反对巴基斯坦体系中分离少数宗教派别选民的做法。

---

① 参见世俗国家的印度(Donald E. Smith, India as a Sucular State (Princeton, N. J.: Princeton University Press, 1963), pp. 103 - 104)。

② 参见印度宪法(Constitution of India)。

③ 参见印度宪法(Constitution of India)。

④ 参见印度宪法(Constitution of India)。

印度政府也有许多棘手的问题，正如我们将看到的，控制各宗教社团内部的冲突。另外，在有些地区，一些无害的政府行为一直遭受着很大的质疑。锡克教被排除出国家安全保护部（反恐维和部队）普遍认为是英迪拉甘地被她的锡克教的保卫行刺的后果。印度军方表示如果得不到控制他们将继续停止招募锡克教的士兵。就公共就业而言，特别是穆斯林未被充分地代表是人们的共识。为什么穆斯林代表率很低还不清楚，但是并没有证据证明有系统的官方的歧视。基督教有时担心他们宣传宗教信仰和吸纳教徒的权利。而印度政府关心宗教信仰转变，但是他们的焦点集中在东北部边境地区外国传教士的活动。国内基督教能继续他们的活动，基本上印度基督教徒能自由传播他们的信仰。

宗教改革

政府对团体权利的允诺并不是绝对的。在广大的社会利益面前，政府有权并且已经采取行动干涉宗教事务以促进宗教改革。

印度教是政府改革的主要对象。政府的作为纷繁复杂。因此使得印度的贱民制度成为主要问题，并且不合法。这就对所有印度人打开了一扇通向印度圣堂的门，当然也包括贱民。政府通过法律禁止收取神职款。然而这所有的改革没有一项得到严格执行。另一方面，它成功地改变和实行了印度人格权法。尽管后者的干涉似乎与政府维护团体利益的原则相违背，但是从某些方面来说也是有益的：政府通过印度教文使其改革合法化，改革也受到宗教团体习俗的影响。

在20世纪30年代，国大党的政策是以保持独立的个人法律，作为对待穆斯林的主要让步。但是由于分隔，他们的态度也随之而改变。穆斯林坚持独立的民法遭到拒绝，而宪法则指明政府应制定统一的民法。随后政府中断其政策，认识到没有少数民族的支持就不能制定统一的民法。于是关注点转为印度教个人法律改革。政府认为，因为印度教徒占了全国人口的五分之四（这里的印度教徒延伸到包括锡克教徒、佛教徒、耆那教徒），印度教个人法律将至少覆盖绝大部分的印度人。[1]

旧的个人法可以追溯到殖民时代。一般而言，英国人不愿意改变现存的惯例和规则，但是在沃伦·哈斯汀斯的领导下，他们开始编纂印度教和穆斯林法律，并通过法律来实现改变。1781 年的特别婚姻法案和 1872 年的法案是主要的殖民改革。改变旧的印度法案的争论从 1941 年一直讨论到 1948 年，也未能具体成形。只是在独立后国大党促进主要的法律通过。而在第一次大选中这方面得到加强，总理贾瓦哈拉尔·尼赫鲁的竞选活动涉及到改革，其中主要的部分是在 1955 年到 1956 年期间通过分离法案。许多人反对这一法案，但是反对的声音部分地偏离了方向，涉及到印度教文。因而，在印度收养和抚养法案方面，政府考虑到印度教文支持改革。尼赫鲁政府较早的使用了类似的方法去对它做出调整，来尊重印度教的婚姻法。[2]

二十世纪五十年代的印度个人法案仍是管理在印度的印度教结婚、离婚、收养和继承的基础法案。

政府在这个地区最成功的干预就是打破了长期的历史束缚而投入到变化中去。首先，考虑到除非他们重建社会制度，否则印度人得不到自由或者说不能实现自由，印度改革者从十八世纪开始向前推进改革事业。在二十世纪，圣雄甘地和尼赫鲁在教导印度教徒改革的必要性方面扮演了至关重要的角色。因而在长时间里，他们有意识的尝试使团体准备接受改革。第二，印度领导人对“改革是反印度教”的言论给予辩驳和反击。根据记录，法律是以适时的引用印度教文被通过，从而显示了改革是有很强的宗教基础的。

宗教习俗和制度

作为对团体利益承诺的一部分，印度政府回应团体保护其宗教习俗和制度的要求。政府的回应是很微妙的。有时，政府抛弃直接的责任并且允

① 参见世俗国家的印度（Smith，India as a Sucular State，p. 290）。

② 参见世俗国家的印度（Smith，India as a Sucular State，p. 283）。

许法庭去决定哪些应该受到保护,哪些不应该受到保护。然而,在关键事情和关键时刻,特别是谈到穆斯林人格法律,政府总会支持宗教团体的偏好。

政府政策在这些地区的制定,取决于这些有争议的风俗和制度是否是构成这些宗教“必不可少的特性”。政府一般情况下尽量避免困难,例如如何去定义哪些习俗制度构成了必不可少的特征。然而在有些时候这种判断必须由政府来做出,并且经由法庭来负责。法庭一般依靠是否在多样的宗教传统中存在可选择性及平等的习俗或制度基础上,做出明智的判决。

自从独立以后,正统的印度教徒要求禁止屠杀牛。穆斯林争辩说在节日的时候例如“伊德艾祖哈”节,牛是至关重要的祭祀品。法庭认为以前穆斯林的习俗也允许用羊或者骆驼祭祀,这和杀牛之间具有可选择性,这一习惯并不是伊斯兰必不可少的特性。然而锡克教携带匕首是锡克教的基本部分之一因为它无可替代。一些印度教徒认为儿子对关键典礼和精神赎罪是至关重要的。一个男人没有男性后裔就有权利有不止一个妻子去生育儿子。在 1952 年,孟买最高法院做出让步认为拥有一个儿子是至关重要的,但是也认为收养在印度教是被允许的,所以这就存在一个可选择的方法来满足这个需求。①

而其他一些对于宗教保护的需求,政府允诺通过多样的法律手段保护宗教团体权利。部分穆斯林人坚持乌尔都语应该受保护。事实上,宪法允许任何宗教团体保存其独特的语言。穆斯林教徒和基督教教徒想要确认他们有办宗教教育机构和监管慈善事业的权利:宪法规定,宗教团体出于教育和慈善的目的,有自由建立和维持机构,并且获得和管理资金的权利。宪法指出,所有的民族以及语言少数民族都有权选择建立和管理教育机构。②特别是基督教徒想要保护本教劝说他人皈依的权利。宪法 25 条,如上文记录允许劝导入教。

通常,政府是遵守宪法的规定的。对乌尔都语的地位还存在担忧,但是

① 参见印度宗教、法律和政府(Duncan M. Derrett, Religion, Law, and the State in India (London: Fabei and Fabei, 1968), pp. 446 - 448)。

② 参见印度宪法(Constitution of India)。

宗教教育机构和慈善事业管理已经实现自由运作了。尽管有来自于政府禁止改变宗教信仰的压力，基督教劝导皈依的努力也已经得到认可。虽然政府已经警惕外国传教士传教，特别是在战略敏感领域的运作，例如东北部，但是印度的基督教大部分并不受检查。此外，改信伊斯兰教也并不会受到干涉。大量的达利特人改变宗教信仰造成好战的印度教徒的抗议，但是政府实际上基本未加干预。

最有争议的关于保护宗教团体权利的要求涉及到穆斯林个人法律。宪法要求政府颁布统一的民法，然而自从尼赫鲁时代以后，人们已经意识到如果没有经过一系列的全国性讨论，这是不可能实现的。所有宗教中的自由主义者，左翼分子、妇女组织和部分的印度教教徒都主张政府颁布统一的法律。然而，后来的印度政府仍然坚持主张——不考虑法律和秩序，如果颁布统一的法律，穆斯林教徒的抗议将会对国家造成严重危害，当然政府也不希望失去穆斯林的投票者。

沙阿·巴诺的例子就很好的阐明了上述复杂的提议和关注是怎样得以实施以保护穆斯林法的。

1985 年，印度最高法院判决沙阿·巴诺的前夫艾哈迈德汗，必须提供给他没有其他生活来源的前妻生活费。艾哈迈德汗辩解道作为一个穆斯林他必须遵守穆斯林法律，而穆斯林法律要求他只提供所谓遗孀时期的费用。[①] 国家政府最初支持高级法院的判决，但是穆斯林抗议很快出现聚集的势头，并且在州竞选中转而反对国大党。

为了做出对失去关键选区选民的反应，国大党政府改变了方向。声称有关这部分的刑法不适用于穆斯林。因此在 1986 年 5 月，政府通过了新的法律认定法院的这次判决无效。随后颁布的穆斯林妇女法案（保护离婚妇

---

① 参见沙阿·巴诺案件：政治含义（Kavita Khory, "The Shah Bano Case: Some Political Implication," in Robert D. Baird, ed., Religion and Law in Independent India (New Delhi: Manahar, 1993), p. 123）。

女的权利）是基本上根据关于伊斯兰教犹勒麻的解释制定的。[1] 这引起了要求制定统一民法的自由支持者和印度教教徒的愤怒反应。这大大地说明了政府在 1986 年 2 月伯布里清真寺开始的态度是想要缓和印度教教徒对政府在沙阿 · 巴诺案件上的愤怒。[2]

在 20 世纪 80 年代，拉什迪的《撒旦诗篇》引起了另一个危机。印度政府认为这本书伤害了穆斯林的感情，并且他的发表可能导致穆斯林教团的暴力反抗。另外国大党担心失去穆斯林的支持也是考虑因素之一。甘地领导下的政府迅速禁止这本书进入印度，举证说明穆斯林的感情和大范围的秩序可能会混乱。政府的决定被印度右翼、人民自由组织和左翼所批评，但是政府坚持其做法。印度是第一个禁止《撒旦诗篇》的国家。甘地政府已经退出了政界，但它对《撒旦诗篇》的禁止仍然影响深远。[3]

这两个案件，宗教团体利益与自由教义（即颁布的统一民法和自由）不一致。这两件案件政府的意图是很复杂的：一方面，政府担心法律和秩序，失去穆斯林的政治支持，违背承诺（尼赫鲁制定统一民法的承诺）；

另一方面，政府已经注意到危险的存在，包括广大的非穆斯林的不满和执行宪法指令的失败。在这两件案例中，政府最终都更偏向于宗教团体而不是自由政策。

管理宗教团体之间的关系

随着时间的流逝，印度政府开始逐渐努力管理在宗教团体之间的紧张关系和暴力冲突。政府需要面对三个主要问题：宗教游行、公共暴力和宗教

---

① 参见沙阿 · 巴诺案件：政治含义（Kavita Khory, "The Shah Bano Case: Some Political Implication," in Robert D. Baird, ed., Religion and Law in Independent India (New Delhi: Manahar, 1993), pp. 130 - 131）。

② 参见沙阿 · 巴诺案件：政治含义（Kavita Khory, "The Shah Bano Case: Some Political Implication," in Robert D. Baird, ed., Religion and Law in Independent India (New Delhi: Manahar, 1993), p. 132 - 133）。

③ 参见阿约提亚和印度世俗主义的政治（Ramesh Thakur, "Ayodhya and the Politics of India's Secularism," Asian Survey, Vol. 33, No. 7 (July 1993), pp. 650 - 653）。

场所争夺。一般而言,政府不准备做一个中间人,来寻求解决公共之间冲突的一个基本方法;相反,政府试图拖延、缓和对抗以及运用法律和命令来维持秩序。

宗教游行

庆祝各种各样节日的宗教游行,经常导致宗教团体之间的对抗。由于在游行中需要有较多的公众忍耐性,过度的喧闹游行通过当地是会大大吸引其他信众的注意,从而导致紧张,甚至冲突,特别是在印度教教徒和穆斯林之间。因此政府制定了一套标准的操作规程。

首先,如果宗教团体组织一些大型的游行需通报当局。一旦通报,当地的警察会护卫此次游行。如果在这一地区宗教团体关系已经很紧张,当局可以变更游行线路或拒绝举行游行的申请。即使如此,假如仍发生暴力事件,警察采取不同级别的手段去镇压。警察控制不了的大规模的暴力冲突,便将使用准军事武装来镇压。假如国家政府怀疑地方政府行动的公平性或有效性,它可以调动自己的准军事武装,甚至可以动用军队。军队越来越多地用来控制由这种情形引起的暴力冲突。

尽管不能排除还有些小问题存在的现象,但对游行的控制和对游行后暴力冲突的控制已经显现出作用了。就像我们在下面章节将看到的,有些小问题将在很长时间影响印度。

团体暴力冲突

几乎所有的团体暴力冲突都发生在市内,许多都发生在穆斯林人混居在印度教徒的地方。暴力经常发生在街道狭窄而拥挤的老城。

在过去的五十年里,政府制定了一套控制暴乱和处理暴乱事件后问题管理的程序。

反公共暴动的第一种政治方法是使用暴力控制。法律和命令是邦政府要负责的,并且当地警察是控制事态的第一个工具。正如上面所说的那样,如果他们不能控制局面,邦政府可以调动自己的警察和准军事武装,或者请求中央政府的准军事武装或军队的支援。

当暴动被镇压后,政府开始着手调查事件。如果事件问题严重,将会组织调查委员会。几乎同时,邦或者中央政府将准备赔偿金并发放给暴动中的受害者或他们的家人。而对于财产损失,政府会以其他形式予以补偿。警察努力抓捕煽动和参与暴动的人,为了提前控制暴动升级,警察也会抓捕潜在的问题或事件制造者,将他们拘留几天。如果宗教组织被怀疑在煽动暴动方面发挥了作用,那么组织的领导将被逮捕和指控,并对其办公室进行搜查并关闭,至少暂时关闭。

在事件的最后阶段,即对煽动和实施暴力的罪犯给予惩治,政府采取行动的效率很低。只有少数暴动者被成功地指控和起诉。造成这种情况的原因有很多,在暴乱中要想确定暴动制造者的身份往往是不可能的,目击者害怕遭到报复,一些警察和准军事成员常常是宗教团体的一员并且倾向印度教一边,并且权威部门发现他们的调查和检举经常在低级别的官员那里遭到推迟或停滞。而法庭也几乎总是背负着过多积压未办的案件,没有热情再处理这种困难的和极具政治敏感性的问题。最终政治家在政治欲望驱使的情况下,介入到调查中。事实上,当地显赫的政治家也常常被牵扯到事件中,他们能够也使用了他们的权力以逃过检举。最明显的有关政府未能将有罪的政治家控告的例子,是有关在 1984 年德里反锡克教暴动中的鼓动者,政府没能使犯罪的从政者受到指控,表现了它的无能和不愿惩治罪犯,由于一小块空隙起到很大的助燃作用,于是这使得锡克教愤怒地反对中央政府。

总之,政府在处理公共暴乱的纪录是混杂的:它制定了一套政治系统来控制暴乱爆发,然而却不能惩治罪犯,这一系统经常激发愤恨并且播下了以后宗教团体更加敌对的种子。

宗教场所的争夺

印度的宗教关系已经是被数次关于宗教场所的争论事件而破坏的。尽管争论的次数并不多,但通过它们激化了矛盾。就像它们通过争夺在阿约提亚的伯布里清真寺而引起的冲突。伯布里清真寺建于巴布尔皇帝统治的莫卧儿时期。许多印度教教徒都相信这里是 Ram 神的出生地。印度教组织想要在这里建立一个纪念的寺庙,并开放供敬拜。

随着有关阿约提亚的争论逐步升级,政府开始不知所措,希望事情能够过去。新德里最初忽视争论,选择推迟彻底解决问题的时间。随着公众对政府施加的压力越来越大,政府试图通过一系列基本的战术性的策略或妥协来控制舆论。当这一方法不能转变公众的看法,并面临对抗的威胁时,政府将使用武力保护法律尊严和社会秩序。大量的武力使用后,政府才最终把它的注意力转到建立一套长远的解决问题的方法。政府的政策造成了复杂的结果。在 1992 年 12 月这个清真寺被印度暴徒破坏,但是随后政府行动成功地遏制了宗教间紧张状态。然而政府并没有从根源解决争论,再一次把问题搁置。

政府在伯布里清真寺事件上采取的态度,最初是想要拖延时间。在殖民统治制度下,由于事件的复杂性,清真寺不得不停止对公众的开放。然而,在 1949 年 11 月,一群印度教教徒偷运了一些神像进入清真寺并且供信徒敬拜。尼赫鲁命令把他们赶出去,但遭到当地的管理者和权威人士的抵抗,宣称一项严肃的法律和秩序问题需要被遵从。最终达成一个折中意见:在案件未决期间,场所再一次对公众关闭,允许印度神职人员做敬拜和看管神像。政府做得极少超过这些,总是希望随着时间的推移能找到解决问题的办法。①

这一战略工作已经做了四十多年了。但是从 1984—1985 年,政府面对着逐渐增强的印度教压力,只得对印度教敏感性问题做出妥协的回应。因此,在 1986 年 2 月,对清真寺的封锁被取消了。与此同时,政府引入在沙阿·巴诺案件适用的法律,安抚穆斯林情绪。然后,政府同意基本的祭祀仪式

① 参见百年诉讼(S. K. Tripathi,"One Hundred Years of Litigation," in Asghar Ali Engineer, ed., Babri – Masjid Ramjanambhoomi Controversity (Delhi: Ajanta, 1990), pp. 20 – 21)。

可以在清真寺举行,尽管印度教徒绝不允许穆斯林扰乱场所。[①]

这些策略最终失败了。在1990年9月,情况进一步恶化,政府用武力镇压。在领导人L.K.阿德瓦尼的领导下,印度人民党发起了一项全国范围的竞选运动,L.K.阿德瓦尼乘坐一辆小型货车作先锋,开始长达1万公里的"战车游行",一路前往阿约提亚。最终在北方邦边境,邦政府阻止了队伍前进。然后,在1990年10月,十万多印度教教徒聚集在阿约提亚,试图将游行队伍引到争夺地点。他们遭遇到警察的镇压,大约30多人被杀。数百人在其后的暴乱中丧生。

随后政府试图联合印度人民党,寄希望于说服它出面阻止事态的进一步恶化。[②] 同时设法在印度教教徒和穆斯林之间进行谈判,希望争论者之间能找到折中的解决办法。最终,政府拒绝了印度教关于其他场所举行盛典的要求。在1991年通过了宗教场所特别法案。法案坚持维持宗教场所现状——除了巴布尔清真寺。[③]

政府的新政策再次失败。在1990年的10月,印度教的极端分子冲破了由一万名军警组成的警戒线,强行拆毁了巴布尔清真寺。政府出动大量的武装力量但为时已晚。政府暂时的禁止了五个印度教和穆斯林公共组织,解散了在北方邦和其他三个邦的印度人民党政府,并且下令大规模的搜捕印度人民党的中高级官员。使用暴力镇压之后,政府开始向更长远解决问题的方向转变。这一转变的关键决定是允诺庙和寺都可以建在阿约提亚。政府决定取得清真寺的建筑和周围的土地。然后通过转让土地允许其共同建立各自的宗教场所——一方建立庙宇,另一方建立清真寺。政府也

① 参见引言(Asghar Ali Engineer,"Introduction," in Engineer, Babri – Masjid, pp. 10 – 11)。

② 参见阿约提亚的崩溃:为什么好战的印度教碰上了弱回应(Manju Parikh,"The Debacle at Ayodhya: Why Militant Hindusim Met With a Weak Response," Asian Survey, Vol. 33, No. 7 (July 1993), pp. 677 – 678)。

③ 参见阿约提亚的崩溃:为什么好战的印度教碰上了弱回应(Manju Parikh,"The Debacle at Ayodhya: Why Militant Hindusim Met With a Weak Response," Asian Survey, Vol. 33, No. 7 (July 1993), p. 678)。

解除了在这里进行朝拜的禁令。①

巴布尔清真寺的争夺是迄今为止对政府最严重的挑战,挑战了印度政府管理宗教关系的能力。政府采取的拖延策略,尽管成功地实行了40多年,但当政府没有采取任何切实的政策去处理"寺庙之争"变得清楚时,政府也最终为此付出了惨重的代价。

虽然有宗教场所法,但印度政府始终没有出台任何在这方面的相关法律。确实,政府只是越来越多地依赖那种在过去就已经存在诸多问题的阻挠行动。

种姓和宗族

印度政府意识到,在两个不同的群体上,他们仍然面临相当大的社会问题。众所周知,在印度种姓制度中低种姓和低宗族始终生活在耻辱中,他们属于社会下层并且极度贫困。高种姓与低种姓宗族间的紧张关系、对下层社会的物质剥削以及这足足占印度人口70%的三个群体间逐渐增加的政治动员,导致了印度的政治动乱不断。

在独立初期,对于这些问题政府采取三种措施:改变社会看法;发展经济以逐渐改变低种姓和低宗族的境况;制订明确的行动政策。这里边必须强调一个群体权利政策,即制定确定的行动配额,在印度被叫做"配额制"。印度政府认为:既然社会的态度转变是一个缓慢的过程,而且从经济发展中得到好处是不确定的,配额制就被视为是有意义的。配额制有其独特的魅力:它能被立刻执行,特别是针对低种姓和低宗族,能够影响社会态度,同时也能减轻物质剥夺。

低种姓和低宗族

针对低种姓和低宗族的配额制,政府主要在以下三个领域建立配额:教

① 参见阿约提亚的崩溃:为什么好战的印度教碰上了弱回应(Manju Parikh, "The Debacle at Ayodhya: Why Militant Hindusim Met With a Weak Response," Asian Survey, Vol. 33, No. 7 (July 1993), p. 681)。

育机构及大学,公职以及政治代表权。低种姓和低宗族的人口大约占印度总人口的五分之一,因此分配给他们22%的教育机构、大学以及22%的公职的配额。为了确保这些配额被填满,任职资格被放宽,中央和地方立法机关的配额实行也是根据人口而定。因此,在议会的543席中为低种姓和宗族保留了119席,限额机构的投票者只能从自身种族的众多候选人中选择一个人员。

在没有重大反对的情况下,印度政府保持了配额政策,并且把这一政策延伸10年。然而配额制所取得的成就是存在置疑的。

首先,在高等教育和公职方面,配额很少被使用完。例如,1989年的公职,低种姓代表在高层次的A组和B组职位中,各占6.51%和11.65%。下层宗族代表占有率是A组2.24%和B组2%。来自低种姓和低宗族的雇员只占全部中央政府雇用人员的4.69%,然而这个群体的总人数却占了总人口的25%。[①]

同样地,配额制对社会态度的影响也不明显。对低种姓和低宗族的暴力抗争和社会攻击仍然猖獗。据估计,每年至少有10000到15000起暴力事件是针对低种姓宗族的,毋庸置疑,更多的案件并没有报告给当局。[②] 在城市,随着日渐频繁的交流,社会对于低种姓和低宗族的侮辱已经逐渐消除。但是在印度的农村,对低种姓和低宗族的歧视仍然是一种社会负担。

另外,还有一些难题困扰着政府的这一政策。首先,那些从配额制中受益的人有可能成为低种姓和低宗族中的小部分精英,导致本来很多的利益变少。其次,这小部分人能使自己永远存在,他们的孩子将接替他们继续从配额制中获益。最后,即使他们在立法机关中获得职位,通常也会被高种姓群体和政治家操纵,并不能真正代表自己本种姓和宗族的利益。因此这种政策实际上并未达到希望的效果。

政府并没有努力去解决这些难题。特别是在上述第一个和第二个问题

① 参见再访曼达尔委员会(S. R. Maheshwari, Mandal Comission Revisited (New Delhi: Jawahar Publishers, 1995), p. 5)。

② 参见印度:政府和政治(Hardgrave and Kochanek, India: Government and Politics, p. 191)。

易受管理方法的影响的状况下。印度政府政策最严重的空白是它不愿意超越配额政策从而带来真正的社会整合。印度政府试图稳妥地重塑社会观念和惯例，特别是关于低种姓，印度政府在在法律层面上已经取消了贱民的存在，并且坚持"印度寺院对所有人开放"，但是政府却相当漠视加强执行这些法律。因此这些法律也被平民、寺庙负责人、地方政府的工作人员所忽视。

其他落后阶层

印度政府也需要处理其他落后阶层的经济落后问题。这些落后阶层的种姓地位要比低种姓高但比上层种姓低。这一群体构成印度总人口的50%—70%。尽管这一群体发展极为缓慢，但是政府基本上实施相同的政策——配额制度。

政府对其他落后阶层仍然长期坚持配额制度的方法。这一做法是基于假设，即任何方法的计划模式用于下层宗族和低种姓，都是不切实际的。而如果配额制度是基于落后阶层在全国总人口的比例的话，那么配额水平至少要设置70%。因此继任政府对为落后阶层设置配额表示怀疑，导致政策实施推迟了十几年。在1955年，首个落后阶层委员会建议，应该有70%的技术和专业职位为落后阶层保留。并且保留机制应该设置在行政事务方面。政府拒绝了这一建议，它认为在如此大范围的计划中，真正需要帮助的人恐怕会得不到足够的关注。① 1980年，第二个落后阶层委员会(曼荼罗委员会)认为占人口数52%的人属于其他的落后阶层。因为最高法院设置了一个最高50%的保留配额，并且给了低种姓和宗族22.5%的教育和政府部门工作的配额。于是委员会提出要求给予其他落后种姓27%的配额。政府搁置了这一报告。

在20世纪80年代晚期，落后阶层迅速成长为一个逐渐增大的有凝聚力的选举团体。这一转变也改变了政府的政治考虑。1990年8月，由于受

① 参见再访曼达尔委员会(Maheshwari, Mandal Comission Revisited, p. 108)。

到对手联合统治的困扰,以及人民党煽动印度教徒争夺巴布尔的压力,总理辛格宣布他的政府将实行曼荼罗委员会的建议。辛格的策略是利用种姓的不同去分刮印度教选票,进而削弱人民党的力量。

然而这一行动遭到了激烈甚至狂暴的抗议,特别是在北部的一些邦,但是政府仍然坚持执行。反对党由最初的敌对态度进而很快转变为与政府统一战线。特别是在最高法院赞成实行配额制度,同时又再次重申了50%的限制的情况下。

根据委员会的最初建议,政府做了一些调整。例如:国防部门、科学部门、技术部门和宇航部门排除在配额制度以外。① 这些仅仅是拙劣的修补:没有一个国家的政党能够承受孤立占人口50%的人群所带来的风险。

我们需要在特定的环境里看待曼陀罗所取得的胜利。如果一半的印度人口属于其他落后阶层中的某一部分,那么政府的大部分职位实际上是为这个群体保留的——在一个国家或邦的层面——就如一滴水落入海洋。例如,如果要实现此政策,那么每年政府的22万空缺职位应给其他落后阶层保留6万个职位。这就是为什么到最后反对曼荼罗规定是短期的:新的配额政策不会大幅地提升其他落后阶层的地位,也不会使高种姓明显感到损失。

语言

在1947—1969年间,语言的不同威胁着印度的统一与和平。首先是关于为印度选择一个官方语言的激烈争论。印地语是一种北方语言,是使用最多的一门语言,但是南部和东部极其反对宣布印地语为官方语言。政府解决这一问题的方法是"三语模式"。即印地语作为官方语言,但允许英语和其他方言在邦政府和教育中使用。

第二个问题涉及邦的重组。在争取独立期间,国大党似乎致力于在语

① 参见再访曼达尔委员会(Maheshwari, Mandal Comission Revisited, p. 108);参见保留(配额)政策:曼达尔委员会及以后(C. Rupa, Reservation Policy: Mandal Commission and After(New Delhi: Sterling, 1991), p. 124)。

言的基础上进行重组。然而解放后，政府开始拒绝这个想法，因为担心分裂主义的滋生，也因为各邦的语言不同。最终政府同意按语言划分邦。印度政府处理这两个问题，表现出其倾向于通过团体权利政策，来管理民族关系的态度。

官方语言政策 1947—1967

后殖民政府面对的第一个民族问题的挑战是确定官方语言。

在这个问题上政府花了整整二十年时间，但是政策的基本要点是在1949年到1956年间确定的。

政府在语言上的政策可以分为三个阶段：20世纪40年代，50年代和60年代。在20世纪40年代晚期，基本的语言协定达成并且写进了宪法。在20世纪50年代，执行对宪法中语言政策的重审，依据执行情况进行了一些修改。一直延续到20世纪60年代大规模的抗议出现，特别在马德拉斯的南部（泰米尔纳杜邦）。抗议导致国家政府更进一步的改变并坚定了信心。1967年，官方语言事件多少得到了解决。目前印地语提升到全国的官方语言的地位；在发展过程中，各邦可以自由选择自己的官方语言；英语将逐步停用。然而政府对非印地语邦做了重大让步：印地语仍然是整个国家的官方语言，但是只要非印地语邦愿意，英语也仍可作为连接中央和邦政府以及不同邦与邦之间的沟通语言。

官方语言政策：最初协定

独立时，印地语——印度斯坦语——乌尔都语群体是印度唯一的最大的语言群。印度斯坦语是在全国范围内较为普遍使用的语言。它能够被印地语和乌尔都语的使用者理解和书写。立宪会议决定使用印度斯坦语和英语作为议会辩论语言。而印地语支持者努力争取印地语被指定为国家语言，他们不能够默许印度斯坦语和乌尔都语，因为它们带有阿拉伯语和波斯语的影响。印地语的反对者主要来自北部讲印度斯坦语和乌尔都语的群体,以及来自南部和东部邦的非印地语群体。[①]

1949年,经过相当长的争论,印地语在单方面的表决中获胜。然而微弱的优势导致妥协:首先,印地语将被国家作为官方语言使用,并作为邦与中央政府交流以及邦与邦之间、邦内部交流用语,然而政府事务可以选择使用任何一种其他语言或者印地语来进行交流。[②]

第二,作为对非印地语邦的让步,印地语作为官方语言要经过两个阶段:第一阶段是除了英语以外,只能使用印地语。第二阶段是通过十五年的过渡时期,限制英语使用,使印地语的地位得到提升。[③] 第三,尽管印地语在第二阶段被提升,但是委员会考虑到印度工业、文化和科学的进步,以及非印地语地区的合法要求、人民利益和公共服务方面的问题,第二阶段的完成时间将由官方语言委员会和议会联合委员会的研究结果而定。

官方语言:修改协议

二十世纪五十年代,再审语言政策的命令得到执行,最初的协议得到修改。这次修改进一步加强了政府语言政策的团体权利定位。

官方语言委员会得到授权,于1956年发表第一次报告,提出两个建议:首先国家政府要从保护民族关系的前提出发帮助发展印地语,其次是1965年以后英语要被印地语代替,但是英语仍然作为一种辅助性的官方语言而被使用。[④] 第二个建议是对非印地语邦的让步,因为最初的语言协议决定完全排除英语的使用。

然而在二十世纪后期,政府不得不更长久地保留英语,而放慢其被印地

① 参见语言冲突和国家发展:印度的群组政治和国家语言政策(Jyotirindra Das Gupta, Language Conflict and National Language Policy in India (Bombay: Oxford University Press,1970),pp. 132 - 133)。

② 参见语言冲突和国家发展:印度的群组政治和国家语言政策(Jyotirindra Das Gupta, Language Conflict and National Language Policy in India (Bombay: Oxford University Press,1970),pp. 159 - 160);印度宪法(Constitution of India,pp. 96 - 97)。

③ 参见语言冲突(Das Gupta,Language Conflict,p. 137)。

④ 参见语言冲突(Das Gupta,Language Conflict,p. 161)。

语所取代的速度。原因在于:首先,对印地语的宣传不足。其次,非印地语地区的不稳定因素逐渐增多。因此,1959 年 9 月,联邦内政部长声明,由于实施的问题,英语不能在确定的时间段中被全部淘汰。此外,总理尼赫鲁表示怀疑,认为印地语协会的努力可能会恶化与非印地语使用者的关系。因此,他公开力主修改语言协定。面对非印地语者中不断上升的不满情绪,尼赫鲁保证非印地语邦继续使用英语联系,只要愿意,时间没有限制。在政府招聘时不歧视非印地语者,也不强迫任何邦使用印地语。①

官方语言政策:最终协议

在二十世纪六十年代,三方面的发展——来自非印地语邦的强烈压力,特别是来自南部邦领导者的压力;在泰米尔那都不断加剧的人民抗议和暴力;1962 年和 1967 年大选导致国大党内部的权力转移——迫使国大党政府走向一个更灵活的语言模式。这种模式对集体利益做出更大的让步。

第一,因为 1959 年尼赫鲁在语言问题上的声明没有法律地位,对非印地语邦的保证作用很小。因此非印地语邦继续对国家政府施加压力。1961 年 8 月,首席部长会议采纳国家政府的意见,即使在印地语成为官方语言的 1965 年后,仍保留英语作为沟通语言。"三语模式"已经强加于中等教育,即学生至少学习三种语言:1. 本民族语言,但如果学生的母语不是本民族语言,那还要学习母语。2. 印地语或在印地语地区的另一种印度语言。3. 英语或其他任何现代欧洲语言。这种模式最终于 1961 年 10 月,在一个所有重要党派共同出席的会议上被接受。②

1963 版官方语言法案更进一步回应了非印度邦的不满。在这个法案中,1965 年后英语仍将作为交流语言使用。但非印地语团体始终不满意。因为法案叙述"自约定之日起,除了印地语,英语可以被继续使用。"他们认为使用"可以"一词是有问题的。③ 1964 年,尼赫鲁去世,即将接任的、来自

① 参见语言冲突(Das Gupta, Language Conflict, pp. 226 - 227)。

② 参见语言冲突(Das Gupta, Language Conflict, pp. 244 - 245)。

③ 参见语言冲突(Das Gupta, Language Conflict, p. 236。

北方邦的拉尔巴哈杜尔夏斯特里，经常性地表示自己来自北印度，这使得政府与非印地语邦的人关系更加紧张。

1965 年，第二个紧张的原因更直接和强制地施加给政府。在马德拉斯邦，人们对印地语的敌对演变成暴力冲突，由学生和泰米尔纳杜邦的平等党领导参与的一系列动乱爆发。动乱造成该党的领袖被捕，暴动交由学生负责，学生遭到政府的镇压。1965 年 2 月，动乱和邦政府镇压加剧。这是支持印地语的团体发起的反抗议活动所引起的一种综合结果。[①] 政府面临南北对抗的前景，也面临分裂分子在马德拉斯活动的可能。

国大党以三条建议来缓解这种压力：第一，尼赫鲁关于语言政策的保证将被写入官方语言法案的修正案；第二，“三语模式”将被适当地使用到教育中；第三，政府招募考试将使用英语、印地语和民族语言，而不是只用英语和印地语。在政府执行这些意见以前，印度和巴基斯坦开始了战争，语言问题被暂时搁置。[②]

第三个发展问题是在 1962 年和 1967 年国大党内部权力转移，使得政府更好的适应语言政策。1962 年大选，国大党在北印度邦失去席位，但是获得了在印度西部、东部和南部的非印地语邦的席位。在邦选举中，它失去北方各印度党派的支持，这些党派也是支持印地语的。简而言之，在 1962 年的大选里增加了南方国大党反印地语机构。[③] 1967 年的大选更进一步改变了国大党的政治命运。第一，国大党在议会仅赢得了刚过半数的席位；第二，它失去了将近一半的邦选举，大多数被地方政党获得；第三，国大党在每一个印度邦的竞选都失败了，除了拉贾斯坦邦；最后，在非印地语邦选举情况相对较好，除了在马德拉斯输给了泰米尔纳杜邦的平等党。结果，国大党的势力几乎受到全国性的削弱。如果不能很好的处理人民对语言政策的反对情绪，那么将面临更进一步地选票丢失，特别是在相对有优势的南部地区。

---

① 参见语言冲突（Das Gupta，Language Conflict，p. 238）。

② 参见语言冲突（Das Gupta，Language Conflict，pp. 245 – 246）。

③ 参见语言冲突（Das Gupta，Language Conflict，pp. 235）。

1967年11月通过了官方语言(修正)法案。修正案确定了英语将继续作为官方语言在全国范围内成为议会以及中央政府与非印地语邦之间相互交流的手段。掌握了印地语或英语就足够为公共服务了。新的系统由二部分构成:针对官方交易的“双语政策”;针对学校教育的“三语政策”;针对政府公务员考试的“三语政策”。①

总之,经过二十年,政府终于形成一套语言政策,既照顾到团体的利益,又成功应对了一次在全国范围内一触即发的民族冲突。

重组邦:另一个语言问题

1953年和1956年间,政府着手处理语言问题的第二个层面——邦重组问题。解决这一复杂问题的手段是根据语言来划分邦,同时团体利益也得到同等的重视。而暴力反对可以说是促使政府改变政策方向的一种催化剂。

印度独立以后,把英国殖民统治时期的独立地方整合成一个整体是非常迫切的工作。这些独立地方——以前的省,以及五百个或更多的邦——已经存在了二百五十年了,但是被不同的规章和行政体系管理着。只有一种方法可以把它们重组到一起,那就是拥有共同的语言。这与独立前国大党计划根据语言设立邦的想法是一致的。

但是,1948年,语言省委员会——达累斯萨拉姆委员提出,在国家形成的初期,团体权利的确立既不可能也不希望被认同。基于它们的建议,地区应该是通过不同的方式整合或合并。② 这套系统被广泛地认为是不实用的和不公正的,但是印度国内版图的进一步重组是有必要的。随后,国大党调查如何才能实施重组计划,但其极力反对以语言邦的形式来实施。尽管如此,国大党仍旧做出让步,同意马德拉斯中占大部分地区的泰勒古从安德哈拉独立出来。

---

① 参见语言冲突(Das Gupta, Language Conflict, pp. 259)。

② 参见印度宪法(M. V. Pylee, India's Constitution (New Delhi: Asia Publishing House, 1967), pp. 59-60)。

政府拒绝建立语言邦的做法增加了对政府本身的要求。三波暴力冲击最终改变了政府的政策。

第一波暴乱是由安德哈拉的激进分子发起的，但是安德哈拉很快就于1953年离开人世。而政府也于1953年做出回应，宣布了安德哈拉普拉帝史邦的构成。鉴于设置语言邦的压力，政府在十一月组成重组邦委员会来解决这个问题。[①] 委员会的1955年报告否决了以“一种语言，一个邦”为基础的重组模式。取而代之的是，概括出四个重组过程的原则：一、任何重组计划必须保证和加强印度的统一和安全；二、语言和文化的同质性也要考虑到重组计划中；三、努力改善财政、经济和提高行政效率；四、整合经济发展计划。此外，任何重组的计划应考虑到共同的历史传统、地域、行政以及人民的意愿，也要与国家的利益相一致。委员会再次认识到，尽管有了普遍的原则，但是重组的形式将不可避免地因地而异。[②]

尽管委员会否决语言和重组指导原则要一致，“这个模式出自委员会的建议计划，只包括实践中单一语言的邦。”[③]委员会的报告也并没有赢得全部的支持，毕竟鉴于印度复杂的民族状况，任何重组计划都必定让一些团体感到不安和不快。经过一系列与中央政府和不同团体的协商，邦重组法案最终于1956年11月通过。

第二波影响语言邦的形成的冲击发生于20世纪50年代后期和20世纪60年代的早期。当邦重组法案于1956年生效时，两个关键的邦：孟买和旁遮普，拒绝按照语言重组邦。平息暴乱后两个邦最终按照要求重组。孟买邦主要使用马拉地语，但实质上也包含着少数使用古吉拉特语的人们，特别是在孟买城。1960年，大范围的暴乱后，孟买邦分成了使用马拉地语的马哈拉施特拉邦和使用古吉拉特语的古吉拉特邦，孟买被归入马哈拉施特拉邦。

① 参见印度：政府和政治（Hardgrave and Kochanek, India: Government and Politics, pp. 136 - 145）。

② 参见印度宪法（Pylee, India's Constitution, pp. 61 - 63）。

③ 参见印度宪法（Pylee, India's Constitution, p. 64）。

因为邦重组政策的实施，旁遮普于1966年发生暴乱。政府决定重建一个旁遮普邦，设计了以果鲁穆奇字母书写的旁遮普语，并将其作为官方语言。旁遮普的情况非常复杂，由于宗教和语言的差别，旁遮普有两个主要团体：锡克教和印度教。锡克教希望邦能分开，以保护自己的宗教信仰不被印度教影响。到了二十世纪五十年代，这种信仰关注通过语言来传达。邦中的锡克族和印度族都说旁遮普语，只是锡克族用果鲁穆奇字母书写。1955年，邦重组委员会，拒绝了锡克独立为邦的要求，认为这并不能解决当地双方紧张的关系。

然而，1966年，冲突的爆发迫使政府改变了这一决定。事实上，这一改变与锡克族人在1965年对巴基斯坦一战中的重要作用也有一定关系。并且印度教也要求分为旁遮普语邦。于是政府设立了锡克旁遮普邦和以印度教为主的哈雅拉邦。到此就完成了对几个主要邦的重组。①

中央政府曾担心会刺激蠢蠢欲动的分离主义者，所以最初是极勉强地接受了语言划分邦的提议。但随着不断加剧的反抗和暴动严重地破坏了国内的秩序和稳定，各地方和组织的要求也让政府应接不暇。政府才体会到了在联邦系统中设置语言邦更能带来长远的稳定。

克什米尔、旁遮普和东北地区邦的地方主义

在克什米尔、旁遮普和东北地区的一些邦中，宗教、语言和其他文化方面仍然存在很大差异，或还保留不完全的认同。这些差异促使了争取更多自治权的政治运动和分裂活动的发生，甚至是群体性的暴动。印度政府运用联邦制度，下移权力来缓解这种矛盾。但当联邦制度也不能满足地方分权主义者，政府就只有通过强制的措施来限制分离主义者和其组织的暴动。

---

① 参见印度：政府和政治（Hardgrave and Kochanek, India: Government and Politics, pp. 1369 - 140）贾坎德邦要求从乔达安 - 那格浦尔分离出来，和奥里萨邦区域邻接的要求在1956年遭到否决。要求成立独立的由那加人统治的那加兰邦也被拒绝。然而，1963年印度政府把那加人的一部分，即那加山区，从阿萨姆邦分离出来，成立了一个新州。没有一个例子是依据语言问题分离，相反，划分是以部落和非部落为基础。

当印度独立时,就清楚地看到只有联邦制才能够适应印度的民族多样性。这种联邦制度,使得政府一次又一次地给予不同的边境团体特有的自治权。当这不断的让步仍不能满足地方分权者的要求,或者说政府失信不能给予更多的自治权,地方分权主义者将转而提出分裂的要求。通常政府对于地方要求的考虑以及采纳是需要一个反应过程的。结果,往往导致事态扩大并引起暴乱。通常政府对待边境暴乱的一贯模式是:先进行协商,适当让步;一旦协商失败,就动用大量武力,实施军事打击。

政府沿着这一路线,充分利用甚至激化反叛团体之间和各民族团体之间的矛盾,削弱他们主要的敌人。政府的看法是,和平协定通常是由处于强势地位的一方商定的。然而有趣的是,这些协定一般都是更多地满足反叛团体的要求。

地方主义和联邦主义

在我们具体考虑克什米尔、旁遮普和东北部邦的事情以前,我们需要先明白在管理地区不满情绪的问题上,联邦制度扮演着怎样的角色,特别是对于边境地区的邦。理论上,印度的联邦体系必须遵守承诺,把重要的权力下放。然而,当联邦主义在印度实践时却始终混杂着具有特殊意义的中央集权。实际上,每个印度邦都受到过度的中央控制,但是处在边境的邦还存在着很强的地方意识。因此,联邦制使得地方政府和人民渴望更多的自治权,甚至是政治的独立。

依据早期的记录,印度是一个联邦国家。大部分的邦在语言的基础上有明确的种族划分,至少在书面上的这些语言里,邦是有实质性权力的,可是事实上印度是相当集权的。中央政府迅速宣布了它的首要地位,负责国家安全(对外事务,国防)和国家经济政策以及控制印度举足轻重的部门(国家政府机关,军队)。这一切都由国大党控制,直到 1967 年国大党在中央和地方一直占统治地位。

印度联邦制度带有显著的辩证特征。一方面在国大党控制下的中央政府逐渐运用其控制的重要机构集中自治权;另一方面,控制权的收紧引起了地方的不满。这种不满降低了他们对国大党的支持,转而支持其他地方政党。因此国大党在选举中票数越是下滑,其领导人就越是加紧政治体系集中化。国大党不断地重复援引宪法的支持,宪法允许中央政府根据总统章程,在面临重大危险时解散或替换地方政府。在 1947 年到 1967 年间,总统章程被使用了十次,而在 1968 年到 1989 年期间①更是被使用了六十六次之多。

印度的联邦体系包括对一些边境邦提供特别自治权。克什米尔是最极端的例子。

根据宪法规定,中央政府负责国防、外交,但是可以在邦政府同意的情况下制定其他政策领域的法律。然而就像我们将要了解到的一样,由于政府担心克什米尔的分裂主义,于是削减了克什米尔的自治权,此举点燃了该地区的不满情绪。其他两个边境邦——那加兰邦和米佐拉姆——也根据实际的宗教、社会、习俗、文化和司法公正以及所有权和土地转让的情况,给予特殊的自治权。这些规定得到了切实的遵守,但是并不能满足地方分离主义者的要求。

为了适应更大程度的地方自治,中央政府在农村、城镇和城市各级设立自治区委员会和村务委员会,或是自治团体。这些自治委员会是特别设置来调解邦内部的不同政见,尤其是在边境的邦。但是极少的自治委员会能达成当局委以的代表任务,至少一方面是因为它们只有有限的财政权,另一方面也因为最后邦政府和中央政府都命令委员会该做什么。村委会体系进展得也并不顺利。一个新的具有财政权和决策权的系统在 1992 年和 1993 年被引进,承诺将进一步下放权力。然而政府并不想真正地赋予其他团体实质性的决策权。

印度独立时,领导人以书面形式确立了联邦体系,这一体系一方面看似很好地平衡了附属的可支配团体,另一方面平衡了邦的利益,至少在书面上

① 参见印度民主制的困惑:一种重新解释(Arend Lijphart, The Puzzle of Indian Democracy: A Reinterpretation, RGICS Paper No. 18 (New Delhi: Rajiv Gandhi Institute for Comtemporary Studies, Rajiv Gandhi Foundation, 1994), p. 19)。

政府给了地方和当地政府很大的权力。然而,同时中央政府不愿给邦政府重要的权力,而邦政府也不愿给地方团体重要的权力。在印度,大部分权力下放的努力都被破坏,原因部分在于在一个宽松的环境里政府真正关注的是国家的统一和经济计划,但是更重要的是新德里和邦首府都不愿意共同分享权力。

克什米尔

印度对克什米尔的政策要分为四个阶段:1947 至 1964 年,1965 至 1981 年,1982 至 1989 年和 1990 至 1996 年。第一阶段的标志是政府努力正式同意地方自治,然后又限制克什米尔的地方自治。第二阶段,更有信心的政府尝试放宽一些由中央政府控制的事情。第三阶段,政府试着操纵克什米尔政治,并更进一步控制克什米尔。当克什米尔抗议这种重新压制时,政策倒退。第四阶段,政府用大量的镇压暴乱的军事武装来镇压全面的反叛。当反叛平息以后,政府承诺给克什米尔更大的自治权,并试图使该地区恢复到原来的正常政治生活。

限制地方自治,1947 至 1964 年

印度在克什米尔问题上的基本观点,是整合邦融入联邦政府,并将赋予其特殊自治权作为妥协。根据宪法的规定,国家政府负责国防和外交事务,但是只要邦政府同意国家政府也可为其他地区立法。另外,同意克什米尔起草自己的法案。1952 年,克什米尔政府和中央政府提出了“德里协议”,重申克什米尔起草宪法的权力和明确说明地区自治权必须由邦政府同意。根据德里协议,克什米尔人是印度公民,但是克什米尔可以保留独立前的一些特权,允许克什米尔保留其旗帜。地方长官是根据本地法律选举产生的,而不是中央政府任命。最后,紧急事态只有通过邦司法部门的同意才能

生效。[①]

名义上克什米尔被赋予了极大的自治权。然而,很快印度政府便怀疑克什米尔对联邦政府的承诺,开始收回权力。首先,政府通过一系列合法手段削减自治权。随后在实践中开始限制克什米尔自治权力。1957 年到 1966 年间,由于克什米尔政府易受中央影响,印度政府根据印度宪法对其进行了范围更广的规定。[②] 1966 年,克什米尔宪法得到修正,改任萨迪拉萨特为地方长官,改任首相为首席长官。最终,印度宪法中有关总统章程的条文,和总统、议会权力机关根据总统章程制定的法律,都应用于克什米尔。在克什米尔人民看来,这正是在逐步的颠覆它们的自治权。

第二,印度用政治手段继续控制克什米尔。克什米尔民族协会党和其领导人阿仆杜拉主要管理克什米尔的自治权安排。协会内部的派系和阿仆杜拉渐渐地成为整合的障碍。因此政府想要让阿仆杜拉离开政治圈,并且用一个更顺从的管理部门来代替他。阿仆杜拉于 1953 年被捕,同时他的政府被解散。1958 年他被释放但是又很快再次被捕。1964 年再次释放,1965 年五月刚从麦加返回就又一次被捕。人们普遍相信在克什米尔的前两次大选中印度政府有暗箱操作行为,用以选出更让新德里满意的克什米尔邦政府。克什米尔的第一次邦大选是在 1957 年克什米尔宪法生效后举行的,第二次在 1962 年举行。[③]

第三,印度政府通过运用经济手段控制克什米尔。政府建立了大众和精英阶层的拥护基础。经济手段包括同意一般的经济资助和分配配额,许可证,执照和合同。结果,克什米尔五年的经济发展计划几乎都是由中央政府投资的,并且克什米尔人均得到的经济资助远远超过国家的平均水平。[④]

① 参见峡谷后的克什米尔(M. J. Akbar, Kashmir: Behind the Vale (New Delhi: Viking Penguin, 1991) pp. 143 – 144)。

② 参见克什米尔冷酷的动荡(Jamohan, My Frozen Turbulence in Kashmir, 3d ed. (New Delhi: Allied, 1993), pp. 719 – 720)。

③ 参见克什米尔(Akbar, Kashmir, p. 159)。

④ 参见冷酷的动荡(Jagmohan, Frozen Turbulence, p. 242)。

放宽控制,1965 至 1981 年

1965 年印度与巴基斯坦的战争,表明印度同意自治然后再介入统治的策略是有一定作用的。当 1965 年部落侵略者和巴基斯坦士兵进入克什米尔,他们发现在这里只得到了极少的支持,当地民众更愿意配合印度军队和当局。虽然克什米尔民众对加入巴基斯坦表现的热情很小,但他们对中央政府过多的干预邦事务也表示不满。

新德里慎重的做出回应:它仅仅只是放松了对阿仆杜拉教长的控制,让他重回克什米尔政坛。阿卜杜拉于 1967 年被释放,1968 年组织了全克什米尔邦人大会,目的是为克什米尔争取更大程度的自治权。这再次使印度政府感到不安,阿仆杜拉再次回到被囚禁状态。

印度政府继续通过对抗促成和解。1971 年,印度政府迫切地想确定,如果印度在 11 月和巴基斯坦交战,克什米尔是否忠于印度。

1971 年战争之后,印度政府开始和阿仆杜拉讨论自治权的问题。政府做出一些让步,但实际上阿仆杜拉关于更广泛自治权的建议都被拒绝。1975 年最终达成的协定意图促使教长回归邦政治。根据协议,克什米尔将保留其自己的宪法。另外,剩余的权力也由克什米尔立法机构保留。在总统同意的情况下,邦政府也可以修改 1953 年合作法案的法律。协定签署以后,在大多数邦和国大党的支持下,政府安排教长民族协会取得权力。[①] 两年以后,在相对更自由和公平的竞选中,教长轻松的获胜。阿仆杜拉重新得到权力,但是他在被关押期间几乎耗尽了精力,同时也被由政府操纵的克什米尔政策削弱了势力,因此他没有挑战新德里的实力。在后来的五年中,克什米尔处于稳定状态。

操纵和压制,1982 至 1989 年

1982 年,随着阿仆杜拉的去世和其子法鲁克接掌权力,印度政府对克什米尔的政策进入一个新的阶段。新德里以政治操纵手段限制克什米尔的

---

① 参见克什米尔(Akbar, Kashmir, pp. 186 – 187)。

自治权。新德里的做法激怒了克什米尔民众，最终爆发了暴乱。然后，印度政府实施了许多压制措施，这不断激起各部分的克什米尔人民的抗争并引起了公开的反叛。

新德里的国大党政府仍然对阿卜杜拉家族领导的民族协会党持怀疑态度，尝试控制它并把它拉入到1982年的竞选阵营中。但这遭到了法鲁克的拒绝，法鲁克继续获得了竞选的胜利。两年后，英迪拉·甘地策划了一系列关于民族协会党党内的问题，使得地方长官解除了法鲁克的职位。

1984年英迪拉·甘地被刺杀之后，她的儿子拉吉武也试图通过竞选联盟来控制法鲁克。1986年，法鲁克出于担心如果拒绝参加国大党会被再次解职而最终妥协，协会党—国大党联合赢得1987年的邦大选。然而选举遭到了广泛的谴责，人民称选举中有舞弊现象。公众反对协会党和国大党联盟的情绪高涨，最终演变为暴乱的发生。

政府开始新一波的镇压：逮捕或只拘留不指控，公安狙击，动用准军事武装，以及启用特别法案和秩序法律。1989年，克什米尔人组织了一次成功的对大选的联合抵制。随后法鲁克辞职。[①]

武装镇压及返回正常政治状态，1990至1996年

1990年，印度政府对克什米尔的政策进入第四阶段，这个阶段采用的镇压叛乱行动计划彻底打击了克什米尔军队，使其回到正常政治状态。1990年1月18日晚，地方行政长官贾格莫汉下令政府预备军事力量开始行动，进行大规模的地毯式搜查，激起了民众的抗议，人们纷纷涌上街头。在随后的暴乱中至少有55人在冲突中死亡。这时，克什米尔的年轻人设法进入巴基斯坦控制克什米尔地区，在那里得到武器，并接受军事训练。[②] 此后暴力反抗和政府镇压逐渐加强。印度正规军和印度准军事武装开始执行镇压叛乱行动，这令人想起他们在东北邦和旁遮普所作的镇压行动，现在也

① 参见面临叛乱的克什米尔（Balraj Puri，Kashmi：Towards Insurgency（Delhi：Orient Longman，1993），pp. 55－59）。

② 参见克什米尔（Akbar，Kashmir，p. 219）。

在克什米尔重现。

1995年后期,反叛渐渐平息,政府试着使克什米尔的政治生活回到正轨。总理纳拉辛哈拉奥宣布他愿意和克什米尔商谈除了独立以外的任何问题,并愿意给予克什米尔尽可能真正的自治权。1952年,政府与法鲁克·阿仆杜拉达成和平协议。1996年5月,民族协会党和众多反对组织抵制大选,他们再一次怀疑大选的公正性。1996年夏天,政府又在克什米尔举行了由民族协会党参与的选举。法鲁克·阿仆杜拉重新掌权。法鲁克宣布他将与中央政府谈判以争取更大的自治权,包括在克什米尔内部下放权力(给查谟和拉达克),设置克什米尔人权委员会,试图恢复未被判决的极端分子的名誉,建立本地警察机构——而不是军队指挥官——负责地区安全。印度处理克什米尔问题的方法作为一种可借鉴的模式被运用到其他边境地区:理论上同意自治但实际上收回权力;对激进政策反应迟钝;当激进行为上升,就谨慎的谈判然后武装镇压;最终借助大量的武装镇压控制反叛的局面,使其回到正常的政治轨道。

旁遮普

在旁遮普,锡克教已经明确清晰的表达了对自治权方面的要求,并且政府的回应也已经发展到一定阶段。根据较早的记录来看,二十世纪五十年代锡克教的政治运动关注的是语言问题。但是旁遮普问题的根源是宗教差异,再加上锡克教团体对土地的依赖和他们要对这个区域进行政治控制的要求。事实上,锡克教集团集中居住于一个孤立的地区,所以对地区自治和政治独立的渴望非常强烈。

锡克教徒的不满和政府对锡克教运动的政策主要分为四个阶段:1947至1966年,1967至1979年,1980至1991年和1992至1995年。第一个阶段,政府尝试使用重组的方式来满足锡克教的自治要求。第二个阶段,锡克教进行了政治性的煽动活动。由于没有引起政府的重视,锡克教的行动变得更加暴力。然后,政府采用两种途径的政策来处理:暴力反击和政治上的回应——姑息、选举和协商。到1992年,这两种途径的政策都宣告失败。

新的邦政府产生后，政府转向采用以大规模武力为基础的新反恐怖主义政策。1995 年，政府成功地打击了激进分子。尽管锡克教徒的要求没有得到满足，但旁遮普邦重回正常状态。

通过重组实现自治，1947 至 1966 年

在阿克里党领导下的锡克教，从二十世纪三十年代开始和国大党联合，协定独立后，锡克教的语言——宗教问题要考虑到新宪法里。独立后，锡克教徒感到他们所寻求的自治被有计划的否决了。首先，锡克教要求的旁遮普语言邦被国大党任命的各种委员会拒绝。第二，他们提出在宪法中作为少数派的要求遭到拒绝。例如，在民法中，把他们按照印度教处理。1956 年邦重组，合并了伯蒂亚拉和东旁遮普邦联盟。实际上，降低了锡克教在该区域的比例。1961 年，为了应付暴力反抗，政府同意旁遮普语作为主要语言，但并不是官方语言。

只有在 1966 年，锡克教更进一步的抗议和巴基斯坦战争需要稳定旁遮普邦，所以中央政府重组旁遮普邦，旁遮普语成为官方语言，锡克教徒在数量上也占绝对优势。[①]

处理一般激进行动的政策，1967 至 1979 年

新成立的旁遮普邦，在 1967 年到 1979 年间是相当平静的。1967 年阿克里掌权以后，提出了第二批要求。这些要求主要关注昌迪加尔的未来，邻邦领土的调整，河流水的分配，保护和促进锡克教发展等方面。对此印度政府做出谨慎的答复。因此在 1970 年，印度政府把昌迪加尔市划归旁遮普。作为交换，两个印度教为主的区域给了哈里亚纳邦。然而转移没能完成，哈里亚纳邦，旁遮普邦和拉贾斯坦邦之间的河流水的划分问题也没能解决。[②]

于是阿克里在 1973 年通过了阿嫩德布尔阁下决议案。该决议案对"哈

---

① 参见历史遗产（Harji Mallick，"The Historical Legacy，" in Amrik Singh，ed.，Punjab in India Politics：Issues and Trends（Delhi：Ajanta，1985），pp. 35－40）。

② 参见印度的政府和政治（Hardgrave and Kochanek，India：Government and Politics，p. 153）。

利斯坦"一词作了解释,并突然停止鼓吹分离主义。更重要的是,决议案要求昌迪加尔和其他以锡克教徒为主的说旁遮普语的地区都并入旁遮普。这有利于保护锡克教徒和锡克教,并且给予旁遮普和其他印度邦等更大的自治权。[①] 在1974到1977年之间,印度一直采用紧急法案管理,而政府也始终没有认真地回应该决议案。

1977年阿克里党在旁遮普重获权力。1978年修订了阿嫩德布尔决议案,要求限制中央政府在国防、外交、通讯、货币、铁路交通等方面的职责。此外,阿克里要求获得更多的财政权力,并要求把锡克教作为少数派列入宪法(像穆斯林教和基督教一样)。新德里的人民政府承诺调查具体的财政歧视事件,但拒绝把锡克教定义为与印度教不同的教派。[②]

协商与压制,1980至1981年

从1980年开始,锡克教的抗议转为暴乱。自从非暴力激进主义不能从政府那里得到可接受的回应,锡克教转而采取恐怖行动。

政府对此进行武装镇压。两边继续协商,但是来自于双方极端主义者不断增加的压力,使得协议很难达成。

从1981年到1984年,阿克里党精心安排了一系列大规模抗议活动,反对国大党领导的政府。阿克里党煽动性的政治运动与锡克族武装分子桑特·宾德兰瓦莱领导的暴力运动一起进行。于是政府利用锡克教内部派别矛盾,使其相互斗争。这种分而治之的政策在一定程度上取得了成功。但是,就长远来讲,政府的这种做法更促使宾德兰瓦莱成为一个候补力量。从这方面来讲,政府政策在20世纪80年代埋下了隐患。[③]

1981年10月,暴动再次蔓延开来,政府开始与阿克里党谈判。谈判时

---

① 参见锡克族的分离主义(Kapur, Sikh Separatism, p. 219)。

② 参见旁遮普邦的悲剧:蓝星行动和后续(Kuldip Nayar and Khushwant Singh, Tragedy of Punjab: Operation Bluestar and After (New Delhi: Vision Books, 1984), p. 35)。

③ 参见旁遮普邦的悲剧:蓝星行动和后续(Kuldip Nayar and Khushwant Singh, Tragedy of Punjab: Operation Bluestar and After (New Delhi: Vision Books, 1984), pp. 38 – 42)。

断时续，仍然围绕通常含混不清的问题进行讨论，最终达成毫无意义的协议。① 恐怖主义的暴力活动继续扩大，政府只能加强警力。与此同时政府也做了一些退让。1982 年 10 月，政府释放了 25000 名被拘留者，同意不同文化的诉求，通过当地电台传播宗教赞美诗，允许锡克教教徒乘坐飞机可以携带短刀，并且禁止在阿姆里查金塔附近出售香烟、酒和肉类。1983 年 3 月，政府宣布中央 - 地方关系将由锡克教教徒 R · S 萨卡拉法官领导的独立委员进行检查。②

但是形势依旧没有改变。政府没有有效的军事策略来对付拥有军事装备的叛军，而政策上的妥协也不能满足锡克教徒的要求。即便是政府和锡克教谈判之时，也越来越倾向于依赖压制。通过的国家安全法修正案，规定允许警察可以在未获得批准的情况下，怀疑和实施调查，可以在不说明原因的情况下逮捕和拘留嫌疑犯，可以把嫌疑犯关进监狱两年而不起诉。1984 年 6 月，印度军队占领并控制了金塔，杀死宾德兰瓦莱和一些喀里斯坦高级领导人。虽然政府希望这样可以平息叛乱，但是暴乱进一步升级。印度各地信仰锡克教的军队开始兵变，政府只好武力镇压。1984 年 10 月 31 日，为报复政府攻击金塔，总理英迪拉 · 甘地被她的锡克教警卫暗杀。

在拉吉夫 · 甘地领导下的新政府试图打破暴乱的循环，与阿克里党中态度中立的领导者哈尔查兰隆戈瓦尔签署和平协定。为了使协议具有合法性，将权力归还阿克里人，政府宣布大选。锡克族激进分子刺杀隆戈瓦尔使计划停顿。虽然如此，大选继续进行，但是新成立地方政府仍无法处理不断升级的暴乱。因此中央政府转而加强镇压力度。1987 年，中央政府解散了旁遮普的阿克里政府。由于担心哈里亚纳邦印度教的对抗性反应，于是政府重新践行与隆戈瓦尔签署的协定。1988 年，印度准军事武装重返金塔，

① 参见旁遮普邦的悲剧：蓝星行动和后续（Kuldip Nayar and Khushwant Singh, Tragedy of Punjab: Operation Bluestar and After (New Delhi: Vision Books, 1984), pp. 44 - 50）。

② 参见锡克族的分离主义（Kapur, Sikh Separatism, p. 224）；旁遮普的灾难（Nayar and Singh, Tragedy of Punjab, p. 71）。

彻底清理残余的激进分子。[1] 然而这并没能使锡克教激进分子顺从，锡克教恐怖主义和地方镇压全面升级。

大规模使用武力和正常政治秩序回归阶段，1992 至 1995 年

1992 年旁遮普邦大选以后，锡克教危机进入第四阶段。尽管阿克里党抵制大选，也只有 4.6% 的选举人投票，但是一个新的邦政府仍在国大党的促使下成立。随着国会的当权，中央政府通过发动当地警察来拖垮激进武装。

把镇压叛乱的行动交给警察进行有几个军事优点：警察最熟悉当地地形，他们也与当地居民有一些联系，并不会被看作新德里的工具。与军队不同的是，警察可以用相同的方式回应激进分子的策略：比如说激进分子绑架了警察的家庭成员，警察则采用诱拐激进分子亲属的方式进行反击。政府采用现金悬赏的方式抓捕激进分子，并保护信息提供者，而对法外杀戮和逮捕置之不理。[2] 1995 年，政府政策普遍取得成功。锡克教激进分子明显被削弱，被抑制。旁遮普的政治生活重回正常化。

从广义上说，政府在旁遮普的政策类似于对克什米尔的政策：抗拒自治要求，谨慎协商和适度镇压，使用武力拖垮激进武装，最终回归正常选举政治。

东北部

拥有七个邦的东北部是一个复杂的地区。除了阿鲁纳恰尔邦和梅加拉亚邦，其他的邦都曾试图通过运动寻求政治独立或要求更多的自治权，并最终发展到使用暴力。对这五个麻烦的邦，中央政府政策走了相似的路线：起初不予回应，当宗教抗议转变为暴乱时开始谈判，然后通过大量使用武力镇

① 参见印度的政府和政治（Hardgrave and Kochanek, India: Government and Politics, pp. 158 - 159）。

② 参见印度重新定义其角色（Shekhar Gupta, India Redifines its Role, Adelphi Paper 293 (London: Oxford University Press for the International Institute for Stragetic Studies, 1995), pp. 28 - 29）。

压叛乱;反叛力量被瓦解后回归到协商,恢复正常的政治选举生活。每个案例都是以达成和平协议的方式结束,最终煽动和暴乱在东北部地区得到平息。然而,并不是所有的民族问题都得到了解决,至少在某些方面是这样的,因为协议条款并没有完全生效。现在具体介绍一个案例,阿萨姆邦——东北部最重要的邦,通过研究它来从宏观上阐明印度在东北部这个不稳定边陲地区的政策。

阿萨姆邦

阿萨姆邦所呈现出的也许是印度东北部最复杂的民族问题。一部分阿萨姆邦的民族问题是通过区域重组的方式解决的。阿鲁纳恰尔邦,梅加拉亚邦,米佐拉姆和那加兰邦仿照阿萨姆邦解决了很多有争议的问题,但是如今的阿萨姆邦仍然存在很多民族问题。在人口和政治上占优势的印度教阿萨姆人反对穆斯林和印度教孟加拉人;前者也憎恨很多种族,像博多, 卡勒布斯和秘史恩。而居住在此地的非波多种族担心波多人想要控制这里。

印度教阿萨姆人的抗议可以追述到1978年。当时面对大众的不满,政府承诺设立审理委员会调查选举人名单里大量的外来移民。1979年6月,全阿萨姆学生联合会(AASU)和其他组织抗议孟加拉籍移民拥有的选举席位和投票权利。然而政府对此并没有足够的重视。事实上,政府决定继续按照计划选举,承诺在投票过程中仔细检查选举人名单。11月,AASU举行抗议活动,封锁了阿萨姆石油输出管道。1980年选举后,新总理英迪拉甘地开始与学生谈判。① 政府统一确认身份并驱逐1971年进入阿萨姆的移民。

阿萨姆的事态急转直下是在1983年,当时英迪拉甘地宣布邦大选。但是有关外地人的身份确认和驱逐工作并未开展。学生要求总理不要进行投票,然而政府仍旧继续。

在尼利,超过一千的孟加拉籍穆斯林教徒因报复被杀害。针对外国人

① 参见神奇之地的外来者(Hazarika, Strangers of the Mist, p. 143)。

和政府在非法移民问题上无所作为的抗议活动仍在继续。邦政府采取严厉手段镇压。谈判重新开始，但进展甚微。暴乱和镇压的循环再次上演。[①]

1984年后期，拉吉夫甘地的新政府迅速将其注意力转向印度的多样化民族争论，其中也包括阿萨姆。1985年，政府与自1978年就与中央政府斗争的AASU达成协议。协议规定包括：保证驱逐1978年以后进入阿萨姆的外国人；在阿萨姆建第三个精炼油厂；重开已经关闭的国有造纸厂；兴建新的教育科研机构；停止对煽动反政府人的诉讼；并在1985年11月举行选举。[②] 相应的，AASU同意根据1971年的选举人名单进行投票。于1966—1971年间来到阿萨姆的人，将在1985年大选后剥夺公民权利十年。由AASU和撒格拉姆联合体合并成的阿萨姆人民联盟最终赢得了大选。

然而，这一协定并没能长久的解决阿萨姆的宗教混乱。第二轮的煽动、暴乱和镇压接踵而至。这次是由阿萨姆联合解放阵线领导。联合解放阵线的活动采取了不同的路线，有效结合绑架、勒索、收税、维持治安以及社会和经济改革的方式，运行着一套与邦政府职能平行的组织。[③] 中央政府必然不能容忍，于是继续使用武装反击。1990年11月，中央政府发动“巴拉格行动”，这是一次规模较大的针对联合解放阵线的镇压暴乱军事行动。1991年2月，暴乱分子要求谈判。几乎同时，政府宣布大选。1991年9月，随着选举结果的产生，军队得到授权发动了另一次镇压暴乱的军事打击，代号为“犀牛行动”。1991年12月，解放阵线准备再一次要求协商。1992年1月，一个解放阵线内部派系已经准备投降，随之组织分裂。阿萨姆政府劝说中央政府借助这次事件的转机，通过资助一个大型经济复原项目，来帮助有悔改表现的武装分子，从而进一步削弱解放阵线。[④]

然而，组织的分裂避免了一场政府大规模的镇压，使阿萨姆重获安定。

---

① 参见神奇之地的外来者(Hazarika, Strangers of the Mist, pp. 143 – 147)。

② 参见神奇之地的外来者(Hazarika, Strangers of the Mist, pp. 148 – 149)。

③ 参见神奇之地的外来者(Hazarika, Strangers of the Mist, pp. 175 – 176)。

④ 参见神奇之地的外来者(Hazarika, Strangers of the Mist, pp. 192 – 236)。

与东北部邦的和平协定

印度东北部邦政治独有的特征,是与不同政见者和武装组织达成了和平协议的结果。这项协定并没有成功阻止全部的暴乱,至少有部分暴乱还存在,因为协定一直没有全部完成。新德里分别与阿萨姆(1985)、伯德什(1993)、廓尔喀(1988、1989、1994)、米佐(1971、1986、1993)、那加(1947、1960、1962、1975)和吹普里斯(1984、1988、1993)签订协议。[①] 回顾这些协定,发现从中可以抽象出一个基本的模式。

首先,协议均特别规定关于禁止暴乱、恢复武装和煽动者名誉的问题。其次,所有协议均规定保护民族同一性。例如,事实上每一个协定都允许当地宗教和习惯法来管理经济活动,森林和土地的所有权,民事活动和刑事活动,语言和移民的问题。第三,大部分的协定都包括保护东北部邦的少数民族的条款。具有代表性的是在邦内建立自治委员会。通常,邦和中央政府都能修改委员会法规,并且可以审查法律在关于宗教、社会实践、风俗习惯,以及土地所有权和转让权方面的内容和程序。即便如此,中央政府仍处于最高地位并有权解散委员会。最后,协议还明确说明委员会可以征收的税费种类。[②]

关于委员会的功能,陪审团还未作出判决。然而,大量的经济和政治因素阻碍委员会发挥真正的民主。邦政府妨碍资金流向委员会,并且不采纳委员会在财政问题上的认真讨论而得出的意见。综合这些问题,委员会已经不能实践其征税的权力。此外,虽然委员会被给予了立法、司法和行政的权力,但是他们在经济发展方面的角色模糊,这是一个严重的问题。

政治上,委员会行动能够被邦政府和中央政府驳回。因此,除非在邦和委员会一级是相同的政党规则,否则摩擦是不可避免的。另一个困难是,被解散的委员会只能在指定的时间才能被重组。总之,委员会在经济和政治

---

① 关于东北部和旁遮普及锡金的各种协议文本,参见印度的民族和平协议(P. S. Datta, Ethnic Peace Accords in India(New Delhi: Vikas,1995))。

② 关于东北部和旁遮普及锡金的各种协议文本,参见印度的民族和平协议(P. S. Datta, Ethnic Peace Accords in India(New Delhi: Vikas,1995)),各处都可见。

方面的条款是处于弱势的,权力衰退超过任何一个人的想象。

印度政府和分裂主义

印度政府处理区域自治和分裂活动的政策有三个特征:权力下放,暴力控制,使用选举及和平协议恢复正常的政治生活。尽管政府政策获得了很多成功,但是一些政府的政策趋向并未得到赞扬:如违背权力下放的承诺,无限制的使用武装力量和暴力,未能完全地完成和平协议,以及对地区意见反应不够灵敏等。

结论

印度政府有关民族问题的政策是如何进行的?哪些政策取得了成功,哪些遭受了失败?在何种情况下政府的政策取得成功?从这些分析中得出哪些政策建议?

评估政府政策:宗教

关于宗教,印度政府首先在宪法上保护宗教自由。宪法中大量的规定帮助确定印度的政治体制是世俗的。这并不是意味着实际全部都是世俗化的,但至少政府能有确定的行为标准。

第二,印度宪法中有很多条款来保护所有印度宗教群体的生活方式。例如,允许所有宗教团体运行自己的机构。此外,法庭灵活辨别哪些风俗习惯对于宗教来说是必要的,哪些是不必要的,必要的风俗习惯必须保护;政府坚持反对更改穆斯林个人法,尽管穆斯林个人法本质上限制产生统一的民法,甚至公共意愿支持统一民法。

政府禁止出版拉什迪的《撒旦诗篇》,可被看作是保护宗教群体生活方式和感情的一方面努力。无论政府在民法和拉什迪事件中的政治动机有多么粗暴,它都是为了保护宗教组织的权益。

第三,印度政府雄心勃勃的对印度教个人法进行有效地改革。尽管此举激起印度教中部分印度教徒的不满,但这保证了占有印度人口五分之四的印度教徒有了一个统一的法典。

第四,政府试图调解宗教集团之间的矛盾,但是其影响远差于上面提到的其他三方面。当冲突在宗教团体之间爆发,政府根据常规方式控制暴乱。而政府的措施不力主要表现在不能确认和惩处暴乱头子。结果暴乱往往会再次发生。政府仅做极少的努力去调解有关宗教场所间的矛盾,但是伯布里清真寺事件表明逃避问题不是长久之计。

评估政府政策:种性和宗族

印度政府对于低种姓和低宗族,以及其他底层阶级的保留(配额)政策已经占支配地位。这三个阶层是保留政策的直接受益群,表现在雇用和教育方面。但是受益的部分在整个群体中还是少数。大部分好处是体现在心理上和政治上:逐渐增强的个人意识和群体中集体功效的显现。同化低种姓进入印度主流社会并不像所希望的那样进行,并且政府政策在这方面也显得比较弱。

评估政府政策:语言

印度政府对语言问题的处理,或许可以称得上是政府取得的最大成就了。三语原则运行得非常好。指定印地语作为印度官方语言,满足了主要分布在印度北部的印度教支持者的愿望。保留英语作为印度官方商务和教育的语言,以及在邦一级促进地方语言使用的做法也缓和了其他印度人的情绪。根据语言重组邦政府极大地减少了省级中因语言而发生的冲突。

评估政府政策:地区分离主义

政府在克什米尔、旁遮普和东北部邦的政策维护了国家的统一,从这方面讲,政府政策是成功的,政府采用武力和协商的方式,打击、哄骗极端分子及组织与其达成和平协议。在很多情况下,邦与州政府关系的调整促成了协议的达成。然而,这些边疆地区除了旁遮普以外仍缺乏深层次的国家认同感。此外，一些武装团体仍不满足，处于反抗状态。因此政府主持着一个沉闷而脆弱的和平。

导致成功和失败的条件

有关印度经验的这一分析至少可以归纳出三个导致在处理民族关系问题上成功或失败的条件。

首先，自由宪政、世俗民族主义、社会现代化、经济发展、族群权利以及权力下放的承诺有助于遏制民族的不满。印度的统一尽管存在争议，但如果这些承诺不存在的话，印度的团结将会受到更大的压力。团体权益和权力下放是至关重要的，政府必须小心谨慎的考虑完成和维持协议。在这一点上当政府处理得不够小心，麻烦很可能随之而至。印度联邦主义的辛苦工作和边境邦的反抗就足以说明。

第二，谨慎的策划“伟大的政策”有助于印度长远的稳定。印度这一代表政策包括改革印度民法，建立种姓和宗族的保留制度，发展官方语言政策，并且根据语言划分重组邦。这些政策经过精心设计，最终完成常常需要几十年，并且需要许多行政和政治方面的筹备工作，这些准备包括咨询不同阶层、政府分支机构以及广泛的征询社会意见，并与之讨论。比较而言，政府关于宗教场所和边境邦分裂主义的政策则是反应迟缓、断断续续、政治操纵以及运用武力的。因此基本上前者较后者更为成功。

第三，政治集权和使用武装力量不失为短期最好的选择。如果过度使用中央集权和武力会产生极度的控制欲望。权力下放和民主政治则是实现民族公正与和平的最佳长远之计。当中央政府和邦政府尽力分享权力，当政府能够对民众——通常是团体意见做出快速反应，那么它们将极大地推进民族关系的和平发展。关于分享权力和响应民众的建议方面中央政府开始并不予以考虑，而是随着粗鲁的选举进行。这说明，兼职民主并不需要每个人、每件事在所有时间内都充满着自由的精神。印度政府最大的失败，是发出了它能被大规模暴乱影响的信号。于是暴乱成为印度政治合法语言中的一部分。

政策建议:宗教

在宗教问题上,有三个方面需要政府做出更大的努力:建立统一的民法、避免暴乱和惩治暴乱分子,并对有争议的宗教场所达成协议。政府与国家不同宗教的代表合作,需要就印度完成统一的民法严肃交换意见。政府还必须找到有效的途径避免暴乱。地方政策制定者、行政管理者、警察和社会活动家可以共同协作避免暴力事件。此外,当局需要严惩煽动和制造暴乱者。最后,政府在争论有争议的宗教场所上,必须停止寻求政治优越性。良好的印度教——穆斯林教关系对印度的存在至关重要。因此印度的所有政党也需要意识到宗教遗址争端是个很严重的问题。

政策建议:种姓和部落

印度政府在设立保留制度方面已经做了很多。但这仍不足以消除几乎每天发生在低种姓和低宗族以及其他落后阶层人身上的歧视和暴力事件,公民权利仍然受到侮辱。政府必须考虑如何有效地解决经济滞后和公民权益问题。而一个有效的解决办法就是可以增加这些阶层在警察和准军事武装中的比例。

政策建议:语言

在这方面,官方语言政策的发展和以语言为基础的邦的建立,是政府最成功的一项努力。(p80)

政府需要进一步不断地调整。语言群被划为语言邦,这将不可避免的增加处于分裂状态的邦的压力。设立更多的自治委员会和重组邦是非常必要的。要求更小但更有效地邦的呼声已经响起,这将引发新一轮的邦重组。

政策建议:民族分裂主义

印度关于边境地区的分离主义的政策,在保持国家统一的这一意义上起到了作用。但是,这些区域并没有完全整合,需要更持久的解决方案。新德里必须转变其关注点，改为通过联邦制度实行权力下放。这将涉及到一些邦的重组。在其他问题方面，需要设置更多的自治委员会赋予其足够的权力。结束克什米尔、旁遮普和印度东北部的暴乱也是非常地重要。并且中央政府将不得不在联邦制度和权力分享方面做出更实际的举动。

评估

印度政府在处理许多民族问题方面的记录是混杂的。在有些领域做得很好，而有些则相对较差。但是，与亚非其他与他有类似情况的国家相比，他的表现还是令人佩服的。在复杂的社会环境和滞后的经济条件下，印度成功地维持了民主，控制了民族不满和暴力活动。他依赖宪政和国家支持的世俗民族主义，配合使用以民权、权力下放、武力和压迫为基础的政府政策，保证了印度的统一和民主。这是个不小的壮举。

第二章 巴基斯坦民族关系的中央集权、独裁主义与冲突管理

萨米纳·艾麦德(Samina Ahmed)

从一开始,种族关系在巴基斯坦政治中就扮演着非常重要的角色。事实上,巴基斯坦成立是由以下因素促成的,即1947年,英属印度被划分为两个独立的国家,为穆斯林教徒和印度教徒提供了两个独立的、截然不同的身份。在多民族的巴基斯坦,有许多不同民族团体,包括孟加拉人、旁遮普人、信德人、帕坦人和俾路支人,因此,权力和资源之争,不可避免地贯穿于整个民族发展线路中。

民族关系随着时间发展越趋紧张,而极富代表性的公共机构和国民军事官僚机构中的政治统治缺陷,更加剧了这种局面。旁遮普西翼,在一个民族群体里,其代表人数在族群中没有达到一定比例。这个州不仅作为巴基斯坦民族的参与者被排斥或者处在民族群体之外,而且,国家的领导者也忽视了民族问题的紧迫性,或者只是采取接纳和强制执行民族政策的做法,以此企图改变民族竞争的局面,使民族之间以及民族群体与国家之间的冲突减少。

1971年,忽视团结以及接二连三的政策失败导致了国家自身的瓦解:巴基斯坦的孟加拉人正式从巴基斯坦分裂出去成立了孟加拉国。但这种重创的经验却没能警示那些曾经统治过巴基斯坦的领导者。尽管巴基斯坦分裂是由于官方不当行为引起的直接后果,然而民族政策制定和官方对各族的不满依然没有任何反应,政府的策略在过去一直被证明是无效的。结果,民族冲突在巴基斯坦成为一种司空见惯的现象,从而威胁了国家的政治稳定和公民的安全。

很明显,巴基斯坦政治系统的本质和决策机构,包括民族构成、利益的追求以及决策者们的目标,都极大地影响到巴基斯坦的民族关系。[①] 同样明确的是,官方政策对于国家与民族、民族之间有着非常重要的影响。然而,决定这些政策和策略的方向却是很难决定的。这是因为巴基斯坦的政策制定者在一些重大事项上尽力把民族列入到政策制定当中去,如国家的建立和国民身份等问题。

伴随着国家的建立,其领导者采取了一些措施,例如:巴基斯坦的领导者设法使统治的独裁形式合法化并否认地方自治,制定统一的经济政策等,从而来证明国家权力的分配是正当的。尽管决策制定者们已经采用了促进民族和机构利益的政策,但是在国家建立的基础上,还是形成了特殊的文化政策。

随着时间流逝,巴基斯坦的民族问题不断扩大化,态势越发紧张。政府关于处理民族划分问题的言论和政策的制定,都不能从根本上改变处理民族问题的基本原则、方法、影响,以及在相当大的范围内,造成内部权力结构和政策制定过程的连续性。

为了理解巴基斯坦政府关于民族问题之态度的变化方向,有必要分析在巴基斯坦整个政治环境中前前后后的民族关系和政策。本章试图通过考察巴基斯坦历史上各种各样的转折点,来指出采纳和执行这些特殊政策及策略背后的真正目的。这种历史学的研究方法将为我们评估巴基斯坦政策的连续性和变化,以及研究巴基斯坦在政治历史重要关头为了调节民族关系而采取的特殊政策提供一个框架。

本章主要集中研究后殖民地时期的情况,殖民主义历史遗产将在某种程度上影响到巴基斯坦政治精英的政策选择。在对巴基斯坦民族划分进行简要综述后,本章分5部分,每一部分介绍巴基斯坦政治发展中的一个不同阶段。

---

① 参见亚洲南部民族和国家的建设(Urmila Phandis, Ethnicity and Nation - Building in South Asia (New Delhi: Sage Publications, 1989), pp. 100 - 101, 243)。

第一部分介绍在独立之初的民族关系,那时,国民官僚机构与军队共同决定着巴基斯坦政策的制定。第二部分着眼于在军队直接统治下的政府政策,包括从1958年《戒严令》的强制执行到1971年国家的瓦解。涵盖1971年到1977年的这段时期,第三部分肯定和分析了在公民统治下政策形成的必要性,第四部分考察了从1977年到1988年,伴随着军队的重新统治所呈现出的政策方向。第五部分和最后有关历史的部分包括了从1988年到1997年3月,巴基斯坦由军队统治转向公民自治的历史发展过程。结尾部分对过去政府的政策做了评估,并肯定了现行巴基斯坦政府采取补救措施的政策能够更有效地解决国家的民族问题。

历史和民族概述

当1947年巴基斯坦宣布独立时——当英属印度被分割为两个独立自主的国家时——它的社会是由几个区域、文化及语言上具有明显不同的族群组成。

在国家内部,其中一大主要族群——孟加拉人集中在东孟加拉省,[①]被分裂的第二大民族——旁遮普人居住在西旁遮省,并占据印度领土的930英里。除来自印度穆斯林地区的难民及来自吉大港港区的部落人民以外,东翼的人口在民族上是同种类的。甚至还有大量的印度教徒的少数群体[②]认为他们自身并不是具有宗教的民族标记,而是通过孟加拉领土、文化、及语言遗产来确定他们的身份。

然而,西翼是在语言、领土和文化上有显著区别的民族群体的发源地。此外才是占西翼大多数的旁遮普人,其他主要的民族团体还包括着信德族,帕坦族及俾路支族。其中还存在大量的难民人口,主要的难民(穆哈吉尔)来自印度的北部和西部,集中于城镇区域的信德省。与东翼相比,西翼的民族是由民族和宗派联合来定义。除此之外,信德族的少数印度教派在穆斯

① 孟加拉人口占巴基斯坦的总人数的54.2%。

② 根据1951年人口普查,印度占巴基斯坦人口的14.1%。参见巴基斯坦的历史(Y. V. Gankovsky and L. Gordon - Polonskaya, A History of Pakistan (1947 - 1958) (Lahore: People's Publishing House, n. d.), p97)。

林人口里搞宗派分裂,其中包括大约20%的什叶派少数人口。

此外,民族身份也随着时间的推移不断演化。民族成分在巴基斯坦是很容易改变的,巴基斯坦的民族组成产生变动,是因为一些群体自身被混和并由一个新身份的建立而决定的,同时,也是内部民族之间的关系和政府政策共同作用的结果。[①] 事实上,一段时间后,巴基斯坦的领导者所选择的政策完全地改变了国家的民族组成及存在于它民族族群之中的关系。

民族历史

两大主要因素影响着巴基斯坦在民族政治上的活动:它的殖民地遗产及其行为方式,即它的后独立领导者面临着国家的建立和国家立法机构的挑战,对巴基斯坦少数民族有着重大影响的是印度被分裂这一重大举措。公共的暴乱导致从印度来的大批难民定居在信德省与旁遮普省的城市中心。在巴基斯坦的西北边境,阿富汗政府怀疑杜拉德 ·莱恩分割巴基斯坦和阿富汗帕坦族的合法性,并要求巴基斯坦的帕坦族,或者成为阿富汗公民,或者形成他们自己独立自主的国家,即帕坦族国家。

巴基斯坦已经建立,而且是在两个国家理论的基础之上建立的:印度穆斯林的民族身份是由印度大多数群体分裂后形成的。在独立后,巴基斯坦的政策制定者发现,一个民族有不同成分的宗教不能成为国家建立的有效基础,但是穆斯林人口却占主导地位:因此他们试图建立一个能够覆盖巴基斯坦的国家身份的制度,他们希望将先前已存在的民族忠诚归入其中,但却忽略了民族要求。

这种做法并没有安抚民族的抱怨,在西翼民族上有偏见的国民军事官僚机构与政治上的杰出者组合在一起,统治着旁遮普的大多数人,加强协商的重要性及民族路线中的竞争。政府依靠镇压来遏止更激烈的民族分裂的异议。

---

① 哈纳札 艾威尔,“印度和巴基斯坦的种族政治,”参见“印度和巴基斯坦的种族政治”(Hamza Alavi,“Politics of Ethnicity in India and Pakistan,” in Hamza Alavi and John Harriss, eds. , Sociology of “Developing Societies” (London: Macmillan, 1989), pp. 223 – 224)。

这种政策的联合——忽略了民族的抱怨,维持了官僚机构的民族构成,并镇压民族运动,是存有异议的,从而导致一种极端的后果,即巴基斯坦被分裂。1971 年,大多数的孟加拉社群决定脱离出国家。这种决定损害了巴基斯坦国家正在构想的基础:穆斯林"国家"在亚洲南部的化身。

表 5 巴基斯坦的民族构成

族群	数量	百分比
旁遮普族	73,640.000	56.0
信德族	22,335,000	17.0
帕坦族	21,040,000	16.0
穆哈吉尔族(讲乌尔都语)	7,890,000	6.0
俾路支族	3,945,000	3.0
其他	2,630,000	2.0
总数	131,500,000	100.0

注释:这些数字是 1996 年估计的。但没有官方的调查所以自 1981 年起才被采用。

来源:1996 年盖洛普公司的民调(Gallup poll for 1996);1981 年的人口普查(Craig Baxter, Yogendra K. Malik, Charles H. Kennedy, and Robert C. Obert, Government and Politics in South Asia, 2nd ed. (Boulder, Colo: Westview Press, 1991));"巴基斯坦民族偏爱"(Charles H. Kennedy, "Ethnic Preference in Pakistan," Asian Survey, Vol. 24, No. 6 (June 1984));政治家年鉴:世界各国 1996 - 1997 年统计的、政治的和经济的账户(Brian Hunter, ed., The Statesman's Yearbook: A Statistical, Political and Economic Account of the States of the World for the Year 1996 - 1997, 133rd ed. (London: Macmillan, 1996))。

民族身份在巴基斯坦被削减

在巴基斯坦,少数民族仍保持着主要的政治力量。当然,大多数孟加拉人的独立改变了巴基斯坦的民族局面。国家的四大主要群体,是由语言、领土及历史的共性意识共同来描述的,定居在联邦的四个省区是:旁遮普省、信德省、西北边境省(NWFP),俾路支省。每个省当中也存在着其他民族的少数群体。

同时巴基斯坦的最大族群,旁遮普人,大约占国家人口的 56% (见表 5)信德族人是第二大族群,占总人数的 18%,信德省也包括着大量的穆哈吉尔人。国家中的帕坦族人口,大约占总人数的 15%,它主要集中在西北边境省,虽然它在俾路支省也构成了少数群体。俾路支省覆盖着整个巴基斯坦40%的领土,但俾路支人却只占国家总人口的3%。[①] 由于经济的不断变迁,现在有更多俾路支人以外的人在全国人口中占据多数,尤其在信德族的省会卡拉奇(巴基斯坦的一港市)。阿富汗难民流入俾路支省进一步冲散了俾路支人口在那里的集中。

总体的方向及由民族特殊政府管理的社会、政治、经济政策都由新的民族运动和组织的形成来决定。在忽略发展的南部——旁遮普省经济地带,它于早期形成的经济地带时期,在一场瑟莱凯运动中宣布民族从旁遮普人口中分裂。在城镇信德省,国家的资助已经使得穆哈吉尔人在民族路线中不断涌现出来。

少数民族的政治

1971年后期的巴基斯坦,民族间的关系继续由国家的体制结构来决定,利益及决策者的目标是让他们能够回应民族的要求和不满。民族的竞争和交易是为了获得权力和资源,在一个多民族社会里,一种预期的目的主要是通过"省区自治权的设置"来实现。[②] 许多巴基斯坦的民族群体已经做出相对公平及适度的要求,以便为了寻找更大的区域政治和经济自治权并使官方认可社会文化的多元主义。[③] 例如讨价还价,然而,民族会因为遇到一些独裁主义和过度集权控制结构,而经常演变为流血冲突。特别是在巴基斯坦以往的历史上,当族群没有机构时,为了明确表达他们的不满而积极参与各种机构,民族紧张状况便会随之增加了。

---

① 基于1981年全国人口普查所估计的人数,巴基斯坦的总人数是83780000,1997年,巴基斯坦的人口估计大约为131万。

② 参见"家巩固或支离破碎,基斯坦奇亚-哈克将军的两难困境(1977-1988年)"(Dietrich Reetz,"National Consolidation or Fragmentation of Pakistan: The Dilemma of General Zia-ul-Hap (1977-88)," in Diethelm Weidmann, ed., Nationalism, Ethnicity, and Political Development: South Asian Perspectives (New Delhi: Manohar Publications, 1991), p. 18)。

③ 参见"巴基斯坦的民族和民族主义分子"(Hamza Alavi, "Nationhood and the Nationalists in Pakistan," in Hastings Donnan and Prina Werbner, eds., Economy and Culture in Pakistan: Migrants and cities in a Muslim Society (London: Macmillan, 1991), pp. 163-165)。

此外,民族分裂在旁遮普省和其他省区进一步扩大,旁遮普省在历史上曾通过它在国内的军队官僚机构控制政策制定的过程,因此在巴基斯坦国家,它扮演着及其重要的角色。这使得旁遮普省不成比例地分享政治权力并获得更多的经济利益。

国家实施政策来巩固地位并给予社会、政治、经济方面的政策以法律保障,但是仍然有某些族群认为自己是在政治上被排斥,经济上受剥削和文化上受歧视的受害者。然而连任的巴基斯坦政府首脑并没有适当地回应这种民族联盟形式,因此各种群体不断地反对国家的政策。此种虚弱和未充分发展的国家形式也是导致民族暴力频频出现,妨碍经济发展并削弱其政治能力的原因。

政府政治及内部民族的关系,1947—1958 年

在新兴独立的巴基斯坦,政治上遇到两大棘手的问题,那就是:在民族人口的大背景下如何取得立法权并建立一个新的政府机构。在对待民族关系上,由多种因素来决定政府的态度:国家异源的民族特征,它的殖民传统,它的迅速独立,民族联系及政策制定者自身独特的观点。

独立是在支配物质及军队资源上与印度发生争论的基础上产生的,并且还残忍地分割数百万的难民,避开公开的暴动,跨过那些新兴建立起的国家的边界线。① 其他的挑战还包括要克服未充分发展的经济障碍并建立一个可行的政府体制。

国家形成及民族本身的产生

在独立的巴基斯坦,负责制定政策的主要团体是执政党的领导者,穆斯林联盟(主要是由穆哈吉尔和旁遮普族地主精英代表们组成的),在国家的西翼基础之上,他们对新建立的巴基斯坦担负着最重大的责任。既然新兴

① 到 20 世纪 50 年代,有 720 万穆哈吉尔人,主要集中在信德族的城镇区域,形成西翼总人口的 3.3%。参见巴基斯坦的一段历史(Gankovsky and Gordon - Polonskaya, A History of Pakistan, pp. 107,152)。

独立国家的代表机构没有运转,那么在政治事务中行政机构就必须继承来自殖民地时期的特征并在政治事务中发挥主要作用。在对民族问题的回应上,政治领导者们支持取消民族隔离的态度,试图创造一种"国民"身份来替代现存的民族忠诚。

这种试图创造一种并不自然的民族身份的做法,在某些程度上讲,是殖民地时代遗留的产物,也反映出巴基斯坦的领导者易受欧洲民族-国家观念的影响。但是它也反映出,他们在新的国家里薄弱的拥护基础,巴基斯坦国家的组织并没有倾向于转向大众支持。政治领导者在国家的众多民族社群之中周旋。[①] 这样一来,政治上容易受到影响,领导者并不愿意通过民主机构来发挥作用。相反,它易倾向于建立一个强大的,集权的行政国家,来选择社会精英,并运用高压统治来镇压反对者。

民族和国家的行政

巴基斯坦的政治领导者几乎没有意识到应该建立一部宪法或代议机构。相反,它建立了一个选民议会,政府继续在修订的殖民地议案下发挥功能,即 1935 年的政府印度议案。尽管议案要求建立一套联邦政治结构,但巴基斯坦的政治体系所包括的既不是为政治参与者设立的结构也不是为政治、经济、文化上希望自治的要求所立的条款。民族反抗被军队强行镇压,国内的领导者都依靠不断上升的军队势力来管理国家。[②]

不熟悉管理的任务并缺乏民众的基础,统治党和宪法议会中的成员——联邦立法本身的选举是发生在十分有限的选举权之上的——依靠国内官僚机构来运转国家。这种依靠政府部门的做法是来自殖民地时代的另一种产物;英属印度帝国也是由高级的官僚主义者管理和控制。

---

① 参见民族和国家建设(Phandis,Ethnicity and Nation-Building,pp. 98-99)。

② 参见巴基斯坦:民族国家的巩固(Wayne Ayres Wilcox,Pakistan: The Consolidation of a Nation-State (New York: Columbia University Press,1963),pp. 169-170);同时参见巴基斯坦的民族实验(H. Khuro,"Pakistan's Experiments in Democracy," in G. F. Hudson,ed.,Reform and Revolution in Asia (London: George Allen and Unwin,1972),p. 94)。

在独立后，巴基斯坦的平民官僚机构人员主要是由来自前印度的政府部门公务员和印度的行政人员组成，还有来自军队的被提名的候选人。他们是国家唯一有经验的行政工作者，他们更愿意代替那些无能的人和不能代表政治领导者的人，并且由他们自己来制定政策并执行任务。

早在1951年，格哈·马哈达——一位职业政治家，被任命为行政长官，同时还是国家官僚机构的代表，巴基斯坦的政府公务员，由他来接管非常重要的政策制定职位。从此之后，他们开始控制能力比较弱的领导者，马哈达·卡恩主要在指挥官之下进行积极的军事活动，政治领导者依靠平民和军队官僚机构，在政府行为的各个方面都产生了相当大的影响，包括对民族关系的管理。

巴基斯坦继承来自殖民地印度所谓的“军事比赛”模式来进行统治，主要是由旁遮普人组成，其次就是帕坦族人。孟加拉人、信德族人、俾路支人等都被英国人认为在政治上是不可靠的，也由于代表人数少而受排挤。[①]这种“军事竞争”政策被长期保留并应用，证明大多数的孟加拉人口仍继续处在少数权力的代表下享有不公平的待遇，同时，在巴基斯坦的武装力量中，还有俾路支和信德族。巴基斯坦继承下来的国家官僚机构主要是由穆哈吉尔人和旁遮普人所组成；其他族群的代表人数则低于适当比例。

因此，巴基斯坦的民事-军事官僚机构僭取了强大的制定政策的权力，通过在中央和地方高度复杂的官僚机构来运行，并在秘书长领导建立的迅速扩大的军事力量之下实施。后来他们建立了集权，即独裁的机构，他们否认区域自治的目的是为了提升他们机构的利益但却以牺牲反抗的民族主要

---

① 参见“种族，民族身份及认同：巴基斯坦案例”(Asaf Hussain, “Ethnicity, National Identity and Praetorianism: The Case of Pakistan,” Asian Survey, Vol. 16, No. 10 (October 1976), p. 923)。同时参见印度陆军：对一个国家的发展贡献(Stephen P. Cohen, The Indian Army: Its Contribution to Development of a Nation (Berkeley: University of Colifornia Press, 1971), pp. 45-52)。

人物为代价。[①]

语言和经济政策

官方机构在民族管理上运用此种合并的态度,目的是避免并遏止来自孟加拉人潜在的挑战,他们中的大多数组成了巴基斯坦的主要人口。为一致达成取消民族隔离主义的态度,他们宣布乌尔都语为国家的唯一官方语言;以穆哈吉尔为母语人口,一般能被理解并允许在旁遮普省的城市地区运用。

正式地讲,这种语言政策的目的是建立一个民族身份来满足由区域身份所提出的挑战。巴基斯坦的创立者和第一任将军管理者,马哈达杰恩坚持认为巴基斯坦的官方语言就是乌尔都语。他宣称"这个国家没有其他语言","没有民族能坚固地保持紧密联系并运作"[②]在实践中,这种语言政策确保在以穆罕默德人和旁遮普人为代表之上的中央官僚机构中,其权力得以不断的发展。

中央的经济政策使民族联盟进一步强化,它支持的信德省和旁遮普省的城市发展,却是以东孟加拉省、信德省乡村、NWEP和俾路支省为代价的,加大了存在的社会经济方面的不平等。旁遮普－穆哈吉尔中央官僚机构,负责规划经济计划并支付各个省发展所需的消费费用,通过的政策支持他们在信德省和旁遮普省的城镇地区举行民族选举。例如,国外交易的一个主要的来源,是东孟加拉省的朱特族的贸易,贸易所得的收入用来发展西翼的工业,基地是卡拉奇,同时也是旁遮普省中心的农业基地。

---

① 参见"二十年巴基斯坦公共服务的重新评价"(Shahid J. Burki,"Twenty Years of the Civil Service of Pakistan: A Re－evaluation," Asian Survey, Vol. 9, No. 4 (April 1969), p. 243);同时参见"龙的种子:国家的军队"(Bilal Hashmi,"Dragon Seed: Military in the State," in Hasan Gardezi and Jamil Rashid, eds., Pakistan: The Roots of Dictatorship: The Political Economy of a Praetorian State (Delhi: Oxford University Press, 1986), p. 156)。

② 参见巴基斯坦政治:争取合法性的斗争(Louis D. Hayes, Politics in Pakistan: The Struggle for Legitimacy (Boulder, Colo.: Westview Press, 1984), p. 62)。

高压统治和互选

由于对中央政府民族政策的怨恨，导致孟加拉人要求官方语言平等、民主党的统治、经济自治等权利，政府通过高压政策来遏止民族冲突。在西翼也是这样的状况，信德族人、帕坦族人、俾路支人都要求官方语言的认同和区域的多元论；中央的回应则是强制镇压民族异议和民族领导者的部分互选。

例如，在1948年，军队迫使俾路支部落的同盟首领喀拉特的酋长同意巴基斯坦独立。在西北边境省中，占优势的帕坦族人和那些赞成国会党，库哈戴·卡克马格（上帝的仆人），在马格领导之下，反对分裂巴基斯坦。在1947年之后，马格的追随者继续反对穆斯林联盟。被疏远的帕坦族国际主义者要求分裂的国家构成帕坦族，帕坦国围绕着NWEP的领土和帕坦族－居住的区域。占主导地位的民族人民党（NAP『National People's Party』），阿瓦密的接任者，只要求有形的地方自治和民主主义的形成过程，政府的回应是在西北边境省之上通过互选的部长之民族人民党为区域自治争取更多的要求，其中包括提高集权控制，例如阿瓦密运用暴力，特别是在部落区域，由于不满中央的干涉从而导致了周期性地爆发动荡局面。[①]

同时，西翼的政府机构和他们政治的同盟并不赞同在国家基准上的代表政府；他们认识到大多数孟加拉人民在民主党的框架下将获得并运用权力。孟加拉人不满意现存的政治秩序也表现在穆斯林联盟在1954年第一次选举中击败东孟加拉省。国际战线联盟获胜后在一次宣言中要求区域自治，这也允许中央的控制权仅限于防御、通货及外国事务之上。西部巴基斯坦由旁遮普人和穆哈吉尔人统治，中央通过加强它来努力寻找一套基于中央化的，高压统治和民族操纵内部联系的政策来对其作出回应。它继续解散联合阵线政府；并同意孟加拉语与乌尔都语都作为官方语言，以分裂敌对的力量；在西翼下合并所有的省区和把国家作为一个行政单元，一个行政系

① 参见巴基斯坦：不可思议的政治发展（Lawrence Ziring，Pakistan：The Enigma of Political Development（Boulder，Colo.：Westview Press，1980），p.77）。

统,来融合平衡东翼;并解散宪法会议(代表来自东翼及较小的西部巴基斯坦省区已经开始急切地为争取更多的地方自治而做准备)并在名义上重新组成。最后,平民官僚机构,通过不经选举的外部策略和增加无效的政治领导者来巩固它的政治地位。①

集权结构的管理

到20世纪50年代中期,在前任官僚主义者伊德玛拉札的引导下,新的机制被构筑,为权威主义者的统治提供了合法性。这些包括在巴基斯坦1956年的第一部宪法中,这实际上是提供了一个扭曲的议会制度,在那里,一个名义上的总统之政权远远超过那些总理大臣的职权。就民族问题而言,按照巴基斯坦宣布的联邦政府宪法明确承认存在领土区域界限,然而区域自治名存实亡。

一个行政体制被赋予宪法的认可,东翼和西翼在议会一院制立法机关之间试图通过类似的政策来抵消孟加拉人在数字上所占的优越性。东巴基斯坦和信德省的少数印度教徒通过独立选举的准则而被忽视,这意味着他们只能够作为少数代表参加选举,而不是作为大众席位。② 一些分配机制也建立了包括对职业和申请进入教育机构地区的定额分配,但是把经济等有价值的东西分配给穆哈吉尔和旁遮普人后,民族社会经济的不平等仍然没有改变。

宪法的联邦体制给予省区很少的自治权。例如,立法的权威,按照联邦所描述的按照分界线来分割,应该是和谐一致的,并由各个省区分配一览表,这才能允许通过中央的法规来分配资源。所有重要的政策领域,包括外国政策和省区之间的贸易和货币问题,这些都涵盖在联邦目录中;其他经济的政权在与联邦之间分享时也要体现在合作的目录中;各个省管理的都是关于农业和教育的政策。间接选举的总统被赋予权力来监督所有的国家开支;因此,他运用强大的权力来管理整个省区。另外,总统有权力否决省议

① 参见巴基斯坦的政治(Hayes, Politics in Pakistan, pp. 64 – 65)。

② 巴基斯坦的三部宪法(Y. V. Gankovsky and V. N. Moskalenko, The Three Constitutions of Pakistan (Lahore: People's Publishing House, 1978), pp. 27, 32 – 33)。

会议案，但是省的主要部长没有权力来反对总统的命令。

玛拉札继续依靠军队的支持和公务员来使国家运转，在制定政策时剥夺了各个省的权力。事实上，1956年的宪法在各个省的管理之上巩固了官僚主义，国内的公务员只对中央政府负责任。

族群不是代表人数低就是被排除在统治的国家政党之外，因此，族群在区域自治和具有代表性的集会场合缺席的情况下，要表达他们的愤怒和要求，这就加剧了与政党之间的疏远。政府对此类突出问题的回答是，坚持获得更多的中央管理权。1958年10月阿尤布汗发动了一场军事政变，巴基斯坦的第一次普选在1959年举行；因此，普选关注的是孟加拉人及其实行真正的区域自治的要求。

军队和民族管理，1958—1971年

在军队的管理下，政策决策者面临着发展国家的任务，这样可以提高他们公共机构的利益，同时孤立来自政治对手潜在的挑战。既然军队直接承担管理国家的任务，那么它的团体利益，同它的民族构成及其喜好，决定了它的政策选择方向。双方的政策明确地通过了管理民族的关系这一点，他们有更多的总目标，但是仍然影响民族关系。

随着时间的流逝，民族紧张感在巴基斯坦继续增加，自从军队阻碍了那些人数较少的族群参与政治后，民族关系进一步被军队的政治、社会和经济政策所破坏。它们歧视反对好几个族群，包括占人口大多数的孟加拉人。然而军队用高压统治和指派，基本上成功地反击了众多来自国内的威胁，它的政策方向仍将是最大限度地保证国家不被分裂。

军队规则和民族政治方面

既然一个新政府的主要目标是使其合法化并巩固它的地位，那么在经过威胁它的政治稳定性的政变后——进一步加强集权的国家结构就显得尤为重要。尽管军队断言它们完全控制着所有的决策，但是国家的政府机构在管理国家中仍起着一个关键的角色；作为报答；它分享权力并得到利益。

运用军队的全部力量及中心政策管理的执行在巴基斯坦直接作用于民族关系上,事实上,民族因素被部分地激发——特别是统治孟加拉人敌对势力以期望能够赢得选举并控制中央政府。

然而,政府为了政变而立即寻找托辞,这就是在俾路支突发的"叛乱"。自1955年他的领土被强迫合并到一个行政体系中后,俾路支人对中央的不满情绪逐渐增加。由于中央忽略了区域的经济发展,俾路支人继续被疏远,却不断开采他们的自然资源,尤其是天然气。然而由于缺乏一个强大的政治领导者或者说缺乏任何连续性的政策,俾路支人不能够把他们情感上的愤怒转换为具体的行动。在1958年10月早期,俾路支人反抗中央权威并提出一个有用的策略来证明军事法律的欺骗性;军队企图利用拉特的酋长来否认他们对巴基斯坦的忠诚。①

政权继续生存的必要性

为了控制来自民族反叛者所酝酿的威胁,旁遮普-帕坦族人统治的军队管理保留了民族基地,并歧视雇佣政策,以确保孟加拉人在军备力量上能受到保护,而其他对政治不信任的族群,包括俾路支人和信德人,他们实际上被排除在军队上层之外。② 政府接下来提升机构和军事的民族利益以及国内政府机构的地位,这些都以排除民族社团和用武装力量来镇压一切国内异议为代价。

既然高压统治不能征服对手,民族主义的虚夸之谈也不能维持它的立

① 俾路支人:历史和政治进程(A. B. Awan, Baluchistan: Historical and Political Processes (London: New Century Publishers, 1985), pp. 222-226)。同时参见阿富汗的阴影:俾路支人的民族主义和苏联的诱惑(Selig S. Harrison, In Afghanistan's Shadow: Baluch Nationalism and Soviet Temptation (New York: Carnegie Endowment for International Peace, 1981), pp. 27-28)。

② 东巴基斯坦在军队中的军官数量少于5%。西巴基斯坦在整个军队的等级职位中把持着75%的国防、外国事务、财政以及经济事务的主导权。参见巴基斯坦议会的辩论集(Statement by parliamentary secretary of defence, National Assembly of Pakistan (Debates) (Karachi: Government of Pakistan, June 29, 1968), p. 3266)。同时参见"东巴基斯坦反抗尔阿尤布:旧的不满和新的需求"(Rehman Sobhan, "East Pakistan's Revolt against Ayub: Old Resentments and New Needs," Round Table, No. 1235 (July 1969), p. 303)。

法，军队政权需要一个政治体系，它可能提供一个假象的代表来实现其统治，但仍能巩固它的国内地位。这就是在民主党计划之后的基本目的，在1959 年 10 月宣布，建立了一个 5 层体制的当地自治政府，组织顺着领土边界线，发展来自中央到周界线的力量。

8 万基本民主党组织在联合的基础上（覆盖着村庄和城镇），划分区域省区，来协助当地行政部门。在他们的发展任务中维持法律规则和征税。但是由于无党派基础缺乏支持自治的根基，他们被间接选举出来后，很少用实际行动来证明独裁主义者规则所谓的清白，例如，作为选举社团，由选举军队的总统，来挑选被提名的候选人，推荐给国家和省区的立法团。基本民主党在官僚机构的控制与指挥下工作，他们也与官僚机构一起，一前一后地来维持政治、社会和经济秩序。①

军队也运用其他的机构装置来设立它的管理，包括 1962 年宪法，建立了联邦机构并切实在各个省区之上巩固中央的地位，拒绝承认任何省自治的措施。假如被借以“国家利益”之名，那么任何法案都将由领导中枢赋予宪法上的保护。②

总统在领导中枢和省区议会之上被赋予完全的权力。所有的议案都要由他来准许；他独自一人掌控经费和征税的权力。阿尼麦克国际议会，基于东部和西部之间巴基斯坦平等选举的基础上，可以只在国家预算中控制新的花费。既然国际议会在总统职权下可以不经过审查就得到批准，那么结果就是，总统被赋予过多的权力，以至于视省级立法机构所通过的议案于无形，并在各个省区之上加强中央立法，特别是在关键的领域诸如安全部和经济计划部。

自从有权任命并解散省区的职员以来，总统完全地运用权威并超过省区行政的范围，他控制着省的立法机构并只有总统一个人负责。地方的内

① 参见“巴基斯坦的基本民主”（Khalid B. Sayeed, “Pakistan ' s Basic Democracy,” Middle East Journal, Vol. 15, No. 3 (Summer 1961), pp. 250 – 253）。

② 参见 1947 年至 1985 年巴基斯坦的政治经济（Omar Noman, The Political Economy of Pakistan 1947 – 1985 (New York: KPI, 1988), pp. 30 – 31）。

阁最多只对政府官员负责而不会对议会负责,“制定局部的管理……是许多人憎恨中央权力的一个延伸。”①

经济政策

1962年,继名义上的平民政府形成之后,以大众平民为首,然后才是总统,奥博翰政策制定权仍保留在军队的手中,然而政府的官僚机构被给予应履行的任务。政策组织用来提升军队的团体利益,并且它们中的一些是占主导地位的旁遮普族选民。不仅是孟加拉人,绝大多数族群,也都否认参加政策制定,而且中央的经济政策由西翼统治,对他们都会造成一定的伤害。

单一化的经济政策,拟想通过这样的中央代理作为中央计划委托地方计划部门官僚机构来实行,保证东翼变为一个受控制的市场来给西翼供应原材料。对外交换即出口所得的收入(比如黄麻的买卖),将继续给予西翼经济财政支持,尤其在工业方面,这些都增加了孟加拉和巴基斯坦西部经济的不平等。

在西翼,中央在控制财政和发展的花费上确保旁遮普省和信德省城市发展中受益,主要是卡拉奇,然而尚未充分发展的乡村信德省、俾路支省及西北边疆却被忽略。不断扩展的旁遮普族掌握着军队的建立,更多的是,社会经济的发展被妨碍,而它却进一步强调国家的军事。②

巴基斯坦的分割

由于民族不满不断上演,孟加拉人的民族领导者,由阿瓦米联盟党(人民的联盟)同帕坦人、信德人、俾路支人群体和政党,提出了三个要求:区域自治,结束单一的体制,重新设立西巴基斯坦为以前的省区。同时,学生、专

① 参见1947年至1985年巴基斯坦的政治经济(Omar Noman, The Political Economy of Pakistan 1947 - 1985 (New York: KPI, 1988), p. 31)。

② 到1966 - 1967年,国防花费占政府整个花费的60%。参见巴基斯坦的国防政策(Hasan - Askari Rizvi, “Pakistan' s Defence Policy,” Pakistan Horizon, Vol. 41, No. 1 (First Quarter, 1983), p. 56)。

业的团体、反对党派，都要求推翻独裁的统治。由于这种反对者广泛增加，军队撤销来自阿玉博的支持。阿玉博于1969年3月把权力转让给陆军司令官阿雅卡汉首长。

面对不断增加的民族反对者，中央政府重新调整国家——群体关系政策，为了满足区域自治的要求，它解散了单一的行政体系并重新规划东部巴基斯坦省区、信德省、西北边境省、旁遮普省及俾路支省。为了回应民主党的要求，政府同意举行国家选举；所有成人公民都将有权参加选举，各政治党派也可参加而不再受到约束与限制。

在东巴基斯坦，阿瓦米联盟党与1970年选举的六点宣言展开了争论，要求巴基斯坦的行政和经济结构有一个根本的改革。这包括议会和联邦政体的建立，这样能够使中央政府在防卫和对外事务上的管辖权受到一定限制。东翼和西翼将控制它自己的财政资源，受歧视的雇佣政策在国家军事官僚机构中也被取消。在国家的立法中心和东巴基斯坦会议中获得完全地多数人代表（东巴基斯坦占国民议会中的162个席位中的160个席位及从288到300个省区议会的席位），阿瓦米联盟党获得了权力并建立中央政府。①

巴基斯坦人民党（PPP），活动在中央—左派舞台，获得了一个绝对的多数席位（从西巴基斯坦的81个席位到国民议会的148个席位）在西翼，在旁遮普省和信德省同样作为多数席位。民族人民党根据它的选举宣言要求区域的社会经济和政治自治，并在西北边境省省区民意测验中获得多数人的支持，在俾路支的省区议会里占有十五分之八的席位。

对这些选举的结果，中央政府给出的回答是，由于受内部联合制度和民族因素的影响，把权力移转给阿瓦米联盟党政府是不能接受的。区域自治将剥夺军队的特权，它要求不均衡地分享国家的资源。这样的一个转移将使孟加拉大多数人在军队之上运用权力来改变它内部的民族平衡。

---

① 参见巴基斯坦民族整合的失败（Rounap Jahan, Pakistan: Failure in National Integration (New York: Columbia University Press, 1972), p. 90）。

为了反对这些潜在的民族威胁，政府决定不尊重选举结果。在阿里布托的支持下，在西翼，他的人民党已经胜利，军队首先延迟权力的转让，导致东翼动荡的局面不断扩大化。当不满情绪在东巴基斯坦继续升高时，亚航政权采用高压的政策，证明在形势上孟加拉人已经选择了退出，当军队试图来强迫孟加拉反对者时，结果是导致了成千上万的人员伤亡，为了自治的运动最终变成了战斗。尽管巴基斯坦军队运用了广泛的军事力量，但孟加拉人还是赢得了他们的独立，接下来巴基斯坦在1971年12月的印度——巴基斯坦战争中被击败。巴基斯坦国家被一分为二。

被分裂了的巴基斯坦民族

在被分裂了的巴基斯坦中，民族在权力和资源的内部交易中仍保持为一个主要的因素。“平等的问题”现在有了象征意义，那么“自治的规则、参与、分配就不存在了。”[①]国家的分裂和民族结构的转变不可避免地影响着主要领导者的民族政策方向和政策的强制性。

民族的再次宣言和政治的改变

大多数孟加拉社团的退出意味着旁遮普人和他们占优势的代表在政治上，平民阶层、军队及其官僚机构中居于统治地位，在人口方面也变为巴基斯坦的主要族群。自此，要求区域社会文化、政治以及经济自治就成为了大众运动的基本组成部分，出现了与国家独裁主义的对抗，民族交易和谈判也变得更加专断。

随着权力被移交给阿里布托的平民领导者，1971年的战争转变了政府制定各项规定和制度的过程。对于新的平民行政机关，民族问题变为一个地区所关心的问题，因为它试图加强重新配制政府的政策和优先考虑它支持的基础。在布托领导下——它自己也是信德族人，中央政府通过一个综合的民族政策体系，包括用结构机制来处理多元民族和分配问题，特别是民

---

① 参见民族和国家建设(Phandis, Ethnicity and Nation - Building, p. 104)。

族群之外的优惠政策目标。[①]

宪法的改革和区域自治

1973 年所采用的新宪法涵盖了联邦议会的框架并为区域自治提供了准备。这种结构是在 1970 年,由来自所有西巴基斯坦省区的国家议会所选举的候选人设想出来的,因此依据过去的实践,这标志着一个新行动方案的开始。因此,对区域来讲,与过去相比,宪法正在确保一个较大跨度区域里的权力移交。

在两院制的联邦立法机构上,所有的省区在上议院、参议院、都有平等的代表;然而,参议院,实际上比国家议会的权威性要逊色些,它的议案不能够被否定。联邦立法,由其目录所覆盖的所有区域来负责,各个省在区域内的立法同时包括在目录中,诸如教育、农业、灌溉和警察局方面的事项。然而,下议院仍保留着所有设立的议案。[②]

尽管地方的管理者是被总统指定的,但在特定的区域,他们还是服务于他们的主要部长,包括颁布和执行省区的立法。一个共同利益的议会和一个国家财政授权委员会都被建立,每个省的联邦代表人员的组成,在立法的特定领域来提供政策指导,包括重新分配资源,从中央到各个省区供应的总收入,内部省区的裁决和中央 - 地方的争论。联邦的总收入来自当地所形成的资源,例如,提供给他们省区的天然气和水力发电的能源。[③]

尽管 1973 年宪法增加了地方自治,但它仍给中央提供了相当多的权威,许多地方的管理仍保留着联邦立法目录,把它作为联邦议会的责任。他们包括外在的财政,内部地区的贸易、能源、商业、运输、交通、公共福利、发展、国外事务和防御。地区立法宣布联邦议会是无效的,总理保留着持续的

---

① 参见布托统治下的巴基斯坦 1971 - 1977(Shahid Javed Burki, Pakistan under Bhutto, 1971 - 1977(London: Macmillan, 1980), p. 80)。

② 参见巴基斯坦的政治(Hayes, Politics in Pakistan, p. 76)。

③ 参见巴基斯坦的宪政困境(Kamal Azfar, "Constitutional Dilemmas in Pakistan," in Shahid Javed Burki and Craig Baxter, eds., Pakistan under the Military: Eleven Years of Zia ul - Hap (Boulder, Colo.: Westview Press, 1991), pp. 66 - 67)。

政权。①

语言和正确的行动政策

布托政府承认长期存在的民众对民族、社会和经济上的不满。首先，它接受语言上的多元主义，放弃早期的语言政策并允许省区运用地方语言来进行官方贸易。因此，1972 年通过的语言议案，巴基斯坦人民党（PPP）的多数党在信德议会上，接受了信德语作为省区官方的语言；一年后此议案被修正，包括乌尔都语，共同作为巴基斯坦的国家语言。

中央政府也承诺在公共部门和中央政府及地方的官僚机构里为所有的族群提供就业机会，在人口统计分配的基础上重建区域配给政策，在联邦分配时，政府 50% 工作机会预留给旁遮普人，他们中的 11.5% 来自西北边境省，3.5% 来自俾路支省；在 1973 年他们各自的人口占总人口数的百分数分别为 56%，14% 和 3%。②

正确的政策被建立后，给了那些没有代表的和经济上落后的族群一个较好的达到职业和受教育的便利途径。定额分配的建立是为了乡村地区的发展。为了减少社会结构的不平等和经济的不公平，优先发展讲穆哈吉尔语的城市区域与信德族的人口的乡村地区，例如，局部的定额是为国家事务而雇佣并为准许进入国营的教育机构基于乡村 - 城市划分基础之上进行，联邦为雇佣者分配的定额是乡村信德人占 11.4%，城市信德人占 7.6%。信德人的人口数量在 1973 年大约占到总人数的 26%。③

机构的阻碍和政治的强制

当这些政策设法用来补偿民族的要求和不满时，他们对政策的落实有

① 参见三部宪法（Gankovsky and Moskalenko，The Three Constitutions，pp. 140 - 141）。

② 参见巴基斯坦的民族偏好（Charles H. Kennedy，"Ethnic Preference in Pakistan，" Asian Survey，Vol. 24，No. 6（June 1984），p. 693）。

③ 参见巴基斯坦的民族偏好（Charles H. Kennedy，"Ethnic Preference in Pakistan，" Asian Survey，Vol. 24，No. 6（June 1984），p. 693）。

时反而会加剧族群内部和国家与族群之间的紧张关系。例如,穆哈吉尔人,到目前为止受益于来自国家政治和经济的支持,①我们看到的信德省首脑为乡村信德人的定额分配政策是作为一种尝试来给予授权,但是却是在他本民族的选民受伤害的条件下进行的。在信德省,语言政策的改变也导致穆哈吉尔对手的扩大,引起了地方政府和独裁主义者之间的冲突。②

当政府在私人部门开始规划有用的资源时,定额分配制度就显得更为重要,强调国家作为一个雇主的角色。同化商业和工业圈子中反政府的情绪,它的受益来自潜在的国家政策。中央政府的民族政策和行政改革也疏远了旁遮普人统治的政府的官僚机构;他们现在在被选举的政治领导者控制之下,关注希提人,排除族群反而在政策集团承担一个更有分量的席位。③

总理并没有尝试挑战民族基地军队新兵征召的政策,意识到把权力移交到政府的手中之后,基地组织还保持着相当大的权力武装力量。即使这样,旁遮普人统治的军队并不信任信德省的首脑,总的来说还是怀疑国内的政治家们,不愿意接受任何分权的权力,这些可能威胁到它的机构利益。国民的和军队的官僚机构的反对者阻碍试图重新调整国家 - 族群的关系的建议。

地下反抗组织和镇压

面对双重挑战——官僚机构的地下反抗组织和民族坚持不懈的反抗——‖政府只能用一种方式来加强它的地位:满足它为政治、社会及经济改变所规定的要求,或者通过为区域自治所执行设立的规定来缓和民族紧张状态。但它并没有选择这种方式。巴基斯坦人民党政府限制它的经济政

① 1973 年,信德省在公务员人数中比例只有 2.7% ,而穆哈吉尔的人数占到 33.5% 。

② 参见巴基斯坦的民族融合问题(Feroz Ahmed,"Pakistan's Problems of National Integration," in Mohammad Asghar Khan, ed., Islam, Politics and the State: The Pakistan Experience (London: Zed Press,1985),p. 39)。

③ 参见巴基斯坦的政治和经济(Noman, Political Economy of Pakistan, pp. 62 - 63)。

策来证明它的虚夸之言,在当地、区域、或者国家的标准上重新分配的政策是失败的,因此削弱了它的政治合法性。

而且,出于对对手的不信任,布托倾向于用高压和控制来遏止所感知到的来自政治上的威胁;他在这些省区之上加紧中央控制,而这些省区的统治党很少出场。在资源丰富但经济尚未开发的西北边境省和俾路支省区,地区的立法中包含非常少的巴基斯坦人民党代表,占优势的帕坦族和俾路支民族人民党以及伊斯兰教的宗教学者反对已经形成的政治联盟政府。[①] 不久之后,在中央和西北边境省及俾路支省在行政管理上出现了差异。在西北边境省,中央任命的官员试图调节地区立法的事务时发生了冲突。

在俾路支省多民族的情况下,政府政策使得在非俾路支人发展占主导地位的帕坦地区,民族之间社会经济的不平等性也在增加。尽管中央开发了省区的自然资源并以少数专利税作为回报,但俾路支人参加中央和地区政策制定的装置也要尽可能少。当民族人民党－JUI 联盟在巴基斯坦试图运用由 1973 宪法所提供的自治时,遭到了中央的反对。[②] 中央政府解除了俾路支省和西北边境省的地方政府,并禁止民族人民党在国家安全方面的活动,还建立了服从于它的地方行政管理。

对被选举的地方政府的不重视进一步激怒了族群,尤其在俾路支省,族群决定使用武装而不是谈判,中央决定用军队来控制反抗,从而导致了一场大规模的叛乱。许多俾路支背离国教者被逮捕并监禁;布托政府的民主党委任状遭受破坏。军队恢复了它早期的政治优势,因为它在俾路支省的政治方面担任实际的管理。

1974 年巴基斯坦人民党试图中立它的宗教对手,它统治着中央并通过了一个宪法修正案,它宣布小逊尼宗教学派阿赫默迪亚派,不是一个穆斯林的少数学派。由于对巴基斯坦人民党政府的抗议分布广泛并一直持续到 1977 年,中央试图维持控制但并没有成功,一方面,对于牧师做出附加的让

① 巴基斯坦人民党在西部边境省的 40 个议员议会中只占有 3 个席位,在俾路支省的 20 个成员的立法机构中一个席位也没有。

② 参见谜一样的巴基斯坦(Ziring, Pakistan: The Enigma, p. 164)。

步,另一方面,通过更多的宪法的修正案,像政治权力和自由权一些必需的自由也遭到破坏。在1977年国家选举后,政府的管理能力进一步下滑:布托的反对者争论的结果是,要宣布这次选举是一次骗局。

在城市,这种联合反对的武装,包括商业利益和牧师,指挥反对政府的抗议,迫使布托来依靠甚至更多的军队来保留权力。充分利用政治动荡的局面,军队在1977年7月领导了一场政变,废黜了布托政府并再一次重新获得国家直接控制权。

民族冲突和独裁主义者的统治,1977 -1988年

在军队的统治下,政府再一次把政策固定化并贯彻执行一系列政策来提高它自己团体的利益。所有的政权立法危机,是由被选举政府的解散引起,不久之后,因为被选举的总统被谋杀,逮捕和审讯开始,民族问题在决定政府政策的方向方面有着一个平等的重要角色。

政权合法及民族政策

合法性的问题导致政府通过各种各样的方式来集中权力。新的政体完全地转换了现存的宪法和法律框架;1973年举行的宪法被推迟。1981年3月,随着宪法在武装命令中的颁布及地方宪法的规则,在军队中最高级的当地权威专家自己赋予权力。这些法律提供削减整个联邦的框架,包括所有区域自治的规定。来自中央的基本权力被削弱,由专横的制止司法的权力流向所有的政策。政治会议被禁止,所有的政治表现途径和谈论都被终止。①

军队政府,与政府官僚机构联合,对省区的社会政治、文化及经济政策发号施令。它巩固了它所控制的经济,继续宣布一个非均衡的分配方法来

① 参见齐亚总统时期巴基斯坦中央与各省的关系(C. G. P. Rakisits,"Center - Province Relations in Pakistan under President Zia: The Government's and Opposition's Approaches," Pacific Affairs, Vol. 61, No. 1 (July 1988), p. 78)。

分享来自各省区和国外的总收入,主要为旁遮普人所统治的政党提供资金。[①] 在统治党和次要的民族社群之间,社会经济的不相称被保留,最终结果也产生了经济发展的均衡。

在社会和文化领域,政府政策对于活跃各民族的发展也具有平等的比例。政府试图平息国内的反对者并提出接管国家安全部门,政府急切地需要立法。作为努力的一部分,官方虚言强调"国家利益",描述民族地区身份对整个国家是有害的。

政府也试图基于两个国家理论和伊斯兰教(普遍性的国家)基础之上,并根据领土、语言及其他的民族标志来建立一个"全民的"身份。例如将军宣称,巴基斯坦明显地区别于其他国家,因为它的"基本信仰是穆斯林民族主义"。[②]

政府着手于一种巴基斯坦"伊斯兰教"的政策,宣称它的主要政策目标是建立一个伊斯兰教的规则,并在这种关系中试图完成立法的合法性。因此,它所修订新的立法法规是基于逊尼派的法规并创建了机构机制,例如由伊斯兰法庭来执行伊斯兰教的法规。统治逊尼派立法的法规忽略并排除了少数的民族群体,诸如20%的什叶派人,还有基督教人口、信德族人和阿赫默迪亚派人。

然而,各个政治党派都被禁止,阿尤布汉的基本民主党在当地政府机构所形成的被称为"当地主体"的机构也被启用。选举是在无党派的基础上举行的,在当地水平上,当地主体代表增强军队作为政体出席,其结果是为政治和经济庇护。财政资源提供给这些机构,表面上是为了当地发展的活动,但是他们也建立了一个支持他们代表的基地。[③] 其他新机构包括马佳祖勒,联邦的顾问个体,形成了分裂政党支持的基地从而来加强军队的

---

① 中央预算,主要依靠各个省区的税收支持,在1950－1951年和1980－1981年之间比省的支出增加了1.8倍。参见民族合并(Reetz,"National Consolidation," p. 137,n. 6)。

② 齐亚的话也引自民族合并(Reetz,"National Consolidation,"pp. 133－134)。

③ 参见齐亚时期的行政重整(Robert LaPort,Jr.,"Administrative Restructuring during the Zia Period," in Burki and Baxter,Pakistan under the Military,pp. 125－126)。

地位。

当军队决定制定诸多政策时，它允许国民官僚机构在政策的形成中尊重经济并能起作用。这个“运用国内官员作为政策制定者和行政管理者”的方法[①]提升了旁遮普人的利益，国家领导者的民族根据地。其他族群认为不断开发利用和割让，会加剧省区自治的缺席并巩固独裁主义政策的统治。

民族问题的管理

在俾路支省和西北边境省的省区，军队通过采取互选与高压统治的策略设法牵制民族异议。例如，在俾路支省，军队军事行动结束，俾路支暴徒被赦免，重要的民族领导者接受为报答国家的资助，包括得到可观的发展资金。同时，跨过省延伸的交流网络工作使得军队更容易强有力地抑制民族中坚持俾路支民主主义政党和族群，例如俾路支的学生组织和巴基斯坦国家党。

运用武装和由现任委员投票而获选的民族领导者也造成了一个外表看起来在西北边境省政治的稳定。然而，到 20 世纪 80 年代中期，民族煽动增长对抗巴基斯坦所统治的政党，诸如阿瓦米联盟党（民族人民党的接班人）要求区域自治和众议院的统治。

民族控制

信德省政府的政策在处理民族关系时，被证明是最无效的。到 20 世纪 80 年代中期，信德族人已经高度参政。信德族人和穆哈吉尔之间的紧张关系经过数十年增长得相当快，由于中央决定的经济政策被用来不断地支持信德省的城市发展，由穆哈吉尔和旁遮普人统治。更多的是，流入旁遮普人和帕坦族人的移民工作者，像穆哈吉尔的难民一样来自以前的东巴基斯坦，

① 参见齐亚时期的行政重整（Robert LaPort, Jr.,“Administrative Restructuring during the Zia Period,” in Burki and Baxter, Pakistan under the Military, pp. 128 – 129）。

进一步改变了省区的人口统计平衡并不利于信德族。

布托的信德民族本身,用平民主义者作为掩护,他在政权中用积极的行动政策来帮助平息信德人的联盟。然而,在1977年军队被接管之后,众议院机构为民族交易和参加提供了途径,那就是拆散旁遮普军队并处决了所选举出的信德省总理。强大的对手对军队进行的统治,主要来自乡村信德省巴基斯坦人民党的支持者们,但也有来自几个信德省的民族主义政党,例如来自信德族人民运动的支持。

由于信德人反抗扩张,军队在信德省乡村发起反对叛乱军事行动;经由草率的军队法庭接受考验,军队管理者有上百人被杀,上千人被逮捕。武装不仅包括信德人反对或削弱巴基斯坦人民党基地,还有军队在政治方面采取歧视的政策,目的是排除国家机构方面的信德人。尽管区域定额分配在形式上被保留,但是在信德族的官僚机构被来自他们的对手解散。在国内官僚机构和公共部分企业中,优先的分配也计划来雇佣军事人员;这使旁遮普人和帕坦族人受益。[①]

同时,政权运用分裂——统治战略,操纵着内部信德人的意见分歧和穆哈吉尔信德人之间的紧张状态,从而中立信德人和巴基斯坦人民党的反对者。非正式联盟由巴基斯坦人民党的信德反对者建立,包括一些信德族民族主义政党。同时,军事政权也积极地支持以城市为主要居住地的穆哈吉尔人在1986年形成他们的第一个特殊的民族政治党——统一民族运动党(MQM"穆哈吉尔民族运动")。[②]

中央和地方的武装部队管理者接着运用统一民族运动党来反对信德省的反对者们。这导致了内部民族的暴力冲突,首先发生在穆哈吉尔和帕坦族之间,是为了工作和竞争及为了控制可获利的武器和被麻醉了的贸易,尤

---

① 齐亚统治期间信德族的代表人数在联邦政府和它的部门中占不到总数的4%。参见巴基斯坦的政治和经济(Shahid Kardar, The Political Economy of Pakistan (Lahore: Progressive Publishers, 1987), pp. 41, 43)。

② 统一民族运动党要求承认穆哈吉尔族作为巴基斯坦的第15个国家部分的民族群体并要求在信德省重新分配现存的配额并要求中央支持穆哈吉尔族。

其是在地方首府卡拉奇。它接着形成了波及面广泛的穆哈吉尔和信德人冲突，特别是在穆哈吉尔族统治的城市地区。

难民问题

一般情况下，阿派政权的外国政策初步降低了巴基斯坦的政治稳定性，尤其在民族关系上。在阿富汗国内战斗中，政权主要干预的是为它提供道德上和材料上、来自外国的支持，这帮助它巩固其国内地位。[①] 然而，让巴基斯坦领土作为为阿富汗叛乱提供武器的途径，政府在运用暴力基础上削弱了它的国内垄断，包括少数民族的成员，此外，麻醉贸易，也为阿富汗的国内战争提供资金，不久进入巴基斯坦的经济并“贡献”于巴基斯坦政治上的犯罪行为。[②]

数百万的阿富汗人民主要在帕坦族汇合，NWEP 和俾路支的难民在巴基斯坦对民族关系具有重要的分派。既然整体的难民政策允许阿富汗自由运动并允许阿富汗人进入巴基斯坦工作，难民流入 NWEP 导致当地和难民在资源和工作的关系紧张。在巴基斯坦，难民的出现不仅耗尽它的稀有资源，而且改变了俾路支 —— 帕坦族人口的平衡对俾路支也是种损害。

分裂与统治政策

尽管高压统治和合作最终保持了军队的权力，但它仍然不得在一定程度上用国内的立法来维持它的长期策略。因此，它试图在国内建立一种假象。尽管中央政府的“文明”策略的主要目标不是管理它的民族关系，但是他们对国家——族群的关系却有着相当大的影响。

---

① 仅美国的援助就超过 40 亿美元。

② 参见危机的管理（Shahid Javed Burki, “The Management of Crises,” in William E. James and Subroto Roy, eds., Foundations of Pakistan's Political Economy: Towards an Agenda for the 1990s (New Delhi: Sage Publications, 1992), pp. 127 – 128）。

宗派的红衣主教

由于早期提到过，军队政权通过宣布“伊斯兰化”国家努力想获得合法身份并反对它的政治对手，建立与逊尼派教徒政治的宗教政党的密切联系，例如加墨特颖和逊尼派教徒神学的学术学校[①]国家政府工作职位的任命权包括中央内阁的职务为了加墨特颖札康特资金的供应（宗教税收）也是对逊尼派宗教的信赖的学校，一个平行的立法机构产生，通过萨瑞拉法庭，为逊尼派传教士提供了司法上的平等。

这些政策增长了宗教政党关于尊重他们世俗的同级政党的交易权力。国家政府工作职位的任命权刺激宗教的极端主义，结果是建立了新的、强硬的宗教党派，诸如撒哈勒的士兵『与普罗特相比』。派别的紧张状态也在增长，因为撒哈勒少数派人强烈地反对国家发起的宗教竞争。萨哈勒的疏远导致什叶派政党的形成。[②] 宗教派的紧张状态很快因暴力冲突上升，因为紧密的武器已经随时准备好用来防止巴基斯坦卷入到阿富汗战争中去。

无党派政策

政府的政策表面上通过建立的无党派主体授予权力给当地，也努力反攻它的政治对手而绕过政治党派系统和互助的一些政治的和社会经济学的精英们。但是这种由国家直接地渗透着当地政策，缺乏功能性的代表机构，只会增加民族紧张。由于在竞争中，少数民族获得显著的权力，占优势的旁遮普人自然地掌握政权，同它任意地操纵民族紧张状态一样，包括穆哈吉尔——信德人的差异，进一步加剧了民族的紧张状态，因此国家与社群的冲突延伸到联邦中政治互相影响的各个方面、局部地、地方的范围。

---

① 参见齐亚遗留的公共政策的困境与巴基斯坦民族问题（Lawrence Ziring，“Public Policy Dilemmas and Pakistan's Nationality Problem：The Legacy of Zia，” Asian Survey，Vol. 28，No. 8（August 1988），p. 807）。

② 参见巴基斯坦的政治正统（Abbas Rashid，“Pakistan：The Politics of ‘Fundamentalism’”，in Kumar Rupesinghe and Khawar Mumtaz，eds.，Internal Conflicts in South Asia（London：Sage Publications，1996），pp. 69 – 70）。

1985年3月,通过的第八次修正案的1973年宪法和1985年3月宪法规则的颁布,无党派选举的总理和国家各地区的议会之后,权力表面上移交到平民手中。事实上,第八次的修正案所提供的宪法准许为了军队的政体和扭曲的宪法来加强总统的权力——军队独裁者自己——则是以损失和议会为代价的。分裂选举团的体系的创立也直接关联到民族之间的关系:对大众席位而言,它剥夺的是非穆斯林人的权力。

这些努力建立交替结构的管理并没有给予军队统治法律的保障。另外,甚至一个名义上的平民政府的形成也导致为真正的代表机构更多的要求。主要的敌对政治联盟,十一个党运动为了恢复民主党,想要替代1973年宪法的规则,为的是中央——省区有了体系的联系能够允许更多的区域自治,这种体系可能只留下货币、交流、防御及中央的外国政策。[①] 1988年8月11日,齐亚.哈克总统和他的几位高级指挥官在一次飞机坠毁中身亡,其他党派甚至要求跨过国家开始来重建民主从而获得新趋势。

连续性政策及变动,1988 - 1997年

喆拉总统去世后,巴基斯坦政治上出现了变动。军队后来同意移交权力,在1989年举行选举,巴基斯坦人民党成为胜利者,并委任贝·布托领导并选举她作为总理。

事实上,军队选择为了一个战略的撤销:它认为努力延长可能产生广泛的平民地下反抗组织。[②] 因此,在权力移交时它出现了一个状况:在政策形成时新平民政府可能接受军队的"指导",尤其在一些敏感的领域诸如对国外的政策,防御及经济[③]。当这些一般的政策领域与民族关系有关时,军队的优势在政策制定上也将延伸到关于民族管理特定的政策。

---

① 参见民族合并(Reetz,"National Consolidation," p. 135, n. 6)。

② 参见巴基斯坦的军事和政治(Hasabn - Askari Rizvi,"The Military and Politics in Pakistan," in Charles H. Kennedy and David Loucher, eds., Civil - Military Interaction in Asia and Africa (Leiden: E. J. Brill, 1991), p. 29)。

③ 参见布托统治下的巴基斯坦(William L. Richter,"Pakistan under Benazir Bhutto," Current History, Vol. 88, No. 542 (December 1989), p. 451)。

平民统治和军事控制

为了避免军队引起恐慌,布托政府没有倾向于巴基斯坦的政治体系结构。而且,它面对着一个强大的对手,在纳瓦特统治之下,它是伊斯兰民主联盟(Islam Democratic Alliance)的首脑,一个九党联盟在军队的协助下也被建立。[①] 因此,巴基斯坦人民党失败了,例如,为了撤回第八次修正案,在总统和总理之间它已经歪曲了权力在国内的平衡。

因为中央继续控制着政治权力,省区继续拥有少量的自治、经济资源和总收入。它自己继续依赖中央的政策制定,即指示政策制定的方向:防御花费及统治群体的利益在他们的领土里占有优先权,在各个省的权力之上来控制剩余产生。[②] 防御花费不断升高,继续阻碍社会经济的发展和重新分配并进一步强调旁遮普人统治的军队的地位。[③] 由于选举的平民的领导者没有为重新分配的公平性执行它的许诺,它的立法被侵蚀。

军队继续统治巴基斯坦对外政策的组织,政府的干涉主义者的政策向着阿富汗,所以继续存在着。这种政策在俾路支省进一步损害民族关系:帕坦族人民见阿富汗难民出席,且作为一种加强它的宣布政治权力的方式并达到获取资源,俾路支人注意到这对他们的民族利益来说是一种威胁。

布托政府面对冲突压力:不得不满足它选民的要求而没有完全顺从军队的政策优惠。被选举的平民领导者被强迫,例如,来提供至少一些政治的和经济的利益给它的信德族选民,它也面临着军队统治的冲击。但是巴基斯坦人民党在国家的民意测验里只占有微弱的优势,这迫使它不得不依靠其他党派的支持,包括统一民族运动党,从而组建起一个联邦政府;就穆哈吉尔-信德人民族紧张状态的观察而言,它的政治联盟与统一民族运动党

① 参见巴基斯坦的治理问题(Mushahid Hussain and Akmal Hussain, Pakistan: Problems of Governance (New Delhi: Kornak Publishers, Center for Policy Research, 1993), pp. 101, 104)。

② 例如,尽管俾路支省在天然气能源方面占有绝对优势,但是它的比例由中央固定并保持最少数量,而它的能源资源被用来提高信德省和旁遮普省的工业发展。

③ 1990 的国防花费占总体国内生产的 7.1%,1989 年只有 6.5%。参见世界军费开支和武器转让 1991-1992(Washington, D.C.: U.S. Arms Control and Disarmament Agency, 1994, pp. 7-8)。

在信德族是一个不稳定的联盟。[1] 更多的是,旁遮普地区的政府;历史上就决定了联邦政府的命运,在伊斯兰民主联盟的控制之下,军队的政治联盟,它公然藐视布托行政的管理。

它运用权力由于面对多方面的限制,一般情况下,巴基斯坦人民党试着维持地位。为了平息它的信德省选民,政府增加了在联邦官僚机构和国有企业中信德人的雇佣者,但穆哈吉尔认为是有歧视的。当巴基斯坦人民党不能满足好统一民族运动党的几个要求时,民族关系在信德省也同样被毁坏,它较早地同意在国家议会里来支持统一民族运动党。[2]

由于对巴基斯坦人民党和信德人的不信任,1989 年,军队的高级指挥决定利用穆哈吉尔 - 信德族人上升的紧张状态,其目的是动摇巴基斯坦人民党政府。随着军队活动的卷入,统一民族运动党与巴基斯坦人民党解散它的政治联盟,并开始使用暴力反对政府的独裁,特别是在信德省的城市区域。例如,在卡拉奇和海德拉巴,法律与规则完全地被分散。军队接着支持统一民族运动党与伊斯兰民主联盟反对党之间的联盟的建立,使得中央的和省区的信德人与旁遮普人共同来挑战巴基斯坦人民党。

由于有一个充满敌意的军队限制,并有一个独断的民族反对党,巴基斯坦人民党政府只能在一个小小范围来应对这些挑战。在信德省也没有军队支持,也没有在特定位置上包括穆哈吉尔暴力。1990 年 8 月,在信德省,正在恶化的形势允许军队高级指挥来移开巴基斯坦人民党政府,利用 1973 年宪法修正的条款来授权给总统并解散中央的立法机关和行政部门。

民族政策和伊斯兰民主联盟

1990 年 10 月,选举再一次举行。在军队控制和支持下,伊斯兰民主联

---

① 在信德省巴基斯坦人民党和统一民族运动党的胜利者们在国家和地区议会的选举中贯穿着民族路线运转:巴基斯坦人民党在乡村信德省获选而统一民族运动党在所有的城镇宪法中获选。

② 这些要求包括从孟加拉遣送的穆哈吉尔族以及信德族的建立和为公民服务雇佣的穆哈吉尔人的份额限制。参见信德省的要胁(Zahid Hussain,"Sindh: A Province Held to Ransom," Newsline, August 1989, p. 18)。

盟以欺诈手段获得了选举，其组成不仅仅只是中央政府而且是所有四个省区的政府。自从伊斯兰民主联盟由旁遮普人领导并得到了旁遮普人所统治的军队的支持，并铲除了以信德族的总理为首的参选政府后，少数民族注定要在政府的政策中起重大的作用。①

像它的前任者，自从伊斯兰民主联盟领导者依靠军队来稳固权力后，并没有改变用极端的政策来解决国家的民族问题。如果给旁遮普人一个民族基础，伊斯兰民主联盟领导者宁愿选择合并政策；它也不愿采用任何会损害军队的机构利益的政策。区域经济自治的神话仍被维持着，例如，当地区的资源被再次用来满足中央政府的需要，包括提高防御的花费。

然而，面对正在加剧的民族的紧张状态，中央政府不得不出现并回应这种民族问题，但是在事实上只为维持地位。因此，在形成它的经济政策时，它举行谈判，表面上为了在分配中央财政和地区收入方面获得小省区支持。但是与以前相比，地方不再受政府在收入上的控制，也不靠中央的预算增长来满足当地和区域更大的社会花费需求。

这种民族政策连续延伸到其他地区的民族政策中。例如为雇佣者的限额体制被保留，但却在执行中违背了最初制定策略的目的。在俾路支省，像在信德省一样，定额体制被用来招募新兵到国家的官僚机构，但是许多职务由旁遮普人或者人穆哈吉尔人把持，他们迁移到那里去工作。② 在中央官僚机构中，政治忠诚者在优先选择定额之上采用优先权；在军队里，信德人和俾路支人继续被排除在外，或者代表人数低于适当比例。

像它的军队建立者，伊斯兰民主联盟也倾向于采用高压统治政策，并运用宗教作为一个立法机构。这些政策方向直接和间接地影响着民族关系的管理。与逊尼保守党结成的政治联盟，导致宗教的暴力断断续续地发生，例如伊拉萨马特增加了与沙弥斯特的紧张关系。伊斯兰教法规的增援，包括

① 超过65%的官员都是旁遮普人的血统，后来在高级指挥中上升到70%。实际上在军队的高级军衔中信德族人没有代表。参见信德省的民族政治（Charles H. Kennedy, "The Politics of Ethnicity in Sindh," Asian Survey, Vol. 31, No. 10 (October 1991), p. 946）。

② 参见巴基斯坦的政治经济（Kardar, Political Economy of Pakistan, p. 41）。

一部被修正的渎神法，大大地降低了少数基督教社团的安全性。

信德省的民族问题

麻烦继续出现在信德省。尽管在信德省地方议会中，巴基斯坦人民党已经获得大多数席位，但是伊斯兰民主联盟已形成了信德省政府与统一民族运动党的联盟，使得其与信德省更为疏远。在军队的积极支持下，联邦政府和伊斯兰民主联盟－统一民族运动党地方行政机关决定利用旁遮普人统治的安全机构来抵制信德人的反抗。[1]因此，军队军事行动由信德省与地方政府的合作来指导，以合作的信德省领导者，如首席部长加密斯特等为首。这些行动在人们所熟悉的国家安全区域进行是合理的。[2]

尽管是在一个普通的民族基地，同样有相类似的政治感知及一段与之有着密切关系的历史，伊斯兰民主联盟政府还是失去了军队的支持。由于贝娜齐尔·布托已经知道，只有准备充分，国内的领导者才不会忽略赢得国内选民的迫切性，才可以抵抗住诱惑以适应一个更为专断的角色，结果却是引起了军队的强烈反对。当伊斯兰民主联盟的政治联盟搭档在信德时，危机突然来临，统一民族运动党的领导人阿尔塔夫派胡撒密，也企图单独操纵他之前的军队曼托。而军队的高级指挥后来在城市信德省却转为反对统一民族运动党。

1992 年 6 月，当统一民族运动党从联盟中退出时，统一民族运动党－伊斯兰民主联盟地方政府也垮台了。由于还在使用分裂和统治的策略，军事接着继续在统一民族运动党里面制造并推动摩擦，在穆哈吉尔之间出现了动荡的局面。当分布广泛的国内动荡的局面卷入信德省各城市时，军队要求总统解除总理；总统被迫答应。当最高法庭代表联邦政府说明情况时，军队强迫总统和总理均于 1993 年 7 月辞职，导致了伊斯兰民主联盟政党的终结。

---

① 例如在信德省，警察力量占主导的是旁遮普人，然而部署在省区议会的力量，例如巡逻骑兵，或者巴基斯坦人或者旁遮普人。

② 参见信德省的困境（Zahid Hussain，“Jam's Sindh，” Newsline，March 1991，p.21）。

政策指导

在一个简短的间隔之后,在技术官僚在总理摩尼霍斯的领导之下运转着一个黑暗的军队政府期间,1993年10月,人民党以不占优势的多数赢得选举,再一次组成政权。由于它的政权恢复依靠的是军队的信誉,新中央政府就更为谨慎,确保它的所有政策适应军队机构的利益。[①]

权力分享问题

平民政府愿意接受军队的指挥,这包含了来自国内的各种威胁,并对20世纪90年代的巴基斯坦的国家－社群关系和民族在原动力上都具有相当大的影响。由于生存是首要考虑的问题,政府更倾向于对军队比较敏感的地区采取轻度镇压的政策,而不顾他们是否影响到国家的民族问题。

例如,制定政策时,政府留意到阿富汗内战,布托行政管理者放弃它的政策制定权交付于军队领导者负责,尤其是来自内部服务情报机关的领导。在弱小政府受控于军队的干涉主义者政策下,阿富汗内战仍然在继续,因此,来自西北边境省和巴基斯坦的阿富汗难民被延迟遣送回国。大批阿富汗帕坦人在这些省区也制造了些许麻烦;在支持他们的帕坦族家族时,他们也加剧了俾路支－帕坦族的紧张关系。俾路支省的地方政府强烈反对保持长期的国内人口调查直到阿富汗难民被从它的领土遣送回国。在西北边境省正在恶化的经济环境下,紧张关系在当地人口与难民之间继续升温。

行政和经济的政策,不言而喻,如果没有军队支持,那么被选举出的政府可能就不会存在,联邦政府试图平息由不断上升的防御花费所引起的潜在的冲突[②]。

国内官僚机构的支持对任何被选的政府都十分重要,因为它操纵当地

① 参见遭遇民主的巴基斯坦(Maleeha Lodhi, Pakistan's Encounter with Democracy (Lahore: Vanguard, 1994), p. 298)。

② 1996－1997年的联邦财政预算,防御的分配是131亿卢比,从1994年的101亿卢比上升到1995年的110亿卢比(The Muslim, June 10, 1996; and The Nation, June 21, 1996)。

和区域政策，对加强或者剥削中央政府都起着至关重要的作用。尽管人民党成功地形成了地区政府，最初是在信德省和旁遮省，然后才是西北边境省，但由于对手不断施加压力，它的地位依然不能确定。因此，它依靠更多的中央和地方的官僚机构，来提高它的影响力及增加官僚领导者的权力。

集权控制和区域民族的压迫

为了满足国家军队官僚机构的要求以及维护和巩固中央控制，地方实施的政策继续破坏着地方自治。经济政策的制定仍然要通过收取最大的税收维护联邦政府。联邦部门，例如计划委托和联邦部门，包括财政部，复查每年地方政府的发展项目，并最终为直接负责于影响它们的经济政策。因此，行政区仍然依靠着中央为其提供发展资金，因为他们对他们国内产生的税收的控制能力微乎其微[①]。

政府没有对区域自治做出答复导致民族的煽动和不满，尤其在俾路支省，最少开发了的四个省区，在信德省那里，国家——社群紧张关系是最为严重的。例如，在俾路支省地区会议上，统治者与议会反对方成员都要求更多的区域自治，尤其在经济领域，强烈地批判中央干涉俾路支省的行政区域的事务，并要求总统来干预以确保地区获得它合法分享联邦的分配资金的权利。[②]

在某程度上说，俾路支省人反对中央的态度得到了所有小省区的领导者的回应。尽管西北边境省和信德省都有巴基斯坦人民党地区政策统治的政府，他们的领导者仍能理解坚持对他们国内宪法支持的迫切性。例如，这迫使他们反对联邦政府建立卡拉巴哈大坝的提议，因为它会使许多西北边境省人民成为难民，淹没有价值的农业耕地，使旁遮普人向信德省引水花费

① 参见行政管理（Robert LaPorte，Jr.，“Administration，” in James and Roy，Foundations of Pakistan’s Political Economy，pp. 108 – 109）。

② 俾路支省地方政府和立法机关也反对在巴基斯坦在有限石油的情况下，政府所做得分配销售的提议，因为此举可能剥夺地方主要的税收来源，以及天然气附加税的增长。批判联邦政府“殖民地态度”时，俾路支省总长说到中央“认为俾路支省是他的殖民地”并且“已经在过去24年抢夺了它的资源”（The Nation，June 3，1996；The News，June 14，1996；and Dawn，June 14，1996）。

很高。

民族的紧张局势在巴基斯坦区域也反映为1996年4月授予国家财政委员会时，中央没有获取一个来自四个省区在分配联邦资源问题上达成一致的态度。三个小一些的省区要求90%来自联邦的税收资金应该在人口的基础上进行分配，剩下的10%应该用来改进落后区域和收入的不平等问题，但是旁遮普省的省区政府不同意这样做。[①] 可以看出以前的奖励是在“心胸狭窄的地方主义”的基础之上建立的，布托总理同意平息小地区的抱怨，但却是以旁遮普强烈反对的潜在威胁为代价的。[②]

参与实践与强制性战略

未来讨论民族交易和谈判问题，联邦政府、俾路支省地方政府及西北边境省之间的潜在冲突被出席的代表机构直言不讳地提出。在俾路支省，民族紧张局面因阿富汗难民的出现加剧，这加强民族主义政党在俾路支——帕坦族社群里的力量。然而，参选领导和代理机构的出席，帮助控制了民族紧张局面并与中央建立一个工作性质的伙伴关系。在西北边境省，主流的帕坦党及阿瓦米国家政党，与旁遮普人统治的穆斯林同盟组建了一个反对派联盟，相比提升它的早期民族主义来说，他们对通过议会的进程来获得的权力利益更有兴趣。在帕坦族和他们阿富汗民族亲属之间紧张关系出现后，任何继续对帕坦族分裂主义存留同情的人都不断消失了。

然而，在信德省城市却是不同的形势，在那里，民族紧张状态仍然很高。在信德省，穆哈吉尔人认为军队任意停止了他们在1993年制定的管理联邦选举的条例，因此浪费了他们获得国家立法机关席位的机会。穆哈吉尔异化进一步强化，最终由中央运用强制力量来镇压穆哈吉尔的反抗。不仅巴基斯坦人民党联邦和信德省政府继续依靠强制而不是协商的方式，军队也继续监督、监控着在地方的直接民族政策。在它直接反击统一民族运动党

---

① 参考达文杂志(Dawn,April 20,1996)。

② 参考达文杂志(Dawn,June 17,1996)。

失败之后，军队从战略上撤退，但是它仍然通过一个议会组织控制统一民族运动党的政策，在巴基斯坦军队的一个重要将军控制下进行军事部署。

在军队的支持下，中央控制信德省政府，努力建立统一民族运动党牢固的发展基地，并创建一个更容易受控制的穆哈吉尔领导者。作为战略计划的一部分，许多统一民族运动党立法者被逮捕，迫使其他人转入地下组织。同时，毁灭性的穆哈吉尔冲突在信德省城市中心起到严重的影响。在 1995 年，信德省将近 2 千人在民族暴力中受伤；自 20 世纪 80 年代中期起，1 万 5 千个人已经被杀害。[①]

由于统一民族运动党继续依靠暴力和非暴力不合作运动，包括频繁的工人罢工，政治的不稳定造成国家的经济损失，特别是在巴基斯坦的主要港口卡拉奇。它也阻止外贸投资，中央政府在自由主义化和私有化的基础上试图吸引重建的经济政策。然而，政府称要通过消除统一民族运动党过多的非常元素才能恢复信德省的和平。同时，如果统一民族运动党被谴责滥用暴力的话，那么它就得恳求支持和解的政策，包括权力分享都要重新安排。

但是这种官方的虚夸之谈被政府的政策的导向所掩饰。例如，卡拉奇在信德省当地政府条例的修正案中安排了好几个在官僚机构控制下的地方行政的基本部门，新的下属地区，与穆哈吉尔少数人和多数的旁遮普——帕坦族移民工人，人口都也建立在卡拉奇港口；导致反对者担心将来在选举中将会被欺骗。[②]

当周期性的暴力突发事件继续使信德省城市瘫痪时，一个新的潜在的暴力也存在于信德省的乡村，直到现在不可否认的是基于人民党的支持。在 1993 年，贝布托的兄弟穆尔塔扎布托以反对党候选人的身份控制了这次选举。他的政党—人民党（沙希德布托）吸引了来自信德人的支持，他们认为贝布托已经向旁遮普统治集团妥协退让了。它与许多信德民族主义组织

① 参考相关报道（The Muslim，January 29，1996；and Dawn，January 1，1996；January 21，1996）。

② 在敏锐的政治两极化环境中，由于不确定支持率，巴基斯坦人民党政府延缓了当地的选举。

建立起了密切的联系,包括信德民族联盟。受内部政党分裂局面的影响,政府逮捕并起诉了一些穆尔塔扎布托的支持者。

1996 年 9 月 20 日,穆尔塔被警察开枪杀死。尽管总理宣布布托是蓄意地"指定目标"并杀害作为"一个准备充分的阴谋计划的一部分"来破坏她的政府的稳定①,反对政府的情绪在信德省人口部分之中仍不断滋长。

政治分化和民族关系

在政治两极化的环境下,一些政府的宣言试图通过恢复连接选举团体系来减轻政府方面的歧视反对少数群体态度;穆斯林联盟认为少数群体应作为一种潜在的巴基斯坦人民党的投票筹码。② 提议政策的措施导致反对者的指控,因为它是为了增加塔胡拓在 1988 年选举中获得重要席位的机会。

此外,政府并没有履行它所宣布的目标,即去除法规中歧视宗教立法的部分,这削弱了少数群体的权力,其中包括印度教徒、基督教徒及阿赫默迪亚教徒。对此这里有两方面原因。首先,穆斯林联盟和它的宗教联盟,诸如佳喆弥,继续利用宗教情绪来暗中破坏政府,其次,塔胡拓不愿意与一些危机的宗教党派联盟,包括佳喆弥,他有一个有影响力的榜样在西北边境省和俾路支省,另外逊尼派极端主义者斯帕哈,在旁遮普省的塔胡拓政府也是它的一个联合伙伴。③

这种犹豫促使教派的暴乱存在于什叶派之间,人民政府不愿意提及什叶派的不满,但是穆斯林同盟支持逊尼宗教极端主义者。政府敷衍的回答经常是高压统治与让步的混合体。例如,它 1996 年 9 月用武力控制了库拉姆地区的宗派冲突,但是它并没有合法地对待这些暴力分子。1994 年,在玛拉康德起义之后,事实上,军队所采取的行动是以让步宗教极端主义的利益,包括偏袒实施伊斯兰教的立法机构。在两个诉讼中,政府形成了一个长

① 参考达文杂志(Dawn,September 26,1996)。

② 参考是否向前一步(Aziz Siddiqui,"One Step Forward?" Newsline,March 1996,p. 78)。

③ 参考政治的原教主义(Rashid,"The Politics of 'Fundamentalism'",pp. 74 – 75,n. 46)。

期的政策,但是都不愿意来处理引起暴力的潜在原因或者防御将来的突发事件。

政府甚至没有解决民族区域的差异问题,它一直阻止国家管理的户口调查,这对决定国家资金的分配及选举的选区的居民非常必要。基于冲突关系到民族——区域的利益,四个省区都提高目标,在户口调查上设置先决条件。事实就是实施一个全国的人口普查已变为一个有争议的问题,表明少数民族在巴基斯坦作为一个政治的力量是如此显著的。不幸的是,政府的政策却没有反映出一种紧迫的意识,管理国家的民族问题表露出缺乏方向感并无力从巴基斯坦过去的民族麻烦中总结经验。

这通过一些事件得到了详细地阐述,1996 年 10 月解除人民政府事件之后,在它完成它的公职条款之前忽视了被选举的政府的第三次连续地进行军事煽动。福德哈瑞总统在信德省引用人民政府的民族政策,包括通过法律强制代理机构杀害成千上万的统一民族运动党积极分子,以此作为解除的人民政府的其中一个原因。[①]

当一个黑暗的军队政府由一个持不同政见的人领导,梅德可汗人宣布他们的意图是举办一个自由和公平的选举,每一步措施都是用来确保军队选择的候选人胜利,即旁遮普人统治的巴基斯坦穆斯林联盟,由梅德可汗作为领导人。这些措施包括对反对人民政府人物的任命及安排人民政府持不同政见者就职于关键的行政职位,例如,过渡时期的信德省及俾路支省总理,穆塔巴拓和朱泽法罗,及信德族和旁遮普的管理者分别是卡姆·哈德和塔哈·瑞勒;逮捕和监禁的人民政府大批领导者因贿赂被指控;运用政府所控制的选举媒体来暗中破坏人民政府的可信度;在政党里促成了内部的分裂,尤其在信德省,在那里人民政府的传统的信德族支持的基地已经受到威胁。这应归咎于在米瑞巴特的遗孀,格哈瓦领导者之下的人民政府的反对者。

同时,军队也确保未来任何一个政府都将公开承认它的指导原则是建

① 参考优雅的衰退(Zahid Hussain,“Fall from Grace,” Newsline,November 1996,pp. 27 – 28)。

一个"指导性的政体",防御会议和国家安全部,主席任命连接主要的委员会成员,主要内阁总理和高级官僚机构。因为军队统治政体的目的是在一个大的范围内给政府提出一个建议,包括防御、外国政策、经济及内部安全,所以它将清楚地削弱总理的权威。①

在选举中的最后时刻,贝娜齐尔·布托因忽视宪法的规定而被免职,穆斯林联盟在国家议会和旁遮普省地区议会上赢得一个最大的胜利。在西北边境省,穆斯林联盟,人民民族党(ANP,民族人民党的接班人)获得了大多数的席位,允许纳瓦哈弗在中央和旁遮普省来形成一个联合政府,同样在西北边境省中也允许穆斯林联盟－人民民族党组成联合政府。② 考虑到在选举中族群在巴基斯坦扮演一个主要的角色,在那里俾路支的民族主义政党——民主国家党和俾路支的国内党,聚集足够多地来自地方政府的支持,尽管它这个政治联盟与巴基斯坦统治的伊斯兰民主联盟(FR)人民政府也有联系。

在信德省,民族两极化,内部的分裂,过渡时期政府,所有的一切导致了选举结果。当巴基斯坦人民党设法以使最重视的地方政党出现时,它却丢掉了一些它在乡村信德省的穆斯林联盟和其他反对党派传统的席位。在另一方面,统一民族运动党在穆哈吉尔——大多数区域的省获得了支持,它的民族基地被完整无损的保留下来。③ 在信德省,民族两极化情况已经随着统一民族运动党——穆斯林联盟地方政府的形成而加重。再一次,在他们自己的省区和中央的职位中实际上没有掌握政权的人,只有一些表达观点的权力,中央的关键职位:首要的军队职员、总统、总理都掌握在旁遮普人手中。更甚的是,军队管理继续强调在政治敏感的省区事件的过程和反对统一民族运动党的关键要求,在信德省撤回反对党支持者诉讼;穆斯林联盟和

① 参考优雅的衰退(Zahid Hussain,"Fall from Grace," Newsline,November 1996,pp. 27－28)。

② 穆斯林联盟在国家议中会获得了三分之二的大多数,赢得了134个席位,包括其中的旁遮普人的7个席位,以及反对巴基斯坦人民党来自信德省区的18个席位。

③ 统一民族运动党获得了地方议会28个席位和国家议会12个席位,主要都是来自于信德省区的城市中心,而巴基斯坦人民党在信德省议会中获得了36个席位。

统一民族运动党领导者之间紧张状态仍在继续。

在被选举政府接管之前,内部政府草率地通过一个国家财政奖之后,民族问题在经济领域也显露着重要性。因为奖励与俾路支省、信德省及西北边境省的利益相冲突,因此它无形中增加了三个省民族社群的离间和不满。因此,民族两极化很可能上升,除非旁遮普人统治的领导中枢及武装力量完全地改变民族政策和方法。

结论

回顾1971年巴基斯坦的分裂,管理它的人在20世纪90年代应该敏锐地意识到民族冲突将会带来一个巨大的潜在地暴力行为和政治上的不稳定。然而,正如我们从这些历史分析中所看到的,长达五十年之久,巴基斯坦政府既忽略了重要的民族问题也没有用各种形式来处理并转换民族竞争,在这个混杂的国家里,民族群体之间的冲突及民族群体与国家之间的冲突不断上演。

评估

巴基斯坦的政策制定者们一直保持着数十年的旧的民族政策,甚至在他们明确地证明这些是无用的政策之后,仍然在国家领导中坚持根深蒂固的保守主义。因为巴基斯坦歪曲国家和军队官僚机构,并以此国家政策来继续统治所有敏感区域,他们的民族和机构的利益影响着政策的方向,政府的执行力在于管理民族关系上。

例如,军队的努力是控制整个国家政府和使国家的资源保持着高度集中。但是这种做法使在中央和边缘地区的关系结构发生了不平衡,促成了政治的不稳定和民族的动乱。因此,当联邦的准则被采纳时,在书面上,有三部巴基斯坦宪法,在实践中,巴基斯坦政府又一直倾向于集权。但失败之处在于实施的区域自治导致了民族冲突的再次发生。

此外,集中的经济政策剥夺了地方控制由他们创造出的剩余产品的分发与再分配过程,这支持了特定的民族群体和区域歧视反对其他的民族群体和区域，最终刺激了民族紧张关系。这些经济政策为1971年东巴基斯坦的脱离得到大众支持做出了贡献，同样也导致了中央集中化政策和对巴基斯坦文化的多样性的任意忽略。

但是，取消民族隔离的这些政策，必须是有选择性地来申请。他们没有这样做，而是通过扩大雇佣政策以在政治上统治国家政党组织。军队的招募表面上在奖赏的基础上进行，但是在实践中排挤信德省人和俾路支人。在国内的官僚机构中申请高级政策制定的职位也没有区域的限额，但实际上这些都是由旁遮普人所统治。信德族和俾路支人的愤恨被忽视。

自1971年以来，巴基斯坦已经设法做到依靠互助和高压统治抑制民族冲突。但是它还是持续的再次发生民族冲突，因为国家领导人和管理者并没有提出根本的因素并对这种紧张状态负责。对于所有的这些原因，国家体制在巴基斯坦和它领导人中的直接地对国家的民族问题负责。运用独裁主义者或半独裁主义的使用并拒绝代表性和参与性的设立，巴基斯坦的领导者们一直能够将一些民族的群体及社团排除在政策制定过程之外。知道了这个情况，这些群体不断地感觉到被疏远了。

直接地独裁主义统治期间，是一系列的同化政策：取消民族隔离及集权政策运用最活跃的时期。一些被选举的政府尽力赔偿对民族所造成的痛苦并沿着更为公平的路线来重建民族关系。民族政府已经提供一些途径给公民来参与和表达民族抱怨。代表政府也一直避免来自分裂主义者引发的国家——社群紧张关系。然而，即使被选举的政府经常失败，他们却仍执行欠佳的政策，依靠高压的策略来反对民族不满而不是提供给所有民族社区公正的政策。

阻止被选举政府的一个主要障碍是来自改进结构的变化：在政治领导与国家政党之间进行不公平的权利分配。将他们对政治弱点的意识与强大的国内和军事官僚机构相比，被选举的领导极不情愿地接受由国家政治组织所制定的改变民族政策，特别是在这样一个经济和国家安全的敏感区域。政治领导并没有提供社会和经济的公平，也没有加强民主党的机构和有能力国家政党组织的联系来互助或限制民主选举的领导人，这导致了议会民主体系这一持续受欢迎的理解破灭。对民族群体来说尤其真实的是，将她们自己视为关于国家直接歧视的主要目标，包括信德省民族国家主义和统一民族运动党的支持者穆哈吉尔。巴基斯坦的许多不满的民族人员大量武装并准备充足的资金，结果导致阿富汗的内战和一种处于麻醉心理下的繁盛贸易。军事化的巴基斯坦社会使得民族暴力带有地方性，尤其是在巴基斯坦城市。

推荐

在巴基斯坦，民族关系必须基于政治、经济和社会公平的基础之上，这就要求对于政府的民族政策、方法和策略有一个深刻评估。总之，任何有意义的改变在民族政策上都将要求现存的联邦体制通过权力的转让和分权来转变该机制，提供实际存在的区域自治。

联邦主义和区域自治

所有的在巴基斯坦民族区域的有关人员中，仅是旁遮普省政治上和经济上的精英们仍然认为1973年宪法描述的是国家现存的政治、经济和社会形势。宪法提供的中央控制的水平应该专门用来保护地方，特别是在地方产生的总收入及他们的分配方面。解决这些因更大的地区经济自治而持续增长的需要，将要求在宪法的框架修正中体现民族区域的一致性。在不久的将来，这种问题将更有意义，因为国家的财政资源和它的开支预算差距在加大。

直到区域自治在宪法中被认可并加强，其他的更为紧急的措施也会被采用。目前的宪法提供了权力的分配方法；这种方法至少可能被贯彻执行。假如民族群体充分地控制他们的财政资源，那么民族的紧张状态将会减轻。这些相同的因素——区域自治的影响和没有解决的民族区域的不满——对以前的东部巴基斯坦当局由开展脱离联邦政府的运用而转变为温和的态度发挥了重要的作用。中央政府将吸取到同样的教训：当地和区域的领导者必须有足够的权威和自治来平衡他们机构内部的不满与执行政策，这提出了特定的民族焦点问题。否则,民族紧张状态将加剧。

被推崇的行动计划

既然过去的政策使得区域经济长期的不平等,那么中央政府就必须采用一个更为严格的分配政策,那就是歧视那些赞成不利形势和排除民族社区与社群的态度。他们对于未来发展的问题也进行考虑,包括某些区域不完善的基础设施,例如健康、教育、住房等都应该在国家资金为社会发展再分配时给予优先考虑。当地的和区域的人员应该确定明确的目标区域,并在执行政府的政策上发挥作用。

基于这些优点之上,要取代提供教育与雇佣的定额分配制度政策,政府必须首先减少发达的和不发达民族社区之间的代沟。事实上,优先的政策应该被延伸并超过他们目前所覆盖的区域,例如,为国家控制的土地分配和优先获得国家贷款的定额。注意力也应该用于确保统治的民族社区不能继续利用此体制,就像他们今天能做的。监督这种问题的职责很可能赋予新创立的中立机构或现存机构,例如调查官。

为了民族交流,优先雇佣政策应该被采用,他也一直被任意排除在国家安全军队的代表之外,包括武装力量。军队的领导们应该对继续维持民族地倾斜的新兵征召政策的危险性更为敏感,尤其重视它在巴基斯坦的分裂历史上的地位。基于区域和当地水平上,民族群体之下的代表人员应该进入法律强制机构并在当地选举的官员所控制的区域之下任命,取代中央直接干涉的现行政策。

民族多元论

目前强调维持一个“国家的”身份,因为要由中央的政策制定者所确认的并通过国家控制的教育体制和电子媒体来提高,它应该由多元的政策来代替,并认识到巴基斯坦社会多元民族的实质。甚至在 1971 年之后巴基斯坦政策制定者仍错误的承认和尊重的多元论而继续加剧民族紧张关系。运用一个多元主义的方法,被推崇的政策将使得反击族群感觉到被忽略或者被强迫,也将纠正那些认为文化可同化性是国家领导人的最大目标的认识。

内部和外部的安全

每一位巴基斯坦公民都应受到安全的保证,这可能最终将结束于跨国的武器交易和麻痹的阿富汗军队。在巴基斯坦,关闭这种贸易可能减少巴基斯坦本身的民族冲突;这种贸易已经涉及到了财政并不断的激起暴力,包括巴基斯坦的民族暴力。但是采用这种方式可能需要巴基斯坦改变它在阿富汗的干涉政策,反过来要求再次声明国家控制整个军队——政府阿富汗政策的主要创造者。

巴基斯坦的民族冲突与巴基斯坦对阿富汗政策之间有另外的直接联系:存在的和活跃的阿富汗难民已经增加了在俾路支省的帕坦族——俾路支人的紧张局势。因此采用的措施就是,一旦情况在阿富汗被允许,就将这些难民遣送回国;在短期内,紧急的措施是需要控制阿富汗难民在巴基斯坦土壤上进行的政治活动与犯罪活动。

大多数情况,只要歧视宪法的修正案和法律,将继续破坏宗教的安全和宗派的少数主义者,那么政治上激起宗教暴力和宗派的紧张将继续在巴基斯坦发生。这些歧视的宪法的条款及法律必须由议会来取消,主要是消除在宗教的和宗派的少数群体之间的不满。政府也应该通过惩罚宗教暴力的罪犯来保护公民的安全,因为不主动和犹豫只能增加强宗教极端主义分子的有利地位。

展望

通过制度化的有代表性的政策制定过程进行权力的分配、权力的移交及条款的公平是巴基斯坦解决民族问题的关键。在国家联邦政府里,国家的领导人必须认识到并尊重各种各样的行政单元在政治上的自治。经过中央政府的不断努力来压倒区域的省级的宗教政治,例如,通过解散或操纵地方政府,在提高政治的不稳定性和增加民族的紧张状态方面起到主要的作用。

只要统治政府自己执政,或者只要认识到政府自己扮演的角色,尤其在民族利益和目标上,那么组成或执行政府的民族政策就没有实质的改变,同时,国家的民族问题也就没有解决。因此,减少民族紧张是政府为了所有的民族群体会和社群。真正地参与将依靠一个不断加强民主的过程,因为这些民主党的机构为了在以后获得政治权力和资源将监督交易不断增强这方面。

1988 年来,当选政府的表现与遭受军队不断地干涉似乎暗示着巴基斯坦再也不能应对那些在政治领域所需作出的变化。假如国内领导者站在政治分裂的两边并发现它政治生存的真正基本原则,那么以上这些民族关系上的这些提议将会得到重新设置。它未来的政治不是依靠默认和临时的权力分享的安排与国家的政党组织,而是在巩固和扩大它的内部的支持的基础上。只要它对于多民族社会的治理提供政治、经济和社会上的公正,那么就会获得国家领导者支持。

第三章 斯里兰卡的政府政策和民族危机

阿米塔·沙斯蒂(Amita Shastri)

斯里兰卡曾经出现了一个异常现象：尽管经济发展水平非常低，却是一个非常活跃的民主国家，它早在1930年就引入普选权。自1948年独立后的十年里，它经历了从统一国民党(UNP)到新发展的斯里兰卡自由党(SLFP)及其他的同盟者的政权的和平转变。在接下来的20年里，伴随着投票人数的不断增加，两个主要政党一直处在权力的交替过程中。由于大量社会福利措施的实施，斯里兰卡受教育水平、平均寿命及健康程度与那些发达国家的人口相差无几。

然而，令人不解的是：尽管有这些积极的发展，斯里兰卡仍在20世纪80年代陷入了内战。在20世纪90年代，它的武装力量一直面临着世界上积极性最高的组织最为严密的叛乱活动。据了解，斯里兰卡的民族斗争造成超过5万人的丧生，并且这一数字还在不断增加中。斯里兰卡分裂势力泰米尔伊拉姆猛虎解放组织(简称猛虎组织)拒绝除了让该国北部及东北部的泰米尔人聚居区独立外的任何政治和解。

在这一章，我着重分析了那些对斯里兰卡的民族关系有重要影响的政府政策。我认为斯里兰卡最主要的问题之一就是其政治体系缺乏广泛的公众认同。更重要的是，该国野心勃勃的政治家们发出各种呼吁，以期吸引、联合并维持民众对他们的支持，但这反而加剧了该国主要民族群体间的矛盾，并进一步引发了斯里兰卡国内战争的爆发。

本章主要聚焦于斯里兰卡多数民族僧伽罗族与少数民族泰米尔族之间

的关系,因为正是这两个民族之间的冲突导致了斯里兰卡的悲剧。作为一种简述,我用术语“泰米尔人”来代替斯里兰卡泰米尔人。然而,我们必须注意到,像其他的族群一样,僧伽罗族和泰米尔族里也包含了很多的有着各自的独特利益及政治取向的子群。所以,在本章中,请允许我用“僧伽罗”和“泰米尔”特指这两个族群中政治活跃度最高,最有影响力的那部分人。

本章第一部分将以历史与人文的视角对斯里兰卡的状况做一个阐述。第二部分将聚焦于1948年独立后,斯里兰卡政府所采取的各项政策,这些政策对该国各民族间关系的发展产生了长远的影响。第三部分考察了斯里兰卡1956年以后的一段时期,这一时期是斯里兰卡历史的分水岭:斯里兰卡的中产阶级聚集起来第一次登上政治舞台,而僧伽罗人与泰米尔人之间的关系则急速恶化。第四部分将重点讨论1977年到1994年之间的统一国民党政府采取的一系列政策。而这一时期,也是斯里兰卡最为动乱,暴力冲突最为频繁的时期。最后一部分,我们将在前面分析的基础上,提出我们的结论及政策建议。

历史和民族背景

几个世纪以来,斯里兰卡与南亚大陆保持着密切的关系,它是东亚与西亚间主要贸易路线中的一个货物集散地,而这最终导致了斯里兰卡成为一个多元民族国家。其中,最重要的组成部分是僧伽罗人,他们称自己是公元500年前从北印度迁移至斯里兰卡的移民的后代,第二大民族是泰米尔人,他们与南印度居民有着密切关系并声称自己比僧伽罗人更先来到斯里兰卡。在现代,每一个族群到达的时间及其历史贡献仍是争论的主题。但可以肯定的是在前殖民时期,斯里兰卡已经是有一定数量的王国,僧伽罗人和泰米尔人,他们与印度大陆的人民和各王国之间存在着起起伏伏的复杂关系(包括文化交流、经济贸易、婚姻和战争等方面),这些都是今天海岛上历史遗产的一部分。

斯里兰卡特殊的地理位置也揭露出欧洲殖民者对它实行长达大约450多年统治的原因。1505年葡萄牙殖民者最早进入该地区,他们在斯里兰卡的海岸边设立起了贸易要塞,引导当地居民进入到肉桂的国际贸易体系中,并使当地的一些社会中间阶层开始信仰天主教。大约在1668年,荷兰殖民者从葡萄牙人手中接管了斯里兰卡,并将自己的势力扩张至整个海岸,引进了罗马—荷兰法律及卡尔文教派,并建立起了肉桂种植园。继荷兰人占领整个海岸线之后,1815年,英国人成为第一个征服整个海岛的殖民者,1833年,他们开始对该地区实行统一的管理。1850年以后,随着该岛西南地区的茶叶、橡胶、椰子等种植园的发展,斯里兰卡的出口贸易进入了一个繁荣时期。科伦坡港口在贸易中迅速发展起来成为斯里兰卡最为发达的城市,并最终发展成为该国的首都。而许多贫困的社会底层的工作者(大多数是英国殖民者于1850至1930年间从南印度带来的泰米尔人)都在茶园工作。

殖民地贸易的建立及传播、生产、管理和教育鼓励了多民族的发展,斯里兰卡的中产阶级精英也被西方化了。英属印度聚集的殖民地运动暗示出,这些精英的领导者成员在20世纪初期形成了民族主义运动的核心并且要求在殖民地的管理和统治中扮演一个更为重要的角色。然而,不同于印度,斯里兰卡的运动在本质上仍是卓有成效的、稳健的和带有立宪主义特征的。

斯里兰卡是一个有着清晰的民族界限的多元化社会。[①](见表6)其中最大的民族是僧伽罗族,占斯里兰卡总人口的74%,其次是泰米尔族,约占12%,另一支系的泰米尔人——内陆泰米尔人(也称印度人、庄园或种植园泰米尔人),在1948年斯里兰卡成立之初占其总人口的12%,但随着20世纪60年代至70年代,其中一部分被遣送回国,其人口降到不足总人口的6%。另一个重要的族群是穆斯林(包括摩尔人和马来人),占其总人口的7%。

① 岛延伸的范围从北到南是270英里从东到西140英里,占地面积约为25,332平方英里,在1991年大约有1700万人口。

表 6 斯里兰卡的民族构成

族群	1946 年人口数	百分比	1981 年人口数	百分比
僧家罗族	4,634,203	69.6	10,986,595	74.0
斯里兰卡泰米尔族	732,417	11.0	1,870,690	12.6
内陆泰米尔族	779,025	11.7	831,418	5.6
穆斯林族(讲乌尔都语)	426,133	6.4	1,098,659	7.4
其他族(葡萄牙或荷兰殖民者的后裔,欧亚混血以及维达人)	86,561	1.3	59,388	0.4
总数	6,658,399	100.0	14,846,750	100.0

注释:由于受到纷扰,1991 年斯里兰卡并没有进行人口普查,所以最新的数据来自 1981 年的人口普查,1996 年末,斯里兰卡的总人口估计约为 1827 万。

资料来源:斯里兰卡,调查与统计部门。

不同的民族不仅在服饰、饮食、习惯方面有着明显的区别,他们还有着不同的宗教信仰和语言。僧伽罗族大多数是佛教教徒并说僧伽罗语,而泰米尔人(包括斯里兰卡泰米尔人和内陆泰米尔人)是印度教教徒并说泰米尔语。穆斯林,根据其居住的地方不同,有多人说僧伽罗语,有的人说泰米尔语,另外,他们对阿拉伯语也越来越熟悉。另外,在殖民统治时期,还有一小部分僧伽罗人和泰米尔人转投基督教。所有族群的上层精英分子都会多种语言,但通用英语。

这些族群聚集在不同的区域,并有一小部分已经相互融合,僧伽罗族主要居住在西南部。由于长期受外国的影响,居住在低势平原的僧伽罗人比那些居住在坎提内陆的僧伽罗人更少地遵循传统,国家剩余的部分被西方殖民力量所控制。斯里兰卡泰米尔人大部分住在东北部,其分别占北方省人口的 86% 和东方省人口的 41% 。在殖民时期,许多斯里兰卡泰米尔人迁移至科伦坡,在国家服务机构里担任职务;结果,他们逐渐发展到约占该城市人口的 25% 左右。就像他们的名字暗示的一样,内陆泰米尔人倾向居住在位于小岛中心的多山的茶叶种植园。另外,还有相当比例的穆斯林居住在东方省,并逐渐与斯里兰卡泰米尔人和越来越多移居此地的僧伽罗人相融合。另一部分穆斯林则主要居住在西海岸的克罗珀及其周围。

殖民地政策在对待不同的族群的成员问题上也是有矛盾冲突的。一方面,法律赋予人人平等的权利。另一方面,由于要统治数量巨大的本土人口,殖民者必须将当地族群的精英分子纳入他们的政治和经济体系中。在僧伽罗统治阶级中占领导地位的哥吉格马人(Goyigama),在殖民体系的政府与村庄管理中也占有一席之地。其中的一些人,随着其他属于更高级的等级制度的人,来共同扩大有种植园、贸易及职业开拓的财富的路线。斯里兰卡泰米尔人的领导者们(大多数属于维拉阶级),都迁移至南部并寻找在科伦坡的政府工作的机会。其他的斯里兰卡泰米尔人,与穆斯林一起,从事贸易和财政工作。而中产阶级则通过僧侣、教师、医生等工作来发挥自己在社区中的影响力。

斯里兰卡民族主义运动沿着两大轨迹发展,先是在19世纪,中下层阶级的宗教复兴和改革运动得到了发展,接着在各民族被西化了的精英所掀起的政治运动中,斯里兰卡泰米尔人发挥了显著的作用。

但这种情况随着20世纪20年代殖民者将代表的基本原则从社区性转变为地域性而发生了变化。对此,僧伽罗精英通过被民族主义的复古主义和改革主义佛教徒所颂扬的宗教和历史的神话及文化的象征,顺着民族和等级制度这条线来动员民众的支持。最初,这些举动只是被用作一种反抗殖民者骚扰的策略,但结果说明,它们在使少数民族丧失其合法性方面也相当有效。僧伽罗保守党分子也发现这些策略在应对极左派带来的意识形态方面的挑战十分有效,而这些意识形态从20世纪20年代末开始就对工人阶级产生了越来越重大的影响。在后独立时期,这种民族主义路线为政治组织和政党提供了基本的组织构造。

在20世纪30年代和40年代的僧伽罗人和斯里兰卡人精英之间的竞争关系愈演愈烈。作为有着地狱群居优势、先进的文化特征同时又面临着政治与经济实力的腐蚀的最大的少数民族群体的领导人——斯里兰卡泰米尔人随着时间的推移开始寻求更多的独立与自由。而穆斯林精英,由于受到僧伽罗领导的极大拉拢,同时其自身又希望通过合作来实现自己的利益,所以投入了僧伽罗精英的阵营。[1]

与之相反，作为移民的内陆泰米尔人不仅遭受着大规模的贫困还面临着来自僧伽罗人的偏见与歧视。人们有关他们公民身份的争论一直持续到国家独立。在20世纪40年代时，他们通过大规模工人罢工，以及与左派党和斯里兰卡泰米尔组织的紧密联合来提高他们的地位；而这些运动极大地威胁到了僧伽罗精英领导的保守党。[2]在独立后，内陆泰米尔人的公民身份得不到承认，同时他们的人口数量更是随着他们中的大部分被遣送回印度而急剧下降。由于无法享有选举权，他们只有依靠他们的贸易联合组织特别是通过统一国民党（UNP）来推进他们经济需求并加速他们申请公民权的进程。最后，直到20世纪80年代后期，内陆泰米尔人才最终被赋予了公民权。即使如此，对多数人而言，内陆泰米尔人仍然是一个特色鲜明的群体。他们主要居住在国家的中心地带，依靠种植园为生，并不支持斯里兰卡泰米尔人独立的要求。

独立安排与后独立的改变

斯里兰卡有限的国土面积及中央殖民管理方式实际上确保它在独立后能够采取一个集权的、单一形式的管理模式。像许多以前其他的殖民地一样，作为首都的港口城市，科伦坡是这个国家的政治、行政、商业、贸易及工业中心，一直扮演着举足轻重的角色。在独立后，每一个重要的政府政策都是由科伦坡的国家政府治理并实施的。边远地区则由中央政府管理。大城市、城镇及乡村的议会则在各自有限的区域内对当地民众所关心的诸如公共卫生、道路、电力及交通管制等负责。

独立时期及其后十年的民族政治都聚焦在少数民族在中央可运用的权

① 详解可参见多民族社会中民族间紧张关系的管理：斯里兰卡1880－1985（Kingsley M. De Silva, Managing Ethnic Tensions in Multi－Ethnic Societies: Sri Lanka 1880－1985（New York: University Press of America, 1986）, chaps. 8, 15）。

② 参阅殖民地斯里兰卡的族群政治1927－1947（Nira Wickramasinghe, Ethnic Politics in Colonical Sri Lanka, 1927－1947（New Delhi: Vikas Publishing House, 1995）, pp. 184－246）。

力有多大这一问题上。当少数民族群体认识到他们在中央可运用的权力多么微小时,他们开始在其占统治地位的区域寻求更多的自治权。

受限制的立宪舆论

当不同族群的领导者在一个社会中能达成一致时,民主的发展将得到极大的促进。想要达到这种一致,就必须进行“协商”,而在此过程中,各族群之间必会产生法律及政治意识上的相互影响。[①]

斯里兰卡的独立宪法并不是出自各民族群体间广泛的谈判与协商的结果。相反,它是建立在殖民管理者与以 D. S 森纳那亚克(D. S. Senanayake)和具有纯正僧伽罗血统的大臣们为代表的僧伽罗精英间讨论的基础上。而当 1943 年第一个斯里兰卡泰米尔人加入僧伽罗的大臣群体时,谈判已经进入了尾声。这场与英国人的谈判由森纳那亚克主导,而其他人则被排除在陈述宪法的建议之外。

一个多民族国家最为关心的话题,诸如公民权、选举权、个人与集体的权力等,则不在该国最大的民族群体的代表们所承认或讨论的范围之列。英国殖民者并没能解决该国的公民权问题,他们将公民权作为一种森纳那亚克可以享有的特许权。[②] 而泰米尔人的反对则被描述成延缓或阻碍“锡兰走向自由”的行为[③]结果,新的宪法遭到了由两个泰米尔人社区选举出来的 10 个议员中的 5 人的反对,[④]但这持反对票的 5 人不久就在 1947 年的选

① 参见比较视野看威权统治的变迁(Guillermo O' Donnel, Philippe C. Schmitter, and Laurence Whitehead, Transitions from Authoritarian Rule: Comparative Perspectives (Baltimore: John Hopkins University Press, 1986));政治民主化:概括东亚的经验(Edward Friedman, ed. , The Politics of Democratization: Generalizing East Asian Experiences (Boulder, Colo. : Westview Press, 1994));构建民主政治:民主的变迁(Giuseppe Di Palma, To Craft Democracies: An Essay on Democratic Transitions (Berkeley: University of California Press, 1990));可持续的民主制度(Adam Przeworski, Sustainable Democracy (Cambridge: Cambridge University Press, 1995));冲突中的族群(Donald L. Horowitz, Ethnic Groups in Conflict (Berkeley: University of California Press, 1985))。

② 在独立之前,所有岛上居民都是英籍人士。

③ 参见管理族群间的紧张关系(De Silva, Managing Ethnic Tensions, pp. 146 - 147)。

④ 参见族群政治(Wickramasinghe, Ethnic Politics, pp. 220 - 221)。

举中失去了他们的议会席位。[①]

主要的宪法结构

斯里兰卡所采用的是一套建立在英国威斯敏斯特议会模式之上的宪法。总理及其内阁出自享有更多权利的众议院中的多数党。议院根据单一席位选区相对多数票的规则选举产生,这种规则倾向于用"制造大多数"来支持领导党或联盟。与印度不同,斯里兰卡宪法并没有包括关于个体权利的明确法案。

在独立时期写入宪法的对少数民族权利的保护很快就失效了。首先是相关的明确的条款被写入宪法以取代有关权利的法案,缓和少数民族的焦虑。该条款明令禁止了各种对特别民族群体的歧视行为。接着是对代表的选举体制的修改,该条款将众议院 40% 的席位都分给了少数民族群体。因为任何宪法修正案都要得到议会中的 2/3 人的支持才能被通过,所以少数民族群体可以轻松地否决掉他们不满意的宪法修正案。为了符合民主惯例,一个独立的司法部被构建起来以对所有法律的合宪性做出裁决。关于岛屿的任何司法问题如果得不到圆满解决,为了保证它的"自由选择权",可以求助于英国枢密院。[②]

政治陈述

政治陈述在谈判中作为独立的先导是最有争议的问题。波南巴拉姆(G. G. Ponnambalam),斯里兰卡的最重要的泰米尔政治组织——泰米尔国会——的领导者,为立法机关中代表席位"五五分"的原则辩论。但这一原则由于将使少数民族群体在议会中拥有极大的影响力,而遭到该国国家机关及主要政党(统一国民党)的领袖森纳那亚克(Senanayake)的极力反对。与之相反,选举制度在设计之初给了人口稀少的农村和少数民族地区更大

---

① 参见管理族群间的紧张关系(De Silva, Managing Ethnic Tensions, p. 142)。

② 令左翼党派大为恼火的是斯里兰卡在独立后仍处在英联邦的"统治"之下,英国女王仍作为该国的统治者而发挥作用。

的影响力，并在多民族地区设立了大量的城市多元选区。如果人们选举候选人，并按照选举规则，这种期望提供少数社区在下议院占40%。[①]

在独立后的一段时期内，斯里兰卡总理森纳那亚克（Senanayake），试图通过拉拢波南巴拉姆（Ponnamnalam）和他的6个泰米尔国会成员来巩固其在议会中的地位。波南巴拉姆（Ponnamnalam）后来作为工业部长加入了森纳那亚克（Senanayake）的内阁。这方便他在1953年卸任之前能将各种资金及资助引导到支持他的北部选区去。随着1949年内陆泰米尔人公民权的丧失，独立声明中涉及少数民族群体代表的内容遭到修改，从而使多数民族获益，这一部分的内容我们将在接下来的章节进行讨论。

公民资格与公民权

斯里兰卡独立后，其议会所采取的第一项措施就是通过了1948年的斯里兰卡公民法案和1949年的印度与巴基斯坦公民法案，这一举措有效地剥夺了大多数内陆泰米尔人的公民身份。接下来议会所颁布的1949年的选举法案则剥夺所有没有该国公民身份的人的选举权。

当该议题被上诉到枢密院时，枢密院则认为这些法案确实具有法律效力。显而易见地，那些宪法中被认为是保护少数民族群体免受歧视的条款，在按照常规设置的立法机关的操纵下极有可能失效，特别是当该立法机关对一个特定的群体存在明显的偏见时，这种情况尤甚。

领导人的行为是受经济与政治利益驱使的。因此，饱受贫困困扰的工人们开始在左翼党派的领导下组建起自己的贸易联盟，毫无疑问，这给在内陆康迪安（Kandyan）种植园选区占统治地位的僧伽罗精英带来了巨大的政治与经济的双重挑战，二战临近结束之时，大规模罢工的持续爆发，使种植园的工人成功获得了7个选举代表的席位，也使他们在1947年至少有14个内陆选区参加的前独立时期的选举中成功地通过影响选举结果来帮助左

---

① 后来1947年的选举中，僧伽罗人在议会中的席位数量大于预期，达到67%，可参见族群政治（Wickramasinghe, Ethnic Politics, p. 243）。

翼政党。作为报复,由保守的受种植园利益驱使的执政党使内陆工人再也无法通过有效的途径来捍卫他们的权力和增值他们的财富。统治精英们给内陆泰米尔人的致命性打击,使他们的问题从一个阶层的问题上升到一个国家的问题。从此这些二代和三代居民成为岛上最贫穷,受剥削程度最深,也最脆弱的群体,也许居住在那些不属于任何国家的偏远之地将是他们未来 30 年最好的选择。

这一举措暗中破坏了独立之初多数民族与少数民族之间共同达成的选举制度的根基。在选区范围内的内陆泰米尔人被计算在全国人口之列,但由于他们并不享有选举权,这对居住在康迪安(Kandyan)山区的保守的僧伽罗人来说是个额外的负担。同时,这也造成了岛上不同选区间选民数量上的极大失衡。[①] 1959 年,重新划分选区后,该国 80% 的选区都在僧伽罗人的统治之下,这个出乎意料的重大结果刺激着斯里兰卡多个政党不断提出各种议题和主张以吸引僧伽罗选民的选票。[②]

内陆泰米尔人公民权的丧失将牵累整个泰米尔群体的势力,认识到这一点,一部分较为温和的泰米尔国会成员于 1949 年分离出来与拢波南巴拉姆(Ponnamnalam)一起成立了联邦党,旨在恢复内陆泰米尔人的公民权利,他们试图通过政府的联邦体系来要求更多的区域自治权以确保少数民族在国家中的地位。

在接下来的一段时期内"真理总是掌握在少数人手中"这句话被僧伽罗人奉为是民主精神的精髓。但是他们却忽视了,当一国家的政治体系做到全然的民主时,多数族群的意志会受到个人和少数民族的某种权利的影响,经不起政治精英们关于民族主义的天花乱坠的鼓动,僧伽罗的中下阶层民众以给予精英们极力的政治支持来回报精英对他们的庇护和帮助。开国元勋也没能发挥自己的才能,建立起一种约束机制,以有效遏止其在高度竞

① 例如 1960 年 3 月的选举,西部省的代希瓦勒(Dehiwala - Galkissa)有 43172 个已登记的选民,而乌巴省(Uva)最小的哈普塔拉(Haputale)选区则有 10,344 个选民。

② 当有关调和选举和代表比例的法律实施后,这种选举中的失衡状况直到 1988 年才得到改善。

争、快速发展以及多元主义盛行的社会中立法机关中的大多数人对追逐党派利益的热情和欲望。

选举中的竞争与社会边缘化

最初，民族代表们的失衡对统一国民党（UNP）来说，就像预期的一样，是十分有益的。随着内陆泰米尔人被排除在选举之外，统一国民党（UNP）在1952年的普选中轻松地赢得了康迪安（Kandyan）选区中的大量选票。

到1956年，随着僧伽罗及康迪安（Kandyan）地区的大批选民被S. W. R. D. 班达拉奈克（S. W. R. D Bandaranaike）及其新组建的斯里兰卡自由党收买，统一国民党才认识到他们是“搬起石头砸自己的脚”，班达拉奈克（S. W. R. D Bandaranaike）制定的有关语言、就业、教育等方面的政策给予了僧伽罗乡村中下阶层特别的优待。在接下来的15年中，斯里兰卡自由党在僧伽罗乡村选区赢得了重要的选区境地，由于许多区域集中在其选举基地，所以尽管斯里兰卡自由党在全民选举中只得到了较少的选票，但其仍然通过获得较多的席位而在1960及1970年的选举中打败了统一国民党。[①]

由于僧伽罗第二大党的出现，激烈的政治竞争变得更为白热化。1956年以后，两大政党——统一国民党和斯里兰卡自由党——展开激烈的竞争，以赢取在议会中占有80%的席位的僧伽罗群体的支持。然而，每一届政府都无一例外地面临着一系列严重的经济问题：持续萎缩的贸易量，缓慢的经济增长，不断增长的预算赤字，持续上涨的通货膨胀率，不断增加的失业率（特别是年轻人的失业率尤为严重），这些问题使公众对每届政府的支持率以1%～4%的速度在减少。这使得该国的主要政党不得不开始与其他群体和政党组成联盟，统一国民党主要与右派稳健保守的少数民族政党结成同盟，而斯里兰卡自由党则牵手左派的托洛茨基分子及共产主义政党。激烈的党派竞争也导致了政客的不实之言的升级，他们在选举时给予投票者

① 参见多元社会中选举的竞争与少数民族的疏离：斯里兰卡1947－1977（Amita Shastri，“Electoral Competition and Minority Alienation in a Plurality System：Sri Lanka 1947－1977，”Electoral Studies，Vol. 10，No. 4（December 1991），pp. 334－335）。

十分慷慨的承诺，但是随之而来的是对承诺的背弃，其结果是造成了政治理想的破灭与民族两极化。

这样的结果是，议会中优胜党所占的席位日益增多，1970 年的斯里兰卡自由党和 1977 年的统一国民党分别占 2/3 和 3/4 的席位，而这个结果又使得该国的执政党可以自由地按其意愿制定政策，他们甚至可以修改宪法——这是每一政党都将着手来做的。

有趣的是，尽管主要政党都试图努力建立起广泛的政治联盟，但泰米尔人却一直被他们排斥在外，每一届政府，由于担心失去多数民族的支持，而不断背弃其对 1956 年以后斯里兰卡泰米尔人极力支持的联邦党的承诺。60 年代，发现两大政党势力的竞争处于胶着状态后，联邦党以支持其中一个政党为砝码，成功地获取了部分地区分权及有利于其发展的语言政策，然而到 20 世纪 70 年代联邦党发现其被完全忽视了，因为政府在议会中拥有了大多数的席位。

斯里兰卡的政治因此进入了“投标”争夺僧伽罗群体的支持的竞争模式，而这种模式一旦形成就难以被打破。

农业投资与殖民地化

斯里兰卡一系列关于农业发展和土地殖民化的政策受到僧伽罗人的大力支持。这些政策从僧伽罗人还是农业与土地的管理者的 20 世纪 30 年代就开始实施，并一直持续到 20 世纪 80 年代。毫无疑问，这一举措对少数民族间关系的恶化起了推波助澜的作用。

对于一个现代化建设刚刚起步的农业国家来说，保守的斯里兰卡政治精英们总是偏向于将更多的国家支出安排在灌溉工程、土地开发及农民的重新安置等方面也就不足为奇了。在经济上，这些措施将帮助国家减少对进口食物的依赖，减轻乡村的过度拥挤，并提高西南地区僧伽罗人的就业率，新的灌溉系统主要集中在该国的中北部和东部地区，这使得僧伽罗农民从人口密集的西南地区的村庄向新兴发展起来的但人口稀少的地区迁移。[①] 在政治上,这些政策使得僧伽罗的政客们被乡村人民奉为"再生父母",而得到他们忠心的拥护和大力的支持。

从意识形态上来讲,僧伽罗精英们政治上不切实际的豪言壮语推动了这一过程的发展。领导者们把自己比作古代的僧伽罗皇帝,并向民众许诺要向这些皇帝一样把斯里兰卡打造成僧伽罗人和佛教徒的天堂,将斯里兰卡的农业带入一个新的黄金时期。僧伽罗农民则被他们称为是建立了这项宏伟工程,并重新夺回了几个世纪前被泰米尔侵略者强占的领土的杜多伽摩尼(Duttugemunu)皇帝的子孙。这些花言巧语不仅使僧伽罗人形成了将其他少数民族排除在外的普遍的身份共识,更造成了其他少数民族对僧伽罗人的不满。

尽管近十年财政预算的日益捉襟见肘而使得政府对一系列安置计划的投入不再慷慨,但灌溉及农民重新安置工程仍在该国的东北部地区引起了越来越激烈的争论。对泰米尔人而言,政府对水利及灌溉工程的大力投入惠及的只是僧伽罗人。而定居在北部与东部沿岸地区的泰米尔人,在首都科伦坡并没有任何影响力,自然地被排除在国家的发展与资助计划之外。

政府制定的农业投资与居民的重新安置政策由于削弱了泰米尔群体在其定居地的政治影响力而遭至部分泰米尔群体的不满,同时居民的重新安置政策对少数民族地区的民族构成产生了重要的影响。随着大量僧伽罗人到东北部定居,东部省的多数民众泰米尔族的人口比例从1921年殖民化前的51%下降到1981年的41%。穆斯林在该地区的人口比例也从原来的41%下降到35%,而僧伽罗族的人口比例则从8%上升到31%。

随着数量的减少,一些选区的少数民族成员为了自己的政治利益不得不弱化自己的政治地位并先后与统一国民党及斯里兰卡自由党的僧伽罗政治家们合作。作为一个规模更小,在地理上更为分散的少数民族,东部省的

---

① 其中最著名的是20世纪70年代到80年代的格尔欧亚(Gal - Oya)水库的建立和马哈威利(Mahaveli)发展计划。

穆斯林也更倾向于结成这样的同盟,对东部省内陆选区的泰米尔人来说情况亦是如此。[①] 而主要居住在东北部省、都市中心及东部省沿海区域的斯里兰卡泰米尔人则更偏向于分权自治,因此他们对这种民族比例的变化感到担心和忧虑,为了防止他们经济及政治地位的进一步下滑,斯里兰卡泰米尔人更倾向于推行更为强大的区域自治。

1956 年民族主义的增长与它的后果

1956 年班达拉奈克(Bandaranaike)及其斯里兰卡自由党的胜利第一次将乡镇的以僧伽罗语为母语的知识分子和中产阶级推到了国家政治的最前线:选举是在悼念佛陀逝世 2500 年的阴影下进行的。受周年纪念盛典的影响,该组织决定顺应佛教僧侣的要求,扮演了一个在斯里兰卡这片圣土上不仅要保护还要积极促进僧伽罗人及他们地区和语言的独立政府的形象。

当民众对新政府的期望过高时,其成就将受到统治联盟中固有的党派间的紧张关系的限制。由于只在议会中掌握了 51.6% 的席位,斯里兰卡自由党领导的联合政府的地位可谓岌岌可危。虽然该联盟在 1956 年的选举中与一些组织得较好的左派政党达到了无竞争协议,但他们在接下来的一段时期仍面临着来自这些左派政党及贸易联盟的合并所带来的挑战。

应佛教僧侣的要求,将斯里兰卡建成一个佛教国家并使佛教成为该国国家信仰的工作,交由一个特定的委员会去监督,而推动僧伽罗语成为该国官方语言的工作则被另外处理。

语言政策

为了实现其竞选时所作出的承诺,斯里兰卡自由党领导的政府上台后的第一个举措就是通过了 1956 年的官方语言法案,规定僧伽罗语成为该国的官方语言。这个政策表面上是为了重建国家语言与文化的尊严,但实际

① 详解可参见分裂的物质基础:斯里兰卡的伊拉姆运动(Amita Shastri,"The Material Basis for Separatism: The Eelam Movement in Sri Lanka," Journal of Asian Studies, Vol. 49, No. 1 (February 1990),pp. 65 -69)。

上，其打破了各民族群体在国家独立之前所一致认同的语言协议，该国讲英语的人实际上还不到总人口数的10%。因此，关于选取一种在国家独立之前就已经有广泛的群众基础的语言来代替英语的议题在国家议会的普选中得到热烈的讨论。大家达到了这样一种共识：僧伽罗语与泰米尔语将取代英语成为斯里兰卡的国语。该政策与另一项提议得到同时通过，它们允许在公办学校中使用这几种语言。通过将僧伽罗语定义为国家的官方语言，班达拉奈克(Bandaranaike)及其联合政府有效地提升了以僧伽罗语为母语的中产阶级的地区，使他们的地位在少数民族英语精英及以泰米尔语为母语的中产阶级之上，这种“僧伽罗语是唯一语言”的政策遭到说泰米尔语的中产阶级的不满和反对，他们认为这是一种排斥与歧视行为，这项政策也使他们失去了作为一个该国公民应有的地位。

区域自治

作为回击，泰米尔人重振士气，转而支持联邦党，要求政府实现两种官方语言的绝对平等，允许泰米尔地区的区域自治，废除有失公平的公民法以及终止国家对僧伽罗人向泰米尔语地区迁移的资助。于是1957年7月，联邦党领袖契尔凡尼亚肯(Chelvanayagam)与班达拉奈克(Bandaranaike)进行了谈判，并达成一致，这项协议被命名为班达拉奈克与契尔凡尼亚肯协定(以下简称B－C协定)，并广为人知，它为泰米尔地区的普选会议提供了广泛的支持。北部省将作为一个省存在，而东部省为了保持与其各民族群体的联系则将设立两个或更多的市镇议会，这些市镇议会在国家议会的同意下可以选择相互合作或合并。这些地区性的政权将被授权对该地区的农业、合作社、土地及土地开发、殖民地的开拓、教育、卫生、工业、渔业、住房、社会服务体系、电力、水利工程及道路交通等方面进行管理。更重要的是，他们有权决定谁可以参与到殖民地的拓展计划中来，另一方面，中央政府可以通过提升税率及借贷利率来为地区性的政权设置障碍，联邦党也同意只要泰米尔语被承认是斯里兰卡的“国家少数民族”的语言，他们愿意降低对国家给予泰米尔语同等地位的要求。泰米尔语将作为北部及东部省市政府的官方语言,以其制定的条款对这些地区说僧伽罗语的人同样适用。同时,其总统也承诺将优先考虑内陆泰米尔人的公民身份问题。

B－C协定也因此承诺在现有的中央集权的体制下将给予泰米尔地区更多的区域自治权,此规定在满足泰米尔人的要求的同时也保障了僧伽罗人的地位和权益,此规定的实施,将在此后的数十年里有效地避免悲剧的发生。尽管如此,但当权政府中的一些僧伽罗极端主义分子和一部分政治上过于活跃的佛教僧侣们都强烈反对政府作出这样的让步。统一国民党领袖J. R. 贾亚瓦德纳(J. R. Jayawardene)也加入到这场反对声潮中,并意图伺机夺取政权,改变自己在野党的身份,针对B－C协定的抗议和示威运动动摇了班达拉奈克的政治决心,并使他最终废除了该项协定。

而最为让人担心的是这场抗议活动中还夹杂着与泰米尔人的暴力对抗以及对泰米尔人财产的肆意摧毁。联邦党针对1956年的“僧伽罗语是唯一语言”的法案的甘地主义的抗议被僧伽罗暴动分子所终止。而随之发生的是科伦坡及东部省僧伽罗人定居去的民族暴动,泰米尔人针对僧伽罗语在其定居地不断扩大的抗议活动,随着B－C协定的结束而升级为更严重的暴力冲突。在这场冲突中成千上百的泰米尔人失去了生命,还有超过10,000的人在科伦坡变成了难民,并随后被遣送到查夫纳(Jaffna)。流血冲突发生四天后,政府就宣布全国进入紧急状态,并出兵对暴力冲突进行镇压。

这场暴乱之后,班达拉奈克为解决该国语言问题付出了极大的努力,他于1958年通过了泰米尔语言法案(特殊条文),并允许在原有的B－C协定的一定框架下,泰米尔语可以被合理的使用。然而,该授权法并没有得到议会的采纳,也没有被执行。

语言和区域自治的问题在20世纪60～80年代一直都得不到合理的解决,1965年统一国民党领袖杜德利·森纳那亚克(Dudley Senanayake)与契尔凡尼亚肯(Chelvanayagam)达成竞选协议后由统一国民党领导的政府决定执行泰米尔语言法案。但是,由于斯里兰卡自由党及其两个左派盟友的反对,该项法案并没有得到实施。另外,一份行政区域议会的发展计划,由于需要在中央政府的控制下才能运作,远不如班达拉奈克提出的区域性议会计划有价值，也在1969年遭到弃用。不出所料地，泰米尔人要进入政府组织的要求也随后遭到拒绝。

国家就业

关于语言的议题得到激烈的讨论，这并不仅仅是出于情感的原因，还因为其与民众在政府部门和私营/人部门的就业情况密切的联系在一起。由于斯里兰卡从1947年开始就实行自由的教育政策，许多民众都用本族的语言来教育他们的青少年，所以语言政策变得极其敏感。20世纪50年代末，许多人都开始参加工作，他们都希望找到一份与他们所受的新式教育和预期相符的白领工作。然而，经济的缓慢增长，只能满足其中小部分人的要求。

针对有限的工作机会展开的激烈竞争变成一种零和的游戏。为此，僧伽罗和泰米尔群体都试图通过合理化的说辞来提高，至少是保住自己的地位。而这无疑会加剧该国各民族间的紧张关系，僧伽罗沙文主义者以斯里兰卡泰米尔人已从过去的殖民教育和就业机会中获益过多为由来证明他们所支持的政府的措施是合理的。另一方面，泰米尔人把他们能在国家和政府部门获得如此多的职位归因于他们的勤奋，强烈的冒险精神及向西南部的适时迁徙。同时，他们也暗示，这些品质和压力并没有激励僧伽罗人团结起来。

官方语言政策导致了政府中僧伽罗族工作人员的增加及泰米尔族工作人员的减少。泰米尔人在国家服务体系中的比例从1956年下降到1970年的10%，在管理工作领域的比例从30%下降到5%，在宗教神职工作领域的比例从50%下降到5%，而在部队中的比例更是从40%下降到1%。[①] 由受过教育的青年的高失业率带来的政治压力所引起的国家机构与国家企业的人员数量的急速膨胀已属常态。

---

① 参见斯里兰卡：民族问题和泰米尔解放斗争（Satchi Ponnambalam, Sri Lanka: The National Question and the Tamil Liberation Struggle (London: Zed Books, 1983), p. 174）。

产业化取代进口

坚持国家—平民主义的斯里兰卡自由党所领导的联合阵线(简称 UF)受到那些偏爱工业发展的进口取代模式的阶级的支持。1956 年后,政府职能的扩张,导致政府投入到工业和农业部门的开支、津贴及贷款惊人地增长,造成了国家服务体系的扩张及就业率的上升,同时也使得有组织的工人的最低工资限额有所增长,工人的利益得到更好的保护。

表面上,这些投入是为了促进国家经济及公共事业的发展,但实际上国家只把这些国家发展所带来的利益分给了那些涉及政治的社团及精英们。当权的政党联盟及国家权力机构并没能真正建立起一个有效而牢固的准则。同时,泰米尔人也发现在公共事业领域,他们的经济地位不断弱化,1956 年以后,国家对东北部地区的投资就变得非常有限了。① 最后,对公共事业建设的失望,泰米尔人不得不越来越多依靠私部门来解决自身的问题。

尽管 B - C 协定最终被废止并没有得到实施,但其后以它为基准所达成的所有条约都得到了执行,B - C 协定的废止同时也反映出这个资源匮乏的国家陷入了泰米尔领导人强烈要求分权的尴尬境地。但另一方面,对经济与政治利益的考虑又驱使政府所制定的政策越来越集权化。

政治集权化

1970 年当斯里兰卡自由党、托洛茨基分子及共产党所组成的激进的平民主义者联合阵线(简称 UF)在议会中赢得了 2/3 的席位时,斯里兰卡政治力量均衡的局面发生了戏剧性的变化。凭借这一多数化的优势,联合阵线与 1972 年颁布了一部更为集权化的新的宪法,不顾联邦党的反对,使斯里兰卡成为一个中央集权的国家。与此同时,佛教与僧伽罗语的地位也进一步得到提高,佛教成为各种宗教团体中"最重要"的宗教,而僧伽罗语则成为该国唯一的官方语言。尽管人们可以根据自己的意愿信仰其他宗教,但佛教仍占据着无与伦比的地位,宪法赋予国家保护和促进佛教发展的义务,

---

① 参见分裂主义的物质基础(Shastri,"The Material Basis for Separatism," pp. 61 - 73)。

而根据1958年的泰米尔法令及其从属法令,泰米尔语是可以被使用的。此外,宪法关于公民权及选举体系的规定仍保持不变。

在新宪法下的一院制议会中,僧伽罗人占绝大多数席位,这使得他们享有更大的权力,而司法部作为议会的代表,则反映了僧伽罗人的意志。1974年,议会宣布其有权利解释其所制定的各项法律,同时,原来明确禁止对各民族的其他的宪法规定则被废除了。另外,新颁布的关于权利法案保护了个人与少数民族的权利,尽管这些权利在国家危急时刻会受到议会的限制,以防止公共秩序和公共利益遭到破坏。

大学录取政策

1972年以后联合阵线所施行的大学录取政策引起了所有泰米尔人,特别是泰米尔年轻人的极度不满。1972－1975年的全球经济大萧条严重地打击了斯里兰卡这个依赖进口的国家的经济,特别是食物与石油价格呈5倍的增长,造成了该国食品的短缺、无法控制的财政赤字和巨大的贸易逆差。斯里兰卡在1973－1974年间糟糕的经济增长率,使该国本就困难的局面进一步加剧。贫困及高达25%的失业率,毫无疑问,会引发该国所有工人的不满,使该国政局更加动荡。而统治者在此时所采取的新的大学录取政策则进一步使他们的政治地位岌岌可危。

有限的大学入学人数造成了激烈的竞争,于是联合阵线领导的政府采取了新的政策:跨越各语言群体实施标准化打分,以防止所谓的泰米尔考官在打分上的偏袒及泰米尔学童所享有的优先教育机会。这样做的结果是,僧伽罗学生得到了更高的分数和大学入学率。而泰米尔人的入学率则从1970年的35%下降到1975年的19%。①

不断地被排挤在一些重要学科(比如医学、工程学、兽医等)的高等教育与培训之外,泰米尔的年轻人认识到在现有的政治体系下,他们所遭受的

① 参见民族主义对教育的影响:学校接管(1961)和大学录取危机(1970－1975)摘自当代斯里兰卡的公共特性、民族主义及抗议(Michael Poberts, ed., Collective Identities, Nationalisms and Protect in Modern Sri Lanka (Colombo: Marga Institute, 1979), pp. 485－497)。

不公平待遇是无法得到补偿的。于是,留给他们的只有一个选择:为独立而战!

于是,泰米尔人通过议会解决自身问题的希望一再破灭,于是原本温和的泰米尔政治家们被激进的泰米尔年轻人推到了最前线,实施分裂主义活动。泰米尔几个主要的政治组织在1976年走到了一起组成了泰米尔联合解放阵线(TULF),他们宣誓要为建立一个泰米尔国家而战。

走向右倾主义:1977年的分水岭和内战

具有讽刺意味的是,当泰米尔人将分裂的愿望寄托于泰米尔的谋权运动时,泰米尔联合解放阵线在1977年的选举中赢得了19个席位,成为议会中主要的反对党。然而,另一方面,大量的针对经济萧条和联合阵线所制定的紧急措施的反对票,使得原来的反对党,统一国民党在议会中赢得了4/5的绝大多数席位,在议会中具有压倒性力量,在这样的情况下,泰米尔联合解放阵线在议会无法发挥有效的影响力。

在接下来的6年中,温和的泰米尔联合解放阵线领导人以泰米尔年轻人可能进行暴力活动作为谈判的砝码,以引起政府的重视,赢得对其有利的特权。统一国民党领导人认识到这种情况中所隐藏的危机,于是对泰米尔人的要求作出了积极的反应。不幸地是,其解决泰米尔人所关心的问题的努力还受到三方面因素的束缚:其为留在权力中心而所作的带有明显偏见的努力;其所有的强烈的民族沙文主义;以及其内部各派系所带有的对以暴力解决问题的偏好。最后,统一国民党所领导的政府不是所制定的法案与泰米尔人的要求相去甚远,就是不去履行自己的承诺,并一再地削弱泰米尔联合解放阵线领导人的地位。

戴高乐主义宪法的制定

斯里兰卡右派的领导者和新总理及后来的总统J. R. 贾亚瓦德纳(J. R. Jayawardene)出于对宪法和选举的发展的担心,而支持斯里兰卡的政治系统做根本性变革,继1958年查尔斯·戴·高乐(Charles de Gaulle)在法国实施总统议会制后，贾亚瓦德纳（J. R. Jayawardene）也采取了此项政策以压制日益傲慢的各种政治力量，根据这项新的政策，一个总行政官将被独立选举出来，然后这名总行政官将从议会中任命一个首相及相应的内阁，他将指导他们的工作，但他并不用直接对议会负责，这个总行政官并无权解散议会，因为议会是唯一可以约束总行政官的行为的机关。无论议会中哪个政治力量占主导地位，总行政官都有责任为国家提供一种政治的稳定以促进国家经济的发展，随着总行政官成为国家和政府的首领，这一新政策表现出了更多的集权特征。

尽管，这一政治系统与过去的政治系统相去甚远，但其在选举制度上的一些重大改变，仍给了泰米尔人一些希望。总行政官的选举将建立在个人自主决定的基础之上，获得议会51%的选票的候选人将赢得选举。由于斯里兰卡两大政党势均力敌，因此少数民族群体的选票将对哪个候选人赢得选举产生决定性影响。一院制议会，也将在比例代表制的基础上选举产生。由于获得2/3的选票是相当困难的事，因此，这给了少数民族政党在议会中相当的话语权。但是，为了巩固执政党在议会中的地位，宪法规定将在每个选区都奖给执政党一个席位。另外，新的宪法规定，只要2/3的议员都同意，宪法是可以被修改的。但毫无疑问，这一比例是相当难达到的。宪法的另一些规定，比如涉及到国家的一元化状况和总统及国会的任期的规定，将更难被修改，因为要修改这些规定不仅需要获得议会中2/3的通过票，还必须超过所有选票的半数，并获得至少1/3公民的选票。

此外，统一国民党还通过其他的宪法条例来安抚泰米尔人。泰米尔语不仅与僧伽罗语一起被公认为是“国家的语言”，在该国的北部和东部，泰米尔语同僧伽罗语一样被用于管理、司法及教育部门。在斯里兰卡的其他地方，只要政党需要它，它也可以运用于法院的程序中，“区域首长”来自国会，受统治党和非统治党的委任，对该国总统来说，他们代表了各行政区域的利益，为了更好地保护个人及少数群体的权利，该国宣布了一个新的权利法案，该法案包括无条件地保护公民不受到拘留和拷问。

然而，对泰米尔人而言，这些措施出台得太迟，已经不能满足他们的要求了。泰米尔语的合法地位有欠明了,但另一方面泰米尔语却被明确地认定为是从属于僧伽罗语的。同时,有关如何执行这些条例的规定也并没有被起草。新的区域首长直接由总统委派,但由于其权限没有得到明确的规定,他们难以满足泰米尔人实行区域自治的要求。同时,佛教在斯里兰卡的宗教组织中仍占首要地位,整个国家都在推崇佛教徒社会秩序(一种佛教教义,提倡佛教的等级制度)。

当新成立的区域发展议会决定在1981年对各行政区域(从属于各省)实行适度的分权时,一切为时已晚。此外,当查夫纳(Jaffna)地区发展议会的选举遭到暴力的破坏和统治党的不正当操纵时,那些试图安抚泰米尔联合解放阵线(TULF)和温和的泰米尔人的努力也都宣告失败了。

经济解放

1977年,统一国民党也采取了一系列措施促进斯里兰卡经济的自由化,这些措施包括以下几个方面:对外商贸易与投资的开放,对国内贸易管制的解除,对国家在经济事务中所扮演的角色的弱化,但经济重建的过程不可避免地会产生成功者和失败者,会对不同的部门、阶层以及团体产生不同的影响。同时,也会引起社会关系的紧张。

表面上,统一国民党所采取的一系列经济自由化政策并不带民族偏见,但实际上这些政策仍不可避免地偏向那些支持政府政策的地区和部门。那些有关增加贸易额、出口工业、旅游业、城市再发展及建造业的一系列举措使僧伽罗人统治的西南地区和统一国民党的支持者们受益匪浅。同时,统一国民党还抵制国际货币基金组织(IMF)和世界银行所提倡的节俭主义,因为节俭主义会对其政治统治带来破坏性的影响。相反,他们实施了凯恩斯计划,这一计划包括政府对主要建设和发展项目(比如马哈维里高速发展项目)巨额投入。而对这些项目所投入的资金则主要来源于国际援助和软贷款。如此的投入模式,虽然提高了经济增长率,但同时也使该国产生了较严重的通货膨胀、较多的资本密集型投资以及加剧了该国的贫富差距。

政府的政策对该国不同地区的泰米尔人产生了不同的影响,政府放松的管制似乎使该国西南部地区那些从事私人业务、工业以及商业活动的泰米尔人受益颇多。与此相反的是,降低了的贸易屏障导致了一些商品比如洋葱、红辣椒及其他蔬菜和水果等大量输入该国,从而使这些商品的价格大幅度下降,这无疑损害了那些居住在人口密集的查夫纳半岛,主要收入来自于这些农作物的泰米尔农民的经济利益,斯里兰卡政治体系高度集权的特性及统一国民党的统治地位共同阻碍了该国北部及东北部地区的泰米尔人从国家的巨额投入的项目中获益。另外,新经济体系所带有的资本密集的特征,使得该国失业率居高不下,特别是对泰米尔青年人来说更是如此。结果,这造成了泰米尔人对统一国民党及该国政府的强烈的不满。

斯里兰卡政府的经济改革给该国,特别是该国的社会及人民心理带来了一系列恶性的影响。只有一部分群体和个人的收入高速增长,政府的腐败,大部分实际收入的减少以及持续的高失业率加剧了大量被新的经济计划排除在外的下层阶级和少数民族群体的不满。肆无忌惮的统一国民党把处于城市底层及重新定居农村的僧伽罗人的强烈的仇恨情绪转嫁到泰米尔人身上,他们声称西南部地区的泰米尔人从事的是不公平的商业活动,并以此获得了经济上的繁荣。于是,泰米尔人顺理成章地成为了在该国政体下新的经济政策的缺陷的替罪羔羊,并成为1981年和1983年的暴动攻击的对象。①

党派变迁及合法性危机

除了正常的变更之外,统一国民党领导人制定的政治上的党派制度也

---

① 参见危机与变迁中的斯里兰卡(James Manor, Sri Lanka in Change and Crisis (London: Croom Helm, 1984));斯里兰卡:民主下民族间的自相残杀与分裂(Stanley J. Tambiah, Sri Lanka: Ethnic Fratricide and the Dismantling of Democracy (Chicago: University of Chicago Press, 1986));合理开发委员会(Committee for Rational Development)的出版物斯里兰卡的种族冲突:神话,现实和前景(Sri Lanka, The Ethnic Conflict: Myths, Realities and Perspectives (New Delhi: Navrang, 1984))。

削弱了它的合法性。[1] 特别是在野党领导人 S. W. R. D 班达拉奈克的遗孀——西丽沃玛·班达拉奈克(Sirimavo Bandaranaike)以及斯里兰卡自由党的领导人的公民权都在许多重要方面遭到长达6年的限制。特别是,班达拉奈克被禁止参加1982年的总统竞选,这几乎保证了贾亚瓦德纳(Jayawardene)能够掌权到1988年,而这一举动自然疏远了班达拉奈克,并阻止了她与执政党一起解决斯里兰卡日益突出的民族问题。由于担心其对泰米尔人要求的满足可能使班达拉奈克和斯里兰卡自由党迎合了僧伽罗人的民族主义情感。统一国民党一直谨慎地对泰米尔人做出任何实质性的让步,尽管国家武装与泰米尔暴动组织之间的对抗日益激烈。

此外,通过一些不当的手段,统一国民党领导的议会的任期也得以延长。由于,统一国民党掌握了议会中4/5的席位,而议会的选举采用的又是单一席位选区的体制,所以通过对选举的操控,现任议会得以成功进入下一个任期,1982年12月,统一国民党公民投票,获得了下一个长达6年的任期,从而避免了在新的代表比例体系下的大选中,失掉大量支持者的可能。但对政府及其政策的实力也因此被削弱,一些人的不满情绪也无法通过正常合法的渠道得以表达。在接下来的岁月中,也许再也没有其他措施比统一国民党的这一举措更能助长斯里兰卡的极端主义了。

1986年,斯里兰卡又做出了另一项里程碑式的决定:宪法修正案要求议会中的每一个成员都明确宣誓反对分裂主义,那些在1977年以建立独立的泰米尔国家为宗旨从该国东部和北部选举的泰米尔议会成员们发现由于他们不能作出这样的誓约而被从议会中驱逐出来,于是议会中就没有合法选举出来的泰米尔的代表了。

于是通过1988年的选举产生的新总统拉纳辛哈·普雷马达萨(Ranasinghe Premadasa)不可避免地面临严峻的合法性问题。尽管在选举中打败了班达拉奈克,但由于该选举是在紧急状态下举行,再加上普雷马达萨在统

---

① 参见作为政治资源的宪法决策:斯里兰卡的合法性危机(Amita Shastri,"Constitution - making as a political Resource: Crisis of Legitimacy in Sri Lanka," in Subrata Mitra and Dietmar Rothermund, eds.,Legitimacy and Conflict in South Asia (New Delhi: Manohar,1997),pp. 173 - 193)。

一国民党执政时期担任过贾亚瓦德纳(Jayawardene)的总理并与他保持密切的交往,普雷马达萨赢得选举的正当性仍受到怀疑。

政治暴乱

当合法性日益削弱、民众的支持日益减少时,统一国民党越来越多地依靠高压政策和武力来维持它的统治地位。这种任民族间的不和继续恶化所带来的危险在斯里兰卡尤为可怕。

而政府则主要依靠紧急力量来困扰和拘留泰米尔叛乱分子,而此举,无疑会进一步加重泰米尔人的仇恨情绪。这些紧急力量通过严苛的法律得到加强,比如 1979 年的防止恐怖主义法就允许政府可以在不经过审问的情况下拘留从事非法活动的嫌疑人长达 18 个月之久。任何个人及其房屋不需要经过警察和军队的授权就可以直接进行搜查,所有招供,即使是在强迫下的招供,都可在法院用作证据。在许多重要方面,防止恐怖主义法与 1967 年南非的恐怖主义法相当。[①] 因此在 20 世纪 80 年代至 90 年代早期,无数的泰米尔年轻人都遭受了政府武断的拘留和拷问。这些法案进一步激化了北部的泰米尔人,使得他们将从科伦坡来的武装力量看作是侵占者。值得注意的是,政府在 20 世纪 80 年代末曾以更为残忍的方式镇压过僧伽罗叛乱分子。

对人权观察者来说,同样重要的是 1977 年以后暴徒日益频繁的暴乱活动以及对僧伽罗政治家的盲目崇拜。除了威胁和破坏反对者的活动外,这些暴乱分子还在 1977 年、1981 年及 1983 年的民族暴乱中对泰米尔平民展开系统地袭击——这造成了对泰米尔人实质性的大屠杀。最后,在这个被泰米尔人看作大屠杀的事件中,成百上千的人遭到迫害。此外,这还造成了大约 100,000 的科伦坡市民无家可归,并使科伦坡外大约 175,000 人变成

① 参见国际法学委员会的报告(1981.7 ~1981.8):斯里兰卡的民族冲突和暴乱(Virginia Leary,Ethnic Conflict and Violence in Sri Lanka:Report of a Mission to Sri Lanka in July – August 1981 on Behalf of the International Commission of Jurists (Geneva:International Commission,1981),pp. 46 –50)。

流亡者。[1] 其所带来的经济损失超过3亿美元。[2] 而几乎所有参与这些事件的罪犯,即使被判有罪,但仍被允许免遭惩罚,有的甚至可以获得一些奖励。[3]

合宪性进程的失败,导致激进的泰米尔及僧伽罗的年轻人在1983年后加倍努力地去推翻当权政府。少数几个泰米尔组织,特别是泰米尔伊拉姆猛虎解放组织(LTTE,以下简称猛虎组织),实施了一系列的银行抢劫、绑架、暗杀及袭击警察局的行动。这些袭击大多发生在斯里兰卡的东北部地区。此外,僧伽罗青年组织——人民解放阵线(JVP)也在该国西南部实施了一系列相似的袭击活动以抗议现存的政治体系。

作为报复,政府开始动用军队并组建了一个暗杀组织来对抗叛乱分子。20世纪80年代末,政府军队的武断拘留、无记录的逮捕、严刑拷问及迫害已经变成了常态。

在接下来的报复行动中,恐怖的暴行愈演愈烈。东北部的村民们被乱刀砍死,在西南部乡村的路上、树上到处可见烧焦的、残缺的尸体,还有的则被河水或海水冲走了。据人权组织的估算,在1990年人民解放阵线叛乱分子被彻底镇压之前,他们在斯里兰卡西南部造成了大约66,000人的丧生,而该国东北部在统一国民党结束其统治之前,也大约有34,000人失去了生命。

实际上,训练有素的、好战的、残忍的猛虎组织的出现是造成泰米尔与僧伽罗人关系恶化的主要原因之一。普拉巴卡兰(Prabhakaran)对猛虎组织的成员进行思想上的教育并一心想要实现国家的分裂。毫无疑问,他对猛虎组织的成功作出了巨大的贡献。几乎每个人都知道,每个猛虎组织的斗士都愿意为他们的事业献身。为了不被活捉,他们每个人的脖子上都挂了

---

① 参见斯里兰卡民族暴乱的政治经济:1983年7月的暴动(Sunil Bastian,"Political Economy of Ethnic Violence in Sri Lanka: The July 1983 Riots," in Veena Das, ed., Mirrors of Violence: Communities, Riots and Survivors in South Asia (Delhi: Oxford University Press, 1992), p. 302)。

② 参见民族间的自相残杀(Tambiah, Ethnic Fratricide, pp. 22 - 23)。

③ 参见变迁与危机中的斯里兰卡(Manor, Sri Lanka in Change and Crisis)和民族间的自相残杀(Tambiah, Ethnic Fratricide)。

一个用于自杀的氰化物胶囊。他们还会有计划地袭击并杀害其他泰米尔组织的成员以建立并确保猛虎组织在泰米尔族政治中的统治地位。他们在印度、加拿大、澳大利亚、英国、法国及美国等地发展起了其支持者的网络。此外，据说猛虎组织的资金主要来源于军火和毒品的走私。[①]

斯里兰卡政治暴乱中让人担心的另一个问题是，猛虎组织和人民解放阵线实施的政治暗杀活动越来越频繁。在猛虎组织成功暗杀的名单中包括了前印度总理拉吉夫·甘地(Rajiv Gandi)，斯里兰卡总统普雷马达萨(Premadasa)，前教育部长阿索拉斯穆达里(Lalith Athulathmudali)，总统候选人迪萨那雅克(Gamini Dissanaike)，国防部长维贾拉南(Ranjan Wijeratne)，海军首领克莱希·费尔南多(Clancy Fernando)，陆军参谋长登齐尔(Denzil Kobbekaduwe)和其他几个陆军上将以及泰米尔联合解放阵线的领袖艾米尔萨林迦(Appapillai Amirthalingam)、尤格斯瓦伦(V. Yogeswaran)和山姆(Sam Thambimuttu)。而人民解放阵线则声称他们枪杀了现任总统的丈夫、在政治上处于上升势头的维杰·库马拉通加(Vijay Kumaratunge)。绝大多数的暗杀活动被安排用来最大限度地破坏斯里兰卡的政治进程，并阻碍政治人物采取行动粉碎他们的军事目标。

就像曾经把整个斯里兰卡看作佛陀财产的僧伽罗沙文主义佛教徒一样，泰米尔武装分子也把泰米尔人曾经占据过主要地位的地区划归为其计划分离的领土。与东北部地区的僧伽罗定居者一样，泰米尔武装分子在与被视为中央政府代理人的一些人的对抗中败下阵来。他们的目标是通过杀害或吓走僧伽罗人以减少“泰米尔地区”的僧伽罗人的人口数量，从而使泰米尔人重新在他们的“家乡”占据人口数量上的绝对优势。

冲突的国际化

长久以来，统一国民党一直将斯里兰卡的民族冲突定义为该国内部事

---

① 参见外交部长在联合国(“Sri Lanka Minister at the UN,” Sri Lanka News, Vol. 6, No. 10 (October 1996), pp. 1 - 3)。

务，同时他们将斯里兰卡泰米尔活动分子，包括那些温和的泰米尔人，都描述成惹是生非、忘恩负义以及不爱国的人。他们谴责泰米尔人从统治者那里获得了好处，却不愿意与该国的多数民族及当权者合作。简而言之，就是泰米尔人因为不愿像穆斯林那样接受当权者的提议而饱受指责。①

在走投无路的情况下，泰米尔分裂主义分子决定扩大这一事件的国际影响力，以逼迫斯里兰卡政府作出妥协。散居在外的泰米尔人及泰米尔难免在此背景下变成了政治与财政资源。在20世纪70至80年代，随着政府对泰米尔人的管制日益严格，大量受过高等教育、有一技之长的泰米尔人移居到发达国家以寻求更好的发展。而另一部分没有背景的泰米尔人则逃跑到了印度的泰米尔纳德邦，因为那里的人至今仍保留着斯里兰卡泰米尔人许多的文化传统。斯里兰卡政府残酷的镇压引起了散居在外的泰米尔所参加的国际组织的关注，并在泰米尔纳德邦激起了强烈的民族统一情感和热烈的政治活动。温和的斯里兰卡泰米尔政治家试图雇佣那些在泰米尔纳德和印度中央政府的同胞。好战的泰米尔青年组织则希望得到印度政府的军事训练和物资支持，印度政府曾多次试图对斯里兰卡的种族冲突进行调停，但最终都失败了。

而大国之间的明争暗斗则进一步加剧了这一僵局的恶化。在20世纪80年代初期，斯里兰卡总统贾亚瓦德纳（J. R. Jayawardene）就面临着日益严重的外债问题。于是他在斯里兰卡岛上为外国势力设立军事基地以期获得西方国家（尤其是美国）的支持。然而，此举遭到印度的强烈反对。因为印度并不希望西方强大的军事力量进入该地区。于是，印度转而给予斯里兰卡国内的叛乱分子以武装支持，并让他们在上述问题上对斯里兰卡中央政府施压。②

由于在与印度的对抗中无法得到西方国家强有力的支持，斯里兰卡政府于1987年与印度政府签订了一项协议。该协议规定：印度承诺向斯里兰

① 有关这方面的讨论参见民族间紧张关系的管理（De Silva, Managing Ethnic Tensions）。

② 精彩讨论可参见近距离的阵痛：印度和斯里兰卡的民族危机（S. D. Muni, Pangs of Proximity: India and Sri Lanka's Ethnic Crisis (Newbury Park, Calif.: Sage Publications, 1993), chap. 3）。

卡派遣一支印度驻斯里兰卡维和部队(IPKF),帮助平息斯里兰卡的内战。解除叛乱分子的武装。作为回报,斯里兰卡政府同意停止向两国存在争端的领域进军,并通过分权的方式来解决泰米尔问题。斯里兰卡中央政府承认斯里兰卡是一个由僧伽罗族、泰米尔族、穆斯林和柏格族(Burghers)组成的多民族和多语言的国家。此外,斯里兰卡政府在承认僧伽罗语作为该国首要的官方语言的同时,也允许泰米尔和英语成为官方语言。另一项重大的进步是,第13号宪法修正案和地区委员会法案(Provincial Councils Act)创建了一个地区委员会体系,并大大地推进了地方分权的进程;第16号修正案则使泰米尔语和英语成为该国官方语言。

但令人遗憾的是,这项协议在未来的四年里并没有起到多大的作用,形同虚设的地方委员会只能解决该国小部分的民族问题。[①] 协议签订后发生的一系列复杂事件造成了人民对斯里兰卡当权者的信任危机。印度驻斯里兰卡维和部队并不能使该国最为激进的泰米尔猛虎组织缴枪投降,其最后不得以对猛虎组织动用武力。另外,由于自身存在阶层的划分,斯里兰卡政府没有实现充分的权利移交,因此,他们在与那部分果断的泰米尔人的斗争中败下阵来。面对反协议和反维和部队的僧伽罗民族主义者,1989年上台的总统普雷马达萨要求维和部队撤离斯里兰卡。普雷马达萨的政府甚至提供武器给猛虎组织,支持他们对抗印驻斯维和部队。最后,政府成功地将该维和部队驱逐出境,并于1991年初彻底粉碎了人民解放阵线,但另一方面它又使复生的猛虎组织在其控制下继续存在下去。令普雷马达萨尴尬的是,在短暂的停火之后,战争又重新被猛虎组织挑起。

和平行动及其令人失望的结果:1994—1997年

虽然斯里兰卡的民族危机在某些方面得到了缓和,但另一些方面仍有待解决。

---

① 参见斯里兰卡地方议会体系:是否是解决民族问题的出路(Amita Shastri,"Sri Lanka's Provincial Council System: A Solution to the Ethnic Problem?" Asian Survey, Vol. 32, No. 8 (August 1992), pp. 401 - 421)。

合法性的重建

当1994年8月该国的选举在自由与公平的原则下进行时，斯里兰卡政治系统的合法性才大体上得到修复。这些选举产生了以班达拉奈克夫妇的女儿钱德里卡·库马拉通加（Chandrika Kumaratunge）为核心的斯里兰卡自由党领导的联合政府。同年11月，库马拉通加以62.3%的选票获得了总统选举的胜利，因为她的承诺——将通过与猛虎组织谈判和实行适当的分权来促进民族问题的和平解决——迎合了厌战情绪高涨的平民大众的期望。同时，她还承诺将以一个更为负责的议会内阁制来取代一个人掌权的总统制。

当库马拉通加成功地中止了国内战争并与猛虎组织进行无条件对话时，她的政治地位，无论在国内还是在国外，都得到了巨大的提升。为此，她采取了一系列建立彼此信任的方法，积极地，至少是合理地回应猛虎组织在参与对话前提出的各种要求和条件。查夫纳的泰米尔人对从科伦坡来的救济物资及总统代表的到访都给予了热烈的欢迎，这些民众所表现出来的热情说明该国的和平进程正走向高潮。①

分裂主义的顽固抵抗

对一心致力于建立一个独立的泰米尔国家的猛虎组织来说，政府将主要权力下放到各省的承诺是远远不够的。然而在1995年4月停火协议遭到猛虎组织袭击两艘停靠在东部省亭可马里港口的政府护卫舰的事件的破坏前，猛虎组织总是故意拖延谈判进程。② 政府的做法毫无意外地遭到僧伽罗右翼分子的口头抨击，他们指责政府太过天真：试图以通过取消军事武器订单和削减防御开支的方式使猛虎组织相信其和平解决民族冲突的保证。于是政府不得不对这一策略进行反思，最终，政府决定重新组建一支军

① 参见泰米尔时代杂志（Tamil Times, Vol. 14, No. 1 (January 15, 1995)）。
② 详解可参见泰米尔时代杂志（Tamil Times, Vol. 14, No. 4 (April 15, 1995)）。

队以寻求更强的防御能力。并在同年夏天对猛虎组织采取了强烈反击,政府表示这种反击直到猛虎组织重新回到谈判桌才会停止。

尽管遭遇重重挫折,但政府为和平所做的努力并没有白费,它对国家形象及该国在国际上的信誉的重建都起了巨大的作用。它不仅使新政府在政治和外交上得到认同,也给新政府带来了财政和军事援助,使之能够应对不断增长的解决民族问题所需要的各种开支。此外,斯里兰卡政府还从人权组织那获得了十分有价值的支持。这些支持也使一些国家开始削弱猛虎组织在其境内网络。

当战争重新爆发,库马拉通加政府对控制猛虎组织表现出了巨大的决心。他们给军队委派了新的将领、配备了新的武器、安排了新的训练,严格地调查腐败行为,并更为严厉地对待那些破坏公民权利的军队。政府所做的这些改进,大大地提升了军队的士气,更重要的是,他们使军队在执行军事任务时变得更有效率。在政府军队采取一系列行动重新夺回被猛虎组织占领数年之久的查夫纳半岛的控制权时,这点表现得尤为明显,令多数观察者大吃一惊的是,斯里兰卡政府军队在 1995 年 12 月成功控制了查夫纳市后,不到短短几个月的时间,就于 1996 年 9 月成功夺回了最后一个被叛乱分子控制的城镇。

这迫使猛虎组织只能采取游击战的打法,叛乱分子最后只好退回到东部和北部省的丛林和农村中去,因为只有在那他们才能有行动的自由。然而,除非能深入到这些叛乱分子的根据地,否则恐怖主义活动仍将长期存在。

一系列和平政策

政府处理民族危机的另一个重要方面就是在 1995 年 8 月颁布了一系列和平政策。政府关于建立一个高度分权的政府体制的承诺远远超出了许多观察者的期望。

为了避免在斯里兰卡政治体系内部广泛讨论的联邦主义所带来的消极影响,政府提议斯里兰卡应成为一个“地区的联盟”。中央政府的总统议会制应由议会制所取代。他们认为在界限模糊之后东部省和北部省应该合并为一个地区,该国八个被称为“省”的地区都应该在民选的基础上产生一个地区政府,这个政府将由首席部长、理事会和议会组成,并在税收、法律、土地、农业、工业、发展计划、教育、文化及通信的政策制定领域享有明确的权力。当权者提议的这个政府体系比任何一个政府体系都更具分权特征。当然,它也比印度的联邦体制更为分权化。[①]

政府的这项提议旨在建立一个公平、平衡的体系,在这个体系下,斯里兰卡所有的公民,不论民族,都有希望得到平等的对待。分权的提议迎合了斯里兰卡泰米尔人的要求,这将促使岛上更多的主流群体参与进来,改进政府的管理,这项大胆的提议同时赢得了斯里兰卡知识分子和其友邦的广泛支持。

不幸的是,这一和平进程很快就陷入僵局,并重蹈了过去权力发展的覆辙,因为政府的这项提议要想成为宪法的一部分,就必须得到议会中2/3的代表的同意,并在公民投票中获得多数人的支持,然而联合政府的此项提议要在拥有225个席位的议会中获得2/3的选票还差了大约9~10个代表的赞同票。因此,联合政府必须取得最大的在野党——统一国民党的支持,但、统一国民党并不愿与其合租。在对这个问题沉思并研究了一段时间以后,统一国民党公开表示他们反对联合政府对单一制的废除。他们坚持认为,国家需要一个绝对的统治者,尽管自独立以来这样体制下的中央政府及其政策都带有明显的偏见,并最终导致了这个国家走向悲剧性的僵局。他们的这一观点与僧伽罗沙文主义(包括佛教徒中最重要的那部分人)不谋而合。[②] 但另一方面,泰米尔人则强烈反对国家继续实行单一制,这一政治僵局最终使得温和的泰米尔人被不断疏离。于是,他们组成了一个联盟并以撤回对其的支持来威胁政府。[③]

同时,国内的冲突也带来了经济和政治上的巨大消耗,巨额的军事开支

---

① 详解可参见泰米尔时代杂志(Tamil Times, Vol. 14, No. 8 (August 15, 1995))。

② 参见泰米尔时代杂志(Tamil Times, Vol. 14, No. 3 (March 15, 1995))。

③ 参见泰米尔时代杂志(Tamil Times, Vol. 14, No. 6 (June 15, 1995), p. 13)。

使政府不得不削减对促进国家发展方面的投入。[①] 通货膨胀率、失业率日益飙升,政治动荡日益严重。据官方统计,从1995年4月起,这场战争造成了大约20,000人的丧失和东北部地区大约300,000人的无家可归。[②] 僧伽罗人有一个坚定的信念,他们迫切地想知道为什么政府在对泰米尔人妥协时还装作自己取得了胜利。

更重要的是,普拉巴卡兰(Prabhakaran)及猛虎组织在国内外都受到了孤立。此外,政府也开始着手对那些在统一国民党当权时期滥用权力和贪污腐败的罪犯展开调查。[③] 同时,政府开始对遭到战争破坏的泰米尔地区进行重建并承认泰米尔语作为官方语言的地位。[④] 尽管这些改进不能完全重塑政府形象并带来政治上的绝对稳定,但他们仍具有重要意义,他们给了那些支持和平进程的人们以希望。

结论

斯里兰卡的民族关系深受该国国家政策的影响,直到20世纪80年代,斯里兰卡才实现了选举的自由与公平选举制度,建立了法律体系,拥有了最基本的言论自由,政治自由和宗教信仰自由,无论是僧伽罗人还是泰米尔人,小孩们都可以接受他们本地语言的教育。然而,这种平和的状态却遭到了本章所讨论的那些欠考虑的行动和政策的暗中破坏。有的这些政策甚至包含了鲜明的民族特征。

斯里兰卡民族关系的背景无论在该国独立前还是在该国独立后,都引起了僧伽罗精英的激烈讨论。这在某种程度上表达了一种民族认同感,就这点而言,民族认同感可以用来对抗殖民势力,但另一方面,它也可以用来

---

① 1996年该国的国内生产总值的增长率大约在3.3%左右,而该国政府用在军事防御方面的费用大约为9.09亿美元,大约占斯里兰卡国内生产总值的6.5%。参见泰米尔时代杂志(Tamil Times, Vol. 14, No. 5 (May 15, 1996), p. 7)和1996年8月8日和1996年9月14日的报道。

② 参见斯里兰卡网(SLNet)1996年8月15日的报道。

③ 参见斯里兰卡网(SLNet)1996年9月21日的报道。

④ 例如,如果要计划招募1500个泰米尔的教师,那么其中的500人会首先分配到偏僻的泰米尔的学校。

对抗那些被认为是外来者或后来者的人，比如基督教徒、穆斯林和泰米尔人等。因此，斯里兰卡在独立后不久就出台了关于公民身份和公民权利的法律，但出自偏远山区的泰米尔人却无法以该国公民身份加入到该国的政治生活中。随后，超过半数的边远山区的泰米尔人被遣返回印度。有利于来自康迪安（Kandyan）地区的多数民族群体的带有偏见性的选举制度存在了30多年之久。另外，将僧伽罗语定义为该国唯一的官方语言，使得大量的斯里兰卡泰米尔人在该国最为繁荣的产业部门找不到工作。因此，斯里兰卡的议会和政府逐渐被僧伽罗人掌握了控制权。20世纪70年代大学录取政策的改变也促进了僧伽罗人的发展。而对佛教在斯里兰卡首要地位的肯定则进一步加剧了该国民族间的紧张关系。

斯里兰卡两个僧伽罗主要政党之间的政治竞争可以说是斯里兰卡政治的又一重要进程。随着竞争日趋白热化，两大政党开始大打民族牌以赢得僧伽罗人的支持，这使得竞争进入一个“谁出价更高”的循环，而这无疑又会使政党对泰米尔人作出任何实质性的妥协以补偿泰米尔人所遭受的不公。随着政治权利和国家资源逐渐向有利于僧伽罗人的一方倾斜，泰米尔人在政治和经济上都处在了劣势地位。

实际上，大多数政府都无法拿出合理的策略来解决该国的民族问题，尤其是当斯里兰卡独立后，该国更是缺乏有远见的领导者，斯里兰卡独立所依据的各项原则并不是建立在多民族的共识之上。同样的问题也出现在1972年和1978年宪法的修订过程中。

相反，大多数政府都以特定的方式来应对不断发展的要求和压力。各届政府保护短期的党派性利益的做法会不可避免地导致信任和合法性危机以及不断增加的民族问题。在这一点上，在20世纪50年代第一届斯里兰卡自由党政府和20世纪70年代末期至80年代统一国民党政府领导下的事件的发展尤为值得注意。

在大多数情况下，因为领导人缺乏政治意愿和令人满意的政策，比如1957年B－C协定承诺分权和1965年的森纳那亚克－契尔凡尼亚肯协定，都得不到执行。尽管在20世纪80年代统一国民党几乎掌控了整个议会，但其仍没有执行任何政策来缓和民族间的紧张关系。实际上，统一国民党曾操纵了1982年的总统选举和1983年的议会选举，而这无疑会损害议会过程和中央政府的信誉，并使民族关系两极化，而政治暴力的存在将随后被描述为像一国在野党的存在一样正常。机会主义的权力算计，猖獗的党派之争以及执政党内存在的民族沙文主义在将斯里兰卡推入内战方面起了重要作用。

也许，野心勃勃的政治家打着党派的招牌来吸引巩固和保持民族对他的支持是一件不可避免的事。这种事就确确实实地发生在斯里兰卡。其中值得一提的包括D. S. 森纳那亚克为获得康迪安(Kandyan)地区的支持而制定的“山区泰米尔人排除”计划；S. W. R. D. 班达拉奈克为吸引地位日益提升的僧伽罗中产阶级的选票所提出的“僧伽罗语是唯一语言”的政策；J. R 贾亚瓦德纳和统一国民党为赢得僧伽罗人的选票所提出的对B－C协定的反对；联合阵线于1972年修订的宪法和其制定的大学录取政策以及统一国民党于1978年修订的宪法和其没有兑现的权力下放的承诺。对某个人短期政治利益及某个人的选区的政治和经济利益的顾虑，使得民族政治问题难以控制，除非它能得到宪法条例或强有力的政治机构的确认。

尽管如此，但我们仍看到了斯里兰卡的一些进步：比如代表制已经在该国的立法机关中建立起来，泰米尔语作为该国的一种官方语言的地位也得到普遍的接受，日益高涨的厌战情绪，使得政治系统内部的精英更愿意采纳一些不同的看法和要求。最明显的就是库马拉通加的胜利以及她的一系列分权计划。暴力冲突的巨额成本使两大政党在对待以武力压制泰米尔群体方面更为谨慎。军队，在某些方面它更为强大、接受的训练更规范也更了解内战的复杂性，然而，从它自1994年的表现来看，在被游击队员激怒后其似乎以一种更无组织的方式来袭击平民。最后，该国的政治精英们似乎承认了自由与公平的选举的重要性：它是解决政治力量之间的争端不可或缺的一种机制。

其实，斯里兰卡首先需要的是广泛的宪法改革。库马拉通加提议的改革为斯里兰卡提供了一种分权的结构、平等的个人权利以及民主的准则和平衡,他们将制定一种分权体制使组成斯里兰卡这个多元化社会的所有成员在一些重要方面能够有充分的自主权。尽管分权的需要得到了斯里兰卡人的承认,但在其执行方面仍存在大量难以克服的困难。其中最重要的问题是该国两大主要政党对该问题难以达成共识。也许解决该问题唯一的办法就是成立一个和解的政府,这个政府可以通过反复磋商而达成一致意见并将其作为共同的成果展示给大众。同时,这个政府将在一定时期内实施权力的分享以保证这些意见得以执行。如果没有一个政党能在国内建立起政治秩序的概念,那么创建一个联合政府是解决民族分裂、构建一个可行的政治框架的唯一办法。

第二部分

东南亚和东亚

第四章 缅甸失败的五十年

约瑟夫·西尔弗斯坦(Josef Silverstein)

第二次世界大战以后,缅甸民主领导人真诚地渴望建立一个由多数缅族人和少数本土少数民族自由联盟的国家。他们构想出一个建立在平等、互尊、互信原则基础上的联邦。但由于时间紧急和压力巨大,他们制定出的宪法并不完善。然而在 1948 年 1 月缅甸独立之后,问题就并不仅仅是这部不完善的宪法本身;这些问题还植根于国家民族史,植根于对不同族群需求的误解,植根于如何将条例转化成法律的激烈争论,植根于对用政治过程解决分歧的信心的缺乏。

政府一直没有制定出一套能够真正建立起统一国家的民族政策,直到半个世纪以后,于 1962 年上台执政并致力于组建缅甸联邦国家恢复法律和秩序委员会(State Law and Order Restoration Council)的缅甸军方领导人,正在尝试规划和强制执行一些措施来解决民族问题,并把此作为新宪法的一部分。自 1992 年以来,在国家法规修订委员会指导下的全国性会议一直致力于制定一部新的基本法,以促进"反联邦分裂","反国家独立分裂""国家主权的巩固与长治久安"。[①] 虽然会议并没有完成它的使命,但会议对我们这个时代的意义以及会议采纳的原则能否带来国家和平、社会团结及经济发展,是我们有目共睹的。

在这篇文章中,我将阐述五个主要的观点。第一,在缅甸国王统治下,

---

① 第 13/92 号令,国民议会召集委员会的形成,工人日报(仰光),1992 年 10 月 2 日("Order No. 13/92, Formation of the Convening Commission for the National Convention," Working People's Daily (Rangoon), October 2, 1992)

一些少数民族被缅族所同化,但高山人民却没有被同化,尤其是克伦族仍然保留着与缅族截然不同的文化,并与缅甸政府当局的敌对关系一直持续到今天。第二,英国殖民统治使这个局面进一步复杂化。英国"分而治之"的政策在很多重要方面使缅甸的民族关系更加恶化。第三,虽然缅甸独立后的第一部宪法包括了一些民族平等和联邦政治条款,但这些条款的作用却慢慢在削弱:公民法更加严厉;政治统治更加集权化;缅族文化日趋发展。第四,在军方统治下,集权化和缅族文化的发扬被发展到了一个新的高度。统治者把集权和民族的同化看作是保持国家统一和维持自身政权的关键而非巧合。第五,无论是过去还是现在,军事政策在促进国家保持良好的民族关系和政治的稳定方面是失败的。这将花费数年的时间来弥补过去50年的失败所造成的损失,然而这个弥补的过程能否开始还取决于军方是否同意与他的对手进行真正的对话,并接受政治平等、民族多样化、区域自治的这些原则。

一、历史和殖民的遗迹

缅甸一直是一个多民族的国家,缅族人口占大部分,是国家的主要群体(见表7)。蒲甘是缅族的政治和经济中心,坐落在缅甸中部伊洛瓦底江旁。一些少数民族居住在沿海地区、三角洲及南部的平原,而其他少数民族则居住在西部、东部和北部周围的高山中。虽然缅甸君主们从来没有清晰地表述过一项分离的民族政策,但毫无疑问,他们统治和管理平原地区人民和高山地区人民的政策是不同的。缅族人向南扩展他们的帝国,征服并控制了克伦族、孟族、若开族,致使他们不得不搬进了缅甸的南部地区,和少数民族定居在一起。只要君主们的力量足够强大,王室的继承仍然顺利,缅甸国王就可以通过行政系统直接有效地控制着这些地区。然而缅族人的统治却是以软弱的国王、敌对状态、宫殿中的阴谋为标志。因为每一位管理者都是由国王指定并服务于国王的意愿,所以在首都会经常发生一些动乱,从而导致地方政府经常性的政局更替和当地百姓对世袭领导者的追随以及本土风俗的信仰产生了阶段性的改变。

过去的一段时间里，缅甸人与同样是佛教徒的孟族和若开族通婚，而这导致了意外的同化和缅族语言文化的传播。但克伦族却没有被同化，种族与宗教信仰的不同，加上长时间敌对的历史，使克伦族和缅族彼此格格不入。他们之间的这种分化随着基督教传教士的到来而扩大，因为克伦族中一些人开始信仰基督教。19 世纪的英国—缅甸战争中，很多克伦族支持英国，并为英国做侦查工作，从而使这种分裂逐渐加深。

表 7 缅甸的民族构成①

族群	人数	百分比
缅族	23,532,433	69.0
掸族	2,890,437	8.5
克伦族	2,122,825	6.2
若开族	1,536,725	4.5
孟族	826,801	2.4
钦族	745,463	2.2
克钦族	465,484	1.4
克耶族	141,028	0.4
其他本地族	33,227	0.1
缅甸人和外国人的混血族群	1,830,485	5.3
全部	34,124,908	100.0

资料来源：此表格来源于 1983 年缅甸军事领导人所作的人口普查的汇编信息。

缅甸当局对高山地区的少数民族采取间接统治。只要他们通过交纳贡品和接受缅甸军方代表在法律上的统治地位的方式来承认缅甸宗主权，少

① 注明：缅甸自 1931 年后，就在也没有做过全面的人口普查。1983 年，缅甸军方领导人所做的普查也只覆盖了缅甸的大部分地区，而从那以后，该国就再也没有做过新的人口普查了。国内长期的战争造成大量侨民和本地少数民族分别自 1977 年和 1988 年开始不断进行大规模的迁徙，因此缅甸并没有这部分人口的可靠的资料，但我们相信上述人口普查漏掉了大约 100 万人。到 1996 年末，缅甸的人口总数估计达到 47,799,000 人。

数民族就可以继续拥有自己传统的生活方式，拥有他们自己的领导者，使用他们自己的语言，信仰他们的宗教。当缅族人与少数民族进行交往时，会有文化交流，能够和平共处并进行通婚，没有什么剧烈的冲突。最大的高山族群是掸族、克钦族和钦族。1287 年随着蒲甘政权的没落，在这三个族群中人数最多、组织最严密的掸族，成为缅甸国王名义上的继任者。但是由于他们内部的分化，他们并没有建立起一个稳定的帝国。15 世纪，缅族重新建立他们的政权，并将其统治一直延续到 1886 年。北部的克钦族和西部的钦族是较小的族群，政治上发展缓慢，从来都没有威胁过缅族的统治。

缅族对于高山少数民族政策有两个目的，第一是对于他们的近敌来说，可以组建更多的军队；第二，对于远方的敌人来说，武装的村民和百姓可以作为保护性的屏障。但这个政策并不稳定，很多边远高山的少数民族为了生存，会把贡品同时交给缅族和他的敌人。除此之外，当缅族国王势力减弱或者国家处于混乱的时候，一些远方的少数民族会纷纷脱离该国统治并加入外国武装力量来对抗缅族。

19 世纪以前，很少有欧洲人定居在这里，缅族的统治者也没有针对他们制定什么特别具体的民族政策。欧洲人坐船来到缅甸，与居住在缅甸沿海地区的居民交往密切，而缅甸的首都坐落在国家的中部，所以国家领导人一直没有和这些欧洲人有什么联系。虽然那些葡萄牙商人和军人与孟族和若开族定居在一起，并作为他们的军队的佣兵参与各种战争，但缅族并没有把他们看作是统治的威胁。

缅甸与中国的关系是以战争、13 世纪蒲甘王朝的毁灭和 19 世纪数次中国侵略失败为特征的。然而这些事件并没有阻止中国农民移民到缅甸：从云南向南迁徙，定居到缅甸的少数民族和缅族人中，因为基本没有宗教信仰、文化和政治的障碍，中国的定居者很容易被同化并与本地人通婚。

英国对缅甸的征服对这个国家少数民族关系和少数民族政策影响最大。英国人不想同化被他们征服的人，相反，他们认为这些人会是“白人的负担”。源于这些，他们想在缅甸构建起稳定的法律、法规、国内和平；建立一个由英国法律、行政、军事力量和警察所支持的强大的中央集权；通过基督教传教士、教育者和商人来传播西方的文化和观点;将本地区自给自足的自然经济转变为交易经济。他们处于行政、经济和社会的最上层;缅族和其他少数民族作为他们的下属。军队和警察从克伦族和高山族群中招募而来,传教士和国立学校帮助缅族、孟族、若开族和克伦三角洲地区的居民参与政府行政管理和职业培训。

上述举措,后来被缅甸民族主义者称为“分而治之”政策。英国人像之前的缅族统治者一样,把平原和高山的居民分开;他们通过中央集权制对平原地区的人民进行直接管理,而对高山人民则依照当地的传统和惯例,通过地方领导者进行间接管理。因为缅甸曾经作为印度的一个省而存在,所以其在直接管制区施行与印度相似的人民自治制度;然而高山的少数民族人民却不是这样。[①] 1922 年,殖民政府把掸族从其他的高山族群中分离出来,并且在缅甸管理者的统治下把他们改建成掸族联邦。[②]

在英国人的统治下,民族政策最重要的改变之一就是对缅甸外来移民者的开放。英国人会在其本国征募人员来担任行政、军队、警察和英国公司管理层的职务。因为曾经是印度的一个省,缅甸对那些最初身份是军人和农民的印度移民是非常欢迎的,这些移民后来搬进了城市或较大的城镇变成了工人和小商贩。英国人也任用印度人担任行政事务中的下层职务,同时鼓励能够给予贷款的印度世袭阶级移民缅甸,对农业发展进行投资。总的来说,英国人喜欢当地社会的印度人,因为他们的祖辈说英语而且对印度发展了两个多世纪的殖民体系很熟悉。

19 世纪末,中国的移民者开始进入缅甸的城市。中国工人是廉价劳动力的来源,从事着本土居民不愿从事的工作。同时中国移民也开始小规模地经营他们自己的生意。

缅甸的民族政策是随着政府管理引入广泛参与机制而改变的。最初,在 1909 年改革下,立法委员会包括从商业议院和贸易协会选出的欧洲人,

① 缅甸政府法案,1921(Government of Burma Act,1921)。

② 参见掸州和英国侵略(Sao Saimong Mangrai,The Shan States and the British Occupation,Data Paper 57(Ithaca,N. Y.:Cornell University Southeast Asia Program,1965),p. 304.)

从缅甸商业协会选出来的缅族人以及印度群体和掸族社区的代表。1923年议会体系被引入缅甸,其成员以缅族人为主。同时也为欧洲人、英印混血(Anglo – Indians)、印度人和克伦人增加了特别选民和公共席位。在1935年的法案中,管理者被赋予"保护少数民族合法权利的特殊责任"。[①]这个法案中使议会中保留的席位和特别选民的数量被扩大,并为盎格鲁—缅甸人和中国人也留出了席位[②]。由于高山地区的居民仍然远离缅族聚居区,他们的居民没有从这些改革中获得任何的利益。

民族政策和20世纪30年代的经济大萧条加剧了缅族人、印度人和中国人之间的冲突。很多缅族农民失去了自己的土地,迁徙到了城市。因为大米的价格已经降的很低,他们负担不起新的土地,不能继续务农。在城市和城镇中,他们与印度人和中国人竞争那些少的可怜的工作,经济和宗教问题方面的种族冲突随之爆发。缅族人的民族主义情绪和政治活动也在这一时期上升。1937年缅甸从印度分离出来,责任政府的引进并没有结束族群内外的经济竞争;也没有平息日渐兴起的要求禁止印度人向缅甸移民。由于被隔绝在缅甸族人的行政管理和世界经济体系之外,高山地区的少数民族得以继续种地、打猎、在树林和矿地上工作,很大程度上并未受到缅甸大的城市内部和周边所发生的事件的影响。

英国的统治减弱了缅族人在本土少数民族中的地位,为享受经济和政治特权的外国移民打开了国门,这同时伤害了缅族人的利益。此外,随着缅族和克伦族各自追求自己的政治利益,他们之间的对抗性也日益增长。

二、二战期间的发展

1942年1月,日本入侵缅甸并把英国军队和政府驱逐出缅甸,这终止了英国的殖民统治。在战争爆发之前,日本就对一些反对英国统治的缅族

① 参见缅甸政治:民族统一的困境(Josef Silverstein, Burmese Politics: The Dilemma of National Unity(New Brunswick, N. J.: Rutgers University Press, 1980), pp. 28 – 32.)

② 参见缅甸和日本侵略者(John L. Christian, Burma and the Japanese Invader(Bombay: Thacker and Co. Ltd., 1945), pp. 84 – 86)

民族主义者进行了军事培训。太平洋战争爆发以后,他们得到了许多日本的武器并组建了一支军队参与到日本入侵缅甸的战争中[①]。这是自1885年英国推翻缅族的独裁统治以来的第一支缅族本土军队,它几乎全部由缅族人组成。

印度人曾帮助英国人统治了缅甸并从中获得大量的政治、经济及社会利益,所以在缅族人取代英国殖民者统治缅甸时,大约有100万的印度人因为怕受到缅族人的报复而逃回印度避难。随着英军的失败,新组建的缅族军异议分子将矛头指向克伦人,这反而导致日本军方的介入并最终平息了这场流血冲突。早在1942年,缅族领导人就向克伦人发出了强烈的要求和平的信号,他们想忘记过去并通过招募克伦人作为军队的士兵和军官来重新建立与克伦人的关系。然而在二战爆发前夕,缅甸人和克伦人之间最终还是发生了激烈的冲突[②]。

在1943年8月1日,日本给予缅甸名义上的独立。但这并不包括那些战争仍在继续或已重新开始的边境地区。为了应对缅族人的抗议,日本人把克伦人地区和移交给泰国的掸族人地区以及佤族地区交还给了缅甸政府[③]。

对缅族人来说,战争对于民族问题来说是非常重要的,因为战争让缅族人成为了主要的民族,并让他们和分离多年的少数民族重新进行联系。他们在1942年结束英国殖民统治和1945年赶走日本侵略者的过程中都扮演着重要的角色,这让他们非常自豪。然而,战争在改善缅族人与克伦人的关

① 参见“缅甸的挑战”(Aung San,“Burma's Challenge”),摘自昂山的政治传奇(Josef Silverstein,ed.,The Political Legacy of Aung San,rev. ed.(Ithaca,N.Y.:Cornell University Southeast Asia Program,1993),pp. 75-93)

② 参见四步殖民的回忆(General Smith-Dun,Memoirs of the Four-Foot Colonial,Data Paper 113(Ithaca,N.Y.:Cornell University Southeast Asia Program,1980),49-50);日本统治下的缅甸:图片和画像(Thakin Nu,Burma under the Japanese:Pictures and Portraits(London:Macmillan,1954),pp. 99-101);祖父的长腿(Ian Morrison,Grandfather Longlegs(London:Faber and Faber,1947),pp. 197-201)

③ 日本侵略下的缅甸(Government of Burma,Burma during the Japanese Occupation(Simla:Manager,Government of India Press,1943),Vol. 1,p. 28)

系方面却没有取得好的效果,尽管缅甸领导人尝试缔造一种新的关系,但人们对该问题的传统态度仍然占据主流。

三、战后的发展

日本战败后,英国民政重新回到了缅甸,并恢复了1935年法案,重新阐述了以前的民族政策。缅族聚居区再一次与少数民族聚居边境地区分开。“当地居民表达了他们的地区与缅族聚居区合理融合的渴望”①之后,两个地方最终联合这个遗留问题将得到解决。除此之外,印度人和欧洲人也被允许回到缅甸,并恢复他们战前的角色,享受他们曾经拥有的权利和特权。因为社会和政治进程都遭到了战争的破坏,当局管理者被授权在紧急预案下工作,这实际上意味着不需要再重新组建缅甸立法机关。

在没有了战前那些国家事务的干扰以后,一些当局管理者建立了一个与英国统治完全不同的强大国家主义机关,即反法西斯人民自由联盟(Anti Fascist People's Freedom League ,简写 AFPFL)。该联盟认为它应当在议会中有六个代表名额,少数民族应该有五个名额。它同时呼吁缅族聚居区与少数民族聚居边区的人民应该直接接触。当局领导者拒绝了这些要求,并试图在其他方缅族领导人和少数民族代表的支持下继续其统治。此外,他还鼓励英国的公司回到缅甸,帮助重新恢复缅甸经济。

同时,东南亚盟军最高统帅海军上将路易斯·蒙巴顿(Admiral Louis Mountbatten)与 AFPFL 的领导人在锡兰会晤,并达成共识:为缅甸建立一支由同等的缅族和少数民族组成的军队,其中缅族军人来自缅甸国家军队,而少数民族军人则从英属缅甸军队招募。以印度军队为模式,新的缅甸军以民族这一线索进行组建。军队中相同民族的人将被编到一起,并由说本民族语言的军官领导。但指挥阶层仍然使用英语②。

1946年夏天,克伦族派了一个代表团到伦敦探讨建立一个独立克伦族

---

① 英国女王政府的政策声明,1945(British Statement of Policy by His Majesty's Government, 1945)

② 政治遗产(Silverstein,The Political Legacy,pp. 30 – 38)

地区的可行性。但他们并没有得到官方的支持,空手而归。8 月底,新上任的统治者接管了政府并在缅甸民族政策上进行了重要的改革。“我的任务”他说,“就是要保证高山地区居民和平原地区居民之间的关系尽可能的亲密”[①]三周后,他建立了由多名 AFPFL 成员和一名克伦族代表组成的执行委员会;它拥有和战前 1935 号法案规定的部长所具有的一样的权威。1946 年的 12 月 20 日,英国总理邀请来自执行委员的缅甸代表团来英国讨论缅甸如何向独立国家过渡的问题。但是,英国并没有邀请少数民族聚居边区代表。高山地区领导者把这件事情看作是公开的侮辱,尤其是掸人表达了对被排除在如此重要的会议之外的失望之情。

AFPFL 的领导者、国会主要议员昂山(Aung San),在还没接到邀请去伦敦之前,就已经表达了对缅甸未来族群关系的观点“我们不能把民族定义成种族宗教或者其他狭隘的范围。民族就是他们把各自权利扩展给并不从属于他们却希望与他们居住在一起与他们共存亡的其他群体。[②] 1947 年 1 月 1 日,在代表团前往伦敦的前夜,AFPFL 要求缅族聚居区和少数民族聚居边区自发独立;他们同时要求执行委员会立即吸收一名少数民族聚居边区代表;还包括在未来少数民族聚居边区和克伦族地区要共同组建符合宪法的集会,并且这种会议有权利解决缅甸联邦国家建立的问题[③]。

如果把昂山对于民族的陈述和 AFPFL 的宣言一起来看,我们可以很清楚地看到缅甸领导者尝试追求一种基于平等的包含了所有居住在缅甸的本土人和外来人在内的自由民族政策并且这个民族政策尝试建立起一个由缅族人和少数民族人联合领导的政治结构。

伦敦会议达成一致的昂山 - 艾德礼协议超出了 AFPFL 的预期。协议规定要给予执行委员会和印度的过渡政府一样大的权利,其中包括控制国家军队。它把选举权和被选举权扩展到那些在缅甸出生并于 1942 年 1 月 1 日或 1947 年 1 月 1 日前在缅甸生活过不少于 8 年或 10 年的定义为英国人

① 缅甸新时代,1946 年 9 月 3 日(New Times of Burma, Sept. 3, 1946.)

② 被政治遗产引用(Quoted in Silverstein, The Political Legacy, p. 150)

③ 时代(伦敦),1947 年 1 月 2 日(The Times(London), January 2, 1947)

或印度人的缅甸公民;少数民族聚居边区和缅族聚居区也将紧密的联系起来,并以一种双方都能接受的方式自由地出入彼此的区域。最后,协议要求建立一个协会来了解少数民族聚居边区居民的感受并说服他们在未来与缅族聚居区保持紧密的联系①。

在1947年2月的彬龙(Panglong)会议上,掸族、克钦族和缅族的领导人与执行委员会的代表昂山和乌庭塔(U Tin Tut)进行了会晤。高山少数民族的发言人要求少数民族聚居边区与缅族人拥有一样的政治权利和基本公民权利,拥有对自己所在地区的政治自治权,拥有退出未来联邦体系的权利;同时他们还要求中央政府应该给予拨款而不仅仅是向他们强征税收②。

昂山通过承诺施行政治与经济的平等政策同时保证执行委员会不会干涉当地的内部事务来减轻少数民族对缅族统治的恐惧。他还强调,有关各邦和部落地区的政治制度将由本地区的首领和人民自己决定。2月12日,双方通过彬龙协议,该协议阐述了除停止削弱他们脱离的权利外的所有高山地区居民关心的问题。为少数民族聚居边区选任1名议员和两名代理议员是执行该协议的第一步,这同时也使少数民族的代表能参与到国家的管理中来。克伦族和其他的少数民族没有参加讨论和签订任何的协议,削弱了缅族统治能被全体人民共同接受的基础。克伦族民族联盟的发言人表示,他们的组织将会抵制即将到来的第四次选举,也不会参加立宪会议。AFPFL通过支持克伦族分支组织,即克伦族未来振兴希望的克伦族青年联合会来发挥他们的作用。这个行动破坏了缅族和克伦族领导者之间的关系,并在独立后愈演愈烈。

根据昂山－艾德礼协议,立宪会议的人数是1935年的立法机关的两倍。非公共的席位增加到182个,克伦族席位增加到24个,英缅混血儿的席位增加到4个,少数民族聚居边区也有了45名代表。虽然没有为印度籍

---

① 女王政府与缅甸政府执行委员会的代表在会议上达成的协议(Conclusions Reached in the Conversation between His Majesty's Government and the Delegation from the Executive Council of the Government of Burma,1947)

② 缅甸新时代,1947年2月11日(New Times of Burma,February 11,1947)

人保留席位,但是他们可以竞选非公共的席位。此外,欧洲人、中国人、商业团体和反 1935 年法案者也都没有得到席位①。

四、1947 年宪法

虽然立宪会议的成员并没有为独立的缅甸制定出一个独立的民族政策,但他们还是在包含了基本权利和新联邦政治结构的一些宪法章节中构建了主要的框架。

新宪法对公民有了一个很宽泛的定义,不仅包括本地人还包括外来的少数民族。它阐述在"全联邦"只有一种公民形式:"无论出生地、宗教信仰、性别和种族",所有的公民在法律面前平等。另外,"在公民与公民之间、阶层与阶层之间不应该有任何的歧视"。符合下面四个资格中的一种的任何人,根据宪法都有参加缅甸选举的公民资格:父母属于缅甸本土民族;出生在缅甸并且至少有一个祖父辈是本土民族;出生在缅甸,父母现在或者曾经生活在宪法建立之初,也包括在战争中逃跑后回来的印度人和英国人;包括英国管辖区域内出生、并且在这部宪法开始执行或者 1942 年 1 月 1 日前的 10 年中 8 年居住在缅甸的人,"都是联邦中的一位公民"②。对外来人口的接收和人人平等的精神将被写入基本法的公民资格的这一部分,但这并不是永远不变的,当新议会认为不适合的时候可以通过修改基本法来修改它。

在联邦系统中民族政策也得到了反映,缅族不再划分成各个邦。曾经叫做缅甸部的地区现在重新命名为缅族聚居区,将由总理直接管理,并由议会拟定法律。在缅族聚居区同缅族一起居住的本土的少数民族,如孟族(Mon),若开族(Arakanese)和其他的小族群,没有得到任何特别的权利;这为进一步同化埋下伏笔。对于克伦族来说,他们的问题解决之前,无论他们

① 缅甸的政治(Silverstein, Burmese Politics, p. 116);少数民族聚居边区调查委员会(Burma, Frontier Areas Committee of Inquiry, Report, Part I(Rangoon, 1947), pp. 122 – 124)

② 缅甸联邦宪法,第 10 和第 13 条条款(仰光,1954)(The Constitution of Union of Burma, Articles 10 and 13(Rangoon, 1954))

居住在哪里,宪法都为他们提供一个独立的选民和预留席位的权利。

在早期少数民族聚居边区,掸族地区被合并成了一个单独的邦。它和克伦尼族(Karenni)地区一样继续实行首领世袭制和选举委员会制。在这些邦中,他们的首领们占据了国民议会上院的所有席位,而下院也是基于非公众的选举产生。在克钦邦,国家议会上院的代表是由同等数量的克钦人和非克钦人组成;而下院代表则是基于非公众的选举产生。缅族为了能与钦族有更好的联系,满足了钦族特殊划分要求,而这一优惠远远超出了一个邦所应该得到的优惠。两院成员的选举都是基于非公众产生的,并建立了钦邦事物委员会。但这个委员会的权力局限于行政总局、学校和文化机构,其他的事务和一切法律方面的问题则由国民议会负责。

总理与相关邦的议会议员进行协商后,决定这三个邦和钦邦特别行政区的领导人。在总理同意的情况下,这些成员能够作为他们邦的代表进入国家内阁。同时在经济方面,总理对这三个邦和掸邦特别行政区也有着重大的影响。他将决定给予各个联邦财政的数额来填补当地日益上涨的税收①。

在决议没有彻底的遭到否定的情况下,宪法保证了每个邦从联邦退出的权利。根据目前的情况来看,克钦邦和克伦邦在成立后就被否决了这个权利。实际上,这意味着只有掸邦和克耶邦有退出的权利。运行这个权利是受限的,因为宪法规定是缅甸联邦,而不是州或独立个体,才拥有国家的终极领导权。

克伦人在立宪会议上提出了难以接受土地面积的特别问题。为了避免独立进程被耽搁,国民议会不久后建立了一个特殊部门来解决克伦邦的问题。1951 年,议会对宪法进行修改,决定在缅甸东部的高山地区建立克伦邦,新的邦不包括克伦尼地区。并在一次基于非公众基础的国民会议上宣布了对克伦邦的决定。生活在克伦邦外部的克伦族人,失去了他们在议会的公众席位和特殊选举权;因此他们不得不竞争产生在非公众基础之上的

① 缅甸的政治(Silverstein, Burmese Politics, pp. 185 - 205)

那些席位。

宪法的起草者试着建立一个能满足和缅族人第一次合作成为新国家的不同少数民族需求的联邦体制。因为在获得独立邦之后的各个少数民族主要[①]关心的是控制本地事务问题,并且有足够的资金来运行政府,所以他们同意建立政治不平等的联邦国家。即使参加立宪会议的很多代表提出这个问题,但为了能及时完成宪法起草的工作,他们被说服接受这些法案。因为宪法生效后还可以修改,这些反对的意见也就慢慢的减少了。

不幸的是,缅甸宪法北部本身就存在诸多矛盾,这容易在中央和各邦范围内引起族群之间、领导者和部下之间的混乱、不信任以及不和。宪法给予缅族控制下的国家政府很大的权力,使其能越过各邦政府来直接控制各邦的领导者和人民。虽然宪法是被认为鼓励多元文化发展的,但它又把巨大的力量放在了想要在全国发扬缅族文化的中央领导者的手中。这反映在议会有权力修改宪法,中央有权力干涉各州的内部事务,缅甸的律师们准确地把缅甸的政治结构描述为理论上联邦政治,实际上中央独政[②]。

五、1948－1997 年实践中的民族政策

(一)重新定义外来少数民族

1948 年 1 月缅甸一独立,议会就开始缩小对公民的身份内容的定义。尤其是不久后通过的联邦公民法案使印度籍人更难获得公民资格。在这部新的法案里,申请人必须出示他们祖辈中至少两代人在缅甸居住过的证明,以及申请人和他们的父母必须在缅甸出生。如果不能满足这些新的条款,可以通过“移民归化”获得公民资格。然而,在他们还没转变国籍前,他们要以外国人的身份注册,注册的外国公民有一个身份证,有了这个身份证他们才能在缅甸居住,参加国家选举。

政府也采取了反对居住在缅甸的中国移民的政策。因为中国政府,无

---

① 宪法修正案(The Constitution Amendment Act,1951(Act No. LXII of 1951))

② 国家(仰光)(The Nation (Rangoon),July 2,1952)

论共产党和国民党,都宣布这些移民即使搬到了国外居住并且得到了另一个国家的国民资格,但仍然具有中国国籍,因此缅甸议会于1954年修改了《联邦公民法案》使双重国籍非法化。新法律要求具有双重国籍的任何人要放弃外国国籍,否则其将失去缅甸国籍。

1962年军方上台后,取消了1947年的宪法,实行裁决式统治。军方权力机构——革命委员会——对1948年公民法案的内容进行了重新的解释,同时取消了长期居住在若开邦的印度穆斯林罗兴雅人(Rohingyas)组织的公民身份。最后为每个公民发放了要求携带的国家注册卡,但给罗兴雅人发放的是外国人注册卡。许多洛兴亚士人拒绝接受这个新的分类,并拿出相关文件证明他们具有合法的公民身份。新政府也停止了为已年满10岁的外国孩子发放注册卡活动。没有身份的认证证明,这些孩子的身份成为一个问题[①]。

1974年,军方采纳了新的宪法,规定所有的非公民都要申请外国人注册认证。为了能得到新的认证证明,申请人必须上缴原先的认证卡;但后来许多罗兴雅人发现新卡并不是一直发放的。

在1977年,全国大部分地区进行了身份检查,尤其是在若开邦非常严格。官方声明:"详细检查每一个在若开邦居住的人,依据法律查出本国公民和外国人,对于非法渗透到该国人员采取反对行动[②]。"这引起了20万以上罗兴雅人逃往孟加拉国避难。随后缅甸政府宣告这些离开缅甸的人为非法外国人,因为他们没有缅甸合法的身份证件。这次事件逐渐上升为缅甸和孟加拉国的国际冲突事件,直到缅甸同意遣返那些流亡者这一冲突才得到缓解。通过联合国难民署(United Nations High Commissioner for Refugee)合作,缅甸决定分批接收这些难民,先是那些带身份证的难民,接着再接收那些通过以前村子的记录能提供居住证据的难民。

---

① 缅甸:罗兴雅穆斯林:结束一周的流亡(Human Rights Watch/Asia, Burma: The Rohingya Muslims: Ending A Cycle of Exodus(New York: Human Rights Watch, September 1996), pp. 11, 24)

② 缅甸:罗兴雅穆斯林:结束一周的流亡(Human Rights Watch/Asia, Burma: The Rohingya Muslims: Ending A Cycle of Exodus(New York: Human Rights Watch, September 1996), p. 11).

在1982年,缅甸议会通过了新的公民法,进一步缩小公民资格的定义,并取消了民族平等的政策。它规定了三种公民:缅甸公民、客籍公民和准入籍公民。缅甸公民即是自缅历1185年或公历1823年之前,就居住在缅甸国境内的克钦、克伦尼、吉仁、钦、缅、汶、若开、掸等土著公民。客籍公民是那些不能证明其所有的祖先都是缅甸人的公民,客籍公民必须在法律颁布一年之内进行申请。满足移民归化条件的是父母至少有一位是缅甸籍,另一位是客籍公民,或者一位是联系公民,另一位是准入籍公民或外侨。存在问题的申请人要得到认证就必须证明有良好的品德、正确的思想并能够讲一门以上的缅甸国家语言[①]。

新的法律施行时间的选择和框架的制定主要是为了对抗罗兴雅人。然而,它同时涉及到了那些没有身份问题的本地少数民族。许多少数民族的成员没有身份证,有的因为他们所在地区的武装叛乱活动猖獗,有的是政府不愿意让他们去注册的牺牲品。因此他们失去了与其他缅甸本土人的平等的地位而被令眼相待[②]。

(二)修改联邦系统和本土少数民族保护政策

如果说缩小公民资格的定义范围是政府处理与外来少数民族问题的政策方式,那么在政府结构和政治过程中更多的改变则是其修改本土少数民族政策的方式。这些改变的动机是相当可怕的:如果这些需求导致了少数民族以及不同民族之间的战争,这个新的国家还会存在吗?面对着脱离和瓦解的可能性,地方自治和民族平等的理想方案就是确立缅族的统治和强大的中央集权。引起这一事件有三个原因:少数民族地区要求进一步实行自治,与中国发生的边境战争,军方决定加强中央集权。这三个因素共同推进了该国的一元化进程,而该国人民和军队都认为国家的一元化是统治国家与人民的唯一途径。

缅甸独立后,新的联邦系统开始运转,新政府面临缅甸共产党(Burma

---

① 缅甸人权法(Burma Citizenship Law(Pyithu Hu\luttaw Law No.4 of 1982)

② 缅甸:法律之外(K. S. Venkateswaran, Burma: Beyond the Law(London: Article 19, 1996), p. 55)

Communist Party)和许多不同民族武装组织的叛乱[①]。而反对缅甸共产党的战争实际是两个缅族武装力量之间为了谁来统治和用什么意识形态来指导国家的问题而产生的内部战争,而与少数民族的斗争则被仰光领导人看作是为了国家生死存亡而与分裂势力和独立势力的斗争。

1949 年开始的克伦邦叛乱一直持续到今天。缅族和克伦族在历史上的长期对抗和 1942 年缅族军队毫无预兆的挑衅战争使克伦族更加坚信:如果缅族接替英国统治缅甸,他们之间将不会出现和平。虽然昂山和其他的领导者尝试过治愈民族之间的伤痕并且共同分享权利,但大多数克伦族人和昂山继任者(他在国民议会时遭到暗杀)都不愿意接受通过谈判和和解来寻找解决他们问题的答案。

当宪法的制定者们拒绝在大多数克伦族人聚居的经济发展可行的地方成立克伦邦时,克伦人更加确信他们得不到公平的待遇,并认为缅族人会继续控制他们的帮内事务。强烈的文化和政治差别成为战争的导火索。于是战争在缅甸独立那年就爆发了。克伦邦的武装力量克伦民族防卫组织(Karen National defence Organization)赢得了早期的胜利,战争也蔓延到了掸邦南部并且遍及了缅族聚居区。许多缅族领导人和人民相信只有打败克伦人才能保证国家的安全。

同时克伦尼族因为不同的原因发生了叛乱。克伦尼族想要建立自己独立的邦,并宣称在缅甸被英国统治之前,他们就已经独立,并得到了缅族国王的认可。因此,当 1948 年英国人从缅甸撤离时,他们想恢复他们的政治独立。虽然克耶族领导人在立宪会议即将结束的时候接受了缅甸成为一个统一的联邦,但实际上他们并不情愿做出这样的决定而且这个决定也没有得到克伦尼族全体公民的支持。接下来的战争很大程度上与克伦尼族的地域问题有关。

在 1948 年到 1960 年这段时间,几个规模更小的少数民族因为少数民

① 参见缅甸:民族叛乱和民族问题(Martin Smith, Burma: Insurgency and the Problems of Ethnicity(London: Zed Books Ltd., 1991)

族缺少政治自治权,政府肆意干涉他们的政治和社会事务以及担心被缅甸主流同化等原因而爆发叛乱。族群起义联盟永远也无法对政府形成长久的反对联盟,因为他们之间难以达成一致的目标:一些人想要从联邦中独立出来,而其他人则想如果他们能得到更多的自治和更满意的领土范围则更愿意留在联邦中。

这些内部战争使政府试图在种族基础之上建立军队的努力失败了。一些缅甸克伦邦步枪旅倒戈。军队中最初剩余的人迅速重组。在尼温(Ne Win)将军的领导下,这个军队变成了一个主要由缅族军官领导和缅族军人组建的联合军。即使现有的旅仍在使用他们旧的民族名字,但是新的编队的名字已经用数字取代,而且取消了民族协会。在这个新的部队当中,少数民族成员逐渐被缅族人取代,并几乎停止从少数民族团体中征兵。军队的缅族化加重了缅族控制的国家军队和几个少数民族之间爆发的战争的民族特性。许多冲突是异常残酷的,冲突更强化了缅族平民和军队领导者关于少数民族企图破坏他们国家统一的想法。与此同时,少数民族也更确定缅族军队打算消灭他们的想法。

克伦民族防卫组织在掸邦南部发动了侵略战争之后,在 1949 年逃离中国且在掸邦避难的中国民族主义武装力量也发动了战争。中国武装力量坚决抵抗缅族政府对他们的劝降和软禁。在克伦邦人和中国人联合的威胁下,1952 年政府在 33 个掸联邦中 22 个子联邦中宣布实施战争法案。在战争法生效的两年当中,缅族军队通过众多的方式干涉地方管理。尤其是没有法律权威和与法律上负责决定这些问题的高层的协商的情况下,军队改变了地方行政结构,用武装力量的成员取代了平民的管理者。在这个战争法案实施期间,武装力量成员虐待当地掸族人民,这使军方被惯上专横的人权侵略者的恶名。简而言之,这反而引起了那些军队原来想保护的人的恐惧和敌意①。

1953 年,缅甸遭受第二次来自北部的入侵。在中缅边境问题没有解决

① 缅甸的政治(Silverstein, Burma Politics, pp. 214 - 217)

的情况下，中国人民解放军进入了缅甸。同样，它也影响了缅甸的民族问题。1956年随着中缅两方同意就边境问题进行协商，这场战争才停止下来。1960年谈判胜利结束，协议规定缅甸用在克钦邦的三个村庄来交换中国的一些土地和缅甸规定下的中缅边境标志牌的承认[①]。

假如讨论中的协议能够在国务委员会得到赞同，缅甸宪法就会允许议会就边境的改变进行立法[②]。在这种情况下，仰光政府向克钦领导人施压，要求他们同意这个决定，并让出中国要求的土地，以期通过这微小的代价换来中国对其国境线的承认和缅甸北部大范围的和平。但许多克钦邦的人没有从这个角度看待这个问题；他们看到的是国家其他地区没有做出像他们这样的牺牲。他们看到的是在彬龙会议和国民议会中对于要求放弃他们部分历史性的土地的前后不一致。当协议执行以后，他们一直心藏怨恨。仰光政府许诺要通过帮助克钦邦经济的发展来补偿他们的损失，后来甚至提名克钦邦领导人作为下任联邦的总统。然而，克钦族人认为这些绝对不能弥补他们被迫做出决定所带来的损失。

由于仰光政府向掸族高层施加压力要求他们放弃他们邦内宪法和治理联邦传统的权利，缅甸种族关系更加恶化。尼温将军于1958年建立临时政府，任命了总理，并宣称将支持宪法，恢复国内和平，建立了一个自由平等的选举环境。然而他却使用以军方为后盾的政治和行政权力，强迫掸邦做出对政治和宪法的改变。他和他的政府幕僚明白，10多年来掸邦首领一直都在考虑对其封建权力的让渡。首领曾经和前任仰光政府洽谈过关于这样的让渡对于领袖们和全体人民的意义，但并没有达成一致的意见。1959年，在临时政府的压力下，官员接受了现金补偿、可以继续使用他们世袭头衔和保留他们的私人财产这些条件，而交出了宪法上的统治权利。不久后议会通过的宪法修正案中阐述了这个新的协定[③]。

---

① “中缅边境协议”(Daphne Whittam,“The Sino - Burmese Border Treaty,” Pacific Affairs, Vol. 34, No. 4(Summer 1961), pp. 174 - 181)

② 缅甸宪法(The Burma Constitution, Article 200)

③ 宪法(第二修正案)(The Constitution (Second Amendment) Act, 1959(Act No. X of 1959))

同时在1959年，在大多数掸邦和克钦邦后方和最不发达的地区，临时政府重新恢复了依据英国法规指导所建立的少数民族聚居区管理会来代替邦委员会领导下的地方政府。在过去的7年，邦委员会已经在重大压力下放弃了他们的权利；达成协议的条款只是使这个时间继续延长①。因为邦政策下的少数民族聚居区管理会在法律上扩大了国家政府在这些地区的权威，而这意味政府在政策上的一个巨大的改变。结果邦政府失去了控制本地事务的能力。联邦的领导者自然反对这种发展，但他们毫无办法，国家政府是由军队做后盾的。强加给这些邦的协议从技术意义上来说是违反宪法的规定的，虽然如此，这并不能阻止这些协议的生效。

1960年政府选举的恢复，被证明是重申1948年的民族政策或者以所有人都满意的方式重新定义它的最后的机会。而对掸邦从缅甸分离出去的可能以及在临时政府期间掸邦和克钦邦以及其他的地区出现的武装叛乱组织，吴努(Nu)总理试图通过与少数民族领导进行对话的方式来缓和这些激烈的民族矛盾。在1961年，他会见了掸邦领导人，倾听了他对1947年宪法的意见以及为结束掸邦与仰光政府之间的矛盾的几点建议。吴努最后召集了一个联邦讨论会，邀请全部民族的领导人来到仰光，讨论结束国家多个民族问题分歧和内部战争的方法。出于对总理的信赖，领导人都参加了会议。讨论会永远难以达成共识，1962年3月2日，军方掌握了政权，废除了宪法，逮捕了很多参加会议的人。而政变的领导人尼温将军建立了革命委员会，颁布法令进行统治。

(三)军方统治下的缅甸

第一部革命委员会法令就结束了联邦体制。1962年5月9日，法令取代了在民族聚居区和施行由军方、行政人员、警察人员组成的行政安全委员会的中央集权系统的邦所存在的政治和行政结构模式。安全行政管理中央委员会是领导这些委员会的唯一权力机关。通过这个网络，军方控制整个国家，结束了宪法保证下的普遍规则。1948年产生并在其后的14年间不

---

① 缅甸的政治(Silverstein, Burma Politics, pp. 216 - 217)

断修改的民族政策被终结了，彬龙和国民议会做出的承诺被破坏而非得到修补。

然而，中央集权并没有带来和平。1963 年 6 月，革命议会邀请各政治团体及其民族代表参加会议，并讨论结束国家内战和叛乱的途径。共产党代表、克伦族代表、孟邦代表、克伦尼族代表以及钦族代表都参加了会议，但代表之间没有进行真正的对话，也就没有达成如何结束缅甸战争的协议。11 月对话破裂，一直再也没得到恢复，战争仍在继续①。

随后，革命委员会采纳了新的建立在不平等基础之上的民族政策。尼温将军于 1964 年统一日发表了名为“革命议会关于多民族统一问题决心的宣言”②。新政策把族的地位提升到所有族群之上，同时把公共利益放在个人利益之上。它明确了国内哪些民族地区需要分担责任，哪些地区族群能够单独行动。经济发展和社会安宁被确立为整个国家的共同任务；语言、文学、宗教和文化成为每个群体的责任。但无论怎样，个体行为不能被区分为政治性的或社会性的，同时他们也不能对其他国民的福利产生坏的影响。

为了推行新的政策，革命议会创立了一个民族发展研究院。研究院的目的是教各族群的代表去传递国家的社会主义和全国统一的目标，并教会他们基本的健康、社会及教育等方面的知识。训练结束后，这些干部被要求去到偏远地区，进行教学或者担当领导职务，并且帮助人们提高生活水平。由于生源不够以及毕业生不愿意回到农村少数民族地区工作，研究院遭遇到了失败③。

虽然军方领导人试图通过新制度推进国家统一，但分裂状态仍然存在。这样的情况持续数年，尼温和其他的军方领导人抱怨国家统一的障碍——族群偏见，狭隘的族群视角，缺少国外的影响以及来自少数民族的合作。库

---

① 国内和平会谈（Revolutionary Council, Internal Peace Party, Historical Document No. 1（unpublished, Rangoon, 1963）；缅甸的政治（Silverstein, Burmese Politics, pp. 232 – 233）

② “缅甸 10 年社会革命的报告”，工人日报（“A Report on Ten Years of Social Revolution in Burma,” Working People's Daily, March 2, 1972, p. 6）

③ 保护者（The Guardian[Rangoon daily], December 3, 1971）

勒尔哈翰(Colonel Hla Han)于1969年宣称国家的少数民族已经分裂为两派:一派想要统一和平与安全,另一派妄图持续战争状态。

当革命委员会于1969年开始起草新宪法时,尼温声明它必须贯彻两项新的原则:首先人们必须能够住在他们想住的地方,无论他们的民族背景,语言,及历史渊源;第二,缅族和少数民族应该更加亲密。当这些实现以后,他说"我们就不再需要一个统一联邦之下的分裂的政府[①]。尼温的这个说法暗示了对多样性的宽容将被同化所取代。

军方所建立的缅甸社会主义纲领党(Burma Socialist Program Party)起草了新的宪法。新的宪法宣布所有族群,如果他们没有破坏各民族的统一及其团结、国家的安全以及社会主义秩序[②],则有权利保留和保护它们的语言、文化、宗教。为了达成这个管理目标,以前的缅族聚居区被细分,同时少数民族地区被划分为各邦。为了满足孟邦族和若开族的要求,他们的地区从缅族聚居区划分出来,并独立成邦;钦族特别行政区被重新组合为一个邦。

源自1974宪法的缅甸新民族政策,致力于创建一个所有公民具有相同认知的和忠诚的单一统一联邦国家。虽然少数民族语言还能够被教授和运用,少数民族文化能够实践和传承(当然是有限制的),但缅甸语成为了官方语言。

虽未法定,不平等却成为了常规。缅甸社会主义纲领党、军方的领导层、行政部门以及其他权力机构的成员绝大多数都是缅族。缅甸语是官方教学用语,也是官方和非官方交流的正式用语,它还是国内各大城市的主要语言;以地方性语言和文化的衰退为代价,缅族文化在全国范围内得到了广泛的传播。

---

① 1969年11月6日第四次政党研讨会开幕式上缅甸计划社会主义党主席尼温将军做的报告(Address Delivered by Gen. Ne Win, Chairman of the Burma Socialist Program Party at the Opening Session of the Fourth Party Seminar on 6 November 1969(Rangoon: Burma Socialist Programme Party Central Press, 1969)

② 缅甸联邦社会主义共同体纲领(The Constitution of the Socialist Republic of the Union of Burma(Rangoon, 1974), article 153(c))

然而,新的民族政策并没有解决缅甸的民族问题。少数民族叛乱分子继续着他们的斗争,军方领导者并没有努力去调和少数民族的利益和感受。

1988 年,和平长夏示威活动(peaceful summer – long demonstrations)在仰光开始,并迅速扩展到全国。缅甸社会主义纲领党(BSPP)政府对不断高涨的动乱及其对政治改革的要求的失败应对引发了迪特(d' etat)军事政变。叛军组成缅甸联邦国家恢复法律和秩序委员会(SLORC),夺取政权,并以政令和军事法令实行统治。它认为自己夺取权力的理由是对联邦的分裂、国家统一的瓦解以及国内各级政权的崩溃的忧虑。

新的统治者继续他们前任者的民族政策。但这一次,他们更强调结束国内战争。凭借一支扩充了的军队和一批新购置的武器,他们把全部军事力量用在对抗族群反对上。同时,他们为对立方提供这样一个选择:接受停战协议或被彻底打败。

继 1989 年早期缅甸共产党(BCP)分裂之后,他们领导下的骨干分子出现叛乱,此时 SLORC 迎来了一个出乎意料的机会去停止某些战斗。BCP 的缅族领导人被驱逐出缅甸,流亡到了中国;他们早期的骨干分子组成了基于民族关系的政治组织,并且放弃了共产主义的意识形态,开始信仰民族国家主义和人民自治。SLORC 迅速派出代表与新组织的领导层进行会晤,提出了防止与缅甸军队爆发新冲突的停火协议。然而,SLORC 拒绝讨论一些基本的政治问题;相反,为了停止他们对政府的攻击并切断他们与反叛人员的联系,它允许这些组织拥有武器,管理其各自所在的地区,安排自己的经济计划。SLORC 还表示其他政治问题将会在新宪法和政府产生的时候再进行讨论。

新停火协议的成功使 SLORC 对其他武装组织也采取了相似的政策。为了证明 SLORC 控制缅甸的所有族群的决心,SLORC 表示他并不反对保留武装力量和拒绝停火的民兵团体发动战争。在过去,军队一直在实行掠夺敌人的食物,财产,情报和新兵的"四光"政策[①]。在这个新的阶段,它把其

① 缅甸:叛乱(Smith,Burma:Insurgency,p. 259)

他的政策也运用到了这些反叛者的身上，把攻击的范围扩展到了妇女、儿童和老人身上，强制他们离开家园并使他们在食物和住处上更加依赖军方，让他们作战场上的搬运工，在开采区驱使他们走在军队的前列。士兵残忍地攻击那些未能足够快地顺从他们要求的人们①。

这些策略取得了成功，15 个武装团体接受了停战。然而这种做法丝毫无益于修复 SLORC 与缅甸少数间日渐深刻的裂痕。实际上，它加重了国家的分裂。

对于那些在 1988 年叛乱以前与 BSPP 政府保持和平并接受仰光新政权的少数民族，SLORC 准许他们在 1990 年的选举中组织政党进行参与。不久后，这些少数民族和与其他的在 1993 年 1 月全国大会开幕前接受停火协议的族群也被允许参与议会的商议和起草未来缅甸宪法法案。

1997 年的前期，克伦族和掸族这两个少数民族仍然与政府进行着战争。克伦族继续要求政治问题要同停火协议一同来讨论，这是解决由它引起和保持战争的第一步。掸族的反对者是于 1996 年前期向 SLORC 投降了的坤沙所领导的孟邦孟泰军（Mong Tai Army）的前任成员组成。许多掸族人拒绝跟从，相反他们组建了一个新的抵抗组织，继续同仰光政府进行斗争。克伦尼族长期抵抗政府的斗争因 1995 年停火协议的签订而宣告结束；然而战火由于军队破坏了协定而重新被点燃。直到现在，SLORC 除了做出所有努力以外，它没能用自己的方式来为国家带来和平。

SLORC 对于外来的少数民族继续采取 BSPP 政府的政策。虽然在刚开始的时候它显示出要采取更加自由的立场，允许罗兴雅人 于 1989 年组成政党并参加 1990 年国民议会的席位的竞选。但在选举后，SLORC 又改变了政策。罗兴雅人政党于 1991 年 8 月解体了，在罗兴雅人的四个选举人中，有两个人被捕进行了拷问，其中一个人在抓捕的过程中死亡，另一个人在监狱服刑两年后释放②。

---

① 缅甸：法律之外（K. S. Venkateswaran，Burma：Beyond the Law，pp. 46 – 53）

② 缅甸：罗兴雅穆斯林（Human Rights Watch/Asia，Burma：The Rohingya Muslims，p. 35）

SLORC 对于罗兴雅人的猛烈的打击政策体现在不断加剧的迫害,更为严密的移民检查,强制劳工项目和强制大量预备役军队停留在他们的区域;这使超过 250,000 罗兴雅人逃往孟加拉国。在他们警觉下,缅甸与孟加拉国紧张的关系导致了双方在各自边境线的军备竞赛。在 1992 年两国达成协议允许难民“自愿和安全”地返回缅甸后,战争的威胁才慢慢缓解[①]。他们允许联合国难民署在双方的边境上监控返回的难民,并在仰光设立办公室。1995 年末,190,000 罗兴雅人 返回了缅甸;但一进入缅甸,国际社会就无法对他们接受到的来自政府当局的待遇或者他们重新获得土地并恢复正常生活的状况进行监督了。

1996 年 2 月,新一轮的罗兴雅人逃亡开始了。虽然政府对罗兴雅人的行为和活动采取了更加严格的控制,但逃亡的原因却和以前甚为相似。根据亚洲人权观察,政府把全部罗兴雅人看作外国居民的定位从限制他们自由在国家旅游这一点就能清楚地看出。“对于居住在若开邦的穆斯林来说,他们没有活动的自由,即使看上去在若开邦的外部和孟加拉国自由的活动也受到约束。”[②]

六、未来的前景

如果 SLORC 想要改变或者重述政府的民族政策,那么它很有可能在新的宪法被起草和政府在新宪法的权威下建立起来后才会那么做。宪法的条款的基础发展到了现在,缅甸的民族政策不会表现出与 1962 年军方掌权时的方针有多大的不同。它或许将反映在已经做出的关于政治结构和政治过程的决定上。

第一,缅甸实际上将成为单一的国家,但在国家构成和名字上还采用联邦的形式。虽然第二议院即民族议会(amyotha hluttaw)将会成为由来自所有邦和地区的人数一致的代表组成的国家议会(pyidaungsu hluttaw)的一部

① 国家(The Nation (Bangkok),June 11,1992)

② 缅甸:罗兴雅穆斯林(Human Rights Watch/Asia,Burma:The Rohingya Muslims,p. 32)

分，然而真正的权利继续由人民议会所掌握，其代表人数将根据邦和地区的人口规模来决定。

中央系统的集权化通过双层控制系统来得以保证。总统领导各地区由主要部长组成的统治集团，反过来，他们又将对他们的下一级负责。与这个统治集团并列进行领导的是由有权提名四分之一的立法机关和行政机构人员的司令的另一个领导集团①。

第二，除了包括比较大的少数民族所在的7个邦和7个主要的缅族聚居区以外，新的国家结构将为本地的没有自己独立邦的少数民族建立包括许多自我管理的区域和地带。自我管理的地带建立是为了满足较小且无邦的族群需要，但真正控制权还是在中央政府，他们实际上几乎没有什么权利。中央政府通过由总统和司令的两套权威的统治体系来实现对这些区域的控制。

第三，新宪法下，各邦无权脱离联邦。迄今，全国大会还没有对个体和社团的权利进行报道。但全国大会召集委员会主席妙纽（Myo Nyunt）将军于1993年1月所做的报告清楚的阐述了SLORC的立场和观点：

为了发展一个真正的多党民主制……就要在一定的方式上实行符合我们缅甸社会的民主。利用民族权利的基础就是需要维持和遵守法律。自此以后，我们的民主实践将与对作为社会重要组成部分的传统文化，价值和观念的充分认知一起得到不断磨练。为了珍惜民主权利，保证义务和责任完成的前提就是要成为一个遵守法律、法规、有责任感、诚实、正直的好公民。或许很有必要把民主权利与义务和责任联系起来②。

假如SLORC严格控制全国大会，所有采纳的原则也都是与其要求一致的话，新的宪法就如同1974年宪法一样，将不会详细阐述关于独立的责任与义务的权利。虽然缅甸从1948年就被接纳为联合国人权宣言的最早的

---

① 缅甸新光（"Chairman of the National Convention Convening Working Committee Clarification," The New Light of Myanmar, September 3 - 7, 1994. This should be read in conjunction with U Aung Toe's "Clarification and Final Compilation of Principles," in The New Light of Myanmar, April 9, 1994）

② 工人日报（仰光）（Working People's Daily（Rangoon），January 10, 1993）

签约国,但从来没有提出任何全球适用的问题,SLORC 关于权利是受制于国家独特的文化和传统的介绍,似乎是在联合国宪章下不履行国际义务的借口,也是防止人们通过运用履行责任的权利来对抗国家的尝试。在过去的三年商议中,国家会议对于人权讨论的完全失败表明 SLORC 对这一问题并不重视。

至于 SLORC,它过去的如区域自治和宪法规定的基本权利等这些重要法律承诺无法兑现。自 1962 年军方控制政权以来,继续朝着由军方控制的国家并由单一的缅族文化占统治地位的一元化国家的方向发展着。少数民族地位提升在军界、行政系统和各个职业中将变得缓慢,并且更加依赖于他们能多大程度的融合大众文化之中。只要军方控制政权,这些方面就不会也不可能得到转变。外来的少数民族,移民进入还会存在,但只会对越来越少的人开放。现实的公民法中三种人的分类方法极有可能不做什么改变而继续推行下去:而它为联系和移入公民去见证他们的子孙后代的一代或两代成正式公民提供可能,但很少有人能在严格控制的行政考验上成功地实现这个目标。

七、结论

军方的缅甸民族政策没有产生效果,也没有征兆它们在未来将发挥作用。他们没有专注于过去产生的问题,而这些问题仍然在发展且没有得到解决。缅甸很多人还记得昂山在彬龙会议做出的承诺:努力建立基于平等、地方自治、多元文化的宪法保证个人和群体的权利的联邦体制国家。但当前的一代人并不想把时间锁住在 1947 年。相反,他们应该在保留建国者的价值和理念的前提下,修正那些导致战争与不和谐的错误。他们需要一个基于对不同文化的宽容基础上的现代国家,这种宽容只有在民主的环境里才能获得。现在已经到了处理这些长期存在的问题的时候了,但到目前为止还没有机会来这么做。

如果想要缅甸的民族政策有一个真正的改变,它必须从国家政治结构基础和当权者对少数民族新态度改变开始。

第一个改变必须结束独裁的统治。只要军方坚持“SLORC 不是一个政治组织,它没有理由可以和任何武装组织进行对话”这种荒诞的说法,就不可能在任何问题上进行有意义的对话①。在它长达 8 年的统治过程中,SLORC 只有符合军方成员的要求和在军方命令下才可以进行协商对话。毫无疑问,缅甸仍然处于一个无法公开揭露问题和讨论解决办法的分裂和敌对的社会状态。

自从 1984 年由 10 个叛乱民族团体组成的国家民主阵线(National Democratic Front)放弃要求独立的权利和提出要与仰光政府进行诚恳对话以来,该国的少数民族就一直期待一个真正的对话。国家民主联盟(National League for Democracy)的领导人昂山素姬,也呼吁针对各个问题进行对话,首先从国民议会的选举席位和权利的和平过渡开始。

举行一个合适的对话,必须保证所有的参加人的自由和平等。军方高于国家和人民这种观点是与政治和解的多数基础原则相违背的。只要军方继续坚持高于法律和居于法律之外的虚幻的观点,就不会存在对话,缅甸民族问题解决永远也不会开始。

第二,无论通过和平方式还是战争方式,缅族和其他少数民族的分离必须中止。对旅游的限制也必须中止。当人民和团体被彼此孤立的时候,他们就不能交换观点或者解决深层次的问题。缅族和少数民族必须彼此接触,进行交流,去获取对方是如何生活的第一手资料,去倾听他们的抱怨和提出的每一个解决办法。只有这样,才不会出现上述问题或者解决方案的考虑。

最后,必须建立一个缅族、少数民族、军方自由平等的会面、交换民族政策的观点和寻找接受彼此的方式的平台。SLORC 的观点是众所周知的,但少数民族和国家民主联盟就不是了。

1988 年,国家民主阵线和在高山人中避难的缅族人组成的缅甸民主联合会(Democratic Alliance of Burma)也起草了一份关于未来缅甸民族政策合

① 国家法律和秩序恢复委员会声明(SLORC, Announcement No. 1/90, July 27, 1990, para. 10)

并的宪法模板。缅甸民主联合会的前身是缅甸国家议会联盟。缅甸国家议会联盟的核心观点是平等;没有组织或者阶层是存在法律之外或者居于其他人之上。第二个设想是根据宪法的规定,权力真正来自人民,并通过选举而授予给了官员和政府。只有宪法是由人民的代表拟定的时候才是值得拥护和支持的。缅甸国家议会联盟的第三个假设是缅甸必须有一个真正的联邦政府。缅甸国家议会联盟期待未来的联邦由 8 个邦组成,每一个都代表一个最大的群族。在计划的国家系统中,应该有国家自治区域和为了太小的无法组建成邦的外来少数民族设立的国家特别区域。缅甸国家议会联盟期待这些小的个体,在语言、文化和行政领域中,能有真正的权力。

缅甸国家议会联盟宪法对包括个体权利和群体权利在内的人权更加的重视。实际上,它关于人权的一章放在了宪法的开始。[①] 多项权利被详细说明,这些权利将被新的人权委员会所保护。缅甸国家议会联盟的公民资格的定义和独立时候定义的一样,包括了在缅甸独立时的领土范围内出生的所有本地人。出生在联邦的移民并从 1948 年一直居住在缅甸,或者是出生在联邦的移民的后代,都可以通过移入政策变成全面公民。

最后,缅甸国家议会联盟宪法和 SLORC 最大的分歧的问题是军方在缅甸政治中的地位和角色。根据缅甸国家议会联盟的观点,军方应该由人民控制。除此之外,武装力量的领导人和人员应该有比例的来自国家不同的邦;应该有一个由各个邦的指挥官组成的主要的领导委员会,委员之间轮流担任委员会的领导。

缅甸国家议会联盟宪法所包含的观点是缅甸 50 多年来的政治经验的总结。他提供了对于旧问题的解决方案和缅族与少数民族社会长期和平的政治发展的基础。

然而 SLORC 对与政治和民族问题则由另一种看法。1996 年 2 月 12 日彬龙协议的纪念日,昂山素姬宣布民主国家联盟为本土人民提供一个对话

---

① 缅甸联邦宪法(National Council of the Union of Burma, Federal Union of Burma Constitution (draft), September 1995)

的平台。它为全体本土群体提供了一个讨论关于国家未来的民主稳定、统一及本土人民自身民族团结等问题的国家合作会议。根据这个思路,缅甸联邦的未来建立在基于平等权利和为所有本土少数民族负责的基础之上。没有哪个组织有特权。除此以外,所有的组织应该合作起来去提升和保存国家的主权和统一以及政治、经济、社会、教育、医疗和区域发展。族群应该允许发展他们自己的政治、经济和行政区域的政策。最后,每个民族有权去发展和维持他们自己的文化、传统和语言①。

仔细阅读这个声明,会发现很多昂山在宪法会议之前、彬龙会议和公共场合发表过的观点。这些观点和原则说服了很多缅甸少数民族并于1947年加入到了新的联盟中来。直到1997年这些观点还产生着作用,并成为重建国家团结的民族政策的基础。

虽然军方与他的反对者存在着很大的分歧,但对话的基础仍然存在。当然,一个单独的会议并不能解决国家50年来的失败。但如果不迈出解决问题的第一步,任何理想都无法实现。

① 参见1996年在昂山素姬家举行的联盟纪念日活动上其所发表的国家民主政策联盟关于本土人民问题的概述(仰光)(National League for Democracy Policy on Indigenous Peoples as Outlined in Daw Aung San Suu Kyi's Message at the 1996 Union Day Anniversary Held at Her House, Rangoon, February 1996(original in Burmese)

第五章 泰国文化的多样性和国家同一性

查理斯 F. 凯耶斯(Charles F. Keyes)

拥有6700万人口的泰国位于东南亚大陆的中心,从20世纪20年代以来的人口普查情况来看,泰国民族构成的变化不大。1[①]1970年至1980年的普查数据显示近99%的人口是泰国土著居民,97%的人说泰语,94%-95%的人信仰佛教——泰国国教。[②] 然而表面上的文化同质性并不能反映出最本质的问题。那些做泰国人口普查的人员刻意回避了问卷中各民族的自我认知问题,而别的国家,如美国,在做普查时则没有忽略这个问题。

如今在泰国,几乎没人否认他们在文化实践中显示出许多他们是曾经遵从着不同文化传统的人后裔。然而,自身内在的及本身的文化差异并不能产生族群。造成文化差异及"民族"差异的是一种分裂的政治背景——表现在艺术、宗教仪式、戏剧、文学、民俗等方面——人们根据公认的故事来

① 直到1907年的第一次人口普查,人类重要的种族和文化的差异才得到了认识。

② 参见泰国:作为现代民族国家的佛教王国(See Charles F. Keyes, Thailand: Buddhist Kingdom as Modern Nation - State(Boulder, Colo.: Westview Press, 1987), p. 14)

讲述他们的传统，这些公认的故事讲述了那些属于同一民族的共同传统。[①] 民族政策在我们思考如何通过现代国家的结构来建造和推动民族社区中逐渐形成。但是这些政治并不都是如出一辙，因为现代国家采纳了不同观点，而这些不同观点涉及到了前现代文化差异的重要性。目前，当代泰国相对明显的民族分化匮乏不是先前被称为暹罗的前现代文化差异匮乏的结果，而是这些差异仅限于泰国民族框架内的历史进程的结果。

在19世纪晚期，当暹罗处于现代化边缘之时，暹罗“帝国”[②]包括许多不同土著居民和大批主要是来自中国东部的移民，他们在文化特征方面明显的不同于那些来自曼谷并统治着泰国的精英。在本章中我们将在包含一切的泰国民族的视角下追溯那段众多的文化差异怎样被浸没的历史。尽管一些文化差异仍在向着显著的政治性民族差异方向前进，尽管在泰国还偶尔有民族暴力的爆发，但众所周知这个国家很少有民族冲突。

一、前现代暹罗的文化多样性

1792年，杰克里(Chakkri)将军——后来被认为是拉玛国王一世(King Rama I)——建立了位于东南亚王国的一个新王朝，被西方称为暹罗。杰克

---

① 我研究种族以及本地文化差异、种族分化和民族文化之间关系的方法，参见“迈向一个新形成的族群概念”(Charles F. Keyes, Towards a new Formulation of the Concept of Ethnic Group)，摘自种族划分，第3卷(Ethnicity, Vol. 3(1976), pp. 202 - 213)；民族变化的辩证法(Keyes, The Dialectics of Ethnic Group)，摘自民族的变化(Charles F. Keyes, ed., Ethnic Change(Seattle: University of Washington Press, 1981), pp. 4 - 30)；傣泐人再定义：老挝、泰国和中国的民族认同(“Who Are the Lue Revisited? Ethnic Identity in Laos, Thailand, and China”(Cambridge, Mass.: MIT, Center for International Studies, Working Paper, 1992)；谁是泰国人？对于地方的、民族的和国家的身份发明的思考(Keyes, Who Are the Thai? Reflection on the Invention of Local, Ethnic and National Identities)，摘自民族的变化(George DeVos and Lola Romucci - Ross, eds., Ethnic Change, 2d rev. ed.(Walnut Greek, Calif.: Alta Mira Press, 1995), pp. 136 - 160)；种族划分、族群(Keyes, Ethnicity, Ethnic Group)，摘自布莱克威尔人类学字典(Thomas J. Barfield, ed., The Blackwell Dictionary of Anthropology(Oxford: Basil Blackwell, in press)；民族(Keyes, Nation)，摘自布莱克威尔人类学字典 in Barfield, The Blackwell Dictionary of Anthropology)

② 术语“帝国”最先是由丹龙·腊贾努巴王子使用的，其是现代泰国主要的建筑师之一。参见故事(历史故事)(Damrong, Nithan boran khadi(Hisorical Anecdotes)(Bangkok: Phrae Phithaya, 1971[1935]), p. 319)

里王朝的前三任国王来自曼谷，在1782到1851年统治着该地区，他们不仅重申了对阿育塔雅组成部分的前暹罗地区领地的统治，而且还把权力扩展到离阿育塔雅的核心更远的地区。到1851年第三代王朝结束，今泰国北部、老挝、云南南部的绝大部分、帕塔尼回教君主领地（sultanates of Patani）、吉打州（Kedah）、吉兰丹（Kelantan）和马来半岛上的丁加奴州（Trengganu）及柬埔寨王国都隶属于曼谷。[①] 在19世纪中叶，成千上万居住在当今老挝所在地的人们被说服（有时非自愿地）而重新定居暹罗（主要是现在泰国的东北部），这使得暹罗的人口明显变得更加多样化。

在19世纪末和20世纪初曼谷被迫放弃一些领土，英国和法国扩张他们的亚洲王国到暹罗的西部、南部和东部。然而，到1909年，法国和英国结束他们向曾经被暹罗控制的领地的扩张，后来他们又强迫暹罗政府承认他们的合法边界，并让官方在地图上标出。现代暹罗/泰国的“土地实地”不但居住着许多文化和曼谷精英有很大差异的人，还居住着近期从其他政治实体脱离出来的人。[②]

（一）暹罗人、佬族人和越南人

19世纪末，当暹罗国的边境几乎确定下来的时候，[③]四分之三的人说的母语是属于泰语（Tai）系的（或方言的）[④]。然而，这些语言的不同，就像在其他语言中发现的不同一样，在前现代泰国口语的方言中，语言学家确认出

① 参见1924－1851，拉玛三世下的暹罗一书中的地图（See the map in Walter F. Vella, Siam under Rama III, 1824－1851, Association for Asian Studies Monograph IV (Locust Valley, N. Y.: J. J. Augustin, 1957), facing p. 108）

② 贾迪尼察古（Thongchai Winichakul）用“地缘团体”一词强调绘制地域界限的方法，它们像地图中代表的一样，曾是现代国家建设的主要组成部分。暹罗地图的绘制：一个国家地缘团体的历史（Winichakul, Siam Mapped: A History of the Geo－Body of a Nation(Honolulu: University of Hawall Press, 1994), especially pp. 16－17）

③ 该国目前的边界是根据1907年的佛朗哥－暹罗条约设置的。

④ 按照惯例，“Tai”这个术语是用来标记语言家庭的，而“Thai”通畅代表涉及泰国语言和文化方面的内容。

了至少7种或许20种互相不能理解的语言。[①] 虽然口语的不同在地方上是非常重要的,但它们不是本国文化差异的主要基础。

更重要的是书写惯例的差别。说泰语的人,根据不同的邻近人群的拼写模式借鉴发展了许多拼写体系。这些拼写体系用于创作或再创作佛教书籍,用于执行和记录各种法律实践活动,很少的一部分用于创作诗和其他文学作品。在前现代暹罗国,说泰语的人们有三种主要的书写惯例,每一种都和一种宗教或政治历史有关:"暹罗语(Siamese)"、"佬族语(Lao)"和"越南语(Yuan)"。[②]

在19世纪的暹罗,那些被西方人称为"暹罗人"的人和那些自称为"泰国人"的人事实上包括了说许多说不同方言的人,这些方言被语言学家认为是"中部泰国人(Central Thai)"和"南部泰国人(Southern Thai)"的特色语言。然而,因为说这些不同语言的先驱们长久在暹罗国政权的统治下,他们的僧侣用的书本也用同一种拼字法,于是他们就把他们自己看作是同一种人。在19世纪晚期,暹罗人大约占暹罗帝国总人口的30% -35%,并且集中分布于昭拍耶河(湄南河)边的平原和马来半岛的北部。[③]

19世纪后期,暹罗另外40% -45%的人口也是说泰语的,但是暹罗人

---

① 参见从古代泰语到现代方言(See Marvin Brown, From Ancient Thai to Modern Dialects (Bangkok: Social Science Association of Thai Press, 1965);语言的多样性和民族团结的:泰国的语言生态(Wlliam A. Smalley, Linguistic Diversity and National Unity: Language Ecology in Thailand (Chicago: University of Chicago Press, 1994), especially pp. 362 - 363)

② 事实上,有四种交叉系统:泰语(衍生自但又不同于高棉语)、高棉语(被暹罗人用于宗教工作方面)、来自孟族(与缅甸密切相关)的"法"或"佛教"方面,以及被由老挝和元(和其他人)轻微变异用于宗教经文,同时,老挝(或万象)系统被老挝人用于通俗的作品中。然而在实践中,三个传统得到了承认。在"暹罗"、"老挝"和"元"词上使用引号标志着这些术语在现代化之前的时代与今天的含义相比有所不同。

③ 该对在十九世纪末期讲暹罗语的人是难以作出准确的估计的。见暹逻的混合殖民遗产:泰国种族主义者思想的起源(David Streckfuss, The Mixed Colonial Legacy in Siam: Origins of Thai Racialist Thought),摘自自治的历史,特殊的真理:纪念约翰·R. W. 斯迈尔散文集(Laurie J. Sears, ed., Autonomous Histories, Particular Truths: Essays in Honor of John R. W. Smail, Center for Southeast Asian Studies Monograph No. 11 (Madison: University of Wisconsin, 1993), pp. 129 - 131);泰国(Keyes, Thailand, p. 16);语言的多样性(Smalley, Linguistic Diversity, p. 67)

认为他们所说的泰语与自己的不同。尽管暹罗人用词语“佬(Lao)”来指所有住在前现代化帝国北部和东北部的说泰语的人,和居住在超过暹罗边界的与他们有亲戚关系人,但是泰国北部的人和泰国东北部地区的人是有所区别的。

暹罗的北部诸侯国群集的地方叫芒(Muang),直到19世纪独立于暹罗前,它一直是在一个又一个缅甸国王主权的统治下。这些芒中最重要的是清迈,然而在19世纪,楠,也几乎是同等重要的。这时人们称他们自己为卡翰(Khonmuang)——(北部)领地的人们——并称他们的文学—宗教传统为越南(Yuan)。他们的宗教传统也和许多特殊的朝圣地有关联,这些朝圣地大部分位于现在泰国的北部,并且还和特殊的僧侣世系有关,而这些世系又不同于暹罗的世系。在19世纪早期,越南处在暹罗的统治下。但是,清迈、楠甚至其他较小侯国的统治者在19世纪晚期都只是作为曼谷的附庸而保持着一些独立。

住在其他附属国的人们——最重要的是琅勃拉邦(Luang Prabang)——后来在湄公河东部和呵叻高原(Khorat Plateau)(即现在的泰国东北部)上建立了许多封建领地,并沿袭了和越南相关的一些传统,但其在政治史和一些文学和宗教实践方面却明显不同于越南。这些附庸国和封建领地的统治者追溯他们的起源至半传奇的“万象”王国——兰沧王国(Lan Chang)。这些政体下的人们主要用同越南佛教书本一样的拼写法,并且共同使用许多佛教文化遗产。而他们在政治和世俗文学中则使用另一种和暹罗的十分接近的书写惯例。另外,这些人还把他们的宗教传统和僧侣世系及不同的朝圣中心联系了起来。这些僧侣宗系和越南的或者暹罗的都不同。

在19世纪期间暹罗朝廷鼓励(有时带有暴力)人们重新定居在从领地到湄公河东部老挝的呵叻高原(Khorat Plateau)这部分区域。到19世纪末,该地区老挝的人口是居住在湄公河东部的老挝人口的八到九倍多。当法国刚开始在东南亚大陆东部进行他们的殖民征服时,他们倾向于向暹罗一样用“老挝”一词——也就是说,这也包括越南。然而,当他们为他们的政治扩张创建理论基础时,这个词语就仅被他们用于和兰沧遗产有联系的领域。

随着法国的征服,老挝被印度支那和暹罗分割了,并且分割给暹罗的那部分居民主要居住在呵叻高原上。

(二)非泰族的土著居民

在前现代化暹罗时期,虽然卡翰和老挝人构成了绝大部分不同于暹罗人的族群。但是,还有许多其他非泰族的土著民——大约占总人口的20%——他们不说泰语并遵循着不同的传统。其中的一些先前属于另一个政治实体而不是暹罗。

在11世纪之前,当说泰语的人在历史上第一次显示出其重要性时,那些说属于澳斯特拉(Austroasiatic)或穆恩-谷美尔语系(Mon-Khmer)的人控制了该地区。该语系不仅包括穆恩和谷美尔两个主要语系,还包括很多较小的语系。那些说泰语的人们开始在现在泰国的中部定居,该地区曾经在11世纪左右从芒和谷美尔那里获得了社会文明。事实上,暹罗的传统代表着泰国、穆恩和谷美尔三种文化的融合;当泰采纳了芒的佛教文化和谷美尔的治国纲领时,大部分的谷美尔和芒在语言上同化为泰语。然而在暹罗的边境,一些人仍说澳斯特拉语言。

在这些人中,绝大多数说的是谷美尔方言及和奎语(Kui)十分接近的方言。暹罗帝国把谷美尔和奎包括在内,从而使阿育塔雅(Ayutthayan)在15世纪征服了吴哥窟(Angkor),19世纪暹罗扩张至今天的柬埔寨。尽管暹罗人在1907年被迫签署条约把对柬埔寨领地的控制权转让给法国。但是大约4%-5%居住在暹罗国境内的人口仍然说谷美尔或奎方言。

然而,谷美尔在暹罗的影响远非这个数字能够说明。15世纪征服了吴哥窟后,暹罗语借鉴了许多谷美尔语,如几乎所有的泰国政策和宗教词汇是源自谷美尔改编的梵文词语。事实上,泰国和澳斯特拉谷美尔共同使用的词汇要比和许多泰语言使用的词汇多。尽管这些传统具有密切的关系,但是事实上,一直都有谷美尔陆地和柬埔寨的区分——意味着泰国和谷美尔之间的区分,可能具有重要政治意义。政治特征突显于1862年后,当时柬埔寨成为了法国的保护国。

尽管在19世纪末,由于芒和暹罗传统的融合,芒几乎不再是暹罗的一个颇具特性的民族了,但仍有数万芒人居住在该国的西部,他们是近期内来自缅甸的难民。他们继续说芒语并遵循着特别的习俗。然而,因为芒佛教被暹罗的一个皇家僧侣赠与了崇高的威望,而该僧侣在1851年脱离了修道僧的身份而成为了马古大帝(King Mongkut),并且大部分芒人都是说双语的,芒和暹罗语之间的区别几乎也就没有什么重要的政治意义了,同时芒也不断地被暹罗语的生活方式所同化。[①]

大多数明显区别于信佛教的暹罗人和其他前现代化暹罗的佛教信仰者的土著人是说马来语的穆斯林,这些穆斯林居住在马来半岛的苏丹统治的吉打州(Kedah)、吉兰丹(Kelantan)、丁加奴州(Trengganu)、霹雳州(Perak)和帕塔尼(Patani),有的还住在与现在泰国南部毗邻帕塔尼的地区。[②] 这些苏丹统治的领土有很高的自治权,并通过送贡物的方式和曼谷保持着交往。在18世纪晚期和在19世纪,暹罗被迫转让马来半岛的苏丹统治地给英国。并在1909年把除了帕塔尼之外的所有苏丹统治地作为"非联邦的马来国家"从暹罗转移到了英国的统治下。暹罗废除了苏丹对帕塔尼(Patani)的统治,强加了一个新行政结构来实行对当地的控制,并在先前的苏丹统治地创建了那拉提瓦(Narathiwat)、雅拉(Yala)和北大年(Pattani)省,现在那些生活于当地并共享着他们的宗教和语言的统治者之下的人们在受到外来的

① 虽然在一些社区中,孟族特征得到当地人的认同,但这样的情况仍将继续存在下去。参见泰国的孟族的民族身份(Brian L. Foster, Ethnic Indentity of the Mons in Thailand),暹罗社会期刊 Journal of the Siam Society, Vol. 61, No. 1(January 1973), pp. 203 – 206);一个泰 – 孟村庄 1971 – 1981 年之间的种族和社会资源的改变(Foster, Changing Ethnicity and Social Resource in Thai – Mon Village, 1971 – 81),摘自东南亚种族多样性和自然资源的控制(A. Terry Rambo, Kathleen Gillogly, and Karl L. Hutterer, eds., Ethnic Diversity and the Control of Natural Resource in Southeast Asia, Michigan Papers on South and Southeast Asia No. 12(Ann Arbor: University of Michigan Center for South and Southeast Asian Studies, 1988), pp. 143 – 159.)

② 我使用"帕塔尼(Patani)"来指代阿曼苏丹国,用"北大年(Pattani)"指代取消阿曼苏丹国后在泰国南部建立的省。主张分裂或自治的人则倾向继续使用"帕塔尼"。参见国家整合和抵抗运动:泰国南部穆斯林案件(Che Man and Wan Kadir, National Integration and Resistance Movements: The Case of Muslims in Suthern Thailand),摘自泰国 1892 年至 1992 年间的地区和民族融合(Volker Grabowsky, ed., Regions and National Integration in Thailand, 1892 – 1992(Wiesbaden: Otto Harrassowitz, 1995), pp. 232 – 250)

暹罗佛教徒的直接统治下进行自我组建。[①] 他们的许多后代盲目地回顾着那个相对自治的帕塔尼时代,然而另一些人则将找到他们与非帕塔尼的马来人或说泰语的穆斯林的更多的共同之处。

在19世纪晚期,暹罗还拥有少数的不说泰语的土著居民,他们大多数居住在帝国的周围——边境高地。尽管到19世纪末为止,一些说藏缅语(Tibeto－Burman)(勐腊(Akha)、拉祜(Lahu)和 傈僳(Lisu))和苗—瑶(Miao－Yao)(哈芒格(Hmong)和米恩(Mien))语的人已经迁入该地区,但大部分这些"森林"人或"高山"人仍说卡伦或奥斯达克(Austroasiatic)语言。因为这些人总共只占该国总人口的1%,并且他们住在偏远地区,所以他们对该时期暹罗的精英几乎不感兴趣。但后来他们被另眼相看。

(三)中国移民

除了土生土长的人,19世纪晚期暹罗曾有过一段快速的移民扩张时期,甚至在19世纪初前,一些中国人和少数其他国家的人已经在该国定居。在19世纪,尤其是19世纪50年代后期,移民特别是中国移民的数量有了明显增长。[②]

中国移民率的增长速度是伴随着暹罗的首都从阿育塔雅向曼谷的转移而转变的,曼谷是一个港口城市,却克里国王(Chakkri)鼓励在那里大兴商贸。在1885年英国和暹罗政府签署了由香港总督约翰·鲍林(John Bowring)和马古大帝谈判而定的"贸易协定"后,暹罗的经济开放程度大大

---

① 参见伊斯兰教和马来民族主义:泰国南部地区马来穆斯林的案例研究(Surin Pitsuwan, Islam and Malay Nationalism: A Case Study of the Malay Muslims of Southern Thailand (Bangkok: Thai Khadi Research Institute, Thammasat University, 1985), chap. 2)

② 19世纪,在中国人的影响之下,其他的移民群体——尤其是越南人和印度人——也在进行扩张。后来,泰国的越南群体引起了泰国政府高度重视。相反,小的印度群体在该国的民族政治中几乎依旧得不到重视的。而一些欧洲移民的数量在19世纪还是非常少的,但他们同强大的殖民国的联系给了他们与他们的人数及不相称的影响力。即使如此,直到二十世纪后期,欧洲人,或更确切地说,欧亚混血才作为一个独特的群体在泰国得到公认。

加快。①

暹罗成了一个原材料的主要出口国——著名的有,大米、糖、柚木、和其他木材、锡、和晚些时候的橡胶——并且成了一个英国商品和欧洲别的国家商品的进口国。以至于,对劳动力的需求急剧增加,需要这些劳动力把这些货物搬进或搬出曼谷口岸。经销商的机会也增多了,他们从生产者那里收购大米和其他产品再把它们卖给出口公司,那些生产外国货并卖给当地人的生产者的机会也增多了。绝大部分的中国移民和他们的后裔承担了这些新的体力工作和经销商的工作。中国人还为了控制信贷协会和银行与欧洲人展开了竞争,这些信贷协会和银行使本国资金的流动更加便利。②

到1850年为止,每年大约15,000中国移民来到暹罗,他们大多来自中国东南部。而在鲍林条约签订后,有更多的人来到这儿。③ 到1900年为止,华裔占到了暹罗总人口的8.3%。当中国移民数量突然大大增加的时候,这个百分数在20世纪的前十年甚至增长得更快。到20世纪中叶为止,泰国大约12%的人口是在中国出生的或称他们自己是中国人。④

二、文化多样性和泰国民族

(一)欧洲的扩张和泰国民族主义的起源

由移民和土著居民所呈现的文化多样性并没有给前现代化暹罗帝国造成什么问题。然而,欧洲列强的殖民扩张从根本上改变了这种情形。第一次冲击是英国在1786到1826年造成的——该时期,槟榔屿(Penang)的建

① 鲍林条约被普遍认为是暹罗开始融入西方主导的全球经济的关节点。参见历史较短的泰国(David K. Wyatt,Thailand. A Short History (New Haven,Conn. : Yale University Press,1984),pp. 183 -184.)

② 到目前为止,最合理地解释中国人移民到泰国的原因的就是泰国华人社会一书。(G. William Skinnner,Chinese Society in Thailand(Ithaca,N. Y. : Cornell University Press,1957)。以及泰国的资本积累,1855至1985(Suehiro Akira,Capital Accumulation in Thailand,1855 - 1985(Tokyo: Centre for East Asian Cultural Studies,1989)

③ 参见1850-1985泰国的经济变化(James C. Ingram,Economic Change in Thailand,1850 - 1970(Stanford,Calif. : Stanford University Press,1971),p. 7)

④ 中国社会(Skinner,Chinese Society,p. 183)

立和泰纳斯密半岛(Tennaserim)的征服——都对暹罗朝廷几乎没有影响。但是到19世纪中期为止,这种威胁就加剧了。在1851年,第二次英缅战争的结果是伦敦把位于较次位置的缅甸纳入了英国帝国。此后不久,在1855年,英国说服了暹罗朝廷签署了鲍林协议。到了19世纪60年代,法国说服了柬埔寨国王接受法国的“保护”,接着和越南国王进行了一场战争,征服了越南南部并使它并入了交趾支那(Cochin China)的殖民地。1851 - 1868年暹罗国的君主马古大帝认为该国领土的独立依赖于对那些西方殖民扩张幕后人的观点的理解。当他还是一个佛教僧侣的时候,通过二十五年与西方传教士的密切交往,他深刻地领悟了这种观点。作为国王,他提倡引入西方科目,尤其是法国和英国的语言、数学和自然科学,在朝中,也偶尔用西方人提供的教学方法。[①]

他的儿子,朱拉隆功(Chulalongkorn)国王(1868 - 1910)把这种智力革命更推进了一步。[②] 朱拉隆功接受了部分西方教育,作为国王,他在国外许多地方旅行过——1871到1872年去了荷属东印度群岛的爪哇岛和英国的马来亚岛以及缅甸;1890年去了新加坡;1896年又重游了荷兰人统治的爪哇岛,最后于1897年去了欧洲。[③] 到1880年为止,朱拉隆功国王已经把年老的统治精英替换成了那些在西方国家接受部分教育的王子和贵族或那些接受的教育是和西方知识相结合的人。

国王和他的谋略者们清楚地意识到英国和法国在用同一文化遗产下的

---

① 教师安娜·利奥诺温斯的回忆对《国王与我》这本书的创作产生了重要影响。她的浪漫叙述,甚至是在《国王与我》中描述的更浪漫和小说化的故事没有对国王拉玛四世的卓越的知识改革作出公正的评判,参见以十九世纪的文化变迁为特例看泰国历史中的佛教宇宙观(Craig J. Reynolds, Buddhist Cosmography in Thai History, with Special Reference to Nineteenth - Century Culture Change),摘自亚洲研究杂志(Journal of Asian Studies, Vol. 35, No. 2(May 1976), pp. 203 - 220)

② 参见泰国政治改革:朱拉隆功国王统治期间的教育(David K. Wyatt, The Politics of Reform in Thailand: Education in the Reign of King Chulalongkorn (New Haven, Conn.: Yale University Press, 1969))

③ 参见泰国政治改革:朱拉隆功国王统治期间的教育(David K. Wyatt, The Politics of Reform in Thailand: Education in the Reign of King Chulalongkorn (New Haven, Conn.: Yale University Press, 1969)), pp. 196 - 197.

人们应该生活在同一政体下的假设,来作为他们在东南亚扩张的正当理由。法国尤其寻求使用“种族逻辑”来分裂暹罗并把老挝和柬埔寨人(高棉人)划归于法国的统治之下。[①] 查尔斯·莱米尔(Charles Lemire),一个在曼谷的法国外交官,把该情况以极其偏激的形式置于一本著作中并于1903年出版。然而,他的数字极不准确,这些数字是法国人对暹罗国看法的一个象征,法国人认为暹罗国是少数人群统治着多数人,他写道在暹罗有600万居民,仅有200万人是暹罗人。他声称其余还有40万是柬埔寨人,100万是老挝人,60万是马来人,200万是中国人。[②]

法国的行动是以种族逻辑和军事力量为基础,它已经构思好,通过政治目的研究住在湄公河地区中部的人们的传统和历史,在1893年,法国派炮舰逆流而上至曼谷强迫暹罗统治者承认法国创建一个法国老挝。面对这样一个极有可能发生的现实,即这种种族逻辑将会导致暹罗缩小到一个很小的政治实体甚至全部消失,朱拉隆功国王和他的亲信开始了把暹罗帝国转变成一个泰国民族国家的过程。前现代化的文化差异的重要性被缩小到了最低程度,生活在暹罗国的管辖权下的共同文化遗产得到了发展。

前现代暹罗的文化差异不能被简单地下定义,并且一种新的民族身份不能仅靠命令来设立。从那时起,朱拉隆功国王和他的亲信们对泰国民族和它与现代泰国的关系的构思建立起了泰国的少数民族的政治。[③]

(二)泰国民族主义的基础

朱拉隆功国王死于1910年,他的儿子吉拉伍德(Vajiravudh)(1910－1924)继承了他的王位。这位新国王,在英格兰接受了教育。当对民族主义的讨论预示着第一次世界大战即将爆发时,这位国王深受影响。就在他继承了王位后不久他就不得不面对1911年中国爆发的民族革命。泰国流

① 参见混合殖民地遗产(Streckfuss,The Mixed Colonial Legacy)

② 法国和暹罗(Charles Lemire,La France et le Siam (Paris: A. Challamel,1903),p. 12),引述在混合殖民地的遗产中(Streckfuss,The Mixed Colonial Legacy,p. 130)

③ 参见泰国的佛教与民族融合(Charles F. Keyes,Buddhism and National Integration in Thailand),摘自亚洲研究杂志(Journal of Asian Studies,Vol. 30,No. 3 (August 1971),pp. 551－568)

入大量的中国移民团体，因为他们对泰国经济的增长做出的贡献，曾经被肯定，但逐渐地被认为是潜在的民族问题。

国王写过一篇影响深远的文章，东方犹太教的信徒用英语和泰语出版，该文章认为泰民族在某些经济部门受占主导地位的其他种族的威胁。[①] 他颁布了新法律，该法律规定想成为暹罗居民的移民要放弃对其他国度的忠诚才能成为该国君王的臣民。新规定也致使了移民的急剧下降。另外，国王和他的参谋者们制定了国家义务教育计划法律，该法律重创了除泰语教育以外的其他任何语言教育，在20世纪30年代后期，非泰语学校都被明令禁止了。[②]

吉拉伍德国王对泰国人和中国人的区别的看法是其关于什么是泰国民族主义思想体系的阐述的核心。[③] 国王断定泰国人民共享的民族遗产是一种共同的语言（泰语），一种共同的宗教（佛教），一种和曼谷（杰克里）君主国的普通关系，虽然有了一些改变，但这三个要素仍是泰国民族主义的主要支柱甚至到今天也是如此。

非常明显，吉拉伍德国王的民族主义强调以文化甚于强调以生物学作为“泰国的”的基础。和中国移民在20世纪早期的东南亚殖民附庸国（其他地方，包括美国）被看待的方式形成鲜明的对比的是，在暹罗对于移民（绝大部分是中国人）或那些移民的后裔来说，改变他们的国籍而成为泰国人是可能的，条件是他们学会流利而标准的泰语，成为佛教的拥护者，抛弃其他国居民的身份而成为暹罗君主的臣民。

（三）使泰国的民族主义处于支配地位

泰国的军人和官僚精英解释泰国的民族主义是不同的。1932年，他们

① 国王的文章在1914年首次以英文版刊登在暹罗观察者（Siam Observer）上。参见中国社会（Skinner，Chinese Society，pp. 164－165）；国王吉拉伍德及泰国民族主义的发展（Walter F. Vella，assisted by Dorothy Vella，Chaiyo! King Vajiravudh and the Development of Thai Nationalism（Honolulu：University of Hawaii Press，1978），pp. 193－194）

② 参见泰国的教育发展（Keith Watson，Educational Development in Thailand（Hong Kong：Heienmann Asia，1980），pp. 115－132）

③ 见查伊诺（Vella，Chaiyo!）

成功地发动了一场政变并将这种绝对统治坚持到最后。1932 年政变预测以主权在民而并不是在君主为前提。问题就变成了：谁是人民？当该国没有一个定居的成年君主，[①]政变的领导者和那些 1932 年到 1950 年间掌权者寻求给人们一点一滴的灌输民族身份，而并不依靠君王。为了达到这种结果，他们实行一套国家义务教育方案。该方案重点在科目上——尤其是泰语和历史——引导学生爱国家和民族。[②] 新政府还制定了一些全国性假期，这些假期受到了大众媒体——报纸、电影和广播极大的关注。

在这期间，因为义务教育的成功实施，泰语实际上成为了“民族”语言，全国性官方的历史书——一本强调泰国人和中国人区别的书——由多产且极具影响力的琅勃拉邦 · 韦奇（Luang Wichit Watthakan）所写，被作为学校泰国历史教学的基础。韦奇的戏剧和广播戏剧由首相大臣菲利本 · 索格拉姆（Phibun Songgram）策划以便服务于加强居支配地位的政治独立运动的新意识形态。该新意识形态的突出表现之一就是在 1939 年把国家的名字由暹罗改为泰国。

琅勃拉邦 · 韦奇和菲利本 · 索格拉姆，还发起了泛泰国主义——宣传种族主义者对民族主义的一种解释。他们寻求扩张泰国的边界到其他说泰语的人群像谷美尔地区，这些谷美尔人认为该地的人们和泰国人民有共同的文化但却由于殖民政策被驱逐出了泰国。泛泰国主义提供了 20 世纪 40 年代早期合并的正当理由，在日本的赞同下，该合并的领地是湄公河河右岸

---

① 政变后不久，国王帕恰迪波（1925 – 1935）在英格兰流亡，并于 1935 年退位。他年轻的侄子，阿南达，成为国王，但是直到 1946 年他死之前，他都没能成为一个卓有成效的领导者。而他更为年轻的弟弟，蒲眉逢 ，从国外受教育回来后，到 20 世纪 50 年代才开始扮演起的积极的君主角色。

② 参见学校的虚拟世界：泰国村民进入了一个国家的官僚系统（Charles F. Keyes, The Proposed World of the School: Thai Villagers' Entry into a Bureaucratic State System），摘自重塑当地的世界：东南亚农村教育和文化的变化（Keyes, ed. , Reshaping Local Worlds: Rural Education and Culture Change in Southeast Asia (New Haven, Conn. : Yale University Southeast Asian Studies, 1991), pp. 87 – 138）。关于一种国家语言的创建，参见什么使泰语成为一个国家的语言（Anthony Diller, What Makes Central Thai a National Language），摘自民族认同及其维护者：泰国，1939 至 1989（Craig J. Reynolds, National Identity and Its Defenders: Thailand, 1939 – 1989, Monash Papers on SoutheastAsia No. 25 (Melbourne: Monash University, Centre of Southeast Asian Studies, 1991), pp. 87 – 132）

法国统治下的老挝领土,柬埔寨西北部和英国统治下缅甸的掸州的肯图格(Kengtung)。尽管泰国在二战后被迫放弃这些领土,但是这为泰国推进军事民族主义树立了先例。泰国军方后来运用这次有侵略性的民族主义来证明镇压内部及反国教的正当性。

第二次世界大战后,泰国又重新出现了君主制。从1932年到20世纪50年代早期,君主制已经失宠了,其中大部分时期其国王是两个未成年的兄弟。然而在20世纪50年代早期,1946年登上王位的蒲眉逢(Bhumipol Adulyadej)国王通过在国内的一系列公开露面重新定义了君主制。在1957年菲尔德(Field Marshal Sarit Thanarat)通过政变掌权后,控制了泰国政府直到1972年,并成为了君主制的强烈支持者,因为他们认为君主制能使他们自己的角色合法化。在这期间,被吉拉伍德国王第一次阐释的泰国民族主义的基本假设得到空前的提升。泰国民族,像每个孩子在学校里学的和每个成年人在各种情况下重复听到的一样是基于三大支柱的:查特(chat)是说(泰国语)的人们;萨塔森(satsana)是信仰(佛教)宗教的;和拉玛·哈卡萨特(Phramahakasat)是遵从君主制的。至于在吉拉伍德国王统治下的中国人,如果他或她说泰语(即使他们也说其他语言),忠于佛教,并接受成为国王的臣民,任何人都可以成为泰国人。简而言之,泰国民族主义包容了文化的多样性。

然而,一些控制着权力的人或对那些掌权者有重要影响力的人倡导一种更狭隘的泰国民族主义含义。在该时期,当政府是受军队领导或受军队支持的时候(1957 - 1972,1976 - 1987,1991 - 1992)一些军事领导人物以"民族、宗教、国王"的名义来镇压各种对他们控制权力的挑战。一些官员把要成为泰国人就得是佛教徒作为基本原理迫使穆斯林和基督徒在学校表示对佛的崇敬,而这种方式被穆斯林和基督教徒看作是冒犯性和不可接受的行为。在动乱的20世纪70年代,一位杰出的泰国僧侣声称反对佛教的共产党员是非人性的,并且应被处死。①

尽管一些泰国领导者欣然接受了较狭隘的民族主义构想,但是大部分泰国统治精英还是不约而同地从好战的民族主义中退了出来。蒲眉逢国王暗中破坏了军事独裁政府的合法性(尤其是在 1972 年和 1992 年)并拓宽了对萨塔森的解释以囊括非佛教宗教。例如,他已经成为了基督教组织的资助人并赞助每年的可兰经竞赛。换句话说,蒲眉逢国王试图重新定义一个由他的前辈朱拉隆功提出来的多样化的民族的观点。很多源于此观点的政策,尤其是该观点得到时不时的争论后,折射出了泰国独特的少数民族政治。

三、民族政策和泰国的民族国家

为了能透彻理解泰国的民族政治,人们应该考查关于该国明显的种族和种族区域的少数民族的政治立场。(见表 8)②

---

① 参见当代泰国的政治危机和好战的佛教(Charles F. Keyes, Political Crisis and Militant Buddhism in Contemporary Thailand)摘自泰国、缅甸和老挝的宗教和合法性的权力(Bardwell Smith, ed., Religion and Legitimation of Power in Thailand, Burma, and Laos (Chambersburg, Penn.: Anima Books), pp. 147 - 164).

② 1996 年泰国的人口达到 60,000,000。每种部类的所有数据都是据估计而得。而且并非包括 1996 年主要来自缅甸的难民,来自欧洲、美国和其他亚洲国家的流放移民,以及 1996 年数字已上升到 200,000 的主要来自缅甸、老挝以及中国南方的非法移民。大多数华裔泰人和泰国穆斯林也是说标准泰语的土著居民。人们认为华裔泰人的人数太少了,应该包括一些被划分为泰族的人。资料来源:上表是基于人口普查和一下资料的基础上构建的:南亚部落:少数民族和国家(Peter Kundstadter, ed., Southeast Asian Tribes: Minorities and Nations (Princeton, N. J.: Prinčeton University Press, 1967), pp. 397 - 400),民族学研究丛书:泰国的少数群体(United States Department of the Army, Ethnographic Study Series: Minority Groups in Thailand (Washington, D. C.: U. S. GPO, 1970)),语言的多样性和民族团结:泰国的语言生态(William A. Smalley, Linguistic Diversity and National Unity: Language Ecology in Thailand (Chicago: University of Chicago Press, 1994), Appendix B);泰国的华人群体:解析的历史(G. William Skinner, Chinese Society in Thailand: An Analytical History (Ithaca, N. Y.: Cornell University Press, 1957), pp. 181 - 190 (for Chinese and Sino - Thai);泰国高地人(John McKinnon and Wanat Bhruksasri, eds., Highlanders of Thailand (Kuala Lumpur: Oxford University Press, 1983));金三角地区的人口(Paul and Elaine Lewis, Peoples of the Golden Triangle (London: Thames and Hudson, 1984)(for tribal peoples))

表 8　泰国的族群和种族区域主义

种类	分布	数量	百分比
泰族（包括说标准泰国语的人、中部泰国人和南部泰国人，但不包括华裔泰人和穆斯林泰人）	全国	29,700,000	49.5
有明显种族区域特征的说泰语的人			
22.8北泰国人（艾森，老挝） 9.0北部泰国人（芒，越南）	泰国东北部 泰国北部		13,680,000 5,400,000
有明显的宗教特征的说泰语的人			
穆斯林泰人	泰国中部和南部	1,200,000	2.0
中国人和华裔泰人			
中国人（说汉语的人） 华裔泰人（说泰语的人）	曼谷和其他都市 曼谷和其他都市	4,620,000 2,160,000	7.7 3.6
马来泰国人	最南部的省份	1,140,000	1.9
其他具有明显特征的泰国土著人			
谷美尔和奎	泰国和柬埔寨的交界线	1,320,000	2.2
高山人民、勐腊，拉祜、傈僳、拉祜、拉瓦和其他的）芒	主要在泰国北部，少数在其他地方	600,000	1.0
	泰国中部	< 60,000	< 0.1
其他具有明显特征的少数民族（越南人、印度人、缅甸人）	曼谷和泰国东北部	120,000	0.2
总计		60,000,000	100.0

（一）泰国东北部和北部的民族区域主义

政治促进单一民族主义的最具戏剧化的结果之一，就是在泰国社会，"佬族"作为一个明显种类的消失。呵叻高原上的"佬族"和北部地区称自己为卡诺芒（Khonmuang）并称他们的传统为越南的"佬族"都成为了泰国内的种族区域的少数民族而不是种族少数民族。用"种族区域的"，我的意思是文化差异成了国家特殊地方的特征，而不是特殊的人们。

在 19 世纪末和 20 世纪初首次镇压潜在的种族分裂主义激起了泰国东

北部和北部千年来一次的起义。[①] 但是通过佛教圣职者的选举和后来实施义务教育,种族特色感消失了。[②] 然而这要归因于泰国东北部种族区域主义的出现。用种族区域主义,我的意思是对那些认为他们自己不论是在他们的文化差别还是他们的地理位置相对于国家的中心来说均处于不利地位的人来说,权力和资源是需要争取的。[③]

在东北部地区,许多把自己看作"佬族"的人已包含了一种种族区域的身份即卡诺艾森(khon isan)。艾森(isan)源自一个梵文词,意思是"东北部",第一次被引入刚好是19世纪末,当时泰国在进行省份的重新规划。在当代的泰国,艾森既被一些人用来指真名,又被另一些人用来指别的,如,指文化差别(绝大部分经常与语言、食物、和音乐有关)并且和指跟曼谷及泰国中部相比的经济欠发达及财富的不平等的状态。由于该国超过三分之一的人口居住在泰国东北部且由于该地区绝大多数人确认或能够确认他们自己是卡诺艾森,所以中央政府对种族区域主义已有了很大的关注。[④]

---

① 参见千禧年,南传上座部佛教与泰国社会(Charles F. Keyes, Millennialism, Theravada Buddhism, snd Thai Society)摘自亚洲研究杂志(Journal of Asian Studies, Vol. 36, No. 2 (May 1977), pp. 283 - 302);泰国东北部圣人意识的反叛(Chatthip Nartsupha, The Ideology of 'Holy Men' Revolts in North East Thailand),摘自东南亚地区的历史和农民意识(Andrew Turton and Shigeharu Tanabe, eds., Historical and Peasant Consciousness in South East Asia (Osaka: National Museum of Ethnology, 1984), pp. 11 - 134);北部的暹罗的现代化建设和反动叛乱(Ansia Ramsay, Modernization and Reactionary Rebellions in Northern Siam),摘自亚洲研究杂志(Journal of Asian Studies, Vol. 38, No. 2 (May 1979), pp. 283 - 298);农民起义中的思想实践:二十世纪之交的暹罗(Shigeharu Tanabe, Ideological Practice in Peasant Rebellions: Siam at the Turn of the Twentieth Century),摘自历史和农民意识(Turton and Tanabe, Historical and Peasant Consciousness, pp. 75 - 110)

② 参见沉默的过去:历史的力量和产物(Michel - Rolph Trouillot, Silencing the Past: Power and the Production of History (boston: Beacon Press, 1995)。关于佛教神职人员的选举对泰国北部民族融合的促进作用,见泰国的佛教和国家整合(Charles F. Keyes, Buddhism and National Integration in northern Thailand),摘自亚洲研究杂志(Journal of Asian Studies, Vol. 38, No. 2 (May 1979), pp. 283 - 298)。强迫教育的作用,尤其是在泰国东北部,见学校的虚拟世界(Charles F. Keyes, The Proposed World of the School)。

③ 见民族区域运动的比较分析(Michael Hechter and Margaret Levi, The Comparative Analysis of Ethno - regional Movements),摘自民族和种族研究(Ethnic and Racial Studies, Vol. 2, No. 3(July 1979), pp. 260 - 274)

④ 泰国东北部大约有十分之一的人口的母语是谷美尔或谷美尔有关语言。少数人说的语种是泰国,这种语言与泰语密切相关。讲少数语言的人并不认为自己是少数民族。

东北部的种族区域主义根基在于一些当地政客在20世纪三四十年代获得了国内的成功。[①] 20世纪50年代官方暗杀了这些政客中的数人，老挝在1954年获得了独立，这些条件有益于老挝种族分裂主义的出现而不是艾森种族区域主义。作为回应，菲尔德政府，制定了目的是说明"东北部问题"的政策，菲尔德从1957年到1963年是首相大臣且通过他母亲的身份，他认定自己是一位卡诺艾森。政府如果假定本地区的经济得到重大提升，那么对种族分裂主义的支持将消失。

自从由萨利特发起的东北部1962年发展计划实施后，就对那里制定了许多政策——大部分是经济的；一些是军事的——这些政策设计的目的就是确保地区经济从全国经济的膨胀中至少获得某种程度的受益，劝阻本地的人们不要通过分裂主义者或其他叛乱行动来发泄他们的不满。在20世纪60年代和70年代，泰国共产党（CPT）在东北部的边远居民中间建立起最大的支持根基。泰国共产党领导的暴动并非一个民族分裂的运动，因为泰国共产党致力于获取政权而不仅仅是统一老挝与东北部地区。甚至在1975年共产党统一了老挝以后，同样如此。然而，泰国共产党领导的暴动导致泰国政府重新考虑针对该地区的一些计划并制定了一些新的计划。共产党领导的暴动在20世纪80年代由于党意识形态的僵化且曼谷转而实行更开放的政治体系而失败，东北部仍是特别关注的焦点。

在20世纪80年代后期尤其是1991－1992年在大众反对重新实行军队统治后，选举出的政治家控制了政府权力。东北部选区由于其选出的议员比例要大于其他选区的议员比例而得到几个最大政党的高度关注。无论哪个政党组阁政府，东北部的国会成员总能够确保每一次给予他们的预算拨款都能成为等价的权力。然而，到20世纪90年代早期，对于东北部这种

---

① 见泰国东北部的分权主义（Charles F. Keyes, Isan: Regionalism in Northeastern Thailand, Southeast Asia Program Data Paper 65 （Ithaca, N. Y.: Cornell University, 1967）；泰国东北部霸权主义和阻力（Keyes, Hegemony and Resistance in Northeastern Thailand），摘自地区和国家整合（Grabowsky, Regions and National Integration, pp. 154－182）。见泰国东北部的问题地区（Harald Uhlig, The "Problem－Region" Northeastern Thailand），摘自地区和国家整合（Grabowsky, Regions and National Integration, pp. 130－144）

"乐观性影响"已经受到其他政治家的反对,特别是曼谷的政治家,他们把这看作从重要的市镇问题中——如基础设施建设,消除污染和交通控制等——榨取资源的手段,而这些被看作是泰国经济增长的威胁。

种族区域主义,比东北部地区的人们在更小程度上,成为了泰国北部的人和中部的人之间关系的显著特征①。然而,菲亚普(phayap)及北部对应的艾森,并没有成为泰国地区身份的标志。从20世纪30年代晚期开始,在官方话语中,北方就被简单地称为法卡奴(phak nua)(北部地区),称北部居民为卡诺法卡奴(khon phak nua)(北部的人)。忽略北方种族区域的区别是十分困难的,因为没有其他他们认为可以归属的政治团体。对于那些有明显的文化特征并称自己为卡诺芒的人们,甚至词语"北方"和"北方人"也需要努力否认他们的种族地区身份。因为这些词汇也用于北方中心平原的省份,那里的人们在文化上和语言上都与北方的不同。

这就是说,泰国北方种族区域主义已经从许多方面得到了证明。老清迈王公贵族们的后代中,许多是僧侣领袖和前僧侣,或是清迈大学和其他的高等教育机构的及一些旅游公司的职员,甚至是从曼谷派到省的官员,他们已经通过举行许多活动来确保卡诺芒特色的文化遗产一直被大家关注。这在1996年尤其明显。当时发起了许多事件来庆祝清迈的700周年。这座城市的年龄和曼谷的形成了鲜明对比,曼谷才有200年的历史。700周年庆典像在其他礼仪场合一样,许多北方的中层及上层妇女穿着越南人(Yuan)、佬族(Lao)或卢族(Lue)的服饰,后者就成了和泰国北部传统相联系的另一种泰国人了。而一些使泰国北部的文化特色遗产永久存在的努力

① 见泰国北部行政改革和民族融合(M. R. Rujaya Abhakorn and David Wyatt, Administrative Reforms and National Integration in Northern Thailand),摘自地区和国家整合(Grabowsky, Regions and National Integration, pp. 68 - 81),泰国北部:自然区域和文化景观(Harold Uhlig, Norhtern Thailand: The Natural Region and the Cultural Landscape),摘自地区和国家整合(Grabowsky, Regions and National Integration, pp. 22 - 45);泰国北部过去的未来(Michael Rhum, The Future of the Past in Northern Thailand),摘自东南亚的部落群体和少数族裔:八十年代的情况及以后的前景(Benedict R. O'G. Anderson, et al., Southeast Asian Tribal Groups and Ethnic Minorities: Prospects for the Eighties and Beyond, Cultural Survival Report 22 (Cambridge, Mass.: Cultural Survival, Inc., 1987), pp. 117 - 124)

是厚颜无耻的、商业化的或受怀旧思想驱使而只为得到一个稍微单纯世界的——经常是来自曼谷温文尔雅的文化移植——另一些则有利于对泰国北部文化显著特征地位的提升。

然而,北方的种族区域主义不具有东北部种族区域主义的特点。迄今为止当政府已经为北方制定了肯定性行动计划时,这些计划主要是针对高地民族而不是针对那些认为自己是卡诺芒民族的人。北部地区发展计划也适用于那些非卡诺芒居住的北部中心平原省份。而政府对于许多北方农民的真正苦衷,却关注的甚少,尤其是那些居住在长白山谷并经历了他们传统的生产模式被农业综合企业的扩张给破坏了的人们。在20世纪90年代的前期,尽管不满相对减弱了,这种不满或许会激起一个更坚定自信的泰国北部区域主义,但是人们对于该地区具有特色的文化遗产的关注,一直使这种坚定自信充满了活力。.

(二)高山民族

经受过明显基于对种族区别进行辨认的政策的泰国北部人,被称为"高山民族"。并非所有被定为"高山民族"的民族只在泰国北部高地才有,在毗邻缅甸的东部山区也有。但是泰国大部分人都把高山民族和泰国北部联系起来。[①] 然而,其中的一些民族,如一些克伦族,[②]虽然了解到他们和卡诺芒有血族关系,但他们大部分人都没有作如此的声明,即使他们想如此做。

---

① 一下资料与一些变化一起提取于泰国一书(Keyes,Thailand,pp. 127 – 130),关于对泰国高山人和其他族群文章的概述,见泰国的高地人(John Mckinnon and Wanat Bhruksasri,eds. ,Highlanders of Thailand (Kuala Lumpur: Oxford University Press,1983);续集今日的山区部落:变化中的问题(John Mckinnon and Bernard Vienne,eds. ,Hill Tribes Today: Problems in Change (Bangkok: White Lotus – Orstom,Tri – Orstom Project,1989)),它更多地关注政策问题。

② 见细看卡伦与其他族群关系的认知和结构(David Marlowe,In the Mosaic: The Cognitive and Structural Aspects of Karen – Other Relationships),摘自民族融合和身份:在泰缅边境的克伦族(Charles F. Keyes,ed. ,Ethnic Adaptation and Identity: The Karen on the Thai Frontier with Burma (Philadelphia: ISHI[Institute for the Study of Human Issues],1979),pp. 165 – 214);种族划分、民族主义以及民族国家:缅甸和泰国的克伦族(Ananda Rajah,Ethnicity,Nationalism,and the Nation – State: The Karen in Burma and Thailand),摘自东南亚内地跨界族群(Gehan Wijeyewardene,ed. ,Ethnic Groups Across National Boundaries in Mainland Southeast Asia (Singapore: Institute of Southeast Asian Studies,1990),pp. 102 – 133)

20世纪50年代之前，泰国政府一直忽视部落民族。伴随着中国毛泽东领导革命的成功，缅甸部落叛乱的爆发，老挝内部冲突的加剧，邻近地区的部落民族开始大批迁移至泰国北部。一些移民和在缅甸、老挝和中国境内政治活动活跃的部落民族保持着密切联系。萨利特（Sarit Thanarat）（1957－1963）政府才确定该国存在“高山部落问题”，也就是说，高山民族给泰国内部安全造成了威胁。除了安全问题，政府越来越关注大部分高地民族从事游耕或移动耕种，这种农业形式被认为对森林和分水岭有破坏作用，并且对经济发展不利。①

政府想把“高山民族问题”基于这样的假设即所有的当地民族像哈芒（泰国把它看作芒）一样。虽然泰国北部最多的新移民是哈芒，但是克伦族至今仍是泰国高山人口的最多的民族，估计要超过所估算的50至60万的一半多。由于焦点在哈芒上，而不是其他高山民族上，泰国政府制定的政策已经严重放慢了促进政府与高地人群的关系的步伐。这些政策假定：大部

① 要很好的重温泰国政府对高山人的政策，见山区部落论述（Pinkaew Laungarmsri，On the Discourse of Hill Tribes（unpublished M. A. Paper，University of Washington，1995）。亦见泰国北部少数民族部落：问题与前景（Robert G. Cooper，The Tribal Minorities of Northern Thailand：Problems and Prospects），摘自1979年的东南亚大事件（Southeast Asian Affairs 1979（Singapore：Heinemann Educational Books，1979），pp. 323－332）；在高山和乌卢：泰国和马来西亚少数民族发展战略的比较史（Anthony R. Walker，In Mountain and Ulu：A Comparative History of Development Strategies for Ethnic Minority Peoples in Thailand and Malaysia），摘自当代东南亚（Contemporary Southeast Asia，Vol. 4（1983），pp. 451－485）；科妮莉亚卡莫尔（Cornelia Ann Kammerer）撰写的几篇论文，侧重于阿卡族，但对国家－部落的关系也提供了重要的见解：领土的必要性：阿卡族的民族认同和泰国的民族融合（Territorial Imperatives：Akha Ethnic Identity and Thailand's National Integration），摘自民族和国家：拉丁美洲，东南亚和太平洋地区的种族间关系发展进程（R. Guidieri，F. Pellizzi，and S. J. Tambiah，eds.，Ethnicities and Nations：Processes of Interethnic Relations in Latin America，Southeast Asia，and the Pacific（Houston：Rothko Chapel，1986），pp. 277－291）；泰国北部山区少数民族的身分：以阿卡族为例（Kammerer，Minority Identity in the Mountains of Northern Thailand：The Akha Case），摘自东南亚部落和少数民族（Anderson，et al.，Southeast Asian Tribal Groups and Ethnic Minorities，pp. 85－96）；标志和法律：泰国的再定居和遣送回国政策（Kammerer，Of Labels and Laws：Thailand's Resettlement and Repatriation Policies），摘自文化生存（Cultural Survival，Vol. 12，No. 4（1988），pp. 7－12）；对于临时性农田的耕种政策的讨论的检验，见森林中的农民：泰国北部的经济发展和少量农业（Peter Kunstadter，E. C. Chapman，and Sanga Sabhasri，ed.，Farmers in the Forest：Economic Development and Marginal Agriculture in Northern Thailand（Honolulu：University of Hawaii Press，East－West Center Book，1978）

高山民族是近来的非法移民，他们种植罂粟，他们和泰国民族几乎没有联系。虽然这些特征中有些可能是真的，但是当运用于高地人民的大多数时，却在很大程度容易上产生误导。

20 世纪 60 年代中期，政府判决高山民族对泰国和老挝境内的共产主义运动如果不是无条件的支持也是表示同情。对一些高地民族团体直截采取了军事行动。燃烧弹被用来摧毁许多哈芒和梅恩村庄，许多高地人民被迫重新定居于政府规定的新地区。和政府意图背道而驰的是这些行动激起了某些群体，尤其是哈芒，去支持共产党领导的叛乱。对于可疑的共产主义团体泰国的军事行动一直到 20 世纪 70 年代都持续得很好，到 1975 年才结束，当时老挝政府更替，结果导致大规模的哈芒和其他部落难民外出到泰国。尽管老挝来的难民向泰国政府表示并非所有的高山民族都是共产党，但是泰国政府拒绝让这些难民成为永久的泰国居民，以免他们成为另外的“问题”。

对于高地民族给国内安全带来的这一忧虑，不仅导致了泰国军方和高山民族之间的武装冲突，还导致了目的为同化高山民族于泰国社会中的计划的出台。在 20 世纪 60 年代中期，保德尔警方承担了在高地村庄里建学校的任务。当这些学校运行良好的时候，他们的管理权交给了省级教育权力机构并被当作正规学校经营。一些高地村庄的孩子们也被各种各样的政府机构和基督教传教士带到泰国北部的城镇里接受教育。该教育计划的结果是，越来越多的高山民族已经用泰语获得知识，并且一些人继续获得中等甚至高等教育，那些受过教育的高山民族已经意识到他们不利的地位，这对于他们来说是件悲喜皆有的事情。

第二个同化部落民族的计划，也开始于 20 世纪 60 年代，该计划派佛教传教士到部落中去，①佛教传教士计划是受在部落民族中长期存在的基督教传教工作激发而来，并决心和基督教传教工作进行竞争。当一些高山民族转而信佛教时，该项计划更为重要的意义在于使信仰佛教的泰国人和不

① 见佛教与国家的整合(Charles F. Keyes, Buddhism and National Integration)

信佛教的高山民族之间的区别更加明显，泰国政府制定的政策目的是说服高山民族放弃游耕，尤其是停止生产鸦片。后者受到了国王“皇室计划”的强烈支持，到20世纪90年代为止，鸦片几乎全部被根除。要特别提到的就是农作物取代计划的实行不仅是政府政策的原因，而且是因为泰国经济的急剧增长，导致了可选择性农作物如空心菜价值的重要增长。然而被迫重新定居于非游耕地区，一些高山民族变成了泰国北部乡村的社会最底层。

对于高山民族的旅游兴趣已为该民族的一些人创造新的经济收入来源。[1] 部落的手工艺品不仅在泰国北部销售，而且还在曼谷和国外销售。一些高山民族还定期举行徒步活动。虽然旅游业使一些高山民族人受益，但通过它还是致力于使高山民族服从于泰国人。对于旅游者来说，许多高地文化的包装由泰国的经销商承担了，他们假定高山民族为“原始的”。甚至在它最有益的影响方面，旅游还是服务于使高山民族在泰国社会中的特征更加明显。

自从20世纪60年代中期开始，皇室家族成员成为高山民族的支持者。国王及皇后及已故的王妃都去拜访高地居民区并开办学校，赞助米行并帮助那些受到各种灾难的人民，这些都得到了充分的宣传。因为皇室计划和由于皇帝成员穿的衣服是用部落的织物做的手工品，织物尤其是高地民族的织物在价值上有所提高，毫无疑问皇室的资助角色提高了高山民族在泰国社会的形象，同时它还强调这一事实，即高山民族在泰国还占有显著的地位。

高山民族并没有把他们自己组织成任何可以和美国印第安人运动相比的泛部落派别。

然而，把不同的民族归成共同的一类“高山民族”——并基于推定高山民族根本上是相同的，政府通过实行的政策，已经为泛部落组织奠定了基础。许多高山民族不论他们的真实背景如何，现今都有了共同对付政府的

① 见山区部落观察观光（Erik Cohen，Hill Tribe Tourism），摘自泰国高地居民（McKinnon and Bhruksasri，Highlanders of Thailand，pp. 307 – 325）

经历。

(三)马来泰国人和穆斯林泰人

自从20世纪60年代以来,事实证明,泰国政府中最关注他们文化差异的那些人主要是信奉伊斯兰教的人,尤其是那些认为自己是马来人的穆斯林。

泰国南部的说泰语的穆斯林和其他的穆斯林泰人(主要在曼谷和曼谷周边地区)认为他们的宗教使他们不同于其他泰国人。然而,他们倾向于强调他们是"泰国人"正像在他们的语言及他们和其他泰国人对传统的共有观念显示的那样,而非他们的宗教。① 在20世纪80年代一些受伊斯兰教原教旨主义影响的人寻求对他们宗教特征的更大认同。② 尽管官方从来没有宣称要想成为泰国人就必须信仰佛教这一前提,但穆斯林要求他们不应该被逼迫隐匿他们的宗教身份,这导致了在20世纪80年代和90年代泰国民族主义的"宗教"支柱扩大化理解,这给非佛教教徒争得了空间。③ 国王用他的立场使穆斯林和其他非佛教徒感到他们事实上是泰国民族的一部分。在最近几年,国王和穆斯林领导举行了几次得到广泛宣传的会议,并向在穆斯林学校学习古兰经(Koran)的学生颁发了奖学金。泰国的态度转变的暗示使许多穆斯林成了政要,最具代表意义的是素林(Surin Pitsuwan)在

---

① 见宗教体制多样性—社会结构和概念整合:泰国南部沿海渔村的伊斯兰教和佛教(Angela Burr, Religious Institutional Diversity – Social Structural and Conceptual Unity: Islam and Buddhism in a Southern Thai Coastal Fishing Village),摘自暹罗社会日志(Journal of the Siam Society, Vol. 60, No. 2 (July 1972), pp. 183 – 216)

② 特别参见合法性的头巾和时机:泰国伊斯兰教复苏(Chaiwat Satha – Anand, Hijab and Moments of Legitimation: Islamic Resurgence in Thai Society),摘自亚洲的官方愿景:宗教与东亚和东南亚的现代(Charles F. Keyes, Laurel Kendall, and Helen Hardacre, eds., Asian Visions of Authority: Religion and the Modern States of East and Southeast Asia (Honolulu: University of Hawaii Press, 1994), pp. 279 – 300)

③ 见泰国的伊斯兰改良主义(Raymond Scupin, Islamic Reformism in Thailand),摘自暹罗社会日志(Journal of the Siam Society, Vol. 68, No. 2 (July 1980), pp. 1 – 10);多元社会的泰国:一个佛教王国的民族互动(Scupin, Thailand as a Plural Society: Ethnic Interaction in a Buddhist Kingdom),摘自交叉路口(Crossroads, Vol. 2, No. 3 (1986), pp. 115 – 140);泰国的伊斯兰运动解析(Scupin, Interpreting Islamic Movements in Thailand),摘自交叉路口(Crossroads, Vol. 3, No. 2 – 3 (1986), pp. 78 – 93)

20世纪90年成为了外交部副部长。

对占支配地位的国家意识形态来说最大挑战的是来自那些既是穆斯林又说马来语且住在特定地区的即毗邻马来西亚的南方边远省份的人们。①

① 泰国马来人与国家的关系，见泰国南部穆斯林省份的政治暴力（M. Ladd Thomas, Political Violence in the Muslim Provinces of Southern Thailand, Occasional Paper No. 28 （Singapore: Institute of Southeast Asian Studies, 1975）；所蕴含的民族统一主义：泰国穆斯林事件（Astri Suhrke, Irredentism Contained: The Thai – Muslim Case），摘自比较政治学（Comparative Politics, Vol. 7, No. 2 （March 1975）, pp. 187 – 204）；效忠者和分离主义者：泰国南部穆斯林（Astri Suhrke, Loyalists and Separatists: The Muslims in Southern Thailand），摘自亚洲调查（Asian Survey, Vol. 17, No. 3（ September 1977）, pp. 237 – 250）；泰国南部四个省份的泰国穆斯林问题（Nantawan Haemindra, The Problem of the Thai – Muslims in the Four Southern Provinces of Thailand），摘自东南亚研究杂志（Journal of Southeast Asia Studies, Part One, Vol. 7, No. 2 （1976）, pp. 197 – 225; Part Two, Vol. 8, No. a （March 1977）, pp. 85 – 105）；民族国家的分裂主义和悖论的远景（Ruth McVey, Separatism and the Paradoxes of the Nation – State in Perspective），摘自东南亚的武装分裂主义（Lim Joo – Jock and S. Vani, eds., Armed Separatism in Southeast Asia （Singapore: Institute of Southeast Asian Studies, 1984）, pp. 3 – 29）；泰国南部的马来穆斯林分离主义的历史和跨国层面分析（Omar Farouk, The Historical and Transnational Dimensions of Malay – Muslim Separatism in Southern Thailand），摘自东南亚的武装分裂主义（Joo – Jock, Armed Separatism in Southeast Asia, pp. 234 – 260）；泰国南部的马来穆斯林民族主义的起源和演化（Omar Farouk, The Origins and Evolution of Malay – Muslim Ethnic Nationalism in Southern Thailand ），摘自东南亚伊斯兰教和社会（Taufik Abdullah and Sharon Siddique, eds., Islam and Society in Southeast Asia （Singapore: Institute of Southeast Asian Studies, 1986）, pp. 250 – 281））；泰国南部马来穆斯林分裂主义：政治动乱的背后因素（Uthai Dulyakasem, Muslim – Malay Separatism in Southern Thailand: Factors Underlying the Political Revolt），摘自东南亚的武装分裂主义（Joo – Jock and Vani, Armed Separatism in Southeast Asia, pp. 217 – 234）；种族民族主义的出现和升级：暹罗南部穆斯林马来人案例研究（Uthai Dulyakasem, The Emergence and Escalation of Ethnic Nationalism: The Case of the Muslim Malays in Southern Siam），摘东南亚伊斯兰教和社会（Abdullah and Siddique, Islam and Society in Southeast Asia, pp. 208 – 249）；民族主义及其教育：泰国南部的马来穆斯林案例研究（Uthai Dulyakasem, Education and Ethnic Nationalism: The Case of the Muslim – Malays in Southern Thailand），摘自重塑当地的世界：东南亚农村的教育和文化变化（Charles F. Keyes, ed., Reshaping Local Worlds: Education and Cultural Change in Rural Southeast Asia （New Haven, Conn.: Yale University Southeast Asian Studies, 1991）, pp. 131 – 152）；伊斯兰教和马来民族主义：泰国南部地区马来穆斯林的案例研究（Surin Pitsuwan, Islam and Malay Nationalism: A Case Study of the Malay Muslims of Southern Thailand （Bangkok: Thai Khadi Research Institute, Thammasat University, 1985）；伊斯兰教和暴力：1976 – 1981 泰国南部四省份暴力事件案例研究（Chaiwat Satha – Anand, Islam and Violence: A Case Study of Violent Events in the Four Southern Provinces of Thailand, 1976 – 1981, USF Monograph in Religion and Public Policy No. 2 （Tampa: Department of Religious Studies, University of South Florida, 1986）；国家一体化和抵抗运动（Man and Kadir, National Integration and Resistance Movements）

20 世纪 60 年代初，泰国政府因许多原因开始把更多的注意力集中在泰国的马来人。首先，许可马来西亚于 1959 年独立就为泰国的马来人把他们自己看作是其他国家成员提供了可能性。另外，边境地区被认为“不安全”是因为马来西亚的共产党存活者在沿边境的丛林中避难，许多“土匪”组织也在该地区活动。

政府设立计划的最初目的是为了对付南方边境省份，但结果却和初衷相反。这些计划牵涉到更多的政府官员委派，这些委派的官员主要是该地区的泰国人和佛教徒，马来的穆斯林发现他们被迫对付的是那些从来不讲他们的话的官员，他们不但不懂伊斯兰教反而经常仇视伊斯兰教。南方偏远学校，像全国其他学校一样，用泰语来教学并以泰国人的观点来看待过去和现在。并不令人吃惊的是，泰国南部的马来人所在地区的学校在全国的入学率是最低的，并且极少有说马来语的人去受初等义务教育以上的教育。因为该地区的“贼党”，政府在南方偏远地区实施的高压权力几乎比全国的任何地方都更加严厉，该政策被合理化地认为是必要的。

到 20 世纪 60 年代后期，在南方边境地区的纷乱状况为助长种族叛乱创造了条件。泰国国内泰国马来人被疏远了，住在北大年省的居民深深感受到这种状况，因为帕塔尼曾经是马来人的一个半自治的苏丹统治的领土。① 20 世纪 70 年代早期一个分裂组织，帕塔尼联合解放组织（Patani United Liberation Organization，PALO），从当地民众中取得了相当多的支持。该运动得到来自利比亚的支持，或许还有其他国家的支持。PALO 和泰国政府之间的冲突在 20 世纪 70 年代后期变得十分激烈，当时在曼谷是右翼政府执政。

自从 20 世纪 80 年代早期开始，这种情况就发生了重要变化。泰国政府试图容忍政治多样化而非消除政治多样化。做出的一致努力就是任命对该地区文化及宗教特征敏感的官员，这还意味着许多当地官员将是血缘上

---

① 帕塔尼地区的传统和文化背景（Worawit Baru（also known as Ahmad Idris），Tradition and Cultural Background of the Patani Region），摘自地区和民族融合（Grabowsky，Regions and National Integration，pp. 195 – 210）

的马来泰国人。民主党、泰国南部最有优势的政党，已公开做出努力来招募穆斯林泰人作为议会的候选人。马来西亚政府，对于这一部分，已经坚决表明，尽管对居住在马来西亚北部的人表示同情，但不支持泰国马来西亚人的分裂主义。同时，许多泰国的马来人，在伊斯兰教原教旨主义的影响下，已经重视他们的宗教身份而非他们的种族身份。泰国政府表示出了对伊斯兰教的更大容忍，甚至穆斯林教旨主义者都能在泰国找到立足之地。

然而，泰国的容忍是有限的。泰国的大众文化深受基督教影响。伊斯兰教旨主义者还激起了一些泰国佛教徒的强烈反对，这些佛教徒宁愿回到以前的前提——要成为泰国人就信奉佛教。对于穆斯林泰人，尤其是马来泰国人来说如果继续保留他们的宗教及种族特征，那么冲突重新出现的潜在性还依然存在。

（四）华裔泰人

对于泰国的东南亚邻国来说，海外的华人团体是种族冲突的主要根源。在泰国，中国家族主导着经济，并且其在泰国人口中所占的比例比除了马来西亚以外的东南亚任何一个国家的华人人口比例都大。然而他们在泰国社会中扮演的角色被认为是该国主要的种族分裂分子。相反的是，到20世纪90年代为止，该群体的许多人开始寻求对他们及其祖先在发展现代泰国中所发挥的决定性作用的承认，并且他们成功了。

泰国民族主义的开放伴随着对移民的限制和对汉语学校的限制，这导致了大规模的同化。那些承认他们是中国血统并称自己为泰国人的人群主要是因为他们母亲是泰国人的后代，但有时仅仅是因为他们已经成为泰国公民——获得的一种新准暹罗人的种族身份。他们的字面意思是“中国人的孩子”，在英语中他们被称作“华裔泰人（中泰）”华裔泰人的混血儿身份在经济领域中有重要影响力。虽然在二战之前，泰国的须对贸易——像许多其他东南亚国家的贸易——都落入了中国人的手里，而在战后期间大部分企业都“变成了泰国的”，即使众所周知他们的主人是华裔泰人。我的意思是泰国语言在该组织内部被当作主要的交流工具，其资本化也主要来源于泰国公民。① 华裔泰人公司经常表示他们是泰国的，并邀请佛教僧侣为新工厂或大厦的开业作仪式。著名的华裔泰人企业还吸引了皇帝家族的支持，像在 1996 年，斯里多木公主(Sirindhorn)主持了泰国最大的跨国公司查伦普拉德公司(Charoen Pokphand)在上海新开的一个营业处的开幕式。

因为泰国的经济自从 20 世纪 50 年代开始迅速发展起来，所以该国中产阶级在急剧增加。这些急速成长的中等阶层不仅包括华裔泰人还包括许多来自非中国背景的人，他们成为了 20 世纪 70、80 和 90 年代政治运动的前线，该运动成功的迫使旧的军事官僚精英开放政治系统以便更多的人能参与进来。到 20 世纪 80 年代末为止，政府更可能由占支配地位的国会里的政党组阁而不是军队组阁，成功的政党之所以能这样是因为强大的经济支持使买选票扩大对选区的支持成为可能。由于政党富有的支持者多为华裔泰人，华裔泰人团体在 20 世纪 80 年代和 90 年代获得了重要的政治权力。这使较老的精英很苦恼，尤其是那些军队的精英。1991 年军队发生政变的主要原因是当时的首相查特胡温贪污受贿。政府里的许多人据说是“不同寻常的富有”——都是华裔泰人。1992 年 5 月在军队统治拒绝下而取消的控告只是为了假装对华裔泰人在泰国事务中主导地位的攻击。

1996 年 9 月，对华裔泰人的主导地位的挑战来自会议的其他成员。在讨论批评首相巴哈姆·斯拉德(Banharn Silpa - archa)的提议中，一个主要问题是他是否出生在中国，如果他在中国出生，根据泰国法律它将不能成为首相。尽管他最后提供证据证明他事实上是出生在泰国，但这次攻击仍然很清楚地指向“中国人”在泰国政治中的影响力。在这次讨论后的选举中，一些政党明目张胆的呼吁那些具有华裔泰人背景的选举人去反对那些赞成挑战巴哈姆的人。

关于华裔泰人在泰国政治中作用的讨论出现在中国文化习俗在泰国公

---

① 为了应对外部世界，今天大部分的企业都使用英语。但是，也有一些大公司——例如，泰国正大集团——由于其与中国、台湾或者香港保持着密切的联系，所以中文对它们来说也非常重要。这样的情况下，它们通常使用的是普通话，尽管有一小部分移民泰国的中国人把中国的地方方言作为他们的第一语言。

众中显著重现时。由于有相当可观的经济收入,许多华裔泰人在20世纪80年代开始建新的中国庙并整修旧庙。到20世纪90年代早期,高水平的中国文化投资在整个泰国城镇居民中都很显著。一位有中国血统著名的学者辩论说:如果泰国人想理解他们怎么能发展的如此快,[①]承认被华裔泰人控制的"文化资本"是首要的。一些学者认为泰国历史必须包括查克(chaek)的历史,也就是说一部华裔泰人历史;使用这一极为轻蔑的词语意味着挑衅。[②]"泰国的"必须包含一个强烈的中国人的因素,这对于那些完全从国立学校获得泰国历史知识的人来说是很震惊的。然而,该声明具有重要的可信性这一事实反映了:在20世纪末他们的后裔被认为是泰国民族的问题制造者,现在看来,缺乏对泰国社会中的华裔泰人角色的了解是个问题。

(五)维持地理实体:移民和难民

自从第二次世界大战开始,泰国的合法移民是很受限制的。与19世纪末和20世纪初鼓励无特殊技能的劳动力来本国的政策形成鲜明对比的是,20世纪后半叶的移民政策是,国门仅对那些有技能或资金能为本国经济做出贡献的人开放。每年允许合法定居于泰国的移民仅有数百人且主要来自中国台湾、中国香港、欧洲和美国。除了来自这些国家和地区,还有来自日本,朝鲜和(较少数)中东的人也被给予外国居民签证,允许他们在本国境

① 这个术语是被Kasian Tejapira推广使用的,他是泰国国立法政大学的一名政治科学家,并作为每日新闻上的专栏作家而广为人知。见泰语的后现代化(Tejapira, The Postmodernization of Thainess),在第六届国际泰国研究会议上发表的论文,1996年10月;见辫子:在暹罗的中国人的早期历史(Tejapira, Pigtail: A Pre - history of Chineseness in Siam),摘自旅居(Sojourn, Vol. 7, No. 1(February 1992), pp. 95 - 122);无论中泰谁掌控"文化资本",毫无疑问这意味着他们也控制了该国大部分的实际资本。见泰国的资本积累(Akira, Capital Accumulation in Thailand)。

② 1996年10月在清迈举行的第六届国际泰国研究会议上的有关政治的历史的讨论中尤为值得注意的是对chaek历史的倡导。倡导的领导者分别是Charnvit Kasetsiri,他是一位历史学家并是泰国国立法政大学前校长;Niddhi Aeursrivongse,清迈大学历史学家;以及Kasian Tejapira.中国人在泰国的故事从来没有像在老族的故事一样让人沮丧。举例来说,在1969年一部关于一个中国移民家庭和他的中泰后裔的小说,《泰国来信》(Botan [pseudo.], Letters from Thailand, trans. Susan Fulop Morell (BangkokL D. K. Book House, 1977),受到了广泛欢迎。它后来改编成了电影。

内的跨国公司工作。现今,在曼谷和一些较大的城市里,一些异类文化团体——像欧洲人和日本人,有他们自己单独而合法的学校——仍强有力的保持着他们的文化特征。除中国人外,这些新移民还没有对泰国的族群政治产生任何显著的影响。

较为有重要意义的是许多来泰国寻求避难的邻国逃亡者。第一次大规模地涌入泰国的移民浪潮主要包括从二战到1954年日内瓦条约签订后逃离越南境内动乱的越南人。到1960为止,在泰国境内,将近有7万越南难民,尽管他们中的许多人实际上出生在泰国。因为泰国政府在20世纪50年代和60年代认为这些难民是胡志明的支持者和非法的泰国共产党的潜在支持者,所以极少被允许成为合法居民。甚至当泰国给美国在越南的主要军事基地提供物资时,泰国和越南共和国政府还在进行谈判——把这些难民遣返回国。到1970年为止,至少有1.5万名难民已被遣返回国。但是在20世纪70年代后期随着泰国和越南社会主义共和国外交关系的重新建立,古老的难民问题被无声地放弃了,大部分余下的越南人只要是在1960年以前来到泰国的都被允许留在了泰国。① 然而自从20世纪70年代起,对这些越南人,泰国就再没有透露任何官方态度,在大众文化中他们经常是属于消极类型。② 像中国人后裔中与他们相当的人一样,许多越南人后裔还是被同化了并成为了泰国人。

伴随着1975年共产党政府在越南、老挝和柬埔寨的出现及20世纪80年代缅甸境内支持民主政体的力量和军事政府之间的暴力冲突,当新的难民浪潮涌入泰国的时候,早期针对越南移民政策建立的前提重新得到坚持。为了保持泰国的地理实体的完整,那些非法入境者甚至像难民也不允许在

① 参见越南人在泰国:历史视角(Peter A. Poole, The Vietnamese in Thailand: A Historical Perspective (Ithaca, N. Y.: Cornell University Press, 1970);越南人在泰国:他们在泰越关系中的持续作用(Poole, The Vietnamese in Thailand: Their Continuing Role in Thai - Vietnamese Relations),摘自东南亚论坛(South - East Asian Spectrum, Vol. 4, No. 2 (1976), pp. 40 - 43)

② 例如,参见小说东北的小孩中描绘的在东北乡村社会中越南人和中国人的对比形象。(A Child of the Northeast, by Kampoon Boontawee, trans. Suan Fulop Kepner (Bangkok: Duang Kamol, 1988), pp. 52 - 62)

该国社会有立足之地。

数万名来自柬埔寨和老挝的难民在沿着泰国边境的营地里住了数年，但是几乎没有人被授权允许在该国永久居留。对于那些造船去泰国的“船夫”情况也是如此，他们还要经受最初得到当地政府容忍的“海盗”的挑战，从缅甸逃出来的缅甸人和卡伦还不能像谷美尔、老挝和越南的难民一样在联合国难民署的支持下获得身份，因为该国政府认定他们将最终被遣返回国而不是重新定居在别的地方。①

到20世纪90年代为止，成千上万的非法移民在泰国生活并工作着。一些难民是来自邻国，但是其他的，包括来自中国南部的难民，都被泰国的经济机会吸引着。

① 泰国对难民的政策主要可参见泰国和印度支那难民：五十年的妥协和质疑（Chantavanich and P. Rabe, Thailand and the Indochinese Refugees: Fifteen Years of Compromise and Uncertainty），摘自东南亚社会科学期刊（Southeast Asian Journal of Social Science, Vol. 18, No. 1（1990）, pp. 66 – 80）；印度支那难民：庇护和重新安置（Supang Chantavanich and E. Bruce Reynolds, eds., Indochinese Refugees: Asylum and Resettlement, Asian Studies Monograph No. 39（Bangkok: Chulalongkorn University, Institute of Asian Studies, 1988））；泰国对难民危机的回应（Penny Van Esterik, Thailand's Response to the Refugee Crisis），摘自东南亚的部落群体和少数民族（Anderson, et la., Southeast Asian Tribal Groups and Ethnic Minorities, pp. 149 – 153）。关于谷美尔难民参见寻找避难：柬埔寨人在泰国（Lawyers Committee for Human Rights, Seeking Shelter: Cambodians in Thailand（New York: Lawyers Committee for Human Rights, 1987））；柬埔寨人在泰国：边缘人群（United States Committee for Refugees, Cambodians in Thailand: People on the Edge（Washington, D. C.: American Council for Nationalities Service, 1985））；难民政治：泰国的谷美尔营体系（Michael Vickery, Refugee Politics: The Khmer Camp System in Thailand），摘自柬埔寨人的痛苦（David A. Ablin and Marlowe Hood, eds., The Cambodian Agony（London: M. E. Sharpe, 1990）, pp. 293 – 331）；关于老挝的难民参见泰国的老挝难民：1975 – 1988 泰国和美国的回应（W. Courtland Robinson, Laotian Refugees in Thailand: The Thai and US Response, 1975 – 1988），摘自老挝：超越革命；避难所（Joseph Zasloff and Leonard Unger, eds., Laos: Beyond the Revolution（New York: St. Martin's, 1991）, pp. 215 – 240）。有关泰国的海盗和越南“船民”参见暹罗海湾的海盗：泰国宋卡难民营的越南船民生活报告（Nhat Tien, Duong Phuc, and Vu Thanh Thuy, Pirates on the Gulf of Siam: Report from the Vietnamese Boat People Living in the Refugee Camp in Songkhla – Thailand（San Siego, Calif.: Boat People S. O. S. Committee, 1981）。官员已经做了关于缅甸难民的一些简单的分析。一个针对在1988年的缅甸政治分水岭之前来到泰国的克伦族难民的研究，见缅甸的克伦族：泰国其他的难民（Roger P. Winter, The Karens of Burma: Thailand's Other Refugees（Washington, D. C.: United States Committee for Refugees, Issue Brief, 1986））。因为他们有亲戚在越南，所以有一小部分，但不能确认具体数目的老挝难民确实迁居到了泰国。

当泰国政权试图立法反对非法移民时，也导致了一些小规模冲突的爆发。可以预料，除非缅甸以民主为基础的新政府出现，老挝，越南，柬埔寨和中国南部像泰国那样有力地发展经济，否则移民和难民问题将仍然存在。

（六）重新发现文化的差异

从20世纪50年代早期直到90年代中期的这段时间内，泰国的经济比世界上大部分国家的经济发展都迅速。这吸引了许多乡村的人民迁到城市；到1990年为止，大约40%的泰国人口住在城市里，到2000年为止，只有不到一半的人口住在农村。现今支配着电视及电影的城市中产阶级文化已世俗化和“全球化”——也就是说，它既同样归因于美国、日本和其他工业化国家的大众文化也同样归因于泰国本身的民间文化。佛教已被分裂成许多不同的团体，许多泰国城市居民已不再着迷宗教。这与许多著名僧侣有关的腐败和利己主义有关。

富裕给探索文化起源和文化的可能性模式提供了资源。在这种情况下，许多泰国城市引人注目的活动开始了，目的是重现他们祖先遵循的文化传统，或找到民间文化和曼谷及其他城市中心所疏远的利己主义之间的对比之处。曾经被认为“落后”或前现代文化现在已被赋予了新的价值。很多精英开始积极的购买“真正的”工艺品，尤其是纺织品，这些工艺品和前现代时期的历史有联系。每年成千上万的城市居民到内地旅游并参加当地的节日，参观数百座建于20世纪80年代和90年代的当地博物馆。

在那些已被“重新发现”的文化传统中有属于居住在泰国东北部和柬埔寨边境的人们，这些人泰国偶尔称之为苏艾（Suai），他们自称为奎并且认为自己在文化和语言上与谷美尔有联系。虽然奎和说谷美尔（高棉语）的人一起与马来泰国人相比构成了泰国人口的较大比率，但是从20世纪初他们变得几乎很不显眼。① 因为奎和谷美尔长久以来能够说泰语并是佛教

---

① 见泰国东北部1867 －1910的社会和文化的历史：Huamuang Khamen Padong案例研究（Paitoon Mikusol，Social and Cultural History of Northeastern Thailand from 1868 －1910：A Case Study of the Huamuang Khamen Padong（Surin，Sangkha and Khukhan），Ph. D. dissertation，University of Washington，1984）

徒，所以当他们搬出家门时，被当作泰国人也就不成问题了。

20 世纪 60 年代初，当艺术部开始关注泰国境内和中世纪吴哥窟的谷美尔相联系的历史遗迹时，这种情况发生了变化。艺术部是有责任保护国家文化遗产的完整性的国家机构。许多这些文化遗产的纪念馆位于奎和谷美尔居住的泰国东北部地区。从 20 世纪 60 年代中期到 20 世纪 90 年代早期，在认为和印度佛教吴哥窟传统有关的这些文化遗产是泰国民族遗产中的重要成分时，艺术部在修复和维护许多著名的文化遗产上投资很大。① 奎认为他们比谷美尔有更多的吸引游客的传统——即他们和猎象有关系并且他们用大象工作。在 20 世纪 60 年代，他们开始举行"大象综合报道"，在 20 世纪 90 年代建立两个"大象"博物馆。②

奎通过与大象有关的记忆来表达的族群身份，得到了省级官员为代表的国家的赞同，因为它被认为对当地经济有益。与那些先前被消极看待的族群一样，许多其他被重新发现的种族身份也同样适用。20 世纪 80 年代，在泰国人参观云南省南部的卢族故土成为可能时，泰国北部卢族的文化遗产得到了新的关注。虽然卢族和泰国北方传统之间的差异极小，但是卢族身份在泰国人记忆里被认为是很有特色的，因为一些人把它看作是已被现代化遮掩的"泰国人的"的代表。该历史通过织物陈列，文化中心的开拓及举行学术研讨会来呈现。③ 在 20 世纪 80 年代，种族区域名字艾森，在曼谷和其他城区像流行菜肴一样被广为人知。

伴随着许多城市人口的隔绝，新近被重新回忆起的泰国文化的多样性已经激起了深层疑问，"泰国人的"是什么意思。自从 20 世纪 80 年代中期

① 见 Purloined Lintel 案例研究：作为泰国国家宝藏的谷美尔靖国神社政治（Charles F. Keyes, The Case of the Purloined Lintel: The Politics of a Khmer Shrine as a Thai National Treasure），摘自国家身份和其辩护人（Reynolds, National Identity and Its Defenders, 1939 - 1989, pp. 261 - 292）

② 我从这次由华盛顿大学人类学博士 Peter Cuasay 和哈佛大学人类学博士 Komatra Cheungsatiansup 所主持的有关 Kui 的尚未发表的讨论中受益颇多。

③ 见谁是卢族？重新确定（Keyes, Who Are the Lue? Revisited），在 1994 年 9 月卢族被重新发现，当时在清迈，国家文化委员会的正在主持召开一个研究卢族的研讨会。在研讨会期间，卢族文化中心在清迈大学成立，同时，有关卢族纺织品的展览也开始了。

起，该问题在学术会上，书中和杂志上都引起了一场大讨论。越来越多的泰国知识分子开始质疑暹罗国地理实体建立之初的假设。[①] 在20世纪80年代中期，这种质疑促使泰国政府建立了国家认同局和全国文化委员会。而这为泰国的族群政治新时刻的到来创造了条件。

四、结论

大众普遍认为显著的根源于前现代的文化差别在现代世界中所导致的不可避免的族群冲突是难以维持的。前现代暹罗的文化差别就像那些在现代国家南斯拉夫发现的差别那样大。事实上，人们能够证明，与南斯拉夫的土著人或移民相比，中国移民更异化于泰国文化。然而，20世纪泰国极少有族群冲突。南斯拉夫堕落到信仰霍布斯哲学的战争国家，该战争可追溯到几世纪之前的传统智慧的差别。

在泰国，的确有族群紧张和公开冲突的时期；这很明显，例如，在20世纪初，老挝和越南境内的叛乱，20世纪20年代中国境内的示威运动，20世纪50年代和60年代泰国北部种族区域主义的兴起，20世纪60年代和70年代，强加于高山族人民的暴力及20世纪70年代北大年的马来泰国人的叛乱等。值得注意的是泰国的领导者们在这些问题出现之时已经拒绝支持那些会使文化多样性永远沉默的政策。泰国那些有权力塑造民族主义意识形态的人极少采取抑制的民族主义，在其他社会中抑制的民族主义已导致了族群暴力冲突。当佛教的价值观采取这一态度时，佛教（在泰国建立的佛教的主要形式）当然也不阻止在斯里兰卡，柬埔寨和缅甸发生的暴力动乱了。人们必须注意泰国民族国家的起源已经成功塑造了泰国族群政策。

泰国在东南亚国家中很受关注，因为他从来没有成为殖民地附属国。第一个现代化的泰国是由泰国人而不是外国人创造的。该国的领导者也绝没有必要面对殖民地复式的社会问题，而这些问题在泰国的两个邻国，英属

---

① 见谁是泰国人（Charles F. Keyes，Who Are the Tai?）

缅甸和荷属东印度都出现过。[①] 因此,大部分文化多样性不被看作根本威胁。这从一开始就成为了泰国民族主义的前提,泰国人混和了多样化,这种前提继续存在着。即成为泰国人是可能的,只要他说泰语不论他是否说其他语言,只要他是合法的泰国君王的国民(也就是,国家的合法居民)无论他事实上在哪里出生,只要他信奉国家承认和接受的宗教。历史上的"宗教"意思是某种佛教,到20世纪80年代为止,信奉伊斯兰教(和基督教)也得到承认,这些人也被认为是"泰国良民"。

泰国发展的民族主义对于该国的族群政治有重要的暗示。自从19世纪晚期现代国家的出现开始,一些泰国政府就基于明确的承认族群差别而制定了一些政策。许多种重要的文化差别被忽略了或被包含在以宗教而非文化来划分的国家视野内。关于马来泰国人的情况,政府倾向于用宗教而非族群的角度来考虑。驱使中国人被同化的国民权力与义务法和教育政策并不仅仅针对中国人。泰国只对高山民族制定了有针对性的族群政策。

泰国和许多其他社会形成了鲜明的对比,那些社会里官方把抽象的族群差异具体化了,这种做法面临着要管理族群关系的问题。泰国政府并非对社会的紧张形势难以辨别,而是该社会的紧张形势源于当地理解为族群的社会互动。然而,政府最想避开的就是这些归因于族群本质性而不合时宜特征的政策。针对高山族人,许多的泰国政府采取的明确的族群政策很好的证明了通过这些政策而实现社会转变的负面结果。建议未来的泰国政府在高山民族这一点上,回到长久以来国内形成的针对文化差别的政府立场——容忍的观点上来。其他国家的政府应该从泰国的经验中学习并避免创造和强调官方的族群分类,因为这种做法限制了政策和政治的发展。

① 见荷属印度:多元经济研究(J. S. Furnivall, Netherlands India: A Study of Plural Economy (Cambridge: Cambridge University Press,1939),esp. pp. 446 –469);及殖民政策和实践(Furnivall, Colonial Policy and Practice (Cambridge: Cambridge University Press,1948)

第六章 马来西亚、新加坡的民族政策和政治平静

苏米特·甘古力(Summit Ganguly)

很少有哪个多民族的后殖民国家能成功制订和执行政策以避开民族间暴力冲突的问题。造成多民族国家公共政策缺陷的原因是复杂的。然而,值得注意的是,绝大多数这样的国家在摆脱殖民统治建立独立国家后,其政治制度都极为脆弱和不完善。一个建设良好的政治制度可以有效地疏导、调解并限制关于现代化力量释放的政治需要。① 当然,坚实有力的政治制度无法保证民族和平。但是,只要能维护和保持良好的制度就不会使其效力降低和消散。

和很多充斥着民族暴力冲突的后殖民以及具备复杂民族特征的国家相比,马来西亚和新加坡做出了表率。有三个主要民族群体(马来人,中国人以及印度人(见表9))的马来西亚远离民族和种族冲突。②马来西亚最后一次民族冲突灾难在1969年5月13日横扫吉隆坡。之后,马来西亚大规模民族冲突几乎不存在了,这个令人瞩目的成就得益于1970年以来马来西亚政府所推行的一整套民族优先政策。不可否认,马来西亚的少数民族群体——中国人和印度人对其民族政策已经产生不满。③ 但是,除了1987年

---

① 关于此问题的著名论述,请参阅变革社会的政治秩序(Sanmuel P. Huntington, political order in changing societies(New Haven, Conn.: Yale University Press, 1968).)。

② 1996年,马来西亚有850万马来人,45亿中国人以及140万印度人。

③ 参见马来西亚的种族不平等和社会重建(Rajakrishnan Ramasamy," Racial Inequality and Social Reconstruction in Malaysia," Journal of Asian and African Affairs, Vol. 28, NO. 3/4 (July – October 1993), pp. 217 – 229)。

断断续续地发生了少许事件外，这些少数民族群体并没有采取暴力手段发泄他们的不满。

表 9　马来西亚的民族构成

民族	人数	占总人口的比例(%)
马来人	11,950,000	62.0
中国人	5,290,000	27.0
印度人	1,500,000	8.0
其他	640,000	3.0
总数	19,380,000	100.0

资料来源：1995 年马来西亚政府所做的人口普查。参见马来西亚 1996 年至 2000 年的第七次规划(Seventh Malaysia Plan, 1996 - 2000(Kuala Lumper: Government of Malaysia, 1996), p. 105)。

表 10　新加坡的民族构成

民族	人数	占总人口的比例(%)
中国人	2,311,300	77.4
马来人	423,500	14.2
印度人	214,900	7.2
其他	36,800	1.2
总数	2,986,500	100.0

资料来源：1995 年人口普查。参见新加坡：事实与图表，1996 年(Singapore: Facts and Pictures, 1996 (Singapore: Ministry of Information and the Arts, 1996), p. 3)。

新加坡是一个多民族社会，主要由中国人，马来人和印度人组成。[①](见表 10)。新加坡实行了一整套不同于马来西亚的民族政策，但也保持了民族和平与稳定。和马来西亚不同的是(马来西亚实行了明确的民族优先政策)，尤其是 1969 年后，新加坡在全国范围内实施淡化民族以及种族区别

① 参见四小龙：东亚地区工业化的蔓延(Ezra F. Vogel, The Four Little Dragons: The Spread of Industrialiazation in East Asia(Cambridge, Mass.: Harvard University Press, 1991), p. 74))。

的政策和措施。的确,现代新加坡卓越的领导人李光耀在“多元种族主义”观念(对各种种族和民族群体的认同与尊重)①的基础上有意识地塑造独具特性的新加坡身份。尽管新加坡政府尊重“多元种族主义”的原则并声称新加坡是由精英所统治的社会,但是它的公共政策还是倾向于加强其上流的中国人群体的社会经济地位。② 然而大规模的政治失序并未在新加坡产生。

是什么原因和政策使得马来西亚和新加坡成功处理了民族关系问题并且预先阻止了大规模的民族暴动的发生?这个问题具有巨大的理论和政策意义。其理论意义在于,民族冲突问题困扰着绝大多数多民族国家。显然,马来西亚和新加坡特殊的政治和经济政策安排使它们能够避免民族冲突的发生。通过仔细研究这些政府推行的政策,我们可以丰富已知的防止种族暴力、维护政治稳定的因素。而其政策意义在于,马来西亚和新加坡对民族和平的成功维护不应该被轻描淡写地一略而过。没有哪个政策议题能比民族冲突问题更让人烦恼,世界范围内的多民族社会总是牵扯到对民族冲突问题的解决。这些国家和社会或许能从马来西亚和新加坡的经验中学到点儿什么。

为了回答这个问题,本章首先审视英国殖民统治对目前马来西亚和新加坡的民族构成和民族特征的塑造及形成的影响。接着本章将讨论民族政策在马来西亚和新加坡独立后的演变,得出的结论是,在一些多民族国家中,强制推行政治参与,经济发展以及公正的再分配政策能预防民族冲突的发生。

一、马来西亚的殖民遗存

马来西亚的三个身份鲜明的,互相排斥的民族群体不应被看作是早期

① 参见新加坡的共产主义意识和民主(Beng - Huat Chua, Communitarian Ideology and Democracy in Singapore (London: Routledge, 1995), pp. 105 - 106)。

② 参见新加坡社会控制的政治经济(Christopher Tremewan, The Political Economy of Social Control in Singapore (London: Macmillan, 1994), p. 125)。

的产物。[①] 这些独特的,自我意识浓厚的群体的出现很大程度上来自于英国殖民政策的迫切需求与优先考虑。[②] 独立后的民族优先权政策也加强了族群与民族的团结一致。除此之外,马来西亚自 1957 年脱离大不列颠宣布独立以来,其政权不管怎么更迭,所实施的政策都带有殖民时代的烙印。很多现代马来西亚的政策都可以和英国殖民时期的政策遗存联系起来。[③]

英国通过 1874 年 1 月签订的邦咯条约巩固了马来西亚的地位,这个条约对于构建大不列颠和马来西亚的关系起到了关键作用。英国通过促成交战的华人秘密团体和马来王储之间的停战而形成上述关系。英国在马来西亚正式树立权威是在苏丹,在拉加阿古哈的默许下,英国定居者被允许入住其统治疆域后开始的。

在之后的几十年里,英国的政治控制和经济利益扩展到整个马来半岛。英国人建立了一整套的定居体系;在邦咯条约的条款规定下,英国人对统治者只有"建议权"。然而,为了更实际的目的,英国定居者可以确保统治者听得进他们的建议并执行他们的建议。[④]除此之外,人们期望英国定居者能够"保护当地的人人所接受的传统和习俗,努力赢得当地人的认同同时帮助当地人赢得利益,教会他们构建优良的政府,制订出色的政策。"[⑤]尽管宣

① 参见马来西亚族裔的意义和测量:人口普查分类分析(Charles Hirschman,"The Meaning and Measurement of Ethnicity in Malaysia: An Analysis of Census Classfications," Journal of Asian Studies, Vol. 46, No. 3 (August 1987), pp. 555 – 581);最初的胜利者(Colin Nicholas, "The Original Champion," Aliran Monthly, Vol. 16, No. 8 (1996), pp. 28 – 30)。

② 参见马来西亚:阶层、国家及民族政治(David Brown, "Malaysia: Class, State and Ethnic Politics", in David Brown, The State and Ethnic Politics in Southeast Asia (London: Routledge, 1994), pp. 216 – 217)。

③ 有必要解释一下马来,马来亚以及马来西亚,从所有的政治角度来说,所有信仰伊斯兰教并具有马来人血统的都是马来人。然而,这个定义有点问题。象征着马来人最大荣耀的马哈蒂尔·宾·默汗默德就拥有部分印度泰米尔血统。而马来亚则被用来形容英国殖民统治下的马来半岛以及北婆罗洲的占领区。马来西亚则来源于 1957 年脱离英联邦获得独立后马来亚半岛。1963 年,新加坡和北婆罗洲,沙巴岛以及沙捞越加入马来西亚。

④ 参见马来西亚历史(Barbara Watson Andaya and Leonard Y. Andaya, A History of Malaysia (London: Macmillan, 1982), p. 159)。

⑤ 引用于弗兰克·斯韦特纳姆(Frank Swettenham),参见马来西亚历史(Barbara Watson Andaya and Leonard Y. Andaya, A History of Malaysia (London: Macmillan, 1982), p. 172)。

称保持中立,但英殖民统治已经如愿以偿的侵入到马来西亚既有的法律和习俗中去。英国统治的影响极为深远。英国的一些干预政策也确实造福当地,比如废除了奴隶制。但是英国人的很多政策都产生了危害性。比如说,英国引进马来西亚的一套财产制改变了当地既有的土地保有体系。为了促进当地的种植业,英国人引进了土地所有物私人化政策。农民因此只要交付租金,就可以种植土地。然而,所有的未使用土地都归国家所有并为发展种植经济所用。[①]

(一)殖民地人种论

尽管他们的殖民地政策带有明显的侵略性,然而英国人继续保持着一种合法的景象好像马来人仍然是国家的实际统治者。这个原则,显而易见,只是延长了马来的贵族政治。持殖民地人种论观点的人认为大多数马来人天生懒惰难于管理。弗兰克·斯韦特纳姆,一名殖民地管理者恰当总结了英国人对马来人的看法:

他真是……非常的懒惰,做任何事情都没有什么条理性,做事不讲顺序也没有任何规律性,不知道定时定点吃饭,并且从不考虑时间的重要性。他的房子极为不整洁,甚至是肮脏,尽管他仍然每天洗两次澡,并且喜欢在自己的衣服上佩戴各种漂亮的装饰品。[②]

尽管马来民族的品质符合英殖民统治的特点,[③]但是马来人天生就具备吃苦耐劳的品质。绝大多数马来人都是从事水稻种植的农民。所以不奇怪,为什么他们不愿意离开融入其中的乡村组织体。也不奇怪为什么他们尤其不愿意在制锡工厂中的恶劣环境下工作。

马来人不愿意离开自己传统的工作及对劳动力的迫切需求致使英国人

---

① 参见种族和经济:马来西亚的国家、中国企业和跨国公司(James V. Jesudason, Ethnicity and the Economy: The State, Chinese Business and Mulitinationals in Malaysia (Singapore: Oxford University Press, 1989), p. 28)。

② 引用于马来亚市区的种族和政治(Frank Swettenham, in Alvin Rabushka, Race and Politics in Urban Malaya (Stanford: Hoover Institution Press, 1973), p. 65)。

③ 参见族群冲突(Donald L. Horowitz, Ethnic Groups in Conflic (Berkeley: University of California Press, 1985))。

允许中国人移民至马来西亚。为了避免极度贫穷,中国人愿意移居马来西亚从事迅速发展的锡铁工业。(见表11)英国殖民统治者认为中国人将成为马来人的有力竞争者。[①] 中国人被认为是勤劳、顺从和生产力很高的劳动力。透过这个我们很容易看到一个种族的刻板印象是如何形成的。早期移民而来的中国工人是在中国雇主的严厉监视下以及在隐秘的社会条件下劳作的。与此同时,在陌生的环境下生存的压力迫使他们建立联系紧密的社团组织。马来人对和中国移民的通婚所持的厌恶情绪又增加了他们之间身份的区别。

表11 马来西亚半岛的民族构成,1871 — 1957(千为单位)

			其他			
年代	马来人	马来西亚人	中国人	印度人	其他	总数
1911	1,221	152	695	240	35	2,342
1931	1,275	288	1,285	573	67	3,789
1957	2,803	323	2,334	696	124	6,279

资料来源:马拉西亚的不平等与经济发展(Donald R. Snodgrass, Inequality and Economic Development in Malaysia (Kuala Lumpur: Oxford University Press, 1980), Table 2.1)。

随着英国人在马来西亚种植园经济的发展,对于劳动力的需求也随之增长。从事锡铁采掘业的中国工人却并不愿意从事橡胶种植业。为了满足对廉价种植劳动力的需求,英国人在1872年允许印度人移民至海峡定居并于1884年允许他们在受保护地区定居。来马来亚干活的印度人主要是来自印度东海岸的锡兰(现在的斯里兰卡)以及马德拉斯(现泰米尔纳德邦)。为了逃离令其难以忍受的贫穷,大量印度人来到马来西亚工作。(见表11)由于印度存在着种姓制度以及其按照职业将人划分为三六九等,使得印度人在马来亚无法形成共同战线,以维护自己的共同利益。反过来,英国殖民当局把这个归因于马来亚印度人勤奋、顺从的素质。

① 参见马来西亚历史(Andaya and Andaya, A History of Malasia, p. 176)。

(二)殖民地教育政策的起源和影响

在英国殖民统治下,民族群体逐渐和特定职业联系在一起。在此体系中,欧洲人成为管理者,中国人和印度人将从事加工提取业,而马来人则从事农业和渔业。正如一个殖民地管理人员,理查德·威斯特先生简洁地指出:“在马来的教育政策,目的就是使他们成为更好的农民和渔民。”①

殖民地教育政策很快就反映出这种劳动力的民族成分划分。从英国人角度来讲,最好的是,可以通过招募与教育马来精英,以执行殖民地政府工作人员的任务,满足欧洲人控制的公司不断增长的人员需求。② 因此,根本没有考虑,投入精力和资金提供现代化的、普及的技术教育给平民。

在培养忠诚而顺从的马来精英方面,英国人之所以成效有限源于二十世纪早期马来贵族的统治需要。苏迪·艾德拉斯,一个能言善辩而且能力出众的马来统治者,他曾经到过英国,他相信现代教育对于社会和经济发展的重要性。因此,他怀着强烈的兴趣将马来的行政职务进行级别划分而不是像以前那样的象征性的指派,并且他在 1903 年的第二次统治者会议上将此规定定为代议制。③

出于权益和道德的考虑,英国人形成对这些需求的回应。英国人发现训练并使用马来人员工要远比使欧洲人变为马来西亚人经济。尽管雇佣海外雇员确实能够使行政管理的效能提高,但是,财政的考虑更为重要。英国人对于创造出一个能够管理自己国家的马来人阶层而感到道德自负。毕竟,英国人理所当然的认为他们是被邀请到马来西亚,教育当地人如何进行更好的统治和管理模式的。④

---

① 引用于某种程度的成功(Sir Richard Winstedt, in S. Jayasankaran," A Degree of Success," Far Eastern Economic Review, Vol. 158, No. 51(December 21, 1995), p. 27)。

② 参见马来西亚历史(Andaya and Andaya, A History of Malasia, p. 222)。

③ 在第二次接见或统治者会议期间,马来联邦的所有 310000 的人口中只有 2636 人是受雇于英国的。这其中 1175 人是警察。参见马来西亚历史(Andaya and Andaya, A History of Malasia, p. 228)。

④ 参见马来民族主义的起源(William R. Roff, The Origins of Malay Nationalism (New Haven, Conn.: Yale University Press, 1967), pp. 98 -99)。

经过深思熟虑,英国人于1905年1月2日在库拉康建立了马来人寄宿学校。虽然马来亚联邦国家学校最近任命的导师RJ威尔金森具有民主和平等的倾向,[①]但是,马来亚学校早期招募学生主要来自马来的贵族:五十四个寄宿生中有二十六个来自马来亚的皇室。威尔金森所崇尚的和希望的学校不应该只是培养马来亚精英还应该成为所有马来孩子重要的教育机构。这理想在一开始并没有得到重视,并很快受到破坏。[②] 1906年,威尔金森被委任为另外一个职务。他离任后,库拉康的学校又恢复到只保留传统的马来精英教育模式中去。威尔金森的继任者并没有继承他开明的品质。

学校的建立和持续的英式教育使更多马来人进入行政服务领域,因此马来人群体对英语学校产生了更多的需求。而这些需求仅仅得到来自英国的部分回应。在最初扩大英语语言教育的范畴后,1924年,英国殖民当局重申他们的教育精英远见,说明他们并不想创造比在政府服务的名额更多的英语教育培养本地人才。[③]所以之后英国人在发展马来亚的中等教育方面没有花费太大力气。极少数成功完成初级教育的马来人进入苏丹伊德里斯培训学院(该学院成立于1921年),或者进入马来女子教师培训学院(该学院成立于1935年)。[④] 马来的平民依然和土地相联系。

另外两个群体,中国人和印度人,从英国人那里得到的施舍就更少了。直到殖民统治结束,英国人一直保持着这样一种态势,中国人和印度人都是

---

① 马来联邦成立于1896年,由四个所谓的受保护州所组成。吉隆坡(Kuala Lumpur)位于锡铁产区中心的首都,联邦书记处也同年成立;它由当地的定居局领导,所有的定居者都得到此处登记和记录。参见马来西亚历史(Andaya and Andaya,A History of Malasia,p. 228)。

② 参见马来民族主义的起源(Roff,The Orgins of Malay Nationalism,pp. 102 – 103)。

③ 不管怎样,直到1910年低级的马来行政管理行业的出现,行政事务才向马来人敞开大门。马来公共服务部门的职位依然在为欧洲人保留着。这种民族式的职务征召方式意味着,随着独立的逐渐临近,马来人占据着公共服务部门的中级职位,欧洲人则把持着政治上较为敏感的上层职位,而中国人和印度人从则占据着技术性和职业性较强的职务。参见马来西亚的民族偏好(Gordon P. Means,"Ethnic preference in Malasia," in Neil Nevitte and Charles H. Kennedy,eds. ,Ethnic preference and Public Policy in Developing States (Boulder,Colo. : Lynne Rienner,1986),pp. 95 – 118)。

④ 参见马来西亚的教育发展(Tan Liok Lee,"The Development of Education in Malaysia," Aliran Monthly,Vol. 16,No. 1 (1996),p. 12)。

马来的暂居者:当获得少许辛苦钱之后,他们就会回到其原来的国家。结果,英国人觉得没有什么必要教育他们除了工作所需以外的东西。

(三)印度群体

殖民政府使用了一种经常被称之为比较宽大仁慈的教育方法去教育泰米尔印度人。它允许教会学校的存在和发展,但却不去设计一个共同的课程。除了这些教会学校(质量各异),泰米尔人不得不依赖于他们受雇的咖啡和橡胶种植园的学校。在这里,他们的孩子接受着基础知识的教育,这些教育来自有读写能力的庄园劳动者或者文员。因为庄园主经常雇佣青少儿童,所以他们很少有理由去扩展教育。[①] 而殖民政府也并不去管制这些行为。毕竟政府只对保持顺从的民众感兴趣,他们只需掌握基本的从事手工和种植业的技能就行了。最后,父母们希望自己的孩子在初等教育和方言培训的基础上能够再深造,但是却缺乏经济资源无法将孩子送往以英语授课的学校。

(四)中国群体

就像它的对手印度人一样,中国人也认为有必要依靠自己的资源来教育孩子。起初,中国人依靠识字的中国人进行教育。中国的教育,素质各异,他们主要传授孩子中国的文化和历史知识。英国人并不反对中国人的教育方式,因为他们相信中国人和印度人一样都是马来亚的暂居人口。只是当中国国内 1911 年爆发大规模革命,华人教育中体现出排外和超民族主义迹象的时候,英国当局才开始重视中国人群体内的教育问题。具体地说,殖民地政府于 1919 年通过了学校注册法案,以遏制政治运动。但是该法案并没有起到预期的作用,中国学校已经成为中国共产党和中国国民党的支持者进行辩论的中心。1929 年,英国殖民政府又采取行动针对中国的学校。教科书中所有有关排斥外国的内容都被删除,中国出生的老师遭到严格限制,越来越多的政府官员去监视中国的学校,英国通过发放联邦奖学金

---

① 参加马来西亚历史(Andaya and Andaya, A History of Malasia, p. 223)。

将控制延伸到整个中国学校。[①]

英国殖民教育的目的是很清楚的。他们希望所有的群体都能够为自己的特殊经济利益服务而不是危害它。但是,一个受过教育的阶层的出现将会对英国殖民统治利益带来不利影响。这个阶层变成团结的马来西亚民族主义的基础,而它反过来将危急英国统治。[②]

二、马来西亚:走向独立

英国于二次世界大战期间退出马来亚历史舞台以及日本从1941年到1945年对马来西亚的占领对这个国家的三个民族产生了重要影响。占多数的马来人都和日本人合作,日本人也将英国人空出的很多高级行政管理职务交给马来人。日本人还鼓励马来人建立泛马来西亚人民族主义;很多马来知识分子都被吸引到这个行业中来。

在日本人的统治下,中国人和印度人表现出极大的不同。日本人对待印度人比较的复杂。某种程度上说,他们虐待印度人,征召印度劳工从事艰苦的和战争有关的工程建设。而从另一方面来说,他们又帮助印度人组建苏巴斯钱德拉百色的印度国民军以反抗英国殖民者在印度的统治。

毫无疑问,中国人在日本人的统治下遭受了太多的痛苦。很多中国人都和中国共产党保持着联系,或者受到中国共产党的启迪,他们选择了抗日并组成抗日统一战线以及党派联盟。马来西亚共产党(MCP),拥有一大批的中国拥护者,他们在大萧条期间成功的组织了矿工和庄园工人的大罢工,并且组建了大型的贸易联盟,即泛马来亚的贸易工会联盟。[③] MCP还组建了武装反抗联盟,即马来亚抗日联军(MPAJA),其拥护者有将近10000人。[④] 日本人对其进行了残酷的镇压。之后,日本人通过在马来亚培植伪

---

① 参加马来西亚历史(Andaya and Andaya, A History of Malasia, p. 225)。

② 参见马来西亚教育发展(Tan Liok Lee, "The Development of Education in Malaysia," pp. 11 - 18)。

③ 参见种族和经济(Jesudason, Ethnicity and the Economy, pp. 40 - 41)。关于马来西亚共产党(MCP)的公开支持解释和抗日活动,请参见马来西亚(Brown, "Malaysia," p. 221)

④ 参见马来西亚(Brown, "Malaysia," p. 221)。

政府军挑起其民族冲突来达到镇压中国人的MPAJA的目的。当1945年日本在马来亚的统治结束后,MPAJA将矛头对准了马来内奸,从而加重了种族间仇恨。

当战后英国人重新回到马来亚的时候,他们拒绝承认MCP是合法的政治体,尽管它作为一股重要力量在反抗日本占领方面起到过突出作用。英国对MCP的敌对态度起因于冷战的考虑。随着MCP的策略越来越具有暴力性,英国的反应也开始咄咄逼人。1948年6月18日,英国宣布整个马来亚处于紧急状态。该宣布允许殖民统治区招募人员充任安全部队力量,行使控制目的以及严格限制和管理各种组织。

MCP也取得一些成功,包括对亨瑞·古纳里先生退休不久后的行刺。但是英国统治者不久也成功地从军事和政治上对MCP进行策反。英国的军事成功主要归因于严厉的立法,法律规定,殖民地政府在对付游击战时所造成的伤害不会得到追究。在1949年3月,通过表达他们对马来亚独立的支持,英国还暗中对共产党人进行政治破坏。除此之外,1952年初,英国派来的新领导人,陆军中尉杰拉尔·德坦普勒(Gerald Templar)先生,宣布英国政府的当务之急是建立统一的马来亚国家。之后的两年,德坦普勒宣布国家大选将在1955年举行。[①] 吉隆坡的市政选举选成为全国大选的前兆。在这些大选中,成立于1946年的马来人领导的政党(马来民族联盟组织(UMNO)),和保守的中国政党(马来亚的中国人委员会(MCA))联合,以反对马来人主导的多种族政党马来西亚独立党(IMP)。[②] UMNO—MCA联合的联盟党,顺利地赢得大选,它们赢得了十二个议席中的十个。而IMP在吉隆坡大选中不仅输得一败涂地,也破坏了一个政党存在的可能性,而这个政党建立在寻求加强马来西亚共同身份的多民族联盟基础之上。1954年,马来西亚的印度人国大党(MIC)也加入这个联盟。这个由三个团体构成的组织试图代表这三个主要民族的总体利益,在1955年的大选中赢得了绝对胜

---

① 参见马来西亚历史(Andaya and Andaya, A History of Malaysia, p. 261)。

② 参见马来西亚的政府和社会(Harold Crouch, Government and Society in Malaysia (Ithaca, N. Y.: Cornell University Press, 1996), pp. 17-18)。

利。它获得了81%的国民投票并且赢得了其所争取的52个议席中的51个。剩下的那一个议席由泛马来西亚伊斯兰党获得,该党是伊斯兰的全权代表,致力于在马来人统治的国家里将伊斯兰主义改造成其立国基石。[①]

在一个相对保守的政府统治下,英国的商业和贸易利益就不会受到威胁,在共产党领导的暴动逐渐散去后,英国为离开马来西亚做着准备。在1957年宣布马来西亚独立之前,英国人帮助马来人建立一套宪政制度使得马来人在特权上享有更高的荣耀,同时也使得其他群体享有公民特权。

三、独立和"伟大协议"

(一)宪政问题

在二战后的撤离政策中,英国人计划建立马来联邦,它有几个显著的特征:在一个一元的国家里,国民待遇被赋予所有公民,包括本地人以及定居并生活了一段时期的居民。所有的公民都拥有同等的政治地位而不论种族出生。而9个苏丹王也保留其合法地位但其统治权归英国国王所有。

这项计划立刻遭到马来亚知识分子的强烈反对,他们立即组织起全国范围的反抗浪潮。他们认为,从某种程度上说,这项计划表明英国试图摧毁马来人的优先地位。事实上,各种各样的马来人的联盟,俱乐部以及组织,它们相互联合组成UMNO,作为团结起来集体保护马来联盟的组织。面对反抗,英国人最终于1948年抛弃了这项计划以支持马来共识同盟。[②]

英国采取的新的政策是君主议会制,君主从9个在位苏丹王中选择。同时英国还采取了两院议会制。这项协议,在尊重马来亚的中国人和印度人的公民权的同时,还赋予马来人高高在上的地位。

由于这项政策带有明显的照顾马来人的倾向,所以不可避免的遭到来自印度人和中国人的反对。反对的声音主要来自中产阶级以及讲英语的中

---

① 参见种族和经济(Jesudason,Ethnicity and the Economy,p.44)。

② 参见政治的交易:马来西亚政党中的企业参与(Edmund Terence Gomez,Political Business:Coporate Involvement of Malysian Political Parties (Townsville,Australia:James Cook University,1994),p.48)。

国人和印度人,他们还通过 MCA 和 MIA 有组织的表达自己的不满。这两个组织都希望所有居民都获得公民身份,其所代表的民众能生活在一个安全的国度,其精英能够胜任公私部门的领导职务,并享受自由经济的硕果。而马来人却极力反对他们所提出的绝大多数建议,因为害怕在一个经济上中国人已经占据主宰的社会中,再失去政治优势。

1957 的马来西亚宪政代表着各种竞争团体的一种妥协与和解。它给所有在莫拉卡日(独立日)(1957 年 8 月 31 日)后出生在联邦的公民授予公民权。而在莫拉卡日之前出生的人则不得不面对各种资格证明。他们必须到政府部门去登记并证明在过去的七年中有五年是生活在马来西亚的,并且打算长期稳定的居住在此,同时要证明自己有着良好的人格,有着英语和马来语的工作经历和知识。莫拉卡日之后的两年里,有超过两百万的非马来人通过这项程序成为马来公民。①

马来人将给予非马来人公民权的做法视为是实质性的让步。所有代表该国的象征性所属都必须是马来人的。伊斯兰教是该国的国教,但也尊重宗教信仰自由。1967 年后,马来语和英语具有同样的地位,成为该国的官方语言。马来人的特殊地位必须得到清晰的认可。政府在高等教育、政府雇员和特殊职位方面对马来人提供了一系列的很好的服务,而且没有特殊限制。②马来人这样安排是基于两点考虑。第一,马来人是这片土地的子女,或者是这片土地的原始居民。第二,这种安排是为了弥补由于中国人在

① 参见马来西亚的不平等和经济发展(Donald R. Snodgrass, Inequality and Economic Development in Malasia (Kuala Lumpur: Oxford University Press, 1980), pp. 45 – 47)。

② 参见民族政治(Milton J. Esman, Ethnic Politics (Ithaca, N. Y.: Cornell University Press, 1994), pp. 62 – 63)。

经济上突出优势地位而对马来人造成的损害。①

(二)发展项目

独立后,UMNO 抓紧时间利用一系列发展农村的项目提高马来人的生活水平从而巩固选民基础。作为马来西亚独立后的首任首相,东姑·阿都·拉曼(Tunku Abdul Rahman)说,

马来人需要帮助以提高他们的生活水平,所以第一个五年发展计划中,我们要加紧大规模的发展,因为在英国人统治时期,很多住在农村的马来人没有得到什么重视。然而为了公平起见,政府也给其他群体土地、资金以及相关便利设施。之后,还要给马来人提供经济帮助和商业便利,由于马来人需要时间去学会如何从事商业和经营,政府现在仍需要提供补贴。②

东姑政权延续了由殖民地政权遗留下来的两项农村发展计划。分别是建于 1950 年的农村工业发展管理局以及成立于 1956 年联邦土地发展局。除此之外,政府于 1959 年成立了新的乡村发展署,由副首相东姑·阿都·拉萨(Tunku Abdul Razak)领导。

在 1959 年独立后的第一次大选中,政府关于落后的经济社会重建政策得到一定程度的支持。1955 年大选以来,选民数量激增。在 1955 年大选中,马来人只构成全体合格选民的 57%;1959 年,他们占到 84%。在这次大选中,联盟(UMNO,MCA,MIC 的联合,其中,UMNO 是主要力量)见证了自己选民基础的动摇。在 1955 年大选中,联盟赢得 81.7% 的选票。而在这次大选中,它只赢得了 51.8% 的选票。但它依旧是最大赢家,它占据着

① 有大量的证据表明马来人在经济上处于弱势地位。正如大卫·布朗所写"到了 1957 年,97.5% 种植水稻的农民是马来人,69% 从事市场管理的人员是中国人,48% 的印度人从事橡胶生产,他们占从事橡胶生产的工人的 40%;66% 从事商业以及 72% 从事矿产和制造业的人是中国人。从职业分类的角度来说,62.4% 从事行政职务以及管理角色和 66.1% 从事销售以及与之相关的职业的是中国人,而 62.1% 从事农业生产的是马来人……最后,收入调查表明,在 1957 年,中国人的家庭收入是马来人的将近两倍。"参见马来西亚(Brown,"Malaysia," p. 218. 参见增长和民族不平等:马来西亚的新经济政策(Just Faaland, J. R. Parkinson, and Rais Saniman, Growth and Ethnic Inequality: Malaysia's New Economic Policy(New York: St. Martin's, 1990), p. 17)。

② 引用自增长和种族不平等现象(Tunku Abdul Rahman, in Faaland, Parkinson, and Saniman, Growth and Ethnic Inequality, p. 20)。

议会中104议席中的74个。不奇怪,联盟在穷人中表现糟糕,比如在马来人为主的吉兰丹以及丁加奴,联盟失去了政府议会,它只赢得该地区16个议席中的2个。[①] 它关于解决种族以及民族问题的不温不火的政策取向很难吸引贫穷的马来人。

对联盟温和姿态持反对意见的主要有两个来源。一个是激进的亲马来人党派和伊斯兰政党,即伊斯兰党(PAS)。另一个是民主运动党(DAP),其前身是新加坡李光耀所领导的人民运动党(PAP)。DAP试图代表非马来人的利益。

政府的农村发展政策产生了什么影响?在1955年到1960年之间,马来的水稻种植者从农村发展项目中获益匪浅。灌溉水稻田地由270,000英亩增长到390,000英亩。另一些农村基础设施建设也扩展的非常迅速,包括农村合作组织、道路、新的水利供给设施还有农村地区的社会福利制度建设。

(三)教育政策

除了提高农村生活条件以外,政府还做出了具体的努力以改善农村的教育条件。1956年,农村有767,000名学生就读于小学,89,000名学生就读于初中。到了1965年,这两组数字分别增长到1,252,000和345,000。[②] 基于对马来人的"特殊地位"的考虑,政府于1961年取消了对中文授课学校的资助。所以不奇怪,中国人将此举视为对其文化制度的直接侮辱。他们持续不断的怨恨在之后的几年里一直存在,加剧民族矛盾并最终在1969年吉隆坡大选中爆发。

---

① 参见马来西亚的种族不平等和经济增长(Snodgrass, Inequality and Economic Development in Malaysia, p. 48);马来西亚政治:第二代(Gordon P. Means, Malaysia Politics: The second Generation (Singapore: Oxford University Press, 1991), pp. 4-5)。

② 参见马来西亚的种族不平等和经济增长(Snodgrass, Inequality and Economic Development in Malaysia, p. 49)。

四、新加坡：殖民统治在“狮城”的终结

英国从1819年开始统治新加坡。桑塔穆拉·菲斯，这位英国东印度公司的负责人按照英国在马六甲海峡的岛屿统治策略，试图在新加坡营造一种英国气氛。东印度公司在新加坡镇压了长期以来困扰该地区的猖獗的海盗，这些海盗通过打劫该地区中的过往船只为生。1867年，新加坡正式从东印度公司移交至英国国王。在之后的一个稍微好点儿的世纪里，由于它的战略位置以及英国的商业政策，新加坡一跃成为南亚主要的商业中心。

历史上的移民潮能够在很大程度上解释新加坡的民族构成，同时，也能说明新加坡那么多中国人的原因。正如我前面所提到过的，19世纪后半叶，大量中国人移民至马来亚从事锡铁矿的开采工作。由中国商人所组成的中介组织控制着新加坡和吉隆坡的劳动力供应。20世纪早期，接近75%的新加坡人是中国人的后裔，这些中国人都是早先被带到马来半岛充当劳动力的。①

新加坡的马来人起源比较复杂。1819年拉弗尔斯(Raffles)来的时候，一些马来人确实是岛上的原住民。之后，从马六甲海峡来了一批移民，紧接着19世纪中期，从爪哇岛又来了一批移民，二战期间，日本人把爪哇征召的劳动力带到新加坡。②

新加坡的印度人构成很大程度上来源于殖民劳工政策。绝大多数新加坡的印度人都是来自印度南部，他们也是泰米尔语，马来语，特拉古语在语言方面的起源。③

二战期间，日本人占领新加坡。1945年后，当英国人重新回到新加坡的时候，受到来自本地民族主义的压力，他们要求新加坡独立。新加坡首次

① 参见政治经济(Tremewan, Political Economy, p. 8)。

② 参见新加坡的马来人：文化、经济和意识(Tania Li, Malaysa in Singapore: Culture, Economy, and Ideology (Singapore: Oxford University Press, 1989), pp. 94 – 95)。

③ 参见多民族的意义：有关新加坡民族和族裔间的关系的案例研究(Lai Ah Eng, Meanings of Multiethnicity: A Case Study of Ethnicity and Ethnic Relations in Singapore (Kuala Lumpur: Oxford University Press, 1995), p. 16)。

独立全民大选于1955年举行。议会中32个席位中有25个是全民选举出来的。没有哪个政党赢得多数,然而,统治者邀请左翼政党的领袖戴维·马歇尔(David Marshall)组成内阁政府。十个左翼政党的选举成员加入联盟(一个由UMNO,MCA还有新加坡的马来人联盟的集合体)。[①] 1957新加坡获得自己组织政府的权力;外交和国防的权力仍然掌握在英国人手里。在1959大选后,新加坡才真正成为一个独立的国家。

1959年大选中,李光耀领导的人民运动党(PAP)取得胜利,赢得了51个议席中的43个。[②]大选胜利后,在李光耀的带领下,PAP迅速表明了自己的立场,对异议不再容忍。这种态度尤其影响了PAP内部的左翼派别,它们认为自己的地位受到损害。PAP仍然沿用殖民时期的残暴法律,严格限制激进工会,继续坚持让政治囚犯在监狱中受苦的做法。李光耀对左翼的强势做法最终导致PAP的分化:1961年PAP的十三个成员离开PAP,组建了Barisna Sosialis(社会主义阵线)。1962年,随着马来西亚和新加坡联合问题的出现,社会主义者阵营呼吁公民抵制公投。选民对它们的要求并没有报以多大热情:71%的选民投票赞成这项联合计划。[③]

从一方面来讲,分化削弱了政党的实力:PAP左翼构成了占总体政治基础很大一部分。从另一方面说,左翼的离去使得PAP不得不将所有精力放到国家安全部门去以应对社会主义阵线及其支持者。为了彻底破坏左翼阵营的组织力量,PAP政府选择了严厉的政策:于1963年2月2日执行"冷藏行动",逮捕并关押111名反对领导人。这次清除行动有效地铲除了异己力量。[④] 1963年选举中,PAP赢得了46.9%选票,社会主义阵营赢得了33.3%。PAP自从1963年开始就赢得每次大选的胜利,他们通过温和主义、席卷全国的镇压行动以及在选区弄虚作假,推行经济快速增长等一系列

① 参见集权统治的王朝:草根的人民运动党(Chan Heng Chee, The Dynamics of One - Party Dominance: The PAP at the Grass - Roots(Singapore: Singapore University Press,1976),p. 189)。

② 参见共产主义意识(Chua, Communitarian Ideology, p. 13)。

③ 参见共产主义意识(Chua, Communitarian Ideology, p. 16)。

④ 参见政治经济(Tremewan, Political Economy, pp. 27 - 29)。

政策做到了这一点。

二十世纪六十年代早期有很多因素促使 PAP 领导人和马来西亚联合。因为对于他们来说这是个对付新加坡国内的左翼势力的好办法,而马来西亚也面临着共产主义运动带来的混乱,它也继承了殖民时期反对左翼势力而颁布的严厉苛刻的立法。同时,和马来西亚联合也能促进新加坡的经济发展。这个岛国不仅可以将工业商品销售至马来西亚,还能在马来西亚的土地上耕作,从事马来西亚的锡铁矿以及橡胶业的生产。马来西亚也对联合感兴趣,因为新加坡有优良的天然港及其配套设施。[①]

五、近代马来西亚

(一)马来西亚 1964 年大选

马来西亚和新加坡的联合成为马来西亚 1964 年选举运动中的两个主要议题之一。在这次运动中,李光耀的领导的 PAP 试图在马来半岛建立政治立足点。[②] 为了打破 MIC 对中国人的威胁,李光耀在马来西亚推行一项"马来西亚人的马来西亚"行动。这个竞选口号对享有特权的马来人是一种攻击,进而马来人对李光耀产生了不满和怨恨。[③] 李光耀的策略产生的紧张情况最终导致新加坡在 1965 年 8 月 9 日被驱逐出马来西亚联邦,这时仅仅是合并后的两年。[④] 随着新加坡被驱除出联盟,马来人对马来西亚的统治名正言顺了。

另外一个突出的大选问题是印度尼西亚总统苏加诺反对建立马来西亚联邦的政策。苏加诺发起了一场公然反对马来西亚联邦的运动,称建立联

① 参见东南亚的民主和发展:改革之风(Clark D. Neher and Ross Marlay, eds., Democracy and Development in Southeast Asia: The Winds of Change(Boulder, Colo.: Westview Press, 1995), p. 131)。

② 新加坡已于 1963 年 9 月 16 日并入马来西亚联邦,这是试图将前英国殖民地都并入进来的一揽子计划中的一大部分,其他殖民地是沙捞越,北婆罗洲以及文莱。最终,文莱没有选择加入联邦。

③ "马来西亚人的马来西亚"被认为是更加多元的和精英统治的马来社会的委婉说法。

④ 参见马来西亚的种族不平等和经济增长(Snodgrass, Inequality and Economic Development in Malaysia, p. 51)。

邦是一种新殖民主义的、帝国主义行径。苏加诺的侵略性政策做法激起了马来西亚国民的爱国热情,国民转而支持 UMNO。①

1964 年大选中,联盟获得它在以前的大选中失去的政治基础。它赢得了 104 个议席中的 89 席,它获得的有效票份额从 51.8% 增至 58.5%。然而,它仍然没有掌控克兰塔州。

在 1964 年大选的支持下,政府出台了第一个马来西亚计划,该计划依然重视农村发展并促进马来人口增长。确实,在这份计划中,政府对农业的支出几乎增长了两倍,从 1961 年至 1965 年间的 468,000,000 美元增长到 1965 年至 1970 年间的 900,000,000 美元。非常有意思的是,这对进入中国人的传统工业——采矿业,工业以及商业——没起什么作用。他们仍然满足于在这些领域中寻求一种监管作用,并进行收税,然后在马来人中重新分配这些财政收入。

政府还创建了马来银行(马来西亚国际商业银行)以割断中国人和外国人对马来西亚银行业的控制。除此之外,为了打击农村掮客对马来农民的剥削,政府还创建了联邦农业销售局。尽管马来西亚政府做出这么多努力,但外国人和中国人依然控制着马来西亚绝大多数农业经济以及各种各样的非农企业。② 结果,尽管政府的这些努力在降低农村里主要是马来人和其他民族间的贫富差距方面起到一定作用,③但它也同时增加民族间的对立情绪尤其是中国人和马来人之间。尽管政府努力提高大多数马来人的境遇,但从 1957 年到 1970 年间,看不出马来人有什么变化,在收入上马来人和中国人依然差距明显,中国人的家庭收入仍然是马来人的将近两倍。④

在马来西亚公共政治体系中,没有哪个政党通过多元观念以及某种共

---

① 参见政治经济(Esman, Ethnic Politics, p. 67)。

② 参见马来西亚的种族不平等和经济增长(Snodgrass, Inequality and Economic Development in Malaysia, p. 52)。

③ 参见马来西亚经济的增长和结构变化(K. S. Jomo, Growth and Structure Change in the Malaysian Economy(London: Macmillan, 1990), p. 10)。

④ 参见马来西亚的种族不平等和经济增长(Snodgrass, Inequality and Economic Development in Malaysia, p. 82)。

同思想观念来将所有的马来西亚人加以整合的,这只能加重民族差异。不断加深的民族怨恨以及最终的极端民族情绪在1969年马来西亚大选运动中就有所显现,之后也同样存在。

1969年大选的前两年,国语的大讨论导致马来西亚公共关系的恶化。1957年宪法规定使用马来语和英语10年。随着1965年新加坡被开除出联盟,以及1967年8月31日10年期限的日益临近,马来人中产生强烈意愿,希望将马来语作为国语。这场运动得到UMNO的很多成员的支持,但却遭到MAC和MIC的强烈反对,同时很多非马来团体也反对将马来语作为国语的做法。东姑·阿都·拉曼,这位贵族出生、主张调和矛盾的首相,试图出台折中政策。1967年,他成功地通过了国家语言法案,它规定马来语是唯一的国语但同时规定英语也可以作为官方语言继续使用。非马来人很满意这项折中政策,但是很多马来人认为这项政策是在讨好非马来人。UMNO的一些持不同意见者感到他们无法再依靠图库去领导马来西亚的事业了。[①]

(二)1969大选

1969年大选的目的是为了挽救日益下滑的公共关系。大选中,联盟强调它过去取得的骄人成绩,宣称要建立一个稳固的,自由的和宽容的社会,并坚信有能力遏制民族不和。尽管联盟仍然维护马来人的特殊地位,但它也同时宣称不会拒绝给予非马来人机会。然而,联盟的举措遭到其阵营内最重要的伙伴UMNO的强烈反对;他们认为UMNO内部保守派无法保障马来人的特权。

除了在任的联盟,大选中的竞争者还有PAS,DAP以及新成立的政党(马来西亚人民运动党,成为于1968年)。PAS,正如人们所预料的,致力于马来人事业,继续维护和扩大授予马来人的优待权利,同时要求新政策的制订必须扩大伊斯兰势力。DAP则推行一套截然不同的政策。它主张废除特权,认为马来人的政策并没有使马来人获得最大利益,而是造就了一个马来

① 参见马来西亚的政府和社会(Crouch, Government and Society in Malaysia, p. 23)。

资本家为主的贪婪阶层，并强化了农村马来精英的地位。民政党（人们的习惯说法）致力于社会公正，人权开明的民主体系。它的政治基础非常薄弱，支持者主要是受过大学教育的精英以及槟城和吉隆坡城区的一些人。①

这次大选要比以往任何一次大选都声势浩大，更加费时费力。在野党和反对党都寄希望于获得公共关注以赢得政治支持。② 这次大选于 1969 年 5 月 10 日在整个马来半岛举行，按照日程两周或四周之后，大选将在沙巴岛州和沙捞越州举行。马来半岛的选举结果表明在野党的支持率的巨大流失，他们仅仅赢得了 48.8% 的支持率，只获得 104 个议席中的 66 个。很多马来选民将支持的对象从 UMNO 转移至 PAS。联盟内部，MCA 是最大的失败者。它所推举的 33 个候选人中 20 个都落选了。MCA 糟糕的表现促使其领导人陈修信（Tan Siew Sin）宣布他们将不加入联邦内阁。③ 在州一级大选中，联盟表现的更加差劲，他们失去了在吉兰丹，霹雳州以及槟城的控制权。

非马来反对党，DAP 以及民政党，对大选结果表示满意，他们在国家层面的大选并不如意，但是却成功地阻止了联盟获得议会席位的三分之二。除此之外，他们使得联盟在霹雳州以及槟城的势力倒台。

（三）暴乱的开始

很多学者将 1969 年 5 月 13 日发生在吉隆坡的暴乱的原因归为中国团体对 DAP 和民政党胜利的庆祝。明显的，很多参与这次胜利集会的人都是为了嘲笑马来人，导致了马来人的反示威活动④。不久，这场争斗就演变成了暴力。在暴动中，约 800 个人死亡，6000 人左右无家可归。⑤

然而对于这次暴动的根本原因还有不同意见。一种观点认为，这次暴

---

① 相关评论见参见马来西亚的民族偏好（Means，“Ethnic Preference in Malaysia，” pp. 4－5）。

② 参见马来西亚（Brown，“Malaysia，” p. 230）。

③ 参见马来西亚的民族偏好（Means，“Ethnic Preference in Malaysia，” pp. 6－7）。

④ 参见合法性的主要方面和观点（Willian Case，“ Aspects and Audiences of Legitimacy，” in Muthiah Alagappa，ed.，Political Legitimacy in Southeast Asia（Stanford：Stanford University Press，1995），pp. 93－94）。

⑤ 参见民族政治（Esman，Ethnic Politics，p. 68）。

动不过是根深蒂固的民族不满情绪的表征而已，这种民族不满情绪一直就蓄势待发，通过反对党麻木不仁的不管不问而最终爆发。[①] 另一种观点认为，这次民族暴动本质上根源于基础的经济怨恨。[②] 第三种解释是，暴动既不是经济怨恨情绪的宣泄也不是阶级仇恨的表达，而是在危急中，伴随着群体盲动意识的无理性趋从，原始意识和情感突变得不受控制，同时夹杂着种族对抗，愤怒，恐惧，仇恨，自我证明合理化的野蛮而原始的行为。[③] 似乎是那两个潜在的和最接近的因素，导致了这场暴动。毫无疑问，每一个民族都长期存在着针对其他民族的怨恨，真实的或想象的。同时，每一个族群的领导人对这种怨恨情绪起着推波助澜的作用。由 DAP 和民政党胜利所引发的中国人集会示威以及由政党主席组织的马来人反示威活动是这次暴动的主要原因。

(四)议会的暂停运作以及国家执行委员会

当暴动得到控制时，宪法和议会均被废，国家处于紧急状态，沙巴州和沙捞越州的大选被无期限地推迟，治理权由国家执行委员会(NOC)掌握。NOC 由副总理东姑·阿都·拉萨领导，它由警察局、武装力量、公共服务组织、外交部的相关负责人以及三位政治领导人构成，这三位领导人分别是 UMNO 的东姑·阿都·拉萨，MCA 的陈修信，还有 MIC 的 V. T. 三斑丹村。尽管内阁仍然在总理东姑·阿都·拉曼的领导下运转，但是出于许多实际目的的考虑，权力的核心以及决策权都已经转移至 NOC 手里。

这次暴动，马来沙文主义者站在了政治进程的舞台中央。他们宣称前任政府对中国人和印度人过于宽容和慷慨，以至于马来人被忽视。他们将愤慨的矛头直接指向中国人。其中的代表人物是来自可达哈的马来医生，马哈蒂尔·宾·默汗默德[④]。马哈蒂尔要求东姑递交辞呈，并且给其写了

① 参见增长和种族不平等(Faaland, Parkinson, and Saniman, Growth and Ethnic Inequality, pp. 12 –15)。

② 参见马来西亚(Brown, " Malaysia, " p. 231)。

③ 参见马来西亚的民族偏好(Means, " Ethnic Perference in Malaysia, " p. 7)。

④ 马哈蒂尔·宾·默汗默德随后被开除出 UMNO。然而，他成功地重登政治舞台，并于 1981 年当选马来西亚总理。

封措辞严厉的书信,指责他给予中国人太多的“面子”。[①] 早已准备辞职的东姑,被迫下台,让位于副总理东姑·阿都·拉萨。

面对这些愤怒与怨恨,NOC 决定建立一些制度化解危机。具体地说,它成立了国家咨询委员会(NCC),这是个讨论平台,用来解决国内民族冲突问题。尽管它并未被授予任何正式权威和力量,但是它却充当 NOC 立法工具。NCC 中的 65 个成员是从广泛的政治谱系中挑选出来的,政府部门占据 15 席,联合反对党占据 6 席。其余的是从联邦政府部门,州政府,宗教组织,工会以及媒体中选出。

从更高的层次上说,NOC 致力于树立一个新的社会契约以强调它所认为的潜在的民族冲突的根本原因是什么。在 NOC 看来,1969 年民族暴动的根本原因是马来人持续的经济(以及因其而起的心理)滞后。相应地,公共政策的制订必须解决这些不和与紧张的潜在根源。而这就是新经济政策(NEP)的开始。

(五)打造新经济政策(NEP)

NOC 的成员们私下会晤,认为重建马来西亚社会和政治秩序必须要三管齐下。对于维护民族和平,NOC 认为,只有通过大量的社会工程和优惠政策来实现。这个策略的三大组成部分是一种“国家意识”,或者说是“国家目标”,它将确定马来西亚的行为规范;纠正马来人和其他两大群体间存在的经济失调的教育和经济政策;颁布新的立法(1971 年重组后的议会通过)以禁止任何对这种新秩序构成威胁的行为。[②]

普昆格拉(rukunegera)要求保持民主社会,尊重多元文化传统,以及财富公平共享。这种“国家意识”只不过是象征性的政治运动。然而,它的实施宣告着新的社会契约的开始。

---

① 参见马来西亚政治:第二代(Gordon P. Means, Malaysia Politics: The Second Generation, p. 9)。

② 参见马来西亚:一个分离的社会中的准民主(Zakaria HajiAhmed, “Malaysia: Quasi Democracy in a Divided Society,” in Larry Diamond, Juan J. Linz, and Seymour Martin Lipset, eds., Democracy in Developing Countries: Asia (Boulder, Colo.: Lynne Rienner, 1989), pp. 362–365)。

新经济政策(NEP)的第二部分,毫无疑问是NOC最重要的创举。本质上说,它有两个方面:职业种族身份的剔除,以及贫穷的根除。缓解贫穷并没有什么精确的可量化目标,但是,它承诺在1990年的时候让企业的至少30%的股权掌握在马来人的手里。[①] 为了打消非马来人的疑虑,总理东姑·阿都·拉萨保证扩大马来人的特权不会以损害其他民族的利益为代价。事实上,也确实没有征收非马来人的财产,造成失业,或者使其权利受损。[②]

新经济政策的第三个也是最后一个组成部分是减小国内的政治争论。当议会于1971年重组时,它通过了新的草案,严厉禁止个人或党派团体置疑如下政策:马来人的权利,公民身份(主要是非马来人的),忠诚以及马来语作为国语。这些都是"敏感话题",置疑它们就意味着煽动叛乱。确实,1971年修订后的宪法将法律延伸到了议会本身。[③] 新的首相坚决维护限制言论自由和民主程序的规定:

马来西亚式的民主最适合马来西亚独特的多种族社会的需要。马来西亚人认同的民主观念也适合于权衡个人利益和国家安全……我们意识到每一个民族都要建立……自己特有的经济政治体系,发展中国家对于适合自己的清晰的政治体系有着特殊需求。[④]

(六)执行新经济政策(NEP)

NEP最大限度上涉及一系列提高马来人经济政治地位的政策。为了达到这些目标,NEP被并入马来西亚第二个五年计划(1971 -1975)。[⑤] 这项

---

① 参见种族不平等和经济发展(Snodgrass, Inequality and Economic Development, p. 60)

② 参见马来西亚的民族偏好(Means, "Ethnic Preference in Malaysia," p. 104)。

③ 参见马来西亚的政府和社会(Crouch, Government and Society in Malaysia, pp. 82 -83)。

④ 引用见马来西亚(Tun Abdul Razak, in Ahmad, "Malaysia," p. 365)。

⑤ 参见增长和种族不平等(Faaland, Pakinson, and Saniman, Growth and Ethnic Iequality, p. 73)。1990年,NEP被国家发展计划(NDP)代替。后者的目标和NEP并没有本质的不同。然而,NDP反映出两点改变,一个是战略,另一个是目标。战略调整涉及到对私有化的强调。然而,私有化使那些马来人直接受益,尤其是那些和UMNO密切联系的马来人。还有一点不同是,NDP强调再分配的目标。参见马来西亚政府,第六个五年计划,1991 -1995(Government of Malaysia, The sixth Malaysia Plan, 1991 -1995(Kuala Lumpur: National Printing Department, Government of Malaysia, 1991), esp. pp. 31 -37)。

计划影响诸如教育,劳动,商业以及行政管理服务等部门。

二十世纪七十年代早期,政府推行了一系列教育政策,这些政策改革有利于马来人。新教育政策的一个关键改变就是将英语教学为主的学校变为以马来语为主。1970 年,是小学进行这种改革的第一年;以后每一年都有一个年级进行这种改革,直到 1982 年达到高潮。大学计划在 1983 年进行这项改革。马来西亚国立大学(马来西亚国民大学)成立于 1970 年,以马来语作为唯一的教学语言。[①] 除了初级教育,非马来人对这些改变的抵触无疑是隔靴搔痒。绝大多数中国家长将孩子送到中文教学为主的学校,因为英语学校已经变为马来语学校了。

1982 年,除了语言的改变,政府在小学教育上头一次强调学习基本技能——阅读、写作以及算术。令中国人感到极为震惊的是,甚至是中文学校也强行推行马来语教材。政府宣称中文教材最终也会提供。[②]

政府的民族偏向政策导致的接受高等教育的障碍同样引发了华人群体的抗议。为增加马来人接受高等教育的人数,政府为马来人和非马来人的申请设置了不同的标准。非马来人进入大学前景的恶化,最终导致中国人对于成立自由(独立)大学的再次要求。政府不止一次的否决这项提案。最终,在 MCA 的压力下,政府允许中国人成立东姑·阿都·拉曼学院,其教学语言为英文。

另一个似乎是对中国人和泰米尔人妥协的政策是,1993 年首相马哈蒂尔宣布政府允许大学在科学,技术以及医学领域使用英语教学。不过,这种改变与其说是想平息少数民族的忧虑,倒不如说是适应竞争日益激烈的全球经济。随着马来西亚经济日益成熟,逐渐进入高科技的新阵地,马哈蒂尔及其后任者都不得不做出长远考虑。尽管遭至马来人的强烈反对,但大学都必须摒弃马来语为主的政策。的确,马来西亚已经面临在科技方面高端

---

① 参见马来西亚的政府和社会(Crouch, Government and Society in Malaysia, pp. 160 - 161)。

② 参见马来西亚的政府和社会(Crouch, Government and Society in Malaysia, p. 161)。

人才的极度匮乏。[1]

在教育优先政策上,中国人并不是唯一一个遭受民族优先政策歧视的少数民族。教育优先政策同样阻碍了缺乏政府基金和经济比较落后的印度人群体的教育前途。马来西亚有500所泰米尔语学校,他们境遇窘迫;学校大多很陈旧并且极度缺乏老师。关于印度学生糟糕表现的数字统计令人震惊。1991年,只有19%接受泰米尔教学的印度人在经过六年的学习之后通过了马来西亚巴哈(国家语言)作文考试。相比较而言,33%的中国人和72%的马来人通过相同的考试。在工科中,诸如数学,泰米尔语的学生表现也令人失望;只有50%的泰米尔学生通过了数学考试,马来人学生的通过率是87%,中国学生是57%。进入泰米尔初级学校的学生只有10%完成11年的学业,只有3%上了大学。[2] 泰米尔语教育学校糟糕的教学质量影响印度人考入大学,尤其是工科领域。1988年,马来西亚教育部最后一年提供的基于种族的数据显示,在工科学院中仅有1%学生是印度人。

大多数泰米尔语学校经费不足,部分原因是很多印度人(主要是泰米尔人)长期贫穷。根据一项评估,马来西亚140万印度人中有将近三分之二仍然处于贫穷中。[3] 因此,他们无法集中必要的资源以提高教育质量。很明显,NEP教育政策的成功并没有使马来西亚的印度人获益。

然而,NEP的教育创举明显地提高了马来人受教育水平。这项改革始于20世纪70年代起政府对教育近6%的GDP的投入。这段时期,GDP实际增长了近六倍。[4] 与此同时,政府还为马来人提供了一系列优先定额和奖学金,并为留学海外人员提供了大量的奖学金和基金。在中学层次,寄宿

---

① 参见摇晃的校园(James Kynge,"A Shake - up on Campus," Financial Times, June 19, 1996, p. iv)。

② 参见阶层分化(Murray Hiebert," Class Divide," Far Eastern Economic Review, Vol. 158, No. 42 (October 19, 1995), p. 33)。

③ 参见平衡措施(S. Jayasankaran,"Balancing Act," Far Eastern Economic Review, Vol. 158, No. 51 (December 21, 1995), p. 26)。

④ 参见某种程度的成功(S. Jayasankaran,"A Degree of Success," Far Eastern Economic Review, Vol. 158, No. 51 (December 21, 1995), p. 27)。

制的精英学校只为马来人开放。1995 年末，大学教育将近 64% 的名额为马来人保留。①

大量数据证明了优先政策所产生的结果。比如说，1980 年，NEP 实施十年后，受过小学教育的马来人数为 1164980 人。5 年中，这个数字增长至 1336922。大专变化更大。比如说，在同期的理工科教育上，马来学生的数量由 5111 增长至 12110，②大学教育的统计数字更加让人吃惊。1980 年，马来学生在工科的本科和研究生教育中人数为 7072；到了 1985 年这个数字增至 11685。

不可否认，教育机会的这项改变是付出了代价的。除了种族不平等延续并加深外，政府的优先政策还产生了其他不良影响。比如说，建立在种族基础上的入学准入制最终降低了教学水准。另外，非马来人还在大学入学和深造方面遭到了许多的歧视性待遇。③

（七）职业与就业

NEP 有关就业的一个政策目标是打破职业和种族间的关系。前面讨论过，很明显，政府在教育的问题上做出了积极的努力。那么，政府在就业领域采取什么措施来实现这个目标？

1969 年以前，马来西亚政府已经施行了一套雇佣的优先政策体系。然而，这个体系只限于政府服务部门。推行 NEP 后，优先政策体系延伸到了私营部门。④ 在企业和工厂也为马来人设定了配额。除此之外，公司还要计划培训和晋升马来人到更多技术性职位和高级管理职位。外国公司也要服从这些制度。事实上，马来西亚投资契约是和马来人的配额创造相联系。

① 参见某种程度的成功（S. Jayasankaran，"A Degree of Success，" Far Eastern Economic Review，Vol. 158，No. 51（December 21，1995），p. 27）。

② 参见马来西亚政府，第四个马来西亚计划（Government of Malaysia，Fifth Malaysia Plan（Kuala Lumpur：National Printing Department，Government of Malaysia），p. 493）。

③ 有关此论断的证据多为轶闻。然而，通过采访吉隆坡的马来西亚大学以及万宜的 Kebangsan 大学的学者，表明至少有些证据是可以支持这个论断的。Kebangsan 大学的一位社会学家制作了教员联系录并表明："你自己看"，作者于 1995 年 11 月在吉隆坡和万宜采访。

④ 参见马来西亚的民族偏好（Means，"Ethnic Preference in Malaysia，" p. 108）。

追求这些目标的系统化措施对这未来25年都产生了重大影响。同样，从鲜明统计数据可以看出这种变化。

表12 马来西亚职业以及民族构成情况1957－1985

职业组	1957年			1970年			1985年		
	马来人	华人	印度人	马来人	华人	印度人	马来人	华人	印度人
专业技术	35.1	41.9	12.1	47.0	39.5	10.8	54.4	32.4	11.1
行政和管理	17.5	62.3	12.3	24.1	62.9	7.8	28.2	66.0	5.0
牧师	27.1	46.2	19.9	35.4	45.9	17.2	54.0	36.8	8.7
销售	15.9	66.1	16.8	26.7	61.7	11.1	37.9	56.8	5.2
服务	39.7	33.3	12.8	44.3	39.6	14.6	57.9	31.2	9.7
农业	62.1	24.3	12.8	72.0	N/A	9.7	73.5	17.2	8.3
生产	26.5	53.5	18.9	34.2	55.9	9.6	45.5	43.1	10.9

资料来源：马来西亚经济增长和结构变化（K. S. Jomo, Growth and Structure Change in the Malaysia Economy（London：Macmillan, 1990）, Table 4.2）。

比如说，在1970年，马来半岛中有大概62.3%的马来人从事农业生产；而到了1990年，这个数字降到37.4%。同时，马来人以惊人的速度进军中产阶级的职业，从1970年的12.9%增至1990年的27%。比如说，巴木卡拉的医生中，马来人所占比例由4%增至28%，牙医由3%增至24%，建筑师由4%增至24%，工程师由7%增至35%，会计由7%增至11%。[①] 在社会力量的合理作用下，20年来，马来人传统上一直作为庄稼汉出现的形象得到翻天覆地的改变。（参见表12）。

NEP另外一个目标是将至少30%的公司股份转移到马来人手中。这的确是个艰巨的任务，因为1969年马来人在有限公司的控股权只有1.5%。为了实现这个目标，政府代表马来人群体，在马来人管理和控制的国有公司投入巨资。同时，政府拟定了大量的投资计划以吸引马来人投资

① 参见马来西亚的政府与社会（Crouch, Government and Society in Malaysia, pp. 185－188）。

这些企业。

政府在经济政策的其他领域中也以一个积极干预者的姿态介入。比如说，劳动与公共事务部，即政府建设项目的主要承包商。要求做到和约的30%与马来人的公司签订，也就是说，马来人至少掌握51%的所有权。① 除此之外，政府还建立了政府控制的银行——人民银行和马来人银行—— 为马来人公司提供金融服务。② 最后，政府还创建了一系列发展银行，诸如马来西亚进出口银行(1973)，马来西亚金融银行(1979)以及穆斯林银行(1979)。

毫无疑问，政府确实实现部分目标。建立了新银行之后，马来人数量激增。1968年，马来西亚4%的贷款属于马来人；而到1980年，马来人的贷款总数增长到20.6%，1985年，这个数字变为28%。③ 然而，尽管马来西亚政府通过干预市场，采取各种实际措施创建一个马来人的企业阶层，但是，其结果却显得比较复杂。一个马来经济精英阶层毫无疑问地出现了。人们怀疑，如果没有政府代表马来人进行坚定不移的支持和干预，这个马来经济精英阶层还能否取得相同程度的成就。④ 与此同时，为本地人服务的信托委员会，这个政府组织是用来改善企业环境，并为所有中小企业提供信誉贷款，它在1983年的数据统计显示，55000的贷款给予了马来人的公司，而只有6000个公司还款。拖欠者要么倒闭了，要么认为贷款没必要还。其他的证据表明灌输企业家美德是极为困难的。比如说，1980年劳动与公共事务部宣布有5000个企业与之签订和约，而只有20%的企业是成功的。⑤

NEP最后一个组成部分是政府试图消除贫困。从某种角度说，很难否认马来西亚在这个方面取得的成就。1970年，马来半岛有将近一半的人口

① 参见种族和经济(Jesudason, Ethnicity and the Economy, p. 102)。

② 参见马来西亚的民族偏好(Means, "Ethnic Preference in Malaysia," p. 110)。

③ 参见种族和经济(Jesudason, Ethnicity and the Economy, pp. 100 – 102)。

④ 参见被选择的少数(S. Jayasankaran, "The Choosen Few," Far Eastern Economic Review, Vol. 158, No. 51 (December 21, 1995), p. 30)。

⑤ 参见种族和经济(Jesudason, Ethnicity and the Economy, p. 103)。

生活在贫困线下;人们相信在沙巴州和沙捞越地区情况更糟。[1] 而在 NEP 实施后的十五年后,贫困率已经下降至 20.7%。到了 1990 年,在国家发展计划(NDP)之初,贫困率降至 17.1%,NDP 实施至 1995 年后,这个数字降至 11.1%。[2] 马来西亚经济发展势头超过了政府预期。到 1994 年,贫困率已经降至 8.8%,失业率是 2.9% 左右,国民人均收入是 3,406 美元。[3] 正是二十世纪八十年代末,九十年代初的经济发展奇迹创造了这些成就。1995 年,马来西亚经济发展连续第八年超过 8%。GDP 的实际增长达到 9.6%。[4] 贫困率的下降极大地改善了马来西亚三个主要少数民族的处境,而在 1970 年代之前处于极为不利境地的马来人却是最大的获利者。

六、经济解释之外

除了经济快速增长以及政府再分配政策外,还有什么其他因素让马来西亚维持着民族和平呢?毕竟,并不是所有的民族(特别是印度人群体)都像马来人,甚至像中国人一样享受到经济发展带来的好处。[5]

二十世纪六十年代后,国家联盟协和式的权利分享布置成功维持了民族和谐。这些表现出一种脆弱的和谐,因为 1969 年的选举结果催化了民族暴力。除了推行经济发展和社会公正的政策,联盟以及国民阵线(1974 年后称为社会主义阵线)对个人权利,民主自由以及新闻自由设置了一系列限定条件。在议会解散和国家宣布进入紧急状态后,很多限制措施付诸实施。然而,在国家紧急状态结束后的很长一段时间里,这些限制公民自由的

---

① 参见马来西亚的政府与社会(Crouch, Government and Society in Malaysia, p. 189)。

② 参见马来西亚政府,第六个五年计划,1991 - 1995(Government of Malaysia, Sixth Malaysia Plan, 1991 - 1995, p. 32)。

③ 参见 1994 的马来西亚:保持发展轨道(Mohamed Jawhar bin Hassan, "Malaysia in 1994: Staying the Course," Asian Survey, Vol. 35, No. 2 (February 1996), pp. 186 - 193)。

④ 参见 1994 的马来西亚:保持发展轨道(Mohamed Jawhar bin Hassan, "Malaysia in 1995," Asian Survey, Vol. 36, No. 2 (February 1996), pp. 123 - 129)。

⑤ 参见底层的悲哀(Murray Hiebert, "Underclass Blues," Far Eastern Economic Review, Vol. 158, No. 42 (Octorber 19, 1995) pp. 32 - 33)。

举措也没有取消,有的还甚至得到进一步加强。

这种令人毛骨悚然的极权主义之所以出现,部分原因是马来西亚政治体制的结构所决定的。马来西亚宪法动辄就被修改。议会三分之二通过表决就可以促使执政党修改宪法。联盟以及国民阵线都可以轻而易举地掌握议会的三分之二,以满足自己的政治意愿。反对党也可以抗议修改宪法,但收效甚微。

其他政治制度也支撑着统治政权的力量和特权。比如说,除了在极少的场合下,马来西亚的司法力量极为软弱。马来西亚成立初期,很多马来西亚的政治家都有司法背景。结果,他们在诸多政治和社会问题上都达成广泛共识。事实上,有证据表明首相甚至在议会通过某项议案之前会先咨询法学泰斗。[①]

马来西亚脆弱的司法体系使得其各种政权得以随心所欲的控制大众传媒。1974 年,议会通过决案,要求由马来人掌握所有报纸的绝大部分所有权。不久,主要的政治党派(尤其是 UMNO)开始控制主要报纸。到 20 世纪 80 年代,UMNO 已经直接或间接控制着《海峡时报》、《马来邮报》、《马来文每周大报》、《马来西亚前锋报》。[②] 政府也控制着三个电视台中的两个,同时掌握着第三个电视台股权的 40%。

除了控制媒体和大众传媒,政府还通过其他立法手段实施控制。根据 1958 年的印刷出版法案,政府享有每年对出版社的审查并办许可证的权力,同时根据 1948 年的叛国法案,对于媒体泄密,可以勒令其终身停业。叛国法案几经修改以禁止任何讨论马来人的特权,苏丹和皇室的特权,非马来人的国民身份以及政府的语言政策等问题。政府还限制外国出版物以审查是否伤害了“公共秩序,国家利益,道德或者安全。”[③]1984 年,又有两项进一步限制新闻自由的法案通过:出版和发行法案以及国家机密法案。前者

① 参见马来西亚的政府与社会(Crouch, Government and Society in Malaysia, pp. 138 – 142)

② 参见马来西亚政治:第二代(Means, Malaysia Politics: The Second Generation, pp. 137 – 138)。

③ 参见马来西亚政治:第二代(Means, Malaysia Politics: The Second Generation, p. 138)。

规定外国出版物首先必须支付数额巨大的定金，如果该出版物伤害了马来西亚的国家利益，但不能出席法庭时，那么政府有权从它之前支付的款项中扣除罚金。而国家机密法案也有同样苛刻的规定：在该法案下，任何一个公共部门委托另一个公共部门托管的信息都属于机密。国家机密法案规定苛刻处罚条例。比如说，如果哪个政府工作人员拒绝把从公众得到的部门信息告诉警局的话，那么他将受到5年监禁。[①]

除了这些限制，一系列惊人的剥夺个人自由的法案也得到通过并且得以随心所欲的实施，包括1960年的国内安全法案（1972年和1975年得到修订），在此法案下，内政部可以在不经审判的情况下，对一个人进行为期两年的预防性拘留。1948年的叛国法案赋予政府彻底的权力可以以叛国罪名逮捕任何个人。如果罪名成立，个人可被监禁长达3年。

还有一项法案，在马来西亚独立后得到通过，该法案极大的加强了国家的强制力。很多条款都是在马来西亚第一次国家紧急状态下形成，在共产党领导的暴动中形成。不过，这些法律仍然可以在很多教科书中看到它们，它们被各种上台执政的政权用来反对异己力量。有两项条例非常重要。第一，1958年的公共秩序（保留）法令，允许警察宣布某些地区为禁止区。一旦这个法令生效，警察就有权力干涉5人以上的行进和聚会，并可以随心所欲的搜捕疑犯，控制武器。违反该项法令将受到严惩，监禁达到10年。另一项法令，1959年通过的预防犯罪法案，允许警察在不说明原因的情况下将犯罪嫌疑人拘禁长达28天。[②]

这些对个人、新闻媒体以及政治自由的限制保证媒体不会报道煽动性信息，政治家就不会为迎合大众而迟疑，统治政权的地位就会不受到威胁。政府偶尔使用司法力量不仅仅是平息反对党，如DAP，也是为了控制和惩罚

① 参见马来西亚政治：第二代（Means，Malaysia Politics：The Second Generation，p. 139）。

② 多数相关评论引自马来西亚政治：第二代（Means，Malaysia Politics：The Second Generation，pp. 141 – 145）。

伊斯兰政治党派的反对,如 PAS,尤其是在吉兰丹州。[①]

七、联邦制

马来西亚的联邦制政体是否也缓和了其民族冲突呢?[②] 有关这方面的证据有些复杂。比如说,尽管 UMNO 一再努力,但它在马来人占主导的吉兰丹州要稳住脚跟的进展十分缓慢。在全国层面使 UMNO 感到头疼的是 PAS,PAS 在吉兰丹州势力很大,它一直试图建立伊斯兰的统治。PAS 试图将伊斯兰价值观传播至公共领域并通过立法,它不断地挑战政府的权威。PAS 在信仰伊斯兰的马来人占主导的吉兰丹州获得很大的民众支持,这使得 UMNO 在地方层面不能推翻它。[③]

然而,PAS 和 UMNO 的竞争结果,并不能用来作为马来西亚联邦制的代表。马哈蒂尔政权在处理沙巴州一系列有争议的问题时采取了强硬的立场。[④] 沙巴州多民族人口以及它和马来半岛的物理距离决定了它将会得到来自中央的区别对待。

八、现代新加坡

马来西亚长期以来实行明显的民族优待政策,偏向于马来人,新加坡则不同,它试图淡化他们主要组成部分——中国团体。在新加坡成立之初,它试图淡化其主要人口的中国人身份,因为东南亚当时弥漫着一种紧张气氛,驱逐中国人就被看作是中华人民共和国的"第五纵队"。

---

① 参见新定罪(S. Jayasankaran,"New Convictions," Far Eastern Economic Review, Vol. 158, No. 51 (December 21, 1995), p. 30)。

② 参见马来西亚半岛政府和政治中的联邦因素(B. H. Shafruddin, The Federal Factor in the Government and Politics of Peninsular Malaysia (Singapore: Oxford University Press, 1987))。

③ 参见马来西亚国家对于伊斯兰复苏的反应:调停、合作和对抗(David Camroux,"State Response to Islamic Resurgence in Malaysia: Accomodation, Co – Option, and Confrontation," Asian Survey, Vol. 32, No. 9 (September 1996), pp. 852 – 868)。

④ 参见周边金融危机:吉隆坡和沙巴之间的裂痕(Periphery: Audrey R. Kahin,"Crisis on the Periphery: The Rift Between Kuala Lumpur and Sabah," Pacific Affairs, Vol. 65, No. 1 (Spring 1992), pp. 18 – 49)。

之后，理论上民主政权的 PAP 试图建立“多民族”社会，在这个社会中，政治领域中政治差异将被消除。① 在这个一党独大的国家里，PAP 通过推行经济快速增长政策以及一系列限制政治活动和个人自由的综合性政策，保持了民族和平。②

尽管政府承诺建立一个种族平等、精英管理的社会，但民族歧视以及优势民族依旧在新加坡存在。为了防止民族暴动，PAP 政府推行了一系列教育和文化政策，建立和执行特殊的新闻自由政策，并且限制司法独立的使用范围。正如在马来西亚一样，两个因素解释了新加坡政治稳定的原因：快速的经济增长和广泛的政治镇压机制。

（一）社会限制以及官方习俗

在新加坡有一系列官方制定的社会限制和禁令来限定人们的公共生活。它们包括禁止各种不良社会行为，诸如不许嚼口香糖，便后冲厕所以及不许四处丢垃圾。违反这些行为要受到法律的严惩。规制这些行为的法令虽然非常奇怪，但并不涉及民族关系问题。政府还通过一系列各种各样方式劝诫其公民在全社会形成公民观念。与此相对应，这个城市国家还鼓励全民为其多文化的特质感到骄傲和自豪，以促进种族和谐，追求宗教宽容，展示关爱和体贴，推广自愿主义风气并形成共同愿景。③

这些努力都在试图给公民灌输一种特别的国家民族意识和协调一致观念，在新加坡这些主要是通过国家提供大量的公共住房（新加坡最显著的成就之一）得到体现。政府建立住房机构——住房与发展委员会，以确保民族聚居区，如那些在英国智民统治下发展起来的地区，不被允许开发。为了达到这个目的，新加坡政府为中国人，马来人，印度人以及“其他民族”分配

① 参见新加坡：通过管理整合获得政治合法化（Choo - Oon Khong，“Singapore：Political Legitimacy through Managing Conformity，” in Alagappa，Poitical Legitimacy in Southeast Asia，p. 126）。

② 关于新加坡经济增长政策简短描述和分析，请参见四小龙（Vogel，The Four Little Dragons）。

③ 参见多民族的意义（Eng，Meanings of Multiethnicity，p. 43）；参见新加坡寻求国民身份：政府的政策的胜利和试验（Hussin Mutalib，“Singapore ' s Quest for a National Identity：The Triumphs and Trials of Government Policies，” in Ban Kah Choon，Anne Pakir，and Tong Chee Kiong，eds.，Imagining Singapore（Singapore：Times Academic Press，1992），pp. 69 - 96）。

了固定的配额，他们分别拥有各自的邻居以及公共住房。从某种角度说，新加坡政府的公共住房项目取得了惊人的成就。新加坡的公共住房项目使得其总人口的80%有房住。① 从另一方面说，政府在发展和提供住房方面的作用构成了新加坡国内各民族的社会控制模式。另外，某些少数民族（特别是马来人）表达了在中国人占主导的情况下遭受歧视的忧虑。②

（二）教育政策

和马来西亚一样，新加坡也继承了殖民时期的教育政策和制度。在长期的殖民统治时期，英国人在新加坡建立普遍的教育体系方面作为不多。义务教育只把英语教学提供给新加坡社会的特定阶层，他们之后在英国殖民统治部门干些低级的活。只是在1945年英国人重新回到新加坡的时候，遇到了组织良好的国家运动，他们才意识到必须控制20世纪30年代以来在中国共产党指导下建立起来的中文学校，并通过大力支持英语教学的学校为社会输送更多的受过英语教育的精英。最终，受过英语教学的新加坡人从事着商业和行政管理职务而那些接受方言教育的人（中国人，马来人以及泰米尔人）则直接面向技术和职业培训。

随着1955年独立日的临近，立法议会指派一个委员会重新审视教育政策。李光耀就是其中一个委员，PAP教育政策的根源可以追溯到这个委员会的相关政策建议，包括平等地对待四个主要语言，在小学推广双语教学，在中学推广三语教学，并将马来语定为国语。③ 对于将马来语定为国语，是因为委员会着眼于新加坡的地缘政治位置以及这个城市国家中土著马来人的力量。

1980年因为"吴庆瑞报告"事件新加坡的教育政策发生了重大调整。"吴庆瑞报告"以其作者副首相吴庆瑞命名。这个报告是在新加坡居高不

① 参见民主和发展（Nether and Marlay, Democray and Development, p. 139）。

② 参见多民族的意义（Eng, Meanings of Multiethnicity, p. 128）。

③ 参见新加坡：李光耀的遗产（R. S. Milne and Diane K. Mauzy, Singapore: The Legacy of Lee Kuan Yew (Boulder, Colo.: Westview Press, 1990), p. 18）。

下的辍学率的形势下出台的。[①] 报告将双语教学作为高失学率的重要原因之一。报告认为很多学生无法达到双语教学的要求,并建议让学生根据他们的表现而“流动”起来,最优秀的学生将被安排在优秀的学校学习更多的课程,差些的学生将接受单语教学以及职业培训。同时,该报告也主张将思想道德教育写入教科书,以抵抗“西方价值观”的侵蚀。政府随后试图培养“亚洲价值观”,主张自我克制以及谦恭,以对抗个人主义,因为它是和西方颓废堕落的思想相连的。[②]

新加坡的教育改革给这个城市国家的马来人和印度人带来了复杂的结果。马来人依旧是新加坡学校中表现最差劲的。他们糟糕的表现反过来又影响着他们的就业。[③] 新加坡政府对经济处境相对差劲的马来人以及印度人可绝对不怎么仁慈。政府并不是根据历史原因以及更深层次的原因去评价和判断马来人和印度人在学习上的糟糕表现,而是直接责备这些受害者,并要求马来人自救,认为是马来人的文化传统和习惯导致了他们受教育上的失败。[④]

(三)种族背景以及经济机会

尽管 PAP 宣称要建立一个多种族的社会,但是它在执政过程中却明显给予这个城市国家的个别民族歧视性的政策待遇。比如说对马来人,他们在公务员的高职位中代表数额就明显不足。不仅如此,自从新加坡 1965 年从马来西亚分离出去后,马来人就被排除出军队和警察的队伍。即便马来年轻人被应召入伍,他们也只能从事卑微的工作,并不得参加空军、指挥部

---

① 参见新加坡:李光耀的遗产(R. S. Milne and Diane K. Mauzy, Singapore: The Legacy of Lee Kuan Yew (Boulder, Colo.: Westview Press, 1990), p. 19)。当 1980 年政府的新政策实施时,新加坡小学的出勤率只有 29%。

② 参见民主和发展(Nether and Marlay, Democray and Development, p. 136);参见文化的命运?亚洲反民主价值观的秘密(Kim Dae Jung, “Is Culture Destiny? The Myth of Asia's Anti – Democratic Values,” Foreign Affairs, Vol. 73, No. 6 (November/December 1994), pp. 189 – 194)。

③ 参见多民族的意义(Eng, Meanings of Multiethnicity, pp. 156 – 157)。

④ 参见多民族的意义(Eng, Meanings of Multiethnicity, p. 165)。

或司令部以及坦克装甲部队。①

除了遭受来自政府以及政府服务部门的歧视外，马来人在私营部门也遭受着广泛的歧视。歧视最有可能发生在中国人控制的公司里。这种对于马来人的偏见源于这样一种看法：马来人不像中国人那样勤劳，是不值得信赖的人。② 尽管私营部门的歧视不能归于政府政策，但是在一个表面上宣称是多种族和精英管理的社会里持续的歧视现象表明，政府并没有采取有效措施制止这种现象。

（四）对不同政见者的控制

尽管 PAP 政府在观念上宣称建立民主的社会，但是它在新加坡却对政治异己力量施行着成体系的镇压。尽管大选看上去也显得是公平和自由的，但是 PAP 也利用了其在职的便利条件削弱异己力量。这种压制性政策也预防了民族政治运动的出现。立法中有一系列限制言论自由，公民自由和司法审判的规定。

新加坡在新闻自由方面有着严格而清晰的审查。政府控制的新加坡广播公司对所有的广播电台和电视频道进行垄断。只是在外国竞争者的压力下，新加坡政府才从 1993 年开始，仅仅允许五星级酒店的室内电视使用光缆新闻网络频道。新加坡所有的报纸都由新加坡出版局控制，新加坡出版局和 PAP 有密切的联系。地方杂志担心遭到查处，而不得不进行自我审查。③

在新加坡有很多关于其脆弱的司法体系的著作。④ 司法自治的问题于 1994 年进入人们的视野，当时，新加坡国立大学的一位访问教授克里斯多夫·林格尔，由于在国际尖峰论坛上发表了一篇文章而遭受轻蔑罪的指控。在这篇文章中，他指出亚洲有一个国家存在着“顺从的司法制度”。新加坡

---

① 参见马来人在新加坡（Li，Malays in Singapore，p. 109）。

② 参见马来人在新加坡（Li，Malays in Singapore，pp. 109 – 110）。

③ 参见民主和发展（Neither and Marlay，Democracy and Development，p. 136）。

④ 关于介绍西方对新加坡立法体系的批评的讨论是傲慢的，参见巩固继承（Diane K. Mauzy，“Consolidating the Succession，” Asian Survey，Vol. 36，No. 2（February 1996），pp. 117 – 122）。

强迫国际尖峰论坛做出公开道歉。[①] 新加坡政府执行部门已经不是第一次这样利用司法力量制服外国出版物了。

镇压政治活动的两部重要法律是已经存在很长时间的国内安全法案以及最近才通过的保持民族和谐法案。这两个法律的触及范围都非常广，可以审查任何国家认为是对于民族和平不利的活动。如1987年，很多教堂和社会工作者都被逮捕并投入大狱，原因是政府怀疑他们成立了宣扬马克思主义的组织。尽管总理吴作栋在议会中保留了若干对其不利的证据，但他们还是因为国家安全法案的规定而被押回重审。[②] 虽然在国内安全法案下，很少有人因触犯此项法案而入狱，但该法案仍然是新加坡非常重要的法律。

八、结论

和很多后殖民国家和多民族国家相比，马来西亚和新加坡都维护了民族和平。但是，这却使得主要民族的主导性地位和系统的政治镇压成为必需。

新加坡在维护民族和平方面的做法不可借鉴，它的经验带有很强的特殊性，只适合它自己。必须承认，新加坡的经济发展成就显著。但是除了其经济表现外，它的其他成就则是较大的多民族国家不能效仿的。新加坡很多成功取决于其带有侵入性的社会政策的实施，这些社会政策的实施扩大了政府的控制。然而，新加坡政府对其民众所实施的社会控制政策在其他大型多民族国家是不能运用的。

马来西亚的例子则从另一个角度说明了它的很多有用的政策启示意义。对政治诉求以及个人自由的严格控制帮助马来西亚政府在一个看似民

① 参见1994年的新加坡（Diane K. Mauzy, "Singapore in 1994: Plus ca change, …" Asian Survey, Vol. 35, No. 2 (February 1995), pp. 179 – 185）。

② 参见新加坡（Milne and Mauzy, Singapore, p. 128）。

主的政治框架下建立了一种独特的权威主义政治文化。[①] 这些限制,配合着清晰可见的经济膨胀模式和稳健的再分配政策,马来西亚保持着脆弱的民族和平。马来西亚示例同时表明,如果缺乏强有力的政治力量,调节民族纠纷和冲突的强健政治制度,则延缓大范围的政治参与就显得尤为重要。这个建议的规范性意义或许和坚持自由民主价值观相左。除此之外,从更实际的角度说,独裁制度一经确立就很难被破除。最后,有大量证据表明,独裁政体未必能促进经济发展,保证社会公正,维护民族稳定。所以,仅仅在政治参与方面的独裁限制并不能保证获得预期的政治结果。不过,我们必须认识到,政治自治权以及广泛的政治选举权在绝大多数西方自由民主社会中都经历了漫长的发展演变过程,本身又存在不同的发展阶段。多民族社会的政治参与的迅速扩大经常会激起个别民族对其地位的不满情绪的宣泄并最终导致民族暴动。[②]

最后,马来西亚和新加坡的例子都强调促进经济发展和公正的再分配政策的极度重要性。不可否认,民族紧张情绪潜藏在马来西亚和新加坡国内。两国政府在促进经济快速发展同时向所有政治冲突的民族地区提供经济安全的能力,或许是预防南亚地区再出现民族暴乱的关键。

---

① 参见马来西亚政府和社会(Crouch,Government and Society in Malaysia,pp. 236 –247);参见"中途之家"可以成立吗?东南亚三国的半民主主义和精英理论(William F. Case,"can the 'Halfway House' Stand? Semidemocracy and Elite Theory in Three Southeast Asian Countries," Comparative Politics,Vol. 28,No. 4 (July 1996),pp. 437 –464)。

② 参见民族主义和观念的市场(Jack Snyder and Karen Ballentine,"Nationalism and the Marketplace of Ideas," International Security,Vol. 21,No. 2 (Fall 1996),pp. 5 –40)。

第七章 印度尼西亚的政治合作与民族关系管理

R. 威廉·里德(R. William Liddle)

印度尼西亚共和国是世界上最大和最具有民族多样性的国家之一。前荷属印度,是由自20世纪20年代起就为反对荷兰殖民统治而斗争的具有各种种族背景的民族主义者于1945年建立起来的。他们把自己看作是法兰西、美国和俄罗斯革命传统的后继者,设想了一个基于人民主权的现代社会和多民族的国家。他们在经过了与荷兰殖民者四年的坚决斗争后,在二战后重新夺回政权,于1949年赢得了独立。

独立后,文化或地域的,宗教的以及种族的分化已经成为印尼的主要政治冲突根源。他们从根本上导致了20世纪50年代代议民主制的崩溃,而这在苏加诺执政期间(20世纪50年代末期到60年代中期)都没有得到很好的解决。从1966年开始,在苏加诺总统的新独裁统治下,民族政策开始形成和贯彻。高压政治是政府解决纷争和回应国外集团要求的主要工具,但是意识形态的说教,物质产品、服务的交换以及合作也成了政策方程式中的一部分了,导致其政策结果有成有败。

20世纪90年代中期,构成民族分裂的三个因素——文化地域,宗教以及种族,正处于活跃期。21世纪初,或许更早,印度尼西亚可能进入政治生活的一段困难时期。苏加诺总统已经执政超过30年,1996年6月他就75岁了。随着印尼经济的不断发展,日益增长的民族冲突以及与之相伴相随的领导危机将在更大程度上破坏国际经济,带来政治压力,并影响印尼国内政治性社会团体的存在。国家层面上的渐进民主化以及权力从中央到地方的不断下放可能是解决这些问题的最好方法，但却鲜有迹象表明，印尼的上层集团准备在这方面采取行动。

一、民族冲突的根源

（一）民族分裂

印度尼西亚是一个多民族国家，其表现在三个方面：文化或地域的，宗教的以及种族的。印尼将近 2 亿的人口被分成上百个不同的文化地域群体，绝大多数居住在从苏门答腊岛北部的亚齐绵延至新几内亚群岛西半部的伊里安岛查亚将近4000 英里的群岛上。[①] 每个群体都讲他们自己的语言或方言，在传统和习俗上都有强烈的有别于其他民族的特色意识。

关于不同的文化或地域群体规模大小，表 13 提供了相关数据，但其列举的实际数字无疑是太低了。例如，大多数观察者认为讲爪哇语的人口超过 9000 万，或者几乎是印尼全部人口的一半，而讲巽他语的群体占印尼总人口的 15%，或者将近 3000 万。不过，该表格也明确地区分了亚齐人、托巴和代里人、米南加保人、马来人和楠榜人以及东爪哇岛北海岸马都拉岛的马拉都人，巴厘人，位于巴厘岛东部努沙登加拉省西部的龙目岛塞塞卡文，南加里曼丹的马辰人以及作为重要的中等规模群体的南苏拉威西岛的望加锡人。一般来讲，从印尼西部（苏门答腊、爪哇、巴厘岛）到东部，族群数量在增加，而族群规模却在缩小。在群岛的最东部，伊里安岛查亚只有不到 200 万的居民，但是却有 200 多个不同的地域文化群体。

印度尼西亚官方承认 5 种宗教——伊斯兰教、新教、天主教、印度教、佛教。（见表 14）大多数的印度教徒是讲巴厘语，而新教和天主教教徒则集中于特殊地域的群体中，例如苏门答腊岛的巴塔克或者是东印度尼西亚的弗洛雷斯岛的人们。

---

① 参见社会和环境（Joel C. Kuipers, "The Society and Its Environment," in William H. Frederick and Robert L. Worden, eds., Indonesia: A Country Study (Washington, D. C.: Federal Research Division, Library of Congress, 1993), pp. 69 - 136）。

表 13　印度尼西亚的民族结构

族群	位置	数量	所占百分比
爪哇人	中、东爪哇	70,000,000	41.5
巽他人	西爪哇	25,000,000	14.8
马来人	南苏门答腊岛及沿海地区	10,000,000	5.9
马都拉人	东爪哇(马都拉岛)	9,000,000	5.3
米南加保人	西苏门答腊	7,500,000	4.4
巴厘人	巴厘	3,000,000	1.8
布吉斯人	南苏拉威西岛	2,500,000	1.5
亚齐人	亚齐	2,200,000	1.3
托巴人	北苏门答腊	2,000,000	1.2
班查尔人	南加里曼丹	1,800,000	1.1
望加锡	南苏拉威西岛	1,500,000	0.9
萨萨克人	龙目岛	1,500,000	0.9
楠榜人	楠榜	1,500,000	0 .9
代里人	北苏门答腊	1,200,000	0 7
其他		30,175,000	17.8
总计	168,875,000	100.0	

注释：以上数据只是估算。20 世纪 80 年代中期，印尼的人口约为 168875000 。

资料来源：参见社会及其环境(Joel C. Kuiper, "The Society and Its Environment," in William H. Frederick and Robert L. Worden, eds. , Indonesia: A Country Study (Washingtong, D. C. : Federal Research Division, Liberary of Congress, 1993), pp. 96 – 97)。

表 14　印度尼西亚的宗教分布(1985 年)

宗教群体	数量	所占百分比
穆斯林	146,752,375	86.9
新教	10,976,875	6.5
天主教	5,235,125	3.1
印度教	3,208,625	1.9
佛教	1,688,750	1.0

其他	1,013,250	0.6
总计	168,875,000	100.0

资料来源:印度尼西亚统计数据/ 1986 年印度尼西亚统计年鉴(Statistik Indonesia/Statistical Handbook of Indonesia 1986(Jakarta: Central Bureau of Statistics,1987),pp. 168 – 169)。

大多数佛教徒是印尼华人,是在 19 世纪和 20 世纪从中国移民而来的后裔。而穆斯林信徒以绝对性的优势占据印尼总人口的 90%,印尼穆斯林分为不同派系,包括持调和论的爪哇人,传统主义者和现代主义者或称改革主义者。

持调和论的爪哇人(有时被其他印尼人称作名义上的穆斯林或拥有“身份证”的穆斯林)是伊斯兰教的正式追随者,他们在宗教信仰和宗教实践中混和了传统的万物有灵论、印度教、佛教和伊斯兰教的因素。这些万物有灵论的因素在下层阶级和乡村爪哇人里表现更为突出,而在皇家宫廷中的爪哇贵族或上层社会中的爪哇后裔中,其宗教信仰和宗教实践则更多受印度教和佛教的影响。

穆斯林传统主义者坚持伊斯兰逊尼派的合法解释。在政治意义方面,尽管几千万穆斯林人生活在爪哇的中部和西部,苏门答腊岛,加里曼丹和苏拉威西岛,但穆斯林传统主义者的最大的聚集地是爪哇东部。他们中大多数是居住在乡村和小城镇的小农夫或小商贩。伊斯兰现代主义或改革主义是一场在 19 世纪后 25 年里从中东传到印尼的运动;其目前的追随者,数以千万计,专心于可兰经意思的直接解释,而抵制全部四种传统的逊尼法律派别。穆斯林现代主义者散布在印尼每个地区,他们的政治重心一直在爪哇岛以外的岛上,尤其是苏门答腊岛和苏拉威西岛。和与传统伊斯兰教紧密相连的可兰经派正相反,现代主义者还倾向于城市化,接受西式教育。

人类学家克利福德·格尔茨是第一人,他从调和论者、传统主义者和现代主义者差异方面,分析印尼(特别是爪哇)的伊斯兰文化和社会;克利福德·格尔茨20世纪50年代生活在爪哇东部。[①] 格尔茨的学说受到两种观点的攻击,一种观点认为爪哇人的伊斯兰教从来没有融合过,另一种观点认为印度尼西亚的伊斯兰教自20世纪50年代起开始变得更加统一了。[②] 后者认为融合的穆斯林教徒变得更加纯粹,至少更像中东地区的穆斯林人,他们还认为作为快速城市化和西化教育传播的结果,现代主义者和传统主义者的差别正在消失。尽管仍有大量的证据(下面我会讲到)表明调和论者、传统主义者和现代主义者在政治上都是活跃、积极的,我还是认为第二种观点更有一些价值。

印度尼西亚人认识到了两个种族的差异。第一种差异是在印尼华人(印尼公民或具有中国血统的常住民)和印尼土著人之间的差别。[③]

中国人在印尼岛国上生活已经有好几百年的历史,但在19世纪末和20世纪初,当荷兰殖民政府在其殖民统治下为他们提供经济机会和一定的人身安全时,其人口数量才开始初具规模。如今,他们占印尼人口的大约4%,主要生活在城市和城镇中。[④] 从商业大亨到三轮车车夫,在印尼的大多数城市居住地,都能看到印尼华人的身影,而土著印尼人则看见印尼华人分布于所有中心商业区的街道小店里。大多数土著印尼人认为如不加以控

① 参见爪哇宗教(Clifford Geertz,The Religion of Java (Glencoe,N. Y.: Free Press,1960))。

② 参加爪哇的伊斯兰教:阿曼苏丹日惹规范的虔诚和神秘主义(Mark Woodward,Islam in Java: Piety and Mysticism in the Sultanate of Yoggyakarta (Tucson: University of Arizona Press,1989));伊斯兰教的爪哇·爪哇东部农村的宗教和政治(Robert Hefner,"Islaming Java? Religion and Politics in Rural East Java," Journal of Asian Studies,Vol. 46,No. 3 (August 1987),pp. 533–554)。

③ 对于印度尼西亚里中国人的概述,参见土著印度尼西亚人,中华民族和中国(Leo Suryadinate,Pribumi Indonesians,The Chinese Minority and China,3d ed. (Singapore: Heinemann,1992));印尼华人的危机(Charles A. Coppel,Indonesian Chinese in Crisis (Kuala Lumpur: Oxford University Press,1983));参见中国人在印度尼西亚(J. A. C Mackie,The Chinese in Indonesia (Honolulu: University of Hawaii Press,1976))。

④ "自1930年人口普查以来,就没有收集到印尼华人人口的可靠数据;尽管只能是一种学理上的猜测,所有后来的估算数字…似乎只是根据一些计算得出,这些计算数字仍代表着总印尼人口3%和4%的人口。"参见东南亚中国的经济体制(Jamie Mackie,"Economic Systems of the Southeast Asian Chinese," in Leo Suryadinata,ed.,Southeast Asian Chinese and China: The Politico–Economic Dimension (Singapore: Times Academic Press,1995),p. 62,n. 14)。

制,印尼华人将掌控现代经济。很少有印尼华人成为穆斯林教徒,他们多数都转信了基督教。

印尼人认为第二种种族区别是讲印尼语的人和讲美拉尼西亚语和巴布亚语的人之间的差别,其中讲印尼语的人位于西印尼,占印尼共和国全部公民绝大多数(此处是南岛语系四个子群的语言学上的意义),而讲美拉尼西亚语和巴布亚语的人则是指分布在爱尔兰加瓦省及其临近岛屿的人。[①] 美拉尼西亚语是南岛语族的一个子群,但是巴布亚语则与之毫无相干。与典型的浅色皮肤、直发的讲印尼语的西印尼人形成对照,美拉尼西亚语人一般有黝黑的皮肤和卷曲的头发,巴布亚语人往往有相对较浅的皮肤和卷发。根据1990年人口普查的统计数字,我们粗略地了解到印尼的美拉尼西亚语人和巴布亚语人的数量是伊里安查亚省的居民数量,为1649000人,这个数字还不到印尼总人口的2%。[②] 与在西印尼的印尼华人一样。从西印尼移民而来的新进的印尼语人在许多东印尼城镇的中心商业区和市场占有主导地位。

(二)民族差异性和政治冲突

自独立以来,文化或地域的,宗教的和种族的分化已成为导致印尼政治冲突的重要因素。在这些文化或地域的族群中,占印尼人口大多数的爪哇人和所有担心受爪哇人统治的其他族群之间的关系构成了冲突的焦点。其他族群所担心的这种统治是从族群利益(族群之间稀有资源和地位奖赏之间的竞争)和更宽广的文化意义方面来说的。人们的理解是,爪哇人想要将"封建的"等级制度和对权威服从的价值观强加于传统上更倾向于平等的非爪哇文化上。

爪哇人和其他族群之间的紧张状态随着20世纪50年代末雅加达权力的中央集权化的趋势加强而恶化。雅加达作为首都城市,居民和中央政府的成员都是多民族的,但是对于非爪哇人来讲,由于爪哇人人数上的绝对优

---

① 我十分感激在与卡尔·海德亲身交流时,从他那里得到这些术语分类的信息。

② 参见印度尼西亚1996(Indonesia 1996: An official Handbook (Jakarta: Department of Information, Republic of Indonesia, 1996), p. 301)。

势及其天然与首都临近，使得中央集权化等同于爪哇化。而且，许多或者是绝大多数地区都是这种较大的和较小的，发达的和落后的族群之间的政治紧张态势及其相伴相随的冲突形式的缩影。例如，1997 年初在西加里曼丹婆罗洲土著的迪雅克人与移民的马都拉人之间爆发的民族暴动，使得几百人丧生。

三种宗教差异在独立的印度尼西亚已经被政治化了。第一，许多穆斯林和基督徒都彼此怀疑。在殖民统治时期，基督徒作为相对拥有特权的少数人团体，得到了荷兰殖民政府更多的信任，从而获得了更多现代教育和工作的机会。这使他们比其他群体更具优势，从今天基督徒占据了政府和私营部门要职的绝对比例中就可见一斑。很多穆斯林认为基督徒首领互相勾结，与融合的穆斯林谋划来维护他们的统治地位。他们还认为受国外传教士指点，皈依的基督徒对穆斯林共同体是一个严重的威胁。就许多基督徒而言，他们害怕穆斯林想要以一个伊斯兰的国家取代当前泛宗教的国体，这样一来非穆斯林充其量也就是二等公民。

第二，持调和论的穆斯林和传统的穆斯林已经有了明显的分裂。许多持调和论的穆斯林认同爪哇主义者，而不认同伊斯兰社会、政治信仰以及价值观，正统的人（尤其是现代主义穆斯林）认为传统的穆斯林，使爪哇文化“阿拉伯化”。传统的穆斯林往往对持调和论的穆斯林表示轻视，他们说持调和论的穆斯林对自己的地域有肤浅的理解，或者，换句话说，持调和论的穆斯林正试图将印度—爪哇主义者哲学（或是迷信）变成一种宗教。他们还认为持调和论的穆斯林主义者受制于基督教和西方政府，而西方政府旨在阻止穆斯林获取政治权力。

第三，穆斯林现代主义者和传统主义者是政治竞争对手。城市的、受过西方教育的现代主义者往往认为他们在宗教、社会与文化方面，比受可兰经学校教育的田园传统主义者更先进。结果，许多现代主义的领导仿照列宁主义者的先锋，宣称他们能独自地表达整个穆斯林共同体的政治观点。另一方面，传统主义者为他们所看到的现代主义者的狂妄自大而感到愤怒，也反对现代主义者把他们对伊斯兰社会和政治哲学的解释强加给伊斯兰共同体的其他派别乃至整个印度尼西亚社会。

这三种宗教分裂在印尼独立期间都有明显的组织形式。穆罕默德协会,印尼穆斯林现代主义者最大的社会和教育组织(目前宣称拥有超过2000万会员),成立于1912年。与之相对,传统主义者于1926年成立了回教教士联合会(传统宗教教士的复苏);拥有超过3000万的会员。除此之外还有为新教徒和天主教徒成立的国家性质的组织。调和主义不是一般公认的宗教,但是这种联合代表了爪哇唯心主义者运动的利益。

印尼的第一个政党体系成立于20世纪40年代,主要以宗教为基础,其次以阶级和文化或地域为基础。1955年议会选举(印尼历史上唯一的自由选举),四个最大的政党是:PNI(印度尼西亚人民党),其支持者主要是上层融合主义的穆斯林爪哇人;印尼穆斯林咨询委员会,主要由非爪哇穆斯林现代主义者领导控制;回教教士联合会,由爪哇的穆斯林传统主义者领导;还有PKI(印尼共产党),主要受下层的调和主义穆斯林拥护。PNI,四个政党中最大的政党,得到近21%的选票,而最小的PKI政党,赢得了超过16%的选票。大多数基督教徒都投票给PNI、PKI,或是其他很小的新教和天主教的政党。PNI、PKI和回教教士联合会赢得的四分之三或者更多的选票都来自东爪哇和中爪哇两个选举地区,恰好代表了印尼选举人口的一半。印尼穆斯林咨询委员会得到的选票中只有1/4来自东爪哇和中爪哇,剩余的3/4大部分来自于行政区土著族群而不是爪哇人。①

现今,两个合法的非政府党派(允许参加竞选),作为这个政党体系的剩余仍然可见。PPP(建设团结党,或是发展联合党)是伊斯兰政党的结合,而PDI(印尼民主党)则联合老牌的PNI、两个小的民族党派和两个基督党派。PPP和PDI已经变成了两个二流的政党联盟。在一个极为有限的条件下,他们继续争取宗教的、阶级的以及地区团体的支持,不过他们充其量是蹩脚的代言人。

① 参见印尼民主宪政的衰落(Herbert Feith, The Decline of Constitutional Democracy in Indonesia (Ithaca, N. Y. : Cornell University Press, 1962), chap. 9)。

宗教的甚至是地区团体间的竞争,相对于其种族间的冲突来说,其制度化形式更加清晰。印尼华人在独立后的早年期间,其个人和组织在政治和政府中还是有一席之地的;一个印尼华人的政治性党派在1955年的国会选举中努力赢得了0.5%的选票(一个席位)。[①] 然而,一般说来,尤其自20世纪60年代中期以来,印尼华人都没有直接或公开参与到党派政治或政府活动中来。许多,也许是大多数,土著的印尼人把印尼华人视为贱民阶层、"外来人口"(无视其实际的公民身份),认为他们仍对中国效忠,他们来印尼只是为了赚钱。土著印尼人对印尼华人的泄愤经常引起或伴随着印尼法律和秩序的崩溃,他们对印尼华人进行攻击,毁坏并掠夺他们的财产。

为了应付这种对抗,印尼华人起初通过暗地里金钱贿赂给有势力的土著个人或团体来寻求个人和公共安全。在20世纪50年代和60年代早期,许多印尼华人支持印尼共产党,这是一股依赖中国共产党的上升力量。到了90年代,他们依旧保持与PDI以及其他反对武装的伊斯兰团体和个人的联系,还资助了新秩序政府的将领和高级官员。许多印尼华人是基督教徒的事实也加强了这种关系。

最后,我们所理解的美拉尼西亚人/巴布亚人和其他印尼人的种族差异是加强许多东印尼人,尤其是伊里安查亚居民文化差异感的一个因素。许多美拉尼西亚和巴布亚语人认为自己被西印尼人视为落后的,甚至原始的族群。在伊里安查亚,OPM(自由巴布组织)支持寻求独立的民族主义者,其独立的要求主要建立在对种族差异的这种理解基础上。另一方面,西印尼人不是从种族的或是语言的角度来定义印尼的政治,而认为它是受荷兰殖民数百年统治的产物。事实上,一些西印尼人会对美拉尼西亚人和巴布亚人屈尊,但是更多人还是对这些处边远的、贫穷的、为数不少的劳苦大众一无所知。因此,大部分西印尼人都倾向无条件接受政府对伊里安人和东部其他造反的人民(如东帝汶岛人)进行镇压后所作出的解释。

---

① 此组织为印尼公民咨询委员会,参见印尼民主宪政的衰落(Feith, The Decline of Constitutional Democracy in Indonesia, p. 435)。

二、1965 年前的民族冲突管理

(一)殖民主义和民族主义

作为一个现代的民族国家,印尼是荷兰殖民主义长期统治的间接产物,始于16世纪末和西方国家的第一次接触,包括二次世界大战期间日本统治的短暂过渡时期,一直到1949年末的主权转移,印尼独立。[①] 殖民统治对独立后印尼在处理民族冲突问题上产生了重要的影响。

荷兰殖民统治宣称建立一个国家,包括建立现代行政制度的框架和确定其构成的领土和种族,这可以从1950年印尼共和国的成立看出来。因此,印尼和当代的东南亚大陆国家有所不同,比如缅甸、泰国、越南、甚至马来西亚群岛,这些国家的主要民族早在殖民统治前就已经存在了。印尼更像是菲律宾,菲律宾是通过西班牙联合而形成的地域民族群体。然而,与菲律宾经受了数百年的天主教化和西班牙化(在数十年的极端美国化之后)比较而言,印尼的极端荷兰统治时期要短暂一些,其文化影响也相对浅显。

在荷兰统治之前,印尼群岛的人们通过贸易和其他关系相互交往,并受到来自印度、中国、中东和欧洲的外来者的不同影响。集中在爪哇、苏门答腊岛、苏拉威西岛的较大的传统国家在那时已经存在,但面积/范围要比今天的印尼共和国小很多。荷兰统治在17和18世纪时期逐渐扩张,但是直到1875年和1910年,现代官僚国家的基本体系才从群岛的政权更迭中建立起来。尽管如此,在边远的地区比如西新几内亚岛(伊里安查亚),荷兰殖民统治紧缩到最小限度。

通过所谓的荷属印度,为新政府组织人员配置,荷兰政府选择了一批印尼的优等种族,提供其西式教育,同时对传统统治者、基督教徒和殖民地许多地方的其他少数民族的儿童实行初始化教育。在短暂的统治中,到20世纪20年代末,这些受西式教育的印尼新社会群体中,有一小部分的人,逐渐

① 详细的综述注解参见自13世纪以来现代印尼的历史(M. C. Ricklefs, A History of Modern Indonesia Since c. 1300 (Stanford: Stanford University Press), 1993)。

成为开展民族运动的领袖，其最终的目的是要推翻荷兰统治，夺回印尼。[①] 1928 年，群岛各地方的年轻领袖们在殖民地首都汇合，宣誓效忠于一个祖国，一个民族，一种语言。

这些人选择的语言是马来语，它是商人们已通用数百年的一种语言，但是却是极少数印尼人的第一语言。[②] 重新定义印尼语言，马来语成为了反抗荷兰统治运动的主要语言，独立后，通过语言媒介形成一种现代印尼文化。自 20 世纪 50 年代早期以来，几乎所有的公共和私人的教育，从基础教育到更高级水平的教育，都已经在印尼展开。大多数政府和私有部门企业通过印尼语来管理，印尼语也是大多数报纸、杂志和书籍使用的语言。在如此多样化的国家里，作为单一的社会没有优先的历史，很难去过高地评价一种语言（对其公民来说是普遍接受的）对民族统一性的重要性，于是，这里并不存在什么优待民族，也并不存在某些优待民族和外部世界的障碍问题了。

然而，在 1928 和 1950 年所处的环境里，必须看到印尼语言对建立民族统一性的作用。[③] 在 20 世纪 30 年代的大多数时间里，民族主义者被压制，其领袖也被送进监狱或者被放逐到边远的岛屿上，包括在西南新几内亚的博文 · 杜尔这个疟疾滋生的臭名昭著的监狱集中营。（对许多如今的印尼人而言，因为早期民族主义者在博文 · 杜尔的遭遇，伊里查亚成为印尼不可或缺的一部分。）在日本占领时期，这些领袖大多数都被自由的并有条件地允许宣扬民族主义思想。其中就有具有超凡魅力的半爪哇和半巴厘的调和穆斯林，包括印尼共和国的设计师苏加诺，以及后来成为印尼共和国的第一总统兼副总统的高智商的现代主义穆斯林苏门答腊岛经济学家——穆罕

① 参见现代印尼精英的出现（Robert Van Niel, The Emergence of the Modern Indonesian Elite (The Hague and Bandung: W. van Hoeve, 1960)）。

② 关于印尼语言的早期发展研究，请参见本地出版物和现代印尼意识的出现（Ahmat B. Adam, The Vernacular Press and the Emergence of modern Indonesian Consciousness (1855 – 1913) (Ithaca, N. y.: Cornell Southeast Asia Program, 1995)）。

③ 这个时期的经典研究参见印度尼西亚的民族主义和革命（George Mct. Kahin, Nationalism and Revolution in Indonesia (Ithaca, N. Y.: Cornell University Press, 1952)）。

默德·哈达。

1945年8月17日,日本在太平洋投降的2天后,苏加诺和哈达以印尼人民的名义宣布独立。四年的革命战争接踵而来,以群岛许多地区的武装游击队运动的自发行为为标志;民族武装和平民政府双方在国内产生了分歧,相互间的冲突几乎一直持续不断;荷兰殖民者卷土重来,其主要的策略之一就是在他们所控制的区域内建立傀儡国家;接下来就是长时期的谈判和妥协;代表民族主义者的美国对其进行外交干涉;1949年末荷兰殖民政府将主权移交给印尼美国联邦共和国,它由苏加诺和哈达领导的印尼民族主义者共和国和荷兰建立的联邦区组成;1950年联邦区也并入到民族主义者建立的共和国中。

和美国1776－1782年的革命战争一样,对经历过这次战争的人而言,以上这些事件锻造了一种新的民族觉醒意识。从民族关系上说,在革命时期,大部分文化或地域团体中具有政治意识的人开始对新的印尼民族产生认同,而不是对他们自己的特殊团体产生认同。他们会对这个最终的或是独立自主的政治体忠诚。其他例外的群体包括,受种族自豪感和被伊斯兰虔诚的混和力量推动的一些亚齐人,一些害怕自己被合并到穆斯林主导的国家的南摩鹿加群岛的基督教徒,和所有到1962年还被荷兰继续占领领土的伊斯兰人。① 不幸的是,革命并没有解决地区和国家之间的关系,它还会继续破坏国家政治生活。尽管本质上印尼民族性(一个祖国,一个民族,一种语言)观念并没有什么种族特征,但它并不能解决印尼国家的印尼华人与美拉尼西亚或巴布亚人之间关系的问题。

荷兰殖民统治不仅最终将印尼变成一个独立国家,它还带来四个重要的特殊遗存。首先,和英国在印度的殖民统治或是美国在菲律宾的殖民统治不一样,荷兰殖民统治有严厉的官僚政治体系,没有为本土的政客参与选举以及进入立法机关提供什么机会。因此,独立前,鲜有民族主义者政客认

---

① 1949年的荷兰向印尼移交主权的协定不包括新几内亚岛,它留给了未来的谈判。荷兰继续加强领土扩张的势力,直到1962年印尼军队和美国外交施压的联合才使其被迫撤退。

识到如何在种族或其他问题上进行谈判和协商。

第二,荷兰官僚设置本身是脆弱的,无论是制订和执行政策或是培训印尼独立后担任政府高职的印尼精英方面。对独立后承诺给社会带来改变的印尼政府而言,国家官僚体系与其说是帮助还不如说是麻烦。

第三,荷兰没有为这个具有民族多样性的群岛国家的中心地区的官僚关系提供一个合适的模式。荷兰殖民政府在 1942 年之前是高度集权的。在革命时期,荷兰试图通过自治区的联邦体制来重新加强对印尼的统治,这使得事情更糟。尽管联邦主义的一些形式对印尼来讲也许是最合适的政府结构组织形式,但民族主义者对于与荷兰傀儡国家联合的联邦主义思想痛恨咒骂,所以直到今天,这种思想也没有被接受。

最后,正是在荷兰统治下的荷属印度才出现了"多元社会"这个名词,以描述殖民主义下的民族关系。[①] 在这个按照种族来定义的社会等级系统中,荷兰统治者和欧洲富商处于顶层,中国商人和中等规模的企业家处于中间位置,广大的印尼群众(主要是农民和劳动者)则处于最底层。独立战争后,荷兰和大部分欧洲人被驱逐出去,取而代之的是印尼人,至少在政府和政治上是这样。但是这对中国人(作为本土印尼人之外的和掌握绝大部分现代经济的群体)社会地位的改变影响不大。

三、1950—1959 年议制民主以及 1959—1965 年导向性民主下的民族冲突管理

从 1950 年到 1965 年,印尼存在两种政治体制,他们解决民族冲突管理的方法有根本的不同。代议制民主政权的基本原则是通过一种开放的政治体系允许各政党以民族的或其他利益体的代表身份来表达意愿,在这个体系内各政党为议会内的议席而竞选,根据议会的多数派来组成政府。[②] 这个体系核心就是通过政党体系表达民族的或其他利益体的要求,通过在议

① 参见荷属印度:多元经济的研究(J. S. Furnivall, Nertherlands India: A Study of Plural Economy (Cambridge: Cambridge University Press, 1939))。

② 参见印尼民主宪政的衰落(Feith, The Decline of Constitutional Democracy in Indonesia)。

会中的谈判和协调解决冲突。

就印尼的情况而言,代议制民主取得了一定的成功。其中的一个例子是,建立了公共教育体系,目的是通过印尼语和公民教育,为广大民众进入现代社会提供平等的机会同时扩展全体公民的民族政治文化认同。[①] 这个政策在导向性民主下继续实行,但在20世纪70年代才完全实现,这时,政府第一次征得足够的税收在整个群岛国来创办和组建学校。然而,总的来说,代议制民主体系没有解决当时两个主要的民族相关问题:伊斯兰教和印尼国家的关系以及中央和地区之间国家权力的分配关系。

第一个问题上,1955年的议会选举在1959年陷入僵局,因为伊斯兰教国家的主要拥护者—马斯米,和泛宗教国家的支持者—融合的穆斯林和非穆斯林党派,都不能找到妥善而折中的解决办法。[②] 第二个问题,1957年的一部法律将实际的权威转移给了省和行政区,但是很快就被几个地区的当地武装反叛力量所取代。[③] 叛乱者不是分离主义者,但是他们要求一系列的改善,包括武装力量的指挥体系,中央和地方政府的权力分配以及中央政府政策对收入主要来源于出口的爪哇以外地区的歧视。这些叛乱者最终被武力镇压,同时加强了中央武装力量领导阶层以及总统苏加诺的领导地位,结成了武装力量同盟。

议会制度并没能解决这些问题。首先,政党体系在政治上很弱。它沿着种族和阶级划分为四个主要政党和许多次要政党,不能形成一种持久的联合,而联合能通过行政力量为政治稳定提供保证。第二,政权本身就没有什么合法性,其制度是仿效欧洲而来。由于很少有政党领导能深刻理解议会运转的过程,他们也并没有对议会政治有什么承诺,因此很容易被议会外

---

① 参见印尼教育评估:规划中的向导(C. E. Beeby, Assessment of Indonesian Education: A Guaid in Planning (Wellington: Oxford University Press, 1979))。

② 参见导向性民主的过渡:印尼政治(Daniel S. Lev, The Transition to Guided Democracy: Indonesian Politics 1957 – 1959 (Ithaca, N. Y.: Cornell University Modern Indonesia Project, 1996))。

③ 参见印尼的中央权威和地方区域自治:当地行政研究(John D. Legge, Central Authority and Regional Autonomy in Indonesia: A Study in Local Administrative 1950 – 1960 (Ithaca, N. Y.: Cornell University Press, 1961))。

的运动和解决办法所吸引。第三，议会体系中没有限制准备大展拳脚的总统（总统的任期只是一种象征性的仪式而已）和政治化的军队（从文官政权或国防部长手中得到指令）的能力。从20世纪50年代早期起，苏加诺总统和军事领袖持续不断地破坏议会领导在寻求民族和其他冲突解决办法方面所作出的努力。最后，官僚制的弱点本身就是民族冲突管理有效性的主要障碍。国会议员表决通过一项法律要比政府官员实施容易，但前者通常来说远非那么容易。

1959年7月，苏加诺总统与军事力量的中央领导阶级结成联盟，决定重新使用1945年革命时期的宪法。这部宪法规定总统是这个政治体系的主导行动者。苏加诺将这种政体命名为导向性民主制，目的是要凸显议会政治中一直缺乏的领导能力。尽管苏加诺没有无限的权力，但实质上还是一个总统专政的政治体系。①

在导向性民主下，苏加诺试图通过综合使用政治高压、劝诱以及合作的手段来解决民族的和其他群体的需求。借助压倒性的力量，他解决了（仅仅是临时性地解决了）20世纪50年代两个很重要的民族冲突：伊斯兰教和印尼国家间的关系以及地区叛乱与中央之间的关系。恢复1945年宪法其本身就是对建立伊斯兰教国家显而易见的排斥，1960年，印尼穆斯林咨询委员会（最接近认同建立伊斯兰国家思想的政党（也是认同苏门答腊岛和苏拉威西岛的地区叛乱者的政党））被取缔。地区叛乱被军事镇压。其他群体，例如传统的穆斯林主义者，融合的穆斯林民主主义者、基督教徒、和共产主义者们，在苏加诺作为大众崇拜的演说家的良好说服技巧下，接受了导向性民主，并通过给予他们地位和对他们施加政体影响，使他们接受了合作。

作为寻求解决民族问题的政府之道，导向性民主有两个根本的缺陷。第一，它作为一种体系并没有制度化，因此日常的决策都要紧密地依赖苏加

① 参见导向性民主的动态印尼（Herbert Feith，"Dynamics of Guided Democracy，" in Ruth McVey，ed.，Indonesia（New Haven，Conn.：HRAF Press，1963），pp. 309 – 409）。

诺的个人能力和判断。从20世纪50年代中期到1965年导向性民主的结束，总统的大部分精力都用在了两个国际运动上：一是取得反对荷兰殖民统治的西新几内亚战争的最终胜利；二是打赢马来西亚人发起的极端宗教战争。这两场战争，印尼为了带来国内经济的高增长以及良好的国际声誉，投入了血本。第二，苏加诺两个主要的组织支持者，军队和共产主义政党，自解放战争后就成了不共戴天的敌人。20世纪50年代末，苏加诺更倾向于军队。然而，到20世纪60年代中期，他就越来越偏向共产党，共产党是那时有能力动员大众支持，和军队分庭抗礼的唯一政党。军队和共产主义者之间冲突公开爆发只是个时间问题。

1965年10月1日的清晨，总统府守卫队的几个下级军官和士兵联合了共产党初期组织的成员绑架并暗杀了六个高级军事将领，成为了冲突的导火索。紧随暗杀而来的是反共产主义的大屠杀，对苏加诺总统的批判，在上将苏哈托的领导下由军队执掌政府大权。1966年3月11日，苏加诺总统签署了一项将实际权力移交给苏哈托的行政命令。1967年3月，苏哈托被人民协商委员会任命为代总统。翌年，他正式就任总统，直至现在。

四、1966－1967年“新秩序”时期

苏哈托总统的“新秩序”时期是一种独裁主义政权：统治者及其幕僚的政治行为最后是以强权的方式确定个人统治，并通过法律体系确定其不受约束的权力。政权由5种力量组成：一个完全主导政治活动的强有力的总统；武装力量（尤其军队）是构成总统主要组织力量的基础；一个强势的文官官僚机构，负责在全国贯彻总统政策；一个占主流的印尼华人企业阶层，他们创造财富，并通过政治活动重新分配财富；还有国外和国际公司、银行和政府，也向印尼提供通过国内政治活动重新分配的财富。

（一）中央政策

在一般情况下，苏哈托和其他“新秩序”的领导已经选择通过一种结合强权、说服、交换和合作相结合的政治策略来解决所有类型的社会冲突。采用这种全面的策略对民族冲突管理有着深刻的隐含意义。该政权也采用了

特定的政策,以此来抑制或反击文化或地域的、宗教和种族冲突。这些特定政策的长处和短处,或者说成功和失败,在政府更大的治理策略背景中都能够显现出来。

(二)强权政治

强权政治手段的任意运用是任何一个独裁主义政权的特点,但是在中央集权统治的程度上,在使用的频率、强度、和深度(与其他权力工具相比)上有所变化。与以往的代议制民主和导向性民主形成对比,新秩序下军队有良好的组织纪律,其军官不能挑战上级的指令。① 尽管苏哈托总统从军事领域内退役已多年,却仍然较深地涉足于军事官员的晋升和任命,军队的等级制度在很大程度上也是由他构建并保持下来的。尽管武力经常是解决问题的第一手,苏哈托似乎更喜欢用其他方式来获取顺从,并把求助强权作为最后的手段。

例如,新秩序是在鲜血中诞生的,从20世纪60年代中期到70年代末期无数的共产党人被屠杀,数万个共产党组织被捣毁。② 政府镇压了许多学生抗议和农民起义运动,甚至在20世纪80年代中期,未经审判或逮捕就命令军事特种部队执行警戒行动处死普通罪犯。政府运用强权政策对付反对派的政客,甚至对付1971年到1992年历次大选的普通选民,目的是确保自己的政党专业集团党(职能组织)赢得公投选举的绝对多数席位。1996年,当局强制性地剥夺了梅加瓦蒂(印度尼西亚第一届总统的女儿)在PDI党内的领袖职位。当时,梅加瓦蒂拒绝将党的总部从首都雅加达中心撤出,军队就伪装成PDI成员袭击了这个城市,发动了一场城市暴动,最后导致5死、150伤以及许多建筑物被烧毁。③

强权策略也被用来管理民族冲突。在亚齐,70年代和90年代的独立

---

① 参见通向权力之路:印度尼西亚的军事政治(Ulf Sundhaussen, The Road to Power: Indonesian Military Politics 1945 – 1967 (Kuala Lumpur: Oxford University Press, 1982))。

② 参见1965年至1966年里印尼的杀戮:来自爪哇和巴厘的研究(Robert Cribb, ed., The Indonesian Kilings of 1965 – 1966: Studies from Java and Bali (Clayton, Victoria, Australia: Monash University Centre of Southeast Asian Studies, 1990))。

③ 参见远东经济评论(Far Eastern Economic Review, August 8, pp. 14 – 16)。

运动都被军事特种部队残忍地镇压,死亡人数有几千人。① 东帝汶人宣布从葡萄牙独立出来后,1975 年印尼军队入侵东帝汶。② 几年之后,作为印尼入侵和占领的直接或间接结果,估约 200000 个东帝汶人丢掉了自己的性命。无数人在入侵初时被杀害,许多支持独立的东帝汶游击队和无辜村民被处死,还有上万人因为政府的再分配政策拒绝向游击队提供食物来源被活活饿死。

在伊里安查亚,军队强迫部落首领接受 1969 年“自由选择法案”的印尼主权统治。③ 从那时起,伊里安人就联合 OPM 进行周期性起义,但都被军事镇压。仅 1996 年,OPM 游击队就制造了两起绑架事件,其中一个还涉及到几个外国人并被国际新闻媒体广泛报道。④ 这两起事件,苏哈托都选择了利用武力来解决问题。

武装力量也是政府镇压被称为“极右派”的伊斯兰教好战者的首选力量,70 年代和 80 年代早期发生了许多事件,其中对伊斯兰共同体来说最壮烈、最具打击性的是 1984 年 9 月发生在丹戎不鲁的雅加达港地区的抗议行动,100 多个穆斯林人被击毙。90 年代,一些社会活动家和印度最大基督教堂的牧师被 HKBP(抗议巴达人基督教教堂的组织)的要塞,南苏门答腊的军事当局拘留,传闻还受到严刑拷打。⑤

表面不同的印尼华人,大多集中于印尼城市的中心商务区,他们得到了绝大部分的财富,也成了印尼大众或暴徒经常打击的目标。表面上小的局

---

① 参见亚齐叛乱的根源(Tim Kell, The Roots of Acehnese Rebellion, 1982 – 1992 (Ithaca, N. Y.: Cornell Modern Indonesia Project, 1995))。

② 关于早期历史参见东帝汶,民族主义和殖民主义(Jill Jolliffe, East Timor, Nationalism and Colonialiam (St. Lucia, Queensland, Australia: University of Queensland Press, 1978))。更多近期的事件可参见印尼被遗忘的战争:东帝汶的隐藏史(John G. Taylor, Indonesia's Forgotten War: The Hidden History of East Timor (London: Zed Books, 1991))。

③ 参见印尼的秘密战争:伊里安查亚的游击战(Robin Osborne, Indonesia's Secret War: The Guerilla Struggle in Irian Java (Sydney: Allen and Unwin, 1985), chap. 1)。

④ 参见远东经济评论(Far Eastern Economic Review, Janunary 25, 1996, pp. 26 – 28)。

⑤ 关于这些事件的报告参见人权观察或亚洲的限制性开放(Human Rights Watch/Asia, The Limits of Openness (New York: Human Rights Watch, 1994))。

部事变,例如在苏拉亚,东爪哇发生的印尼华人雇主对本土印尼雇员的责打事件,也会引发远至苏门答腊的抗议、抢劫和烧毁行动。1994 年反对在雅加达举行的一场摇滚演唱会票价过高抗议行动中,法律和秩序随随便便就轰然倒塌,印尼华人开的商店和交通工具就成了群众发泄怒气的出气筒。在这些事件中,警察和军队经常要尽快介入来保护印尼华人的生命和财产。然而,政府强权在有关印尼华人的问题上处于十字路口:这些官员和军官利用强权帮助少数印尼华人反对占多数的本土印尼人,同时也利用强权向印尼华人强征保护费。当然这种强征不是正式的政府政策,然而,政府官员和军事官员都没有采取任何行动来制止它。

(三)说服

尽管是独裁主义政权,新秩序时期的领导们也没有完全依靠强权来展开行动。他们精心设计、建构并巩固了一套标准,以证明引导和包含社会群体需求的实践和制度是合理的。大多数的规则和与其相关的实践、制度在新秩序时期前就已确定,只是经过了重新解释和重新定位来满足总统集权统治的军事化政权的需要。

一个主要的例子就是双重作用,即军事武装学说的"衍生功能",它使军队在参与平民政治生活中具正当性。双重作用的思想根植于 20 世纪 40 年代末的独立战争时期,军队与平民政客相比拥有相对自主权;还有 20 世纪 50 年代在军队事务中反抗政务官主导和党派干涉的斗争。[①] A. H. 纳斯特将军,50 年代和 60 年代早期最卓越的军事领袖,创造了"第三条路"一词来表明印尼武装力量正在寻求一种比西方模式更具干涉主义者的角色,但它不是在拉丁美洲和其他一些发展中国家采取的主要做法。

在新秩序时期,双重作用学说已经被用来证明许多行动和制度的正当性。例如,国家防御安全部的军官可以以国家安全的名义例行公事地介入政党和社会组织的内部事务。国家防御安全部是掌握着全国范围内的 10

---

① 关于双重作用由来见参见权力的成因(Salim Said, Genesis of Power (Singapore: Institute of Southeast Asian Studies, 1992))。

个地区的司令部体系，它的主要职责是对地方政府活动实施监督，并在必要时介入其中。而且，现行的职能军官例行安排在国家官僚体系中担任高职，包括表面上与军队事务并无关联的部门的部长、署长、秘书长和检察长。

在27个省中近乎一半的省，其省长是现行的职能军官或是退役的军官，另一半省的副省长来自于军队。仅低于省行政级别的行政区中大约有40%的首长都是军官出身。[①] 武装军队也享有在国会或在DPR（人民代表大会），MPR（人民协商会议）或者特级议会（选举总统和副总统的议会）以及省、区级的地方立法机关中20%的正式代表额。退役的军官在专业集团党中担任许多领导职务，他们受国家防御安全部的领导。

双重作用是潘查希拉民主政权的统治体系的中心概念。潘查希拉意指5项原则，遵循一个神、民族主义、人道主义、民主和社会公正信仰的核心国家说。“民主”一词当然是从现代西方借鉴而来，目的是使印尼人（和其次是外国人）都在一种最广泛的意义上信服“人民统治”，相信政府对个人和社会团体的请求会有所回应。作为一种民主制度，新秩序时期要求坚持一种宪法，即1945年的革命宪法。它自1971年起规定每5年举行一次国会选举，之后还召集MPR选择下个5年任期的总统和副总统。它还签署或者以其他方式表明接支持民主和人权原则的几个国际条约和协定。

在潘查希拉民主中形容词化的潘查希拉，是本土化的，证明与西方的民主背道而驰是正当的。[②] 论据是印尼社会有别于西方社会，因此需要合乎自身特点的民主实践和制度。双重作用明确表达了潘查希拉的一半核心。另外一半是管理社会和政治组织的法律和法规体系，严格限制政治活动。

关于法律法规的一个重要的例子就是法律确定了一个三党体系，专业集团党——执政党（真正以军事力量和国家官僚机构的政治面目出现）——加上两个非政府（反对党一词是不允许提及的）政党，PDI和PPP。PDI和

① 参见对内政部长鲁迪尼的访问，雅加达，1993年2月。

② 参见一个有用的捏造：新秩序下印度尼西亚民主的合法性（R. William Liddle, “A Useful Fiction: Democracy Legitimation in New Order Indonesia,” in R. H. Tayor, ed. , The Politicals of Elections in Southeast Asia (Cambridge: Cambridge University Press, 1996), pp. 34 – 60）。

PPP是在1974年政府为“精简”(政府用语)政党体系以更好控制，进而促使前新秩序时期的9个政党联合建立起来的。80年代中期，政府通过让这两个非政府政党和所有的社会组织都将潘查希拉写进了他们的组织宪章，使得这个过程更进了一步。

一个象征新秩序时期的重要例子是SARA，是印尼语中民族、地域、种族和“族群中”的首字母简略词，后者一般被认为是阶级冲突的参考。政府最早自20世纪60年代末就一直沿用这个简缩词。它用来解析最敏感的政治问题，这些问题不能在公开场合讨论，更别说作为政治动员和行动的依据了。

新秩序时期对民族冲突管理的运用效果如何呢？它对个体和团体的行动有严格地限定，这些个人和团体持有不同政治共同体观念或仅仅是对民族问题有不同见解(和政府所持有的不同)。最为紧急的是，地方政府对中央集权太严重的抱怨，基督徒对过度伊斯兰化的不满，亦或是本土印尼人对自己和印尼华人之间日益拉大的经济差距牢骚满腹，也不太可能公然地表达出来。如果表达出来，他们有可能会因超越了所允许的讨论范围而遭遇官方的指控。这种指控含有道德的分量，因为在其背后是国家宣传的潘查希拉民主的整个象征，根据国家宣传，在独特印度尼西亚的和纯粹的政府民主形式环境中，军队可以依照自己的判断力来镇压它所认为与潘查希拉民主相违背的个体或群体的行为。

固然，某些印尼人，包括反对当局的政治活动家，认为这些政治符号不过是政府鼓吹、说谎和扭曲的手段而无需承担任何罪名。不过，他们对国家强制的反抗于事无补，由总统制统治的军事阶层，拥有充足的组织、人事和硬件来镇压民族主义者或其他反对派。然而，其他许多印尼人，也许是大多数，可能会在某种程度上接受这些仅具形式价值的政治符号。这有几种原因，其中最重要的是一段成功的经济发展史，它事先就倾向于使很多人(包括圆滑世故的都市人和未受教育的村民)都接受经济发展下的政治安排。另一个重要的原因，就是印尼相对隔绝于外界，部分原因是人们把注意力集中在印尼语(作为国语)的发展方面。也就是说，少有讲英语和其他国际语种相对流利的印尼人来解释外面的世界(或者把印尼介绍给世界)。

第三种原因是新秩序统治已相对成功地将自身摆在战争时期民族主义运动以及1945年革命者(事实上,苏哈托是其中一员)合法继承人的位置上。他们的很多传统、价值观、信仰和看法,并非都是相互一致的,而且其中许多都是政府或另一个政府政治操纵的产物。其中最强大、最根深蒂固的信仰就是对1928年印尼民族的开创者们(作为当时所有荷属印尼人的代表)共同表明对"一个国家、一个民族、一种语言"的忠诚。这在1945年的独立宣言中得到进一步加强(宣言宣称所有先前荷兰占领的印尼土地都是印尼人民的),在20世纪40年代末期对荷兰人策划的联盟中得到更进一步加强,同样地,在50年代到60年代末期打击地方势力反对中央集权统治的过程中也进一步加强,在1962年从荷兰手中夺回新几内亚的过程中同样得到加强。绝大多数地区运动参与者并不是分离主义者,但是却被苏加诺总统以及军队将领们贴上分离者的标签。

对于民族冲突管理来说,或者对大多数印尼人来说,上述历史的意义在于,亚齐、伊里安查亚、甚至东帝汶的独立运动缺乏合法性。对这三个省以及其他省而言,寻求自治是不能够被接受的。20世纪40年代,亚齐人在印尼独立战争中发挥着领导作用,例如,他们出售黄金买到印尼空军的第一架飞机。90年代,亚齐人的独立运动叫做自由亚齐,在亚齐省外的人看来,亚齐的独立运动是由被革命军队所大力绞杀的传统贵族后裔们领导的,这些贵族后裔已经能够召集一小群随从部下,其中有利比亚的有钱人,有易受骗的、盲信的穆斯林以及村民们。其他印尼人一般对亚齐人怀有成见,认为他们是没落的狂热盲信者。直到现在,亚齐人也很少有机会接受现代教育,他们被落后的交通阻隔在发达的北苏门答腊省外。

伊里安查亚(之后是西新几内亚)的"回归"战役在整个50年代都严重地困扰着印尼民族主义者。在许多印尼大众的心里,领土还要被荷兰再占领十年的这个事实意味着荷兰有机会给印尼安装一个定时炸弹,亲荷兰统治精英分子会继续实行帝国主义统治秩序。普通的伊里安人被固有地认为是落后的、完全原始的,甚至比亚奇人还有过之而无不及。因此,可以理解的是,一小撮不满者(他们仍然对荷兰人充满幻想),会不时地将自己部落成员的愤怒放在教唆地方政府官员或公司管理人员去做些小规模影响不大的犯罪行为上。

东帝汶问题更加棘手,因为它不并不属于荷兰统治时期的印尼,50年代,事实上或者直到1975年,其民族首领也没有出来宣称东帝汶是或者应该成为印尼的一部分。自1975年,政府就在有关东帝汶问题上提出了一种新的合法性论证:一个长期被荷兰和葡萄牙殖民主义分离的单一民族现在又重新结合了。但是这种论证也要谨慎,不要太武断,因为大多数菲律宾人、马来人和印尼人也相信在种族和文化上他们也拥有着共同的祖先。独立国家马来西亚、菲律宾和印尼,它们的现状毫无例外地被认为都是欧洲帝国主义作用的产物,是荷兰殖民地西帝汶和葡萄牙殖民地东帝汶分开的结果。

尽管与历史事实矛盾,但更确切的隐喻是,东帝汶人的独立运动是分离主义。在马克思主义政党单方面宣布脱离葡萄牙统治而独立后,印尼政府宣称(大多数印尼人对此也表示接受)1975年末,东帝汶首领们请求印尼的援助。根据这一逻辑,亲印尼的东帝汶首领们就好比20世纪20年代到40年代的印尼民族主义者,而东帝汶马克思主义者们则好比两次背叛印尼民族主义者(1948年独立战争期间和1965年的第二次背叛)的印尼共产主义者,而葡萄牙人就像是荷兰人。确实,在印尼,葡萄牙人对帝汶独立运动的持续支持正好证明了东帝汶的动荡局面主要是由外部煽动而起。

任何省的官员或政客提出地区自治的要求,都遭到中央政府强烈的质疑。某些省份,比如有过叛乱史的西苏门答腊省、南苏拉威西省或马鲁古省,都是特别怀疑对象,不过这是对地方分权自治浓重的偏见。这种偏见某种程度和利益有关,因为权力、地位甚至是中央政府官员的个人收入自1966年(新秩序时期的政策制定和贯彻集中在雅加达)以来均成指数增长。同时,这种偏见也是根深蒂固的,因为担心印尼不能以单一民族国家的形态而存在;这种担心自苏联和南斯拉夫的解体后更加强烈,他们和印尼具有可比性。在这种环境下,政府极不情愿修改对东帝汶的政策,基于多米诺骨牌理论:如果对东帝汶实行别具意义的自治,中央也就必须给予伊里安查亚人、亚齐人、西苏门答腊人、南苏拉威西人和摩鹿加人等同样的要求。那么更多的极端主义领导人就会抓住这个机会动员更多的支持,印尼就会朝着解体的方向越来越近。

尽管有这样或那样的担心,雅加达的政策制定者们对敏感地区居民合理的抱怨还是有广泛的了解。他们懂得过度的中央集权会造成官僚制低效运转,而且人们想要管理自己的事务是合情合理的。80 年代末期,内政部长(以前的军事参谋长),提出对行政级别低于省的行政区和自治市给予实质性的地方分权。[①] 在这项计划中,省作为历史上经常叛乱的行政层级,会变为一个纯粹的官僚单位,它甚至失去其立法机关,而行政区和自治市则拥有新的政策制定权责,同时获得中央拨付的大块资金补助,拥有自己的课税基数。不过,省级层级的上述改革已经中止,但是计划中的行政区/自治市试点已经在被选择地区加以贯彻实施。[②] 这个解决方案是否能被这些地区中的多数人接受还有待考证。

(四)交换

政府强制和说服其国民的能力与持续生产的收益能力紧密相关。这个收益可以用来建立军队和民用设施,培养人力资本和支付人员薪水。它还可以用来教育国民,建立、维持和控制银行、市场、交通和通信系统等经济基础设施,同时利用政策和规划回应社会上特殊团体的需求,使这些团体为自己创造更多的收益同时以上税的方式为政府创造更高的收益。最后,国家收入可能会暗地里分配给特殊的个人——国家和社会中的关键性角色人物(他们对政府的支持被认为是政治稳定的重要基础)。

新秩序时期的统治在所有这些方面上的表现要比前任好多了。[③] 50 年

---

① 参见对内政部长鲁迪尼的访问,雅加达,1993 年 2 月。

② 参见对古维特的访问,(国家发展规划机构),1996 年 8 月。

③ 参见石油繁荣及其未来 :苏哈托时代印尼的经济政策及表现(Anne Booth, ed. , The Oil Boom and After: Indonesian Ecomomic Policy and Performance in the Soeharto Era (Singapore: Oxford University Press, 1992))。

代的国会领导人挥霍了朝鲜战争带给这个地区的意外之财，之后又施行降低经济发展速度的通货膨胀政策。苏加诺的“导向性民主”政策，再三强调为政治、尤其是国际政策的理想化目标牺牲经济，从而带来更为恶化的通货膨胀，经济的负增长率和无法偿还的国外债务。相反，新统治时期采取市场为导向的政策，抑制通货膨胀，鼓励国内和国外的私人投资，刺激制造业部门发展同时也并不忽视农业发展。

新秩序政府也有大量的外债，不过所欠外债都用于工程项目的建设，而且已经产生一定的效益使得政府有能力来偿还这些贷款。结果从 60 年代末到 80 年代早期，印尼经济每年都保持平均 8% 的经济增长率，当时世界油价暴跌，而石油是印尼最大的出口商品，加之世界经济不景气使印尼经济增长速度放缓，收支相抵。然而，从 80 年代中期起，新政府意欲扩大并多样化出口的解除管制政策使经济增长率又回到了经济衰退前的水平。在地区范围内，作为东亚“经济奇迹”中出色的一份子，印尼已经走过了 30 年。[①]

政府主要利用其扩大的巨额税收来加强包括军事在内的国家官僚体系，尤其是军队，同时也为地区所有公民改善基本服务，诸如教育、卫生、交通和通讯等公共基础设施。尽管新秩序统治是军事政权，但军事力量并没有受到特别的财政优待。在将近 2 亿的人口中大约仅仅有 20 多万个现役人员，在发展中国家中，印尼军队规模是比较小的。它也没有特别精良的现代武器装备，尽管印尼陆军比海军和空军的装备都要强很多。毕竟，一旦得到军队指挥官的指令，步兵军团和特种部队就要去维持国内秩序。印尼还没有意识来发展强大的空军和海军应对国内外威胁。

新秩序时期的经济政策对于民族冲突管理有一些意义。[②] 第一，所有地方政府，从省级到乡村，自 70 年代中期开始都享有很高的中央给付津贴。大多数省和行政区至少有 3/4 的预算来自中央补贴（雅加达作为特殊的首

① 参见东亚奇迹：经济增长与公共政策（World Bank, The East Asian Miracle: Economic Growth and Public Policy (New York: Oxford University Press, 1993)）。

② 有价值的看法参见印度尼西亚能否作为单一国家而存在（Anne Booth, “Can Indonesia Survive as a Unitary State?” Indonesia Circle, No. 58 (June 1992), pp. 32 – 47）。

府地区是唯一能接近自给自足能力的省级政府单位)。中央政府部门中,雅加达也制订直接影响地方的,一系列范围广泛的规划项目。这些项目包括在每个地区建立学校和卫生中心,旧桥老路的翻修和新路新桥的建造,其中比较大型的项目有贯穿苏门答腊和贯穿伊里安的高速公路和大米及食糖耕作灌溉系统的重建。

有些中央津贴基于人口数量,如给予人口密集的爪哇地区优惠;而其他津贴是以行政级别为基础,倾向于人口密度较小的爪哇外的地区。这些地区性的目标规划和总的宏观经济政策的结果,已经刺激了整个国家的经济活力,这些地区的大多数人现在比以前的生活要好很多。世界银行报告说在新秩序统治下绝对贫困人口的百分比已经从60%降到了不到15%。[①] 尽管确凿证据有限,这些地区的大多数人似乎对他们现在过上了比60、70年代要富裕的生活心存感激。

第二,经济发展(尤其是由大的国内外公司投资者带来的发展)要对几个地区的动荡局面负责任。例如,在亚齐,美孚石油公司在20世纪70年代成立了一个大型的液化天然气工厂;在特许权以及税收优待下,它已经净赚了几千万美元,这些钱要支付给中央政府而不是省政府。许多亚齐人反对雅加达从他们的自然资源中吸吮财富,他们还称工厂没为亚齐人提供几个就业岗位却都给了外地人(包括许多非穆斯林人),这给他们带来了不受欢迎的生活方式。[②] 在伊里安查亚,美国自由港公司建立了世界上最大的铜和金矿公司,在此过程中遭到了生活在其周围的居民严重抗议。[③] 和亚齐人一样,伊里安人抱怨他们所在地的外国公司上缴中央政府的收益已经远远超过他们每年从雅加达领到的补贴。他们还宣称部落土地没有得到适当补偿就被夺取,伊里安人就业机会太少,工厂破坏了自然环境,造成了污染。

---

① 参见东亚地区的减贫:无声革命(Frida Johansen, Poverty Reduction in East Asia: The Silent Revolution (Washington, D. C.: World Bank, 1993), p. 4)。

② 参见对亚齐司马威的秘密访问,1986年9月。

③ 参见远东经济评论(Far Eastern Ecnomic Review, March 10, 1994, pp. 48 – 53);参见对伊里安查亚省查亚普拉的访问,1996年8月(Confidential interviews, Jayapura , Irian Jaya, August 1996)。

加里曼丹和其他岛屿大规模的采伐已经引起当地人如潮的批评，当地人一般从林产品中获取部分生活来源。大多数的采伐公司所属于印尼公民，退役的军官经常（因为对苏哈托的忠心而被授予特许权利）与有经验的印尼华人经商者合作。外地人占据了多数的制造业职位，且木材加工成三合板出口到日本，这也是主要的对外交易盈余项目。当地河流的污染在采伐密集地区也是个严重的问题。印尼法律规定林木要有选择地进行采伐和重植，但是那些掌管林业的官员却没怎么执行，因为他们的职责只是增加出口而且他们自己也受行业特别保护。

第三，中央政府的“移居”（尽管是英文，但却是印尼人创造的词汇）政策已经在许多省成为主要的催化剂。该政策起初由荷兰人实施，但却在新秩序时期因为巨额世界银行贷款得到广泛的推广，迁徙是指贫穷的爪哇人和巴厘人的重新定居，这些人从人口密集的岛屿迁徙到人口密度较小的地区，例如南苏门答腊、加里曼丹，苏拉威西和伊里安查亚。迁徙的目的是为了减轻爪哇和巴厘的土地压力并在其他岛屿开发新的农业耕地。这个计划给这些移民者们提供了土地、一些启动资金和相关服务以配合他们的农业耕作。很多情况下，这些分配的土地要比预料的更难耕作，所以移民者们迅速迁移到附近的小镇或城市。当地人批评说，由于新移民的到来，他们不仅失去土地，没有得到适当的补偿，本土权利无法保障，而且城市中就业也面临不公平的竞争。

世界银行不再资助大规模的迁徙移民计划；相反印尼政府鼓励“自发移居”，意思是政府不进行直接的资助。然而，自发迁移也会引发一些问题，尤其在东帝汶和伊里安查亚地区，从南苏拉威西来的小商贩现在已主导了当地的市场。在单一信奉天主教的东帝汶，新移民者不受欢迎，既因为他们来自伊斯兰地区（新教徒也被憎恶）又因为他们精明的商业习惯。在东帝汶年轻人和新移民者之间已经发生了几起冲突事件；1995 年几个市场和清真寺就被烧毁。①

① 参见远东经济评论（Far Eastern Ecnomic Review，October 26，1995 ，pp. 22 – 23）。

有必要提到的是，为了应对许多地区的怨言者——反对开矿、采伐和迁徙的人，新秩序领导者倾向于动用武力镇压，把诉求武力作为首选之道，而非不得已而为之。这种先开炮再协商的政策，原因之一就是在此地区发生的事情通常不会在国内新闻界引起什么关注，更别说国际媒体了。另一原因是该地区注入了大量资金，尤其是外汇。而且，政府认为国家的统一受到亚齐、东帝汶和伊里安查亚分离主义者的威胁。

第四，以市场为导向的资本主义方式的新秩序经济发展被广泛认为是使"已经强大"（印尼人这么认为）的印尼华人如虎添翼，与"经济上衰弱"的本土印尼人相比优势更加明显。的确，毫无疑问印尼华人拥有资金、组织和企业家技能使之能够在商场中立于不败。印尼华人还拥有与印尼官员来往密切的个人关系的优势（不是资本主义的结果，而是新秩序继承的世袭结果），这始于百万富翁林绍良与苏哈托总统40年的交情。大多数官员愿意与印尼华人做生意，不过印尼华人仍然没有被印尼人完全接受，因此他们在政治上非常脆弱。

几乎所有大的，在国家层面上主导现代印尼经济的"集团企业"（掌握许多不同产业的企业），都是由印尼华人家族持有股份的私人企业。除了苏哈托总统的子女们掌控的公司，他们依靠国家的支持以及与印尼华人的关系取得成功。自80年代中期采取经济自由化政策以来，集团企业发展迅速，使许多本土印尼人相信强者就是胜过弱者。

现实看起来更加复杂，因为经济自由化创造的出口机会，主要被外国投资者和国内的小公司开拓。① 然而，很大程度上，大的集团企业是从进口产业起步，例如摩托车和汽车装配业，这些才是他们自20世纪70年代以来的竞争优势领域。尽管如此，本土印尼人之间普遍存在着这种认识，新秩序经济自由化政策对大的印尼华人公司有利。

真正的资本发展，有助于减轻当地人对印尼华人的敌对，或者至少抑制

① 参见经济（Hal Hill，"The Economy，" in Hal Hill，ed.，Indonesia's New Order：The Dynamics of Socio－Economic Transformation（Sydney：Allen and Unwin，1994），pp. 54－122）。

后苏哈托时期印尼经济下滑趋势,这就要巩固雅加达股票市场。既然国家自身已没有高价油作为出口能源,政府就必须把股票市场的收益看作是资金投入的主要来源,而且国外石油公司的版税直接进了政府保险箱。新法规和政府监管能力的加强使一度垂死的市场又恢复了生机,市场现在又列出了几个集团公司的股权。当苏哈托退位,必定有人民党主义者要求这些公司资产国有化或将之重新分配给本土印尼人。但是印尼的下一任总统(和他的挑战者们)可能会因为经济稳定和发展问题而无法满足他们的要求。[①]

最后,新秩序经济发展政策已经对虔诚的穆斯林的人数以及他们在现代印尼社会和文化中所扮演的角色产生了非同小可的副作用。[②] 这种变化在很大程度上是教育体制扩展的结果。全民教育是旧民主主义者梦寐以求的,也是 20 世纪 50 年代早期国会内阁采取的第一批计划中的一项。然而,直到新秩序时期,资金的匮乏阻碍了它的发展。70 年代早期开始,政府用在第一次“油价增长期”中出口石油赚得的附加收入,花大力气在全岛范围内建校舍、购设施、组人员来建立学校。10 年内,几乎每个印尼儿童都能够受到乡村小学的教育,政府也开始将重心转移到初中继而高中学校的建设中来。

这个政策的一个意义就在于,岛内几百万穆斯林乡村儿童都能够得到他们父辈以前无法得到的机会,通过受教育的阶梯走出乡村走进现代印尼城市中。给数百万的儿童提供伊斯兰教教育也同等重要。如上所说,许多爪哇家庭是宗教的融合主义者。宗教是所有国立学校和国家核准的学校的必修课程,这是在 60 年代早期苏加诺对虔诚的穆斯林共同体所做的让步,并在苏哈托时期得到继续,主要是作为预防无神论的共产主义年轻人造势

---

① 参见访问(Interview with Syahrir, Yayasan Padi dan Kapas (Rice and Cotton Foundatin), Jakarta, June 1995)。

② 参见伊斯兰教,国家和民间社会:ICMI 与 印尼中产阶级的斗争(Robert Hefer, “Islam, State, and Civil Society: ICMI and the Struggle for thr Indonesian Middle Class,” Indonesia, No. 56 (October 1993), pp. 1 – 37)。

的工具。

为了接受宗教教育，一年级学生必须宣布和一种宗教的从属关系。融合主义者儿童当然选择伊斯兰教，开始接受只要他们在学校就必须继续的伊斯兰惯例和信仰的教育课程。其结果就是现代印尼社会和文化已经比20世纪50年代和60年代更为伊斯兰化。在所有的政府办公室，甚至军队和许多私人企业的办公室里，都有祷告的房间。也许更重要的是，城市中产阶级的穆斯林说如果他们公开显示他们的虔诚，不会再害怕被看作是落后的乡下人了。

（五）合作

政府也试图通过组织化的合作来控制各个团体。尽管不是特别彻底，这种方法与前苏联时期还是比较相似；它是战前法西斯欧洲和后来拉丁美洲独裁主义的再现。

新秩序时期早期合作的一个目标是政党。[①] 有代表现代主义穆斯林的印尼穆斯林咨询委员会，代表中下层阶级的工人农民的印尼共产党，还有几个被苏加诺和苏哈托取缔了的小政党和9个保留下来并参加了在1971年的第一次新秩序时期的国会竞选的政党。9党中有6个代表宗教团体：包括4个穆斯林政党、一个天主教政党和一个新教政党。他们没有被限定在一个特别的区域内，尽管其中的一个穆斯林政党在爪哇东部和中部中是最强的，另三个穆斯林政党在其他地区中地位最牢固，而天主教政党和新教政党则得到了非爪哇地区的有力支持，那里基督教徒占大多数或形成大的少数民族。剩下的三个政党，印尼民族党和两个小的政党，政治上倾向于民族主义。

1973年，9个政党被迫合并成两个，PPP和PDI。PPP由四个穆斯林政党组成。苏哈托的一些顾问劝告说把所有宗教政党合并，进一步减少穆斯林政治的影响，但是遭到了穆斯林政党领导人的强烈反对。PPP不准冠以

---

① 参见印度尼西亚专业集团党：政党制度的替代（David Reeve，Golkar of Indonesia：An Alternative to the Party System（Singapore：Oxford University Press，1985））。

穆斯林之名，尽管在接下来的两届选举中它的选票符号是克尔白——麦加的伊斯兰圣堂。1984 年，它被迫停用克尔白，从国家正式潘查希拉徽章上启用一颗星，并宣布自身为公开政党，意味着非穆斯林也可以加入。不过，截至目前，还没有非穆斯林加入。PDI 由三个民族主义政党加上一个天主教政党和一个新教政党组成。在政府官方政党体系的描述中，PPP 代表了印尼人民的“精神渴望”，PDI 则代表“物质追求”，国家党和专业集团党，是这两个“代表”的和谐组合。

这种合并的主要目的是使政府更容易限制党派的动员活动；举行定期国会选举的决议，是对苏哈托及其军队掌控政治体系最严重的潜在威胁。新选举法和政党法使专业集团党处于支配地位，并为政府提供了许多牵制及控制政党行为的手段。竞选活动在限定的几周时间里，官员必须对集会和其他公共选举活动进行严格控制。参选地方和国家立法机关的政党候选人要通过一个政府委员会的筛选。官员定期介入党的代表会议，来确保合意的领导人被选中。

这个体系如此成功，以至于在五次议会选举中，专业集团党的得票率从未少于全国总票数的 62% 。[①] 而且，在最近的选举中，它也在每个省（首都雅加达和亚齐早期持反对意见）和几乎每个行政区都赢得了大多数选票。除了这种相对的一致性，专业集团党在爪哇外地区获得最高百分比票数至少有四个原因：在 PPP 内缺乏一个可靠的穆斯林继任者，1955 年最受欢迎的政党在爪哇外地区；一些地区害怕被认为对中央政府怀有敌意，尤其在曾经发生叛乱的地区；一些地区首领有意识的决定运用专业集团党，作为他们获取在新秩序中有影响的角色的媒介物；当地政府操纵选票结果越来越容易。在东爪哇和中爪哇部分地区以及日惹中，传统的伊斯兰教是强有力的，许多投票者都认同 PPP。这些省也是支持现在成为 PDI 中流砥柱的印尼民族党的传统核心地带。PDI 替那些因政府政策或官员活动而处于劣势的人

① 参见 1992 年的换届选举和印度尼西亚的政治蓝图（Blair A. King, “The 1992 General Election and Indonesia’s Political Landscape,” Contemporary Southeast Asia, Vol. 14, No. 2 (September 1992), pp. 154 – 173）。

群以及组织说话,得到了爪哇的城市和乡村地区的认同。

政府对政党体系的严密控制只被打破过一次:1993 年,在一系列艰苦卓绝的政党会议后,苏加诺总统的女儿梅加瓦蒂被选举为 PDI 的民族党主席。这次中断的主要原因是新上任的没有经验的军队首领苏哈托被指派去"指导"PDI 领导层的选举。PDI 中老谋深算的政治家在下级军官(他们反对伊斯兰对政治的逐步控制)的帮助下利用了这一点。这些年轻的将军们希望 PDI 成为一个中坚力量,并成为 PPP 和 ICMI(全印尼穆斯林知识分子联合会)可靠的竞争对手,这让他们在政府和军队中日益具有影响力。1996 年,苏哈托通过指导更有经验的高级将领召开新 PDI 会议,会上决定由一个更为圆滑的领袖取代梅加瓦蒂,以此来修正她的错误。

大多数利益集团也是作为他们各自区域利益的垄断者而组织起来的,他们的领导是由政府选举或者支持的。[①] 例如,为工人、农民、教师、青年、学生、妇女、律师、医生、工程师和记者而成立的组织就是这样。这些组织的领导者受到了国家的优惠待遇,包括得到国家提供的资金,作为他们对政治支持的回报,在专业集团党组织成员中就有不少这样的领导人。这些安排中有很多是需要竞争的(例如,有一些竞争性的记者和私人律师组织),但是大多数组织已经被接受而少有异议。

除了这些利益集团,即政府所说的群众组织,和法律规定的大众组织之外,还有数千个私人组织广泛地冠名为社会自救协会或 LSM(Lembaga Swadaya Masyarakat),是非政府组织的委婉说法。[②] 大多数 LSM 专心于发展乡村事业,并小心谨慎以避免和政府发生正面冲突,但其他一些 LSM 则特别地为反对政府政策或者改变印尼社会而与政府唱反调。突出的例子有,为

---

① 参见印尼作为官僚政治的新秩序,一种新世袭制度或官僚专制政权:它的影响是什么?(Dwight King,"Indonesia's New Order as a Bureauvratic Policty, a Neo – Patrimonial Regime or a Bureaucratic Authoritarian Regime: What Difference dose it make?" in Benedict Anderson and Audrey Kahin, eds., Interpreting Indonesian Politics: Thirteen Contributions to the Debate (Ithaca, N. Y.: Cornell Modern Indonesia Project, 1982), pp. 104 – 116)。

② 参见印度尼西亚的非政府组织和国民参与(Philip J. Eldridge, Non – Government Organizations and Democratic Participation in Indonesia (Singapore: Oxford University Press, 1995))。

公民权益提供法律保护的法律援助协会,印尼消费者协会,环境组织论坛等。一些 LSM 由宗教团体组织成立,但是很大程度上他们都不试图代表民族、宗教或是种族集团的利益。

政府尽量少地干涉纯宗教性组织的事务,例如穆罕默德协会、回教教士联合会和天主教堂以及新教教堂。原因有很多方面。一般说来,宗教组织是在政治外存在的,他们对政府不构成威胁。一个主要的例外是回教教士联合会,作为 PPP 的一部分直到 1984 年时才宣布自身是个非政治性的社会和教育的组织。教堂和国际社会有着很强的联系,政府对来自海外的反对声音也很敏感。政府介入 HKBP(最大的新教教堂)的首脑选举,也仅是在 HKBP 社会活动越来越积极从而威胁或影响到了政府的执政之后。

在印尼几乎没有能完全代表民族利益的,在某种意义上的以地区为基础的文化组织。20 世纪 50 年代,一些民族政党成立但是没有赢得多少支持。在新秩序下,组织的成立带有随机性,来保护被认为即将衰败的文化传统,但是这些组织的组织成员还是局限于文化方面的专家,他们只有很狭窄的常常是无政治意义的议题。

以许多印尼文化组织为例,在他们的地区性集中、多数组织中都存在的很强的少数民族团结一致的意识以及他们对其他组织猜疑和敌对的惯有模式,这些现象为什么会这样仍然是一个谜。两个原因也许能解释以民族为基础的组织为什么是非印尼的,它与其他世俗的或宗教性质的教会组织有着联系,当然也与现在政府官僚机构的"庇护关系"体系有着联系。对于许多非爪哇民族群体,或者至少是受过教育的精英层,专业集团党—国家官僚体系的政治面孔—是其表现的主要工具。

(六)特别政策

除了用一般的强权、说服、交易和合作政策来维护对社会的统治,新秩序政府还采取了许多针对文化/区域、宗教、和种族群体的特殊政策。

(七)对文化/地区群体的政策

新秩序文化政策是前苏联和其他多民族共产主义国家的文化政策的再现。民族差异在艺术上也得到具体体现并受到歌颂和赞扬。印尼文化应该说是结合了不同地域文化的“巅峰工作”,并在各个方面得到支持。地区的艺术家和表演者由省级管理者发放津贴。他们为来参观的显要人物演出,用意是借当地的伟大文化成就给其留下印象。

在雅加达,已故的苏哈托夫人,是建设大众娱乐公园(印尼缩影公园)的主要推动者,这个公园是美丽的印尼缩影。缩影公园由许多的大楼、博物馆和表演礼堂组成,目的是为了看起来像“从沙璜到马老奇”的传统建筑,也就是说,从一个岛的尾部到另一个岛。这里还有一个由城邦政府支持的雅加达艺术中心,他们邀请地区的艺术家来表演或者呈现自己的作品。地区的歌手和舞蹈者定期的在国家电视台中公开露面。国家独立日庆祝仪式以及其他全国性的场合,经常会包含一些加上升旗仪式和着东帝汶或伊里安礼服宣誓的地区性娱乐活动。

当然旅游业是政府关注艺术的一个原因。旅游业已经是一个主要的外汇收入,并发展相当迅速。政府官员意识到巴厘文化对外国旅游者具有非凡的吸引力,并试图通过鼓励艺术发展来把游客同样吸引到其他地区。不过总体上说,政府举办和资助艺术文化的主要原因是,对当地群众维护特殊身份、认同集中权益的需要的政治安全回应。

如上所述,政府也试图用更物质化的手段来回应地区利益诉求,通过给予省、行政区和村庄每年一次巨额拨款,贯彻落实更集中的定向基础设施改善计划。不过大部分地区的经商者在国外建立规则的商业网络是不允许的。大部分来往印尼的贸易不是通过雅加达的丹戎不碌就是通过巴拉望港口,接近棉兰,北苏门答腊,在马六甲海峡和丹绒佩拉港,苏腊巴亚港口,最终在东爪哇来进行贸易活动。

例如,希望与马来群岛进行贸易的亚齐人不能直接运作;他们必须通过转载把货物送到巴拉望。这个政策有着明显的政治方面的原因,限制一个群族比如有叛乱史的亚齐人和一些可能赞同亚齐独立的马来群岛之间的联系。(在马来群岛确实存在小的亚齐共同体)。不过对于亚齐商业团体来说,与中央的关系的确是一个持久的伤痛。①

(八)对现代主义伊斯兰的政策

在新秩序时期的头二十年,从60年代中期到80年代中期,现代主义伊斯兰政治活动家被政府作为“极右派”进行隔离和迫害。他们要求具体的改革,例如改良伊斯兰法庭系统、伊斯兰银行、基于可兰经的婚姻法、允许穆斯林少女带头巾入国立学校等,这些都被看作是建立伊斯兰国家的先期运动。而一些少量军队的敌对行为,例如袭击西爪哇警察局或轰炸婆罗浮屠寺庙,被看作是现代主义伊斯兰对抗国家的更明显的行为。

这些行为发生的原因可以追溯到50年代,当时大多数现代主义穆斯林支持穆斯林咨询会政党。大量的城市人、受过西方教育的人和非爪哇人,穆斯林咨询会领导人坚持迫切要求一部承认伊斯兰教为国教的宪法。一些穆斯林咨询会领导人也参加了50年代末影响巨大的地区叛乱,因为这个,该政党在1960年被取缔。在1965至1966年,前穆斯林咨询会领袖和新一代的现代主义活动家支持新秩序,参加了反苏加诺示威活动并帮助杀害和逮捕共产党员。他们所期望的回报——重建穆斯林咨询会,被苏哈托领导的军事领导层拒绝,因为无法原谅或忘记他们过去的罪过。在接下来的二十年,苏哈托的地位尤其是在一连串高级军官中的地位似乎没有改变。

在80年代中期,令人意想不到的是,苏哈托开始接受一些现代穆斯林热衷的问题。② 长期存在着少女头巾的争论,凸显了一个世俗的融合主义教育院系和穆斯林国立学校儿童虔诚的父母之间的分歧,最终还是以穆斯林意愿加以解决。新的穆斯林式法庭及婚姻制度也获得了认可。一些受到穆斯林反对的全国性事务也被取缔。资助建立一个伊斯兰银行的申请也得到了批准。一个天主教派记者甚至因为侮辱了一个伊斯兰教预言家而被监禁。当时,将近70岁的苏哈托总统和他的家人(苏哈托夫人很长时间被传传是天主教徒)甚至去麦加做了一次朝圣。

① 参见访问亚齐商人,班达亚齐,1985-1987年。

② 参见印度尼西亚伊斯兰的转折:政治解读(R. William Liddle,“The Islamtic Turn in Indonesia: A Political Explanation,” Journal of Asian Studies, Vol. 55, No. 3 (August 1996), pp. 613-634.)。

也许最重要的是，苏哈托同意成立 ICMI，它是一个由他最得力的中尉，研究和技术部长 B. J. 哈比比领导的准政治组织。尽管哈比比自身没有在伊斯兰组织生活的背景，但 ICMI 的实际发起人是现代主义活动家的联盟。到 90 年代中期，大多数穆斯林大臣、高级公务员和下级军官也加入了 ICMI，ICMI 领导人由执政党和专业集团党掌控。局势出现大逆转，甚至比总统自己心情的转变还令人晕眩，1992 年任命的军事力量的新领导人以及部队的主要领导人被报道为 ICIM 的支持者。

尽管自相矛盾，对于苏哈托突然转变对现代主义者的政策，至少有两种似乎可信的解释。一个强调自 70 年代虔诚的印尼穆斯林人数的增长，暗示苏哈托仅仅接受了一个新的政治现实。另一个认为这种变化是苏哈托总统更有计划的尝试和其他地区的选民合作以验证现代主义者的支持在更大的社会维度下到底有多大。这两种解释都认为现代主义者不再提倡一个伊斯兰国家，而开始相信他们能够在新秩序的构架内虔诚地生活。还有一种似乎缺乏根据的解释是，苏哈托晚年变得更加虔诚，或者他需要平衡军队正在衰退的忠诚。

（九）对印尼华人政策

和其他文化群体不同，印尼华人在新秩序时期受到区别对待。如上所述，即使中国人不讲汉语，历代生活在印尼家庭，也是印尼公民，但是大多数印尼人还是把他们当外来人看待。这种国家贱民的身份产生了几个后果。一方面，国家贱民的身份使得中国人成为印尼军事官员和国家公务员可靠的商业合作伙伴，因为他们在国家范围内不敢在政治上反对他们的资助人，而印尼商人可能会不高兴这么做。但它也为政府带来了问题，政府担心两点。第一是贫穷的本土印尼人在反对压迫他们的联盟时产生的公愤所带来的可能结果。在整个新秩序时期，有很多小或中等规模的反对印尼华人的暴力行为，其中军官和官员也成为攻击目标，许多印尼人相信在本土人和印尼华人之间的紧张态势会更加恶化。第二种担心是一些印尼华人可能会成为北京的代理或者（可能性不大）成为由中国支配的外国政府的代理。在 60 年代和 70 年代，这种担心更为强烈，当时北京被看作是一个侵略性的共产主义敌人，这仍是个值得考虑的问题。

新秩序时期解决这些问题的长期战略是将印尼华人文化同化，吸收进印尼民族文化中去。也就是说，中国的不应该看作是印尼本土文化的对等物，它的语言、艺术生活和重大的历史事件应该在本民族政治文化系列中加以颂扬。不过，特殊的中国文化，例如中国新年，可以加以庆祝，不过只允许在私人范围内。中国语言学校在新秩序之初就被关闭，现在所有的学校授课必须都用印尼语教学并且都要采用政府规定课本授课。（在许多地区，二年级时可能会把当地语言当作授课工具，之后就会把当地语言当作第二语言来教授。）

短期来看，政府是通过军队智能密切监视印尼华人社区的。目前只有一份由军队出版的汉语报纸，军队也发起一个“联络”组织，以使印尼华人对政府的华人政策保持信息通畅。“联络组织”的成员包括卓越优秀的印尼华人和本土印尼人，大部分退役的军官和平民都受到军队的完全信任。

印尼华人没有成为部长或者将军的，也少有进入国家官僚机构或者军队的。在PDI（包括一些对梅加瓦蒂的显著的支持者）有一些印尼华人政客，但是在PPP（尽管有一个小的印尼华人穆斯林共同体）以及专业集团党中都没有印尼华人政客，至少没有任高职者。个别突出的知识分子和新闻工作者，包括一些在国家研究协会工作的人都是印尼华人。几十年来，印尼政府没有认可中华人民共和国，害怕中国大使馆可能在印尼华人中安排奸细。政府也对投资中国的印尼华人商人人数增长保持高度警惕。

对印尼华人最重要的一个政策，是印尼独立后实施的，并一直执行到现在。国立大学非正式准入名额配给制——包括国家最有声望的综合性大学和技术学院——保持了少量的印尼华人学生。在殖民时期，甚至进入独立的第一个十年里，大学生有很多都是欧亚人和中国人。目前，如果他们的父母能够负担得起，大多数印尼华人都到国外接受大学教育（甚至高中），或者去印尼越来越多的私人学校上学。不过具有讽刺意味的是，那些到海外深造的人回国后比本地的印尼人拥有更好的条件去竞争好的工作岗位。

新秩序教育政策和独立后少量的华人移入，已经渐渐同化了印尼华人。

现在很少有印尼华人主要讲汉语,而更多人的语言和文化世界都是印尼化的。即便那些年轻的印尼华人,在海外学习多年,也认为自己就是印尼人并打算完成学业后回国。

然而,从本土印尼人的立场上看,好象改变不大,有两个原因。第一,本土印尼人并没有意识到印尼华人已经同化到什么程度了。第二,在新秩序时期,尤其从80年代中期开始,最富有的印尼华人和本土的印尼人之间的经济差距拉大了。因此就继续存在这样一个非常真实的可能性,本土印尼人会更直接和更强烈地做出暴力行为以反对印尼华人团体。

五、结论

西方观察家很少看到独裁主义政府中的功绩,独裁统治在20世纪后半叶的发展中国家非常常见。对西方观察家来说,毫无疑问,政府强权(作为独裁政权的政策工具选择),无论在解决民族群体间还是他们与国家间的冲突方面更能使局势恶化而不是使之稳定。

(一)支持独裁主义案例

我们将提供独裁主义政治成功实施的案例。在推荐民主作为解决本国或是更大范围内民族冲突问题前,印尼实际上给了我们三种原因去思考。第一种原因是,印尼20世纪50年代的代议制民主的不快的经历,当时两个民族冲突,基于宗教的和基于文化/区域的民族冲突,使幼小的共和国面临分裂的威胁。外国观察者和印尼国内的学者、知识分子和政客都对当时这两种民族冲突的形式的严重性和分裂能力持有不同意见。我不确定在20世纪50年代晚期,如果民主机制得以继续发展并且没有被苏克诺的同盟军切断的情况下,印尼社会将会发生什么变化。反对民主化的印尼人认为在50年代,代议制民主引起的问题比它解决的问题还多,并且实行代议制民主后的20世纪90年代的社会和文化状况与之前没多大区别。在我看来,他们的争论很重要,并且是不容局外人和民主主义者忽视的。

第二种原因是新秩序政府所奉行的独裁主义比赤裸裸的强权涉及面更广。新秩序政府确实采用了一些说服、交换和合作的手段,也采用了民主政治系统中所有重要的权力工具。许多印尼人真诚地相信新秩序是一种“潘查希拉民主”，在这种秩序下，一个强有力的政府可以坚定地解决 SARA 问题。因此，许多印尼人愿意接受政府的军队统治。许多其他的印尼人是不关心政治的或者只是浅显地，部分地在形式上关心政治，因此他们很容易改变政治立场。尽管我们无法很准确的说明，但印尼可能大多数就由这两大群体构成。

毫无疑问，经济的发展很大层面需要政权的积极支持和配合，同时也需要各个民族成员的配合和帮助。这种成功本身可归结于新秩序式的独裁主义，正如发生的那样，它将政治权力集中于一个单独的个体之手，他选择并坚持的经济政策导致经济持续增长了 30 年。在 20 世纪 50 年代的代议制民主政权下，关于经济发展的事实性和一致性的记录让人难以相信会有另外一个与之类似的政权在 20 世纪 60 年代到 90 年代取得成功。

第三种原因是独裁主义新秩序时期民族冲突管理政策可能会逐步改变印尼的文化和社会，从而为未来民主政权建立一种新型的社会基础。这里有三种需认真对待的观点。第一个观点和欧洲历史的现代化理论分析相关：资本主义经济的发展会导致文化、社会结构以及最终的政治生活方面的巨大改变。如果工业化不能够必然地或者顺利地导致民主化，它至少也建立了社会多元化——由不同利益团体组成的社会，特别是商业和劳动阶级，进而为引发民主政体下的政治争议提供依据。①

在东亚，韩国、中国台湾和泰国都是这种发展模式的典型国家。相比这些国家，印尼是在人均收入、教育和工业基础较低水平下开始发展经济的。此外，大多数印尼的成功企业家都是印尼籍华人，因此很难组织他们来反抗政府，甚至连印尼本土的实业家们都是如此的满足于政府官员的私人管理，贸易保护和偏袒性商业利益的分享。而且印尼在现代化阶梯上目前所处的位置并不重要，重要的是它已经在稳步向上攀登的事实。如果目前的趋势继续下去，在下个二十或者三十年，印尼就会拥有一个更大的本土商业共同

① 参见多元政治（Robert Dahl, polyarchy（New Haven, Conn.: Yale University Press, 1971））。

体，绝对要大于只占总人口4%的印尼华人的商业体。

第二种赞成新秩序作为社会转变的争论跟伊斯兰教有关。政府的教育政策——包括学校数量的增加和研究宗教需求的增加——无疑对创建一个更虔诚、在穆斯林社区得到广泛、清晰认可的，更加一致的穆斯林文化有着重大的影响。同时，政府也坚定地认为所有政治和社会团体，事实上所有公民，必须要赞同官方的国家意识形态，这是基本的国家统一法则。至于伊斯兰教，他必须完全放弃建立一个伊斯兰教政府的意图。如果大多数的印尼穆斯林人没有抱着建立一个穆斯林政府的意愿，那么就为印尼建立一个少分裂的社会奠定了重要的文化基础，新秩序也会因为此项成就而得到很高的赞扬。

第三，政府的官僚和政治集权化政策，可能会给后新秩序时期地区间及地方和中央之间的政治冲突提供一种新的模式框架。大多数地域精英已经学会通过专业集团党和官僚设置来表达他们的利益：内务部以及各种各样的省、地区部门。在民主化的印尼，这些部门可能会摆脱官僚和专业集团党的军事干涉（在他们看来是有极大好处的），但是他们也不得不去解决一个自由人（对他们当中的大多数都是一种新的遭遇）的需求。在一个多党制的体系中，专业集团党有充分的理由和能力将自身转变为一个继中国台湾的国民党或匈牙利前共产党之后的，拥有广泛基础并能代表发展现状的政党。从地域的角度来看，这种趋势将逐渐变为代表当今新秩序群体利益的多地域的同盟。

最后，我们很难忘记在新秩序成功的民族冲突管理（或者说是一定程度的成功）背后，有着统一而固定的因素，那就是政府的宽松政策或者仅是轻微的控制。这其中最重要的，或许就是民族语言的统一以及1945年到1949年独立革命时期的民族主义斗争的记忆。对于那些畅游印尼群岛的外国游客，很难得的是那种在全国由早期领导人设想的民族信仰意识以及被1945年那一代人所认知的民族主义者理想在如今仍被广泛认同。印尼语言当然是信仰重生的工具。更重要的是，它为后代提供了普通性语言，借此，他们与民族和国家之间的关系可以重新评价和谈判协商。

（二）反独裁主义案例

我们同时还能强有力的证明，新秩序的民族冲突管理政策是失败的，并且从很多事例中可以看出，失败的原因至少可以部分归咎于政权的独裁。同时有必要注意民族分裂的三个维度——文化/地域、宗教、和种族——正处在活跃期。

（三）文化/地域冲突

文化/地域冲突当然是在亚齐，东帝汶和伊里安查亚三个叛乱地区中最明显的。在 1997 年早期时，亚齐还是平静的，那是因为反政府武装早在 90 年代初就遭到残酷的军事镇压。东帝汶的叛乱从没有平息过，而且他们的运动热情好像从 1991 年开始就处于高涨期。1996 年的两次绑架事件预示着伊里安查亚局势似乎也处于恶化中。

就地区问题而言，最麻烦的是导致地区不满的因素，从某种程度上来讲已成为了全国不满的共性，或者至少在全国很多省是如此。这些因素包括移民，不论是政府组织的（一个依然引起很多省局势紧张的历史问题）还是自发的（当前民愤的主要来源），以及外部（国内外）公司的商业行为，特别是那些从事采矿和伐木业的公司。

当地对商业公司的抱怨都一样：他们的利益无处不在，他们毫无补偿的占有土地，他们向外部人提供工作，他们污染土地、水源和空气。除此之外，一旦地区居民抵抗，就会遭至警察和军队任意逮捕甚至杀害，许多人认为他们与公司同流合污。在苏哈托政权时期，这些处于劣势的人们很少有机会通过专业集团党或者国家官僚机构来维护自己的利益。他们把最大的希望寄托在一项政策变化上，这项政策则是把各省的政权实行与分权化相结合的民主化形式（但并不是在地区实行，因为地区太小了，薄弱的财政无法与强大的公司或者是中央政府抗衡）。

（四）宗教冲突

新秩序实施的头二十年，伊斯兰现代派在印尼是处于社会最边缘的宗教团体。他们抱怨政府对他们的苛刻对待并忍受着数次被镇压的疼痛记忆，包括 1984 年在丹戎不碌杀害穆斯林抗议者的记忆。许多现代主义者过去和现在一直认为，在这种虐待背后是由 L. B. 莫丹尼将军领导的基督教的阴谋，他曾是天主教军队情报官，在总统苏哈托的保护下崛起而成为军事司令官然后任国防安全部长。

自 20 世纪 80 年代中期开始，苏哈托已经改变了他的政治策略，以此来吸纳穆斯林现代派和很多穆斯林宗教信仰者以及多种政治利益集团。这带来了两个相关后果。第一，许多现代主义者反应过激，他们试图寻求机会来报复那些他们认为在新秩序前几年曾压制过他们的人。例如，在 1992 年到 1993 年，他们在内阁发动了一场反对基督教徒的口头战役，声称“少数”（即基督徒）应该服从“多数”（即穆斯林）。他们成功地在新的内阁成员中将基督教徒的人数从六人减到三人，而该内阁中总共约四十个部长。

1995 年，阿米安 · 赖斯，ICMI 的一个煽动叛乱者以及穆罕默德协会（现代派主要的社会和教育机构）的首领，成功将东帝汶民族主义者反对移民商人的抗议活动转移成国家层面上的穆斯林与基督教之间的武装对抗。1996 年，阿米安在短期调查丹戎不碌事变的过程中充当了先锋角色。（在现代派长达两周的要求下，军事长官宣称调查毫无进展。）据推测，此次调查的真实目标可能是莫丹尼将军，和其背后的“基督教阴谋”。在 1997 年初，苏哈托迫使阿米安离开 ICMI 专家委员会主席的位置。这足以表明总统已经厌倦了阿米安在各项议题上的尖锐雄辩言辞。

第二，伊斯兰利益集团新聚合带来的后果是许多基督徒的恐惧甚至是绝望的反应。基督徒往往只听到穆斯林中最尖锐的以及最共同的声音，或者至少是夸大了这种声音所代表的一个群体声音的强度。同时，基督徒完全不认同现代主义穆斯林们宣称的他们在新秩序的头二十年里遭到排斥和镇压。基督教徒和现代主义穆斯林之间的观念隔阂还在逐渐增大。

两个群体对于民主化的影响也有着巨大的分歧。许多和 ICMI 有联系的现代主义者支持民主化（即使不是立刻，那么也是在后苏哈托过渡期的某个时刻），因为他们认为在自由选举中他们将赢得权力。许多基督教徒也持相同看法。因此，他们没有求助于民主的拯救而是寄希望于军队中的反穆斯林势力，他们联手可能会重建如新秩序早期那样的反穆斯林现代派阵营。

由现代派领导的穆斯林政党会在一个民主的民族选举中赢得大多数选票的观点几乎是完全错误的。更具讽刺的是,在20世纪50年代早期,1955年第一次民族选举之前,现代主义者和基督徒的希望和恐惧都得到了回响。大选的最终结果是,当时现代主义者政党穆斯林咨询会,只赢得了选票的21%。在1971年的第一次新秩序大选中,在穆斯林政党被迫与PPP政党联合之前,穆斯林咨询会的接替者 Parmusi(印尼的穆斯林政党)仅仅获得了5.3%的选票。相比之下,以村庄为根基的传统派的穆斯林政党回教教士联合会在1955年和1971年的大选中都获得了18%的选票,尽管在后一次的选举中代表专业集团党的军队干预了选举。然而,现代派和基督徒夸大的希望和恐惧之间的相互作用可能帮助延长了独裁统治时期,或者甚至可以说带来了一个更为严厉的,更加军事化的后苏哈托政府。

(五)种族冲突

印尼加剧的种族紧张局势是新秩序经济成功的间接后果,特别是20世纪80年代末和90年代初成功的经济自由主义政策带来的后果。如前所述,导致局势紧张的真正原因并不是贫穷的土著印尼人和富裕的印尼华人之间不断扩大的经济鸿沟,而是受过教育的土著印尼人和城市内低级工人阶级之间的不断扩大的鸿沟。大多数土著印尼人也看出了,杰出的政治家和官员,包括苏哈托及他的家族,都从和印尼华人之间的关系中获得了不少利益。

一个广泛被认可的结论使得此问题更为复杂,它认为引起代沟的原因是经济自由化(政府"有形的手"不再进行严厉的干预)。根据这个逻辑,根治措施是出台一套新规定,重新加强政府的干预。这种结论在印尼的政治文化中,被一种强有力的观念加强。这种观念扎根于战前民族主义运动中荷兰的帝国主义观念,认为资本主义的本质是贪婪的,必须由一个民粹主义者政府来控制国家。

未来,最有效的财富重分配政策可能是继续以市场为导向的,经世界银行批准的宏观经济政策,这种宏观经济政策30年来,已经为普遍的高经济增长率以及稳定的分配改善提供了便利。不幸的是,印尼的下一任政府,不论是独裁主义还是民主化,可能不得不为目前对印尼华人拥有的财富以及新秩序时期偏袒印尼华人经商者政策而偿付高昂的政治代价。最有雄心抱负的并且最强有力的研究技术部部长,B. J. 哈比比(B. J. Habibie),至少和他的ICMI军队一起,赞成政府对高技术领域经济的占领,比如飞机制造和轮船的建造。

其他ICMI的势力以及PDI的核心民族主义者/社会主义者,想要运用政府的力量来重新分配财富直接给那些贫穷的人。国家发展计划委员会的领导人,卡塔萨斯米塔(Ginanjar Kartasasmita),也是由有势力的退役军事官支持的第三位总统,在本土的私营商人的支持下倾向于采取保护主义政策。因此,新秩序独裁很可能为兴旺的资本主义经济创造了政治环境,更为讽刺的是,它也可能通过创造一种摧毁新秩序独裁的政治环境来结束这种政治体制。

(六)建议

如何才能使印尼的民族冲突在未来得到最好的管理?如果目前的趋势继续,两种压力一定会对印尼的社会和政府产生重要影响。它们会自发产生新的经济、社会、文化以及政治组织,同时破坏限制和制约它们的独裁制度和政策。

一种压力来自于印尼之外,包括政治和经济两个方面。经济方面的压力是经由苏哈托印度尼西亚的同意,印尼需要遵从全球自由贸易的正规做法。如果未来的印尼政府希望保持印尼的经济增长率,他们不得不继续鼓励出口。这就必须遵守一系列他人制订的规则,包括货币保护主义、开放的外汇政策以及对出口公司扶持的严格限制。这也意味着要扩大和升级运输网络和电信系统,从电话到传真机再到电子邮件,所有作为在21世纪从事国际商业的先决条件。而且,更多的外国人会来到印尼,同时更多的印尼人会经常到国外学习、工作和旅行。

政治方面的压力是西方国家不断的坚持要求发展中国家的政府应该遵守国际人权标准以及保证民主政治参与度。这种压力有自身的动力,它受人权组织以及国际性的有着特定关心对象的非政府组织的驱动,诸如环境、妇女和儿童权利、卫生和本土文化保护等等。在发达国家,政治压力通过其与经济利益的关系得到强化,它寻求结束发展中国家经济总是利用苦力、囚犯和童工的相对优势,并通过鼓励高报酬,改善出口导向型工厂工作条件以及成立独立的工会,来提高发展中国家的劳动力成本。

这两种经济和政治压力,尤其是后者,在通讯技术的革命中得到了进一步的加强。在印尼,穿梭于群岛之间的无政府组织活动家们现在定期地使用电子邮件在内部之间,以及与国外捐献者和支持者之间进行交流。他们也可以使用不受印尼政府控制的国内外网络媒体来进行交流。1996 年获得诺贝尔和平奖殊荣的东帝汶贝洛主教(Bishop Carlos Belo)和东帝汶民族主义者领袖奥尔塔(Jose Ramos - Horta),就是一个强有力的例子来证明国外的新政治压力以及现代化的通讯科技方式减少了新秩序独裁对事件的知情权和认知权的控制。贝洛和奥尔塔,或者更重要的东帝汶独立运动,从本质上来讲都极大的损害了雅加达政府的利益。

印尼政治体系的第二组压力来源于国内,并极大地受到持续不变的经济增长速度的驱使。印尼的本土商人和工人阶级两大群体,正逐步开始向掌握政治权力的军事机构和官僚政治机构挑战。他们的一个希望就是巴克里(Aburizal Bakrie)在 1994 年获得了史无前例的胜利,巴克里(Aburizal Bakrie)是最成功的本土商人之一,努力的想要控制组合主义者全国商人联合会,即 KADIN(卡玛大纲丹工业,工商贸易总局)。巴克里击败了苏哈托的候选人,一个退休了的将军,曾经担任过国家石油公司的总裁以及驻美大使。① 另外一个希望是在 20 世纪 90 年代早期,SBSI 的迅速增长。SBSI (Serikat Buruh Sejahtera Indonesia,印尼繁荣的劳工联合会),一个挑战政府自身组合主义者联合(即 F - SPSI(Federasi - Serikat Pekerja Selu - ruh Indonesrh,印尼所有工人的联合会))独裁的独立的劳工联合会。在棉兰市大

① 参见等待中的国家:1990 年代的印度尼西亚(Adam Schwarz, A Nation in Waiting: Indonesia in the 1990s.(Sydney: Allen and Unwin, 1994), p. 119)。

量的劳动者抗议后，SBSI 遭到了镇压，1994 年 4 月在北苏门答腊岛棉兰市转化成为了一次反抗印尼华人的暴乱。但是，当地出现鲁莽的罢工数量，尤其是针对出口贸易公司的经济，持续增长。[①]

考虑到这些内、外部压力的影响，如果后新秩序政权领导者想要避免大规模的政治动荡，甚至国家最终的分裂，他们最好的路线就是政治体系的整体民主化及各省政权的分权化。在一个高度多元化的世界，由有着如此多的由受教育了的印尼人领导的不同的经济、社会及民族（文化/地域，宗教以及种族）群体，由一小撮军事精英领导的一个组织地如此坚固、控制地如此彻底的政治体系，很难想象它未来的长期发展状况。最后，很多新授权的群体将发现这些安排很难接受，并将很难拒绝他们对更多共享权力的需求。

然而，建议印尼民主者和分权者采取行动时不要操之过急，他们还应该密切关注行政和立法之间的关系，政党和选举制度以及地方和中央之间制度关系。只有注意这些才能保证他们的诉求得到有效满足同时可以维护政治稳定。这两种建议殊途同归。印尼国家和社会错综复杂，民主经验又极为有限，关于国家和地方到底应该使用什么样的民主制度才能适合当地特殊的政治环境等问题还没有形成什么好的方法。

彻底的开放或许会释放长期受侵害群体压抑良久的诉求；这些可能会造成政治体系的动荡不安，并导致独裁主义统治死灰复燃。同样地，印尼唯一的民主经历——由很多以民族忠诚为基础的小政党组成的政党体系和议会——不可能产生足够强壮和稳定的国家行政去制定并执行针对整个国家的政策。因此，对印尼政治知识分子和活动家来说，最好谨慎而渐进地引导，而不是直奔民主主题，他们可以和已经处好关系的媒体，就行政和立法关系，政党额选举形式以及中央和地方关系在全国展开广泛讨论，以最终决定什么样的民主制度才是他们所希望看到的。

① 参见国家，基层政治和民间社会：印尼的新秩序下社会运动的研究（Muhammand A. S. Hikam，" The State，Grass – Roots Politics and Civil Society：A Study of Social Movements Under Indonesia's New Order（1989 – 1994）" Ph. D. dissertation，University of Hawaii，Department of Political Science，1995）。

第八章 菲律宾的民族和公共政策

R. J. 梅(R. J. May)

与当代世界上多数国家和地区一样,菲律宾当代的民族冲突同样是历史上长期的人口流动与相互融合的产物,尤其是欧洲殖民以来的这段时期。

尽管大多数菲律宾群岛的史前定居者有着共同的语系,但仍然表现出民族多样性。后来,这里移入了一部分来自中国、马来西亚、印度和阿拉伯国家的商人和定居者。这些定居者开始了一个改变伊斯兰教的过程,在这个过程中,多样的民族群体团结到了一起,同时也指出了菲律宾人穆斯林和非穆斯林的区别。随着16世纪西班牙殖民主义的入侵,穆斯林身份在与西班牙殖民者斗争的过程中得到加强,一套新的民族认同(基督教的殖民地土著、非基督教的殖民地土著和混血儿)也被创建。西班牙的殖民主义也对中国人和中国混血儿的身份进行了认同,尽管中国人混血儿日益增多地融入到新兴的菲律宾人(基督教的殖民地土著和西班牙人的混血儿)中。

这些差异不断延续,最终组成当代菲律宾社会四大主要的民族分裂。(见表15)第一,“菲律宾人”或“基督教菲律宾人”,主要是马来语系的和有基督教信仰的人,占菲律宾近7千万人口的92%,他们保留了一些可以作进一步民族划分的民族特性(分为塔加拉族人、伊洛卡诺人、宿雾人、比科尔人、Pampagno等等)。但是,他们在绝大多数情况下组成一个有凝聚力的“特大民族”。第二,“部落菲律宾人”或者“本土文化共同体”(或卢马德和高地人),这些人有共同的语系,矮黑人抵制基督教化和殖民者的规则,因而大量地保留了自己的传统(前伊斯兰教的,前西班牙的)文化,组成四十多个种族或语言群体,他们约占全国人口的3%,集中居住在棉兰老岛和北吕宋岛的科迪勒拉山脉。① 第三,穆斯林菲律宾人(或菲律宾穆斯林),他们也有共同的种族语言血统,但是在过去的几个世纪里他们被宗教和伊斯兰教社会制度的冲击所区分,这一支人包括十三个民族语言群体,占人口的4%到5%,集中居住在棉兰老岛的中部和西部,苏禄群岛和巴拉望岛。中国菲律宾人(有中国血统的菲律宾人)和菲律宾中国人(他们中国的民族特征要多于菲律宾的,包括有菲律宾公民身份和没有公民身份的)组成第四大民族集团,但是和其他的东南亚国家相比,中国菲律宾人和菲律宾中国人享有高度的融合,也没有形成民族分化的主要界线。除了中国人以外,菲律宾区分民族分化的主线是宗教信仰(对中国人而言,融合主要靠通婚和皈依基督教来实现)。

表15 菲律宾的民族构成

民族群	数量[a]	比例(%)
基督菲律宾人	65,100,000	92.0
穆斯林菲律宾人	3,200,000	4.5
土著民族[b]	2,100,000	3.0
中国菲律宾人[c]	400,000	0.5
合计	70,800,000	100.0

注释:a 这些数据部分是在菲律宾1980年人口普查数据基础上大致估计得出的,总人口以1996年的数据为基础。

b 其他人对部落菲律宾人的人数估算更高。参见族群的人种调查("Ethnographic Survey f Ethnic Groups," Tribal Forum, Vol. 6, No. 5(September/October 1986), pp. 13-16)。

c 这些数据是以查尔斯 · 简 · 麦卡锡(查尔斯 J 麦卡锡)的"60万人(在国内或人际之间全部

① 对土著菲律宾人的详细介绍请参见(Herbert W. Krieger, Peoples of the Philippines, Smithsonian War Background Studies No. 4 (Washington, D. C.: Smithsonian Institution War, 1942));菲律宾人民(R. Fox and E. Flory, "The Filipino People" (map)(Manila: National Museum of the Philippines, 1974); Tribal Forum, Vol. 2, No. 7 (September-Octorber 1981), pp. 2-5);祖先的领土:一个重要问题在棉兰老岛人类争取自决的斗争(B. Rudy Rodil, "Ancestral Domain: A Central Issue in the Human Struggle for Self-determination in Mindanao," in Mark Turner, R. J. May, and Lulu Turner, eds., Mindanao: Land of Unfulfilled Promise (Quezon City: New Day Publishers, 1992), pp. 233-247)。

或部分地说中国话的人),与中国文化方式和社会模式考察"保守估计得来的。参见见中国人在菲律宾的现在和未来(McCarthy,"The Chinese in the PhilippinesToday and Tomorrw," Fookien Times Philippines Year 1975,p.348)一些学者认为中国人后裔中的年轻人正在失去使用华语的能力和对中国文化亲和力。

一、前殖民地和殖民地的遗产

早期抵达菲律宾群岛的人一般被分为两个基本的族群,矮黑人和马来人。矮黑人很可能是菲律宾群岛上最早的定居者,但是随着马来人的到来他们大部分退居到内地,马来人的文化更先进,社会也更进步。他们的后代包括 the Aetas of Zambales, the Dumagats of the Sierra Madres, the Agtas of Bicol, the Atis of the western Visayas, the Isinai of Benguet, and the Mindoro。马来人以多样化的南岛民族语言交流,信奉原始宗教(万物有灵论),主要沿着海岸定居,定居地在政治上是小的自治区(叫做巴郎涯 barangay),他们被看作今天菲律宾人的始祖。

有考古学的证据显示:菲律宾群岛上的居民和中国进行贸易往来是在前基督教时期的晚期,到公元九世纪菲律宾已经成为类似于贸易中心的地方,它的贸易往来北到中国西至印度。到十世纪,已经有中国商人来菲律宾定居;明朝(1368-1644)时,中国"对菲律宾的部分地区行使名义上的宗主国权"①,中对菲的贸易往来和移民也很频繁。到十三世纪,菲律宾群岛和穆斯林国家到西方的广泛的商贸关系已经发展起来了,外国的穆斯林也在菲律宾南部建立了定居点。在三百年的时间里,穆斯林在苏禄群岛扎根,并于十五世纪在此建立了强大的苏丹政权;伊斯兰教传播到了棉兰老岛,正向北传到吕宋岛。随着伊斯兰教的传播,更大的政治单位融合形成,依靠通婚和商贸关系,东南亚国家的穆斯林社会变得更加宽广。

① 参见菲律宾中国人民族和政治意识的出现(Antonio S. Tan,"The Emergency of Philippine Chinese National and Political Consciousness," Ph. D. dissertation, University of Carlifornia, Berkeley (Ann Arbor, Mich.: University Microfilms, 1970), p. 14)。

1565年,西班牙殖民者带着建立商贸关系和转变穆斯林为基督徒的使命抵达菲律宾。西班牙人在格拉纳达打败了拒绝信奉基督教的敌手——信仰伊斯兰教的摩洛人,并在之后不到七十五年的时间里,有效地到亚洲进行宗教改革。1578年,西班牙统治者第一次远征苏禄和棉兰老岛的摩洛人,他命令远征的指挥官:"你应该命令他们不承认任何默罕默德教义的传教士,因为那是罪恶的、错误的,只有基督教的教义是正确的。你要烧掉并捣毁邪恶的穆罕默德教义传播到的村舍,并确保它们不会得到重建"。[①] 打败吕宋岛、民都洛岛和维萨亚斯岛的菲律宾人以及婆罗洲穆斯林力量后,西班牙人在信奉基督教的土著人的帮助下,开始了针对南部穆斯林的一系列军事行动,接下来的三个多世纪里这些行动一直持续。在这一过程中,穆斯林和原住民定居点被毁坏,数千人被杀死或活捉成为奴隶,连续不断的菲律宾民族冲突沿着这条主线继续着。

其他地方,尤其是在西班牙远征队寻找黄金的北吕宋山区内地,其他土著民族则成功地抵御了这些西班牙殖民者的入侵。到西班牙殖民时期,吕宋山区的居民仍被称为 tribus independientes。

西班牙当局为了对付菲律宾的本土居民,创建了一套民族等级制度:位于顶端的是半岛居民(来自西班牙的西班牙人)和菲律宾人(最初是指出生在菲律宾的西班牙人);按照降序排列,位于他们下面的是信奉基督教的土著民族和非基督教信徒,后者分别指无地者和游僧(infieles, paganos),或者更一般地称为部多独立者(tribus independientes)、摩洛人(Moros)。西班牙人和当地土著的通婚产生了一个日益增多的中间阶层——西班牙土著混血。中国人和中国混血组成另一个民族分支。在那时(尤其是1898年西美战争西班牙将菲律宾转让给美国后),西班牙人大部分选择与异族结婚或者离开菲律宾。菲律宾本土的居民开始被称作菲律宾人(Filipino),一段时期以来,也逐渐把华人和西班牙混血称为菲律宾人。但是,摩洛人和无地者

① 引用参见菲律宾的穆斯林(Cesar A. Majul, Muslims in the Philipines, 2d ed. (Quezon City: University of the Philipines Press, 1973), p. 68)。

(infieles)(在美国的统治下他们变成了“野蛮的部族”或“非基督教部落”)的民族类别仍然继续存在着,这些民族的确也是当代民族关系中的主要问题①。

二、中国菲律宾人和菲律宾中国人

西班牙人到达菲律宾并定居在此的时候,中国人已经和谐地融入当地。他们成为商人、工匠和技术工人,并和当地人通婚。西班牙政府认为当地的中国人对殖民经济有积极作用。正如一位西班牙早期的行政官所说,“殖民地没有中国人不可能存在,因为他们分布在所有贸易和商业中,他们勤劳而且低廉。”②西班牙甚至鼓励中国人移入菲律宾;定居到菲律宾的中国人由1571年的150人上升到1603年的3万人。③ 到十六世纪晚期,菲律宾的天主教堂鼓励中国土著混血儿中信仰基督教的社区增长,从中天主教希望招募传教士为他们在中国传教。

然而,西班牙统治者对待中国人的态度是矛盾的。中国西班牙关系史,正如一位学者所说,“宽容和消灭相互交替,每次中国人口增长到西班牙统治者认为的危险规模时,就会采用消灭这一政策。”④从1581年以来,因为

---

① 这篇文章没有考虑基督教菲律宾人口之间的民族关系问题,那不是一个重要的政治争论主题。这一问题已经引起学者的注意。参见民族战士:一个分裂社会中的国家安全(Cynthia Enloe, Ethnic Soldiers: State Security in a Divided Society (Harmondsworth: Penguin, 1980));菲律宾的总统和参议院选举中投票模式的研究,1945年到1965年(Hirofumi Ando,“A study of Voting Patterns in the Philippine Presidential and Senatorial Elections, 1945 - 1965,” Midwest Journal of Political Science, Vol. 13, No. 4 (November 1969), pp. 567 - 586);菲律宾的政治,民族划分和现代化(F. V. Magdalena, Poliyics, Ethnicity and Modernization in the Philippines, 1957 - 1969, URC Professional Paper No. 2, Series 1981 (Marawi City: University Research Center, Mindanao State University))。

② 参见10世纪的菲中关系(历史,政治,社会,经济)(Antonio de Morge, cited in Eufronion M. Alip, Ten Centuries of Philippine - Chinese Relations (Historical, Political, Social, Economic) (Manila: Alip Sons, Inc, 1959), p. 12)。

③ 参见10世纪的菲中关系(历史,政治,社会,经济)(Antonio de Morge, cited in Eufronion M. Alip, Ten Centuries of Philippine - Chinese Relations (Historical, Political, Social, Economic) (Manila: Alip Sons, Inc, 1959), p. 12)。

④ 参见菲律宾中国人民族和政治意识的觉醒(Tan,“The Emergency of Philippine Chinese National and Political Consciousness,” p. 21)。

害怕华人和当地土著的政治合作，马尼拉的西班牙行政官把华人隔离到帕罗斯岛，它是一块城墙外的区域，由西班牙的炮兵看管。1603 年，西班牙人怀疑华人准备起义反抗西班牙政府，于是袭击了马尼拉的华人部落，杀死了近 2 万 5 千人。之后不久，面对技术工人短缺的情况，西班牙政府又鼓励中国人移民菲律宾，但是在整个十七十八世纪，西班牙人对中国人的进一步屠杀和移送仍持续发生。在 1686 年和 1709 年，西班牙国王先后两次下令驱逐不皈依基督教的华人。两次驱逐一定程度上鼓励了华人和基督教土著的进一步通婚，也造成中菲混血人口的增长。中菲混血越来越多地和土著西班牙混血人口混和。和印度尼西亚、马来西亚发展的情况不同，"菲律宾的中国混血儿并不是当地一种特殊的中国人，而是一种特殊的菲律宾人"。①

1762 年中国人支持了短暂占领马尼拉的英国入侵者。西班牙当局对此的反应是对中国人的进一步大屠杀和又一轮的驱逐，屠杀和驱逐持续了二十多年。这是针对中国人实行的最后一次大规模的驱逐。然而，对华人的种族歧视仍以下列形式继续着：行动上的严格控制（尽管马尼拉的帕罗斯岛在 1790 年就被摧毁），高税收②，职业的严格限制，以及在法律和行政管理程序上的歧视。③

从西班牙殖民的早期开始，华人就是沟通西班牙商人和菲律宾当地居民的重要中介人。随着 1776 年大量中国人被驱逐，留下的华人受到严格控

---

① 参见中国人在菲律宾的生活（Edgar Wickberg, The Chinese in Philippine Life, 1850 - 1898 (New Haven, Conn.: Yale University Press, 1965), p. 31）。

② 1741 年，为了便于税收，居民被划分成五个民族类别：西班牙和西班牙混血，他们不用纳税；土著居民，他们只需缴纳基本税；中国混血儿，他们所纳的税是土著居民的两倍；中国居民，他们所缴纳的税是基本税的四倍。参见中国混血儿和菲律宾国家的形成（Antonio S. Tan, "Chinese Mestizos and the Formation of Filipino Nationality," in Theresa C. Carino, ed., Chinese in the Philippines (Manila: China Studies Program, De La Salle University, 1985), p. 52）；菲律宾中国人民族和政治意识的觉醒（Tan, "The Emergency of Philippine Chinese National and Political Consciousness," chap. 6.）。这种以民族起源来划分税基的做法在 1884 年取消。

③ 详细内容请参见菲律宾中国人民族和政治意识的觉醒（Tan, "The Emergency of Philippine Chinese National and Political Consciousness"）；中国人在菲律宾的生活（Wickberg, The Chinese in Philippine Life）。

制,华人混血儿在菲律宾经济发展中起到作用越来越重要:他们成了殖民当局和马尼拉的外国人群落的粮食供应者;他们在马尼拉和其他省的商品批发和零售贸易上占据更大份额;他们开始涉足进出口贸易。十九世纪四十年代马尼拉对外开放国际贸易,中国人重新开始移民菲律宾,新移民大幅地取代华人混血在批发和零售贸易上的地位。十八世纪到十九世纪早期,西班牙执政者采取了一些措施引导华人从事农业。例如,1804 年,只有工匠和那些从事农业的华人才允许居留在菲律宾。这些政策的效果是有限的;但是随着批发和零售贸易上的竞争日趋激烈,以及菲律宾农业的发展:从只能解决国内生活问题到有余额出口,一些华人混血变成地主,在农业耕作和农产品出口市场上占据重要地位。越来越多的华人混血和菲律宾精英通婚,华人混血取得了财富、教育和社会地位;在许多省份,他们出任市长和镇长(gobernadorcillos)。十九世纪五十年代糖业的发展吸引大量的华人来到内格罗斯,这些华人中的一部分很快地变成商贩,商人,工厂主和金融家,最后娶了"本地小姐",成为"该省历史上的领导人物[西内格罗斯]。"①其他地方,烟草,马尼拉麻,靛蓝染料,和木材行业生产的拓展也带来了类似的效应。

这些发展为菲律宾中产阶级的出现铺平了道路,他们是土著人、华人混血和西班牙混血的混和,这些人被共同的宗教信仰和一个共同分享的有影响的西班牙文化②团结在一起。接近十九世纪末,这一中产阶层成为菲律宾民族主义的媒介,华人后裔中的菲律宾人(比如民族英雄何塞·黎萨尔)

---

① 参见在西内格罗斯的中国人(Modesto P. Sanonoy, "The Chinese in Negros Occidental," in Aileen S. P. Baviera and Teresita Ang See, eds., Chinese Across the Seas: The Chinese as Filipinos (Quezon City: Philippine Association for Chinese Studies, 1992), p. 72)。

② 更详细的内容参见菲律宾历史上的中国混血儿(Wickberg, "The Chinese Mestizo in Philippine History," Joural of Southeast Asian History, Vol. 5 (March 1964), pp. 62 – 100);参见中国人在菲律宾生活(Wickberg, The Chinese in Philippine Life, chaps. 1, 5);菲律宾中国人民族和政治意识的觉醒(Tan, "The Emergency of Philippine Chinese National and Political Consciousness");中国的混血儿"(Tan, "Chinese Mestizos");中国的混血儿:总论(Jesus Merino, "The Chinese Mestizo: General Considerations," in Alfonso Felix, ed., The Chinese in the Philippines, Vol. 2 (Manila: Solidaridad Publishing House, 1969), pp. 45 – 66)。

在反对西班牙统治的民族革命中起到重要作用。

由于在十九世纪后五十年代,大量的中国人移居入境,菲律宾的华人数量从6千左右上升到5万多。这种扩张和许多移民华人对经济的成功分享,在西班牙统治的最后二十年里再次点燃了菲律宾的反华情绪,但是这次的反华情绪并没有伴随暴力,而早些年的反华则是以暴力为特征的。转而,反华情绪鼓励了华人民族团体组织力量的扩大。①

美国统治时期,对待华人的政策一般来说是较少歧视的,尽管美国驱逐法案的早期政策扩展到菲律宾。美国驱逐法案引起菲律宾华人社会的愤恨,尤其是原始居民,因为该法案有效地阻止了来自菲律宾岛外并想定居于此的中国移民,然而对日本移民并没有类似的限制。华人社会对二十世纪二三十年代的其他菲律宾民族追求的一系列经济民族主义方式也有不满,包括对零售贸易国有化(更确切地说是菲律宾化)的要求。这种经济民族主义具体表现为1935年共和国宪法的规定,②宪法的序言中重点指出是"菲律宾人"而不是像一些人提议的"菲律宾共和国的人民"。

民族憎恶在西班牙时期得以灌输,又因一些中国商人的显著繁荣和经济实力而加剧,并连续地在暴力事件中得到证明。例如,1919年和1924年的反华暴乱,但是,一般而言在美国殖民时期的华人社会是繁荣的,二十世纪二十年代始又发生了更进一步的移民,华人移民的后裔已经融入菲律宾社会。

二战后,独立的菲律宾共和国在许多领域中贯彻了经济民族主义政策,包括进口贸易国有化(1952年),零售贸易国有化(1954),以及水稻和玉米产业国有化(1960);对特定的政府合同也采取"菲律宾人优先"的政策;同时限制非公民进入特定的行业。1949年对来自中国的年移民配额减为零,而在美国殖民时代末期这一配额稳定在500人每年。在马科斯执政时期

---

① 参见中国人在菲律宾生活(Wickberg,The Chinese in Philippine Life,chap.7);中国人的观点(Liu Chi Tien,"The Chinese Point of View," in Felix,The Chinese in Philippines,pp.205-252)。

② 可以参见菲律宾中国人民族和政治意识的觉醒(Tan,"The Emergency of Philippine Chinese National and Political Consciousness",chap.9)。

(1966 -86),菲律宾采取了支持华人“同化和融合”的政策,尤其是对所谓的“长期停留的华人”群体。① 十九世纪七十年代,一系列的总统令和指示函提高了允许中国移民来菲的配额,使得长期停留的中国人可以继续留在菲律宾,也帮助在菲华人取得公民身份;到1980年,已有近2万6千华人入菲籍。在教育领域,1973年(战争法)宪法禁止设立“外国人专有”的学校,政府探索菲化教学课程、教师队伍,也对华语学校进行管理。② 同时,尽管没有正式废除经济民族主义政策,马科斯总统运用他的行政权力促使和鼓励在菲华人更大范围上参加经济活动。1981年的一项针对菲律宾华裔政策的研究表明,马科斯总统执政时期华裔政策改变的结果是,华人已经进入之前由菲律宾人占据的土地,农牧业,以及其他经济活动和行业中。③ 特别是,由于不能进入进口和零售贸易行业,一些中国人转向进口替代制造业。

马科斯政府垮台后,华人长期居留问题在1988年又凸显出来,移民遣送专员 Miriam Defensor - Santiago (大概地)估计非法外国人的数量达到10万人。接下来的一个行政命令给这些非法的移民十二个月的时间去完成注册和申请入籍,但是接踵而至的法律问题使得这一命令被搁置。④

然而,华人长期居留仍然是一个微妙的问题,和东南亚的其他国家相比,菲律宾华人融入本土人口的进程可能仍需进一步继续。1966年,马科斯总统在菲律宾华商总会演讲时说:“我有华人血统,我不羞于承认或许我国最大的领导人都有华人血统。”⑤对于他的两位继任者而言,这的确是真的,科拉松·阿基诺总统和菲德尔·瓦尔德斯·拉莫斯总统都有华人血统。

---

① 1966年,移民局统计的外侨为180674人,其中有115501人是中国人。参见中国人的观点(Tien,“The Chinese Point of View,” p. 205)

② 1973年菲律宾有154所中文学校,招收了58000多名学生。

③ 参见华人民族在菲律宾的政策议程(Arturo G. Pacho,“Policy Agenda of the Ethnic Chinese in the Philippines,” Kent State University, 1981 (Ann Arbor: University Microfilms International, 1984), p. 139)。

④ 参见中菲关系的问题(Theresa C. Carino,“Issues in Philippine - China Relations,” in Baviera and Ang See, China Across the Seas, p. 22)。

⑤ 参见弗拉德,总统在1978年的演讲(Ferdinand Marcos, Presential Speeches 1978: I, pp. 104 - 105, quoted in Pacho,“Policy Agenda of the Ethnic Chinese,” p. 103)。

当然,民族的固定模式和对在菲华人享有繁荣的愤恨依然存在,这一点从最近的发生的大批绑架事件上就可以看出来,内务部部长罗伯特·巴伯斯在报道中说富裕的华裔菲律宾人是容易被绑架的,“因为他们更有钱也更容易受威胁”。[①] 但是,在早期已经开始的文化和宗教信仰融合进程中,以及在建立华人的民族主义声誉的反对西班牙革命时期,在菲华人已经充分融入当地社会,也因而在菲华人的问题并不是重要政策关注的主题。

三、“部落”菲律宾

正如上面讨论的,部落菲律宾这一民族类别是西班牙殖民者人为制造的。单词 infieles 是指那些在西班牙殖民者控制之外的菲律宾人;作为必然的结果,人们几乎不能讲出西班牙对部落菲律宾的政策,仅仅知道西班牙人试图把土生菲人这一群体纳入他们的管辖范围,而这对土生菲人自己而言仅仅是“政策”。二十世纪初,西班牙把菲律宾转让给美国后,美国沿用旧的民族分类把菲律宾人分为:基督民族,摩洛人,和其他的非基督民族(“异教徒”),1901 年非基督部族局(BNCT)成立,这一机构对上述的后两类族群负有责任[②]。

非基督部族局有这样的职责:调查“异教徒和穆斯林部落”的边界,语言,社会组织,信仰,生活方式,和习俗,目的是“找出最可行带给他们进步和物质繁荣的措施”。[③] 有这样一种假设:美国管理自身非基督部族的经验可以给非基督部族局提供借鉴的模式,但是非基督部族局第一任领导认为

---

① 参见 1996 年 8 月 25 日的路透社报告(Reuters report, August 25, 1996)。

② 在 1926 年,关于民都洛岛的决议中,菲律宾高等法院辩称,这一非基督教的术语并不是指宗教信仰而是“特指菲律宾群岛上文明程度不高的民族”。引自民都洛岛的芒扬民族:一种人类文化学(Violeta B. Lopez, The Mangyans of Mindoro: An Ethnology (Quezon City: University of the Philippines Press, 1976), p. 107)。

③ 参见摩洛族领土上的委任统治:美国政府在 1899 年到 1920 年对穆斯林的菲律宾人统治(Peter G. Growing, Mandate in Moroland: The American Government of Muslim Filipinos 1899 - 1920 (Quezon City: Philippine Center for Advanced Studies, University of the Philippines System, 1977), p. 67);关于非基督教部族局的工作参见上文和芒扬民族(Lopez, The Mangyans, chap. 5)。

"美国在处理美国印第安人时采取的政策不适用于管理这里的落后的民族"。[①] 他特别指出"现有的雇佣保留模式应该避免(一些是后来建立的,被证明是短暂存在的)",他也强调要推崇英语教学。该局成立两年后更名为菲律宾民族调查局。然而,该局管理非基督部族的职责由内务部部长负责,部长试图通过许多"特殊省份"[②]来行使他的权力。在南部,直到1913年,棉兰老岛和苏禄岛的非基督部族,包括穆斯林地区,都是被美国空军官员管理的,政策的目的一般而言是把非基督人口融入到一个单一的管理体系下。在北部,美国的当局一直在拓展对整个科迪勒拉省的政治控制,该省是创建于1908年的一个山地省,这一地区的行政管理机构被重组,正如当时的一位评论员所说的,以便"把野蛮的部族从孤立的政治领域中安全地移出"并且有效地置于美国当局的控制之下[③]。

那一时期,将非基督部族交由菲律宾省、市的官员管理的呼声日益强烈。内务部部长迪安·伍斯特反对这种做法,他争辩说,尽管二者有"共同的民族起源",但是菲律宾人、伊哥洛特人和摩洛人之间隔阂是很大的,把非基督部族交由菲律宾人管理将加速灾难的到来。[④]

虽然伍斯特这样预言,但是1914年制定了一项新政策,这一政策通过

---

① David Barrows (1902),引自摩洛族领土上的委任统治(Gowing,Mandate in Moroland,p. 68)。

② Lopez 描述了那些安排如何在芒扬族中推行,包括美国组织芒扬族人民定居的努力最终失败等等。参见芒扬族(Lopez,The Mangyans,pp. 110 – 114)。

③ 迪拉特,引自山省的历史(Howard T. Fry,A History of the Mountain Province (Quezon City: New Day Publishers,1983));西班牙和美国在科迪勒拉地区活动的历史参见伊哥洛人的发现:西班牙人与异教徒北部的吕宋岛的接触(William Henry Scott,The Discovery of the Igorots: Spanish Contacts with the Pagans of Northern Luzon,rev. ed. (Quezon City: New Day Publishers,1977));建立一个少数民族文化(Scott,"The Creation of a Cultural Minority," in Scott,ed.,Cracks in the Parchment Curtain (Quezon City: New Day Publishers,1985). Pp. 28 – 41);山省的历史(Fry,History of the Mountain Province);白皮书:美国统治者在科迪勒拉中心的统治(Frank L. Jenista,The White Apos: American Governors on the Cordillera Central (Quezon City: New Day Publishers,1987).);北部吕宋岛的人种历史学(Felix M. Keesing,The Ethnohistory of Northern Luzon (Stanford: Stanford University Press,1962))。

④ 参见菲律宾委员会1909 – 1911年的报告(Report of the Philippine Commission,1909 – 1911 (Washington,D. C.: U. S. Government Printing office [U. S. GPO],n. d.),pp. 75,81),引自芒扬族(lopez,The Manggyans,p. 113)。

减少对非基督部族的孤立和“在非基督部族和它信奉基督教的邻居之间培育信心和善意”以便“以更快的速度传播文明”。[①] 对非基督人口全面管理的责任委派给内务部下属的办公室,但事实上这一职责越来越多地被省市当局行使。同年,在常驻的地方长官领导下,棉兰老和苏禄事务部成立。

然而,在三年内,对新体系的不满使得非基督部族局(BNCT)重组。在新的委任管理下,非基督部族局(BNGT)被命令继续为非基督地区的道德、物质、经济、社会和政治发展工作,但是对于新的命令,“总是有这样的目的:吸收基督教和非基督教双方永久的共同的智慧以及把菲律宾群岛上各省所有基督教和非基督教成分的人口完全融合。”[②]1920 年棉兰老岛和苏禄事务部取消,原属该部门的职责由非基督部族局(BNCT)取代,并在随后的政策制定中强调了民族的同化。

在早期,几乎没有关于菲律宾部落的一致“政策”,除了他们被逐渐融入到一个更大的菲律宾基督徒协会,这个协会的目标由基督徒工作团的工作来支持。这样的情形越来越明显:就像行政上的政治权力转给了菲律宾的立法机构;实际上,国家立法机构最早的法律之一,紧随 1935 年共同财产宣言之后,就是取消非基督徒部落组织(BNCT)。尽管政府在对南部的特殊环境的认识过程之中,对棉兰老岛和苏禄岛进行了任命,但对非基督徒进行管理还是交给了内务部的部门。同时,一些边远地区的团体事实上没有涉及到,国内很多从人口众多的内地到欠发展的边境地区的人口迁移——

① 参见菲律宾委员会对国防部长的报告(Report of the Philippine Commision to the Secretary of War (Washington, D. C.: U. S. GPO, 1915), p. 39). 引自 The Mangyans(Lopez, The Mangyans, p. 114)。

② 参见菲律宾的一般地方长官 1917 年对国防部长的报告(Report of the Governor - General of the Philippines to the Secretary of War, 1917(Washington, D. C.: U. S. GPO, 1918), p. 29)。

部分人口迁移是由政府发起的——侵占部落领土,导致频繁的暴力冲突。①

菲律宾部落的土地问题一直存在争议。凭借王室教义,西班牙国王取得了大部分祖先的土地(1754 年王室法令认可土著祖先土地的所有权),1898 年这些土地转让给了美国政府.通过土地登记法(1902 年)和公共土地法(1903 年)美国政府强化了对这些土地的管理。1909 年,美国最高法院把土著菲律宾对其祖先的土地权提升到宪法的高度,"通过尊重民族的传统和保持长久的联系",这个决定还常常被强调。然而,土地权仍经常受到侵犯,外来者侵占了穆斯林和菲律宾土著居民传统土地权,因为这些外来者对法律体系很无知。②

在后独立时期,由部落领土被侵占引起的社会动荡不断增加——特别是在菲律宾东南部的棉兰老岛。1957 年,随着菲律宾众议院特别委员会发起的对"摩洛族问题"调查,菲律宾建立了一个关于民族融合的委员会(CNI)来应对穆斯林和部落领土的动荡问题。该委员会(CNI)的主要目标可以从其立法标题上看出来:"一个以更快速、更健全的方式来实现非基督菲律宾人和少数民族群的经济、社会、道德、政治进程的法案;一个为少数民族真正、完全、永久的融入主流政治作贡献的法案"。为实现这一目标,委员会被授予下列特权:干预商业、农业,建立学校、帮助培训和雇佣、为本地

---

① 洛佩斯指的是二十世纪二十年代发生在民都洛岛的由基督教土地抢夺者们引起的争斗。参见芒扬族(Lopez,The Mangyans,p. 116 Stuart Schlegel,in Tiruray Subsistence (Quezon City: Ateneo de Manila University Press,1979));Manuvu 社会组织(E. Arsenio Manuel, Manuvu Social Organization (Quezon City: Community Development Research Council,Universityof the Philippines,1973)),该书各报道了 the Tiruray 和 Manuvu 的相关数据。参见南部荒凉的西边:棉兰老岛近代政治史(R. J. May, "The Wild West in the South:A Recent Political History of Mindanao," in Turner,May,and Turner,Mindanao: Land of Unfufilled Promise,pp. 125 – 146)。

② 有关土地问题和部落菲律宾人的进一步的讨论参见部落土地 :高地参与发展的一个机制(Owen J. Lynch,"Tribal Land Law:A Mechanism for Uphold Participatory Development," Sandugo,2nd, Quarter,1982,pp. 24 – 30,4th Quarter,1982,pp. 14,16,18,20);祖传的领土(Rodil,"Ancestral Domain"; Tribal Forum,Vol. 2,No. 7(September – October,1981));对棉兰老岛穆斯林的土地所有权概念的一个探测研究:它暗含棉兰老岛的冲突(Jaime Dumarpa,"An Exploratory Study of Maranao Muslims' Concept of Land Ownership: It's Implications for the Mindanao Conflict" Dansaian Quarterly,Vol. 6, No. 1 (October 1984),pp. 5 – 78。

或出国学生提供奖学金、提供信贷、在土地争夺方面为少数民族提供法律援助、帮助无土地的少数民族保护田产或重新安置、提高少数民族社区生活。尽管这样，由于该委员会预算非常紧张，许多权利无法实施，其成就尤其在部落关系方面，甚为轻微[①]。1975 年该委员会被取消。

十九世纪五六十年代，民族融合的思想继续主宰对部落菲律宾人的政策（更少的程度来说，也对穆斯林菲律宾人）。尽管如此，少数民族并未从该政策得到切实的利于少数民族文化的好处，并且民族融合的花言巧语掩盖了伐木工、矿工、农商和移民定居者开发利用部落土地的事实。

在马科斯时代，菲律宾部落的情况变得更加恶化。1968 年，国家少数民族民间联盟（PANAMIN）由一个富有的马科斯亲信马纽尔·伊里杂德建立；早些年，伊里杂德被任命为国家少数民族的总统顾问，而后成为内阁成员。随着 1975 年 CNI 的废除，国家少数民族民间联盟（PANAMIN）正式负责管理非穆斯林少数民族。国家少数民族民间联盟（PANAMIN）的活动成为马科斯政权的丑闻之一。在其他事件中，伊里杂德被广泛指责利用手中职权为伐木工、矿工、农商进入部落土地提供便利。另外，国家少数民族民间联盟（PANAMIN）卷入这样的事情中：强制重新分配穆斯林和共产主义社区居民，并在镇压叛乱中雇佣菲律宾少数民族[②]。1983 年，伊里杂德离开菲律宾；1984 年，在财务违规的流言中，国家少数民族民间联盟（PANAMIN）

---

① 洛佩斯作了更加深入的研究："芒扬民族的人一定记得，被派遣到民都洛岛的 CNI 代表并非出于善意，而是为了开采资源。"参见芒扬族（Lopez, The Mangyans, p. 126）。

② 参见 PANAMIN 的政治运用（Joel Rocamora, "The Political Uses of PANAMIN," Southeast Asian Chronicle, No. 67 (October 1979), pp. 11 – 21）；菲律宾的叛乱镇压和种族人民：来自美国文化生存的一个报告（Chip Fay, Counter – insurgency and Tribal Peoples in the Philippines: A Report by Cultural Survival USA (Washington, D. C.: Survival International USA, 1987)）；在少数民族文化群体中的国家政策：以菲律宾为例（P. Bion Griffin, "National Policy on Minority Cultural Communities: The Philippine Case," Southeast Asian Journal of Social Science, Vol. 16, No. 2 (19988), pp. 5 – 16 (Special Issue on National Policy and Minority Cultures in Asia, edited by David Y. H. Wu)）；忽视的政治：菲律宾少数民族政治（Jonathan Y. Okanura, "The Politics of Neglect: Philippines Ethnic Minority Policy," Southeast Asian Journal of Social Science, Vol. 16, No. 2 (1998), pp. 17 – 46）；参见泰德争论：审查证据（Thomas N. Headland, ed., The Tesaday Controversy: Assessing the Evidence, AAA Scholary Series Special Publication No. 28 (Washington, D. C.: American Anthropological Association, 1992)）。

被解散。该部门的职能被移交给重新命名为穆斯林事务和文化共同体办事处的穆斯林事务部门(OMACC)。和国家少数民族民间联盟(PANAMIN)一样,OMACC 具有经济、政治、文化方面的职能,但几乎没有财务和管理职能。他同样继承了国家少数民族民间联盟(PANAMIN)镇压叛乱的职能。①

更概括地说,一系列行为激起了一些部落越来越多的暴力反应,这些行为包括:增加棉兰老岛移民、将低地居民分散到吕宋岛、棉兰老岛和巴拉望岛内地、侵占祖先土地(由政府支持的公司发动),提议土地的转让(出于国家发展计划的目的)等。在科迪勒拉的部分地区也有类似的暴力反应②。19 世纪 70 年代早期,奇科河流域发展计划(CRBDP)设想建立一系列水坝,淹没卡林格和邦都的祖传土地。1975 年,受到这一计划影响的社区加入了传统和平公约,以反对 CRBDP。PANAMIN 官员被召集来,卡林格特别发展区域法也被声明。但是此事也吸引了进步党对部落人民的支持。大约从 1976 年开始,共产党的新人民军 (NAP)也逐渐在该地区活跃。政府对此的反应是增加军事部署,包括频繁的非训练性的国内防御单元 (CHDF)的部署。在一系列的暴力事件中,大多数公众注意到的是 1980 年的卡林格领导人和反 CRBDP 发言人马克里达的被谋杀。在奇科河流域的北部,一个主

---

① 对于 OMACC 工作方面的评价,参见国家政策(Griffin,"National Policy," pp. 25 – 29)。

② 这方面已经有了很多文献,尽管他们中很多只是昙花一现。部落论坛 (由针对部落菲律宾人的天主教会出版) 和 Sandugo (由增进文化交流的人民行动出版) 经常报道部落菲律宾人和穆斯林菲律宾人的事件。其他的参考资料参见棉兰老岛的少数民族的研究(ICL Research Team, A Report on Tribal Minorities in Mindanao (Manila: Regal Printing, 1979));反奴隶制社会,菲律宾:独裁政府,多民族国家和祖传领土(Anti – Slavery Society, The Philippines: Anthoritarian Government, Multinationals and Ancestral Lands, Indigenous Peoples and Development Series No. 1 (London: Anti – slavery Society, 1983));部落人民和马科斯政权:菲律宾的文化种族灭绝("Tribal People and the Marcos Regime: Cultural Genocide in the Philippines," Southeast Asian Chronicle, nNo. 67 (Octber 1979), Special Issue);参见国家政策(Griffin,"National Policy"); 参见忽视的政治(Okamura,"The Politics of Negelect ");祖先的领土(Rodil,"Ancestral Domain");穆斯林和种族菲律宾(R. J. May,"Muslim and Tribal Filipinos,");马科斯统治后的菲律宾(R. J. May and Francisco Nemenzo, eds., The Philippines After Marcos (London: Croon Helm, 1985), pp. 110 – 129);棉兰老岛的视角(R. J. May,"A Perspective from Mindanao," in Peter Krinks, ed., The Philippines Under Aquino (Canberra: The Australian Development Studies Network, 1987), pp. 71 – 84);参见南部荒凉的西方(May,"The Wild West in the South");也可参见菲律宾大学碧瑶学院的科迪勒拉研究中心的各种出版物。

要的水电发展计划威胁到了艾森德人的祖传土地，在艾森德的其他地方、还有邦都、卡林格和 Tingguian，人们抵制在这 4 个省拥有超过 200000 公顷特许权的跨国公司的伐木行为。

早在 1979 年，国家民主阵线（NDF）的左翼分子就提出建立科迪勒拉人民民主阵线，目的是在区域反政府主义力量增长时实现区域自治的要求。1984 年，科迪勒拉人民联盟（CPA）成立，声称有 120 个组织 25000 成员的支持，[①]尽管 CPA 否认与 NDF 有关，但是当地下组织撤退后，CPA 同样秘密雇佣了大量的善于辞令者。到 1984 年，区域自治的要求导致了议会立法的成立。尽管如此，CPA 还是被 1986 年的人民革命推翻。

到 1986 年为止，科迪勒拉地区的政治非常复杂。在有名的地区领导人中，前任牧师叛徒古拉伯格，离开了自己的教区，加入 NPA。在人民革命浪潮中，布拉格从 NPA 分离出来，成立了科迪勒拉人民解放军（CPLA），随后他与阿基诺政府就基于本土机构成立科迪勒拉自治州进行谈判。该谈判促成了 1986 年后期的协议。

同时，在南方——三描礼士、巴丹半岛、民都洛、棉兰老岛——其他部落也从政治上被动员起来反对农场主、农商和殖民者侵占土地。这些侵占者经常得到政府安全部队的支持。例如，在 20 世纪 70 年代中期，棉兰老岛中部成为菲律宾部落、低地移民者、狂热分子、NPA 军事武装（包括 CHDF）的战场[②]。PANAMIN 也介入到了不间断的冲突中来，它带来了特赦令，建立了 PANAMIN 预备军，强行重新安置了该冲突中的部落人员——但是 PANAMIN 可以大概被看作中央政府的代理机构，部落人员对它也极不信任。

1977 年，棉兰老岛的教会在棉兰老岛召开的第一个部落联盟大会。这为部落联盟间的联合协商进程开了先河，从中出现了“卢马德”这个术语，并导致了 1983 年召开的第一个卢马德·棉兰老会员大会。三年后，卢马德·棉兰老（当地的所有卢马德组织的联合）成立，为本土人权展开运动，

---

① 参见科迪勒拉自治的政治（Alan Robson，“The Politics of Cordillera Autonomy，” unpublished manuscript）。

② 参见南部荒凉的西方（May，“The Wild West in the South”）。

祖传土地在其中受到高度重视。

因此1986年,在阿基诺政府开始起草新宪法时,菲律宾部落的要求被列入议程。1986年宪法在许多条款中承认了这些要求。它宣称"在国家整体发展框架下,承认并促进本土文化社区的权利"。另外,宪法提出国家"应该保护本土文化社区的对其祖先土地的权利"并且国会"可以在管理财产权或决定祖先土地所有权和临时所有权的财产关系方面提供惯例法的申请"。更进一步,它保证了本土文化社区保留和发展他们的文化、传统及习俗的权利。尽管如此,对少数民族祖先土地权利的保护还得服从宪法与国家发展政策、计划。宪法还规定了国会成立一个咨询机构,包括小部分少数民族成员,在影响本土文化社区的政策上给总统提建议。社区的祖先土地权利被宪法排除在土地改革之外。

更有意义的是,1986年宪法提出"应该在穆斯林棉兰老岛和科迪勒拉地区建立自治区"并且"总统在该区域可以行使一般监督权"。宪法列出了8个立法管辖权的范围(管理机构;税收;祖传土地及自然资源;个人、家庭和财产权;郊区市区规划;经济、社会、旅游发展;教育政策;文化遗产的保护和发展;"以及其他需要法律授权的可以提高当地人民整体福利的事务"),同时提出"维护该地区和平秩序是当地警察机构的职责"。

行政上,政府通过将现有的穆斯林事务所和文化共同体分为独立部门——穆斯林事务、南方文化共同体和北方文化共同体——来显示政府的好意。后两个组织的职权是协调政府机构处理文化共同体的活动,并且通过提供民生计划、贷款、培训计划、文化项目,帮助祖传土地的所有者制定土地使用计划来协助地方发展。

阿基诺政府的另一个重要举措是重新组织了环境和国家资源部门(DENR),部门的部分目标是使之"更少的作为管理机构,更多……一个发展的部门"。[①] 在马科斯时代,林业发展局被普遍地看作少数民族文化利益

① 详细内容请参见阿奎诺管理档案和遗产(1986－1992)(The Aquino Administrtion Record and Legacy(1986－1992): President Corazon C. Aquino and her Cabinet, U. P. Public Lectures, Vol. 1 (Quezon City: University of the Philippines Press, 1992), chap. 17)。

的反对者,部分原因是该部允许外来者进入祖先土地(通过给予木材采伐证)伐木,并且禁止传统的农业(砍伐和烧毁)。随着DENR(由一个有名的人权激进分子领导)成立,一个本土社区事务部门也成立,其主要目的是促进可持续发展,包括国家造林计划和社会综合林业计划。其他措施包括,"高地人"拥有25年的工作合同,目的是保障森林土地在使用限期内的安全和提供农林间作技术,这些取决于重新造林和土壤保护活动。在1987到1991年间,颁发了超过146000的许可证,涉及431000公顷土地。该部门同时将木材采伐证的数目从143降低到33。

1989年,DENR起草了一项祖传土地议案,该议案使1986年宪法意图生效,1991年这份议案提交国会。同时,"承认祖先土地的预备步骤"[①]在针对本土文化共同体发行的祖先土地许可证声明(CADCs)中被提出。这些行动受到1992年就职的菲德尔·瓦尔德斯·拉莫斯政府的支持。到1996年3月,500000公顷的CADCs发放。最终,全国至少有200万公顷的土地被确认为祖传土地。尽管如此,在1997年早期,1991年提出的祖传土地议案还是通过了。[②]

DENR就1955年矿业法实施规则和条例的修改意见,非正式地咨询了当地和国外的矿业公司。矿业自由化使勘探业和矿业得到了发展,然而许多发展与少数民族的祖传土地产生了冲突。起草修改案的DENR委员会主席宣称,矿业公司同意尊重本土人的权利并且接受特定地区禁止勘探和开矿的规定[③]。尽管如此,对于"祖传土地"的定义仍有一些不同的意见;而且,矿业公司反对支付开采本地人土地上的矿产资源特许费(最少为总产量的1%)[④]。文化共同体作为贫困缓和计划的靶子被拉莫斯政府列为社会改革议程。涉及到部落菲律宾人的祖传土地权利议案提交给了菲律宾人权

① 参见阿奎诺管理(The Aquino Administrtion, p. 221)。

② 据马尼拉立法发展中心主任Socorro Reyes博士在私人谈话中称,那份法案并未获得国会通过。

③ 参见SEAsian商业世界(菲律宾)报告(SEAsian Business World (Philippines) report, October 4, 1996)。

④ 参见菲律宾新闻局报告(Malou L. Sayson, Philippine New Agency report, October 1, 1996)。

委员会。

在科迪勒拉,1986 年和平公约发表后,科迪勒拉地区临时政府成立,地区咨询委员会也成立,并根据宪法条款起草了科迪勒拉自治区基本法。尽管如此,该进程还是碰到了非常大的政治动荡;CPA 和 CPLA 的反对,类似科迪勒拉主要地区联盟(CBC)和该地区传统的政治家们团体则保持中立。1990 年,当基本法在该地区的五个省和一个市进行公民投票时,只得到了一个省份的支持①。结果,科迪勒拉地方政府被保留下来,基本法后来又重新提交进行公民表决。

因此,从 1986 年开始,文化共同体在政策制定方面的地位受到更多的重视,有证据表明,政府的主要政策目标为,从长期存在的授权转变为种族融合。尽管如此,文化共同体(它的祖传土地处在改革边界)仍受到下列威胁:拟建水坝和旅游发展计划,伐木、开矿,持续不断的移民等。

① 关于科迪勒拉自治问题的更为详细的解释,参见科迪勒拉的一个案例:一个尚未解决的国家问题(Rollie Buendia,"The Case of the Cordillera: An Unresolved National Question," Philippine Journal of Public Policy,Vol. 31,No. 2(April 1987),pp. 157 - 187);科迪勒拉自治的政治(Robson,"The Politics of Cordillera Autonomy");对科迪勒拉自治地区的理解(Maximo B. Garming, Towards Understanding the Cordillera Autonomous Region (Manila: Friedrich Ebert Stiftung,1989));创立科迪勒拉自治区的促发事件(Steven Rood, Issues in Creating an Autonomous Region for the Cordillera, Northern Philippines, CSC Working Paper No. 11(Baguio: University of the Philippines College Baguio, Cordillera Studies Ceollege Studies Center[CSC],1989));科迪勒拉自治问题:全面总结(CSC, Issues on Cordillera Autonomous: General Summary, CSC Working Paper No. 18(Baguio: University of the Philippines College Baguio, CSC,1991));菲律宾科迪勒拉地区种族问题的管理(Alex B. Brillantes,"Management the Ethnic Problems in the Philippine Cordilleras," in Harold Crouch, Stephen Henningham and R. J. May, eds., Managing Ethnic Diversity in Asia and the Pacific (forthcoming))。

四、"摩洛问题"[①]

尽管西班牙从来没有取得对摩洛人的有效统治权[②]，但是1898年，该领域内的棉兰老和苏禄还是割让给了美国，随即美国开始打击摩洛人对殖民统治的反抗。随着一系列残酷的武装冲突，到1913年，摩洛人被制服，棉兰老和苏禄的管理权被美国军队移交给民间权威人士。[③]

总的来说，比起以前的殖民者，美国官方对宗教的态度更加宽容，他们在适应菲律宾穆斯林风俗和伊斯兰法方面作了一些努力。然而，美国政策的本质仍是把摩洛人更进一步地纳入基督教社会。从1914年开始，种族融合通过所谓的"吸引政策"展开；政府在穆斯林地区修建了公路、学校、医院

---

① 该部分摘自我早期关于此主题的研究。参见菲律宾（R. J. May，"The Philippines，" in Mohammed Ayoob，eds.，The Politics of Islamic Reassertion（London：Croom Helm，1981），pp. 211 – 232）；穆斯林和种族菲律宾人（May，"Muslim and Tribal Filipinos，" pp. 110 – 129）；棉兰老岛视角（May，"A Perspective from Mindanao，" pp. 71 – 84）；在菲律宾南部的摩洛族运动（May，"The Moro Movements in Southern Philippines，" in R. Stewart and C. Jennett，eds.，Politics of the Future：The Role of Social Movements（Melbourne：Macmillan Australia，1989），pp. 321 – 339）；穆斯林菲律宾人：传统和视野（P. G. Gowing，Muslim Filipinos：Heritage and Horizon（Quezon City：New Day Publishers，1979））；棉兰老岛的反叛：在菲律宾政治中穆斯林的增长（T. J. S. George，Rovolt in Mindanao：The Rise of Islam in Philippine Politics（Kuala Lumpur：Oxford University Press，1980））；穆斯林菲律宾人：一本相关的书（Nagasura T. Madale，The Muslim Filipinos：A Book of Readings（Quezon City：Alemar – Phoenix Publishing House，1981））；穆斯林菲律宾人经历：随笔集（Michael O. Mastura，Muslim Filipino Experience：A Collection of Essays（Manila：Ministry of Muslim Affairs，1984））；菲律宾当代的穆斯林运动（C. A. Majul，The Contemporary Muslim Movement in the Philippines（Berkeley，Calif.：Mizan Press，1985））；穆斯林分离主义：菲律宾南部的摩洛族和泰国南部的马来人（Wan Kadirbin Che Man，Muslim Seperatism：The Moros of Southern Philippines and the Malays of Southern Thailand（Singapore：Oxford University Press，1987））。

② Moro这个词来自西班牙语，很长时间以来它带有贬义。然而，20世纪60年代后期，菲律宾穆斯林采用此词来描述他们的共同特点。

③ 关于美国殖民政府对棉兰老岛和苏禄的管理，参见摩洛族的委托管理权（Gowing，Mandate in Moroland），和穆斯林菲律宾人（Gowing，Muslim Filipinos）；美国1901年到1910年对兰纳湖地区的军事占有（H. F. Funtecha，Ameican Military Occupation of the Lake Lanao Region，1901 – 1913（Marawi City：University Research Center，Mindanao State University，1979））；仁慈的同化：美国队菲律宾人的征服（S. C. Miller，Benevolent Assimilation：The American Conquest of the Philippines，1899 – 1903（New Haven，Conn.：Yale University Press，1982））。

和其他服务设施。政府推行义务教育，为穆斯林人提供在马尼拉和美国学习的奖学金；穆斯林开始参与到新兴的政治系统中。通过对伐木和开矿实行优惠及提供种植园和牧场土地的规定，美国的管理机构也鼓励从人口稠密的北方吕宋岛和维萨亚斯岛移民到棉兰老岛。1903 年到 1939 年间，棉兰老岛人口从西班牙时代的大约 500000 人增长到 140 万。渐渐地，新移民侵占了穆斯林和当地部落的祖传土地。

1920 年，美国行政部将棉兰老岛和苏禄群岛的控制权移交给菲律宾立法机构，随后在 1935 年移交给了新成立的共和国。1935 年，120 个来自南拉瑙省的摩洛组织向美国总统请愿，重申以前的请求：要么让摩洛人政治上独立，要么让其重归美国领导。他们声称基督教菲律宾人歧视穆斯林并且虐待他们①。在基督教菲律宾人占优势的统治下，吸引政策失效了，并且穆斯林与基督徒殖民者之间的冲突事件不断增多。②

随着第二次世界大战后菲律宾的独立，更多的移民涌入棉兰老岛。1948 年到 1960 年间，全国有 7 个省（其中 6 个在棉兰老岛）的人口总数翻了两番以上；20 世纪 60 年代，这种情形仍在持续。直到 60 年代末，关于穆斯林、土著菲律宾人与基督教移居者土地的争论越来越频繁和激烈，并且移居者人数的渐增威胁到了许多穆斯林政治家的选民基础。

早在 1954 年，菲律宾国会就成立了一个特别委员会，报告“摩洛族问题”，特别是棉兰老岛和苏禄地区的和平与秩序。很大程度上由于这个原因，国家融合委员会在 1957 年成立，这在前文已经提到过。但是，除了给穆斯林学生提供奖学金以外，CNI 在 1975 年被取消前鲜有成就。而且，总体来说，穆斯林菲律宾人怀疑和反对 CNI，他们憎恶被称作“少数民族”，并且认为该委员会的真正意图是破坏菲律宾穆斯林的同一性。③

---

① 参见穆斯林菲律宾人（Gowing, Muslim Filipinos, pp. 169 – 170）。

② 参见菲律宾穆斯林在 1900 年至 1972 年的武装反抗（Samuel K. Tan, The Filipino Muslim Armed Struggle, 1900 – 1972（Manila: Filipinas Foundation, 1977））。

③ 对于 CNI 的工作评价，特别是关于穆斯林菲律宾人方面，参见菲律宾穆斯林问题的自治（Filipinas Foundation, An Anatomy of Philippine Muslim Affairs（Makati: Filipinas Foundation, 1971））。

在1963年和1971年,参议院在全国少数民族委员会上分别就“菲律宾的文化少数群体问题”和“克塔巴拓地区的和平与秩序恶化状况”作了报告,指出移民与土地争夺是棉兰老岛地区冲突的源头。尽管如此,这些报告没有带来政策上的任何改变,人们仍继续在社会融合、政治融合及经济发展方面寻找着这些问题的解决方案。

20世纪60年代,随着持续的移民压力和伊斯兰意识的苏醒在棉兰老岛和苏禄出现,穆斯林和基督教菲律宾人之间持续了400年的敌对关系更加恶化[①]。1968年,这种紧张的敌对局势被一件事情激发了,即许多穆斯林新兵因为所谓的叛变被处死,同年,一个穆斯林独立运动(以后的棉兰老岛独立运动)在棉兰老岛成立。随后动乱事件不断增加,到1971年为止,棉兰老岛和苏禄穆斯林一直处于叛乱的状态。一支政府特遣部队被派驻到棉兰老岛,企图在敌对组织之间进行调停,但收效甚微。1971年底,官方数据显示超过1500人死于穆斯林、基督教团体和军队的冲突中。

20世纪70年代早期,在摩洛民族自由阵线(MNLF)的领导下,武装分离运动开始了。MNLF的领导诺马斯里,一个苏禄的年轻人,20世纪60年代后期在西马来西亚受过游击训练。国际伊斯兰组织也涉入了该冲突,给MNLF提供武器和财力,向棉兰老岛派出了两个实地调查团,并且控告马科斯政府的种族灭绝行为。1972年戒严令颁布,据说南方的紧张情形就是政府采取这一行动的原因之一。

带着战胜MNLF的意图,1973年马科斯总统召开了菲律宾穆斯林领导人会议,并且宣布了一系列社会和经济措施。这些措施包括建立穆斯林奥马哈银行;取消棉兰老岛-苏禄和马来西亚之间历史上的实物交易限制;在菲律宾大学成立伊斯兰研究院;宣布伊斯兰假日;承诺编纂伊斯兰教法,尽管该法在未来的四年里不对外公布。几个经济计划开始发起,为了协调涉入机构的工作(尽管并不清楚特遣部队计划代表多少新的措施,或者那些计划设想了多少明确的穆斯林利益),一支为重建和发展南菲律宾的总统

① 参见菲律宾.(May,“The Philippines”)。

特遣部队成立了。接下来的一年,迫于伊斯兰协商组织(OIC)不断增加的压力,马科斯政府成立了穆斯林领导人咨询委员会并且在马拉威城市召开了会议。会议名义上由棉兰老和苏禄的王室联盟发起,实际上由政府安排,会议记录了对马科斯领导政权的信心,签署了一长串社会经济政策提议,其目的是提出一些菲律宾穆斯林的不满。会后不久,马科斯宣布成立南菲律宾发展机构并建立由穆斯林领导的两个新的地区事务所,在军队中也任命12个前叛军首领。

然而,这些措施对解决摩洛人的基本不满涉及很少,他们要求成立单独的摩洛(摩洛人故土)地区和归还现在被基督教菲律宾人占领的土地。那些认为通过社会和经济改革使穆斯林融入到基督徒主宰的菲律宾社会的看法,没有认识到历史环境给穆斯林菲律宾人造成的宗教信仰和文化长期独立意识的程度,穆斯林菲律宾派认为民族融合是同化和失去穆斯林身份的第一步。①

20世纪70年代中期,摩洛战士做了大量投降报告,菲律宾政府也开始了一系列的和平会谈,政府和MNLF、OIC在伊斯兰外交部长大会(ICFM)和利比亚穆阿玛尔－卡扎菲上校的调停下进行协商。这些会谈使得1976年12月在的黎波里签订的停火协议达到顶点,协议对主要政治问题提出了暂时性条款。这些条款包括在MNLF认为是摩洛人的故乡的棉兰老岛,苏禄岛和巴拉望岛等十三个省的穆斯林领导的政治自治区建立独立的立法、行政和司法机构;安全部队;学校和财政金融系统,除去有权参与中央政府的事务。② 进一步关于条款实施细节的讨论安排在1977年初,但是在这之前,会谈破裂,停火协议失效。

1976年到1977年(从那时到现在),会谈的主要症结在摩洛自治区的地理边界问题上。到1980年,由于大量的移民,棉兰老的穆斯林人口从1903年的约76%降到了23%;在棉兰老和苏禄的23个省中,只有5个省

① 同上,第229页。

② 的黎波里协议及其诠释由菲律宾国际研究院再版(ISIP),参见的黎波里协议(Papers on the Tripoli Agreement (Quezon City: ISIP, UP Law Complex, University of the Philippines, 1986))。

(棉兰老只有2个)的穆斯林仍占多数。MNLF坚持自治地区应该包括传统的穆斯林统治的13个省,尽管这与其早期只包括整个棉兰老、苏禄岛和巴拉望岛(MINSUPALA)的宣称相悖。1977年,马科斯提出在13个省就穆斯林自治问题实行全民公决。MNLF意识到公决将对其不利,否决了公决方案,并指责政府违犯了ICFM、卡扎菲和后来的OIC所支持的黎波里协议。尽管如此,马科斯还是宣布成立自治区,指定临时政府,由公民投票决定自治的形式。MNLF拒绝加入临时政府,并抵制公民投票。但公民投票的结果在意料之中,MNLF的计划被粉碎了(2744000票比38600票),由马科斯政府提出的更受限制的自治形式得以签署。随后,自治区在IX(西棉兰老岛和苏禄群岛)和XII地区(棉兰老岛中部)成立,1979年举行了这两个地区议会选举。但由于大部分穆斯林和当地非穆斯林反对组织对选举的抵制,选举委员会报告"对这场政治活动的可信性,一般人不感兴趣并表示忧惧",结果马科斯支持的候选人获得了胜利。区议会基本失效,受到当地居民冷嘲热讽。

同时,20世纪70年代后半期,由于在运动中很多投降者的出现以及个人、民族和思想三种阵线的出现,MNLF被严重削弱,分裂出了三个团体:OIC承认马斯里领导的MNLF,该组织的思想是社会改革型,在苏禄群岛地区受到支持;由西棉兰老岛的马吉达纳阿人桑拉德特领导的更具宗教倾向的伊斯兰解放阵线(MILF);和由普罗达领导的主要由马拉诺人组成的MNLF改革派(MNLF-RG)。该时期也出现了由马克菲德尔领导的第四个组织:邦萨莫罗解放组织,该组织属于社会保守派,主要由马拉诺团体组成。尽管战斗在持续,20世纪80年代早期,政府对"摩洛问题"的关注却减少了。1981年,穆斯林事务部成立,但其活动主要是组织阅读可兰经竞赛、每年的麦加朝圣、鉴定穆斯林宗教学校和支持伊斯兰教教法的执行。

在1986年选举之前,马科斯的反对者与MNLF领导人马斯里举行了会谈,承诺如果MNLF加入反对阵营,他们将考虑穆斯林的要求。科拉松·阿基诺选举胜利后,他在棉兰老岛与MNLF开始了和平会谈,如上文所述,新的宪法承认了他们的自治。

1986年9月,密苏阿里回到菲律宾,在苏禄岛与总统阿基诺会面。随后由OIC在杰翰主办的大会上,米斯里和菲律宾政府代表签署了一份协议,通过联合委员会继续讨论自治问题。MILF和MNLF-RG也在邀请之列,MILF拒绝了邀请,不久即对政府设施发起一系列的攻击。MNLF-RG在会谈后期起到了一些作用。密苏阿里的要求包括,将自治的范围扩大到棉兰老岛和苏禄群岛的所有23个省(这比的黎波里协议中设想的还要多);MNLF的邦萨摩洛军并入菲律宾军队(AFP);从南方撤回菲律宾军队(AFP);财政自治;对上述地区矿产勘探权的控制。政府谈判小组不理智地考虑了上述要求。1987年召开了几个会议,尽管一些OIC成员力劝密苏阿里做出让步,会谈在年中还是破裂了。尽管这样,到此时,菲律宾政府全力实施宪法中自治的条款。

程序上,宪法规定"国会在地区顾问委员会的参与下,为每个自治区颁布基本法,地区顾问委员会由总统从多个部门的提名中指定代表组成"。实际上,至少在穆斯林棉兰老自治区(ARMM),该规定的执行完全无效。

商讨组织由26个穆斯林、18个基督徒和9个"高地"民族的代表(一些是基督徒)组成;在商讨穆斯林棉兰老的顾问委员会中,穆斯林只占少数。而且,委员会主要由从马尼拉的马尼拉大学(基督徒)选出来的秘书处资助,其首要也是最激烈的争论是,委员会的职责到底是为穆斯林棉兰老自治区还是仅仅为一个棉兰老自治区制定规定。会议受到了频繁而辛辣的批评,该结果被大部分穆斯林看作是可怜的妥协①。1989年,基本法被起草并提交给棉兰老中部和西部以及Sulu的13个省和9个城市进行公民投票,只有选"是"的省和城市才会成为自治区的一部分。结果只有四个省(南拉瑙省、马京达瑙省、苏禄和塔威塔威),没有一个城市支持该提议。随后,尽管许多摩洛派系再次联合抵制此投票,但是代表这四个省的ARMM议会还是

① 对于该过程的内部批评,参见穆斯林棉兰老岛的自治权:RCC不能说的故事(Nagasura T. Madale, Autonomy For Muslim Mindanao: The RCC Untold Story(B-lal Publishers, 1989));穆斯林棉兰老岛自治区域的根本法:相对的观点(Madale, "The Organic Law for the Autonomous Region in Muslim Mindanao: Contrasting Views," in Turner, Mindanao, pp. 169-183)。

成立。正如马科斯政府时建立的地区议会一样,ARMM 预算很少,权利受限,合法性缺失,导致了它的失效。

尽管阿基诺政府在处理南部争端时失败了——确实受到了曾促进密苏阿里政治命运日渐衰退的人的批评——它与 MNLF 停火的状态仍保持着(虽然偶尔有违规行为),而且 OIC 正式承认了菲律宾政府在寻找和平解决争端的方案中所作的努力。1987 年 1 月,行政命令废除了穆斯林事务和文化共同体办公室,由新的穆斯林事务办公室和分开的南北文化共同体办公室代替(如上文所述),但除了将更多的重点放在祖传土地问题之外,证据表明新政策在地区穆斯林事务方面几乎毫无建树。或许有意义的是,在回顾阿基诺政权的记录和遗产时,除了提及国家防御和安全时,几乎不会提及穆斯林菲律宾人。[①]

随着 1992 年菲德尔 · 拉莫斯的当选和同年对利比亚的访问,他在与 MNLF 商讨解决方案方面作了新的努力。1996 年 6 月,在 OIC 的促成下,菲律宾政府代表与密苏阿里之间展开了一系列的讨论,最终根据大多数人的意见签署了协议[②]。该协议的主要内容是决定建立菲律宾南部和平与发展委员会(SPCPD),作为“执行的黎波里协议的第一阶段”, SPCPD 包括的黎波里协议提及的 14 个省(和 14 省的所有城市)。SPCPD 设立主席和副主席及 3 位代表(分别代表穆斯林、基督徒和卢马德),他们由总统根据 MNLF 推荐及与“南菲律宾众多的领导和部门”磋商而指定。SPCPD 将由其主席设立的宗教咨询委员会辅助,并且将有由 81 名会员组成的咨询机构,其中 44 名是 MNLF 的成员。SPCPD 的权利被形容为:“总统权利的衍生和扩展”,SPCPD 及其机构的资助来自总统办公室。当地政府包括 ARMM 将继续运行。密苏阿里接受了 SPCPD 主席的任命,1996 年 9 月,在拉莫斯总统的菲律宾民主党的支持下,他也被选为 ARMM 的统治者。

---

① 参见阿奇诺管理(The Aquino Administrtion)。

② 参见 OIC 六国外交部委员会参加的第八届 GRP – MNLF 联合委员会会议:合议意见(The 8th GRP – MNLF Mixed Committee Meeting With the Participation of the OIC Ministerial Committee of Six: Points of Consensus, Davao City, June 21 – 23, 1996)。

可以预见，这一特殊区域将是维护和平促进发展的焦点。确实，国家经济发展机构为棉兰老岛未来三年的基础设施建设、社会服务、环境保护做出了大量的资金保证。OIC 国家也（包括马来西亚和印度尼西亚）答应投资。随着 1996 年 10 月在印度尼西亚正式签署 SPCPD 协议，AFP 宣布 3000 名 MNLF 士兵，2000 名 MILF 和 500 名其他士兵并入 AFP，并由邦克森特成立伊斯兰银行机构。

尽管如此，我们必须注意到 SPCPD 的创立受到许多基督教团体和国会成员的强烈反对，总统授权也在最高法院受到违宪的质疑。而且，MILF 声称当初的协议无效并发誓继续为伊斯兰州而斗争。

新的协议有很多不明确的地方——特别是在 SPCPD 和顾问委员会及 ARMM 的关系上；SPCPD 的职权范围上[①]；最终条款的执行上（“第二阶段”将通过国会行动和公民表决对 ARMM 作一些变动）。尽管如此，拉莫斯政府还是走出了大胆的一步，虽然穆斯林和基督徒之间的新的争端不可避免，但 1997 年初政府还是为一段时期内南方的相对和平发展采取了行动。

五、结论

在介绍若干年前东南亚部落和少数民族的大量权威报告中，本尼迪克特·安德森评论到，尽管菲律宾比缅甸拥有更多的民族语言群，“少数民族在菲律宾政治中却很少扮演角色”。[②] 如果排除摩洛叛乱（为什么排除，还不清楚[③]），这大体上是正确的。

---

① 共识的第五点指出：“该区域从事和平与发展活动的适当政府机构［它特别提到南菲律宾发展机构］应该受到国会的约束。”

② 参见东南亚部落群体及少数民族的介绍：80 年代及未来的展望，文化残存报告 22 号（Benedict Anderson, “Introduction,” in Southeast Asian Tribal Groups and Ethnic Minorities: Prospects for the Eighties and Beyond, Cultural Survival Report No. 22 (Cambridge, Mass: Cultural Survival, Inc., 1987), p. 9）。

③ 安德森含糊地辨称，“穆斯林少数民族被错误地作为一个异教，而非民族。”参见东南亚部落群体及少数民族的介绍：80 年代及未来的展望，文化残存报告 22 号（Benedict Anderson, “Introduction,” in Southeast Asian Tribal Groups and Ethnic Minorities: Prospects for the Eighties and Beyond, Cultural Survival Report No. 22 (Cambridge, Mass: Cultural Survival, Inc., 1987), p. 9）。

尽管19世纪大量中国人移民菲律宾,他们在西班牙人之前就已来到菲律宾,并且在西班牙政策不时的鼓励下融入了菲律宾社会,在争取菲律宾独立的岁月中,中国移民通过与本土重要人物联姻,壮大了日益渐增的菲律宾中产阶级。除了偶尔的对“中国人逗留过久”的质疑,以及中国血统的人过度富有,但本土菲律宾和中国移民混和的非常彻底,以至于优秀的家庭,很少没有中国祖先,因此中国民族不是非常重要的政治问题。

另一方面,抵抗西班牙和后来美国殖民统治的本土社区,通过武装或者退到内部,一直处于政治的边缘,特别是在20世纪后半期,因经济发展、资源勘探导致定居边界的缩小。这一点上,他们与其他地方的本土社区有着共同的命运。尽管如此,20世纪80年代中期以来,菲律宾部落开始政治动员,有证据显示,国民政府承诺处理他们的要求,但至今为止,地区自治的宪法条款仍未通过。

尽管经过三个民族机关20多年来的协商,摩洛分离主义的问题仍显得棘手。至今,摩洛领导层坚持要求承认对该区域的领地权,经过几十年基督徒的定居,这已经不现实。可能1996年的发展将带来安定,至少降低武装冲突的级别,但在棉兰老岛仍有潜藏的问题。

几个世纪里,在菲律宾,民族认同的概念和民族分类的定义已经逐渐变化。最近几年里,国际伊斯兰的发展可能使得菲律宾穆斯林对伊斯兰的认同超过对菲律宾人的认同。另一方面,由于戒严令的原因,至少一些基督徒(和共产主义者)菲律宾人将“部落”菲律宾人更多的看作同一国家的一部分,而不是无地者(infieles),“野蛮部落”,或者未开化的人。但是如果加强民主系统和地方政治的力量,菲律宾取得世纪初那样的民族融合的希望很渺茫,并且这和一些邻国的民族主义思想暗合。或者,在由基督徒支配、严重西方化的国家采纳适应穆斯林少数民族和部落社区要求的措施。一系列行为(这些行为包括:政府与MNLF协商,政府意识到部落菲律宾人的祖传土地问题和政府对对科迪勒斯的自治区提案的持续讨论)暗示,国家政府至少愿意解决重要的问题。

第三部分

澳大利亚和亚太地区

第九章 澳大利亚的联邦制和土著居民

克里斯汀·弗莱彻(Christine Fletcher)

澳大利亚与其在亚太地区的其他邻国有所不同,其差异主要表现在三个方面:第一,多元文化人口的迁移背景;第二,原住民的远古文化;第三,政府联邦体制的主导地位。澳大利亚位于东南亚的边缘,它北邻不到120英里的印度尼西亚东帝汶和巴布亚新几内亚。除少数国家,澳大利亚的大部分亚洲邻国都曾是欧洲人的殖民地①。在殖民统治时期,亚太地区的许多国家都是部落社会。当最终获得独立时,他们不得不在自己传统结构的废墟以及欧洲人所遗弃的体制中重建社会秩序与政治秩序。

虽然澳大利亚也曾是殖民地,但与亚太地区的其他国家不同的是,它的英国殖民者从来没有离开过这片土地。1788年,英国正式宣布他们占有这个国家,在之后的两个多世纪里,原住民——澳大利亚土著居民和托雷斯海峡岛民②——尝尽了被英国人统治的苦果。18世纪后期,在英国人到达澳洲大陆后的40年里,殖民者将澳大利亚分割成了多个殖民区,并号称是整个大陆的真正的主人。纵观20世纪前半叶,澳大利亚政府对原住民行使绝对权威。在同化政策下,浅肤色人种,即所谓的“半”土著居民被迫离开他

---

① 例如,泰国就从来没有成为过欧洲殖民地。

② 直到近期,澳大利亚政府才开始特别关注那些拥有澳大利亚北部海岛的托雷斯海峡岛民。直到.20世纪80年代后期,他们才被认定为是生活在海岛,而不是生活在陆地上的土著居民。然而,这个他们争辩的土著居民的称呼曾否认了他们自己的定义。现在,政府认定澳大利亚的原住民是土著居民和托雷斯海峡岛民。不过,现在原住民和土著居民两个词同时都可以使用。

们的世代居住地而迁移到收容所和教会。[①] 同化政策的目的是让土著居民融入更广泛的澳洲社会，同时移除本地人的尴尬耻辱，从而解决土著居民的"问题"。[②] 从官方角度，民族同化的政策是通过将土著居民融入白人社会，从而提高土著居民的生活水平，这一政策是基于一定的假设，即民族同化将为土著居民提供良好的住房条件、医疗保障和教育环境。[③] 但是由于土著居民的文化和部落式生活与白人社会截然不同，所以他们承受着同化主义带来的痛苦冲击。

"种族"一词通常是针对澳大利亚移民或在海外出生的澳大利亚人，并不适用于原住民。这反映出，澳大利亚政府几乎从未试图在移民和原住民之间建立政策连接。几十年来，白人移民一直被限制进入澳大利亚，"白澳政策"从 1901 年澳大利亚联邦成立时开始生效，直到 1969 年才被废除[④]。从 1969 年起的几十年内，非歧视移民政策使澳大利亚的社会结构变得更加多元化；到 20 世纪 90 年代中期，每四个澳大利亚人中就有一个是海外移民。种族主义的概念只有在政治家干涉种族问题时才被关注。不幸的是，原住民必须时刻面对不稳定的经济环境和政治环境：他们的团体仍被孤立在外并且得不到基本权利的保障，他们的文化仍然受到质疑，他们对主流社会资源的使用仍然受到限制。

这些话题构成了这一章节的背景，重在阐述从二十世纪五十年代以来，澳大利亚政府在处理土著居民和托雷斯岛民事务时的政策演化过程。这一章主要由两个部分组成。第一部分讲述了澳大利亚本土社会的明显特征以

---

① 参见土著居民政治：国际政府关系（Christine Fletcher, Aboriginal Politics: Intergovernmental Relations (Melbourne: Melbourne University Press, 1992)）。

② 在早期，同化政策同样在加拿大和美国实行。参见土著居民与政治：英国哥伦比亚时期印度土地问题，1849 – 1989（Paul Tennant, Aboriginal Peoples and Politics: The Indian Land Question in British Columbia, 1849 – 1989 (Vancouver: University of British Columbia Press, 1990)）。

③ 参见同化政策：1961 年 1 月 26 日至 27 日土著福利会议上联邦和各州部长的决定（Paul Hasluck, The policy of Assimilation: Decisions of Commonwealth and State Ministers at the Native Welfare Conference, Canberra, January 26 and 27, 1961 (Canberra: Government Printers, 1961)）。

④ 参见移民：政治的真空？（J. H. Collins, "Migrants: The Political Void?" in H. Mayer and H. Nelson, eds., Australian Politics: A Fifth Reader (Melbourne: Longman Cheshire, 1980), pp. 485 – 497）。

及澳大利亚联邦体制的运行状况;第二部分描述了从20世纪50年代到20世纪90年代政府政策在多种层面的发展历程。

一、人口、历史及政治背景

表16 澳大利亚的民族构成

出生地	人口数量	百分比
非土著澳大利亚	13,514,700	75.7
土著澳大利亚	265,000	1.5
欧洲和前苏联	2,377,300	13.3
东南亚	446,800	2.5
大洋洲和南极洲	372,900	2.1
东北亚	243,400	1.4
中东和北非	208,100	1.2
南亚	136,000	0.8
非洲撒哈拉	112,400	0.6
南美、中美以及加勒比地区	83,800	0.5
北美	83,800	0.4
总人口	17,843,400	100

注释:1994年澳大利亚总人口估计达到了17,843,400。

资料来源:人口调查组关于澳大利亚居住人口的调查,1994(华盛顿特区:澳大利亚使馆图书馆,1994)。

澳大利亚总人口约1800万,其中澳大利亚土著居民和托雷斯海峡岛民30万(参见表16)。自英国在澳大利亚建立第一个殖民区之后的两个世纪里,澳大利亚本土社会遭受了同美国和加拿大土著居民相类似的极其痛苦的磨难。现在澳大利亚土著居民和国家各级政府的关系反映了文化误解和政治斗争的历史。

澳大利亚联邦由六个州和几个地区组成,其中两个地区是大陆的一部分并且享有州政府的权力。另外三个有着自治权的地区是澳大利亚大陆东西海岸附近的岛屿:诺福克岛、圣诞岛和科科斯群岛①。北部地区土著居民和托雷斯岛民占的百分比最高。北部区曾经是南澳洲的一部分,因为过于偏远和行政成本过高,在1911年,南澳洲把北部区的主权交给了联邦政府。几十年之后,权力的转换让联邦政府能够代表该地区的土著居民行使立法权力。

政府对土著居民和移民的政策是不同的。从一个澳大利亚人的角度来看,他们是毫不相关的。然而,在20世纪上半叶,政府用来阻止非白移民的一些原则就起源于处理土著居民事务的政策,比如民族同化政策。更重要的是,直到20世纪60年代末,澳大利亚的前白澳移民政策和不情愿的接受非歧视政策加剧了澳大利亚文化的盎格鲁——凯尔特的特点。英国和欧洲的民主思想影响着澳大利亚公民社会的自由发展开始出现,自由社团、联盟、政党以及其他的民主机构,这对国家的稳定发展有着显著的影响。②

然而,澳大利亚原住民的思想根源有与西方社会完全不同,第一批居民到达澳大利亚的历史可以追溯到圣经时代或是更久远。但是,澳大利亚土著居民认为他们是这片土地的真正主人,并且非常抗拒将自己与移民归为一类。同时,人们也没有发现任何证据可以证明土著居民和移民有文化渊源。在种族危机时代,各民族团体为了阻止逐渐被剥夺的权利而联合起来,但是也未发现移民团体与土著居民有何共同点。③ 另外,直到20世纪60年代末,澳大利亚宪法还未授予土著居民公民的身份。

为了强调和其他澳大利亚人的区别,移民,特别是那些欧洲战后浪潮中

---

① 参阅澳大利亚地区:政权的多样性(Christine Fletcher,"The Australian Territories: Diversity in Governing," Australian Journal of Political Science, Special Issue on Federalism, Vol. 27 (September 1992), pp. 159 – 176)。

② 参阅被困在民主社会:澳大利亚土著居民和联邦政府(Christine Fletcher,"Trapped in Civil Society: Aborigines and Federalism in Australia," Discussion Paper No. 4 (Darwin: North Australia Research Unit, Australian National University, 1996))。

③ 参见澳大利亚多元文化的动力(Robert Birrell,"The Dynamics of Multiculturalism in Australia"),摘自澳大利亚政治系统(D. Lovell, I. McAllister, W. Maley, and C. Kukathas, eds., The Australian Political System (Melbourne: Longman, 1995), pp. 634 – 641)。

迁来的欧洲移民被称作是“新澳大利亚人”。他们是第一批到澳大利亚定居的非英国人。之所以会来,主要是因为澳大利亚当时作为战后重建国家,鼓励在人烟稀少或者新开发地区定居。这些地区包括农村和工业化地区,如人口最多的新南威尔士州和维多利亚州,处在澳大利亚边境地区的西澳大利亚州、北部地区,昆士兰州以及制造业和农业有待发展的南澳大利亚地区。

(一)民族概况:澳大利亚土著居民和托雷斯海峡岛民

根据最近的考古学材料分析,土著居民占有澳大利亚可以追溯到至少11.6万年或者也许更久远的17.6万年以前,依据是澳大利亚西北部遥远的金伯利地区的岩石雕刻。[①] 土著居民认为他们自己是澳大利亚“最早”的民族,他们的传统社会由世界公认的最古老的“活”文化之一的文化所统治。土著居民对于澳大利亚的认知帮助了白人殖民者在这块大陆上立足,并且最终成为了澳大利亚根深蒂固的文化。澳大利亚土著居民是经验丰富的旅行家和专业的猎户,他们知道何处能找到水、如何预知天气。同样,他们也深刻认识到土地经营和本土经济持续发展的重要性。[②] 现今,大约40%的澳大利亚土著居民生活在传统而偏远的社会里。虽然其他大多数人生活在城市、大都市环境中,但是他们承认自己被深深地禁锢在土著居民传统文化的根源上。[③]

到了20世纪之交,大部分殖民政府已通过立法来阻止土著居民居住在

---

① 1996年9月澳大利亚博物馆关于在澳大利亚西北部地区发现的原始土著居民的岩石雕刻和用具的声明将会促使校正澳大利亚的历史。

② 1995年,沃伯顿的尼格安亚特杰拉议会(Ngaanyatjarra Council)的主席安德鲁·劳森(Andrew Lawson)。同时,也可以参见澳大利亚土著居民和财政改革问题:我们没有得到公平的份额(S. Zimran and Christine Fletcher,"Indigenous Peoples and Problems of Fiscal Reform in Australia :Not Getting Our Fair Share,"),摘自各国公平与发展:政策与财政现实(Christine Fletcher, ed. ,Equity and Development Across Nations :Political and Fiscal Realitie(New York:St. Martin's ,1996))。

③ 参见原住民的自治和自决:约克角半岛司法审判权的重叠(Marcia Langton,"Indigenous Self - government and Self - determination :Overlapping Jurisdictions at Cape York,"),摘自澳大利亚土著居民的自决权(Christine Fletcher, ed. ,Aboriginal Self - determination in Australia (Canberra :Aboriginal Studies Press,1994),pp. 131 - 138)。

邻近的小镇和村庄。在这个国家沿海平原和比较肥沃的地区，土著居民被驱逐到白人定居地的边缘区域，然而在澳大利亚北部和中部更加偏远的地区，土著居民仍然受到牧民的歧视，那些牧民在土著居民的土地上建立篱笆，并且把土著居民当作无酬劳工使唤。

在20世纪中叶，历经千年贯穿了大陆东西南北的土著居民和岛屿居民之间的贸易路线中断了。① 当地的社会生活经常被蓄意扰乱。立法机关曾通过立法来资助那些想要得到政府审批土地的白人殖民者，鼓励其他移民去建设城镇、学校和工厂。同时，新的立法限制了土著居民在这些新建立区域内的活动。农业和矿业成为了大部分地区发展的基础，土著居民却在各个州面临着大范围的驱逐。一旦移民迁入，土著居民就被迫赶出，要么是被殖民者驱逐，要么就是被警察所驱赶走。白人殖民者专横的本性意味着在殖民地范围内已经统治土著社会几个世纪的古老权限被打破了。②

1901年，澳大利亚的各殖民地区建立了联邦，由于增加了联邦政府这另一层级的政府，各殖民区的界限和权限变得更加复杂。这6个殖民地在近乎一个世纪里加速了澳大利亚西部的发展。每个殖民地政府在建立联邦之前都有各自的宪法、两院制国会和行政机构。③ 为了建设道路和加强健康规则，每个州效仿英国在当地建立了地方政府。

因为白种澳大利亚殖民者想让土著居民远离城镇，并将其逐出白人学校，所以他们通过法律将土著居民逮捕入狱或者弃之出城。还有一些法律使得当局能够将土著儿童从他们的家庭里脱离出去并安置到公共机构，在那里他们被重新取名，然后发配到其他机构、教会和私人农庄。土著居民失

① 参见金伯利今日的物质文化和贸易交流（Kim Ackerman，" Material Culture and Trade in the Kimberley Today，"），摘自西部澳大利亚土著居民：他们的过去和现在（R. M. Berndt and C. H. Berndt, eds. ,Aborigines of the West :Their Past and Their Present（Perth：University of Western Australia Press, 1980），pp. 243 –251）。

② 参见原住民的自治和自决（Langton，" Indigenous Self – government and Self – determination. "）。

③ 参见澳大利亚殖民时期的法律和政府（Paul Finn，Law and Government in Colonial Australia（Melbouren：Oxford University Press，1987））；澳大利亚土著居民政策（Fletcher，Aboriginal Politics）。

去了他们的土地和经济来源，甚至被迫离开他们的家人，他们就这样陷入了贫困、免费劳动力的悲惨命运中。今天，这些都反映在土著居民的高犯罪率和土著居民及托雷斯海峡岛民的低生活水平上，特别是他们糟糕的健康状况。① 许多专门针对土著居民的法律都由州立法机关通过，并由保护主义语言表述，但是如果澳大利亚土著居民需要保护，却需要从特殊的政府部门获得。②

尽管知道澳大利亚土著居民已经在他们自己的土地上生活了成千上万年，但是大部分州政府还是要从土著居民手中夺走他们的庄园和资源。在西澳大利亚州，一些澳大利亚土著居民被海运到他们永远无法逃离的岛上监狱，其他人则被发配在国内行军，并被监禁在"预备队"，许多澳大利亚土著居民死于疾病和虐待。直到 20 世纪 60 年代，在一个关于当地畜牧业和渔业的文件中，政府承认了其对西澳土著居民无归属感的产生应负的责任。

澳大利亚土著居民并不是被殖民者和政府虐待的唯一对象。在 19 世纪之交，昆士兰州大兴制糖工业，但却是澳洲大陆上人口最少的州之一。为了解决劳动力问题，蔗农把南海的岛民绑架到澳大利亚，让他们作为奴隶劳工在甘蔗田劳作。这些人被冠以一个贬损的术语，即夏威夷及南太平洋岛上的土人（Kanaksa），他们来自太平洋大约 80 个岛屿，主要是瓦努阿图和所罗门群岛。在 1863 到 1904 年之间，多达 6 万的南海岛民以这种方式被带到了昆士兰州。③ 自 1901 年澳大利亚联邦成立后，在 1902 年和 1904 年间，他们是第一批也是唯一一批在新白澳政策下被全体驱逐的人。④ 约计有

---

① 1994 年关于国家土著居民和托雷斯海峡岛民的调查（Australian Bureau of Statistics, National Aboriginal and Torres Strait Islander Survey 1994（Canberra: Australian Bureau of Statistics, 1995））。

② 参见，例如，1963 年，在达尔文召开的联邦和各州部长土著居民福利会议的有关事件。

③ 对认可的呼吁：关于澳大利亚南海岛民的情况报告（Australian Human Rights and Equal Opportunity Commision, The Call for Recognition: A Report on the Situation of Australian South Sea Islanders（Canberra: Australian Government Printing Service [AGPS], December 1992））。

④ 对认可的呼吁：关于澳大利亚南海岛民的情况报告（Australian Human Rights and Equal Opportunity Commision, The Call for Recognition: A Report on the Situation of Australian South Sea Islanders（Canberra: Australian Government Printing Service [AGPS], December 1992））。

1000 岛民逃离了驱逐,另有 1400 岛民得到豁免,他们的后代正努力尝试着接受他们在澳大利亚社会的特殊地位。1977 年,当反歧视法正在制定时,联邦政府建立了一个皇家代理机构来调查澳大利亚的种族关系。该调查显示许多澳大利亚人认为南海岛民就是土著居民。然而,毕竟他们不是,除非他们能证明自己是澳大利亚土著居民,否则他们不能享受任何为土著居民而定的特殊权益。①

(二)联邦制和澳大利亚宪法

为了理解澳大利亚原住民的弱点和政府权限的模糊性,首先我们必须承认澳大利亚政府是立宪制国家。因为联邦制是建立在共享权限的基础上,它往往会引发资源的竞争以及关于哪一政府有依宪行使权力的冲突。②直到十九世纪末达成共享宪法权威协议,澳大利亚殖民政府才发现在那之前在民族团结的基础上建立一种政府形式是几乎不可能的。协议中对殖民政府有利的条款,包括保留他们在联邦政府的半统治地位,准备好与各州及新建立的国家政府互享权力。最重要的是,要使他们在自己建立的联邦政府中受到保护,并将此强制写入宪法。

因而,在澳大利亚没有明确的中央权力。某些政策领域的权限互享是根据对一些具体事项的考虑而定的,诸如政府在哪些领域拥有税收权力,在哪些领域公共政策会影响其他方面。比如,土地由州政府管辖,但本土事务由州政府和联邦政府共同管理。如此一来,那些影响土地政策的决定,比如关于住房、服务分配、土著居民权利、道路修筑等方面的决定,也会影响其他方面的权限。因此,宪法对政策结果的影响起着主要作用,在不久前就影响了民众的权利和权利期望。

在澳大利亚联邦,政策决定只有当各级政府达成协议时才能得以贯彻。

---

① 对认可的呼吁:关于澳大利亚南海岛民的情况报告(Australian Human Rights and Equal Opportunity Commision, The Call for Recognition: A Report on the Situation of Australian South Sea Islanders (Canberra: Australian Government Printing Service[AGPS], December 1992))。

② 参见宪法研究导论(A. V. Dicey, Introduction to the Study of the Law of the Constitution. (London: Macmillan, 1885))。

政府自身很难在澳大利亚联邦体系内了解其自身的局限性，在公开讨论中，系统内部的约束有时引起公众的敌对情绪。在澳大利亚每届国家选举后，即将上任的新政府都会承诺明确政府工作和职责，但他们很少能够理解权限共享是联邦体制基本的组成部分的内含。[①] 没有权限共享，这个系统就不会在政治上联合。它将成为一个各州之间带有某种联盟代理性质的简单集合，授权处理一定全国性事物，比如国防。在这种体系下，将不会存在真正的国家和公民社会。殖民政府花费了 19 世纪 90 年代的大部分时间来决定权力如何在各层级政府中分配。最终，澳大利亚联邦政府是基于英国议会系统和美国联邦体制而设置的。澳大利亚国家政府，即官方所称的联邦政府，掌握着大量的财政权力。令人不解的是国家政府通常被称为联邦政府，因此国家选举也被认为是联邦选举。

关于权力应当怎样共享的大多数讨论由政客和高等法院的决定所控制。有些约束具有一定的历史性原因，没有一个殖民地愿意放弃它的权力而转交给另一个代表自身利益的政府。在许多重要的宪法问题上，各州只能够在原则上达成共识。这也是大多数联邦制国家面临的现实。当联邦宪法在 1901 年开始生效时，由六个殖民区共同制定的法律成为了国家法律。这六个殖民区有五个在澳洲大陆上，另一个是塔斯马尼亚岛。从领土观点看，各州权限保持不变，但政府各层级间的权力和权威的平衡随着时间推移已调整得有利于联邦了。联邦将大部分政治优势归功于 1942 年《所得税条例》下的税收收入增长的能力和高等法院对联邦和州之间关系的解释。然而几十年过去了，联邦相对于州的财政优势也成为了土著人口的优势。

（三）联邦权限

尽管联邦政府对澳大利亚的十个地区都拥有权限，北部区和澳大利亚首府区却拥有相对强大的政府自治的形式。其他地区，诸如诺福克岛岛区，虽然权力不大，但仍实行自治。大部分澳大利亚领土是小岛社区，形式上，

① 参见变化中的国家？联邦、统治与自治（Christine Fletcher, "Altered States? Federalism, Sovereignty and self - government," Discussion Paper No. 22, Federalism Research Center, Australian National University, Canberra, October 1992）。

他们采取的是自主的方式,但却属于联邦的领地。不过,卡克斯岛和克雷斯特岛区采取的是通过与其他州和地区建立契约协议的方式来治理。① 所有这十个澳大利亚领地都归联邦法律所管辖,但是对于一些基础服务和设施的发展则依据各州法律进行管理。不同于加拿大的土著人和新西兰的毛利人,澳大利亚的土著居民没有进行政府自治的地位。根据联邦法律,托雷斯海峡岛存有一个非常有限的政府自治形式。然而,这些小岛都划分到昆士兰州的管辖权限,这种形式的政府得不到可以使其他类型的政府在联邦内获取合法性的税收和支出权力,比如诺福克岛、澳大利亚首府区。至今,没有宪法承认在任何政府层级土著民拥有自治政府的权力。②

州政府和区政府视联邦为侵犯性的和中央集权的,并且非常怀疑其动机。司法权限的模糊使情况变得更加复杂。在宪法的规定下,除了它的专有权力,联邦政府与各州(包括北部区和澳大利亚首府区)有着共同的权力。另外,1967 年的一次公民投票授予了联邦政府对土著居民和托雷斯海峡岛民的管辖权。然而,联邦权力并没有自动取代各州的权限,而这有时会引起混乱和不满。比如,在北部地区,有两项重要的立法控制着土著居民的土地权:1976 年颁布的《联邦土著居民土地权法案》和一项由北部地区立法机关制定的法案。尽管联邦立法凌驾于州法之上,但是当遇到土地权的问题时,联邦法案会有一条“日落”条款,意味着它最终会被替代。同样的,只要土著民权利问题和资源发展问题同时出现,政府所作的决定就会趋向于控制公众舆论。区政府将很有可能改变土地权利法案来削弱土著民对土地和资源的控制。同时,各区特殊的宪政地位使得土著民社会通过允许联邦为他们创制特殊的制度框架从而在体制内获得资源。少数州采取了类似的路线,他们一般都成功地抵抗了来自联邦的压力,除了当它们遇到重大的财

① 参见澳大利亚的领地(Fletcher,"The Australian Territories")。

② 土著人和托雷斯海峡岛民社会正义委员会办公室第二次报告(Mick Dodson,Office of the Aboriginal and Torres Strait Islander Social Justice Commision,Second Report(Canberra:AGPS,1995))。

政刺激时。[1] 简而言之,宪法和权限的模棱两可把澳大利亚土著人民的地位弄得模糊不清。这已经成为了20世纪90年代的一个问题。

此外,澳大利亚宪法在许多重大政策议题上的沉默导致了福利分配过程中责任的混乱。[2] 任何政府都能够制定公共政策,但不是每个政府都有权力或者财政资源来执行政策。在一个联邦体系内,任何一个政府想完全靠自己来实施政策和传送服务实际上是不可能的。每个州都有它自己的宪法。对于想要分级划分角色和责任的政府以及想要获得政府资源的土著居民来说,权力的划分原则是一个很难解决的问题。

值得注意的是,没有任何一部州宪法提到了土著居民的权利,甚至都不承认他们作为国家原始居民而存在的地位。实际上,甚至没有一部州宪法提到了土著民的存在。[3] 在最初的殖民宪法中,只有两部——西澳大利亚宪法和南澳大利亚宪法——提及过土著民。[4] 在英国议会的坚持下,西澳大利亚州在它的殖民宪法中加入了一项条款,这项条款授权殖民地政府将总收入的1%,即10000英镑,转移给殖民地的土著居民人口。然而,在金矿业开始繁荣发展,收入急剧增加之时,西澳洲立法机关经过长达十年的间歇性争论后,该条款被废止。之后成立了联邦,在联邦宪法中提到土著居民的,仅有两处。其中之一,禁止联邦政府在人口普查中统计或者承认土著居民的政策在1967年的公民投票中被撤除。20世纪的大部分时间里,土著居民的命运取决于政治决议和立法,而不是宪法改革。

二、政府政策的演变

(一)澳大利亚战后的政策

二战以后,澳大利亚政府开始依靠同化政策作为解决土著居民"问题"

---

① 范例参见,联邦与北部领地1995年关于北部领地土著人和托雷斯海峡岛民的住房及相关基础设施的供应和管理。

② 参见宪法(The Constitution(Canberra:Government Publishers,1968))。

③ Wes Lanhupuy,"40000年的海上经营:一个Yolngu对海域主权的看法"。

④ 参见对土著人习惯法的认可(Sessional Committee Constitutional Development, Recognition of Aboriginal Customary Law(Darwin:Northern Territory Legislative Assembly,1992))。

的方法，同时以此来将移民整合入澳大利亚社会主流。移民则选择在澳大利亚郊区培养他们自己的文化、社会和经济飞地。由于政府不能强行施加他们的同化政策给移民社会，他们便放弃了政策。在任何实例中，这些政策都是关于对不同文化所产生的误导观念是怎样影响人们生活质量的实例。移民选择在澳大利亚郊区培养他们自己的文化，社会和经济的飞地。由于政府不能强行施加他们的同化政策给移民社会，他们便放弃了政策。在任何事件中，这些政策就是与不同文化的误解是怎样真实的影响人们生活质量的实例。政府完全不知道该怎样让新的移民适应澳大利亚社会。[1]

关于澳大利亚土著民的同化政策于1951年正式实施，也就是当战后移民开始进行的时候。那时，人们普遍认为土著人口面临消亡，虽然，没有直接的证据支持这个观点，因为土著人口从未被算入澳大利亚人口普查中。极有讽刺意味的是，在活动家振臂鼓吹怎样"拯救""土著民"的同时，联邦和州政府正在寻求加速土著民文化和社会瓦解进程的政策。[2] 对于澳大利亚同化政策最好的表述就是，它建立在一种幼稚的观念之上，这种观念认为土著居民可以从与白澳大利亚人相似的生活方式中受益。联邦和州政府对同化政策保持了数年坚决的支持，声称这是将所有澳大利亚人的生活条件标准化的最佳途径。[3] 事实上，政府对土著居民的所作所为是最严重的歧视，同时也是毁灭性的迫害。

在20世纪50年代末，政府清楚地发现同化政策不管是针对移民还是土著居民，都完全没能达到他们预期的效果。[4] 因此白澳政策正式受到谴责，正式化的移民政策进程开始发展。针对土著居民的政策也开始发生

---

① 参见放弃澳大利亚：对历史的研究和引用(A. Marcus and M. C. Ricklefs, eds. , Surrender Australia: Essays in the Study and Uses of History (Sydney: Allen and Unwin, 1985))。

② 参见土著人的消逝：在澳大利亚本土人中度过的一生(Daisy Bates, The Passing of the Aborigines: A Lifetime Spent Among the Natives of Australia(London: John Murray, 1938))。

③ 参见同化政策(Hasluck , The Policy of Assimilation)。

④ 参见政府土著政策的发展：行政变革的结果，从1829到1977(T. Long, "The Development of Government Aboriginal Policy: The Effect of Administrative Changes, 1829 - 1977, ")，摘自西部的原住民(Berndt and Berndt, Aborigines of the West)。

转变。

(二)公民权、自决权和20世纪60年代的宪政改革

在20世纪60年代早期,以原始的盎格鲁—凯尔特人形式存在的澳大利亚居民,遭受到了来自土著居民和非英移民这些外来者的巨大压力。尽管劳动力短缺极大了减缓了经济增长速度,来自亚洲的移民也相对较少,并且那些来到澳洲的亚洲人也并不被鼓励去申请澳大利亚的定居权和公民权。事实上,澳大利亚宪法并不反对非英移民,在宪法当中没有任何关于非英籍人的权利,并且也不包括任何非英移民的权利法案。联邦政府限制了移民的权限,同时也限制了受澳大利亚国际协议影响的关于移民权限的相关立法。

在关于公民权的问题上,联邦确实对法律该如何应用于移民给出了一个说法:比如,在1984年的《澳大利亚公民权法案》中,移民被迫发誓忠诚于上帝。由于许多移民不是基督教徒,这就造成了一个问题。另一方面,土著居民几乎没有机会成为公民。在某些州,比如西澳大利亚,一个土著居民为了成为一个公民不得不从地方官员那里获得凭证,并且承诺为了成为一个公民而与其他土著居民断绝关系。根据1944年的《本地人(公民权)法案》,只要当“一个人被认为再也不是土著居民”时,就可以成为澳大利亚公民。这项法案在20世纪50年代和60年代有所修改,主要是为了确保土著儿童可以成为公民。1964年对这项法案的修改使得西澳洲在对待土著居民问题上符合联邦政府在20世纪60年代通过的一项立法。这项立法给予了土著居民在联邦大选中的投票权,并且这些土著居民也并不需要一开始就否认他们的土著身份。然而,在州立法中,关于土著居民是否能得到公民的地位联邦法案几乎没什么影响。事实上,各州立法鼓励人们放弃他们作为土著居民的身份,一旦个人不再列入土著居民范畴,他/她就会和其他任何人一样具有同样的选举权。

土著民没有从公民身份中获得任何好处。他们没有社交自由,法律甚至限制他们在一些城镇及其周边的活动范围:这样的一部法律在西澳大利亚一直保留到1971年。根据昆士兰州的州法,如果棕榈岛上的土著人敢冒

险去大陆,他们将再也无法回到自己岛上的家园。[1] 甚至在联邦政府区域权限范围内,关于选举和公民权的议题都是极度模糊不清的。比如,在北部领地的选举规则中规定"没有任何澳大利亚的土著居民…应当被授权将他的名字写在 或者保留在任何名册上或在任何选举中投票,除非…他不属于北部地区《1953 - 1960 年福利法令》中定义的受监护人;或者曾经是国防军队中的一员。"[2]在北部区,估计有 17,000 土著人口当中,仅有 89 名土著人被划分为一般公民,也就是不被宣称为受监护者。在这点上,最自由的州是新南威尔士州、维多利亚州以及南澳大利亚州。拥有最残暴的立法的州是昆士兰州、西澳大利亚州以及北部区。在塔斯马尼亚州,官方的政策表明,在 19 世纪所有的土著居民都已被消灭。

在澳大利亚土著民事务政策中,1967 年被看成是一个转折点。在那一年,各州和联邦政府的领导人举行了一次会晤,针对土著政策的问题展开了激烈的讨论。他们认为有着更多可以处理这些问题的资源的联邦政府,比州政府更有实力来支撑土著事务的发展。这些政府也决定,针对宪政改革的问题举行一次全民公投。在那些曾经残酷统治土著居民的地区,主要也就是那些有着相对大量的土著人口的地区,大多数投票反对改革。[3] 但是,那些大都市区以及土著居民很少的地区获得了更为多数的"赞成"票。参加全民公投的人中,有超过 92% 的赞成改革:所有的土著居民应该被计入澳大利亚全国人口统计;联邦政府应该被授权介入各州政府关于土著人口的立法权限。[4] 很多反对联邦主义者认为全民公投将减少州政府的权限,

① 参见这里是棕榈岛(Bill Rosser, This Is Palm Island (Canberra: Australian Institute of Aboriginal Studies, 1978))。

② 众议院报告,摘自关于土著人投票权的专责员会(Select Committee on Voting Rights of Aborigines (Canberra: Parliament of the Commonwealth of Australia, 1961))。

③ 在 1967 年之前,按照澳大利亚宪法的条款,联邦没有权力代表土著居民制定法律。

④ 参见 1967 年的公投(Scott Bennett, "The 1967 Referendum," Australian Aboriginal Studies, Vol. 2, No. 1 (1985), pp. 26 - 31)和澳大利亚(Don Aitkin, "Autralia"),摘自公投:实践与理论的比较研究(D. Butler and A. Ranney, eds., Feferendums: A Comparative Study of Practice and Theory (Washington, D. C.: American Enterprise Institute, 1978), pp. 123 - 137)。

因为通过公选，对土著居民的管理权力将由州政府转移到联邦政府。大体来说，联邦的权威在随后的几年里确实提高了，但就如其他事情一样，这应归功于它的收入增长能力和膨胀的官僚机构。[①] 总的来说，各州保持了他们在澳大利亚联邦系统内强有力的地位。

（三）20世纪70年代的公平、自由以及土著土地权

与更普遍的移民和民族事务相比，土著居民和托雷斯岛民的问题尚处于主流决策的边缘。直到真正进入了20世纪80年代，处理土著事务的行政机构依然很渺小，很不称职，并且也不受政府的重视。在20世纪70年代，澳大利亚签订了国际人权协议，土著居民的土地权才获得了一点很有限的支持。[②] 在20世纪70年代，制定了几个积极性的政策。1975年，联邦政府通过了《种族歧视法案》（RDA），以此来减少歧视。RDA，即《种族歧视法案》被用来增强多样性，以及保护人们免受由于种族、性别、年龄、性取向等问题产生的歧视。这项法案持续发展，在1993年，它被用来保护《1993年土著人所有权法案》免受政府以及那些试图破坏土著人所有权原则的人的干预。1976年，联邦议会通过了《土著居民土地权（北部区）法案》，这是第一部关于土著居民土地权的立法，这项法案允许土著居民在北部区拥有自己的土地。但是当Gurindji土著人通过协商，想要收回第一片土地时，北部区的最高法院通过恢复"无主地"的教条说法来瓦解土著历史的力量。

无主地指的是未被使用或者是未被占领的土地。1971年，布莱克本（Blackburn），最高法院的法官，决定法院应该支持驱逐土著居民：他宣称：当欧洲人抵达澳大利亚时，澳大利亚还是一片未被使用或者是未被占领的

---

① 参阅认可、权力和改革：关于政府对土地所有权的社会性司法措施的报告（Aboriginal and Torres Strait Islander Commission（ATSIC），Regnition，Rights，and Reform：Report to Government on Native Title Social Justice Measures（Canberra：ATSIC，1995））。

② 参阅分享这个国家：关于澳大利亚白人和黑人之间协定的案例（Frank Brennan，Sharing the Country：The Case for an Agreement between Black and White Australians（Victoria：Penguin，1991））；同一片土地，同一个国家（Frank Brennan，One Land，One Nation（St. Lucia：Queenland University Press，1995））。

土地。[1] 把这个国家定义为一片未被使用的土地对土著居民来说,隐含着很多深刻的含义:如果宣称澳大利亚在殖民者首次入侵时还处于未被占领的状态,那么政府就可以完全拒绝因驱逐土著居民而对其进行补偿的责任。实际上,如果这个国家真的是一片空地,那么欧洲人的土地实践将会毫无阻碍的进行。布莱克本的决策使得已经厌倦了各种政策的土著社会陷入了更加容易受伤害的地步。它强化了欧洲人而非土著居民在土地和资源方面的优势。土著居民和托雷斯岛民发现他们自身处在一种很荒谬的位置,在白人殖民者统治之前居然没有被官方认可的历史。

直到20世纪70年代末,很显然,联邦政府和土著居民以及托雷斯岛民人口之间几乎没有任何行政性的关联。第一项由土著事务部(DAA)发布的政策指导方针,强调了联邦政府在三个主要方面的介入:制定政府间的拨款、搜集土著社会的信息以及协调各项政策。它见证了联邦政府分配资金给各州政府并以此做法来激励州政府运用"国家机器"来分配服务。由于联邦政府统筹资金,可以假设各州政府可能运用这部分资金,通过现存的包括地方政府体系在内的行政机构来补偿与土著社区福利分配有关的额外开销。因而,地方政府就成为了由联邦政府、州政府以及土著社区构成的服务分配链中至关重要的组成部分,尤其是在那些偏远的社区。

在土著居民和托雷斯岛民的政策制定问题上,所有的州政府都处在一条不断学习的弯曲道路上。在20世纪70年代签订的大多数政府间的协议,都强调了联邦政府相对于各州政府有着更重要的财政供给角色。但是,所有的核心目标都是为了能制定一个可行的基本必需服务供给程序。大多数州政府同意将土著事务的行政权移交给联邦政府。他们觉得给大陆上偏远的地区发送和分配服务成本太高。事实上,西澳大利亚州政府似乎是迫不及待的想要交出土著事务的行政权。它把整个州全部的资源,甚至包括

① 参见北部领地最高法院:Milirrpum 与 Nabalco 间的二诉和澳大利亚联邦(J. Blackburn, Supreme Court of the Northern Territory: Milirrpum v. Nabalco Pty. Ltd. and the Commonwealth of Australia (Sydney: Law Book Company, 1971))。

州政府的办公空间都交由联邦政府管理。[①] 相比之下,昆士兰州则绝对拒绝承认土著居民和托雷斯岛民有任何特殊需要,它和联邦政府解除了任何不相关的协议。[②]

自决权一直是改革的原则。[③] 它曾经被用来扫除同化政策的障碍,并且作为一项行政原则,它和分权化有着紧密的联系。分权化是一种想要摆脱强大中央集权控制的尝试。在20世纪70年代,当土著事务部(DAA)首次出现时,它没有很具体的体现出自决权,但却是支持偏远地区土著社区发展的首次重要尝试。土著事务部是一个全国性的组织,并与各州、地区和地方政府以及其他联邦机构保持联络。但是,仍然没有条款规定土著居民在决策权进程中的地位,并且他们在社区发展方面也没有任何发言权。这些因素足以解释为什么土著事务部(DAA)在20世纪80年代末显得多余,并最终被土著居民和托雷斯岛民委员会(ATSIC)所替代。20世纪80年代见证了联邦政府和州政府之间协议的萌芽。

(四)20世纪80年代的公共行政

土著事务领域内的公共行政是引人注目的,因为它有弱势资源和强势资源的双重性。在政府和土著社区的政策关系方面,它是一种弱势的资源;同时,在责任承担方面,它是一种强有力的资源。一方面,现代管理原则制造了一种基准方法和行动指标,这种方式把产出和效果联系起来,从而使得对公共区域的管理高度成熟。不幸的是,同样的现代管理原则在处理土著文化所依赖的土著社会和政治机构时,却遭受了悲惨的失败。事实上,经验

---

① 参见土著民族的政治学(Fletcher, Aboriginal Politics)。

② 参见从家长式统治看问题:联邦政府在土著人和托雷斯海峡岛民事务政策管理中的角色(Patricia Turner, "From Paternalism: The Role of the Commonwealth in the Administration of Aboriginal and Torres Strait Islander Affairs Policy," Masters of Public Administration thesis, University of Canberra, 1994);同时参阅政府间关系(Tuner, "Intergovernmental Relations," paper presented to Public Policy Program, Australian National University, October 1995)。

③ 参见土著人和托雷斯海峡岛民社会正义委员会办公室第四次报告(Mick Dodson, Office of the Aboriginal and Torres Strait Islander Social Justice Commision, Fourth Report (Canberra: AGPS, 1996))。

表明,只有当土著和非土著社会学着彼此倾斜,并且任何一方都不无视决策制定原则的起源时,这种体系才能起作用。

土著居民和托雷斯海峡岛民委员会从原来的土著事务部发展而来。土著居民和托雷斯岛民委员会(ATSIC)与其他政府部门都有所不同。它的主要任务就是将政府资源迅速的并且直接的分配到那些最需要这些资源的地区,也就是最需要的社区一级。为了实现这个目标,组织自身以一种行政民主的方式构成。土著居民和托雷斯海峡岛民委员会(ATSIC)由两个明显不同的要素组成。第一,它的行政结构类似于在首都堪培拉有一个中央办公室,在各州和地区均有相应办事机构的普通政府部门。第二,它在土著的和托雷斯岛民的选区内选举代表进入区议会机构下的36区议会。从理论上来讲,这些议会议员应当将他们全体选民的需求通过组织的行政力量直接转化到系统内。这种复杂的结构就称之为联邦组织,ATSIC就是在1989年的联邦立法中建立的,与其他的主流地方政府平行运行。

这种特殊的结构隐含着一组矛盾。由于ATSIC服务于它的土著选民,它不得不挑战自身责任原则的完整性,这也是一种被很多组织以外的人、土著居民和一些其他人士所不能接受的思想。ATSIC自身的土著选区对责任由不同的观点,因此,ATSIC—— 一个想要与众不同的机构,就不得不承担起解决自己选区内选民之间冲突的重担。而且,由于土著社会更加重视自身文化的优势,ATSIC在解决差异性问题上的技巧逐渐倾向于政治手段。澳大利亚政府谨慎地避开了关于分裂的主权的讨论,甚至把它作为一种原则。

在20世纪80年代中期,土著居民开始逐渐地回到他们的部落和祖先的土地上,这是一项由联邦政府主导的"回国"政策的活动。[①] 这些政策更加现实的以一系列强调生活条件质量的情况为基础。由于几十年的过度放牧和采矿,一些社区发现他们的土地已经遭到了严重的毁坏。为了响应那些华而不实的自主决定权,一些土著居民开始建立遥远驻扎地,一开始只是

① 参见回到祖国:澳大利亚土著人家园运动(House of Representatives Standing Committee on Aboriginal Affairs, Return to Country: The Aboriginal Homelands Movement in Australia (Canberra: AGPS, 1987))。

小部分的殖民者，到后来举家搬迁到他们传统的土地上。这些遥远的驻扎地逐渐成为了很多土著居民的家，距他们几十年前被迫重新安置的地方有成百上千里远。在一些距离乡镇和城市极为遥远的土著地区，服务提供问题进一步增加。在这一系列的进程中，土著居民开始重新发现他们的过去。20 世纪 80 年代的霍克(Hawke)政府以及 90 年代的基廷(Keating)政府把这些变化当作公平进程的开端而不是结束。如何面对土著社会的问题在联合国得到更多曝光时，来自国外的认同也纷至沓来。到 20 世纪 80 年代末，政府体显然不足以满足土著居民的需求。尽管加大了资金投入，但土著居民和托雷斯岛民的健康状况仍然毫无改善。是时候指出系统的疏漏、授权的缺失、基础设施不完善以及社会经济状况不乐观了。为了解决这些问题，人们做了各种努力，从争取土著权利的宪法认可到政府自治。土著居民自身在国际间鼓动了急迫的改革。

他们也面临着一个不断加深的国内危机：土著居民在警方看管下以惊人的速度出现死亡。[①] 1988 年，在土著居民和托雷斯岛民社区的坚持下，联邦政府成立了一个皇家委员会来调查监禁下的土著居民死亡状况。调查发现，缺乏基础服务的供应是大多数土著居民形势恶化的最主要的因素。公众调查显示，不断增加的警方看押下的土著居民死亡人数和过去实行的同化政策所导致的文化疏远之间有着一定的关系。在 1980 到 1989 年之间死于监禁的 99 个土著人中，有 43 个曾经被官方强迫离开自己的家庭。[②] 不幸的是，土著居民死于狱中的人数在 1955 年创历史新高。[③] 土著居民在州刑事司法系统中的处境反映出了他们在更广泛社会中的权利丧失以及不平等待遇。土著居民和托雷斯岛民社区中的机构和那些西方统治机构之间不仅从来就没有良好的关系，而且全社会对待土著人口的态度也并不有利于政策改革。

---

① 参见国家报告(Royal Commission into Aboriginal Deaths in Custody, National Report, Vol. 1 (Canberra: AGPS, 1991))。

② 引书同上，第 44 页。

③ 依照国际赦免法，见澳大利亚人报 1996 年 6 月 19 日的报道。

土著居民并不是唯一遭受歧视的人群。尽管如此,对待土著居民的歧视已经是制度化了的,但是,反对移民的公共种族主义往往是时好时坏的出现。而且,有预谋的反对土著居民的攻击开始蔓延到其他非白人群体聚居的地区。对土著居民的反对公开的表现为对他们获得的资金水平不满。然而,对亚洲人的歧视主要是关于可接受的移民程度的讨论。① 在20世纪90年代爆发了一次更为恶性的种族歧视,目标是针对亚洲人和土著人。保利娜·汉森(Pauline Hanson),昆士兰州一家快餐店的所有人和经营者,作为自由党候选人名单上的一员被选入联邦议会。她的成功建立在一系列对亚洲人、土著人以及同性恋人的攻击上,而这些攻击被总理愚蠢的支持为"言论自由"。和她之前的许多人一样,汉森的目标指向了在澳大利亚社会里最脆弱而又最与众不同的群体。紧随汉森的国会演讲之后,菲利普·拉多克(Phillip Ruddock),移民局的局长,为澳大利亚吸纳亚洲移民进行辩护。然而,土著人口才是最不幸的群体。他们的联邦部长甚至不能为他们最基本的土著人权进行辩护,他似乎完全忽视了他们的需求,并且对他们在澳大利亚社会中的历史地位完全无动于衷。被他们自身的部长彻底抛弃后,土著居民只能自我保护。

(五)20世纪90年代的马博(Mabo)审判、土地和土地所有权

权利和代表的问题依赖很多因素,包括文化和公民社会的本质。澳大利亚土著居民的大多数需求涉及到土地和财产。从1992年以来,土著权利的议题,尤其是针对现存的牧地地产租赁的土地所有权的认领,逐渐成为澳大利亚社会的一个主要的,并且在某种程度上存在分歧的问题。土地所有权的观念来源于1992年高级法院的一项关于"马博诉昆士兰州"的决议,这项决议承认一部分托雷斯岛民和他们土地之间的传统关系。法院赞成埃

① 在20世纪80年代,亚洲人口是公共争议的对象。当一个知名的历史学家杰弗里·布莱尼(Geoffrey Blainey)向一群扶轮社员做演讲的时候,他声称澳大利亚移民政策是为亚洲人而设立的。这一问题将澳大利亚社会分裂开了;在一封给墨尔本时报的信中提到,24个来自墨尔本大学的布莱尼的同事把他们自己同他们讨论的问题完全分开就是一种偏执的做法。参见放弃澳大利亚(Marcus and Ricklefs, Surrender Australia)。

迪·马博(Eddie Mabo),一个试图寻找他和传统土地相关联的托雷斯岛民,他向昆士兰州州政府发出了挑战。对马博(Mabo)的审判就是建立在土著居民和他们的土地之间完整关系的历史证据上。由于土著居民没有书面的历史记载,在联邦成立前的世纪里,关于他们如何管理他们的土地,能提供书面的证据是至关重要的。

很多人声称土地所有权的原则是黑澳和白澳调解的基础。土地所有权有着如此重要的地位,使它逐渐成为判断澳大利亚社会和政治成熟的衡量标准。同时,它也是联邦和州政府关系发生冲突的一个重要源泉。甚至当联邦政府和州政府确实有同时存在的权力时,也并不能保证联邦政府可以用它的权力来影响结果。立法对政治家来说是劳心费神的。在有些州,联邦政府试图避免与那些强有力的选民集团的冲突,尤其是畜牧业和采矿业的游说集团。这显然是20世纪80年代中期发生在西澳大利亚州土地权利争论的案例。在1984年的一项选举运动中,当地州政府承诺在一项决议中开创土著居民的土地权,而这一协议涉及到联邦土地权利法律的制定。当反对土地权利的力量聚合在一起时,这项协议就失效了。联邦政府悄无声息的撤消了它对这项协议的支持,重新把精力放在历史遗留的问题上。结果,土著居民的国家土地权从来就没能实现。

土著土地权在一些州取得了有限的成功,北部地区《土著土地权利法案》的实施取得了最大的成功。《土地所有权法案》中,土著权利实际上仍没有得到认可。政府、农场主以及新一代土著居民和托雷斯岛民的政治领袖,都在为租赁牧地的土地所有权的存留而奋斗。最终,获得了对传统土著土地的所有权。这项法案强烈要求对政府自身以及澳大利亚权利本质的严厉审查。[①]

1993年,《联邦政府土地所有权法案》最终得以通过,从而使得前几年最高法院的审判合法化。立法的过程是艰难曲折的,一些州政府,主要是那

① 当威克(Wik)人呼吁时,澳大利亚高级法庭表示支持并声称本土持有权和土地租赁是可以共存的。参见澳大利亚人报(The Australian, December 23, 1996)。

些拥有强有力的资源以及畜牧业的政府，精心策划了各种运动来击败这项法案，虽然这项法案做了超过300项反映不同议员需求的有条件的修正。立法通过了，但是却是建立在移民占领活血已经消灭了土地所有权的投机中。争论还在继续。土著群体和其他人以及来自土著机构内部的想要削弱、废止、增强以及确保《土地所有权法案》免受干预的群体之间存在频繁且持续的斗争，这是目前澳大利亚全国和各州政治的显著特征。在1993年，1975年的《种族歧视法案》保护了《土地所有权法案》免受侵蚀，但是，有一点引起争论，联邦政府确实考虑过要暂停《种族歧视法案》，从而推进《土地所有权法案》的调整和适应。这被看作是对政府和人民之间信任的重大破坏，同时也是对澳大利亚国际条款义务的重大破坏。政府的意图激怒了一些澳大利亚人民，尤其是土著居民和托雷斯岛民。

《土地所有权法案》建立了一个土地所有权法庭，人民可以通过这个法案来获取土地所有权索赔。这项法案由联邦政府土著事务办公室管理，同时也属于总理和内阁部门的职权。这个法庭也在联邦司法部长的职权范围内。该法庭的一项核心任务就是确定农牧租赁是否已经取代了土地所有权。从实践上来看，法庭的主要诉讼委托人将会是采矿业和畜牧业的代表。关于这项法案可行性的主张和反诉使得土著和非土著社会群体都极端化。同时，考虑到地契容易引起争论的特性，这一议题延伸到了公共行政结构，极大的影响了政策期望、财政分权以及政治议程。

土地所有权仅仅在几年之内就产生了重大的影响力。从某一层面上来看，可以这样说，土地所有权通过强调土著居民和托雷斯海峡岛民在澳大利亚宪法中脆弱的地位，从而加快了宪政改革。从另一个层面上来看，土地所有权扩大了很多议题的争论，这些议题包括权利，本土主权，以及自决权。同时，还确保了土著人口在谈判桌上能有一席之地。一般的官僚机构也开始了解了这种观念以及它和权利的相关性。理想的来说，这应该导致公共管理者以及州和地方政府更好的来履行他们为土著选民提供基础服务的责任。尽管澳大利亚法庭做出了相应的解释，政府还是已经承认作为一种政治观念，国民权利早于西方财产权利的运用，这在加拿大也是得到认可的。

加拿大，与澳大利亚相比，他们的法庭已经把土著权利解释为“固有的权利”，并且还写入了在加拿大宪法的第35章。[①] 固有的权利不是“赋予的”。相反的，这些权利是被法庭当作在殖民定居者到来之前就早已经存在的权利。由于土著人当前缺乏宪法的保护，“权利”则被当作公共政策的一项要素，在诸如社会正义、进步、公平与和解这样的政府战略框架下，他们一般被用来提升土著社区的需求。由于土地所有权对未来土著居民和托雷斯岛民事务的影响将逐渐扩大，联邦体制内针对机构改革将采取更多的积极性尝试。在整个进程中，文化议题也需要引起更多注意，就像对土著居民的每一种类型的授权一样。

尽管在改善利益相关者之间的关系上做出了各种的努力，土著居民和托雷斯海峡岛民在任何地区或州政府组织机构中仍没有正式的权力。在地方政府一级，一种比较微弱的土著授权得到了发展，但这完全不足以促进社区增加收入，或者使其对支出做长远的打算。地方政府经常对土著居民和托雷斯岛民的福利产生重大的影响，但是由于澳大利亚的地方政府根据州和地区的法律不断变化，政策结果各不相同，并且也很难制定统一的标准。与英国或者新西兰的单一体制相比，澳大利亚的地方政府完全任由州政府而不是国家政府的摆布。由于收入有限，地方政府的结构甚为脆弱。此外，尽管一些州和地区的地方政府促进了对土著居民的授权，但是在其他地方也出现了剥夺土著居民权利的情况。

结论

本章所提出的问题并没有简单的解决办法。伴随着20世纪渐近尾声，官僚机构和政府突然怪异地从一套政策改革转向了另一套政策改革，即让非土著人来“解决”土著人“问题”的尝试。此外，土著社区和政府之间的关系，在澳大利亚联邦体制下发生了显著的变化。大多是因为在各州和地区，

---

① 参见宪法奥德赛：加拿大人能成为主权者吗？（Peter H, Russell, Constitutional Odyssey : Can Canadians Become a Sovereign People? 2d ed.（Toronto: University of Toronto Press, 1993））。

不同形式的立法政权和政治文化随着时间的变化不断演化，塑造了政策实施的方式。由于土著居民继续把他们的需求按加在地方政府的领域，每个地区的经济、社会以及政治环境都将继续发生演变。最终，社会满意度取决于政府的回应的速度。由于联邦宪法赞成自由民主的联邦原则，公民就会期望政府能满足选民的需求。正如这章所阐述的，政府对土著居民需求的回应似乎没有对其他澳大利亚人那么迅速。

几乎没有任何证据表明土著居民的健康状况和生活质量有显著的改善。自 1967 年公投以来，公民的认知水平和消费水平都有所提高，从这一点考虑，这样的结果是不光彩的。这项政策是失败的，原因集中在缺乏地方自治、土著居民参与决策制定的机会有限以及对于土著事务的无效管理。对文化差异以及人们参与他们生活的方法缺乏重视是另一个主要的因素。

尽管统治西方和土著社会的范式中存在明显的差异，但是土著文化的价值至今还没有被纳入到澳大利亚的决策程序。这两种文化间的差异曾经是且现在仍然是很巨大的。通常二者的差异大到政府都不知道该如何理解土著人的需求了。因此，统治体系的法律和行政框架被许多原则充斥着，而这些原则有可能与土著原则不相符合，[①]使得土著人在行政，政治机构，经济结构等方几乎所有领域被孤立出来。

由于所有这些原因，很多人现在把“局外人”看作一个问题。在处理土著事务时，不与土著居民商议就提出建议的做法是专横的，是种族中心主义的。这样的做法使得授予非土著人要职的问题继续存在，而这在今日的澳大利亚也将继续困扰土著居民和托雷斯海峡岛民的社区。鉴于过去的灾难，非土著居民代表土著居民来制定政策的做法，再也不能被接受和认可。当然，如果土著居民在决策制定进程中具有谈判性地位，那么任何人都可以建议改革。

澳大利亚政府必须锐化他们的工作重点，并且在土著事务中采取新的

① 参见法律的多元化与澳大利亚土著人（James Crawford：Legal Pluralism and the Indigenous Peoples of Australia），摘自下等公民的权利（Oliver Mendelssohn and Upendra Baxi，eds.，The Rights of Subordinated Peoples（Delhi：Oxford University Press，1994））。

方向。首先,他们需要一项新的公共政策范式。政策关系不能简单的根据一项“终极”决议被“解决”或者“终止”。为土著居民制定政策,然后再要求他们去坚持那些可能是无效的、不相关的以及不稳定的目标,这种做法简直是劳民伤财。解决办法之一在于成立一个相关的协商论坛,最好是以地区为基础,通过这个协商论坛,土著社区和政府举行会晤和谈判,从而协商出一个最好的方法来确立各个地区自主决策的程度。

然而,这样的自治将对澳大利亚政府构成威胁,因为澳大利亚政府曾有过一段拒绝将权力,尤其是涉及到金钱的权力,下放给土著社区的历史作为。解决这个问题的一种做法就是根据地区论坛的情况建立一项议程,从而建立一个由各地社区代表组成的委员会体系。尊为决策制定者的土著社区成员将在每一个特殊的政策领域成立一个委员会,比如健康政策、住房、教育、学校、道路等领域。每一个委员会成员将为他(她)所在地区的政策缺陷作出解释。这将允许政府把财政开支的权力逐渐下放到社区,从而更好的将资金投入到关键领域。从这种类型的权力下放中所收获的真正利益是自主权的实现。这样的一个介于社区政府自治和政策权力下放之间的工作进程,也将增强作为政府运行基础的责任原则。

西方官僚文化按照一套原则规范塑造自身,这样使得它难以认识到从不同范例中产生的要求。既然这些不同范例被广泛的认知,澳大利亚政府就应当作出回应。土著民的观点及随之而来的要求,应当融入到主流公共行政领域中。所以更加协调和透明的责任程序是至关重要的,比如在土著机构和政府之间建立更具创造性的纽带。这将涉及到政府内部的一些文化改变,以及一些坚持不变的东西。然而,文化改变是生活中一个自然的组成部分。当社会为了生存而必须处理政治、社会以及经济动荡问题时,文化在整个调整进程中扮演着重要的角色。大量的证据表明,在白人统治的两个多世纪以来,土著居民和托雷斯海峡岛民的社会成功的保留了他们的传统体系,广泛的来说,也是充分利用了文化的作用。尽管曾经遭遇了巨大的苦难和混乱,这些体系依然和现代政府一起存活至今。现在,在那种关系下,去认可和发现保持平等的重要性还为时不晚。

第十章 新西兰的民权、关系改善与社会补偿

安德鲁·沙拉普(Andrew Sharp)

1991年新西兰的人口调查数据显示,在其将近340万的居民当中,民族成分构成如下:新西兰欧洲人或称帕克哈人(占总人口的75.5%)、新西兰毛利人(占总人口的9.7%)、太平洋岛屿部落族群(占总人口的5%)、英国后裔、爱尔兰人、澳大利亚人、美国人(占总人口的3.2%)、中国人(占总人口的1.34%)以及印度人(占总人口的0.92%)[①]还有几支主要来自于东南亚和亚洲其他地方的规模较小的族群。事实上,从更宽泛的角度去定义"毛利人",用更先进的人口调查方法分类,即将有毛利人血统的欧洲族裔也包括进来,那么毛利人的总数将约总人口的14%。自1991年以来的移民浪潮以来,尤其是大量中国人及印度人的涌入将会改变1996年的人口调查统计结果,不过官方还没有公布它,但是新西兰少数民族群体的普遍性分布已经得到人们的广泛重视。(参见表17)

表17只是部分地说明任何与民族问题有关的政府政策的讨论都必须集中于处理王权或军权与新西兰土著毛利人的后裔之间的关系上。王权与毛利人后裔之间的对抗自20世纪70年代中期以来已经成为政府政策关注的重点。他们之间的争吵也使得新西兰少数民族族群的地位、身份以及它

① 新西兰统计局(SNZ),新西兰政府年鉴(New Zealand Official Yearbook(Wellington:Department of Statistics,1995)P129;);新西兰政府年鉴章节6.3(New Zealand Official Yearbook(1996),Section 6.3)。该系列年鉴(后文简写为NZY),包含了对新西兰地理、历史、人口统计,经济和政治的最权威的简要描述。

们的行为引起人们的关注。同时,如果少数民族的语言消失了,那么从更广泛的角度去研究新西兰的少数民族问题就显得举步维艰,因此你必须尊重少数民族的语言,以使你的研究成果具有说明力。

表 17　新西兰的民族构成

民族	人口	百分比(%)
新西兰的欧洲人	2,488,509	75.1
新西兰纯种毛利人	323,493	9.7
太平洋岛屿少数民族族群	167,073	5.0
有毛利人血统的欧洲少数民族	111,330	3.34
英国人,爱尔兰人,澳大利亚人,加拿大人,美国人	107,388	3.2
中国人	44,793	1.34
印度人	30,609	0.92
东南亚的少数民族	16,642	0.50
其他亚洲少数民族	7,673	0.23
其他	7,839	0.24
不确定人群	28,113	0.43
总计	3,333,462	100.0

注意:除非特别说明,以上数据表明这种民族化分法除了包含单一民族外,还包括那些拥有两个或更多身份的民族。占总人口 4.3% 的人群认为自己属于两个或更多的民族种群。所以,1996 年末时,人们估计新西兰的 总人口为 3561000。

数据来源:1991 年人口与居民统计数据,统计局 1992 年:民族概况,人口概要,人口结构,新西兰毛利人口及其居住情况,立威人口及其居住情况,太平洋岛屿人口及其居住情况,新西兰的库克岛人口,新西兰统计数据,1995;新西兰的斐济人,新西兰统计数据,1995;新西兰的纽安,新西兰统计数据,1995;新西兰的萨摩亚人,新西兰统计数据,1995;新西兰的塔干,新西兰统计数据,1995;巴巴拉托马森,新西兰少数民族种群,一个统计概要,国内事务部,1993。

当然,这并不意味着一个外部观察者就不能很好的运用这种方法对新西兰居民进行调查研究。①

在调查研究之前，我有必要强调一点，无论对于政府针对毛利人或其他少数民族群体的政策所产生的负面效果，你持何种先入为主的想法，你都必须注意，毛利人与国家间的关系以及新西兰民族关系都只有在现实客观的评价尺度下才真实有效。20 世纪 70 年代中期以来，民族冲突问题成既定事实。至此，毛利人问题成了中心话题，也是本章讨论的重点。绝大多数民族冲突事件发生于已建立的合法的官僚主义的政治系统中。毛利人精于此道，他们的有些抗争行为甚至上升到了暴力：比如强占土地，示威抗议等。②尽管这些行为对人员和财产造成轻微伤害和损害，但帕克哈人中富有同情心的把毛利人当作朋友，所以并没有出现杀人事件，也只有少数几幢房屋遭到焚烧。不过，对于 20 世纪 90 年代的亚洲移民来说，如果他们想成功进入新西兰并融入“和谐的宗族融合”的气氛中，他们就必须事先提供合理的原因与解释，以针对反对派政治家以及很多当地人潮水般的批评。③

1994 年一项关于“你最讨厌谁做你的邻居”的问卷调查显示，在新西兰，与民族关系相连的问题并不是人们最反感的，有很多其他的问题才是新西兰市民关心的。被调查者的选定上充分考虑了民族平衡，各个族群都有被访者，他们的回答按百分比从高到低排列如下：罪犯（42.2%），酗酒者（41.9%），情绪不稳定者（36.7%），宗教偏执狂（27.8%），右冀极端份子（25.3%），左冀极端份子（24%），对任何事都漠不关心的无所事事者（21%），同性恋（14.3%），波利尼西亚（11.9%），学生（9.7%），与自己不属于同一族群的人（9.1%），毛利人（9.1%），成员较多的大家庭（8.9%），

---

① 本章对此问题的研究仅是皮毛，如果想了解更多的 关于此问题的研究，请参阅公正与毛利人：80 年代新西兰毛利人对政治诉求的宣言（Andrew Sharp，Justice and the Maori：Maori Claims in New Zealand Political Argument in the 1980s，2d ed.（Auckland：Oxford University Press，1997））。

② 参见牛津历史之新西兰（Geoffrey W. Rice，The Oxford History of New Zealand，2d ed.（Auckland：Oxford University Press，1992）chap. 19.）。

③ 中国定居者：老定居者和新移民，摘自在新西兰的移民和国家身份（Stuart Greif，ed.，Immigration and National Identity in New Zealand（Palmerston North：Dunmore Press，1995），pp. 161 – 199 at p. 194）。

移民/在新西兰工作的外国人(7.7%),帕克哈人/欧洲人(7.4%),失业者(5.5%),未婚母亲(5.4%)。[①] 我们可以看到,民族偏见在新西兰并不严重,如果将国内民族间关系和谐与否作为政府施政是否成功的指标的话,那么新西兰政府做得还真不错。

另一方面,人们却又批评新西兰政府的施政目标过于狭窄并且目光短浅,因为自20世纪80年代以来,一向被认为是人人平等的楷模的新西兰,社会中的不平等因素呈上升趋势。毛利人和太平洋岛屿移民的生存境遇明显不如其他民族,后文将对此进行详细介绍。太平洋岛屿移民在1991的人口普查中被称为“波利尼西亚族群”。“毛利人问题”仍然会继续存在(我姑且这么称之,官方和毛利人自己并不这么说)[②]。“毛利人问题”可归结为:当毛利人为其过去所遭受的帕克哈定居者的不公正待遇寻求补偿而遭到拒绝时,当他们思慎其在社会中的不利地位时,当他们意识到自己拥有表达其处于濒临灭绝处境的文化的权利时,他们努力奋争以将各种各样的主动权掌握到自己手里。在这种情况下,他们将自己称为分离的人。事实上,作为众多分离的人群之一,他们坚持把自己看成是和拥有统治权的政府相平等的群体并在此基础上和政府过招。

可以预见的是,即便毛利人争取到了补偿,由于公平的分配以及文化上公正的待遇,他们依然会争取更多的自主权,因为这是他们的本性也是他们的特点。对此,任何政府的政策都可以也必须在经验和规范的基础上与之平等协商。更确切地说,本章将集中探讨20世纪70年代以来新西兰政府所实施的三个政策领域,或者更合理地说是对民族事务的管理,其措施为,第一,保护民权与人权;第二,通过完善相关政策为失业人员提供较好的生活条件;第三,弥补过去对毛利人所实施的错误做法,给他们一定程度的自

---

① 参见新西兰听众(Listener/Heylen Poll, New Zealand Listener, April 20, 1994, p. 18)。

② 参见毛利人事务的问题,1984 - 89,(Andrew Sharp," The Problem of Maori Affairs, 1984 - 89,"),摘自第四工党政府:政策和政治在新西兰,第二版(Martin Holland and Jonathan Boston, eds., The Fourth Labour Government in New Zealand, 2d ed. (Auckland Oxford University Press, 1990), pp, 252 - 269)。

治权。经过简单的介绍后,本章接下来将详细探讨这三种政策。简要地说,新西兰政府针对改善民权与人权的政策具有很强的借鉴意义。然而,从1970 年到 1984 年,新西兰调整了其政策,转而采用一种新的、以市场化为导向的利己主义政策模式,但却没有取得成功。最后,新西兰政府对补偿问题的管理以及对毛利人自治权的主张(或许它不得不这么做)却是倒退的。

一、民族、历史以及政治背景

新西兰人口稀少,面积和日本、大不列颠差不多。[①] 同它们一样,新西兰也是一个由群岛构成的国家,它位于南太平洋地区,波利尼西亚列岛的西南角,包含两个主要岛屿及其附属岛屿。毛利人和帕克哈人对这个岛屿的命名并不同,比如说,北部岛屿被称为奥体拉,南部岛屿被称为特外普纳奴,新西兰本身常常被称为奥体拉,这表明 94% 的毛利人生活在北部岛屿。

地理位置、文化的同源性以及经济因素提供给新西兰自我描述的素材以及和其他国家进行比较的基础。从澳大利亚到新西兰西部需要乘坐 3 个小时飞机,到离新西兰北部最近的太平洋诸岛,如西萨摩亚群岛、库克岛、汤加岛和斐济岛也需要乘 3 个小时的飞机。新西兰在政治、经济上与澳大利亚一直存在紧密的联系,这在 20 世纪 70 年代至 90 年代有所加深。这是由于新西兰与其“母国”英国在经济、军事以及情感上有千丝万缕的联系,所以,由于地理和文化的原因,从 1984 年到 90 年代早期,官方一直将新西兰定位为“太平洋地区”的一部分。但是从 90 年代早期开始,新西兰更愿意将自己称为是“亚太地区”的一部分,这是因为其希望扩大与中国、日本、台湾地区以及南亚地区的商业经济联系。最后,新西兰很骄傲自己跨入了发达国家,即“第一世界”的行列,它始终将其社会经济政策放在 OECD(经济合作与发展组织)国家中进行比较。

毛利人的祖先 1000 年前从不知名的太平洋岛屿向北和向东首次踏上这片土地并定居下来。帕克哈人的祖先 18 世纪末期也紧接着来到这里,他

① 新西兰政府年鉴(SNZ,NZY(1995),p.1)。

们绝大多数来自英格兰，也有少数来自爱尔兰和苏格兰。毛利人和帕克哈人在政治、家族以及军事上进行复杂而深入的相互作用（1863－1872），并在这些层面产生了巨大的相互融合与渗透，与此同时，还有那些技术发达的殖民者们带来的物质上以及道德上的灾难，这给当地人民造成很大痛苦。[①]这些由于经济扩张与发展及对大量廉价劳动力的需要而变本加厉，正是在这样的背景下产生的，40 年代末期太平洋诸岛的人群移入，之后又伴随着一段移民史，先是 19 世纪 60 年代的中国人迁移过来（也作为廉价劳动力），随后一系列规模不大的主要是荷兰人和达尔马希人迁移而来，再到 20 世纪 80 年代开始的北亚移民潮，特别是来自香港和台湾。[②]

新西兰超过 85% 的人口居住在 5 个主要的城市地区以及 16 个乡村城镇。26% 之多的人口居住在最大城市奥克兰。奥克兰位于新西兰北部岛屿的北部，拥有一百万左右的人口。[③] 在 20 世纪 40 年代早期，绝大多数毛利人都生活在边远的郊区或以部落的形式生活。50 年代以后，他们开始涌入城市寻找工作与幸福。现在，尽管还有一些年纪较大和较年轻的毛利人仍然生活在以部落为中心的地带，还有一部分是重新以部落为中心生活着，但 80% 的毛利人已经是城市人了。尽管他们保留很多毛利人的社会政治组织特点，[④]但是由于他们和帕克哈人进行种族大融合，所以很多拥有毛利人血

① 参见人民发展：一部新西兰人的历史从玻利尼西亚殖民地到十九世纪末（James Belich, Making Peoples: A History of the New Zealanders form Polynesian Settlement to the End of the Nineteenth Century (Auckland: Allen Lane Penguin Press, 1996)）；牛津历史之新西兰（Rice, The Oxford History of New Zealand, chaps. 1, 6, 11, and 19）。

② 参见外来移民，雇佣和少数民族（Patrick Ongley, Immigration, Employment and Ethnic Minorities），摘自种族歧视和种族关系在新西兰（Paul Spoonley, ed., Nga Patai: Racism and Ethnic Relations in Aotearoa/New Zealand (Palmerston North: Dunmore Press, 1996) pp. 13－34）。咖喱饭，筷子和猕猴桃（Ravi Arvind Palat, "Curries, Chopsticks and Kiwis, in Spoonley, Nga Patai, pp. 35－54）；最近的欧洲移民到新西兰（Alexander Trapeznik, "Recent European Migration to New Zealand,"），摘自移民（Greif, Immigration, pp. 77－96）；亚洲出身的新西兰人（Raj Vasil and Hon－Key Yoon, New Zealanders of Asian Origin (Wellington: Institute of Policy Studies, Victoria University of Wellington, 196), chap. 3.）。国家的种族构成的总的估算在 SNZ, NZY (1990), p. 158.）

③ 新西兰政府年鉴（SNZ, NZY (1996), chap. 5）。

④ 参见牛津历史之新西兰（Rice, The Oxford History of New Zealand, chap. 19）。

统的人,现今认为自己是帕克哈人,只有极少数的人认为自己是“纯种毛利人”。在1991年的人口普查中,有511,278的人宣称自己有毛利血统。在这些人中,有22.1%的人不知道自己属于哪个部落联盟,有4%的人明确表态,拒绝承认自己的部落身份。而那些不知道自己属于哪个部落联盟的毛利人当中,有一半多(55.2%)认为自己的民族是“欧洲人”,28%的人认为自己是“毛利人”,还有16.8%的人认为自己既是“毛利人”又是“欧洲人”。在拒绝承认自己有部落身份的人中,60%的人认为自己是“欧洲人”,17.5%的人认为自己是“毛利人”,还有16%认为自己是“毛利人”与“欧洲人”的混血儿。[①] 已经长时期定居的亚洲人,特别是“新西兰中国人”和“新西兰印度人”要比近期迁入的移民居住的分散,和新近迁入的人相比,这些老定居者们彼此之间保持着紧密的联系。新西兰中国人和异族通婚,几乎和毛利人一样,主要是和帕克哈人通婚。[②] 80年以后,亚洲移民开始聚集在较大一点儿的城市,尤其是奥克兰。他们倾向于集结成团生活在境遇较好、新兴发展起来的地方,不过,他们也会因为语言、民族、党派团体等原因结集在一起。说斐济语言的印度人就是一个独特的群体。太平洋岛屿的人主要生活在较大城市的贫穷地带,他们被分成六个主要的岛屿群体。同时,由于他们的孩子在其传统文化不断消失殆尽的环境中成长,并渐渐淡忘了自己的母语,所以他们的代际间的差异也很明显。[③]

1840年,英国宣布新西兰为其附属国。在《伦敦公报》上刊载的法律文件标志着英格兰确立了对新西兰的统治地位,但是在和主要由北部岛屿的哈普人(毛利人的运行有效的亚部落群体)的500多个头领协商谈判之后,签订了一款条约,英语称之为《瓦唐格条约》,毛利语称为《提拉特瓦唐格》。

---

① 毛利人之间社会经济的差别(J. D. Gould,“Socio – Economic Differences between Maori Iwi,” Journal of the Polynesian Society, Vol. 105 , No. 2(June 1996), pp. 166 – 167)。

② 参见亚洲出身的新西兰人(Vasil and Yoon, New Zealanders of Asian Origin, p. 14.)。同时参见亚洲的新西兰人(SNZ, Asian New Zealanders(Wellington: Department of Statistics, 1995)。

③ 参见下列SNZ出版物(全部由惠灵顿统计部在1995年出版):库克岛人在新西兰(Cook Island People in New Zealand);斐济人在新西兰(Fijian People in New Zealand);纽埃岛人在新西兰(Niuean People in New Zealand);和汤加人在新西兰(Tongan People in New Zealand)。

毛利人仍然宣称该合约不是安抚“众多分散的、势单力薄的部落”[①]的法律条文,也不单纯是割让主权的条款,而是双方合作关系的宪政基础。英国人(也是新西兰政府的)的观点是,该条约不过是主权高高在上的统治权的政治序曲,即便不是那样,那也是一个转让主权的条款。

本文为上述两种主张都提供了宽阔的视野。英文版本的第一章认为毛利人让渡给王权“统治权”。而在毛利语版本中,他们只让渡给王权“卡瓦纳塔格”的权力,其统治权被限定在有限的范围内,当然和英国所设想的“统治权”有明显的区别。而且,还有十三位头领并没有在合约上签字。为了换取毛利人所能转让的一切权利,两个版本在条款的第三章中出现些许不同。毛利人被保证在法律面前和其他新西兰人拥有“平等的权利”,但是和补偿以及宪政独立的宣言有关的重要条款却在第二章。这里,在英文版本中,王权向毛利人保证,为了获得对其统治,“毛利人拥有任意支配土地,森林,渔业以及其他资产的独一无二且不容侵犯的权利。”而在毛利语版本中,他们被 保证的是“提诺拉图”的权利,即对他们的土地和部落拥有一切支配权,是完全的首领地位,充分的统治权,以及“拉图唐格塔”的权利,即享有所有具备高价值品质的东西。20 世纪 80 年代中期之前,毛利人对于他们让渡的些许自我管辖的权利,即卡瓦纳塔格权开始进行象征性的争取,并逐渐的公开化。除此,由于条款中的第二章并没有得到明确执行,这种违约行为对毛利人来说,提供了争取完整的提诺拉图以及对所有他们认为有价值的东西的支配权的有力借口。

这个条约或称提拉特在它存在的绝大多数时间里简直是个定时炸弹,随时都有可能爆炸。不过,由于宪政政治的发展演进,该条约逐渐淡出了人们的视野,其吸引力也大不如从前,这对于北奥尔兰的毛利人来说尤其如此。从 1840 年代开始,新西兰开展了独立化运动,逐渐摆脱英国人的影响。它竭尽所能,采取各种各样的措施以达到本土化目的。随着新西兰日益独

---

① 参见怀唐伊的财富(Claudia Orange,The Treaty of Waitangi (Sydney: Allen and Unwin,1987),p. 30)。

立,它的政治文化和政治体制也变得越来越自由和民主,也渐渐摆脱了上文所提合约中所列内容的规定。[①] 新西兰现在由单一政府所领导,其主要的政策制订机构是内阁,内阁是由拥有选举权的成年选民投票选出单一议会团体中的多数党组建而成。需要说明的是,拥有自主立法权的省政府于1865年废除,仅拥有立法权的团体于1951年废除。1996年以后,议会的议员首轮通过(FPP)机制选出:某一选区中,被选举人获得简单多数票即可获得代表团的议席。这也意味着尽管新西兰首都惠灵顿政府自19世纪末期开始就受到法律、习俗与公共意志的控制与约束,但依然能够迅速地采取行动。由于柴科斯以及联邦系统与下议院间保持平衡,或者为了保证议会中政治联盟的需要,政府可以畅通无阻地采取行动,而下议院仅仅是一个橡皮图章。

在连续两届工党政府(1984 - 1990年)以及连续两届国民党政府(1990 - 1996年)执政期间,上述政治安排得以施行,两党政府在执政期间大力倡导经济自由化,重构政府管理体制,并不顾公众的一致反对弱化福利国家职能。然而,政治家们释放的能量最终连他们自己也无法控制。1993年大选中,尽管在往常的FPP选举机制下,国民党以微弱优势击败了传统上有左冀倾向的工党赢得大选,但是它不得不面临在新的比例代表制下重建政府,该机制称为混合比例代表,或称MMP,于1996年10月大选中得以实施。在比例代表制下,人们有权决定对施行了不受欢迎改革政策的政治家施以惩罚以使其对选民更加负责。[②] 这样,本世纪初一直试用的两党制政治体制

---

① 有关新西兰政治系统的最好介绍请参阅新西兰政治(Richard G. Mulgan, Politics in New Zealand(Auckland: Auckland University Press, 1994)。1996年年末时,因应新的发展形势,该书重新做修订。

② 关于改革的范围,改革的结果以及其未来可能的结果,请参阅国家改造(Jonathan Boston, John Martin, June Pallot, and Pat Walsh, eds., Reshaping the State(Auckland: Oxford University Press, 1991);跳入黑暗:自从1984在新西兰国家的转变角色(Andrew Sharp, ed., Leap Into the Dark: The Changing Role of the State in the New Zealand since1984((Auckland: Auckland University Press, 1994);新西兰试验:一个世界模型的结构调整?(Jane Kelsey, The New Zealand Experiment: A World Model for Structural Adjustment? (Auckland: Auckland University Press/Bridge Williams Books, 1995)。

不得不让位于多党制体制，政治家们也必须做出调整以适应政治体制的改变。两个政党从自身的宗教的以及平民主义身份的特点出发引发对手或左倾或右倾的变化，有三个主要的新党派成立。劳工党左冀阵营出现了同盟党，它在 1996 年大选中成为大赢家。国民党右冀阵营出现了市民与纳税人的联合，即新自由党。另外一个新党派就是由毛利人文斯腾·皮特领导的新西兰第一党，文斯腾·皮特曾于 1990 - 1991 年担任国民党政府毛利人事务部部长一职。他的朴实无华的平民形象直接吸引了毛利人和老年人以及保守选民的支持，这些选民被两大传统党采取的新自由主义改革激怒了。

人们或许会说一直以来被标榜为自由、民主和平等对待其国民的新西兰宪政体制已经进入了“后帝国主义”阶段，在这个阶段，其国民的“陌生的多样性”得到承认。[1] 这从毛利人的对宪政体的渴求以及要求文化认同和改革选举体制的高涨情绪中就可以得到印证。它甚至还可以从 20 世纪 60 年代开始的政府政策，即从倾向于民族同化到支持文化认同与“民族特性”化发展的调整转向中得到印证。

新西兰政府在其国家短暂的历史中，都意识到了“种族”问题——尤其是“本国土著民族问题”以及“外来民族问题”，尤其是少数中国人和印度人的问题。20 世纪 50 年代以前，在严格的移民法下，人口极少的中国人并没有法律地位，新西兰政府拒绝给予他们国民身份，他们也不在人口调查的对象范围内，不能享受到纳税人的身份和权利。[2] 印度人在已经被剥夺统治权的新西兰白人的移民政策下遭受着同样的苦难，尽管该移民政策同帝国政策相矛盾。[3] 而毛利人就不同了，尽管新西兰因其英格兰的身份而骄傲，

---

① 参见奇怪的多样性：多样性时代的宪政（James Tully, Strange Multiplicity: Constitutionalism in an Age of Diversity（Cambridge University Press, 1995）。

② 参见既不是英国人也不是玻利尼西亚（Tom Brooking and Roberto Rabel, "Neither British nor Polynesian,"），摘自移民（Greif, Immigration, pp. 23 - 49）；中国的新西兰：旧的移民和新的移民（Ip, "Chinese New Zealanders: Old Settlers and New Immigrants,"），摘自移民（Greif, Immigration, pp. 161 - 199）。

③ 参见亚洲的南部：旧的移民和新的移民（Jacqueline Leckie, "South Asians: Old and New Immigrants,"），摘自 移民（Greif, Immigration, pp. 133 - 199）。

因为同样都是白人,但是官方在20世纪60年代后的理想是融合毛利人与英国人,从而在文化上以及基因上塑造一个无差别的民族国家,外国人可能会感到不可思议。实际上早在19世纪90年代,人们就曾设想政府通过推行社会政治平等政策,教育并鼓励异族间的通婚达到民族同化的目的。著名的美国学者雷斯·里怕森于1946年所写到的:“正如澳大利亚白人与土著之间一样,新西兰白人与新西兰有色人种之间在自身能力水平的标准上并没有什么高下之分。所以对于毛利人来说,种族平等就成了其主权的首要原则,并形成于其领导人讲话结语部分的口号中以及体现在法律的制订上。异族间的通婚变得很平常并且不会产生什么社会歧视与污辱。毛利人拥有平等的选举和被选举权,获得议会中的特殊代表席位,并在政府中担任部长职务。”[①]这种观点极好地符合政治精英中的主流思想,尽管广泛存在于毛利人中的情感或许并没有得到足够的尊重,毛利人良好的传统习惯或许应该得到许可,甚至是鼓励其继续延续。

20世纪70年代初以后,更多的公众开始倾听毛利人对其文化特性的更加积极而坚定的主张。毛利领导人在反种族主义者,主要是帕克哈人中寻找同盟,他们主张从文化及民族的角度去思考民族社会因素的合理性与必要性,这给政府留下深刻印象,他们坚持认为既然文化和民族值得保留和珍惜,那么民族差异就应该成为政府制订政策的价值规范基础,不应该再实行“单一文化主义”或制定“单一文化政策”了。但是,民族语言是由外而入新西兰的,来源于社会学以及社会人类学,[②]而非来自新西兰人民的普遍观念。它过去无法现在仍将不能轻而易举地融入民族意识当中。这并不是说在民族语言将被取消的问题上没有达成广泛共识,而是说直到1982年,在一本叫《种族抵抗时间》的出版物中,民族关系局才使它自己以及政府的相关代理机构对指导“多元文化主义”政策的原则以及对民族语言问题负责。

---

① 参见平等的政治:在民主政治中新西兰的冒险(Leslie Lipson, The Politics of Equality: New Zealand's Adventures in Democracy(Chicago: University of Chicago Press, 1948), p. 3)。

② 参见种族:西方思想史(Ivan Hannaford, Race: The History of an Idea in the West(Baltimore: Johns Hopkins University Press, 1996), pp. 385-401)。

这种概念上的模糊以及随后在行动上的迟疑,很大程度上归因于人口中绝大多数个体根本不将自己认为是“某民族群体”的成员的思维定势与倾向而导致,如果对不同群体做出区别,那么族群特性就会显得更加自然,帕克哈人对毛利人、太平洋诸岛的居民或者亚洲采取种族歧视的态度时,他们中的大多数人似乎将自己看成是一个“民族”。但是他们却并不喜欢被称为“帕克哈”人。首先,这是一个毛利语词汇。其次,毛利人辩解说这个词仅是“新西兰白人”的意思,但很多帕克哈人则持怀疑的态度,他们认为这个词更多的带有污辱的含义。除此,他们只是把自己当作“普通的新西兰人”,并没有什么明显的“文化”特性。[1] 从毛利人的角度讲,他们既把自己当作一个种族,而且他们并不承认自己的种族低级原始,也当作新西兰居民,这也是很自然的事。

毛利人也并不轻易就认为自己是和其他民族群体一样的民族群体。的确,毛利人坚决主张一个独立的有价值的文化,他们将自己正确地描述为“泰威毛利”(毛利人的原始意义是:“普通人”)以反对“泰威帕克哈”。但是,成为“泰威毛利”以及一个民族群体的观念可绝对不是毛利人自我描述的结局。他们还宣称自己是塔格特瓦奴哈——陆上之人。他们是这片土地的原著民,他们和这片土地有着独一无二的、心灵情感上的、不可分割的联系,瓦奴哈既意味着“土地”也意味着“子宫”。他们的身份以及生活都来源于与土地的关系。他们是一个“最早的民族”,一个“天生的人群”——或许是一个族群,不过只是附带一说。事实上,他们除了将自己看作是一个人群,还经常将自己看作是43到60个独立的部落[2],他们各自均宣称自己完全的领导地位,部落除了反抗王权,彼此之间也互相反抗。时不时的,甚至是亚部落,也宣称了自己是主导者以反对其他的部落,在一个部落里存在着某个哈普反对其他的哈普——因为是哈普的领导人签订了威塔格合约。每

① 参见我们是新西兰人(Avril Bell,“‘We’re Just New Zealanders’: Pakeha Identity Politics,” in Spoonley, Nga Patai, pp. 144 – 158)。

② Iwi的数量并不知道,四十三个成员的部落集体——毛利人大会——成立于1990年,但其他团体也要求iwi的地位。

一个地点都有其自己的塔格特瓦奴哈。

尽管存在着自我理解的复杂性,但是当民族政治需要时,毛利人依然能很好地运用其民族与文化语言。在1970年代,反种族主义者首次提出将新西兰称为"多元文化社会"。这个概念在1980年代早期,就被官方运用于政策制订上。在这一点上,毛利人成功抗争使得新西兰成为一个由毛利人和帕克哈人组成的"二元文化社会",在这个社会里,两种文化都是土生土长的,拥有同等的价值,而且,政府也应由毛利人与王权统治者共享。[①] 毛利人宣称"多元文化主义"不过是帕克哈人用来拒绝给予毛利人权利的伎俩,而他们却成功地提升了两元文化的观念。毛利语也成了官方语言。新西兰的民族意识形态发生了变化。而从毛利人与帕克哈人这两种传统形成了"太平洋国家"的角度去描述就成了一个问题。

二元文化的理解方式既是不稳固的,同时对于多元文化的,由众多民族群体构成的清晰而持久的新西兰这一观念的发展也是有害的。之所以是不稳固的,是因为没有一个整合进民族与文化的语言能引起帕克哈人的注意与兴趣。同时,也正如我们所看到的,毛利人并不是单纯而质朴地将自己看成一个民族群体,他们更喜欢称自己是一个种族或别的什么纳普哈,纳格提瓦哈奴、瓦卡图哈尼、纳格卡宏奴、纳格塔胡或者别的部落甚至是亚部落。只有非毛利人与非帕克哈人的少数民族群体,主要是亚洲人和居住在太平洋岛屿上的人在宣称自己是民族群体时候,他们的本质和权利才能得到实现。因为他们希望促进扩展新西兰政府的政策视野,尽管新西兰很多民族群体在很多方面存在差异,但也需要平等的对待。然而,非毛利人少数民族的要求只有以毛利人的特殊权利的损害为代价才能得到满足。[②] 所以一点

① 二元文化的精英修辞,1980年代中期对两种文化融合修辞学的经典使用以及相关政策的实用性研究的代表著作是"教育中两种文化的融合:第四届劳动党政府的政策和实施"(Richard Benton,"Biculturalism in Education: Policy and Practice under the Fourth Labour Government,");正义和身份:新西兰实践(Margaret Wilson and Anna Yeatman, eds., Justice and Identity: Antipodean Practices (Wellington: Bridge Williams Books, 1995))。

② 近期关于对亚洲地位的评论参见亚洲出身的新西兰人(Vasil and Yoon, New Zealanders of Asian Origin, chap. 4)

也不奇怪，每当他们积极争取自己的权利时，总会遇到激烈的反对。

正是在这样的政治背景下，从1973年到1993年这段时期，新西兰领导人和政府试图建构和执行一套政策不仅解决种族歧视问题而且设计新的政策，在民众意识中抹去种族的观念取而代之以民族群体的观念，保护和促进这些民族群体的利益的实现。从长期来看，关于这种改变的指标可以从每5年一次的人口普查中的人群描述中观察到：从1945年到1971年，这种人口调查以种族的标准区分人口；从1976年到1986年，它们使用了原初的"民族"概念；从1991年开始，他们就开始使用"民族群体"概念了。并且他们也征求有毛利人身份的人以确认他们是否能够或愿意将iwi（这个词既是单数又是复数）作为其"附属"机构。①

通过对所收集的统计数字的变化的介绍，官方从一开始就被安瑟尼·史密斯的民族及其后来的族群划分基础的标准所吸引。一个民族群体指那些拥有共同的起源、历史、命运和团结一致的情感，并具备"文化特性的一个或更多方面"的群体。个体的划分归类并不是强加的，也不是基于种族，而是遵照他们自己的真实情感和实际生活选择的。然而，新的命名方式与策略却与史密斯的截然不同。这种新的命名方式可在1993年出版的《民族划分的标准》一书中找到。② 在此书中，一种五层次划分体系被加以运用，它从第一层次的4个"民族"群体，即帕克哈人（欧洲人），新西兰毛利人，太平洋岛屿人群以及其他人，开始扩展到第五个层次的220多个群体。每个层次中只有很少部分的族群能和史密斯民族划分标准划分的民族相吻合，不过这个体系对新西兰却适用，也是民族命名政治学的复杂结果。与民族身份一样，地理起源与种族起源也被用做标识。

以毛利人的事例作为例证将会很充分。毛利人被归类为一个种族而不

---

① 参见"关于种族统计的问题，"新西兰统计回顾（Terry Papps, "Issues Regarding Ethnic Statistics," The New Zealand Statistics Review (1994, 9), App. 1 pp. 26 – 29）。

② 关于命名和措施的发展见官方统计的一个调查（P. G. Brown, " An Investigation of Official Ethnic Statistics, " Department of Statistics, Occasional Paper N o. 5 (Wellington: Department of Statistics, 1988)；1993年新西兰种族的分类标准（Department of Statistics/Te Tari Tatau, New Zealand Standard Classification of Ethnicity 1993 (Wellington: Department of Statistics/Te Tari Tatau, 1993)）。

是民族群体,而一个种族内部各组成部分间也是彼此不同的,不仅在民族上也在部落归属上。对于此,人们有着合理化解释,但这种解释并没有完全遵从史密斯的民族划分法。通过研究,人们确实发现大多数人是因为宣称自己有毛利人血统才把自己当作毛利人,而那些不认为自己有毛利人血统的人就不会认为自己是毛利人。但是坚持血统论作为毛利人划分标准的主要原因是合法的,并得到官方认可。十九世纪七十年代期间,毛利人的法定定义变成"毛利种族的一员,包括此人的所有后裔。"①

尽管此法案的主要用意是避免早前人口普查中出现的如何精确划分毛利人的血统的困扰,然而基因角度的血统标准仍然深植于该法案中。对于此合理化解释是:存在独立的毛利人选举系统,有各种各样的针对毛利人的福利和发展项目,并不是每个人在宣称自己是毛利人后都能获得批准的,所以种族的标准依然保留着。划分标准本身并没有在各种部落中做出区分,但是1991年的人口调查模式得到修改以从那些宣称自己是毛利人的人中获取真实信息。这便符合毛利人自我确认的需要,他们就更多地被看作是一个种族和一系列部落而不是民族群体。在这些专业术语存在的困难之下,新西兰的"民族"政策的主要线索是什么,执行的效果如何?

二、公民权和政治权

新西兰政府在处理民族关系方面,尤其是公民与政治权力方面的管理上在世界范围内广受赞誉。这种赞誉只是在1995年—1996年间亚洲移民潮引发了公众不愉快的反应而受到影响,但是有理由相信这种赞誉会得到恢复。其主要原因就是,新西兰有宽容的政治社会文化土壤,它的人权促进体制受到法律的保护以反对不公平的歧视,这在1970年代早期同全民参与的政治体制一并确立。新西兰政府很早就使用人权政策,之后不久就赋予其制度化形式。1971年,种族关系部成立,由种族关系调解人领导。随后

① 毛利人事务(修正)法案,1974;选举(修正)法案,1975年之后增加了"人","这个法案的目的是谁当选被视为毛利人";但选举法(修正)案1980年取消这些补充的话。

在1977年又紧接着成立了人权委员会。种族关系部根据种族关系法案的精神建立，该法案认定“根据肤色、种族、民族或民族原始身份”以决定其是否进入公共场所，乘坐交通工具和使用公共设施以及公共服务与物品的提供，雇佣与否和土地房屋的占有权与所有权的行使等歧视行为将是违法的。任何带有歧视性色彩的广告也被认为是违法的。种族关系调解人主要担当仲裁者的角色，在人权委员会成立之后，他会带着案例来到平等机会裁判所，一个人权委员会的分支机构加以强制执行。不过，尽管先后有毛利人、帕克哈人、犹太人和印度人担任调解人的职务，但还从来没有妇女执掌种族关系部。

种族关系部在其成立以来的将近25年里，通过受理顾客的申诉，记录了这些纷争解决结果的数据、来源以及方法。① 从1972年到1993年，申诉者的年均数量从25例增加到142例，并且他们来自所有的民族群体。统计表明，歧视也确实存在，不过我们也确实看到种族关系部解决疑难特例的决心，而它成功地做到了这一点。种族关系部在其成立到现在的运转过程中使绝大多数人都感到满意。不过，它也招致越来越多的公众争议，特别是从1980年到1990年以及从1993年后，前后申诉的顾客数量以及公众争议的层级都增加了。公众抱怨主要针对两点：一个是法律的，指导行政机构运行的条款；另一个是和1980年代末期亚洲移民潮相关的政治问题。

1977年，一系列新的非法的决议被引入种族关系部的调解人权限中，这是由行政机关的既成法规的修订所带来的，而这酿成了1980年代的争吵。行政机关的既成法规的第9章规定：“威胁性、谩骂和侮辱性的语言…有可能引发暴力或恶意反抗，或者导致轻视和讥笑某群体的行为。”其用意是鼓励言论自由，但是所有的公众言论都必须得到司法审查。但是，当调解人在不止一次的情况下发现相似的法规在马拉执行，是在私域而不是在公域也就是在官方审判以外的地方进行时，公众的愤怒随之而起，比方说，在

① 这一部分是基于1989年－1995年人权委员会上报给议会的一系列报告。它们被1989年人权委员会与种族关系调解人办事机构的报告(Report of the Human Rights Commission and the Office of the Race Relations Conciliator…1989{etc.})，并作为众议院杂志的附录E.6刊印出版。

马拉一个毛利人说“杀死一个白人”是个不错的立意。该法案中的冒犯性条款最终于1989年废除。但是很快人们又感到以立法抵制公众污点的必要性。1993年,人权法案修订版用禁止“诱致种族不和谐”(第61节)和“种族侵扰”(第63节)的条款替代了种族关系法的第9节。无论是第9节还是第61节和63节,在其实施的每一年里,种族关系部有一半多的申诉都是关于公众场合言论使用的。公众对种族关系部的几乎所有批评都是其在起诉煽动性言论上的效能低下,或者种族关系部本身就是煽动性部门。比如1996年,在新的法律实施后,种族关系调解人受到广泛批评指责,因为他鼓励并保护将毛利人、帕克哈人以及亚洲人的大脑大小同种族主义者的大脑大小进行比较的卡通书籍的出版。

正是亚洲移民问题使得“种族主义者”的问题凸显,并且导致1992年至1995年间对委托人的控诉。1991年7月至1992年7月以及1992年7月至1993年7月间分别有135和131起控诉案件。1993年7月至1994年7月以及1994年7月至1995年7月间分别为272起和587起。在种族关系部的历史中,1993年到1994年的控诉案件翻了一翻,而1994年到1995年的数据更是史无前例的。到底怎么了?劳动党政府1987年执政期间鼓励并吸引那些具备企业家技能和拥有资本的人来到新西兰,尤其是新西兰那些富有的并在经济上不断扩张的亚洲“邻居们”。国民党政府继承并发展了劳动党政府的政策。1982年,获得居民资格的人中只有11.9%是亚洲人,而到了1987年,这个数据是20.4%,1988年是28.4%,1989年这个数据更是激增(47.2%),那之后,亚洲移民所占比例一跃为50%以上。[①] 这个趋势持续到1995年,由于新西兰第一党领导人温特森·皮特所领导的反对移民运动而引发了公众对此问题的广泛关注。Peters将注意力主要集中在关于政府加大引进移民数量的政策上,但是他领导的运动也可被解释反对亚洲人,因为事实上移民中亚洲人的比例在不断上升,并且1994年的民意

① 未出版的移民准许信息,SNZ,列表显示于Palat,“Curries,Chopsticks and Kiwis,”p.49。仍见于移民和少数民族(Ongley,“Immigration,Employment and Ethnic Minorities,”);亚洲出身的新西兰人(Vasil and Yoon,New Zealanders of Asian Origin,chap.3.)。

调查显示较之澳大利亚移民与英格兰移民，亚洲移民不受欢迎。尽管新亚洲移民要比太平洋居民更加受欢迎，但是还不及南非移民更受欢迎。[1]

政府的中心议题不是管理新移民，甚至也不是保证他们的公民权利，而是如何组织定居者们选举。反对亚洲人的情感由新西兰第一党触动而起，大约57%的人认为亚洲人“太多”的民众已经决定投票给新西兰第一党。或许因为这种意见，政府改变了移民规则，以至于1996年亚洲移民数量急剧下降，这为10月的大选扫清障碍。1996年的大选运动的特点就是所有其他党派都攻击新西兰第一党的“种族主义”施政理念并质疑其移民政策，而温特森·皮特在为他本人也为新西兰第一党做辩护。所以，在新西兰政治中打“种族牌”无异于把自己的弱点暴露给政敌攻击。

总之，新的亚洲移民很可能会源源不断地迁至新西兰定居而不会遇到什么障碍，就像他们的祖先一样（至少从1940年代开始，对亚洲移民不利的既有法案就被废除了），他们将会遭受些许冒犯性歧视，但绝对不会很多。和他们的先辈一样，他们的目标就是尽可能以一种不受争议的方式完全融入新西兰社会，同时坚持自己的文化，并得到尊重，而不受歧视。[2]

所有民族群体的公民权与政治权都得到记载，所有的民族群体都同样受到法律的保护，受到1990年出台的《人权不受侵犯法案》的保护。[3] 该法案保证结社自由，并自从1951年劳工争议以来使其在任何情况下都受到尊重。共产主义团体在冷战期间受到些许迫害，但是民族团体组织却未受到丝毫威胁。有数不清的毛利人团体致力于政治、社会和经济等领域，亚洲

---

① 参见民族事务评论—商议投票（“The National Business Review - Consultus Poll.” National Business Review（Wellington），April 19，1996，p. 14；）；公众对亚洲人说不，岛上居民（“Public Says NO to Asians，Islanders，” National Business Review ，September 13，1996，p. 16）。

② 参见中国社会和政党：选举告诉我们什么？（Yongjin Zhang，”’The Chinese Community and Political Parties：What Can the Polls Tell Us?”），摘自中国和新西兰政治（Y. Zhang and Manying Ip，eds，. The Chinese Community and New Zealand Politics（Auckland：Department of Political Studies and Asian Languages and Literature Department，1996），pp. 59 – 66）。

③ 参见公民自由（Paul Rishworth，“Civil Liberties，”），摘自透视新西兰政治（Hyam Gold，ed.，New Zealand Politics inPerspective，3d ed.（Auckland：Longman Paul，1992），pp. 143 – 157）。

人、达尔马西亚人，犹太人以及很多其他民族的人并不怎么介入政治活动中，但是仍然进行积极地文化交流，并且通过民族会议联盟向治理系统输入政策意见。所有公民以及永久居民都有获取福利待遇的同等权利，而不会受到政治迫害。民族群体的行动确实起到了促使政府正视他们的特殊需求的作用。

公民以及居住史达一年以上的居民就可被赋予完全的投票权以选出他们的政治代表。（他们必须到全国选举区登记但可以不进行投票选举；也可以在地方选区进行登记并投票选举）毛利人是个特殊案例。[①] 1867 年到 1993 年间，每 4 个毛利人 MPs（其总数已经增加到 74 至 99 个 MPs）代表 4 片选区。1975 年的选举法规定，带有毛利人血统的选民可以通过每三年一次的“毛利人循环滚动选择”的选举方式进行选举，这种独立的毛利人滚动循环选举的目的是为了选出毛利人 MPs。如果毛利人采取这种选举方式，他们就不会在全国的一般性的滚动名单上出现；而如果他们不采取这种选举方式，他们才能在全国的一般性滚动名单上出现。1986 年，选举系统的皇家委员会主张一种 MMP 的选举系统，同时主张废除自 1930 年以来劳动党所占据的毛利人席位以使毛利人不会在党群间施加影响。事实上，劳动党在 1993 年大选中就已经失去了四个毛利人席位；其中一个席位被新西兰第一党占据。不管怎么样，很多毛利人反对取消他们的席位，其理由却并不充分——他们代表的是渐渐消失的提格拉诺。所以，尽管到 1993 年，MMP 选举系统才立法通过，但毛利人选举系统仍然保留着，而且毛利人席位增加到了 5 个，其结果和往常一样，1996 年大选中，主要党派依然在竭力争取毛利人席位就像争取一般性席位一样。由于可能存在的变化，毛利人不断在

① 参见毛利人选举权报告（Waitangi Tribunal，Maori Electoral Option Report（Wellington：The Tribunal WAI413，1994），Sections 2.1－2.3）；皇家专门调查委员会的报告关于选举制度：走向更美好的民主（Report of the Royal Commission on the Electoral System：Towards a Better Democracy（Wellington：The Commission，1986），App. B）。

一般性滚动名单中选择，其数量远多于毛利人滚动名单，[①]在所有的党派中都可以看到毛利人的身影。对于毛利人以及其他少数民族党派的有意义而独立的特别兴趣还没出现。[②] 它们的利益诉求太分散，而且它们规模太小无论如何也难以获得5%的投票率以获得次席位，更别说宪法席了，这个席位需要更多的投票率。[③]

人们对于1996年大选中的一个疑问就是新的MMP选举体制能否增加毛利人以及其他少数民族在议会中的代表名额。对于其他少数民族群体（而非毛利人）来说，答案是肯定的。只有一个少数民族的一个成员曾经在FPP选举体制中被选为议会代表。1993年至1996年的议会由99个MPs组成，他们都是在其选区通过简单多数选举方式选出来的。1996年10月大选后，议会中120个代表中有4个少数民族群体的MPs（一个亚洲人和三个太平洋岛屿居民）。毛利人情况就好多了，一般地，从1970年开始，两大党派中就有2至3名毛利人MPs被看作为普通议员；并且在FPP选举体制施行的最后几年中（1993－1996）

除了那些毛利人选区中造出的代表，还有4名毛利人MPs。也就是说，8个毛利人代表此91个其他代表。1996年，在MMP选举体制下，除了毛利选民选出的5个毛利人MPs外，还有在选区当中选出的两名毛利代表以及政党成员名单中选出的6名代表——对于大政党来说，新的政党名单选举体制已经使得将毛利候选人放在其候选人名单的前列变得极为迫切。更加令人不可思议的是，Peters所领导的新西兰第一党获得了5个毛利人席位，其中2个是从选区中选举出来的，这使得它在同国民党与劳动党讨价还价时处于有利位置。由此可见，毛利人在新西兰的政党政治中已经占据重要的一席之地。

---

① 1991年人口普查后，当毛利人面临选择时，126723人选择中央政府的人口调查名册，87652人选择了毛利人的，另有72965人有资格（也被要求）没有参加任何登记注册。参见毛利人选举选择报告（Waitangi Tribunal, Maori Electoral Opotion Report, Sect 2.3）。

② 也有几个小型的：毛利人、德泰瓦哈、亚洲－太平洋、联合国和种族政党。他们的投票名额极为有限。

③ 参见中国社会和政党（Zhang, "The Chinese Community and Political Parties."）。

三、政策改善

毛利人和太平洋岛屿居民长期以来相关权益被剥夺。政府自 1984 年开始调整了政策,在很多重要的方面保证了他们的权益,但并不是在所有方面。不过,在福利的最重要的文化权益保障方面,政府做了很多工作,同时在 1940 至 1950 年间,政府启动了生活标准的长期改善工程,它或许会被继续执行又或许会加以完善后重新启动。

自 1935 年劳动党政府首次执政以来,新西兰全国普遍形成一种再分配的,人人平等的传统。这使得毛利人与太平洋岛屿居民的生活标准与生活预期都得到巨大提升,而这自 1980 年代中期开始也被官方年鉴与人口统计报告记录在案。与此传统相一致,1988 年,皇家社会政策委员会向政府报告。根据 1972 年出台的社会福利法案规定,皇家社会政策委员会建议政策的实施要能保证每个人都可以获得“一定的生活标准……参与以及获取对某团体的归属感”。它同时还强调“所有人,无论年龄、种族、性别,社会经济地位或能力”都应该拥有“真正的机会”以发展“他们的潜能”,要塑造“个体、家庭以及团体”的“自尊与自决”,同时要“接受共同体中不同人的身份与文化,理解并尊重多元文化。”①这是作为对当时的二元文化论,多元文化论以及性别意识论的回应。对于毛利人,太平洋岛屿居民以及其他少数民族群体和妇女的需求给予特殊关注,人权法案具备有事实根据的辨别力,社会公平也这么需要。

1988 年,一个新的政策团体于 1984 年开始掌权,它立足于财富及相关基金的运作,它与劳动党政府财政部合作并已经对新政府产生了最重要的影响。该政策团体强调有必要依靠国际市场生产和分配财富,阻滞社会因提供福利而带来的过多消极影响,斥责本应由私人企业来提供的产品与服务却被政府包办的事实,强调政府区分政策制订和政策委托执行功能的重

---

① 参见皇家专门调查委员会的社会政策/四月的报告(The Royal Commission on Social Policy/Te Komihana A Te Katauna Mo Nga Ahuatanga – A – Iwi, The April Report, Vol,2 (Wellington: The Commission, ,1988) pp. 3 –23)。

要性,以及政府制订政策受那些只从自我利益角度思考政策结果的利益团体控制的危险性。正如市民一样,他们首先被看作是个体的集合,根据市场信号作出反应,尤其强调工人根据劳动力市场调整分配自己的产出,消费者依据服务市场行动。他们是否以及何时成为某团体的成员,则由他们的个体选择而定。他们或者会选择集体行动以达彼此目的,他们愿意并且应该能——尤其当他们被鼓励这么做时——通过远离中央政府控制和被授权为自己行动,正如政府下放提供服务的权利。政策的强制执行在国债高筑,贸易不利,受教育水平低下者就业压力巨大的时候意味着以最有效的方式创造财富并分配市场回报的财富。通过失业救济金,卫生与住房救济金以及退休金等支付形式实现的社会福利的提供不应该过滥而应该带有一定目的性,并且应该是一个能保证每个人都能获得"一定生活标准……去参与团体活动并获得归属感"的安全网络,这也正是皇家委员会所努力的目标。而在1984年至1996年,也就是劳动党政府与国民党执政期间,国家在改良和平等方面的职能却被大大弱化了。

1984年以来的毛利人政策改良的制度化过程是中央政府两次改革毛利人事务部举措中的一次,改革毛利人事务部的目的是使其成为一个服务职能被大为弱化的政策部门。毛利人福利改革是通过其他部门——主要是社会福利部被纳入正轨,同样被纳入正轨的还有教育和就业。以毛利人为特殊群体的总支出随着"被纳入正轨的工作"的落实而不断减少。

毛利人事务部失去了很多提供服务的能力,它不仅失去了给政府部门及其相关代理机构提供服务的能力,而且失去了给它自己的选民,也就是毛利人提供服务的能力。1992年前,毛利人事务部被叫做毛利人发展部。其实早在1978年就得到了毛利人的赞同。因为他们希望管理自己的事务,渴望经济发展权移交到地方组织,渴望泛毛利化。早期的毛利孩童学习中心成立于1980年代早期,没有政府任何资金上的支持,但是得到了政府的许可和鼓励并逐渐扩大,一系列旨在帮助毛利年轻人重新就业的大型家庭组织也得到鼓励,它们得到毛利人事务部、司法部以及社会福利部的资金支持。毛利人事务部的福利职能已经被终止,但是该部门联合其他泛毛利化组织诸如新西兰毛利委员会、毛利妇女福利联盟以及毛利监护人一道继续通力合作，泛毛利化组织依靠毛利人事务部得到大量资金支持。最后，他们为筹集和使用毛利人资金——这些资金大多来自土地管理项目的进展过程中——进行了各种尝试。经济发展和社会公平是目标，而毛利文化复兴、自助以及自主分配是手段。

这些目标很好地配合了政府一系列连续的创新政策。1987 年以后，很多工作培训中心在当地成立，由毛利人事务部提供资金支持但是不受严格的中央控制。1990 年以后，劳动党政府立法通过了一段过渡期，规定毛利人事务部的法律登记；它们会被改装成建立在传统毛利人组织基础上致力于毛利人发展的服务分配机构，毛利人事务部会向政策部门的方向演化发展。1992 年，国民党政府依法取缔部落的分配职能，原因是很多毛利人既不把伊米拉格塔看作是传统，也不把它看作是能代表和部落没有任何关系的城市毛利人的组织，因为百分之七八十的城市毛利人已经和部落没有任何联系。塔普尼克也会被缩小并最终变成一个只给政府提供政策建议以及监控政府中和毛利人有关的部门和机构的活动的组织。从结果看，改革完全是按上述形式进行。①

以上就是针对毛利人的改良政策的图景以及服务分配的发展演变过程。影响太平洋岛屿居民的分权化过程也一样，1992 年，以独立部门形式出现的并且有关毛利人事务的亚组织成立后，关于太平洋岛居民事务的部门也随后成立，拥有和塔普尼克同样的政策制订与监督职能。这个部门非常小，负责“督促其他政府部门肩负起职责以达到太平洋岛居民的期望”，而不是直接向太平洋岛屿居民提供服务。② 或许有必要说一下，民族事务办公室于 1992 年成立，起先作为政府倾听非毛利人和非太平洋岛居民的群众呼声的民意反馈组织。最初，这个规模不大的办公室属于国内事务部，只

① 参见普拉德克的建立和成就的总结（Te Puni Kokiri, Summary of the Establishment and Achievements of Te Puni Pokiri (January 1, 1992 to October 13, 1995) (Wellington: Ministry of Maori Development, 1995)）。

② 新西兰政府年鉴(SNZ, NZY(1995), pp. 165 – 166)。

有一个职业政策分析员，职责是为联邦民族委员会负责，并为其委托人收集和发布信息。随着来自政府不断施加的压力，该部门被迫于 1996 年改组为政策发展机构，而政府对联邦民族委员会的资金支持也在不断减少。① 与塔普尼克以及太平洋岛屿居民事务部一样，委托人不允许控制民族事务办公室。“共同体”间的责任分配以及不受中央控制（和提供资金）的政策也准备付诸实践。

上述体制的发展是否利大于弊仍是一个正在争论的焦点。首先，负责处理毛利人的特殊问题的部门表现很难评估。其次，它们出现在 1984 年至 1996 年间，这个时期，政府推行一系列经济政策，②他们知道这些政策的推行会对毛利人和太平洋岛居民产生负面影响，至少短期内是这样。他们也知道对铁路、邮局、森林、渔业、电力供应以及公共品的国有权与控制权的丧失（1986 - 1992 年）会严重影响非技术工人以及半技术工人，而这些人大部分是毛利人与太平洋岛屿居民。③ 他们还知道会面临更高的结构性失业。他们也清楚在 1990 年通过的旨在解构劳动力结盟的雇佣合同法案下的劳动力市场的改革会使低收入阶层遭受痛苦。他们知道福利救济金的减少（1991）和高收入阶层收入所得税的减少会产生相同的影响。④ 他们知道拒绝为非法移民提供优待会给太平洋岛屿居民带来严重影响。⑤ 但是必须强

---

① 参见亚洲出身的新西兰人（Vasil and Yoon, New Zealanders of Asian Origin, p. 17）和凯特麦克米伦（Kate McMillan）未出版的文章，政治系（Department of Politics, Victoria University of Wellngton）。

② 在 SNZ 上的总结新西兰的国民收入系统，（New Zealand System of National Accounts（Wellington：Department of Satistics, 1995） App. 2）。

③ 参见马希人的破晓之眼？鱼国/新西兰的种族化工作（Spoonley, "Mahi Awatea? The Racialisation of Work in Aotearoa/ New Zealand,"），摘自毛利人（SNZ, Maori（Wellington：Department of Satistics, 1995）pp. 39 - 42）。

④ 参见 SNZ, Maori, p. 48.

⑤ 结论参见经济和政治调整和移民汇款的持续：西萨摩亚的事件（Cluny Macpherson, "Economic and Political Restructuring and the Sustainability of Migrant Remittances：The Case of Western Samoa," Contemporary Pacific, Vol. 4, No. 1（Spring 1992）, pp. 109 - 135, esp. pp. 113 - 118）；经济和政治调整和移民汇款的持续：西萨摩亚的事件（Macpherson, "Economic and Political Restructuring and the Sustainability of Migrant Remittances：The Case of Western Samoa" Pacific Studies, Vol. 17, No3（September1994）. pp . 83 - 116）。

调一点，尽管劳动党政府与国民党政府并没有劝说大众接受上述事实，[①]但是两党政府都相信从长远来看，它们的政策会使弱势群体获益，而且重组过程中所产生的痛苦不仅能带来全国财富的巨额增长而且能促进底下阶层福利的增长，并创造更多充满活力的机会。

如何判断政策环境以及组织变化的成功与否呢，这并不容易。从政策改善的角度讲，十九世纪八十年代中期以前，毛利人在失业、收入、教育、健康，住房以及监狱关押率等方面的状况要比其他少数民族群体差，大量证据表明这一点。用大概在1986年的一种检验新政策的改良效果的方法和发展到目前的相比较，由于绝大多数的社会灾害都来自于失业，所以政策变化结果的最好的原始体现就是少数民族就业情况的记载。从记录看，少数民族群体的长期就业形势并不令人欣喜。[②]（见表18）

表18　新西兰各种族的失业率，1986—1996

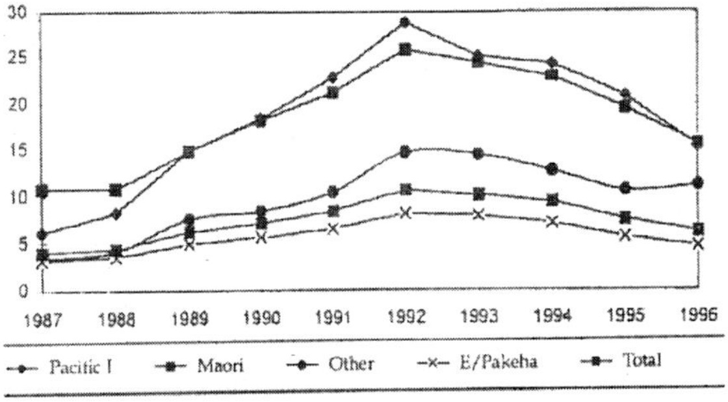

很明显，政府的新自由主义政策对毛利人和太平洋岛屿居民的消极影响要大于其他群体，“其他”很大程度代表的是新亚洲移民，或许可能会在将来10年里覆盖帕克哈人。毛利人与太平洋岛屿居民相关权利被剥夺的其他表现也证明了同样的结论。根据最新的统计数据，正如他们在1986年

① 参见新西兰的试验（Kelsey，The New Zealand Experiment，pp. 324－325）。

② 来源是1994年劳动力市场（SNZ，Labour Market1994（Wellington：Department of Satistics，1995），p. 92）。

以前一样,这两个群体在1993年的收入较低。1986年时,“单一毛利血统”的男性收入只有新西兰人均收入的76.9%;女性只占85.6%,有毛利血统的及其后代的男性收入占78%,女性收入占86.7%。

1991年后(社会福利支出削减已经制度化),事情变得更加糟糕。“纯种毛利人群体”中的男性收入占新西兰人均收入的69.1%,女性占82.6%;“毛利人群”中的男性占70.9%,女性83.4%;“有毛利血统”的男性占74.9%,女性占87.6%。太平洋居民的收入自1985年至1987年要比毛利人高些(毛利人收入在1988—1989年间增长了),但太平洋居民随后又跌至与毛利人平等的水平。[①] 毛利人始终存在着酗酒、高自杀率以及较短的生命周期的问题。同时,年轻的太平洋居民中的男性的监狱关押率始终要比其他少数民族的高。毛利妇女也一样,单身母亲中很大一部分都是毛利妇女,所以她们始终生活在自1991年社会福利支出削减造成的糟糕的贫困境遇中。[②]

尽管毛利人和太平洋岛居民始终存在着受教育水平低下、生理及心理健康问题以及住房问题,但是必须要指出的是,他们被剥夺的相关权益越来越多,这并不是民族政策的结果,而是一般政策所造成的整体性危害的结果。[③] 确实,从1980年到1990年,他们的生活预期和受教育水平都已经得到了提高。毛利人的死亡率已经持续了很长一段时间的增长。1985年到1987年,毛利男性平均可以活到67.4岁,非毛利人男性是71.4岁,毛利女性是72.3岁,非毛利女性是77.4岁。不过这些数据自1950年开始就在不

① 参见分配(Brian Easton,“Distribution”),摘自经济改革的新西兰个案研究(Alan Bollard R. Lattimore, and B. Silverstone, eds. ,A Study of Economic Reform: A Case Study of New Zealand(forthcoming))。

② 参见新西兰试验(Kelsey, The New Zealand Experiment, pp. 283 - 296),列举和提供了很多相对剥削的证据,正如新西兰现在的毛利人(SNZ, New Zealand Now: Maori (Wellington: Department of Satistics, 1994))。

③ 参见毛利人心理健康的趋势:一个文件的讨论(Puni Kokiri, Trends in Maori Mental Health: A Discussion Document (Wellington: Department of Satistics, 1993));我们的健康我们的将来(Public Health Commission, Our Health Our Future (Wellington: Department of Satistics, 1993), pp. 60 - 67)。

断地接近并似乎将继续接近。有关太平洋岛屿居民的重要的统计数据也遵循相同的趋势。

必须强调的是，面对公共的意愿——这些公共意愿主要是反对歧视的主张和夙愿[①]——政府的确采取了旨在惠利于毛利人和太平洋岛屿居民的政策，这些政策和普遍的中央下放权力以及市场化导向的分配的趋势相悖。这些政策由于过多所以不能一一讨论，[②]但是他们包括1986年内阁促使政府机构实行的在雇佣方面的积极的差别对待政策，还有1988年通过的国家部门法案以及1989年的教育法案，他们强调雇佣、晋升以及工作环境的公平应该包括关注少数民族群体间的公平。这些法案中关于公共服务的措施扩展到了私人部门，它主要包括做一个"好的雇主"以及尊敬和考虑毛利人和少数民族的需求的指令。比方说，国有企业法案的修订，以及1991年的雇佣合同法案、残障人士委托者法案（1994）、新西兰广播法案（1995）。尽管政府部门和机构对这个问题以及报道标准的关注发生很大变化，但是这些政策确实已经产生一些影响；目前的部分半私有半国营的企业并没有做得更好。

在教育上，毛利人和太平洋岛屿的小学生的入学资格已经被调整，入学情况有所改善。自1983年起，毛利学龄前儿童的入学率（主要在库哈杰（kohanga reo）地区）已经翻了一翻，毛利人进入第三等级教育行列的人数已经明显增加。[③] 到1993年，10%的三等教育申请入学者是毛利人。[④] 毛利语在可能灭绝的恐惧面前坚守阵地；毛利语小学以及中等学校已经被制度化了；到1998年，有两所毛利语大学。

新西兰出生的太平洋岛屿居民要比居住在岛屿的他们的父母和祖父母能够获得更好的条件。毛利人的广播网于1990年于当地建起，同时一个针

---

① 参见新西兰试验（Kelsey, The New Zealand Experiment, pp. 324 – 325）；新西兰的危机（David Novitz and Bill Willmot, eds., New Zealand in Crisis（Wellington: GP Publications, 1992）, pp. 117 – 129）。

② 参见"马希人的破晓之眼？鱼国/新西兰的种族化工作"（Spoonley, "Mahi Awatea? The Racialisation of Work in Aotearoa/ New Zealand," pp. 73 – 76）。

③ 参见毛利人（SNZ, Maori, chap. 4）。

④ 新西兰政府年鉴（SNZ, NZY（1995）, p. 241）。

对毛利人的电视节目的基金组织成立。尽管太平洋岛屿的语言和亚洲语言在媒体和学校中的覆盖面受到很大限制,但是中国移民依然在没有政府资助的情况下开办了八家报社。毛利人和太平洋岛屿居民的未充分就业问题也得到了关注。1995 年,国民党政府将这个问题视为施政的核心议题。[①]劳动部成立了社团就业组织,帮助毛利人和太平洋岛民的社团组织进行战略规划,毛利人及太平洋岛民资助者签订合约成立工作安排讲习班;[②]旨在帮助提高年轻人就业水平的指导性工程制度化,实行各种教育措施,[③]执行更有弹性的工作补助计划[④]以允许为了发展毛利人长处的临时性工作的存在。3 年来,毛利人花费了 1900 万美元,太平洋岛民花费了 650 万美元。[⑤]很明显,这些措施还没有产生丰硕的成果,从长远的角度看来也没有迹象表明民族问题——与毛利人的问题不同——被纳入政府的战略考虑范围之中。从 1993 年到 1996 年建立起来的各种政策领域中,民族问题显然没有出现在战略规划的议事日程中,而这样做的危险就是——如果这是危险的话——有可能再增加一个毛利人,太平洋岛民或者任何一个下等阶层人员。

四、为过去的错误行为做出补偿以及自治宣言

从 1930 年开始,毛利人就开始抱怨他们的相关权益被剥夺。20 世纪 70 年代中期开始,毛利人针对政府的公开宣言发生了转向,他们宣称自己是被隔离的、受到迫害的人,他们理应因为过去和现在受到的不公待遇获得应有的补偿;他们同时宣称如果补偿不能兑现,那就将采取各种手段争取以自己的方式管理自己的权利,而不受他们认为是非法的政府的统治。1984

---

① 参见聚焦失业、政府对失业任务压力的回应以及多党组织备忘录的理解(The Prime Minister's Office, Focus on Employment. The Government's Response to the Employment Task Force and the Multi - Party Group Memorandum of Understanding (Wellington: The Prime Minister's Office, October 1995)。

② 这是在找工作、自我尊重、交流技能以及动力支持方面寻求个人支持的项目。

③ 这是在教育部发展下专门针对太平洋地区岛民的独立的草案。

④ 在这个计划下,雇佣者还负有培训找工作者潜在的从事职业的技能的义务。

⑤ 所有的美元数据都是新西兰美元;1997 年早期新西兰美元值 0.71 元美元。

年至1990年，劳动党政府执政期间，一场制度化、合法化、符合宪政精神的变革开始了，劳动党政府以及1990年至1996年执政的国民党政府都无法对这场变革实施成功的控制。这场运动由毛利人发起，政府努力争取政策制订的主动权，但并没有成功。两党政府一方面采取法律的、正式的策略处理这个问题，另一方面采取直接的政治谈判。两党政府都发现法律是把双刃剑，尽管他们曾经借助法律来阻止该问题在议会以及公众讨论中变得过热。若将补偿的问题置于正规的法律程序中将会产生明显的宪政议题，并且解决成本势必会很高。同时，两党政府还发现政治谈判比他们预想的难得多。正是这方面的政策和行动吸引着公众的注意力，并且成为新西兰在毛利人问题上的困扰的核心。

1984年新一届的劳动党政府（第四届）第一次经历争取补偿的新泛毛利化团体的冲击。1984年后，部落在怀唐伊协议的支持下合并，宣称该协议记载的条款证明他们业已存在的自治权是理所应当的并提出了一套标准作为对过去的错误行径的衡量标尺。之所以对于该协议不断加以重视是因为以前毛利人活动家倾向于将该协议看作是“骗局”而将之废除，而且很多部落也根本不认为自己受制于该协议。但至少从1990年开始，一个新型组织出现了，其在政治和补偿政策以及拉格提勒的作用上是极为重要的。这就是怀唐伊审理委员会。它成立于1975年第三届劳动党政府倒台前的残喘期，它并没有引起继任者国民党政府领导人罗伯特·摩杜恩（Robert Muldoon，1975－1984）多大的兴趣，或许是因为该委员会的力量薄弱。审理委员会的权力由怀唐伊行动协议授予，目的是“遵守、执行并证明维护怀唐伊协议成立审理委员会的原则，为该协议在实际运用过程中产生的相关主张提供建设性意见，判断某些议题是否与协议规定相佐。”审理委员会的职能是“倾听与调查”王权及其机构做出的和“毛利人”或“毛利人组织”有关的“行为举动或遗漏”是否存在“偏见、歧视”。它还能对政府进行报告和提供建设性意见。它的建议确实改变了些许歧视行为或政策，但它不能从法律上限制政府及其行为。它并没有法律规定的决定权，只在决定其成立的法令规定的范围内拥有“独家的权利决定该协议（在两种语言中）的意义和影响。"你无法预测1975年以后它会变成什么样,谁都不会认为审理委员会是个构造良好的以至于能够解决可以追溯到1840年的错误或问题的工具。然而,毛利人正是通过这个委员会,通过它的工作在帕克哈中间广泛散播这样的思想——在白人定居者统治的150多年来,毛利人的所有珍贵的东西都被残酷地剥夺了。正是在这种机制下,同时伴以毛利政治家的聪明才智,毛利人才得以影响政府的政策制订与执行并在新西兰引发一场立法的(甚至可能是宪政的)革命。[1]

毛利人有理由将他们的不满与怨恨诉诸于审理委员会来解决,他们也是这么做的。大声疾呼般的宣言并不怎么有效,它们过于分散而且无法有效地表达。完全可以认为政府行动迟缓而且并没有像宣言主张者所期望的那样慷慨和大方,这使得他们将审理委员会看作是坏了的薯片。[2] 而毛利人的主张却在不断增加。1984年底积压了为数不多的14起对权益的索求主张案例。到1996年10月,积压的索求主张达到618起,有70起在先前的几年里得到解决。[3] 有一件事情很清楚:无论毛利人对审理委员会的办事效率以及其劝说政府的能力抱以何种不满,他们都将各种问题诉诸于该委员会去解决并将继续这么做。

无论审理委员会作为补偿的分配者存在什么缺陷,它都对毛利人(这里既包括那些把自己的调查带给委员会的人也包括那些根据委员会做调查的

---

① 到1992年的事参见条约、法庭和法律:承认在新西兰的权利(Andrew Sharp," The Treaty, the Tribunal and the Law: Recognizing Rights in New Zealand,"),摘自新西兰政治远景(Gold, New Zealand Politics in Perspective, pp. 123 – 141)。更简略政府友情报告(将此事追溯到1995年)参见从旗杆到松树(Jane Kelsey,"From Flagpoles to Pinetrees," in Spoonley, Nga Takai, pp. 175 – 201)。

② 参见执行情况的报告怀唐伊法庭的建议和谈判达成的协定(Te Puni Kokiri, Report on the Implementation of Waitangi Tribunal Recommendations and Agreements Negotiated by the Crown (Wellington: Ministry of Maori Development, n. d. [about November 1992]);执行威坦哲法庭的建议和毛利人索赔和官方之间谈判的协议:1994(Minister of Maori Affairs, Implementation of Waitangi Tribunal Recommendations and Agreements Negotiated between Maori Claimants and the Crown: 1994(Wellington: Ministry of Maori Development, 1995));威坦哲条约的报告下索赔的解决:管理人员的报告(D. J. D. MacDonald, The Settlement of Claims Under the Treaty of Waitangi: Report of the Controller and Auditor – General (Second Report for 1995, September 12, 1995))。

③ 周末星时代周刊(Sunday Star – Times, October 6, 1996, p. A3)。

人）产生了巨大的教育功能，对帕克哈（他们也开始倾听审理委员会的声音）也有同样的教育作用。1985 年后，第四届劳动党政府将审理委员会扩大，使其成员由 3 名增加到 7 名，并允许它回顾并处理 1840 年遗留的事情。即便如此，特别是在马奴库（Manukau）和奥拉凯（Orakei）的案件记载中，它成功地做到：在马奴库案中，它揭发了夭卡图时期（Waikato，1863 – 1866）针对农民的不公平的战争和财产征用；在奥拉凯案件中，它揭发了法律系统在很长的一段时间内——至今亦如此的不规范运作情况，因为法律系统使得原本公有化得奥克兰的纳格提私有化（这使得土地买卖的真实性和可行性受到质疑），法律系统还赋予政府以公共目的的名义征收土地，然而土地却不是从帕克哈人中征收。在《泰雷奥报告》中，政府的教育政策由于导致毛利语的失传而饱受责难，这段历史可以追溯到 1880 年。当然，回顾这段历史后，仍有相关记载，比如 1987 年的关于渔场所有权的有重要法律意义的《木里瓦图渔场报告》。1988 年委员会的成员从七名增加至十七名，报告数也持续猛涨。1991 年至 1993 年有关土地非法占用土地（主要是南部岛屿的土地）的纳格塔胡报告，1996 年有关于一场非正义战争后土地被错误征收的塔拉纳凯报告，还有一些报告其意义并非微不足道——是关于土地和水的较小的协议，然而他们也刺激着地方并被广泛宣传，且常常推动正确立法的形成。

所有这些报告所产生的一个效果是公共意志的分化。另一个效果是减少了帕克哈人对毛利人主张和诉求的抵制。毛利人和帕克哈人关于普遍利益的观点在绝大多数问题上都非常一致，但是关于是否应该尊重此协议（或者将其转变为立法），以及审理委员会是否已经成为一个有用的体制，却分立为毛利和帕克哈的两元对立阵营。① 这也意味着无论政府采取何种补偿措施都必须考虑丢失选票的风险以及民族关系的损害。然而，到目前为止，审理委员会在公共教育宣传上成功扩大了他的影响力，使得社会上对

---

① 参见在态度和价值（Attitudes and Values）中的民意测验，摘自（Royal Commission on Social Policy，The April Report，Vol. 1，Appendix）。

于1996年国民党政府为从法律角度解决瓦卡图·塔里案而制订的卓越的法案序言没有什么反对的声音。该序言有英语和毛利语两种语言,在该序言中,王权承认:“它的代表和政策建议者的做法是不公平的,违反了怀唐伊协议……1893年7月 派遣武装力量进驻马格塔哈,将威卡图定性为背叛是不公正的。王权承认在新西兰定居法案下对土地和资源的征用是错误的,导致威卡图到目前为止一直遭受着失去土地、像孤儿一样生活的痛苦,对威卡图的福利、经济和社会发展产生了恶劣的影响。”

所以,王权对于他们的入侵导致的民众死亡、财产损失以及社会生活的蹂躏与破坏表示真切的悔意和毫无保留的道歉。现在,王权会寻求“为所有新西兰人民在过去所遭受的不公正待遇进行补偿”,当1984年审理委员会的马奴库报告首次将这些错误行径公布于众时,激起民众极大的愤慨,纷纷要求进行审判。这很大程度上是由审理委员会的宣传教育活动所引发。到1996年,这些错误全被承认了。

或许比审理委员会的宣传教育功能更重要的是它和协议间的亲密的法律关系,这使得它成为中央政策的重要参与者,而这在1989年前还只是律师们的游戏。审理委员会授权的法令第一次将协议整合进综合法律体系中,在这之前,协议还并不属于综合法律体系中的一部分。那以后,尽管协议并不被认为是法律,但它至少被当作是审理委员会的法规了。① 由于审理委员会成功地教育了政治家不要违反协议规定的原则,这样它就可以作为具有重要意义的先例引导着将毛利人的权益写入法律和宪法。对于劳动党政府的协议政策的缔造者格非·普拉莫(Geoffery Palmer)来说尤其如此。从1985年到1990年,格非·普拉莫试图将协议并入稳定的权利法案,但没有取得成功。尽管他失败了,但是从1986年到1991年,几项使协议规定内

---

① 两种语言版本的协议都被看作是Waitangi法案的日程表(1975),这个日程表,除非特殊说明,并不是可执行法案的一部分。见宪法和行政法在新西兰(Philip A. Joseph, Constitutional and Administrative Law in New Zealand (Sydney: Law Book Company,, 1993), p. 59),也可参见该条约的角色、特等法庭、法院和立法机关(Kenneth Keith, "The Roles of the Treaty, the Tribunal, the Courts and the Legislature," Victoria University Law Review, Vol. 25, No. 2 (July 1995), pp. 39-53)。

容具体化的法规通过，使得协议及其原则受到“尊重”和“关注”，这样实际上是使其并入了法律。[①] 在其中的两项法规中，国有企业法案(1986 年)，以及自然环境保护法案(1987 年)都把协议的原则规定作为优先考虑的对象。正是这种优先权，特别是在国有企业法案中(SOE)，引起了一系列连锁的、迅速使法律环境复杂化的事件，这使得审理委员会很大程度上在法律和政策的无法预测的改进中扮演核心角色，同时开拓了宪政改革尚未探索的图景。这些都不合政府政策制订者的口味，他们在赋予审理委员会权力的过程中，仅仅希望将毛利人问题从议会和公众的激烈的党派争论中转移开。

国有企业法案在国家将资产所有权向私人企业移交的过程中，原本打算从移交所有权的过程赢利获益，但同时也背负着社会责任，正如该法案第 9 款所说的：“该法案不允许国家以任何方式做与怀唐伊协议的原则不一致的事情。”新西兰毛利委员会，泛部落组织将案件提交申诉法庭，认为私有化将会使对过去罪过的补偿变得更加困难，从而违背国有企业法案第 9 款的规定。法官认为新西兰毛利委员会与普通初级律师间的诉讼案是有里程碑意义的事件。他们将这个案例作为一系列仍在审理的案件——这些案件关注所有权的移交和对土地、森林、广播频率以及诸如电力、煤和地理资源等在内的自然资源的控制之一。政府必须经过法律才能移交对这些资源的所有权。

这些案件之所以吸引法官的注意是因为它们在必要的情况下提供了协议“原则规定”的法律模式，并要求竞争党派团体根据该原则规定在法庭允许的情况下通过谈判解决分歧。他们一般会避免直接将自己的观点定性为合理的解决办法，但是他们也认为协议所阐释的原则规定必须统领一切解决办法。这是两集团以及国家与毛利人间的“伙伴关系”与“信任”的基础。伙伴们彼此之间有着“类似于信托的责任”，国家尤其应当担负起“积极保

---

① 参见宪法和行政法在新西兰(Joseph, Constitutional and Administrative Law in New Zealand, pp. 59 - 62)“威坦哲条约的宪法承认：神话还是现实”(Margaret Wilson, “Constitutional Recognition of the Treaty of Waitangi: Myth or Reality,”)，摘自正义和身份(Wilson and Yeatman, Justice and Identity, pp. 1 - 17)。

护”毛利人利益的义务。原则规定显示毛利人同样让渡了自己的统治权，然而关于毛利人权益的所有问题的磋商会都是由国家要求并安排的。申诉法庭的大法官建议将协议原则列为国家的最高法律（在新西兰没有成文的宪法）的一部分。这样，它就不能被法令所废除。政府在此史无前例地失去对政策制订与执行的控制。

与其在精心设计和公开争论协议的原则规定中扮演的角色同样重要的是，审理委员会还担当收集证据的角色。因为从协议的法理学角度来讲，其在合法性方面与一般法律的严格合法性是几乎一致的。尽管审理委员会的收集和记录的功能主要被设计来作为其分配功能的辅助性职能，然而它却对政府制定政策解决问题有着重要作用。第一个明显的事例就是商业捕鱼的权利，这个权利自 1987 年以来就存在着争议。审理委员会在为《木里瓦图渔业报告》做准备，调查研究提供建设性意见的过程中，收集了大量协议签订前毛利人参与“商业和企业”捕鱼的证据。这些证据清晰地表明毛利人是被诱使参与到这个行业中去的，并只分享很小一部分权益，这违背了他们的意愿。尽管毛利宣称他们仍然拥有所有渔业的所有权，因为他们从来就没有同意让渡这个权力。然而在协议下，这样的宣称对政府没有法律约束。不过在一般情况下，国家还是应该审慎而明智的解释协议的“原则”并在此基础上采取行动。

然而，此类立法的通过使审理委员会搜集的关于渔业丧失所有权的证据起到先发制人的效果，较之政府的行为来说甚为谨慎。首先，新的渔业法规使私有业主有权对某些鱼种进行商业性捕捞，这实际上是一种补偿。这使得渔业所有权物归原主，重归毛利人所有。而对国家来说，难度就大多了。在国家所有权法案下，也存在同样的问题，政府只可以期望通过执行类似于最高法院同意的谈判来解决问题。这本身对政府来说就是极大的制约。但是法院已经意识到“土著头衔”的教义，并认为这对渔业来说仍然是一个生动的头衔。在这种教义的作用下，殖民土地上的土著居民获得了对其所有物的支配权——除非经国家某些规定清楚明白的法案认定不适合，而这并不适用毛利人。毛利身份对土地的独立占有已经被终止，所有的毛利人要想获得土地必须向国家缴费。这种规定对于渔业的适用性始终存在,从没有被废止。1982 年的渔业法案的第二部分写到:“本法案不会对毛利人的渔业权益产生丝毫影响。”通过这些审理委员会所搜集到的证据可以很清晰地辩明该委员会还有其他目的,那就是毛利人由于自己的特殊身份还应该拥有对所有渔场的所有权。这样,和国家所有权法案的思路一样,无论协议的原则规定采取什么样的解决办法,法律案件似乎都表明政府——在不取缔土著头衔的前提下(这在政治上很困难)——既不能对抗毛利人的主张也不能采取私有化方式认可渔业管理,只能以弱势的地位和毛利人谈判。

因此,从 1988 年开始,事情逐渐变得很显然,政府发现自己变成了毛利人要求的人质,受制于审理委员会与法庭。由于没有哪个政府可以进行彻底的补偿,所以解决办法只能是“政治的”而非“法律的”。至此,试图将毛利人问题常规化并从政治领域剥离最终失败了。结果,劳动党政府运用了国民党曾用过的老政策(该政策于 1975 年审理委员会成立前就已适用):和提出诉讼要求的部落集体进行直接的谈判。它同时鼓励审理委员会做调查研究而非提供建议。它建立起自己的研究和商谈协议规定的专职办公室。到 1989 年中期,政府公布了自己的谈判原则,政府有权制定法律,所有新西兰人在法律面前一律平等,部落有权“按照部落的方式组织,并且可以在法律许可范围内管理自己的资源”,“政府和部落有责任和义务进行合理的合作并在普遍关注的重大问题上达成共识”,政府“有责任为解决冤情提供有效的方法以期达成和解。”①

国民党于 1990 年 11 月开始执政,延续并扩展了维护国家权威与直接谈判的政策。它借助于直接的谈判而非等待怀唐伊协议的政策建议。国民党政府随后以审理委员会的能力为代价加强了官方研究与谈判的能力。它还完成了劳动党政府于 1988 年开启的渔业谈判。通过这次谈判,国民党政

---

① 参见威坦哲条约检察官行动原则(Principles for Crown Action on the Treaty of Waitangi (Wellington: Government Printer, July 1989)。

府虽然没有成功地帮助它所指派的毛利人委员会解决涉及一亿七千万美元的渔业份额以及一个渔业公司的分配问题,但它成功地取消了毛利人对商业性捕鱼的合法权益。劳动党政府已经开始和瓦卡图·塔奴就战争征用诉求的主张问题进行直接的谈判。1995 年,国民党政府成功地解决了这个问题,①该问题的解决也值一亿七千万美元。问题的解决办法在当时被看作是一个全部解决计划的一部分。因为政府在协议的建议下,从 1991 年到 1994 年花费 1 亿美元逐渐发展并推出一整套"解决方法模式"以期"全面而最终"地回应之后 10 年中不断提出的解决"历史"遗留问题的呼声和诉求。国家富余土地的土地银行——这个银行已经成立以满足协议规定的需要——将进一步完善,不过不动房地产要有节制的仅仅用于住宅区。1840 年毛利人要求获得并未开发的自然资源,政府没有满足这个诉求主张,同时规定只有赋予所有权才能使用这些自然资源。一个谈判程序是:对于一个工作项目,诉求主张必须要得到充分研究与论证;诉求人必须从委托人那得到"授权行动命令"以使自己在解决问题的过程中不会受到竞争方诉求人的非难。之所以这样安排程序是确保不会产生体制外受益者,利益只有通过合理的法律体系才能令人信服。在问题的解决过程中,怀唐伊审理委员会和法庭的审理会逐渐结束。1994 年 12 月,政府发行了《国家关于怀唐伊权利诉求协议的解决办法的建议》②,表明毛利人问题并没有得到完全解决。

这个建议的出台很快引发了毛利人的愤怒。他们开始占用土地,通过

---

① 参见毛利哈协议和毛利信托局的协议要点(Heads of Agreement between HM the Queen and RTK Mahuta and the Tainui Maori Trust Board (Wellington Office of Treaty Settlements, Department of Justice, December 21, 1994)。

② 参见检察官关于解决怀唐伊条约索赔的建议(Crown Proposals for the Settlement of Treaty of Waitangi Claims (Wellington Office of Treaty Settlements, Department of Justice, December 8, 1994))。

反抗行为表达不满情绪。[①] 1995 年开始，一系列咨询会议对该建议的出台表达了强烈的不满和尖锐的批评，会议主题集中于他们为何过去没有和毛利人“同胞”进行谈判协商，以及政府对于本应是开放式的进程实施财政限额和时间限制政策，直到一个不能确定的未来。尽管遇到强烈的反对，政府依然和其历任一样，始终宣称国家强烈反对抵抗行为或任何形式的毛利人独立运动，[②]并在其执政末期坚持此施政方针。1996 年 10 月，政府和面积不大的北部岛屿东海岸部落达成共识，签订了价值四千万美元的协议，接近南部纳格塔胡岛的关于土地，森林和现金的价值一亿七千万美元的协议。在其执政行将结束时，政府陷入和其他东海岸部落以及较大规模的北部岛塔拓凯部落关于战争征用诉求的谈判泥潭中。同时，法庭和怀唐伊审理委员会审理了一系列案件，其中各种部落和哈普间都在极力争取谁成为协议的受益者以及谁作为受益者的代表；渔业协议的泛毛利化获益者以及部落间围绕战利品分赃而互相扯皮打官司持续了四个年头。[③]

如果说劳动党政府在其执政末期所处情形可以描述如下，那么国民党政府在 1996 年大选临近时的情形同样如此，毛利人的核心问题并没有解决。尽管人们常常认为协议解决方案作为改良方案达到了预期的效果，但实际上并没有。这里存在一个谁将成为受益者的问题，即使这个问题解决了，分配或许也无法尽如人意。瓦卡提尼——十八个最大部落中第二大贫穷且遭受帕克哈人严重不公正待遇的部落——当然应该且需要从价值一亿七千万美元的协议中获益。但是纳格塔胡——相似规模的协议的获益者——成为新西兰毛利人中最富裕的。[④] 然而，必须强调的是，尽管政府并

---

① 寻找一系列关于毛利统治权以及诺特的评论的最方便的地方是两种出版物：毛利人的主权：视毛利人（Hineani Melbourne, Maori Sovereignty: The Maori Perspective（Auckland: Hodder Moa Beckett, 1995））；毛利人主权：透视新西兰白种人（Carol Archie, Maori Sovereignty: The Pakeha Perspective（Auckland: Hodder Moa Beckett, 1995））。

② 参见毛利人法律评论（Maori Law Review（May 1995），p. 10）。

③ 参见毛利人法律评论（Maori Law Review, October and November 1994, December - January 1995 - 96, and May 1996）。

④ 参见毛利之间社会—经济的不同（Gould, “Socio - Economic Differences between Maori Iwi.”）

没有像预期的那样成功控制补偿的整个过程，1975 年以来，毛利人与国家间的关系却有所好转而非恶化，并且毛利人和帕克哈人都在补偿的过程中自发产生出抵制波折、拖延以及明显的不公正的行为。帕克哈人在补偿过程的一开始非常害怕补偿的结果对国家财政的影响，也密切关注着遭受过不公正待遇的毛利人现在会被区别对待且适用于另一套“法律”。但之后，帕克哈人开始接受这样的事实，毛利人应该得到补偿，即便不是自治权。只有少数选票支持马那毛利人，一个在 1996 年大选中参加竞争的毛利人独立党。

结论

新西兰政府对民族关系的处理是通过法律保护所有族群，通过设计针对那些弱势群体的改良政策，通过不断和毛利人进行法律的和政治的谈判来实现的。然而，自十九世纪八十年代末以来，很多改良政策都受到新自由主义运动的冲击和影响。尽管如此，他们仍然结出了丰硕成果。尽管很多和毛利人的谈判与协议都偏离了政府的控制，但是他们都在理性的平稳的状态中加以执行，并产生一定效果。人们或许认为这些成就取决于政治的和法律的安排（这些安排确保了所有人的公民和政治的权利）和尊重这些安排的文化氛围。

第十一章 斐济、巴布亚新几内亚、瓦努阿图、密克罗尼西亚联邦的文化与冲突

斯蒂芬·里维尼(Stephen Levine)

大多数有关民族问题的学术作品都关注于欧洲的政治关系问题。相反,亚太地区的民族复杂性却被忽视了。进一步来说,在亚太地区,或许中部和南部太平洋地区的岛国是最被西方学者所忽视的。尽管这些国家中的大多数陆地面积都很小,人口、资源也很少,但是全面的学术工作的缺失,剥夺了他们对政治研究的独特见解。

这章分析了几个太平洋岛国的发展情况,其中一些国家极小,远非主要的人口中心,一般也不受诸如战略分析家和学者们的关心。这一章所关注的每一个国家都面临着发展政府机构和在难以克服的障碍中指定政策的艰巨任务,包括整体框架的缺失,政府精英的匮乏以及在某些情况下,人们对国家团结和民族国家的观念应尽的脆弱的义务。

从民族和政治的视角来看,斐济、巴布亚新几内亚、瓦努阿图、密克罗尼西亚联邦国家[①],这四个国家的建立者面对的最主要的困难就是国家向心力的建立。在这一研究中,仔细考察了瓦努阿图和密克罗尼西亚联邦国家,这两个国家是太平洋岛国中的典型。他们是多岛国家,人们分散在不同的岛屿上,尽管在种种不同的政治标志中获得了共有的公民权,但政治和文化上仍然彼此分离。另外两个国家,斐济和巴布亚新几内亚,作为主要的太平

① 它们是太平洋上的四个主要的国家,并且在政治上独立,在种族上多元。

洋岛国，是遥远舞台上的重要表演者，他们都面临着国家统一与种族差异的挑战。斐济的军事政变和巴布亚新几内亚的布干维尔岛分裂主义者的叛乱仍是没有解决的难题，在国家利益纷争和种族前途分歧的情况下，他们寻求着保持领土主权和立法制度稳定的途径。

本章将评论在当代太平洋地区更加广阔的政治和文化变革背景下，以上四个国家的目标和政策。跨越整个太平洋，从一个岛国到另一个岛国，土著居民已经再次强调了他们的历史、文化和传统在影响民主法律、国际间关系和政府优先权的过程中所存在的积极作用和价值。这些明显迅速增长的发展，是对在最近才在大多数岛国结束的西方殖民规则的一个持续的或者说延后的反映。民族种族间的紧张关系从本土授权中滋生出来，在太平洋殖民的历史中开始，正是如此背景，这种分析也即将开始。随后，本章将分析斐济、巴布亚新几内亚、瓦努阿图和密克罗尼西亚联邦国家的政治和宪法的发展情况。随着各国的逐步讨论分析，此章节将找出四个岛国和更广泛的太平洋地区民族和政治的一些共同主题。这四个国家经验间的差异也将受到考察，以便于提出有用的政策建议从而来改进各国不同种族之间的和谐关系。

一、殖民遗产和政治背景

尽管太平洋岛国在西方学术中可能是个小角色，但他们在亚太事务中有很重要的作用。作为一个地区，他们更多的时候是历史的配角而非主题，在过去的两个多世纪里，他们更多的是被外界力量所控制，而非是个人或集体层面的自治权力。[①] 在某种程度上，他们可以被称为是“受害国”，也就是说，这些国家的形成遭受过一定程度的侵略和剥夺。例如 19 世纪，欧洲的

① 有几个关于太平洋岛屿的全面历史。例如，参见太平洋从石器时代到当今的历史（Glen Barclay，A History of the Pacifi from the Stone Age to the Present Day（London：Sidigwick and Jackson，1978））；太平洋岛屿的历史（I. C. Campbell，A History of the Pacific Islands（Christchurch：University of Canterbury Press，1989））；1900 年以前的西南太平洋（C. Hartley Grattan，The Southwest Pacific to 1900（Ann Arbor：University of Michigan Press，1963））；1900 年以后的西南太平洋（C. Hartley Grattan，The Southwest Pacific since 1900（Ann Arbor：University of Michigan Press，1963））。

探险者来到岛上,同时也带来了疾病、奴役和文化混乱。最终,几乎没有哪个岛保存了真正的自治和自己的政府。随着太平洋上一个接着一个的岛屿主权的结束,习惯于自主处理本土事务的土著种族社会发现,由于欧洲帝国主义的侵略,他们维持政治和经济秩序的能力受到侵蚀。

20世纪给太平洋带来了政治、社会、文化和经济类型的巨大改变。对于一些岛来说,一战使得欧洲势力能够轻易地将一个非本土统治者换成另一个。战争中第一个无条件投降的事件就发生在太平洋,代表大英帝国的新西兰军事远征军打败了西萨摩亚群岛的德国势力。对萨摩亚的人来说,此事并没有把他们从德国统治者手中解放出来,而且它更加延长了他们作为欧洲人定义下的没有能力也没有必要作为一个自治个体的种族社会的时间。对太平洋的岛民来说,西方殖民主义,由一个种族统治另一个种族的典型例证,对很多民族来说都是毁灭性的。最终在各国联盟中就国家自决权问题达成普遍共识,并形成了徒劳的国际文书凡尔赛和约,但是却把太平洋的岛民们排除在外。新西兰对西萨摩亚的占领和统治,在前国家联盟的条款里可能是因为被假定为依赖强大的军事实力,所以当联盟授予新西兰对西萨摩亚的统治权时,这在当时民族国际社会是合法的。

再往北一点,通过密克罗尼亚群岛,国际联盟达成了一个更具广泛意义的相似决定。尽管民族有权自治,但是联盟未同众多岛屿的人们协商,就将密克罗尼西亚委托给日本帝国主义管理。这个灾难性的决定使得日本可以在岛屿进行防御工事、奴役、充军放逐、刑讯拷问等,造成很多岛民的死亡。二战期间美军因占领日本所占的岛屿而发生的牺牲,也可归因于联盟没有遵守太平洋岛民国家自治的规定所作的决定。而在太平洋战争中那些被忽视的受害者是岛民本身,在日本和美国的军事力量对抗时,岛民在这场斗争中不可避免地受到了牵连。

战争结束后,美国从日本那里占领的岛屿一个也没有被授权独立。对于密克罗尼西亚联邦国家的人们来说,一个非本土种族(日本)的统治刚结束,另一个非本土统治者美国又到来了。相似地,在联合国公约中得以实现的大西洋公约中的“四项自由”原则以及其他原则在具体应用时受到了限制。当联合国把这个群岛的托管权利授权给美国时,关于密克罗尼西亚联邦国家人民的政治命运,他们自己从来就没有被询问过意见。此外,这种托管给了美国更多统治该岛的权力,在这之前,在联合国组织中从来没有过比这更独特的“托管”。①

太平洋地区非本土的外部统治持续到20世纪,并且比其他地区都要持续的长。正式殖民协议的持续存在无疑表明了在国际事务中对太平洋群岛的相对无视。被国际新闻媒体所一贯忽视的是,太平洋岛民几乎没有资源去要求其政治地位的改变。当“变革之风”给亚洲、中东和非洲带来真正的殖民结束时,太平洋地区的人民却没有获得任何同步于他们的独立。西萨摩亚群岛的领导最终获得了一个新的政治地位,联合国宣布新西兰结束了乌波卢岛和萨瓦伊岛的统治权,该领土受联合国提供的国际委托管辖。鉴于对联合国领土管理工作批评意见的敏感,新西兰承认了西萨摩亚的独立。1961年,西萨摩亚进行了公民投票;1962年,萨摩亚人在新年取得了独立,同样其他太平洋国家也获得了独立。斐济在1970年取得独立,汤加在同一年也取得了全面独立,巴布亚新几内亚在1975年取得独立。可是,大多数岛国失望地发现,尽管取得了政治上的独立,但没有必然地达到经济的发展和文化的完整重建。

尽管太平洋地区对殖民统治的脱离有点晚,但此地区也建立了岛屿实体国家,并基本实现独立或是自治。只有很少的几个岛国在做了政治安排后却没有实现独立或完全自治。在新喀里多尼亚、沃利斯和富图纳、法属波利尼西亚仍然有法国势力的存在。美国仍然在美属萨摩亚、关岛和北部马

---

① 对太平洋委托管理以及美国对密克罗尼西亚的管理进行的研究著作包括太平洋地区的委托管理(A. H. McDonald, ed., Tusreeship in the Pacific (Sydney: Angus and Robertson, 1949));美国在密克罗尼西亚的触角(David Nevin, The American Touch in Micronesia (New York: W. W. Norton, 1979));密克罗尼西亚:美国对外政策中的信任背叛—利他主义和利己主义(Donald F. McHenry, Micronisia: Trust Betrayed—Altruisim vs. Self - Interest in American Policy (New York: Carnegie Endowment, 1975));美国统治下的密克罗尼西亚:对托管战略的评价(1947到1977)(Harold F. Nufer, Micronisia Under American Rule: An Evalution of the Strategic Trusteeship (1947 - 1977) (Hicksville, N. Y.: Exposition Press, 1978))。

里亚纳共和国保留着统治权。新西兰把托克劳群岛的三个岛作为附属地，而纽埃岛和库克岛，尽管已经实现内部自治，也有经承认宣布完全独立的权利，但仍通过“自由联系”条约和新西兰保有联系。更加详尽的“自由联系”文件还使美国和帕劳、马绍尔群岛以及密克罗尼西亚联邦国家保有联系。①

政治地位的多样性与政府治理形式的多样性是一致的，殖民主义的遗留也是明显的。那些被美国统治过的政治实体一般都采用聘请一名总统的治理模式，而经历过英国，澳大利亚和新西兰指导的都倾向于适用议会政治、内阁会议形式的政府。

这个地区在民族上也是多样化的(参见表19)，并且这个复杂的民族图表有政治的结果。即使是在岛国有共同民族特点之前，尤其是多岛屿的岛国，也存在对有更大政体岛国的忠诚度的竞争。例如，在库克岛或法属波利尼西亚，说等级重叠和一般兼容的身份是明智的。岛民通过他们出生和成长的地方或祖先来定位自己的身份，就像艾图塔肯人(Aitutakians)也是库克岛人，马克萨斯人也是法属波利尼西亚人。然而，广泛的文化亲和力也是显而易见的，这种亲和力促使库克岛民和法属波利尼西亚人都认同对方为波利尼西亚人。如此的多元认同在太平洋地区很普遍。例如托克劳人，当他们逐渐建立自治和更清晰的政治地位时，他们在识别自身的时候发现可以用政治角色作为一个人的身份。但这个不断演变的政治身份补充了更多的基本的自我定义，可以自我定义为托克劳环状珊瑚岛上一个或其他几个岛上的人：阿塔福、法考福以及努库诺努岛人。只有几个单独的岛屿实体，即关岛、纽埃、和瑙鲁，是从文化或者岛民自我认知的角度来看民族性，虽然他们也不是完全同类的。

---

① 联合国，其成员国必须是完全独立的，在1991年承认马绍尔和密克罗尼西亚联邦国家，在1994年承认帕劳。纽埃和库克岛没有申请联合国身份。

图 19　斐济、巴布亚新几内亚、瓦努阿图和密克罗尼西亚联邦的民族构成

斐济的构成(以种族划分)		
种族	数量	百分比
斐济族人	382,690	49.7
印度族人	348,810	45.3
其他(华人、欧洲血统、其他太平洋岛民)	38,500	5.0
总计	784,000	100.0

巴布亚新几内亚的构成(以省划分)		
省份	数量	百分比
莫罗贝	381,000	10.1
西部高地	337,000	8.9
南部高地	318,000	8.4
东部高地	301,000	8.0
东塞皮克	255,000	6.8
马当	254,000	6.7
恩加	236,000	6.2
国家首都区	196,000	5.2
东新不列颠	186,000	5.0
钦布	184,000	4.9
米尔恩湾	159,000	4.2
布干维尔	156,000	4.1
桑道恩	143,000	3.8
中部	141,000	3.7
西新不列颠	131,000	3.5
西部	112,000	3.1
北部	97,000	2.6
新爱尔兰	88,000	2.3
海湾	69,000	1.8
马努斯	33,000	0.8

总计	3,777,000	100.0
瓦努阿图的构成(以种族划分)		
种族	数量	百分比
瓦努阿图人	139,475	97.9
欧洲人	1,474	1.0
亚洲人	597	0.4
其他太平洋岛民	521	0.4
其他/未知	352	0.3
总计	142,419	100.0
密克罗尼西亚联邦的构成(以州划分)		
州	数量	百分比
楚克	49,150	49
波纳佩	33,550	33.0
雅浦	11,050	11.0
科斯雷	7,450	7.0
总计	101,200	100.0

注释:直至目前为止四个国家的普查数据是无法使用的。人口总数是基于最近的数据和正式的估算结果。普查数据很少按种族分,除了斐济。密克罗尼西亚联邦国家的人口最主要是根据民族划分。瓦努阿图的图标是按宗教联系和语言,瓦努阿图人是包括在66个岛屿上本土的美拉尼西亚人。同样的,巴布亚新几内亚的普查数据是根据省份划分。巴布亚新几内亚的真实种族数据将很好地提供上千种的群体。

尽管对于非本土的学者和本土岛民来说,身份和文化问题在有关太平洋群岛的讨论中是相当普遍的,但是本章将通过研究四个不同国家的精英们所创立的处理种族分歧的政策来仔细讨论上述问题。

二、斐济

斐济在太平洋事务中扮演着重要的区域性角色。在它的首都苏瓦，坐落着南太平洋论坛的总部，太平洋地区最重要的多民族高等教育机构南太平洋大学的主校区也在这里。斐济曾经经历了动荡的地区种族冲突，导致了1987年发生的民选政府被推翻。这次冲突是太平洋地区唯一的一次军事政变，①也是太平洋岛国的独立宪法首次被通过法外手段替换掉。当复杂的选举制度安排未能保持由斐济族主导的政体时，在至少一部分土著斐济族精英的支持下，军队开始把事情纳入自己的考虑范围。

（一）殖民遗产

所有的事件参与者都认为斐济当代的种族冲突早在殖民时代就埋下了种子。欧洲人和斐济人的第一次接触是1791年由英国开始的。在19世纪早期，贸易得到了发展，尽管欧洲人和斐济人之间后来发生了冲突。1858年，因为害怕被汤加侵略或者被美国归并，斐济酋长萨空鲍（Cakobau）主动提出把群岛割让给英国。② 在这种情况下，英国成为了一个不情愿的殖民者，因此，直到1874年才实现领土的割让，英国外交部最初认为统治这个群岛的成本将大于收益。③ 财政上的考虑（力求统治该岛能在经济上划算）使得（国家）在几年之内做出了从印度引进种植园契约劳工的决定。斐济的首位统治者，阿瑟高登（Arthur Gordon），声明土著斐济人是不会被剥削的（就像曾经发生在其他大英帝国人民身上的一样），并且积极寻求方法去保护斐济人的土地、传统和习俗。尽管高登的政策使斐济人免除了作为种植园工人而被剥削的境遇，但是发展殖民经济的决心导致了印度劳工的引进和一个种族杂色的斐济的诞生（几乎是不经意地）。英国人显然没有考虑

---

① 在1996年，瓦努阿图军队在解决薪酬纠纷的过程中绑架了总统和总理。

② 斯特凡妮．劳森（Stephanie Lawson）指出在斐济没有国家政体，所以卡考鲍的运动集中在各团体首领的力量上。土著斐济人没有统一进一步表明了国家的民族政治。参见南太平洋地的传统与民主：斐济、汤加以及西萨摩亚（Stephanie Lawson，Tradition Versus Democracy in the South Pacifi ：Fiji，Tonga，and Western Samoa（Cambridge ：Cambridge University Press，1996 ）. p. 45）。

③ 参见斐济历史（Ronald A. Derrick，A history of Fiji（Suva：Government Printer ，1946））。

到的是这个决定随后所带来的后果，那就是大多数印度契约工继续留在了斐济，在这里永久定居、生儿育女，他们的出生地和家庭都是在斐济而不是在印度。

印度人移民至斐济是从1879年开始的，在整个20世纪中，这两个群体之间的紧张关系阻碍了自治的发展。[①] 在1945年，殖民政府颁布了《斐济事务条例》，这一条例再次强化了土著斐济人在土地所有权和风俗事务方面的特殊地位。这样，斐济的首位英国统治者的最初目标得以完整的保留。实际上，斐济的种族政治所持续围绕着的整个问题和殖民政府原先定下的为土著斐济人提供了宪法上的卓越地位政策之间的紧张局势有关，也和与当代民主规范和惯例相关的平等主义的重要性有关。

（二）宪法框架和政治发展

斐济的独立很和平的实现了，但是并不是没有冲突。在伦敦，包括英国人、斐济代表和印度—斐济政党在内的人之间发生了一场持久而艰难的协商。直到大家在新宪法的条款上达成一致，斐济才被允许实现其独立。[②] 在这里，最基本的问题很明显，那就是该建立一个怎样的制度，从而使得两个在人口数量上不相上下的种族能够和谐的生活在一起。解决方案运用了传统和民主两种视角。

1）1970年宪法

斐济的1970年独立宪法强调了当地土著人口的特殊地位。文件从一开始就很明确的表示统治权是在斐济族人手里而不是其他任何种族："尽管在1874年10月10日，萨空鲍让斐济高长、最高统治酋长以及其他大酋长向维多利亚女王表示了忠诚"，并且，最终和英国代表签订了"割让契约"。罗图马岛（位于斐济的领土主权内）上不同但又具可比性的土著民族

---

① 参见印度斐济人的起源（Briji Lal，Girmityas：The Origins of the Fiji Indians（Canberra：Journal of Pacific History，1983））；斐济印度人：对欧洲统治的挑战（K. L. Gillion，The Fiji Indians：Challenge to European Domination 1920—1946（Melbourne：Oxford University Press，1977））。

② 1970年伦敦会议报告，摘自斐济制宪会议报告（Report of the Fiji Constitutional Conference（Suva：Legislative Council of Fiji，1970））。

的“酋长们”也签订了一份相似的“罗图马割让契约”。[①] 这次宪法接着做出了更广泛的承诺来实现民主、平等和团结。

尽管不同民族和宗教的许多人来自不同的国家并且都在如此领土割据的戒律和原则下对和平与繁荣充满了渴望,尽管斐济的所有民族都曾经承认对官方的忠诚……尽管这些民族在一个共同的纽带下已经非常团结……现在,因此,斐济人更加坚定了他们对她最优秀最威严的伊丽莎白二世以及她的继承人和接替者的忠诚,同时,他们也更加坚定了对上帝的敬畏、对所有人都被授予了基于法律并由法律保障的基本人权与自由的不可动摇的信念。

斐济人民团结在一条共同纽带下的程度在制宪会议前和制宪会议上得到了测试,然而,这也已经成了斐济政治上最持久也最麻烦的问题。[②] 并不奇怪的是,尽管斐济宪法再次声称它对恢复主权控制拥有不可剥夺的权利和特权,但是并不能够解决一般规范与土著人在领土和政治机构上占首要地位这一观念之间的紧张关系。英国人留下的不仅仅是高楼大厦、体育运动、政治传统,还有英语语言。那些曾被引进来从事甘蔗种植的印度人的后代们能够简单的被遣送回到那个没有认识人的印度吗?对于那些对印度斐济人的存在和经济成功充满愤恨的斐济族人来说,这是一个斐济“问题”,但也是由于英国人的行为所引起的一个问题:印度工人的引进毕竟没有经

---

① 所有有关斐济独立宪法的引用均出于斐济宪法(“The Constitution of Fiji,” in Pacific Constitutions: Independent States of Melanesia and Micronesia (Suva: Institute of Pacific Studies and Port Vila: Pacifi Law Unit,1983),pp. 1 – 83)。

② 有大量关于斐济种族分歧所带来的政治后果的著作。参见,例如,斐济:

一个岛国的种族和政治(Michael C. Howard,Fiji: Race and Politics in an Island State(Vancouver: University of British Columbia Press,1991));斐济岛在20 世纪的历史(Brij Lal,Broken Waves: A History of the Fiji Islands in the Twentieth Centutry (Honolulu: Universty of Hawaii Press,1992));南太平洋地区的种族、阶级和叛乱(Alexlander Mamak and Ahmed Ali,Race,Class and Rebellion in the South Pacific (Sydney: Goerge Allen and Unwin,1979));种族冲突的调解:斐济案例的比较意义(Robert Norton,” The Mediation of Ethnic Confilct: Comparative Impolications o f the Fiji Case,” Journal of Commonwealth and Comparative Politics,Vol. 19,No. 3 (November 1981),pp. 309 – 328);远离种族政治:斐济 1992 年历史(William Sutherland,Beyond the politics Of Race: An Alternative History of Fiji to 1992 (Canberra: Australian National University,1992))。

过斐济人的同意。伴随着英国人的离开和印度族人口的继续存在,不可避免的会出现困难、指责和挫折。如此分歧的殖民遗产所导致的结果是设计了一个复杂的宪制架构从而来使一个种族不受另一个种族的雄心的控制。

通过1970年宪法中"个人的基本权利与自由"这一冗长的章节所提供的一系列详细的保障,印度族人口在一个由斐济族人统治的政府中得到了保护。与此同时,英国人和斐济的政治精英也都推测斐济族人也需要保护,从而以免使自己受到更加自信、更有经济竞争力的印度族社会的伤害,结果,斐济族人被给予了广泛的、根据种族定义的宪法优势。

斐济宪法明确表示了对歧视性——一个意味着"对不同的人不同对待……完全或主要按照种族、出生地、政治观点、肤色或者宗教进行描述"的术语——法律和行政安排的反感。尽管如此,一系列的政策领域还是免除了基于反歧视的法律挑战。政府开支和基于民族准则的"任何特权和优势"的授予也在这些政策领域中。

2)政党、选举和政变独立后的斐济从1970年起就由联合党在其首领拉图爵士卡米塞塞·马拉(Ratu Sir Kamisese Mara)的领导下来治理,卡米塞塞·马拉延续了很多殖民政府时期的政策和观点。1974年,一个斐济族的议会成员,萨克西. 布塔德罗卡(Sakeasi Butadroka)被驱逐出了政党,因为他主张宪法改革,从而给予土著斐济人大部分政府活动的控制权。1975年11月,布塔德罗卡在议会之前提出了一项关于呼吁所有具有印度血统的斐济人都回到印度的动议。他的提议被驳回了,但是他的政策成为了斐济一个新的政治力量诞生的基础,即斐济民族主义政党。

1977年的选举见证了斐济民族主义政党(FNP)(其政纲是"让斐济成为斐济族人的斐济")获得了所有斐济人选票的25%的份额。布塔德罗卡是选出的议会成员中唯一的民族主义政党党员,但是他所在政党的选票份额以及印度族人对联合党支持率的降低(从1972年的24%到16%)导致了执政党只得到了24个议会席位。民族联盟党(NFP),一个印度族人政党,得到了稍微多一点,即26个席位。由于还没有为它自己的成功做好准备,民族联盟党失去了执政的机会,于是总督邀请马拉(Mara)来组建一个少数民族政府。[1] 新的一轮选举展开了，在这些选举中，1977 年的第二次选举——斐济民族主义政党只获得了斐济族人 15% 的投票，他们给了联合党 36 个席位，给了民族联盟党（因为领导地位的竞争而被削弱）仅仅 15 个席位。[2]

1981 年，当另一个斐济政党西部联合阵线（WUF）成立时，斐济的民族进一步分化了。1982 年的选举见证了联合党赢取 28 个席位（占投票总数的 52%）的时刻。民族联盟党（NFP）和西部联合阵线（WUF）这两个在野党赢取了 24 个席位（民族联盟党（NFP）是 22 个，西部联合阵线（WUF）是 2 个）。布塔德罗卡领导的民族主义政党（FNP）没有获得任何席位。然而，伴随着民族之间的界限，投票也极快的两极分化了。不到 1% 的斐济族人为印度族人领导的民族联盟党（NFP）投票，并且只有 16% 的印度族人口为联合党投票，其只是表面上致力于多民族政治。[3]

当斐济工党在 1985 年成立时，斐济政局变得进一步复杂了。这个政党致力于无种族偏见的政治，他们把经济和阶层问题置于民族和种族分歧之上。斐济工党主要吸引年轻一点的城市斐济族人，他们生活在远离乡村传统领导权的城镇里。1987 年，斐济工党有能力进一步分化斐济民族的投票，他们与民族联盟党一起否定了联合党的再选举胜利。[4] 一个斐济工党和民族联盟党的联盟政府开始了短暂的执政，直到 1987 年 5 月被一支由斐济军官西蒂韦尼·兰布卡（Sitiveni Rabuka）领导的军队力量所推翻，这支军

① 参见斐济 1977 年普选（Ahmed Ali, "The Fiji General Election of 1977," Journal of Pacific History, Vol. 12, No. 4（1977）, pp. 189 - 201）；斐济宪法危机中的总督（David J. Murray, "The Governor - General in Fiji's Constitutional Crisis," Politics, Vol. 13, No. 2（November 1978）, pp. 230 - - 238）。

② 斐济选举：1977 年 12 月平衡的恢复（Ralph R. Premdas, "Elections in Fiji: Restoration of the Balance in September 1977," Journal of Pacific History, Vol. 14, No. 4（1979）, pp. 194 - 207）。

③ 参见 1982 年斐济普选：从未有过的浪潮（Brij Lal, "The Fiji General Election of 1982: The Tidal Wave That Never Came," Journal of Pacific History, Vol. 18, No. 2（1983. 4）, pp. 134 - 157）。

④ 参见 1987 年斐济普选（Victor Lal. "The Fiji General Election of 1987," Electoral Studies, Vol. 6, No. 3（1987. 12）, pp. 249 - 262。

队进入国会并且捕捉了政府国会议员。[①]

虽然关于斐济政变有很多种解释，[②]但是很明显的就可以看出斐济的种族问题是主要因素。政变在斐济人中赢得了支持，而这些人深受斐济可能会被由印族斐济人、斐济西部的斐济族人和平民斐济人组成的政府内阁来统治的干扰。在民选政府被罢免后，斐济总督佩纳伊雅－贾尼拉乌(Penaia Ganilau)酋长成立了一个由16人组成的宪法审查委员会，来听取斐济宪法审查意见。根据他们的设想，斐济政体权力分散的问题可以通过改变现有“游戏规则”来解决。由来自联合党和联盟政府的成员组成的过渡国会的成立证明了多党派协商制度行之有效。然而在9月25日，就当总督宣布国会成立的演讲之前，兰布卡再次筹划了一起军事政变，并再次宣称“维护五月政变后的制度”、“保护国家下一代免受民族暴乱之苦”。三天后，兰布卡宣布废除1970年制定的宪法，随即颁布一则《斐济废除宪法条令》，但是随后大法官蒂默奇－图伊瓦家(Timoci Tuivaga)酋长否认此法令的有效性。之后，兰布卡发表声明，废除总督由自己取代女王成为国家元首，新的条令一直实行直到新的宪法颁布。在10月7日的广播演讲中，兰布卡正式宣布斐济共和国的成立。10月28日，兰布卡任命新一届最高法院法官，取代在二次政变中被废除的法官，而大法官一职空缺。

12月，国内法律条令恢复有效，前任总督贾尼拉乌酋长被任命为第一任总统，马拉酋长为临时总理。1988年9月颁布宪法草案，成立民族委员会来听取公众意见以及提出建议。总理马拉的意见是短期内尽量不要出现

① 兰布卡关于政变的演讲出自兰布卡：别无他法：他自己的斐济政变故事(Eddie Dean, Stan Ritova, Rabuka: No Other Way: His Own Stoty of the Fijian Coup(Sydeny Doubleday, 1988)。同时参见斐济1987年军事政变：区域意义(Roderic Alley, “The 1987 Military Coups in Fiji: The Ragional Impolications,” Contemporary Pacific, vol, 2, No. 1 (Spring 1990))；斐济：天堂的政变——种族、政治和军事介入(Vitor Lal, Fiji: Coups in Paradise—Race, Policitics and Military Intervention (London: Zed Books, 1990))。

② 要想得到更全面的分析，参见肤色，阶级和习俗：1987年斐济政变(Rory Ewins, Colour, Class and Custom: TheLiterature of the 1987 Fiji Coup (Canberra: Australian National University, 1992))；也可参见政变和宪法：斐济的政局描述(John Overton, “Coups and Constitutions: Drawing a Political Geography of Fiji,” New Zealand Geographer, Vol. 48, No. 2(October 1992), pp. 50－58)。

宪法变更,但是1989年10月,宪法草案审查委员会通过了政府批准的宪法。但是这份文件并不能赢得各个少数民族的赞同。印度机构代表团所开的一次会议中,抨击这个草案为"压迫的工具和极度不公平的法律"。尽管如此,随着新宪法的颁布,1990年7月25日,新的君主立宪制斐济共和国诞生了。

3)1990年宪法

如何将民主的概念、多元化社会的需求、斐济土著人的特殊权益这三个基本元素融合在一起是一项严峻的挑战。在1990年宪法中,斐济最高法的权力来源不是人民,而是大酋长委员会、斐济传统的保护者以及对斐济大陆和水域统治权的集体继承者。[①] 在其他方面,斐济的1990年宪法代表了与之前存在的政策的断裂,但是这种断裂比假定的要少。跟以前一样,1990年宪法也致力于使斐济免除种族差异和竞争所带来的后果。它有自己的本意,目标是为了保留传统的土著斐济人至高无上的领导地位。所有其他的价值体系和实践——包括与民主法律规则、人人平等相关的事情——都是次要的。

和兰布卡废除的1970年宪法一样,1990年宪法开始了斐济被割让给维克多利亚女王的历史。有人说:"斐济人强烈希望能有一部保证他们的信仰、权利和自由的新宪法,并且承认他们很希望这部法律能取代1970年宪法,只有这样人们的愿望才会向前推进,抱负和目标才会实现,他们也会因此把这部法律奉为"神圣"。[②] 然而,1990年宪法并没有完全放弃用民主实践来调解斐济族人的首要地位的想法:"他们重新证实斐济是个很民主化的社会,斐济人尽其所能在其民族生活中扮演着各自的角色,并且养成了

---

① 参见斐济主权民主共和国宪法,摘自世界宪法(Albert P . Blaustein and Gisbert H. Flanz, eds. ,Constitutions of the World (Dobbs Ferry,N. Y. :Oceana Publications,1990))。

② 所有引用同上。就1990年宪法的不同方面而言,参见斐济:种族歧视的问题和新宪法的不平等(Ralph R. Premdas,Jeffery S. Steeves," Fiji:Problems of Ethnic Discrimination and Inequality in the New Contitutional Order," Round Table,No. 318(1991. 4)pp. 155—170);斐济宪法:复杂历史的产物(Ratu Sir Kamisese Mara,"Fiji's Constitution: Pruduct of a Complex History," Parliamentarian,Vol. 72, No. 4 (October 1991),pp. 272 -277)。

互相之间的关心和尊重法律的习惯。”此外，对宗教包容的让步，对于宗教分歧的斐济来说很重要。因此，当这部宪法坚持“肯定和尊重”基督教“在土著斐济人的生活及它所作出的持续性贡献”中的作用时，其他宗教团体也有权利去实践他们自己的宗教这一观念也被接受了。对宗教多元化（针对印度教徒和穆斯林的印度斐济公民与居民）进行补充以及为了保持土著斐济人的政治力量而使斐济政策制定者的任务复杂化，以上这两者都对宗教权利和多元化的社会责任负有密切相关（在某些方式上是竞争性的）的责任与义务。

尽管一部分支持政变的斐济精英人物希望在建立斐济族和印度族共享和谐的同时，要牢固确立斐济族的地位，但是1990年宪法还是确认把大酋长委员会作为斐济主要的政治权力和权威来源。经过确认，这是一个既不对无种族偏见的斐济族人负责也不代表他们的团体。它的特殊权力和权威把一个多民族议会民主制转变成了一个截然不同的政体。

1990年宪法应当在正式公布的七年内和随后的每十年通过审查。然而，1992年的第一届选举结果出乎政变发动者和宪法制定者的意料之外。再一次地，斐济社会分裂了，并且即使在新的选举制度提供的额外优势之下，经由选票产生的力量仍然不能得到完全保证。为了成为总理，兰布卡和已经倒台的斐济工党达成了一致意见，并且为了赢得他们的支持他同意了将会对宪法进行审查。① 1994年的时候，一个宪法审查委员会建立了，收到了来自大量组织、政党和族群的建议。② 接着一个三人组织（由前任新西兰政府总监、一个斐济族人、一个印度族人组成）被授权收集更多的关于1990年宪法的意见。这个委员会在1996年时发表了一份报告，而这份报告受到了议会选举委员会（由总理兰布卡主持）的关注。因此，斐济的宪法改革有

① 参见兰布卡总督和斐济1992年选举（Ralph R. Premdas，"General Rabuka and the Fiji Elections of 1992，" Asian Survey，Vol. 33，No. 10（October 1993），pp. 997 – 1009）。

② 参见关于斐济宪法审查的结论报告（Report on Consultation on Fiji's Constitution Review（Suva：International Alert，and School of Social and Economic Deveiopment of the University of the South Pacific，1994））。

望很快实现，因为斐济已经在努力调解土著斐济人至高无上的思想与人们对社会正义、平等价值观的期待之间的关系了。

4）议会协议

保护土著斐济人法规的工具之一是国家的选举系统。两院制立法机关在1970年宪法的规定下完全基于民族问题而成立的。通过复杂的选举系统，选出了由52人组成的众议院代表。分别有斐济人、印度人和那些既不是斐济也不是印度人的选举名册。除此之外，所有的选民的名字都会被写在"国家"名单上。众议院中的22名代表来自斐济族人的选举名册。其中12名代表是由斐济人选出来的，其余10名由国家名册上的选民选举出来的。相似地，众议院中22个代表是从印族人名单上选出来的，其中，12个是由印度族人自己选出来的，剩余的10个则是来自国家的所有选民。数字上和政治上的平衡是由8个国会议员主持的，他们既不是斐济人也不是印度人，其中3人是从他们自己的选民名单上选出来的而其他5人则是从国家名单的选民中选出来的。这样一来，这个国家的议会政府体制——尽管肯定无歧视待遇和公众团结——就在独立时断定了持久的种族分化了。英国人和斐济族人十分希望非印度族居民——欧洲人和亚洲人——在谈论到政治和议会政府的时候，都能和斐济族人站在一起。印度族人对它们自己的种族也是这样希望的，因为那个原因，他们赞成"一人一票"的多数制选举体制，在这种体制下，他们才能考虑最终赢得选举并且组建一个政府的可能性。

任何一方都没有失望，在欧洲选民给斐济族人提供选举和议会支持的情况下，一系列的选举见证了斐济人和印度人政党的彼此反对。根据之前的记录，这种情况在1977年就结束了，这是因为一个斐济民族主义政党在其纲领下领导了一场公开反对印族人的运动。这个政党反对当前的斐济人掌握政治而印度在经济和职业方面占支配地位的现状。分裂的斐济几乎终止了斐济族人对政治的控制能力，然而过去的选举剥夺了印度人组成政府的机会，所以印度人在政治上的抱负直到1987年的选举才得以实现。1987年，斐济的分裂使选举权落入了多种族的斐济工党的手中。一个由斐济人和印度人组成的政府开始执政,尽管很短暂。

这个政府的倒台代表着民族融合政策在斐济的失败。政变后的领导致力于对一套新的选举和议会规则的阐释,这一做法和独立宪法的目标一样:保障多民族的斐济统治权是在一个至少表面上致力于民主价值和程序的政治体制中。

斐济独立宪法同样为成立又一个具有立法权的议会做好了准备,即参议院,参议院和众议院一样,也是基于种族标准来确定的代表。参议院的22个成员,其中有8个是由总督根据大酋长委员会的建议任命的,其中的1个是根据罗图马理事会任命的,另外的7个是"根据总理的建议"获得政府的任命。因此至少有9个参议院成员是由斐济传统领导层所提名的,传统领导层不是种族中立的一类人,因为大酋长委员会和罗图马理事会的成员过去和现在都是完全的土生土长的斐济人。此外,如果众议院的选举制度按设想中的运行的话,即政府是由以斐济人无总理的众议院产生并且对其负责,那么参议院22个席位中的16个将会长久地在斐济人的控制之下。

1990年宪法保留了两院制和各自共有的选举名册,然而,在一次为了保证印度族人占支配地位的政府在后来的选举中不能获胜的努力中,议会格局发生了变化。从此以后,众议院的37个成员将会从斐济选民名册上选取,27位国会议员成员将会在印度选民的名单中选出,一个成员来自罗图马,另外5个来自剩下的名册。按照《斐济事务条例》中所规定的各省的边界,在37名斐济代表中,32个代表被划给14个选区,剩下的5个留给5个城市选区。剩下国会议员选民由选区边界委员会决定。这些条约的效果就是加强传统斐济族的地位,减弱城市斐济族选民的选举权利,因为城市选民很可能不按照主要的约束去投票。

参议院的组成也根据1990年宪法进行了修改。从此以后此组织成员中将会有24个"由总统根据大酋长委员会建议任命"的斐济人,1个"由总统根据罗图马岛议会的建议任命"的罗图马人,9个成员"由总统根据他自己的对其他团体的判断来任命,只要总统在任命成员时能考虑到少数民族团体的特殊利益,这是一次宪法上的实践,旨在确立主体斐济人的统治地位和政治体系。

1996年的委员会报告中，并没有废除斐济以种族为基础的政治体系。但是，报告提议改革众议院和参议院中的席位分配方法。改革后的众议院依然保留70个席位，但是它的分配方法已经变化。斐济人和其他太平洋岛居民共占12个席位，印地斐济人有10个席位，罗图马人1个席位，其他种族2个席位。剩下的45个席位可以从任何种族中的任何人中，用每15个候选人中选出3个议员的办法选举产生。这个新的议会制度如果被通过和执行的话，斐济人或者印度人将最有可能获得众议院最多的席位，然后组织新的政府。

同样，委员会关于参议院的提案将会削弱斐济族的政治优势。参议院将会有28个省选参议员、1个罗图马参议员和6个总统提名的参议员。这些提案和改革都是由委员会提出的。这一切都是为了打破斐济人在国家政治体系的优势地位。例如，斐济独立宪法对政府职位没有种族的限制。最令这些提案策划者沮丧的是，一个印度裔很可能当选总理。1990年的宪法对总理职位有种族的要求。当时规定“总统经过考虑认为，应当在众议员中选出一个最有能力能够帮助他获得众议院支持的斐济人任命为总理”。1996年的宪法改革提案中废除了这项条款，任何一名众议员都有可能成为总理。

相似的改革，虽然更多的是形式上的，出于对总统职位的着想，给了政府权力更多的限制。斐济共和国的建立已经使原来的政府首脑被冷落。正如以往女王在内阁的提议下任命总督那样，大酋长委员会任命每5年换届的总统和总司令。这项规定保证了大酋长委员会对总统和总司令的选举有绝对的控制。总司令领导下的斐济武装几乎清一色的都是斐济族人。这就保证了超越政治和党派的分歧后，象征国家形象的政府首脑一直都是斐济人。[1] 1996年的报告，依旧会保持斐济的共和政体，只是建议总统由大酋长

① 参见斐济的领导（R. R. Nayacakalou, Leadership in Fiji（Melbourn：Oxford University Press, 1975））。

委员会提名。为防万一,提名候选人也需要经过众议院和参议院的双重选举。虽然报告要求总统必须是斐济人,但是同时也要求副总统(现在是总统提名)是经过两院选举的非斐济人。然而,当总统职位空缺时,副总统(非斐济人)不能升任为总统。

(三)土地、海关和语言

对斐济领土的考虑,从殖民时代到现在,一直是影响斐济政策连续性的一大因素。例如,夏威夷和新西兰本土的国土、语言和文化的不断沦丧给斐济的政策制定者上了一堂课的同时,也带来了一种警告。殖民政府保护斐济人的土地免于欧洲殖民者、印度人等的蚕食。斐济独立,然而,议会的全部主权被某项立法的通过必须得到多数人的同意所限制。这种同意本质上在过程上给"不是印度籍人掌权的政府应该被支持"的做法设置了障碍。一些关于斐济土地的法案给予斐济土地一些特殊的保护。这些法案包括《斐济事务条例》、《斐济发展基金法》、《原住民土地法》、《原住民土地信托法》、《罗图马法》、《罗图马土地法》、《农业业主与租客法》、《巴纳巴土地法和巴纳巴居住法》。在所有情况下,任何法案要修改它的任何一项条款都必须得到不少于所有众议员总数的3/4的投票支持。但是,如果有任何影响斐济人的土地、风俗或者海关权力的条款,他们的人数也不足以修改那些保护斐济人土地所有权、事实上的独占权的法律。在这种情况下,法律事实上是不会被修订的,除非修订这些代表斐济大酋长委员会利益的立法规定"在最终的投票中被大家支持…….被不少于6个参议员支持"。这些保护措施通过1900年宪法得到进一步加强。另外,斐济的监察员明显地不去调查任何对大酋长委员会的投诉抱怨,也不去调查那些掌控斐济土地的各种实体。这些实体包括原住民土地委员会、原住民渔业委员会、原住民土地信托局、罗马图岛和巴纳巴岛议会。

1990年宪法也限制了议会的权利。众议院和参议院无法驳回种族传统,因为它们与之无关。议会应该特别照顾斐济人民的风俗、传统、惯例和抱负。至于斐济的司法制度,某种程度上是被迫继承了英国殖民者原有的制度。法庭把斐济人的风俗习惯也当作司法制度的一部分。斐济像太平洋上其他地区一样，也有依据本地人的风俗习惯和传统价值观形成的自己的“不成文法”。这些“不成文法”对斐济人尤其重要。面临着外国投资者和印度裔的种植园主以及企业，斐济人担心他们没有能力保有他们的土地。斐济人要求法庭认识到国家土地委员会的提议和决定必须考虑斐济的风俗、传统或者法规的存在以及应用。斐济人民关于分区和四分区的领导权的分歧是否拥有传统的权利去占有和使用原住民土地，需要法庭最终决定，一旦决定就不许改变。

斐济1990年宪法也致力于加强保守派领导的实力，这也是斐济农村中实力派的长期奋斗目标。宪法中为“斐济法庭”所设计了“此司法权和权力对议会负责”条款。斐济本地人的村庄是按照传统方式管理的。在这种模式下，大酋长委员会的首领们尤其要加强他们的权力。宪法条款中违反“禁止奴隶制和高强度劳动”条款的行为，钻了“征召劳工必须是为正常的公共事业或者是公民为了履行自己的义务”这一条款的法律空隙。这一行为被认为是试图在斐济传统势力内加强自主权的信号。

斐济人的言论自由的权利也是为传统的价值观而服务的。因此，当宪法的制定是“为了斐济人民制度和价值观的荣誉、尊严，特别是大酋长委员会、斐济的传统制度，政体的尊严和荣誉，斐济其他种族的价值观，而这些中最重要的就是斐济的传统制度”时，立法部门削减公民“思想与信息”的交流权利的行为就有可能是合法的。同理，当议会认为“为了提高和保护斐济的经济、社会、教育、文化和传统，为了斐济人和罗图马族的其他利益”，有必要剥夺个人的其他基本权利和自由时，他们也会这么做的。

在斐济，保护个人语言权利的呼声越来越少了。1990年宪法规定，英语将作为议会的官方语言。但是同时它也保留了两院成员说斐济语或者印度语的权利。尽管这项规定尊重本土斐济语言，但这只是对印度籍代表的一项重要让步罢了。其外，少数民族立法者也发现在保证自身以本土语言发表演讲的权利方面困难重重。

（四）公民权利与种族

在斐济，公民权利是从种族方面定义的，因而，考虑到分别的公共选民手册的存在，公民权利指投票的权利。在国家独立之后，一旦一个人的父亲或者更早的男性祖先的父母均是或者曾经是斐济和美拉尼西亚、密克罗尼西亚、波利尼西亚群岛任何一岛的本土居民，这个人就会被认为是斐济公民。以此类推，一旦一个人的父亲或者更早的男性祖先的父母均是或者曾经是印度次大陆的本土居民，这个人就会被认为是印度公民。在任一情况下，如果一个人的父亲的身份难以确定，那么就会从母系追查。

这些定义也在 1990 年宪法中得以使用。① 1996 年宪法报告提议公民和种族权利应当建立在无性别歧视的框架内：公民权利应当被赋予给其父母任何一人是斐济公民的人，还应当赋予给与斐济公民结婚的人。在不同的种族选民册上登记也是一种选择：一名潜在的选民很可能会在与其父母有种族联系的选民册上登记。

到底什么决定一个人是斐济人的问题仍然是种族冲突的中心问题。政治术语和政策容纳不同种族对公民权的多元要求的能力之间有着重要的联系。值得注意的是，在斐济，并没有一个标准的中立的术语代表斐济公民。斐济人并不代表斐济的公民。而是，它表示一名岛上本土居民。总理兰布卡扩展这个术语的含义以包含印度裔斐济公民的努力激起了一些种族团体的激烈反抗。直到“斐济人”这个词在不论种族或民族的背景下可以声称是对所有斐济人是同样的，在那之前，该国的种族管理问题仍将是潜在的，即使在最好的时代。

二、巴布亚新几内亚

巴布亚新几内亚远远大于任何其他太平洋岛国，以至于很难把它当作一座“岛屿”。它使所有其他岛国在面积、人口、资源和民族的多样性方面都显得相形见绌。如果族裔社区可以被理解为拥有独特的语言、习俗和记忆特征，这些特征给予其成员一种团结意识，并促使他们区分自己与其他

---

① 至于公民入籍的资历，1990 年宪法补充如下：“任何人不得有资格申请授予入籍证书。除非他能满足首相所说的他已经融入斐济人民的生活方式。”

人,那么巴布亚新几内亚在其边界内可能有1000多种这样的族群。[①]巴布亚新几内亚也经历了严重的种族暴力——在这一地区有唯一的持续进行的分裂主义者的叛乱活动——甚至在它努力去建设性地处理民族异质性的现实时。它用宪政的办法来解决不同种族潜在的分裂主义倾向,然而并不总是能带来理想的结果。

(一)殖民遗产和国家建设的挑战

巴布亚新几内亚占有新几内亚岛的东部一半以及新几内亚北部的其他一些岛屿(包括布干维尔、新不列颠和新爱尔兰)。这块领地通过一系列殖民遭遇形成一个单一的政治实体 。在1884年,新几内亚岛的东南领土(即巴布亚)被英国所霸占,而新几内亚的北部由德国控制。新几内亚的控制权被澳大利亚于1914年取得,并在第一次世界大战后处于澳洲的控制下。日本在二次世界大战期间占领了巴布亚和新几内亚 。战争结束后,为了行政管理的目的这两个实体合并,新几内亚被联合国列为托管领土。

澳大利亚最初几乎没有为巴布亚新几内亚的自治作任何准备。直到20世纪60年代,殖民地决策和政府当局都是被澳大利亚人和英国公民所垄断。许多村庄很少与殖民地政府接触,澳大利亚在这方面的工作表现被联合国批评。这导致了几个宪法倡议。众议院大会成立于1964年,从64个成员中选出来的44个议员是本土选民。该国的第一个政党成立于1967年,一个民族独派党,它上台后,1972年在迈克尔. 索马雷(Michael Somare)的领导下掌权,索马雷建立了巴布亚新几内亚的第一个本土政府,并1975年实现和平独立。

索马雷清楚地了解在巴布亚新几内的人民之间建立一个国家的问题以及国家近海岸群岛的问题:“在新几内亚,我们没有共同的敌人,人民也没

① 巴布亚新几内亚布亚新几内亚的文化与民主(Tony Deklin,"Culture and Domocracy in Papua New Guinea: Marit Tru or Giaman Marit?"),摘自南太平洋地区的文化与民主(Ron Crocombe et al., eds. ,Culture and Democracy in the South Pacific (Suva: Institute of Pacific Studies,1992),p. 36)。迪克林写道,巴布亚新几内亚是一个许多文化的土地,“我们在该国采取语言数目作为一个粗略标准,也有1000多个文化……国家被目前宽容的文化差异和分享共同文化价值观所凝聚……文化是土著的和民主是进口的。”

有作为伟大国家一部分的感觉……诺噶纳人对自己的部落更有兴趣。[①] 巴布亚新几内亚的政治和管理精英已经反复重申了他们对国家团结至关重要的责任。政策清楚地把对早期新几内亚高地和巴布亚的分裂主义运动的回应和布干维尔岛的叛乱连接起来。这一叛乱自从1988年12月起就已经开始严重化。虽然可能有讨论下放和行政自主权的空间,但巴布亚新几内亚的民族团结却是无商量余地的。

(二)宪法和国家原则

在巴布亚新几内亚宪法的一开始就强调了对国家团结的重大责任,这个篇幅长而详细的文件构成了该国的第一部"国家计划"。巴布亚新几内亚人民联合成一个民族。[②] 与此同时,宪法暗示了民族多样性的现实和巴布亚新几内亚越来越虚伪的特质之间潜在的紧张关系。因此,巴布亚新几内亚的合法性,最终落在了本土种族价值观和个体的多样性上:"我们崇敬我们的祖先——那是我们的力量之源,我们继承到的混合血统之源,承认那些一代代传下来的我们祖先有价值的习俗和传统智慧;我们发誓保卫并将现有的对灵魂的传统洗礼——基督信仰传承给后代。"为了使国家宪法合法化,国家种族多样性的特点在其他语言里也会被承认:"根据我们从祖先那里继承下来的自由和独立,我们(全体人民),现在要建立这个主权国家。"[③]

独立往往由"国家目标和指导原则"的责任相伴随,在这些责任中包括建立一个单一国家,在这个国家中所有族裔群体的权利和特权将得到同等尊重。同时,也有责任建立一个"巴布亚新几内亚方式",这是对传统惯例和前景之间关系的肯定。

"我们宣布我们的目标是要实现发展,主要是通过使用巴布亚新几内亚

① 巴布亚新几内亚关于多元化部落的政治组织问题(Michael Somare,"Problems of Political Organisation of Diversified Tribes in Papua New Guinea,"),摘自米罗尼西亚的政治(M,Ward,ed.,The Politics of Melanesia (Port Moresby: Universtiy of Papua New Guinea,1970),p.470)。

② 所有关于巴布亚新几内亚宪法的引用均出自巴布亚新几内亚独立国宪法("The Constitution of the Independent State of Papua New Guinea," in Pacific Constitutions: Independent States of Melanesia and Micronesia,pp.85-223)。

③ 参见同上,重点补充。

形式的社会政治和经济组织。因此我们呼吁从根本上重新定位我们的态度和政府机构、商业、教育和宗教对巴布亚新几内亚的参与形式，协商并达成共识，并不断更新这些机构对人们需要和态度的反应。”

人们认为“我国的文化、经济和民族的多样性是一股强大的力量”。因此，应呼吁人们尊重和赞赏包括语言在内的传统生活方式和文化，以促进其丰富性和多样性。

因此，巴布亚新几内亚的宪法框架拒绝一个国家的建立应围绕土著民族和文化的大熔炉这一观念。民族连续性和多样性的责任对发展战略具有重要的影响，因为它不可能保存族裔社区，除非他们能获得进一步的支持。宪法认识到有必要保持巴布亚新几内亚公民在国家的偏远地区和农村地区的权利。为了维护民族传统，传统的村庄和社区必须继续作为巴布亚新几内亚社会有望成功的单元，并且必须采取积极的步骤措施来提高他们的文化、社会、经济和种族质量。这个观点与推进大规模的城镇化，乡村发展需要进步性的限制人口数量的观念形成鲜明的对比，这将彻底改变居民生活模式，建立一种新的与传统种族观念不同的关系。然而，来自不同地方的种族已经开始移民，尤其是首都莫尔兹比港，他们从一个地方到另一个地方生活和工作，但并不总是幸福的结果。而后果是种族冲突、社会混乱、暴力，这表明了乡村发展的责任应被设计为将巴布亚新几内亚分散在各处的人们连接在一起。

(三)布干维尔纷乱

布干维尔叛乱代表了对巴布亚新几内亚的民族团结最严重的挑战。① 从一开始布干维尔就抵制成为巴布亚新几内亚的一部分。它已于1899年被纳入德属新几内亚,英德竞争的后果是它从所罗门群岛脱离了出来。布干维尔旨在巴布亚新几内亚1975年独立时就想分裂出去,但在面对巴布亚新几内亚(和澳大利亚)的反对以及政府的各种让步(其中包括在布干维尔建立一个省级政府)时,分裂出去的运动动摇了。这些努力在将布干维尔人民转变成为公民时起了一点作用,其主要的忠诚是面向更广泛的国家,但他们在种族上有别于其他大部分巴布亚新几内亚人这一点似乎是不可否认的。

其与巴布亚新几内亚的其他部分没有明显的传统联系。而事实上,可以很容易地从他们同胞的肤色中把他们区别开来。大部分的巴布亚新几内亚人口都是深棕色的肤色(布干维尔人轻蔑地称其为"红色皮肤"),这些布干维尔人,包括其弱小邻国的布卡,是接近黑色的肤色,在整个巴布亚新几内亚用"布卡"来指代黑色。②

约瑟夫. 卡布伊(Joseph Kabui)代表布干维尔的分裂主义者发言,十分强调在民族基础上的叛乱:布干维尔人认为布干维尔是与巴布亚新几内亚

---

① 在布干维尔事件上有有很多著作,参见在南太平洋的合法性、主权和政权更替:斐济政变和布干维尔叛乱之间的比较(Peter Larmour, Legitimacy , Sovereignty and Regime Change in the South Pacific: Comparisons Between the Fiji Coups and the Bougainville Rebellion (Canberra: Australian National University, 1992));布干维尔的分裂(Hugh Laracy ,"Bougaincille Secessionism,"Journal de la Societe des Oceanistes, Vols. 92 - 93(1991), pp. 53 - 59);国际冲突的种族民族主义维度:布干维尔分裂案例(Stephanie Lawson,"Ethno - nationalist Dimensions of Internal Conflict: The Case of Bougainville Secessionism,"),摘自亚太地区的和平与安全:冷战后的问题和前景(Kevin Clements. ed. ,Peace and Security in the Asia Pacific Region: Post - Cold War Problems and Prospects(Tokyo: United Nations University, 1993));布干维尔危机(Ronald J. May and Matthew Spriggs, eds. ,The Bougainville Crisis(Bathurst, New South Wales: Crawford House ,1990));布干维尔危机的文化背景(Eugene Ogan," The Cultural Background to the Bougainville Crisis,"Journal de la Societe des Oceanistes, Vols. 92 - 93(1991), pp. 61 - 67));发展的残局:布干维尔的三年危机(Terence Wesley - Smith," A Legacy of Development: Three Years of Crisis in Bougainville' Contemporary Pacific, Vol. 4 No. 2(Fall1992))。

② 布干维尔分裂主义(Laracy,"Boufainville Secessionism," p. 53)。

完全不同的。自远古以来，在地理、文化上，布干维尔就是一个独立存在的地方。①

在民族差异觉醒的背景下，由于潘古纳铜矿开采所带来的破坏而引发了叛乱，这一叛乱在更大的国家实体内被迫参与，首先是殖民管理，然后是巴布亚新几内亚大陆的条约。矿井已经对当地的环境产生了破坏性影响，摧毁了村庄和污染了河流系统，在当地居民、地主和移民工人种族之间也存在紧张关系。煤矿工人通常讲不同的语言，来自非常不同的文化，他们比当地人民赚取高得多的收入。② 布干维尔岛那些持悲观想法的也抱怨说那些来自矿产的收入应大家分享，因为对于补偿的要求在1988—1996年之间稳步地提高，最终转变为要求那些矿井完全关闭，而这些矿井曾经占了巴布亚-新几内亚很大部分的出口额和政府收入。

最终，布干维尔革命军的要求让谈判几乎没有发挥任何作用。叛军认为，祖先的土地为种族延续、身份和自豪提供了基础："土地是婚姻，土地是历史，土地就是一切。如果我们的土地被破坏了，我们的生命也就结束了。"③在土地上挖矿，就相当于威胁族群生存。面对这种情绪，政府在离布干维尔相当遥远的莫尔斯比港，曾多次寻求谈判解决，但都受到挫折。愤怒的政府曾多次选择了军事手段来解决冲突。通过搜索摧毁任务、海上封锁和武装冲突（涉及侵入所罗门群岛领土），一些行动已取得有限的成功，但即使是这方面的努力在很大程度也是暂时的。同时，巴布亚新几内亚的军队也遭受了严重的人员伤亡。由于封锁（不提供政府服务，包括医疗用品）

---

① 引自政治的民族因素（Joseph Kabui,"The Ethinic Factor in Politics," Pacific Viewpoint, Vol. 31, No. 2 (October 1990), p. 6）。

② 南太平洋资源发展的地方政治（C. O' Faircheallaigh,"The Local Politics of Resource Development in the South Pacific."），摘自太平洋群岛的资源、发展和政治（R. Mary and S. Henningham, eds., Resources, Development and Politics in the Pacific Islands (Bathurst: Crawford House. 1992), p, 274），同时参见红与黑：布干维尔人对其他巴布亚新几内亚人的看法（Jill Nash and Eugene Ogan," The Red and the Black: Bougainvilleans' Perceptions of Other Papua New Guineans," Pacific Studies, Vol. 13, No2 (March1990)）。

③ 引自巴布亚新几内亚的布干维尔危机（R. J. May,"Papua New Guinea' s Bougainville Crisis," Pacific Review, Vol. 3, No. 2 (1900), p. 174）。

和军事行动的后果（平民伤亡，难民和实行宵禁限制）带来的苦难，想要在心理和思想上战胜布干维尔人民的努力失败了。通过种族摩擦，这变得更加复杂了，因为巴布亚新几内亚军队的成员被看作是“外人”。

布干维尔人民本身是不能轻易被视为“一个种族”。该岛屿由数个不同的族群组成，其中有纳斯奥、布卡、巴罗尼 、斯瓦伊 。一位分析家指出：布干维尔居民绝不会在传统上承认自己是所罗门群岛岛民甚至是布干维尔人 。人们的视野，很少能超出他们生活的当前区域。① 在许多方面作为近期和人工的，“布干维尔人身份”的发展成为了一种灌输更广泛的巴布亚新几内亚身份的努力。布干维尔叛乱表明，关于民族团结的主张可能难以通过保护和促进个别民族传统价值的努力来协调，尤其是在仇恨加深和高金融风险复杂的情况下。在这些条件下，任何一方都认为不能妥协。

（四）族群政治和政策

迄今为止，布干维尔的叛乱并没有鼓起其他族群在巴布亚新几内亚奋起反抗政府。相反，在布干维尔岛多年的大屠杀——彼此残忍对待、广泛宣传的暴行、布干维尔人承受的巨大痛苦——无法鼓励其他团体跟随此行动。

除布干维尔叛乱外，巴布亚新几内亚经历了令人惊讶的极小的民族分裂主义。巴布亚新几内亚政府已施行了一些明确的“种族”政策，这表明全国“实验”已比较成功。如果说“族群政治”在巴布亚新几内亚的政治议程中不够突出——布干维尔除外——那么，这个证据则表明，巴布亚新几内亚在建立一个多种族的政体上已取得了一些成功。但是这个评价必须是有条件的：巴布亚新几内亚自 1975 年以来才独立，几乎不到一代人的时间，自决权运动的发展可能需要更多的时间、更大程度的政治化和对政治选择及可能性更深刻的认识。此外，在多民族的视角下，很难将巴布亚新几内亚国内民族政策的缺失看作是一种不合格的成功。在许多方面，巴布亚新几内亚都在失败：其经济正在崩溃（部分是因为由于布干维尔而失去了采矿收

① 布干维尔的非传统史前时期：地区性、民族性还是微型国家（Matthew Spriggs，" Alternative Prehistories for Bougainville：Regional, National or Micronational，" Contemporary Pacific, Vol. 4, No. 2（Fall 1992））。

益);法律和秩序正在恶化;政府越来越不重要,几乎不能扩展其在莫尔斯比港的权力,更别说再遥远一点的岛屿,比如布干维尔。因此,在推进民族多样性和促进种族和谐方面政策的缺失或许可以被合理的视为巴布亚新几内亚国家无能的证据以及一个缺乏资源、凝聚力和领导力的政府的证据。

虽然巴布亚新几内亚政府几乎没有一些明确的民族政策,但是巴布亚新几内亚政治制度的各方面都具有重要的民族含意。这些制度包括保证该国所有地区在议会中都有最低代表权的选举制度。巴布亚新几内亚自独立以来每五年举行一次政府选举,迄今为止已经有过几次政府间的更替。①

也许巴布亚新几内亚选举的主要特点是政党的流动性。许多国会议员代表各自所属的部门,并且选举后的发展涉及很多效忠的变化,因此流动联盟的安排并不罕见。国会的环境是这样,因此政治上的民族观点也只是限制在一小部分精英身上。地方附属是很强烈的,众多的候选人当选为议会议员以及选举中的高人事变动率表明,国会议员更像是从自己的村庄、宗族或种族群体到莫尔斯比港的“大使”,而非一个国家立法体系中的法律制定者。因此,议会和选举的安排反映了地方和社区联系的首要地位,而这与真正一体化的国家意识形态和观点相对立。

巴布亚新几内亚的省级政府曾经经历过争议。省级政府服从中央政府,中央政府保留(和使用)了广泛的权力以使省级政府与各种各样的行政缺陷相分离。这些权力已在事实上被用来表达对巴布亚新几内亚的省政府性质与效率的频繁其较多的不满情绪,使得政府总理朱利. 陈(Julius Chan)在1995年(经议会批准)对整个系统做出重大调整。民选政府随后在整个巴布亚新几内亚被推翻,由莫尔斯比港任命的行政部门成立了。几个省份威胁要退出——这导致了来自政府的反威胁行动——但没有发起分

① 参见巴布亚新几内亚的选举政治:关于1977年国家选举的研究(David Hegarty, ed.., Electoral Politics in Papua New Guinea: Studies on the 1977 National Elections(Port Moresby: University of Papua New Guinea Press, 1983));潘古党重掌政权:巴布亚新几内亚的1982年选举(Peter King, ed., Pangu Returns to Power: The 1982 Eections in Papua New Guinea(Canberra: Australian National University, 1989));巴布亚新几内亚的1987年选举(Michael Oliver, ed.., Eleksin: The 1987 Election in Papua New Guinea(Port Moresby: University of Papua New Guinea, 1989))。

裂主义运动。

在省级以下，还存在着一个在权力和权威上服从于莫尔斯港中央政府的地方政府体系。地方和省级机构的存在表明的地方附属在巴布亚新几内亚的重要性。然而，那些正式的制度是和传统安排同时存在的，这在事实上允许了族群自治。由于中央政府并不理会，所以这些族群努力去保持他们的文化和传统，更重要的是他们的土地。①

（五）土地、语言、公民权和传统

尽管人们广泛地致力于习俗和传统的价值，尤其是对祖先土地的附属，但是土地权利没有写入巴布亚新几内亚的宪法里。宪法中对致力于经济独立和国家主权的陈述更多的是反对新殖民主义和外国投资资本的危险的声明而不是对土地政策的支持声明。

不过，土地方面的不满和环境问题在政治上变得突出和争论起来。如上所述，矿产开采带来的巨大环境破坏是骚乱的源头。② 布干维尔岛长期的暴动从一开始就使岛内的人们感觉他们已经失去了对土地和河流，甚至岛屿未来的控制权。在巴布亚新几内亚的每一处，对于土地的权利被认定是天生固有的，土地是不可被剥夺的。一个明显的观点是反对外国公司大规模的开采资源即使是经过巴布亚新几内亚政府批准的。

紧接着土地——民生的保证和身份的基础——对一个族群语言的保护是最重要的目标。然而，在巴布亚新几内亚有比其他国家都要多的语言，超过1000种。尽管皮金语最初是这个国家的混合语言，但是已经成为国家语言，从而允许了许多族群的相互交流。宪法提出了许多关于语言问题的参考。它建议在接受公民身份的申请时需要考虑一些事项，这些事项中就包

① 参见巴布亚新几内亚的中央地方政府关系（Ronald J. May, National – Provincial Government Relations in Papua Nea Guinea（Canberra: Australian National University ,1982））；巴布亚新几内亚的微型国家主义运动（Ronald J. May, ed. , Micronationalist in Papua New Guinea（Canberra: Australian National University, 1982））。

② 参见政治过程：巴布亚新几内亚的矿业主、国家和土地所有者（Terece Wesley – Smith ,"The Politics of Access: Mining Companies, t he State, and Land Owners in Papua New Guinea," Politics Science, Vol. 42. No. 2（December 1990）pp. 1 – 19）。

括申请人对图科皮斯语或一种国家方言的了解。此外,宪法里的另一个国家目标是使所有公民在使用图科皮斯语、英语或者其他当地语言方面都是自由的。

巴布亚新几内亚的宪法没有在具体的民族标准上定义公民的含义。然而,在邻国美拉尼西亚,种族关系在宪法上说的很明确,它为那些出生在巴布亚新几内亚独立前的人提供公民身份,只要他的祖父母是出生在巴布亚新几内亚或者相毗邻的地区即可,这些相毗邻的地区是指所罗门群岛、托雷斯海峡岛屿或者印度尼西亚共和国省即伊里安查亚。本土人的敏感是显而易见的,在考虑是否给予入籍资格时,还要考虑一点,即申请人必须"尊重国家的习俗和文化。"

种族分歧不仅在村庄和部落政府中存在,也在有关领导权的期望上存在。在这方面,巴布亚新几内亚的许多族群中,每一个都保留着自己的传统领导权。一般来说,传统的"主要范式"仍然很重要,通常在受西方影响的立法和行政背景下为人们提供行为准则。① 在国家和省级层面,没有具体的种族标准与任何政府职位相联系。值得注意的是巴布亚新几内亚的政府首脑是混合血统,不像其他在英国规则下而独立的岛国,那些岛国的元首是女王。一位官员认为,女王仅仅是一种象征,是宪法要求的一个有良好声誉的成熟的人,且得到了社会的普遍尊重。

几乎没有人挑战这样的观点,即巴布亚新几内亚的人民和团体有保存和表达他们独特文化的持续权利。巴布亚新几内亚的宪法承认民族风俗并且宣称:"风俗是被接纳的,并且应作为现行法律的一部分被应用与执行。"巴布亚新几内亚的政府用任何方式反对习俗的行动几乎都是不可能的,尽管风俗惯例和人权、法律之间存在冲突。在一些特定的行为上,政府做了一些限制,比如伐木业、矿业、旅游甚至一些人类学领域的研究,为的是保护文化免遭外部的侵蚀和破坏。

① 参见巴布亚新几内亚的主要模式(Richard Scaglion," Chiefly Models in Papua New Guinea," contemporary Pacific, Vol. 8, No. 1(Spring 1996), pp. 1 –32)。

另外,尤其从1970年开始,政府开始研究政策以改进本土的文化。例如,一个国家文化委员会建立了起来,从而为地方文化团体提供津贴。政府也支持本国团体在太平洋地区的艺术展览、庆祝以及娱乐活动。尽管在将本土文化用于旅游目的这方面还存在争论,但巴布亚新几内亚人已经发现了他们的传统被各种西方公司做了广告。对于族群承受外部——无论是西方调查人员还是商业团体——开发能力的担忧,对巴布亚新几内亚来说并不奇怪,但是它已经成为了一个敏感的话题。

三、瓦努阿图

以美拉尼西亚人口为主的瓦努阿图(之前是海布里底群岛)在十九世纪迎来了英国和法国的商人和传教士。从1906年到1980年,这个岛屿由英、法共同治理。1957年,英法两国成立了一个咨询委员会,由四名英国人、四名法国人、四名由英法共同指定任命的本土人组成。1964年,演变成半数成员由当地委员会选举产生,直到十年后建立起一个众议院。在1975、1977和1979年的选举中伴随着民族敌对和冲突,委员会最终瓦解。

因此,瓦努阿图其民族和政治的复杂性要归功于历史的多偶然性。这是一个多岛屿的国家,各民族的公民都享有公民权利和拥有国家地位。它是这个地区(实际也是世界上)唯一一个要同时反抗两个殖民者的国家。其国民没有被询问是否同意英法的共同统治,甚至也没有被集合起来组成一个独立的政治实体。因此,瓦努阿图是这样的一个国家:存在两个非本土的统治力量,而且留给瓦努阿图人的是两份在语言、宗教、法律、教育背景和政党忠诚度上相互分离的遗产。

瓦努阿库党在1979年的选举中获胜并保证"坚持为了和平而奋斗直到将英法两国赶出我们的土地。"[①]瓦努阿图直到在1980年,当时的首席大臣沃尔特·利尼(Walter Lini)引入巴布亚新几内亚的武装力量,将分裂分子

① 引自瓦努阿图选举法(James Jupp,"Elections in Vanuatu," Politics Science, Vol. 35, No. 1(July 1983), pp, 1–15)。

的叛乱活动镇压后才取得独立。叛乱当时主要集中在北部桑托岛,也牵涉到其他岛(包括坦纳岛、马莱库拉岛、奥巴岛)。尽管瓦努阿图的宪法寻求对说法语岛民和传统首长地位的保护,但其试图建立一个由民族团体组成的分离政权维摩瑞娜(Vemerana),使人们对宪法所保护的价值感到不确定,并且对让说英语的美拉尼西亚人代替英法人统治的前景感到忧虑。

如上所述,瓦努阿图主权的获得经历了反抗英法殖民者的斗争,而法国不愿交出控制权。因为这在瓦努阿图的邻居,新卡里杜尼亚和法属波利尼西亚来说都是个先例。在瓦努阿图,独立是由一个英语政党实现的,其首领是圣公会神父,沃尔特. 利尼(Walter Lini)。他在价值观和政治立场上都是反法的。至此,瓦努阿图独立和统一的目标成为一个宗教理想而非基于民族精神的国家抱负。

反殖民主义的经验被视作一种有价值的遗产在宪法中得以表述:“我们瓦努阿图人民,为我们争取自由的努力而自豪,决定保卫这奋斗的成果。”①同巴布亚新几内亚和斐济一样,瓦努阿图最基本的法律也明确承认岛上民族语言和文化的差异性。同时,宪法宣布要建立一个所有团体都各得其所的统一国家。因此,统一的价值被确定下来:“基于我们共同的理想,自由和统一的瓦努阿图共和国坚持传统美拉尼西亚人的价值观,信仰上帝和基督的信条。”

在瓦努阿图没有像斐济那样复杂的选举系统,瓦努阿图是一院制议会,其成员由普选选出。瓦努阿图的选举系统的设计旨在适应民族多样性和努力代表不同的政治团体和观点。特别的是,选举系统还被设计成保证有足够的国会委员代表众多岛上不同的民族团体。瓦努阿图的部长委员会(也就是内阁)成员是有限的,因此,国会的建构必须同时具有民族多样性和国家代表性。

瓦努阿图的议会对国家最重要的政治职位:总理、内阁大臣、议会发言

① 所有关于瓦努阿图宪法的引用来自瓦尔图宪法(" The Constitution of Vanuatu," in Pacific Constitutions: Independent States of Micronrsia, pp,305 - 325)。

人或普通议员，并没有设民族的标准。但有个鲜明的民族的身份能使首脑更受尊敬。总统的主要职能是“代表统一的国家”。为了反映这个国家为独立所作的斗争，瓦努阿图的宪法制定者决定外国人不能代表其国家。因此，瓦努阿图的首脑既不能是外国人也不能是海外居民；这就阻止了英国君王成为瓦努阿图的政府首脑。并且首脑也不能是祖先为欧洲人的本国公民。宪法规定任何土生土长的瓦努阿图本地公民都有资格竞选成为共和国的总统。

瓦努阿图政府的领导在说英语的首相和说法语的首相中转换。沃尔特·利尼（Walert Lini）被多纳德·卡普卡斯（Donald Kalpokas）接任，其又在1991年选举中失败。接着是讲法语的党派取得胜利，让马克西姆·卡洛特·科尔曼（Maxime Carlot Korman）就职。说英语的党派存在内部分歧和政治攻击使得法语党派在1995年又取得了胜利。外国领导的变化和国内政策的暗示，使法国和瓦努阿图的关系有升温的可能，但在沃尔特·利尼（Walert Lini）政府时被冻结。

在瓦努阿图，正式的政治体制建立在传统的领导系统——强大的乡村党领导的基础上。在宪法中某种程度上被认为是国家首脑委员会由习俗上的领导所组成。委员会有权对讨论有关习俗和传统的所有事情并对本土文化和语言的保护和发展提意见。宪法也规定委员会“可以在国会发布任何议案前，针对任何问题，尤其是传统和习俗方面发表看法。”这一规定使得一些传统领导人抱怨他们没有在议会是否合适做某些事的问题上征求意见。瓦努阿图司法系统的构建原则也是遵循使村庄和岛屿的法院是基于习俗和其他俗务之上，并规定在法院里要有一个明确的领导人。

在宪法中处处显示本土价值的重要性。例如宪法规定，每个人都有最基本的义务，在其中就有保护瓦努阿图和保卫国家财富，资源和环境的内容。甚至有一整章关于如何处理土地的规定，最重要的是，明确了共和国所有的土地属于本土人和他们的后代。并且，所有权和使用权必须符合当地习俗的规定，即用适当的传统习俗和程序来解决有关土地权的纷争。在一个本土公民和非本土公民或非公民之间的土地交易是可以的，但必须经过政府的同意。要得到政府的授权,就不能损害本土所有者和土地所在地区的利益。政府也授权那些从人口拥挤岛屿来的非本土人像本土人购买土地所有权,同样政府会优先考虑民族、语言、习俗和地理因素。

如上所述,语言的不同对英语用语和法语用语的两个团体来说都是值得关心的问题。规定比斯拉马为官方用语,瓦努阿图的宪法试图使其成为跨越民族的统一力量。然而,宪法也提供了其他几个官方语言—— 比斯拉马、英语和法语,并规定英语和法语为教育用语。这是对民族现实的妥协,但同时也是一项在未来几年维持政府制度继续因民族语言而分离的政策。语言的多样性和教育一样是新闻媒体报道的政府政策内容。瓦努阿图的报纸和媒体是几种语言通用的。如果哪个报纸试图只用英语发布,政府会给其施加压力使其放弃这个想法。

大多数瓦努阿图的居民都能比较流利的使用这几种语言,居民都根据自己的习俗和文化群体来决定使用哪种语言交流 。另外,其他在瓦努阿图城镇和首都活动的商业企业中的亚洲国家移民也使用其他语言。在宪法中瓦努阿图语言的多样性被进一步的认识和保护,“作为国家遗产的一部分,共和国将保护所有不同的当地语言”。

像其他太平洋地区一样,在瓦努阿图公民的权利和义务也与民族认同有很大的关系。在独立的时候,其父母或祖父母是瓦努阿图本土人并且不是其他国籍的自动成为瓦努阿图的公民。其他本土的民族居民有国外公民身份的也有机会成为瓦努阿图的公民。

和其邻居巴布亚新几内亚一样,瓦努阿图也曾面临和克服了独立时期分裂分子的叛乱。但和巴布亚新几内亚不同的是,尽管基于语言,宗教,居民和政治联盟的民族分歧继续存在,但瓦努阿图没有之后继续的叛乱活动。在瓦努阿图,议会议程中民族政策的缺失显示出部分政治精英不愿在那些看上去并不能给国家带来威胁的事情上投入重要资源。

四、密克罗尼西亚联邦国家

在殖民条约的影响下,组成密克罗尼西亚的整个岛群都被划归为一类。

几个世纪以来,密克罗尼西亚的本土文化一直在同延续的殖民统治者抗争,以求得生存。从十七世纪晚期起,西班牙就得到了加罗林群岛(The Caroline Islands)(密克罗尼西亚的一部分)的名义控制权,之后德国从西班牙手中购买了这些岛屿的控制权,但又在1914年将这些岛屿败给日本。二战时,美国军队经过激烈的战争最终占领了这块区域。

密克罗尼西亚联邦国家是受美国治理的太平洋岛屿托管地(简称TT-PI)中的四个实体之一。这一托管制度是1947年联合国制定的。1959年区域议会成立,之后于1964年成立了密克罗尼西亚的两院制议会。从1969年起,密克罗尼西亚国会领导人就与美国国务院代表进行了冗长的谈判,但最终谈判以不欢而散而终止。① 在二十世纪七十年代中期,美国与那些想要成立北马里亚纳群岛联邦(the Commonwealth of the Northern Mariana chain)(北关岛(Guam),即在马里亚纳链最南端的岛屿)的代表们达成了单独的协议。随着北马里亚纳群岛从托管区(TTPI)分离出来,这个岛群的行政中心就从塞班(Saipan)(在北马里亚纳群岛)迁到波纳佩(Ponape)(后来也叫"波恩佩"(Pohnpei),这里还是用传统叫法)。随后马绍尔群岛(The Marshall Islands)与帕劳(Palau)也从太平洋托管领土协定中退出,失去了这三个资源最丰富、西方人口最多的地方(即马绍尔群岛、北马里亚纳群岛、帕劳)的岛屿联盟。最终,美国与马绍尔群岛、帕劳以及密克罗尼西亚联邦签署了文件(即我们所熟知的《自由联系条约》)。

1982年美国与密克罗尼西亚联邦签署的协议在1983年6月21日的全民公决中得以通过。之后,促成密克罗尼西亚联邦国家成立的四个州的宪法也在1983年到1984年得以通过。1986年,1月14日,美国议会通过了这样的决议:条约从1986年11月3日起生效。而在这一时间,美国总统里根向联合国宣布对该地的托管权正式终止。在1990年12月,联合国安全

① 参见密克罗尼西亚宪政:一项关于美国统一的研究(Seew RogerW Gale,The Amerticanizaition of Micronesia:A Study of the Consolidation of US,rule in the Pacific (Washington,DC,:American University Press 1979));美国在密克罗尼西亚的托管统治的终结(Termination of the U. S. Truteeship in Micronesia,Journal lf Pacific History ,Vol. 21,No. 3(July 1986),pp127 -128)。

理事会通过了关于终止密克罗尼西亚联邦作为美国托管区地位的决议。

密克罗尼西亚联邦是太平洋地区唯一的联邦国家。从其国家的名字以及政治体制都能看出它深受美国影响[①]。尽管其被称为"美国在太平洋地区的翻版"的最初说法已渐渐褪色,这由四个州组成的密克罗尼西亚联邦国家(四个州即雅浦州、特鲁克州、波纳佩州、科斯雷州)仍然显露出典型的美国性观点及设计理念,希望成立有限政府去平衡这样一种冲突:忠诚与成立一个更强大的国家实体的理念的冲突。处理民族关系问题既是是对密克罗尼西亚联邦国家的一场考验,也是对这个国家领导精英在践行美国式的"多元化融合"战略观的能力的一种评估。

(一)联邦宪法

密克罗尼西亚联邦的宪法写到的"我们密克罗尼西亚民族",表明了这个新兴国家是一个具有民族多样性特点的国家。"通过这部宪法,我们庄严宣誓:在共同意愿的基础上我们和平友好和谐相处,保护过去的遗产,保卫未来的承诺。为了使众多岛屿结成一个国家实体,我们尊重文化的多样性,差异性是我们的财富。海水将我们紧紧团结在一起,而不是将我们分离。我们的岛屿养育着我们,我们的国家让我们变得更加强大。"[②]

毫无疑问,这些岛屿和民族的凄惨的历史贯穿于整个密克罗尼西亚联邦国家中,并且相对而言,这个国家在区域内以及世界事务中影响力较小。密克罗尼西亚联邦国家的宪法作了如下总结:"我们的祖先,在这片岛屿上缔造了我们的家园,他们的地位无人能取代。今天的我们,从来没有如此渴望过拥有像以前一样的家园。战争的存在,我们渴求得到和平;领土被分离,我们期望能统一;被奴役过,我们极力寻求自由。"新国家的目标很明确:"当人们驾上木筏和独木舟开始海洋探险之旅时,密克罗尼西亚就已经

① 引自密克罗尼西亚联邦宪法(See Norman Meller, Contitutionalism in Micronesia(Laie, Hawaii: Insittute for Polynesian Studies, 1985))。

② 所有关于密克罗尼西亚宪法和它的四个州的宪法的引用均来自独立和特权宪法(Albert P. Blaustein and Phyllis M. Blaustein, eds., Constitutions of Dependencies and Special Sovereignties (Dobbs Ferry, N. Y.: Ocean Publications, 1996))。

存在。在人们开始仰头观星指引航海的时代，密克罗尼西亚国家就已诞生。我们的世界是岛屿，我们期望与所有国家一起，共同从彼此中寻找：存在于人类天性中的和平、友谊、合作与爱。根据这部宪法，曾一直处于别国托管监护下的我们，将自豪的成为保卫我们岛屿的监护人和守卫者，直到永远。”

如上所述，密克罗尼西亚的诞生是一个漫长而艰难的过程。事实上，这个国家现在的状态十分符合“胎死腹中”的描述。这可以从它艰辛的历史看出来——与美国相似的是，它的国旗用星星代表每一个州；而不同于美国旗帜的是，在密克罗尼西亚联邦旗帜上的星星数量多年来一直在减少。——在维护国家团结方面，它十分重视那些长期分离的民族的统一问题的做法一点都不足为奇。该国宪法中的“一般条文”也包含“国家及政府庄严的使命是在宪法制定的基础上提升国家统一的价值。”

（二）州宪法

密克罗尼西亚联邦的四个州的宪法，同样具有重要价值。其中最重要的就在于它们都说明了统一团结的必要性和对传统价值观的尊重和认同。例如：雅浦的宪法，强调了对和平与和谐的渴望，以及对邻里、环境的关注。它不仅认可了传统文化和村落的价值，也承认了现代科技与体制的重要性。雅浦，作为密克罗尼西亚联邦最古老的州，一直在试图将村庄生活中保留的传统价值与将要实施的前景规划二者在发展进程中产生的不可避免的后果和谐化。

密克罗尼西亚联邦中最不传统（也最小）的州是科斯雷州。它本身确立了一种不一样的民族认同理念。在一群有自己独特的文化和价值观的民族的带领下，科斯雷成功的从当时的太平洋岛屿托管地中的波纳佩地区中退离出来。在密克罗尼西亚联邦的四个州里，科斯雷也是民族成分最单一的一个州，它的宪法宣称：“作为一个民族，我们有自己的语言、有自己的传统，居住在一起，我们深爱这片土地。我们无人能代替。”这是以带有明显轻蔑性和违抗性意味的语言来宣布他们对其民族特性和享有独立政治身份权利的看法。

一种很强劲的传统领导理念始终萦绕游离在波纳佩州，并且该州明晰的宪法正是依附这种传统理念建立起来的。“无论是现在或是将来，我们将向卫兵一样的守卫我们的民族和岛屿；保护和捍卫人民不可剥夺的权利；保护和继承每一个岛屿的传统和遗产；保护和促进波纳佩州所有人民走上和谐友好繁荣之路。”波纳佩州认识到对多岛国家的多样性传统的保护是国家存在的首要理由，也是宪法合法性的真实基础。这种关于多样性的观点强调了积极的方面：“我们认可将多元的个体文化历史结合在一起产生的凝聚力；我们被同一片海域紧紧团结在一起；为了波纳佩州上的所有人民以及全世界人民的共同诉求，我们自由的表达对在一起和平友好的生活和工作的愿望。”楚克州（The Chuuk state）的宪法也宣布了其作者庄严的献词——“要遵从法律、风俗习惯以及传统，不管现在还是将来。”

每一个州都拥有大量的自治权。相反，驻地在波纳佩的联邦政府拥有的权力相对较弱。它所拥有的主权，大部分来源于它作为美国的“导管”的地位。该国的财政、技术大多都来源于原先与美国签订的《自由联系条约》的支持。外界对密克罗尼西亚联邦发出一些质疑：如果美国大幅度的削减对该国的支援，尤其是削减对密克罗尼西亚联邦国家制造品的供应，并且还对雅浦、特鲁克、波纳佩三个多岛屿的州进行本土文化、传统以及岛屿领地的控制，那么密克罗尼西亚联邦究竟能不能成为一个独立的国家实体？①然而，这也可能使人们的国家认同感增强，并且能使一些由团结统一带来的既得利益有所增加。

（三）政治制度

作为一个联邦共和国，密克罗尼西亚宪法也注意到不同层级政府的存在（国家政府、州政府、地区政府），以及在一定程度上对不同层级政府的权力分配。事实上，在这种联邦体制的特点下，密克罗尼西亚联邦一直试图在不损坏组成该联邦的各州的情况下，尽力维系国家统一。

---

① 参见密克罗尼西亚1990年宪法惯例中种族和公民权益（Glenn Petersen，Ethnicity and Interests at the 1990 Federated States of Micronesia Constitutional Convention（Canberra：Australian National University，1993））。

联邦立法权是由一院制国会授予的。而且该权利是根据两个不同代表性的原则分配的。密克罗尼西亚联邦还不够强大和富裕,它还没有建立两个立法内阁(legislative chamber)的能力。因此,民族和四个州的立法权都是由一个单室联邦国会来代表,这个国会成员大部分是按照公平原则从每一个州选出来的代表,还有部分成员是从国会选区中选出来的。那些以州代表的名义参加密克罗尼西亚联邦国会中州代表身份的议员任期是四年,其他的任期则是两年。在国会选区进行代表选举时,必须要囊括所有民族,而且还要在充分考虑到语言、文化以及地理差异的同时保障人们的平等权利。

为了适应国家内部的民族多样性,州的立法还必须迎合地区要求。例如,在雅浦州,有专门的"雅浦岛民选民区",而对雅浦州以外的其他岛的选民,又另外设有选区。在其他州也能找到类似的设置。例如,波纳佩的立法机构,有代表不同群体的实行"各地评判标准"的组织,并且该州还设有十一个代表不同地区政府的选区,一些选区是代表波纳佩州的地区政府,一些则是代表其他岛上的政府。

(四)土地、语言和公民权利及义务

密克罗尼西亚的各种法规保证了将那些稀有的岛屿领土免于外来势力的入侵控制。这些法令根据民族标准对土地的使用权和所有权进行区分。例如,在雅浦州,对于任何一方不是密克罗尼西亚联邦国家居民或不是其所有的公司组织所进行的土地使用交易有五十年期限的限制。另外,在土地所有权只能通过符合传统和习俗的方式获得。也有一些对宪法的指责,这些指责主要集中在传统力量与对待土地的态度的关系方面。因此,"国家注重传统权力、重视自然资源的所有权,重视国家的海洋属地以及据岛屿十二海里之内的领海属地。任何行动都无法撼动这些传统权利"。这种限制在密克罗尼西亚联邦其他方面也处处可见。例如,在波纳佩州,土地租赁期限不能长于25年,不是波纳佩州公民或是不是原住民的人也不能够购买波纳佩州的土地。

密克罗尼西亚联邦在鼓励学习和实用英语的同时也支持重视土著语言

的保护。雅浦宪法规定了州内本土语言及英语都是官方语言。科斯雷语是科斯雷州的官方语言,但在政府活动及日常商务活动中也使用英语。虽然存在由"英语使用更广泛"这样的言论造成的"不可克服的矛盾",但宪法中还声明了科斯雷语和英语地位平等。所有的法律都是用科斯雷语和英语颁布,同时,在处理冲突矛盾时,英语使用总是占上风。同样的,波纳佩州也规定了其官方语言既是英语也是波纳佩语;在楚克州,所有的法律和决议也都是同时使用楚克语和英语发布。

与斐济不同的是,密克罗尼西亚联邦的公民权利是建立在性别中立的基础上的。"其父母双方或是一方具有密克罗尼西亚联邦国籍的公民自出生起就成为密克罗尼西亚联邦公民并具有该国国籍。"事实上,密克罗尼西亚联邦的宪法在民族公正性的基础上吸收了"权利法案"的一些条款:"人人拥有法律平等的保护权,法律保护权不受性别、民族、世系、国家来源、语言、社会地位的不同而进行区别对待。"密克罗尼西亚联邦公民也被给予详细和重要的权利,如"在联邦国家境内有旅行、迁徙自由的权利",虽然对于那些想要参与到上述权利和在其他州取得永久居住权的移民来说,一些民族差异还是成难以被当地社会接受容纳的现象依然存在。关于公民权利的相似法律规定还可以在密克罗尼西亚联邦的各州宪法中找到。例如,在波纳佩州,仅当"该公民的父母任何一方在其出生时是本国公民时",这个公民才有在波纳佩州定居的权利。因此,太平洋岛群国家给自身及其公民的定位趋势实际表明了他们在有关移民、移入国家、公民地位及权利方面不主张使用民族中立政策。

(五)领导阶层、传统和风俗

与美国一样,密克罗尼西亚联邦国家的国家首脑和政府首脑是同一个人:总统。在密克罗尼西亚联邦,总统是由"国会绝大多数议员选举产生"的,任期四年。总统的可以连任,但连任不能超过两届。总统的资格限制很少:必须是密克罗尼西亚国会选举出的全任期议员,必须是密克罗尼西亚联邦公民,而且至少要在密克罗尼西亚联邦居住达15年。

1995年之前,在一个任期里,总统通常是从一个州轮换到下一个州。

因此,第一位总统,中村邦夫(Kuniwo Nakayama)是来自楚克州;第二任总统,约翰·哈格莱尔加姆(John Haglelgam),来自雅蒲州;之后的第三位总统贝利·奥尔特(Bailey Olter),则是来自波纳佩州。当1995年第四任总统选举开始时,选举的模式有所改变:贝利·奥尔特试图继续第二个任期的连任,而同时,其他州为了避免波纳佩州想从密克罗尼西亚联邦退出,同意了贝利·奥尔特的候选资格。

在密克罗尼西亚联邦国家的宪法中也有关领导阶层的民族规定。从楚克州选出的政府官员必须既是本国公民又得是土生土长的楚克州人。此外,通过识别该州内的民族差异情况,在楚克州的宪法中还详细规定了,如果选出的州长是一个特殊区域的原住民,那么副州长就必须是另一个地区的原住民。为实现民族平衡,雅蒲州也进行了类似的尝试。"如果州长是雅蒲州的原住民,那么副州长就应该是有其他州的公民来担任",反之亦然。科斯雷州直选出的州长必须是密克罗尼西亚联邦国家的公民,并且出生于科斯雷州。类似的,波纳佩州的直选出的行政首脑也必须是出生于波纳佩州。

关于对个人权利的笼统的宪法保护,主要是通过借鉴来自于其他文化箴言,再逐步建立起非西方的法律体系的。密克罗尼西亚联邦国家的宪法中对于独立个体的广泛保证主要集中在"传统权利"这一章节。这一章声明:"在宪法中没有什么能够剥夺经习俗和传统认定的领导的作用和权利,没有任何东西能阻止各层级政府重视、尊敬传统风尚的行为。"宪法中也提到要制定保护"民族传统"方面的法律法规。并且,如果它们像权利法案中说的那样"用暴力形式"进行改变,那么"对马里亚纳传统的保护而应该被看作是驱使社会走向合理的政府行为"。

密克罗尼西亚宪法也允许国会在必要时可以建立一个首长会议厅,这个首长会议厅主要是由各州的传统领袖,以及在那些没有这样的传统领袖的州中选出代表组成。另外,州宪法也将那些拥有传统领袖的州的领袖们设定为活跃,发挥作用的角色。这道命令也与语言一起处于不稳定的关系中,要求着密克罗尼西亚联邦的各州都能出台一部"民主宪法"。各州也被允许自行设置一个选出的国会议员席位留给那些法规规定的任期两年的传统领袖。风俗和传统的重要性也同样体现在密克罗尼西亚联邦国家的司法系统中。法庭不仅必须支持和维护国家宪法、由国会制定出的相应法律,还必须支持和维护那些由政府制定出的带有法律性质的条例规章。当然,法官也得考虑其他一些评判标准:"法院的判决必须和宪法保持高度一致,与密克罗尼西亚的习俗和传统保持一致,以及与密克罗尼西亚的社会及地理情况保持一致。"

类似的关于风俗、传统以及习惯方面的思维模式我们也可以在密克罗尼西亚联邦下的各个州中看到。波纳佩州中十一个地方政府中的每一个都有自己的宪法;这样的宪法"为传统领导者提供了功能性的角色"。在楚克州,有专门的传统领袖的特殊议会,这个议会主要是"由每个选区中被认可的传统领袖组成",成立的目的是"希望通过传统方式来确保"公民纠纷得到解决;"迫使每个地区、岛屿以及群岛都重视和践行传统风尚";并且"保留楚克州上所有的对公民生活仍具有特殊历史价值的传统、习俗及语言。"楚克州的宪法也详细指明,应通过构建一套法律体系来对楚克州的传统风尚给予适当的关注与重视,并且在这部宪法中还规定,不允许任何限制或是无视传统风尚的行为出现。楚克州的两个委员会也不希望仅仅只扮演一个象征性的角色。这两个委员会中的传统领袖都有权审核立法机关查阅过的各项议案,当考虑到"传统与风俗,或是传统习俗认可的领袖的角色和作用"时,有权否决议案。这些委员会应是判决此类议案的法官。被委员会否决的议案要进行修改然后再返回到他们手中,为他们以后的决策提供参考。只有被那些委员会审议通过的议案才能传递到选举出的州长手中供州长查阅。(然而,这个议案也有可能被进一步否决,但不同于前两个委员会的是,前两个委员会是被立法否决的。)

在波纳佩州,也有一些专门为"传统"做出的特殊宪法条款规定。在波纳佩宪法中,它声明:"要维护、尊重和保护传统王朝遗留下的传统风俗习惯。"因此,政府必须尊重和保护波纳佩的传统文化和风俗习惯,并且为达到目的,政府还制定法规。在法庭上这样的法规都是被允许的。基于传统和习俗的存在和实践证据,并且考虑到它的确立是为了保护目的的合理性,政府制定的以上法律都不能被驳回。另外,波纳佩政府的责任还包括保护资源、发展经济、改善教育、提供健康服务、保障公共安全,以及保护历史和文化。后者关于历史和文化的保护以及相应的管理占有重要地位。

科斯雷州的宪法也有关于保护个人权利的声明,但出于公有考虑,其总的一项进行了修改:独立个体享有宪法赋予的保护权利,除了"当个人利益与被法条保护的传统相冲突的时候,个人权利则不受到保护"。法庭做出的裁决不仅必须与宪法保持一致性,而且也要与"国家的传统风俗习惯以及国家的社会、地理情况保持一致。"

简言之,在密克罗尼西亚联邦国家,传统领导模式及本土风俗习惯都得到一系列宪法法规的保护。

(六)种族与政治:一些共同的主题

与太平洋上的其他国家一样,在这一章节中讨论的四个岛州现今政府治理的任务是用"现代"与"传统"的双重理念来共同治理国家。这些从外引进的先进理念与传统制度在一同发生着作用——这也使得人们学会依据不同的环境变化来扮演不同的角色。类似的合成体制也作用于司法领域。正如一个学者观察到的那样,"绝大多数的太平洋岛国现今都在不断发展现代的立法系统,在某种程度上,可以将这种发展看作是他们极力将本土风俗习惯元素融入到在殖民时期发展起来的西方风格的体系中。"①

正式宪法的议案也面领着诸多挑战。其中,民族多样性是由殖民者率先发展起来,而殖民者对他们离开产生的不良后果感到不安。一些这方面的工作相当具有施舍的意味。离开了那些引进优秀制度的殖民者,这些岛群上的民主制度究竟能不能发展起来?脱离了那些殖民者拟下的条款规章,这些太平洋岛群上的人能够记住如何操作这些制度,使政府运转起来么?

① 瓦努阿图习俗、多元化和现实主义(David Weisbrot," Custom ,Pluralism,and Realism in Vanuatu: Legal Development and the Role of Customary Law," Pacific Studies,Vol. 13 No1,pp65 -97)。

从二十世纪六十年代起，制定宪法的新“传统”在太平洋地区流传开来。在大多数情况下，只有当一部新的宪法诞生时，殖民力量才会从这片土地上真正离开。对于斐济、新几内亚、瓦努阿图以及密克罗尼西亚联邦等国家来说，一部综合了外国及本土的令人满意的宪法，是国家取得独立的先决条件。从此宪法在太平洋地区暂露头角，当人们将自己描述的带有政治意味时，宪法便以一种重要、甚至必要的姿态，出现在任何需要出现的地方。在斐济——一个长期被民族分裂困扰的国家——宪法既被看作起因也被视为结果。其宪法是民族冲突的根源，同时也是造成斐济人和印度斐济人之间争占权利上风的内因。另外，宪法也为政策制定以及处理各种侵犯民族完整性的案件提供基本架构（如土地、语言和公民关系），同时，宪法也被作为宣扬统一和民族特性的工具来为国家服务。①

在拥有细微平衡的民族界限的社会里，语言争端也是政治冲突的中心。通过教育体系和大众媒体的努力，在新几内亚（PNG）、斐济（Fiji）以及密克罗尼西亚联邦（the FSM）等国，英语已成为政府和商业用语。只有在瓦努阿图（Vanuatu），英语才不是一个万能的角色，在处理其社区纠纷时，不能用英语；在不同民族群体之间进行交流时，英语被作为一架沟通桥梁为人们所接受。（仅是指讲英语的人，不信仰天主教的人口）。相对于其他语族的人（讲法语的，以及信仰天主教的人口），讲英语的人要居于主导地位。因国家领导人作出了具有共同的国家认同的承诺，瓦努阿图的独立的教育体系受到严峻挑战。这四个国家共同做出这样的决定：即在保护本土文化的同时，制定加深几国文化交流的语言政策。

在语言纠纷问题方面，政党所发挥综合作用效果不是那么明显。与宪政主义不同的是，一些人对政党执政的理念持怀疑态度。政党并不是一直

① 关于太平洋岛屿的宪法研究，包括太平洋岛国的法律、政治和政府（Yash H. Ghai, ed., Law, Politics and Government in the Pacific Island States（Suva, Fiji: Institute of Pacific Study, University of the South Pacific, 1998）；太平洋宪法（Peter Sack, ed., Pacific Constitutions（Canberra: Auatralian National University, 1982））。另外，太平洋视角的特殊问题（an antire special issue of Pacific Perspective, Vol. 13, No(n, d)）亦对本主题有所贡献。

都扮演着增进国家凝聚力的角色。在民族分裂的社会环境中,政党行为时常成为各种冲突的催化剂。在殖民统治时代,太平洋地区的政党主要是呼吁和调动本地居民为反对外来势力的侵略,为自身自由而奋起反抗。政党们在与殖民管理斗争的同时,那些追求国家独立的政党行动也带动了民族意识的产生。

在已经独立的太平洋地区,政党为个人和群体在竞争政治权利方面提供机遇。斐济和瓦努阿图的政党则是通过民族标准进行不同政党的区分界定。因此,斐济有斐济党和印度斐济党之分,在瓦努阿图,主要是木鱼石英语的政党和法语是母语是法语的政党(每一个政党至少都与特殊的社区或教堂有关联)相互争夺执政权。有时,尤其是在斐济,政党必须要对多种族的观点付出代价——首先是联盟,其次是斐济工党——但是这种多民族发展的期望往往以失败告终或是导致大屠杀的发生。

在新几内亚,政党也在争取国家独立的过程中发挥着作用。正如先前提到的,迈克尔·索马雷(Michael Somare)带领的潘古党在大选中取得的胜利,直接促使国家更早的取得了独立。自独立之后,一些新几内亚的政党本身也渐渐带有民族性质。例如,代表巴布亚民族的政党,或是代表其他岛群民族(布干维尔、新英国、或是新爱尔兰)的政党——但是在一般情况下,新几内亚政党实力都有限,政党内部也不是很稳定。至于密克罗尼西亚联邦国家,没有一个政党能够把被海水隔开千里之外的四个州的选民们团结在一起。

大多数岛屿国家没有将明确的民族事务议事日程放在首要地位。这表明,在太平洋地区,民族政治很多时候是人们对社区持有的信念、风俗习惯和传统的积极态度的副产品,而不是处理不同民族之间的纷争。在这四个岛国——事实上也是在整个太平洋地区,原住民对文化、传统、领地、语言、和政治权利方面的关注越来越多,这一章节证实了西方处理民族问题的模式,与在太平洋地区文化方面的差异之间的融合存在问题。这种强调文化差异的方式可能更多的接近太平洋岛群人及他们政府的自我写照。[①]

学者们提出文化议题是国家认同与地区认同之间衔接过程中最突出的问题。[②] 在这种观点下，他们提出了带有民族真实性的政治文化观点——在新几内亚和瓦努阿图也叫做风俗习惯（kastom）—在民族运动、民族振兴中扮演重要角色。这种微观的民族主义情绪有时与泛太平洋观点有一致性。

因此，问题仍存在于大洋洲中那些不稳定状态的国家。"我们在大洋洲就已经探讨过，在一个日趋复杂社会环境中人们为了他们的文化、身份进行抗争的可能性。"[③]在这个区域，太平洋政策让我们看到本土文化力量的强大，这些政策将"文化和宗教"描述为"推动经济社会和政治不断向前发展的驱动力"。[④] 然而文化是把双刃剑。多民族的国家或是多岛屿的国家，尤其是那些要发展共同利益的国家，他们是否需要找到正确的组织形式，形成长久的国家认同，这仍有待观察。

---

① 参阅太平洋地区文化认同和种族研究（Jocelyn Linnekin and Lin Poyer, eds. , Cultural Identity and Ethnicity in the Pacific（Honolulu：University of Hawaii Press, 1990）, p, 5）。

② 参见太平洋的文化政治（Jocelyn Linnekin, "The Politics of Culture in the Pacifc, "），摘自太平洋地区的文化认定和种族（Linnekin and Poyer, Cultural Identity and Ethnicity in the Pacifc, pp149 - 173）。为了对这一观点有更深的认识，可以参阅风俗和土地方式：瓦努阿图和斐济的过去和现在（Margart Jolly, "Custom and the Way of the Land：Past and Present in Vanuatu and Fiji, " Oceania , Vol. 62, No 4（June 1992）pp. 330 - 354）；导论：太平洋地区的传统政治（Margaret Jolly and Nicholas Thomas, " Introducion：The Politics of Tradition in the Pacifc, " Oceania, Vol. 62, No. 4（June 1992）pp241 - 248）；太平洋地区文化建设的理论和政治视角（Jocelyn Linnekin, "On the Theory and Politcs of Cultural Construction in the Pacific, " Oceania, Vol. 62, No. 4（June 1992）, pp249 - 263）；真正身份—虚假色彩—政治中的失足（Deryck Scarr, "Authentic Identities - False Steps in Politics, " Journal of Pacifi History, Vol. 28, No. 2（December 1993）, pp. 204 - 232。

③ 参见文化范例、历史以及大洋洲的身份研究（Alan Howard, "Cultural Paradigms, History , and the Search for Identity in Oceania, "），摘自太平洋的文化认定和种族（Linnekin and Poyer , Cultural Identity and Ethnicity in the Pacific , pp. 259 - 279）。

④ 参见建立一个太平洋岛屿社区：南太平洋政策审查小组报告（Towards a Pacific Island Community：Report of the South Pacific Policy Review Group（Wellington：Government Printer, 1990））。

结论

当太平洋岛屿国家在六十年代和七十年代开始恢复其主权时，人们提出了一个太平洋方式的构思，最为引人注意的是由斐济总理拉图·马拉(Ratu Mara)提出的。[①] 关于建立一个有太平洋特色的想法更致力于共识和统一，似乎更有包容性且更合适，尤其是对那些"胜利者"和"失败者"有可能成为朋友、邻居和亲戚的小岛国，在这些小岛国社会中不管选举结果是什么，他们都必须要使工作和生活在一起。

"太平洋方式"现在提起的少了，而且考虑到斐济随后发生的事件，它似乎成了一个特殊的不幸的描述。减少其作为对太平洋岛国决策的说明性短语的使用总的说来是一件好事。太平洋已经产生了太多关于岛屿"天堂"的神话，并且关于一个几乎没有冲突的政治进程的想法似乎已经成了一个更令人着迷的幻影。如果一个真正一致的"太平洋方式"出现的话，它将无疑建立在同感社会与和谐价值观的扩展基础上，上述价值观存在于一些岛的文化中，尤其是那些不同民族的但又是本土新生的"新来的人"。

在任何情况下，太平洋岛国都不是以单一的方式来解决多民族产生的后果。在历史、政治结构、经济环境、人口及政治文化等方面的不同使得这些太平洋岛国无法采用一套完全一样的方法。因此至今为止，瓦努阿图似乎是在容纳民族分歧方面最成功的例子，曾经的抵抗独立也被压倒了。任何对巴布亚新几内亚主张多民族礼让的评价都必须承认中央政府在解决布干维尔岛人差异时的无能为力。密克罗尼西亚存在相反的情况，因为其成员既没有愿望也没有能力对三个群岛即北马里亚纳、马绍尔和帕劳提出宪法要求。至于斐济，它仍然保留着一个由种族不满观念所界定的政体。

容纳不同种族高度自治愿望和自我表达的一个办法就是提供尽可能多的机会让这类群体来自我治理。很多人都视联邦制为一种手段来包容人们

① 参见太平洋方式：一种新型身份(Ron Crocombe, The Pacific Way: An Emerging Identity (Suva: Lotu Pasifika, 1976))。

越来越强烈的保留或恢复小社会亲密关系的愿望以及通过更强大的联合来调动对公共资源的更好利用。但联邦安排进入时，既需要在维护合法的内部多样性的同时也整合了一个新政府组织，又需要为经济优势和安全建立起政府组织的联系。[①] 例如密克罗尼西亚，既不是一个建立起来的政体也不是一个能为其成员提供更大安全保障的联邦政体，很明显，密克罗尼西亚联邦也没有进一步的整合。在不久的将来，其各成员州可能会得出这样的结论，即通过他们各自的方式以及保留现有的风俗、传统和州宪法的政府形式，他们“合法的内部多样性”很容易得到提升。

政府的联邦形式一般都不稳定，表现在他们设计了一套妥协的制度从而在团结的需要与保持独立的愿望两者之间取得某种平衡。其他形式的多民族政治整合或许也是不稳定的。基里巴斯人和图瓦卢人的强制联合，分别是密克罗尼西亚人和波利尼西亚人，使得双方都不自然，于是呼吁数量更少的两个，甚至更少。仔细考虑了殖民后的未来，即让另一个外部种族(英国人)代替基里巴斯人来统治，于是图瓦卢人民选择分裂出去。[②] 对于那些人们在地理上就彼此分散(大多数是在不同的岛屿上)的联盟，分割出去似乎成了一个貌似真实的选择。对密克罗尼西亚来说没有长期的未来，它可能走吉尔伯特和埃利斯岛殖民地的道路。这不是一个必然的悲剧结果，至多是对一个事实的确认，即超灵感的设计对冷漠的人们来说不一定都能实现，即使是在当人口数相对较少而可用的资金又较多的时候。

尽管不是一个联邦，巴布亚新几内亚也在寻求提升与此类系统相关的目标种类。巴布亚新几内亚有省政府、地方和村级行政单位和村庄法庭。省的政策制定围绕政府行为的大部分领域：教育、发展计划、健康保健、公共建设工程项目、农业项目、森林和渔业、旅游业、交通和运输、劳动和就业。

---

① 参见世界联邦体系(Daniel J. Elazar, ed. , Federal Systems of the World: A Handbook of Federal, Confederal and Autonomy Arrangements, 2d ed. (Essex: Longman, 1994), p. xv.)。

② 参见分裂主义的身份辩护：图瓦卢的制作(Barrie MacDonald, "Secession in Defence of Identitu: The Making of Tuvalu," Pacific Viewpoint, Vol. 16, No. 1 (May 1975), pp. 26 – 44)；吉尔伯特、埃利斯岛的分离(Barrie MacDonald, The Separation of the Gillert and Elice Islands," Journal of Pacific History, Vol. 10, No. 4(1975), pp. 84 – 88)。

然而,如果当省一级的工作不能高效进行时,那就得做出更复杂的努力来维系国家的联合统一了。当更进一步的省级自治在当前的阶段或许会促进分裂主义的趋势时,一个更松散的联盟或许是避免进一步紧张局势和重蹈布干维尔覆辙的唯一办法。

瓦努阿图也在不引进复杂联邦系统的情况下,尽量实现权力下放。[①]其地方政府执行了很多重要的政府职能,这些职能和他们与国家政府达成的协议一致,而村庄传统权威实践和岛屿法庭的建立则进一步征兆了国家联合是建立在合理的区域自治上的。尽管首都的议会政治有时会存在分歧,但瓦努阿图似乎已经发展了一套建立在来自众多岛屿并持续发展自己传统的种族团体之上的联合公式。同时,用军事武力来摧毁分裂企图的例子也警告了想将相对自治变成独立的任何团体。

联邦制的前景至少和斐济比较切题。当斐济的政策制定者探讨斐济人和印度斐济人双方举动的含义以迈向更民主的政体时,城市之外的斐济人和印度斐济人仍住在分离的社区里。然而,这两个种族群体并没有被地理隔离开来,从而他们没有独立的州,也没必要进行联邦。两个群体都对自己的事务有相当多的控制,然而,它主要是一个持续规避公众和决策者的共享的民族意识。现在应该为非政治层面的发展做好准备:不同群体之间的进一步接触;斐济公民和国家队带来了体育成就之后的共同的民族自尊心;与此同时,还有土著斐济人的进一步发展,因为他们自己的"团结统一"正由于教育、旅游、态度和生活方式的凡俗化而在政治上变得不那么突出。

在太平洋岛国社会里有太多信仰的标示,考虑到他们受到许多来自人类和气候的灾难,这些信仰的标志的确有好的理由在岛屿事务上发挥重要的作用。宪政已经成了引进者一地区的"传统"之一,并且一些严重的问题也往往寻求宪法的解决。但是,大部分口头文化都力求通过在一份非传统

① 为了得到由本土瓦努阿图人所编写的关于瓦努阿图政治和文化的概述,请参阅美拉尼西亚政治:斯特尔布隆瓦努阿图(Howard Van Trease, ed., Melanesian Politics: Stael Blong Vanuatu (Christchurch: Macmillan Brown Centre For Pacific Studies, 1995))。

的书面文件中写下对保护他们的承诺,以此来安置“习俗与传统”。① 无论如何,即使不是最多,那么也是大多数的太平洋岛国正在讨论关于宪法改革的议案。当这些和种族定义相关的问题时,成功的机会似乎和种族群体的数量以及地理分布有关。

太平洋岛国可以说是伴随着持续的种族多样性。一尽管对于一个有大量种族群体的国家来说会存在许多特殊问题,但是如果和一个只有两个种族的国家所面临的政治问题相比较,这些特殊问题看起来也是可以控制的。换句话说,多元文化的社会比两元文化的社会更容易使他们自己陷入到实用主义和包容性的文明质量中来。

主张中央集权下经济统制的解决办法在太平洋政体中仍很盛行。不过,在这之前也可能有其他方法。公共选择的理论对地方的影响很小,尽管把问题留给家庭和个人比起政府似乎更能与岛上的传统实践相一致。进一步来说,太平洋岛国的政府一般也不是天生全能的。有一些国家具有丰富的且有市场销路的资源,但是这些资源已经被消耗掉(如瑙鲁和巴纳巴的磷酸盐)、掠夺掉(如所罗门群岛的雨林)或者转化成一种被环境降解的资源以及政治纷争(如巴布亚新几内亚的铜矿)。

太平洋群岛曾经是自给自足的,但是现在他们的经济经常依赖于外部提供的发展项目和生活及工作在外的侨民寄回家中的汇款。经济上的依赖如此之大而且似乎将是永久的规模,这表明一些独立或自治的岛国似乎支撑不下去了,除非外界力量给予其不断的金融支持。比如密克罗尼西亚联邦的瓦解,无法给其剩余的州以任何可见的支持,并且其人民也面临艰难的选择:移居他国(如果不是在一个更强大的国家里,这种权利可能会受到限

① 就民主观念和传统价值之间冲突的分析,参见南太平洋的文化与民主(Ron Crocombe, Uentabo Neemia, Asesela Ravuvu, and Werer vom Busch, eds. , Culture and Democracy in the South Pacific (Suva, Fiji: Institute of Pacific Studies, University of the South Pacific ,1992));南太平洋传统与民主的对抗(Lawson, Tradition Versus Democracy in South Pacific);美拉尼西亚的法律与习俗(Bernard Narakobi, Lo Bilong Yumi Yet: Law and Custom in Melanesia(Suva, Fiji: Institute of Pacific Studies, University of the South Pacific ,and Melanesian Institute for PLastoral and Socio – Economic Service ,Goroka, Papua New Guinea,1989))。

制);回归更简单的生活方式(充满困难的一种选择,尤其是对年轻一点儿的岛民);寻求新的领导人作为保护者,在这几种选择中这个也许是必需的。

一些岛的政府已经经历了由它们大得不相称的公共官僚机构所引发的经济和预算问题。依赖外界的帮助在别处成了反潮流。它同时还给民族关系带来了一定的后果。例如斐济的印度人口把外界的资助看成不仅是给斐济人领导的政府的也是斐济族人的。在密克罗尼西亚,如何在四个州分配美国的资助一直是种族关系紧张的源头。同样,有关给各岛和省份分配外界援助的猜疑和嫉妒也发生在瓦努阿图和巴布亚新几内亚。同时,市民经常使用的以评估政府绩效的准则之一就是领导人带来额外经济援助的能力,无论是从既定的援助者还是新的来源。从长远来看,为了维持两元文化社会和多元文化社会中种族之间的健康关系,就需要淡化政府的角色并且建立一种能为所有民族都提供就业、福利和希望的经济结构。

第四部分

结　　论

第十二章 政府政策对民族关系的影响

米歇尔·E. 布朗(Michael E. Brown)

本书中,我们试图通过分析亚太地区政府关于民族群体,民族问题和民族冲突的政策来进一步理解民族问题。带着这一广泛的目标,我们回顾了一下15个国家的政府政策:印度、巴基斯坦、斯里兰卡、缅甸、泰国、马来西亚、新加坡、印度尼西亚、菲律宾、澳大利亚、新西兰、斐济、巴布亚新几内亚、瓦努阿图和密克罗尼西亚联邦。更确切地说,我们已经确定了这些国家所采取的主要政策倡议,考察了政策变化的方式,并分析了这些政策对民族关系产生的影响。我们尝试确认这些国家政府在促进和平,维持秩序和稳定,以及政治、经济和社会公正方面的进展。

本章为综述章节,立足于前面章节的叙述和分析,从广义比较的视角来察视政府对于民族问题的政策,制定一个思考的框架,并作出一些分析性的归纳和政策建议。

首先就政府政策对民族群体,民族热点的问题上产生的不同影响做些归纳评述。在这个问题上,简单但重要的一点是:政府政策通常对这些国家民族关系的发展路线和轨迹有着重要影响。被错误思想指引的或恶意的政策会使民族问题更加恶化,并且会将潜在的暴力局势转化为致命的冲突。相对温和的政策有利于在困难的环境下将国家团结起来。在思考政府政策如何影响民族问题的时候,我们必须牢记,政府同时制定面向整个国家的总体政策和针对具体民族问题的具体政策。

同时,政府对民族问题的影响是计划和偶然并存的。另外,政府由于疏忽或能力不足导致的不作为问题也影响民族关系。因为政府对民族问题有影响,我们必须观察这些问题和政策是如何演变的,并且考虑二者之间的相互影响。因此,我们需要分析三种因素:政策制定、广义政策参数和具体政策范围。

本章的第二部分将会集中研究政策的制定——即政府不得不全力面对一系列民族问题和挑战。我将展示不同类型的民族环境是如何给政府和领导人带来不同的问题的。尤其说明一下为什么一些环境相对有利而另一些则问题不断。对于本书提到的所有国家,五个主要因素构成了民族环境:人口模式和民族地理分布,殖民前和殖民时期遗留,族群的历史,恐惧和目标;经济因素和趋势以及地区和国际影响。我认为,人口因素和民族地理分布、民族恐惧和目标,以及经济发展和趋势不是一成不变的,而是在很大程度上受到政府初衷和政策影响的动态因素。政府作为和不作为,与群体的恐惧和目标间的关系是尤其重要的。政府对少数民族的忧虑和需求通常是漠不关心或不能做出有效的反应。最坏也是最常见的情况就是,政府用压抑和强制的方式来回应群体的要求。当政府对群体需求的回应没有建设性甚至具有挑衅性的时候,群体经常变得激进,并引发军事冲突。激进和军事冲突非常危险并且很难扭转,但是政府通常将民族群体和冲突推向这个方向。

本章的第三部分将会关注形成政府民族政策的四个广义参数:政策目标,政策工具,对待不同民族群体的政策模式和常见的政策问题(时效问题、执行问题以及政府必须面对的政治困境)。我认为,在两种基本民族观中,单一文化观(即政策目标是同化)和多元文化观(即政策目标是在保留文化多样性的同时维护政治团结),政府通常会选择一种。而单一文化观被采用的情况更普遍,因为中央政权把同化看作是促进政治团结和保护国家安全的关键所在。

另一方面,还因为单一文化观能够服务于政府狭隘的政治利益,与占多数的民族的选民能产生共鸣,它为中央强权提供了很好的政治依据(促进政治团结和保护国家安全),它为镇压民族群体和其他异议者提供了借口。这使得政府能够通过政策工具将他们的民族观转变为现实。广义上讲,我们能够区分高压政策和诱导性政策。在民族舞台上,经常把高压和武力作为政策工具,因为中央政权相信武力行动能够快速和永久的解决民族问题。然而,历史记录表明,高压经常导致激进和冲突升级,与少数民族的军事冲突经常转变为持续数十年的血腥冲突。

根据上述这些特点,我认为政府应有四种基本的政策选择:强迫式同化(即政府依靠高压工具来达到单一文化的目的);诱导性同化(即政府依靠劝导性工具来达到单一文化的目的);和睦相处(即政府采用劝导性工具来达到多元文化的目的);“有姿态的宽容”(即政府使用武力来保持多元文化国家的完整性)。强迫式同化是这四种里面最容易产生问题的一种。同化本身就是一种极其有争议的事情,因为它可能造成少数民族的政治弱化和文化消失。使用高压政策工具会增加威胁,使少数民族激进,并使抵抗更加强硬。除非是针对弱小的民族使用压倒性的武力,否则长期的军事冲突在所难免。从该分析中得出的结论之一是,如果政府确实倾向于单一文化观和高压工具,那么很有可能采用强迫式同化这一最暴力、最不成功的政策选择,而不是其他政策。

第四部分从八个特定方面讲述了政府政策和纲要:民主和专制政治体系、联邦和中央政治体系、公民政策、公民和少数民族权利政策、宗教政策、语言政策、教育政策和经济政策。这部分将阐述这些政策对民族关系和问题的重要影响(好的或坏的),并对这些政策是成功还是失败加以说明。因为某一时间在某一地方行得通的政策在其他条件下不一定可行,我根据这一研究的指导标准——和平、秩序和稳定;政治、经济和社会公平——详述了在什么条件下政策可能成功,在什么条件下可能失败。

这部分针对每种情况都提出了相应的政策建议。我建议政府应该试着通过非政治化的方式缓解民族紧张关系。从实际角度说,就是建立和维持法律规则;使用公民概念而不是民族概念;保护广泛的公民权利而不是特定的少数民族权利;主张世俗主义而不是建立国家宗教;尊重语言差异并促进多样化语言的发展;关于教育和经济的优惠政策和积极行动政策方面要在广泛基础上达成一致意见。很明显,专制政权不可能拥护法律,对民族别有用心的领导者也不可能采用民族中立政策。不过,领导者如果想有建设性的解决民族问题,即促进民族间的稳定与和谐,就应该尽力使民族问题非政治化。

接下来,我提出了两种更广的政策建议:一种是为那些不得不面对本国民族问题的国家领导人所提的;另一种是为那些致力于促进其他地区民族和谐的国际力量所提的。第一,国家领导人应该清楚,比没有民族观更糟糕的事情就是有不正确的民族观,即那种缺乏广泛支持、不会维持很长时间的民族观。虽然单一文化观和同化进程可顺利进行,但它们通常都存在问题,因为它威胁到了少数民族并因此缺乏广泛的支持。多元文化体制在使民族非政治化方面通常做得更好,因此更有利于促进稳定。第二,国家领导人应慎用高压政策工具,矛盾是升级容易降级难,激进的民族群体也很难平息。而且,从高压转为劝导性方式很难,因为在少数民族遭到苛刻的对待后,很难让他们再相信政府是值得信任的。第三,国家领导人不应忽视民族问题,认为他们会自动消失。民族问题很少有自动消失的,相反,如果被忽视的话,这些问题会变得更糟。领导人不能只是坐视危机(如民族群体被煽动起来、民族问题增多、制度能力衰弱时)的发生,而应在处境还相对不错时把握机会,并采取行动,这时成功的几率是最大的。第四,生动的声明和突出的政策必须辅以有力的执行。

仅有宣言和声明远远不足,如果光说不做,如果期望被玩世不恭所取代,那么这些宣言和声明就不会达到预期目的。第五,国家领导人不得不承认,既然民族冲突是多民族社会的固有产物,那么民族问题不可能被消除,只能是得到控制。[①] 对于民族问题和冲突,没有快速的或永久的解决方案。由此,领导人和政府应做好长期努力的准备。

国际力量(非邻国家、地区组织、国际组织和非政府组织)应该意识到他们的利益经常受到其他国家民族冲突的影响,即使是距离很远的地方也

① 参见族群政治(Milton J. Esman, Ethnic Politics (Ithaca, N. Y.: Cornell University Press, 1994), p. 261)。

不例外。很少民族冲突是与世隔绝的,大部分都给地区和平与安全构成了威胁。民族冲突同样是非常有影响的,因为它们危害了地区和国际组织、损害了国际法和行为规范、破坏了国际秩序。这些成本难以估算,但它们却实际存在着,而且十分重要。国际力量也应注意到,虽然民族问题是可怕的,但并不总是没有希望的。民族多元化不一定就引发暴力,民族暴力也不总是难以控制。因此,国际力量不应该失望和拒绝参与这些事件,更不应以“民族冲突是难以处理的”为借口旁观,这种分析是站不住脚的。国际力量能够对许多国家发生的事件进行影响。他们尤其应该关注政府,将其作为解决民族冲突的杠杆。由于政府是分散的和可确认的,国际力量总会或多或少的影响到他们。

政府政策的重要性

简明扼要的来说,本书的主要结论就是:在本书研究的这些国家中,政府政策几乎总会对民族关系的前进路线和轨道产生重要影响。民族差异不一定导致暴力的产生,例如,在上世纪近几十年里,泰国、马来西亚和新西兰基本没有经历民族暴力;另外,政府政策在确定多民族社会固有的民族问题是否能和平、公正的解决方面起着决定性作用。

这似乎是显而易见的,但学者们对民族问题的分析却倾向于关注其他因素:经济发展、现代化的影响、社会和文化歧视的模式、历史不公正、群体间的政治和安全顾虑以及有危害的地区影响。[①]

当然,政府政策并不是全部,其他因素包括国内的、地区的和国际的,构成了政策制定和执行的背景环境。如果环境有了问题,即使制定和执行的政策很好,也很难处理民族问题。例如,密克罗尼西亚联邦的民族群体广泛的分布在各个岛上,在殖民统治前,从来没有政治联系。该国将来很可能出现分裂,即使该国领导人已经展示出他在民族宽容和政治妥协方面的才能。

① 关于此方面的学术著作可参见国际层面的国内冲突考量(Michael E. Brown, The International Dimensions of Internal Conflict (Cambridge, Mass.: MIT Press, 1996), pp. 12 – 26)。

巴布亚新几内亚有1000多个不同的族群,其中很多都缺少现代管理的经验。因此,该国将面对极大的挑战。同样的,如果政策环境比较温和,政府就能够避免有争议的甚至是对峙性的计划和行动。在马来西亚,虽然少数民族痛恨政府支持多数的马来人,但国家依然是和平的。虽然马来西亚的少数民族怀有极大的政治不满情绪,但他们也不愿意惹是生非,不愿使这一产生巨大经济效益的体制发生动荡。印度尼西亚政府避免了对亚齐、东帝汶和伊里安查亚的残酷镇压,部分原因就是多年的经济增长给了他们可操控的政治空间。简而言之,政府政策仅仅是民族等式中的一部分,虽然它在整个等式中占据了重要的位置。

政府政策可通过多种方式影响民族关系。最基本就是可以推动国家走向暴力冲突或者稳定。错误的或恶意的政策可加剧民族问题,并可能将潜在的暴力转变为致命的对峙。例如,在斯里兰卡,政府数十年来在公民、语言、宗教、教育和就业方面的歧视政策疏远并激化了泰米尔族,最终导致了公开叛乱和内战。在巴基斯坦,政府偏重于对西巴基斯坦旁遮普人的照顾,由此加速了东巴基斯坦1971年的分离。

缅甸之所以在殖民后时期的大部分时间内经历着民族暴力事件,就是因为其政府的同化计划、拒绝给予边远地区真正的自治权利,反民族以及对军事力量的依赖。1975年,印度尼西亚侵入东帝汶并屠杀了20多万当地人民,从而开启了一场民族冲突,对已经深受民族多样化困扰的国家又增加了新的民族问题。在菲律宾,政府积极地寻求同化穆斯林少数民族——摩洛族,并对摩洛地区加强控制。经过几十年文化同化、经济开发和政治控制等政策的实施,出现了摩洛反动武装和武力反抗。所有的这些案例中,政府的决定、行动和计划对于加剧民族问题和引发暴力对峙都起了至关重要的作用。

在另外的案例中,相对温和的政策在极为艰难的环境中却也有利于国家团结在一起。最好的例子大概就是拥有大量人口和众多民族的印度了。虽然印度政府并不总是制定并实施好的政策,其政策也不是天生就是非暴力式的,但国家的民主传统和政府在宗教、语言、教育和地区自治方面相对温和的政策无疑在缓解民族紧张关系和保护脆弱的国家不致分裂的层面上起了至关重要的作用。

一些国家在针对民族问题改变政策以后,扭转了危险的局势。新西兰在19世纪70年代早期就放弃了同化政策,开始接受并发展不同的特色文化,建立了详细有效的法律保障以维护公民和政治权利,并采取了措施解决长久以来存在于少数民族社区中的经济和社会问题。虽然在某些方面变化进程缓慢,但当90年代结束了宪法认可的对土著居民残忍的歧视和同化后民族状况比起60年代末已经好多了。尽管需要做的仍然很多,不过一个好的情况就是澳大利亚已经转变了对土著居民的对待方式,形势有所好转。

在菲律宾,菲德尔·拉莫斯政府在1996年走出了大胆的一步,为摩洛领导人提供了地区自治和民族发展计划,这些都是前任政府不愿意或从政治上不能给予的。摩洛的主要领导人随后与政府进行了谈判,最终,南部地区的和平与发展前景较之以前的几十年有了很大改观。在所有这些案例中,政治上的主动都使民族关系向好的一面发生了根本转变。

如果想了解政府政策是如何影响民族关系的,要谨记另外三个特点。第一,国家的总体政策和针对特定民族问题的具体政策对民族关系都有影响。前者包括基本政治结构(如民主对专制、联邦制对中央集权)和宏观经济政策(如计划经济体系对市场经济体系)。“总体”政策几乎总是有着重要的民族影响力,而且这些影响经常能被决策者预测到。将这些总体政策与特定的民族政策加以区别是很有用的。后者包括旨在改善某一群体命运的公民政策、公民权利和少数民族权力政策、宗教政策、语言政策、教育政策和经济政策。

第二,政府有意或无意的对民族关系的影响。在一些案例中,政府有意的作出解决民族问题的努力,提高了少数民族的地位,并促进了民族关系。例如,印度精心出台的语言政策,解决了少数民族的顾虑,为了建立和谐的民族关系制定了可持续的体制。新西兰在19世纪70年代初实施了一系列政策,旨在保护毛利文化、维护少数民族权利、解决少数民族面临的经济和社会问题以及弥补过去的不公正。这些政策都取得了重要、积极的效果。

然而,更多的情况是领导和政府特意促进某些民族群体的利益而忽视了另外一些群体,以及在政治和经济上歧视少数民族。通常这是出于政治需要而关心某些民族的选民,因为这些选票关系着政权的取得或巩固。在巴基斯坦和斯里兰卡,这是一些不利于民族问题的政策产生的动因之一。

不利于民族问题的政策产生的另一个动因是经济因素:政府开发少数民族群体和少数民族地区是因为有利可图,而且这些利润经常转变为私人的,存入海外账户。例如,菲律宾的部族和摩洛地区几十年来一直是由外地的伐木工、采矿者、牧场和农场主开发,他们反过来给马尼拉政府一些好处,用于回报政府对他们的支持。更加极端的情况是政府为了达到某种政治目的而支持民族动乱。通过此方式可有效的动员民族支持者、分解民族对立者,以及为镇压和使用武力创造依据。这反过来又为其获得私利铺平道路,从而取得或巩固政权。斯里兰卡的政客们经常向占人口多数的僧伽罗族做出无耻的呼吁,向少数的泰米尔族发动语言攻势,已达到动员支持者、加强民族仇恨的目的。巴基斯坦的军事领导支持极端民族宗派(结果后来失控了),以达到分解对方的目的。缅甸和印度尼西亚不断镇压着民族分离运动,进一步助长了民族冲突,并将这些问题作为全国政治镇压的依据。

据称有90%的恶意政策其实是政府无能的产物。就民族事务来说,这一数字无疑是很高的,不过针对民族问题的许多政府行为效果毫无疑问存在着偶然性。如政府的极度无能以及其倾向于追求的结果总是超出预期,无意中加剧了民族问题。例如,在19世纪60年代末、70年代和80年代菲律宾费迪南德·马科斯统治时期,其对经济长期的指导不利导致了菲律宾民族关系的紧张。

第三,政府除了通过作为,包括总体的和具体的、有意的和无意的,还可以通过不作为影响民族关系。这里要注意的是,需要区别这种不作为是由于疏忽还是政府无能引起的。政府经常忽视民族问题,有些情况是认为问题过于细小,有些情况是认为有问题的群体缺乏政治重要性,有些情况则是认为民族问题会最终消失。另外,即使政府有意做出行动,但政府的无能也限制了其作为。新独立的国家在实施主动性上经常缺少制度能力和财政资源。

受低水平经济发展影响的国家也无力有所作为。在20世纪后半叶,亚太地区的大多数国家在不同时期由于某种资源的限制而举步维艰。缅甸、印度、印度尼西亚、马来西亚、巴基斯坦、菲律宾、新加坡和斯里兰卡于19世纪40年代和50年代取得独立;斐济、巴布亚新几内亚、瓦努阿图、密克罗尼西亚在70年代和80年代同样取得独立。这些国家中的大多数,以及中国和泰国都曾经历过经济艰难期。本书中提到的东南亚和东亚的部分国家在上世纪70年代才开始经济崛起,而另外一些国家,如缅甸,直到90年底仍在奋斗中。另外,曾经或正在经历战争的国家通常缺少足够的制度和经济资源,用于制定改善少数民族状况的政策,中国曾由于30年代受到的侵略和40年代的内战而四分五裂;印度和巴基斯坦从1947年开始有过三次战争。其他许多国家,如缅甸、印度、印度尼西亚、巴基斯坦、巴布亚新几内亚、菲律宾和斯里兰卡,不得不面对民族内战。民族冲突的一个悲哀讽刺就是,一旦民族问题升级为长久的、激烈的对峙,政府将不可避免的出现没有足够的资源应付潜在的民族问题的状况。

由于政府对民族问题会产生影响,因此,需要注意这些问题和政策是如何随着时间而演变的,以及它们之间有何联系。民族问题是如何影响政府态度和行为的?政府政策又是如何反过来改变民族问题的?要解决这些问题,我们需要考虑三个相互联系的因素:政策环境、政策参数和政策范围。(见表20)这三个因素构成了我们对政府在民族关系方面采取的政策进行分析的框架。

政策环境

政策分析的起点就是对政策环境的考虑——政府不得不面对民族问题和挑战。毕竟,政策不是在真空状态下制定或实施的。不同的政府不得不面对不同的民族问题和挑战,而且,这些问题也随着时间在发生变化,一方面是针对政府作为和不作为做出的反应,另一方面是针对国内、地区和国际发展做出的反应。这部分将说明不同的民族环境是如何给政府及其领导人带来不同的问题的。且特别解释了哪些环境是相对温和的而哪些是问题频发的。接着，我确认并讨论了民族环境和政策相互作用的一些主要方式。

表 20　政府政策和民族关系

政策环境
人口模式和民族地理分布
殖民前和殖民期遗留影响
群体历史、恐惧和目标
经济因素和趋势
地区和国际影响
政策参数
政策目标
政策工具
政策模式
政策问题
政策范围民族体系对专制体系
联邦体系对中央集权
公民政策
公民和少数民族权力政策
宗教政策
语言政策
教育政策
经济政策

任何一个国家，民族环境都是由五个主要因素构成的：人口模式和民族地理分布；殖民前和殖民期遗留影响；群体历史、恐惧和目标；经济因素和趋势以及地区和国际影响。

人口模式和民族地理分布

分析人口模式和民族地理分布对一个国家民族环境的影响时，要考虑三个主要因素。第一,要确定人口的民族构成——特别是少数民族的数量和规模。第二,要了解民族群体地理分布的情况——他们是集中在某一地区还是分散在全国各地。第三,要确定跨国的同种民族是否产生了地区问题。本书研究的15个国家民族地理分布的特性在表21①中作了归纳。

一些国家在民族特征上属于单极,另一些属于两极或多极。如果一国的某一民族群体占总人口的90%或以上,则归类为单极,按照这一标准,菲律宾属于单极;如果一国的某两个民族群体占总人口的90%或以上,则归类为两极,斐济、新西兰、新加坡和斯里兰卡属于两极;如果一国没有任何两个民族群体能够占到总人口的90%或以上,则归类为多极,缅甸、密克罗尼西亚、印度、印度尼西亚、马来西亚、巴基斯坦、巴布亚新几内亚和瓦努阿图属于多极。

这些差别是很重要的,因为当打造一个国家的同一性和维护政治稳定时,不同人口模式的国家会面对不同的问题。单极国家的好处是相对容易形成国家同一性和不易爆发全国范围的民族战争;不好的一面是由一个民族群体统治的国家容易在数量上、政治上、经济上和文化上对国内的少数民族群体产生歧视,因为后者比较弱小。菲律宾就存在这样的问题。同样,由于澳大利亚的土著居民仅占总人口的1.5%,所以也存在这个问题。两极国家的好处是他们通常只需要面对一个主要民族的分裂问题;不好的一面就是这些国家由于具有政治重要性的民族群体较少,缺少由此产生的交叉式分裂,结果是这两个统治群体间的对峙有可能变成零和博弈。正如我们看到的斐济和斯里兰卡一样,对峙可能演变成暴力。多极国家的好处是交叉式分裂不易产生全国性的民族战争;不好的一面是不易建立国家同一性,且分裂问题是一大忧患。例如,一次次的分裂是印度、印度尼西亚和巴布亚新几内亚的主要忧虑。

民族人口的地理分布是很重要的。在一定地域聚集的群体更倾向于寻求区域自治,靠近边境聚集的群体则更易出现分裂主义运动。

---

① 更多关于民族群体的细节参阅本书一至十二章的表格。

表 21 人口模式与民族地理分布

国家	民族构成 a	民族分布 b	跨境问题
澳大利亚	单极 c	分散	无
缅甸	多极	区域聚集	有
中国	单极	区域聚集	有
密克罗尼西亚	多极	区域聚集	无
斐济	两极	分散	无
印度	多极	区域聚集	有
印度尼西亚	多极	区域聚集	有 d
马来西亚	多极	区域聚集	有 e
新西兰	两极 f	分散	无
巴基斯坦	多极	区域聚集	有
巴布亚新几内亚	多极	区域聚集	有 d
菲律宾	单极	区域聚集	无
新加坡	两极	分散	有
斯里兰卡	两极	区域聚集	有
泰国	多极 g	区域聚集	有
瓦努阿图	多极	区域聚集	无

a 如果一国的某一民族群体占总人口的 90% 或以上,则归类为单极。如果一国的某两个民族群体占总人口的 90% 或以上,则归类为两极。如果一国没有任何两个民族群体占总人口的 90% 或以上,则归类为多极。

b 即使民族人口的分散和混合程度很高,群体仍会有某种程度的聚集。

c 在二战后改变移民政策之前以及 60 年代末以后,澳大利亚是单极的人口模式。到 90 年代中期为止,每四个澳大利亚人中就有一个出生在国外。虽然民族群体分散和混合的程度很高,但仍有许多土著居民共同居住在偏远的农村地区。

d 伊里安查亚的巴布亚自由组织(OPM)不时得对巴布亚新几内亚发动袭击。印度尼西亚政府 1976 年对东帝汶的吞并没有得到国际外交认可。

e 马来西亚与泰国和新加坡都存在跨境问题。

f 有着欧洲人、毛利人或欧洲人—毛利人混血背景的新西兰人约占总人口的 90%。

g 泰国在 19 世纪末有很多不同的民族,当时欧洲对东南亚的侵略迫使君主制的泰国开始打造泰人国家统一性。自此以后,泰国的少数民族很大程度的被同化到主流的泰国文化当中。

(来源:参阅本书一至十二章的表格和案例研究。)

而且,如果聚集在边境附近的群体与边境线另一边的人是民族同胞,分裂主义更容易产生。尤其当对面的民族同胞是该国的统治者时,分裂的可能性就更大了。在亚洲,由于许多边境线是通过武断的方式划出来的,类似这种跨国存在民族同胞的情况非常普遍。本书研究的15个国家中的大部分存在区域聚集的民族群体,只有澳大利亚、斐济、新西兰和新加坡的民族人口是混合居住的。一些国家中,区域聚集的民族群体接受了来自邻国民族同胞物质上和精神上的支持。例如,缅甸的统治者不得不面对克伦叛乱者,其中一些叛乱者使用泰国的基地作为他们的庇护所;印度政府必须面对克什米尔的分裂运动,巴基斯坦对该地区进行了支持;泰米尔叛乱者得到了印度泰米尔纳德同胞的支持。对于这些有民族人口聚居的国家来说,好的方面是这种区域自治是一些民族问题的潜在解决方式,然而,中央政府通常不愿意走这条路线,因为他们担心这样会激励民族分裂运动。出于这些及其他更加自私的目的,缅甸和印度尼西亚更热衷于高度的中央集权体系,印度、菲律宾和斯里兰卡也只是不情愿的提出了区域自治计划。

总的来说,人口模式和民族地理分布变化虽然很慢,不过它们的确在进行着。这就使事情进一步复杂化了,因为民族地理分布的变化几乎总是使得已有的民族紧张关系更加恶化。民族地理分布的许多变化是各民族群体出生率和死亡率不同的产物;另外,国家不同地区存在不同的经济问题和机遇,由此造成的劳动力流动也是产生这一变化的原因。人口模式和民族地理分布也随着政府政策发生变化。“民族迁移”计划一直受到高度质疑,少数民族得出了正确的结论,当他们失去手中的土地后,他们濒临着政治上被弱化、文化上被吞噬的危险。例如,菲律宾政府鼓励菲律宾基督徒定居在部落和摩洛地区;斯里兰卡政府为僧伽罗人提供了经济诱导,使他们迁移到泰米尔地区。这些计划通常都是受经济和政治动机驱使的,除了想促进经济发展外,中央政府还想通过改变这些地区的人口结构来加强对少数民族地区的控制。总之,人口模式和民族地理分布不是一成不变的静态因素,而是在很大程度上受政府主动性和政策影响的动态因素。

殖民前和殖民时期的遗留影响

在许多国家中,殖民前和殖民时期的遗留影响构成了另外一系列有助于国家团结的因素。一些国家在殖民前期甚至都有着自己可行的政权实体及国家同一性。本书中研究的国家中,缅甸和斐济属于此类。然而,另外许多国家却没有这些殖民前的传统。因此,它们通常也就更难打造殖民后的国家同一性。

很明显,不同的地方含有各自不同的殖民经历。例如,泰国从未经历过殖民统治,而亚太地区的许多其他国家却经历过;①一些国家遭受的殖民统治时期比其他国家要长;一些国家已经独立了几十年,而另外一些国家独立的时间则相对较短。另外,不同的殖民者——澳大利亚、法国、德国、大不列颠、日本、荷兰、葡萄牙、西班牙和美国——在不同的时期统治了不同的地区。

一般说来,正如殖民经历在世界其他地区很重要一样,其对亚太地区的国家来说同样非常重要。其中,五个政治遗留影响比较突出。第一,殖民统治者划定了政治边界,而且这种划定通常使民族复杂化。在一些案例中,例如在印度尼西亚、菲律宾、密克罗尼西亚、巴布亚新几内亚和瓦努阿图,殖民者把在此之前从未在同一个政治实体生存过的民族聚集在一起,结果,在独立后,一些民族群体发现他们被纳入一个他们根本不愿意联合的政治实体中。

例如,布干维尔岛(Bougainville)的各民族并不想成为巴布亚新几内亚的一部分。其他案例中,殖民者通过专断的划定边界线使民族群体被迫分开。

第二,殖民者还通过鼓励欧洲移民定居在该地区以及从其他地区引入外国劳动力的方式改变民族人口结构。比如,英国移民最终统治了澳大利亚和新西兰的政治和经济生活。在亚太地区的其他地方,英国殖民统治者

---

① 虽然泰国并没有被真正殖民化,也没有被帝国主义直接统治过,但殖民时代对其仍有巨大作用。泰国统治者担心欧洲势力利用泰国的民族多样化,将当时处于泰国人控制下的领土一点点侵蚀掉,于19世纪末共同努力建立了泰民族同一性。

向外国移民(通常是中国人和印度人)开放了领土,引入外国劳动力从事种植和采矿工作。结果,大量泰米尔人从印度的泰米尔纳德邦到了斯里兰卡,大量的印度工人被带到缅甸和斐济,还有大量的印度和中国工人被带到马来西亚和新加坡。这些移民的涌入自然为当地人所憎恶。在一些案例中,独立后的政权采取了极端的方式,试图将人口结构改回原状,以确保殖民时期的移民不会打乱当地的力量平衡。在斯里兰卡,独立后的政府拒绝给予英国殖民统治时期从内陆来到岛上的泰米尔人公民身份,并采取措施强迫这些移民回到印度。自缅甸独立后,其政府就开始定期强迫印度移民离开本国。斐济军事力量担心印度人控制的内阁掌权,于 1987 年发动政变夺取了政权。从 1969 年开始,马来西亚政府公开地、积极地致力于增加马来人教育和经济发展的机会,以遏制马来人在经济上被不断压制的态势。

第三,殖民者对他们统治地方的民族同一性有重要影响。例如,西班牙殖民者在 16 世纪到了菲律宾,并同时带来了反对伊斯兰和摩尔族的运动。他们在菲律宾发现了更多的“摩洛人”,并进而引发持续了三百年之久的运动,最终形成了在这之前从未有过明确界定的摩洛族的同一性。在新西兰,英国殖民者的到来最终使得毛利人认识到他们自身是一个群体,而不只是异类的部族。

第四,殖民者对他们所统治的地方的群体内部关系也有重要的影响。殖民统治者几乎总是支持一些族群,而反对另一些,这就造成了怨恨以及不断加重的分歧,并产生许多殖民后政府不得不解决的问题。更具体地说,殖民者通常采用便于殖民管理的“分而治之”的策略,这可以便于殖民管理,此举同时也助长了民族抵抗情绪。

在一些殖民案例中,如斯里兰卡,少数民族居于有影响的地位,以控制多数民族;在缅甸,殖民统治加剧了中央和地方的分歧;在巴基斯坦,旁遮普人在军事机构和平民机构中都处于统治地位;在菲律宾,西班牙的殖民使宗教分歧出现两极化,并建立了严格的民族等级。那些认为在殖民统治时期受到过不公正对待的群体必然会在独立后寻求补偿,同时,如果这一群体在人口上占多数,他们更加想扭转局面。然而,在斯里兰卡和缅甸,少数民族已经习惯了比多数民族更好的，至少是同样的待遇，他们在独立后不愿意接受居于次要地位。最后，在更普遍的程度上，殖民统治趋于使政治对话在特点上更具对抗性，在定位上更加民族化。殖民统治引起了反殖民运动，人们开始从“我们对他们”和民族角度考虑问题，这种想法一直持续到独立后，并开始运用到调解国内民族关系中。结果，民族政治学变得更加好斗了。

第五，殖民统治给被统治地区带来了新的政治体系和制度，而且，这些体系和制度在某些地区一直延续下来（虽然形式有所变化）。这并不是说在经历过殖民统治的每个国家里，西方政治制度都仍存在着支配性影响，很明显，它们没有。不过，法治——清楚地记录在宪法、权利法案和独立司法程序中——已经在一些地方深深的扎根了，如印度、斯里兰卡、菲律宾、巴布亚新几内亚和瓦努阿图等国家。从我狭隘的西方观点看，这是一种积极的发展。同时，无可否认，殖民者撤离后，留给新独立国家的只是脆弱的政治制度，有限的行政能力以及熟练的立法者、管理者和法官的稀缺。这些有害的殖民遗留影响，削弱了许多政府有效处理民族问题的能力。

群体的历史、恐惧和目标

虽然政府在国内政治讨论中起着关键作用，但他们并不是唯一的参与者。这里讨论一下在政府中有着不同代表程度的各民族群体的历史、恐惧和目标。①

在很长一段时间内，通常可以追溯到几个世纪以前，少数民族群体的历史就包含了对各种大事件的记忆与重建，特别是与其他群体相互作用的历史的记忆。通常情况下，各群体总是会美化自己的历史而丑化自己之前的

---

① 对群体间民族政治学重要性和动态的分析研究包括一个概念框架（Joseph Rothschild, Ethnopolitics: A Conceptual Framework (New York: Columbia University Press, 1981)）；族群冲突（Donald L. Horowitz, Ethnic Groups in Conflict (Berkeley: University of California Press, 1985)）；种族冲突和世界政治（Ted Robert Gurr, Barbara Harff, Ethnic Conflict and World Politics (Boulder, Colo.: Westview Press, 1994)）；对民族主义和战争的臆测（Stephen Van Evera, "Hypotheses on Nationalism and War," International Security, Vol. 18, No. 4 (Spring 1994), pp. 5 – 39）；族群政治（Esman, Ethnic Politics）。

对手。[①] 这些历史遗留物将继续影响着群体的同一性、态度观念和政策安排。虽然许多学者都认为人们不应完全依赖"过去的仇恨"来解释当代民族现象，但毫无疑问的是，这些几乎没有经过客观过滤的群体历史在形成群体的当代感知中起着重要作用。[②]

当政府作用开始衰弱、各个群体纷纷采取措施进行自我保护时，群体历史的影响力更加显著。在这种情况下，群体历史为解释当前形势，推断不确定的、充满潜在危险的未来提供了框架。当群体历史相互敌对时（而事实也经常是这样），群体决定可能要以最坏情况下的民族状况为基础。这通常会导致军事力量的壮大，虽然采取这些措施是为了防御，但往往也会被其他群体认为这一举动包含了强大的侵略野心。这又反过来导致进一步的升级行动和冲突的不断增加。建立在历史参考和不确定情况基础上的安全顾虑会导致群体采取各种措施，从而使得十分紧张的局面更加恶化。[③]

即使在相对稳定的环境下，不同的民族群体也有不同的目标和计划。这些目标和计划是民族环境的重要组成部分，也是政府（无论其善意与否）不得不面对的。[④] 但是其中一些群体，它们的计划并无任何政治意义，他们仅仅是想寻找到一个有宗教自由、不会危及他们传统文化的环境。

而另一些群体则雄心勃勃地试图寻求能够终结已建立的在社会、经济和政治上的歧视制度。还有一些群体由于对没有能力解决他们需求的政府感到失望，转而在政治上寻求更多的自治权。一些被中央政权强行控制的群体则通常会采取更有力的举措，建立自治政府或寻求彻底的政治独立。

---

① 参阅民族主义和后苏联国家的危机（Jack Snyder，"Nationalism and the Crisis of the Post - Soviet State"）和安全困境和种族冲突（Barry R. Posen，"The security Dilemma and Ethnic Conflict"），两篇都摘自种族冲突和国际安全（Michael E. Brown，ed.，Ethnic Conflict and International Security（Princeton，N. J.：Princeton University Press，1993），pp. 79 - 101，103 - 124）；以及对民族主义和战争的臆测（Van Evera，"Hypotheses on Nationalism and War"）.

② 更多关于"过去的仇恨"理论的局限性和作用，可参阅国际层面的国内冲突考量（Brown，"Introduction" The International Dimensions of Internal Conflict，pp. 12 - 13，20 - 22）。

③ 参阅安全困境和种族冲突（Posen，The security Dilemma and Ethnic Conflict）

④ 我要感谢米勒（Steven Miller），他建议我对该问题进行描述。

一些群体计划包括更多的地区自治、更大程度的自治或脱离主义，他们对中央政权构成了固有的挑战，而且，关于自治问题的争论总是存在争议。

群体目标不是确定不变的。它们随着时间的推移通常夹杂着那些与政府的决定、行动和政策恶意对抗的部落首领的个人野心中。在一些案例中，政府会对各个群体的需要和要求做出适当的反应，这使得政府与各群体间的关系走向稳定甚至有极大的改善。印度的部分地区似乎就属于此类情况，印度对各邦进行了重组、给它们下放了更多的权力、并采取了进步的语言法，解决了许多地方群体的顾虑。[①] 在泰国，国王普密蓬不再强调泰民族主义中的佛教特性，因此使得该国的穆斯林对国家更有归属感。在新西兰，政府采取措施保护毛利文化，解决毛利人的经济和社会问题，并为过去的不公做出弥补。

不过，在更多案例中，政府对少数民族的顾虑和需求表示出的则是漠不关心或不予理睬。一些案例是中央政权不愿意给予少数民族更多的自治权，一方面是因为他们担心这会导致分裂主义的滋生，另一方面则是因为他们担心其他民族群体也会效仿做出类似的要求。在其他案例中，政府对群体提出的要求采取故意和持续的歧视和镇压政策，这种情况也不少，如缅甸政府对克伦人的政策、印度尼西亚政府对东帝汶的措施以及斯里兰卡政府对泰米尔人的政策等。当政府对群体需求做出无建设性的或破坏性的反应时，必然会造成群体的激进行为。

这些行为使族群更加坚信了他们的政治、经济和文化需求不会在现有的政治秩序中得到满足。于是，从现有的政治制度中脱离出来变成了它们的目标，而且其采取的措施变得更加暴力。斯里兰卡就发生过这样的事情，政府数十年的歧视政策激化了泰米尔人，并导致了国家的内战。1995 年，泰米尔伊拉姆猛虎组织（LTTE）拒绝了政府提出的将给予泰米尔地区实质性自治的条件；猛虎组织已经激进到除了完全的政治独立，不接受任何条件的程度。该事件令人惋惜之处在于如果斯里兰卡政府在 50 年代、60 年代

① 印度关于克什米尔的政策显然不够成功。

或70年代就采取这样的政策,战争基本是可以避免的。

简而言之,民族群体是被激化还是得到安抚,政府起着决定性的作用。激进是危险的,而且很难平息,但政府却经常迫使群体朝这个态势发展。

经济因素和趋势

经济因素和趋势也同样影响民族环境,并给各届政府带来不同的问题。[①] 对第一届政府来说,过去的殖民统治一般在经济上具有破坏作用。殖民政府引进新的农业技术、兴建新的工厂、带来外国劳动力、并构建新的商业和财政结构,而这些举措则会对当地原有的经济秩序造成破坏性的影响。这些经济变化经常加剧现有的民族间的紧张关系,并同时引发新的问题。另外,殖民统治者不一定会将健康的经济和坚固的经济基础传给独立后的领导人。因此,独立后的政府通常不得不处理殖民时期遗留的经济问题。

很明显,处于不同经济发展时期的国家会面临许多不同的经济问题。在工业化的国家或地区,即使经济在增长,但如果增长速度不如以前快或未能跟上社会需求发展的速度,公众不满也会加剧。由计划经济向市场经济转型的国家要面对从严重的失业到肆虐的通货膨胀等许多经济问题。而处于现代化进程中的国家要面对移民、城市化和其他社会和经济的混乱等问题。

另外,现代化国家中不断增长的公众需求和期望远远超出了政治制度

① 参阅经济层面的种族冲突(S. W. R. de A. Samarasinghe and Reed Coughlan, eds., Economic Dimensions of Ethnic Conflict (London: Pinter, 1991))。关于南亚动乱经济源头的讨论可参见南亚地区的资源和不稳定(Sandy Gordon, "Resources and Instability in South Asia," Survival, Vol. 35, No. 2 (Summer 1993), pp. 66 – 87)。

所能回应的能力范围。[①] 在多民族国家里，这些类型的经济问题必然会造成少数民族剧烈的反响。不管起因是什么，经济问题都会加剧现有的民族间的紧张关系或使之产生新的矛盾，尤其是当这些问题发生在不同的民族群体有不平等的经济负担、不同的生活标准和不同的经济机遇的背景下，情况更是如此。而这些紧张关系又经常被旨在保持或提高自己政治地位、将国家正在经历的经济困难归责于少数民族的国内精英复杂化。

以马来西亚、印度尼西亚、新加坡和泰国等国家为例，虽然经济繁荣可以缓解民族紧张关系，并降低民族间暴力冲突产生的潜在可能性，但经济增长并不是万灵丹。事实上，经济繁荣同样会加剧民族间的矛盾。例如，因为在缅甸好的工作很难找，使得泰国的经济增长吸引了大量来自缅甸的非法移民。在印度尼西亚掌管着商业区的华人少数民族从国家的经济增长中获得大量利益，这就引起了其他民族区的怨恨。

虽然经济因素和发展趋势有助于构建政府运作的民族环境，但它们并不是一成不变的。政府决定着将要采用的经济体系类型和具体的经济政策，政府也决定着是否要减轻经济问题对少数民族群体的影响。总之，这是政府对民族环境产生巨大影响以及研究这些环境是如何演变的另一区域。

---

① 参见社会变迁中的政治秩序(Samuel P. Huntington, Political Order in Changing Societies (New Haven, Conn. : Yale University Press, 1968))；反叛之由(Ted Robert Gurr, Why Men Rebel (Princeton, N. J. : Princeton University Press, 1970))；国家建设还是国家毁灭(Walker Conner, “Nation – Building or Nation – Destroying?” World Politics, Vol. 24, No. 3 (April 1972), pp. 319 – 355)；民族主义：寻求理解(Walker Conner, Ethnonationalism: The Quest for Understanding (Princeton, N. J. : Princeton University Press, 1994))。关于全面的看法可参见现代化是否滋生了种族冲突(Saul Newman, “Does Modernization Breed Ethnic Conflict?” World Politics, Vol. 43, No. 3 (April 1991), pp. 451 – 478)；理论革命的：第三代(Jack A. Goldstone, “Theories of Revolution: The Third Generation,” World Politics, Vol. 32, No. 3 (April 1980), pp. 425 – 453)。想了解对此方法的评论可参见现代化是否滋生革命(Charles Tilly, “Does Modernization Breed Revolution?” Comparative Politics, Vol. 5 No. 3 (April 1973), pp. 425 – 447)；革命理论的反思：集体暴力的对比模式(Rod Aya, “Theories of Revolution Reconsidered: Contrasting Models of Collective Violence,” Theory and Society, Vol. 8, No. 1 (July 1979), pp. 1 – 38)。

地区和国际影响

地区和国际因素也影响着民族环境。地区影响通常具有分裂性。[①] 民族群体的分布经常横跨国际边界,这就意味着边境的民族群体会因邻国发生某些情况而被煽动起来(如果一个民族正在遭受迫害),那么他们可从邻国的民族同胞处得到物质和精神支持。例如,缅甸的克伦叛乱者接受了泰国同族的支持。

另外,邻国的问题可能引发难民潮和军事入侵,造成边境地区的动荡。例如,阿富汗的难民造成了巴基斯坦部分地区的混乱;缅甸军事力量不时的入侵泰国以根除克伦人的军事基地和庇护所。由于机会主义原因,地区力量也会经常干预其他国家的民族政治。长期以来,印度和巴基斯坦一直如此,巴基斯坦支持印度克什米尔地区的叛乱分子,印度政府支持巴基斯坦信德省的叛乱者,而双方政府的对外声明却截然相反。

于此相对地,诸如调解、维和行动等稳定地区影响的措施却太少了。印度在 80 年代末派遣军队到斯里兰卡,旨在结束当地的内战,但失败了。

不过,印度出兵的动机并不是完全处于利他主义的,而是其担心斯里兰卡的长期内战会使印度南部泰米尔纳德邦的泰米尔人变得激进。巴布亚新几内亚于 1980 年开展的行动更成功些,防止了圣吐人民从瓦努阿图的脱离。同样地,这些干预者的动机也不完全是无私的,面对本国布干维尔岛的动乱,巴布亚新几内亚政府想要表明脱离主义在这里是不被宽容的。[②]

虽然国际力量和国际组织,如联合国,通常在经济和政治发展、调解和维和行动方面的资源配置方面处于有利的位置,但它们经常做不到这点。国际主要的军事力量,特别是美国,一直反对直接干预他国的民族冲突,国

---

① 关于民族问题波及面的更多讨论可参见内部冲突的原因和区域范围(Michael E. Brown, "The causes and Regional Dimensions of Internal Conflict," in Brown, The International Dimensions of Internal Conflict, pp. 590 – 601)。

② 对西非在利比里亚维和行动的研究表明地区维和天生就存在很多不足,因为干预者的动机总是被怀疑的。参见利比里亚的教训:西非监测组和区域维和(Herbert Howe, "Lessons of Liberia: ECOMOG and Regional Peacekeeping," International Security, Vol. 21, No. 3 (Winter 1996/97), pp. 145 – 176)。

际维和行动也有着不均衡的历史记录。[①] 事实上,国际力量在80年代和90年代采取的一些措施,如在给予财政援助的同时强加以经济和政治条件等,削弱了国家结构,破坏了世界上许多地方的稳定。[②]

简而言之,民族问题对各地区的影响一般都是有害的。而其他地区,国际力量的行动所起的作用也是模棱两可。

环境与政策间的相互作用

摆脱殖民统治后,国家的新政府会面临许多民族问题和挑战,这些民族环境马上会根据政府的作为和不作为以及其他国内和国外发展情况而做出反应。

人们不应认为环境或政策是静止不变的。事实上,了解它们是如何演变的,尤其是二者之间是如何相互作用的很重要,环境影响政策,而后者又反过来影响民族地理分布、群体恐惧和政治制度安排,以及经济发展趋势等等。

政府如何促使民族群体走向激进的是需要我们分析的重要过程之一。在许多国家,那些曾经对政治漠不关心的群体也开始实施政治计划,并赞成把政治自治作为解决民族问题的途径。另外,随着群体目标变得越来越具有野心,群体开始更倾向于通过暴力手段来实现他们的目标。政府可通过追寻广泛政策目标,采用政策工具,建立政策模式,解决悬而未决的政策问题及在特定政策区域采取主动措施等对民族群体计划的发展产生巨大的影响。接下来,我们将了解这些政策参数和政策区域。

---

① 关于90年代前五年的国际维和行动的详细情况可参见联合国及其内部冲突(Jonge Oudraat,“The United Nations and Internal Conflict”)和内部冲突和国际行动(Michael E. Brown,“Internal Conflict and International Action”),两篇文章都摘自全球视角下的内部冲突(Brown, International Dimensions of Internal conflict, pp. 489 – 535, 603 – 627)。

② 关于国际金融制度是如何影响非洲的稳定的讨论可参见撒哈拉以南非洲的冲突和调解(Stephen John Stedman,“Conflict and Conciliation in Sub – Saharan Africa,” in Brown, International Dimensions of Internal conflict, pp. 235 – 265)。

政策参数

根据这些环境因素，我们将对构成政府各项民族政策的4个参数进行分析，它们分别是：政策目标、政策工具、政策模式和普遍的政策问题。并对不同种类的政策目标、工具、模式和问题进行了确认和区别；对亚太地区的政府采取的行动进行了分类，并就这些行动对该国民族关系所造成的影响进行了分析。[①]

政策目标

政府通常会把维护政治团结和国家的领土完整作为其主要目标。[②] 然而，不同的政府对他们目前能够接受的民族数量有不同的看法，他们对本国应如何从长远来构建民族结构也有不同的观点。在两种基本的民族观中，政府通常会选择其中一种：单一文化观（其政策的目标是同化和建立以一个民族为基础的国家同一性）[③]或多元文化观（其政策的目标是在保留民族和文化多样性的同时维护政治团结）。[④]

支持单一文化观是出于人口结构、战略和狭隘的政治原因。那些在人口结构上由一个民族群体统治的国家，它们的政府一般奉行的是单一文化观，如菲律宾。一些政府合理的认为他们的国家安全面临着外部威胁，因此需要建立稳固的国家同一性和共同战线。例如，英国和法国19世纪末在南亚的殖民扩张促使君主制的泰国建立了泰民族同一性。政府通常认为，为了打造国家同一性、维护政治团结和保护本国领土的完整性，必须建立国家

---

① 根据这一分析得出的政策建议将在本章末予以介绍。

② 捷克斯洛伐克1993年的和平分裂是这方面的特例。

③ 无可否认，“单一文化”一词在本文中存在疑问。一些政府愿意允许民族群体保留一些文化传统，即使中央政权决定通过同化政策形成以民族为基础的国家同一性。例如，泰国政府从19世纪末就开始打造泰国国家同一性，同时，他们允许少数民族保留一些自己的文化，只要这些群体不追求自己的政治议程。

④ 在一些情况下，为政府的民族观和宏观目标进行分类很容易。而在其他情况下比较难：一些政府的目标不适合分类中的任何一种；一些政府针对不同民族群体有不同的目标；他们的观点和目标随着时间不断变化。我们对这些问题应有所了解，不过它们不是我们分析的屏障。

同一性和采取同化计划。这也正是巴基斯坦、缅甸和印度尼西亚采取同化政策的合理理由。一些政府的单一文化观似乎主要建立在占统治地位的多数人对应得权益的追求的基础之上。澳大利亚直到60年代末一直实行单一文化观和同化政策。新西兰政府70年代初采取了同样的方式。从60年代末开始,马来西亚政府一直致力于打造一个以马来语、宗教及文化传统为基础的国家同一性。菲律宾政府直到80年代中期和90年代分别开始了对山区部落和摩洛人的同化政策。斯里兰卡政府直到90年代中期才采取了单一文化政策。新加坡政府虽然宣称本国奉行的是多元文化观和多民族观,但当华人统治了该国的政治和经济生活时,其决定采取同化政策。①

支持单一文化观的另一原因是这种观念可以服务于狭隘的政治利益。许多政府都是由一个或多个民族群体共同执政,这就意味着另外一些群体被排斥在权力之外。而这些掌权的群体想要一直当权,想要且需要维持本民族选民的支持,但却不关心或不想帮助其他群体或少数民族。②单一文化观很能引起这些政府的共鸣,比如巴基斯坦政权就属于这种情况。单一文化观在政治上为中央强权提供了不错的依据——维护国家安全,促进政治团结,同时也为镇压民族群体和其他异议者提供了借口。缅甸、印度尼西亚、马来西亚、巴基斯坦和菲律宾的政府就曾经因为这些原因采取了单一文化观。在所有这些情况中,单一文化观都对想长期掌权的中央政权有诸多政治益处。

不过,还有一些政府或者容忍了民族的多样化,或者接纳了多样化作为一个事实而存在。这有助于政府成功地保持民族的多样性,一些政府对民族问题反应迅速,并真诚的致力于促进政治、经济和社会公正的发展。我们可以说这样的政府具有多元文化观。印度、密克罗尼西亚、巴布亚新几内亚和瓦努阿图政府都奉行此观点。其他政府随着时代的变迁也开始放弃单一

---

① 自从1987年军事接管以来,斐济政府的主要目标是使斐济人在政治上掌权,在文化上繁荣。因此,政府赋予强硬的单一文化主义者一些优先权,虽然文化同化本身并不是最应优先考虑的事情。

② 我要感谢罗恩(Ron May),他建议我对该问题进行研究。

文化观,而采用多元文化观。澳大利亚、新西兰和斯里兰卡分别于20世纪60年代末、70年代初以及90年代中期开始采用此观点,而菲律宾也在80年代中期和90年代中期先后对山区部落和摩洛族实行了此政策。

本书中研究的15个国家中,有4个国家对其民族观和宏观政策作了修改,澳大利亚、新西兰、菲律宾和斯里兰卡都先后放弃了单一文化观。在这些情况里,只有澳大利亚的政策变化可追溯到是由民族人口结构的变化引起的;由于劳动力缺乏,澳大利亚政府在二战后开始放宽移民的限制。

此举导致了大量非英国移民的涌入,并最终将基本是一个单一民族国家的澳大利亚转变成了一个多民族国家。在其他三个国家中,领导人因渐渐意识到单一文化观难以维持并有失公正而放弃了。在菲律宾和斯里兰卡,由于中央政权没有能力平息摩洛人和泰米尔人的叛乱,最终导致新的中央政府开始寻求完全不同的民族观和政策目标。

很显然,民族观的选择受到如民族地理分布等环境因素的影响。尽管这两者之间的相互关系并不是必然的,但还是有许多多民族国家,比如缅甸、印度尼西亚、马来西亚、巴基斯坦和斯里兰卡等都在很长一段时间内采用过单一文化观。政治领导在民族观的选择和具体政策目标的制定时起着关键作用,他们对威胁到国家安全的外部力量、影响国内政治团结的内部势力和长期的国家需求的理解,以及个人的政治抱负和政治计划等都对民族观的选择和政策目标的制定起着决定性作用。

政策工具

现在转向政府行为,主要包括政府制定的计划和他们所采用的将民族观转变为现实的工具。从广义上讲,我们可将建立在高压基础上的政策和建立在劝诱基础上的政策区分开来。①

高压工具通常包括法律禁止、政治镇压、经济压制、军事管制和武力使

① 在一些情况中将政策工具分类很容易,不过在另外一些情况中比较难,如所有政府既采用高压工具也采用劝诱工具;一些政府针对不同的民族群体采用不同的工具;另外政府在不同的时期也会采取不同类型的工具。

用。澳大利亚政府采用高压工具对待土著居民(至少在60年代末之前一直是这样),他们征用了土著居民的土地,颁布了针对结社和运动的法律,并强行拆散了土著居民的家庭。缅甸政府,不管是民事机构还是军事机构,在对待克伦族和掸族时主要依赖的都是武力使用,罗兴雅人(主要居住在若开邦的印度穆斯林)也由于受到多次袭击而逃往孟加拉国。①

印度尼西亚、马来西亚和新加坡的专制政权都依赖高压政策,印度尼西亚政府对亚齐省、东帝汶和伊里安查亚民族群体进行镇压。② 巴基斯坦和斯里兰卡政府不断借助武力解决少数民族争端。印度则用武力镇压了克什米尔、东北地区和旁遮普的叛乱;巴布亚新几内亚在布干维尔岛采取了同样的方式;马尼拉政府则依赖经济压制和军事制裁处理山区部落和摩洛族方面的问题。斐济1987年的政变标志着该国向高压政策的转变。

诱导政策主要依靠劝诱、拉拢和拓宽政治、经济和教育福利范围等方式实现。密克罗尼西亚、新西兰、泰国和瓦努阿图等国都把诱导作为一种主要政策。除此,印度和巴布亚新几内亚也采取这一政策。澳大利亚自60年代末以后对土著居民的政策、菲律宾从80年代中期和90年代中期分别开始对山区部落和摩洛族采取的政策也都将劝诱工具作为主要模式。

在民族舞台上,高压也经常作为一种政策工具得到支持。专制政权依赖高压和武力,而且他们会毫不犹豫地对他们所认为的问题动用高压和武力。甚至在非专制环境中,高压和武力也经常被认为是一种快速而永久地解决民族问题的方式,尤其是当问题长久得不到解决或加剧时。不过,历史表明,几乎没有任何高压工具快速而永久地解决过这样的问题,反而使当权者与少数民族的冲突经常恶化到更加激烈的程度,并持续数十年。缅甸政府从40年代末就开始与克伦叛乱者打仗;菲律宾政府从70年代初到90年

---

① 缅甸政府在对待其他群体(如若开族、钦族和孟族)的方式上更为复杂多样化。政府试图对一些群体的要求妥协,从而可以集中力量用于压制克伦族和掸族。

② 威廉(William Liddle)指出印度尼西亚政府在对待一些民族群体时也使用了拉拢和劝诱性政策工具。而对印度尼西亚政府所采取的政策我们无法一概而论。参见本书中关于印度尼西亚的章节。

代中期一直与摩洛叛乱者打仗;斯里兰卡在80年代初也爆发了内战。

另外,每当政府采用高压工具时,民族群体都会变得更加激进,政治妥协和冲突解决的前景也最终变得很渺茫。很悲哀但却又不可避免的是,政府通常在很长一段时间后才公开承认他们在财政、政治和人力方面成本高昂的高压努力失败了。事实上,许多政府都走不到这一步,在错误被承认、投入的成本被取消、和平政策被实施之前,政权便已经发生了变更,如1992年菲律宾前总统菲德尔·拉莫斯的掌权或1994年斯里兰卡前总统钱德里卡·库马拉通加的竞选胜利。

政策模式

根据上述所说,我们可把政策目标和政策工具联系到一个完整的框架内,可描述为二阶分块矩阵。同时,我们也可对亚太地区的政府就民族问题和民族群体采取的行为进行分类。[①](见表22)接下来,我们继续分析这些行为对民族关系的影响。

持单一文化观和主要依赖高压政策工具的政府可称之为强迫同化政府。总的来说,这些政策都不能达到政府所期望的目的:文化同化、社会一体化和政治稳定。巴基斯坦数十年过激的同化政策导致了东部地区的分裂和西部的持续动乱。缅甸政府与掸族和克伦族叛乱者打了几十年仗也未能让他们俯首称臣。虽然缅甸政府与大毒枭昆沙和掸族叛乱者于1995年达成了协议,但其与克伦族的斗争正向第60个年头迈进。而印度尼西亚政府也未能根除亚齐省、东帝汶和伊里安查亚的叛乱。

---

① 对政策进行分类有时候会很简单,但有时候也会很难。一些政府(如斐济)追求的政策目标很难在这一框架内实现,而且,一般政府都不会单一地采用高压工具或劝诱工具。另外,如上所述,政府经常针对不同的民族群体采取不同的政策,而且政策随着时间也在变化。这些区别中的一部分可参阅表13.3中的条目。艾斯曼(Esman)的《族群政治中》(Ethnic Politics, pp. 259 - 260)也提出了类似的分析框架。

表 22 政策模式

	劝诱工具	强制工具
单一文化目标	诱导式同化	高压式同化
	澳大利亚(移民)	澳大利亚(土著居民,到 60 年代止)
	缅甸(孟族、拉客辛族)	缅甸(克伦族、掸族)
	新西兰(到 70 年代止)	印度尼西亚
	菲律宾(华人移民)	马来西亚
	泰国	巴基斯坦 菲律宾(部落民族,到 80 年代中期止;摩洛族,到 1996 年止) 新加坡
		斯里兰卡(到 1994 年止)
多元文化目标	温和的融合	有姿态的容忍
澳大利亚(土著居民,从 60 年代开始)	印度(克什米尔)	
	密克罗尼西亚	巴布亚新几内亚(布干维尔岛)
	印度(关于宗教、语言方面)	
	新西兰(从 70 年代开始)	
	巴布亚新几内亚	
	菲律宾(部落民族,从 80 年代中开始;	
	摩洛族,从 1996 年开始)	
	斯里兰卡(从 1994 年开始)	
	瓦努阿图	

菲律宾连续几届政府都试图将信奉基督的菲律宾人迁入摩洛地区,并武力镇压摩洛族的叛乱。结果,这数十年的努力既没有铲除反叛力量,也没有赢得摩洛族人的人心。最后,政府改变了策略,向摩洛人提出了区域自治。同样,斯里兰卡政府在经历十多年的内战后也未能打败泰米尔叛乱者。其最后也改变了路线,采用区域自治的政治解决方案。虽然澳大利亚政府从未经历过土著居民持续的武装叛乱,但其数十年残酷的同化政策未能产生真正的同化效果。事实上,这些政策使得土著居民社区的许多社会和经

济问题复杂化，但是采取同化政策的本意是想解决这些问题。[①] 总之，同化本身就是一个极为有争议的措施，它会引起少数民族政治的削弱和文化的消失。

采用高压政策容易激化少数民族，引发更为顽强的抵抗，从而将问题复杂化。高压另一方面也会激化多数民族，并使政治和解变得更加困难。许多僧伽罗人也反对斯里兰卡领导人钱德里卡·库马拉通加在90年代中期提出的和平政策。除非是压倒性的力量作用于弱小、孤立的少数民族（如澳大利亚的土著居民），否则长期的武力冲突在所难免。要想成功，同化政策最终要建立在政治妥协基础上，而高压工具的使用往往使妥协更加难以达到。

持单一文化观和主要依赖劝诱政策工具的政府可称为诱导式同化政府。总的来说，在实现文化同化、社会一体化和政治稳定方面，这些政策要比高压同化政策成功得多。泰国就是一个成功的典范，在打造稳固的国家同一性的同时允许非政治文化多样性的存在。缅甸政府也成功地拉拢了许多少数民族（如孟族、若开族），这表明即使独裁者也能寻求相对积极的政策。虽然在西班牙殖民统治下，菲律宾的华人移民经常遭到苛刻的对待，但现在华裔菲律宾人已很好的融入到菲律宾的主流社会之中了。澳大利亚的移民也都融入到了主流的政治、经济和社会生活之中。总之，建立在诱导式同化基础上的政策在实现高度同化和抑制政治暴力方面做得很好。从短期和长期看，诱导式同化都比强迫式同化更为有效。

持多元文化观和主要依赖劝诱政策工具的政府可称之为温和型政府。这种政府的政策可以成功地建立起保持文化多样性和维护国家团结及政治稳定之间的平衡。比如是，印度政府在宗教和语言方面一贯承诺的调和政策成功的缓解了许多潜在的民族冲突。当然，印度政府在政策的选择方面并不是毫无差错的，印度在其独立后也曾经历过一段动荡时期，但可以很肯

① 虽然马来西亚和新加坡并不需要面对大规模的民族叛乱，但少数民族对强加于他们的同化政策是极其不满的。

定地说,如果没有实行这些政策,印度的社会会更加混乱,甚至可能已经出现剧变。

虽然还不知道密克罗尼西亚、巴布亚新几内亚和瓦努阿图是否能以当前的形式存在下去,但政府真心实意对民族多样化的容纳,政治暴力被抑制到相对较低程度的同时,也使他们继续存在下去的机会最大化了。澳大利亚 60 年代末和新西兰 70 年代初对本土居民同化政策的放弃已经产生了积极的效果。一直困扰着澳大利亚本土居民和新西兰毛利人的许多社会和经济问题正在得到比过去更为认真的解决。不过,还不能说斯里兰卡和菲律宾,分别对泰米尔人和摩洛人从强制同化到和睦相处的巨大政策转变是否能结束折磨这些国家很多年的暴力冲突。在菲律宾,摩洛族领导人接受了政府区域自治的提议,这确实是一个鼓舞人心的消息。在斯里兰卡,政府新的妥协姿态使僧伽罗人与泰米尔人之间的关系向调解迈近了一大步。至于泰米尔极端分子是被成功拉拢还是被打败在战场上仍然是未知数。毫无疑问,妥协政策成功的关键在于政府认真、持久的努力。长久的文化、经济和政治融合不可能一蹴而就,尤其是对那些有民族歧视或有民族暴力遗留影响的国家而言,更是如此。印度长期以来对世俗主义、多语主义和政治分权的承诺,澳大利亚和新西兰数十年来致力于改善与本土居民的关系都很好地证明,如果政府想与少数民族达到真正、持久的和解,就要做出持续的努力。

最后,持多元文化观和偶尔依赖高压政策工具的政府可称为采取"有姿态的宽容型政府"。这种政策目标和政策工具乍看起来似乎是不兼容的。一个能够容忍民族多样性的政府如何在追求多元文化观的同时又采用高压政策工具呢?容忍和高压如何共存呢?答案是一些国家的政府(如印度、巴布亚新几内亚)热衷于多元文化规则,但同时他们又希望将国家维持下去。如果需要,他们愿意通过武力阻止民族群体从该国分离出去。因为民族群体的分离会引发连锁反应,导致其他群体纷纷效仿。

而这一进程会进一步导致国家的分裂。莫尔兹比港(巴布亚新几内亚首都)不愿布干维尔岛分离出去,新德里(印度首都)不愿克什米尔分离出去,主要就是出于这样的担心。印度在克什米尔问题上立场非常坚定,因为印度自建国以来就抱有建立一个多民族、世俗国家的信念。如果克什米尔脱离出去,将不符合印度的建国原则。寻求"有姿态的宽容"的主要问题就算是在热衷于多元文化观的国家内,武力的使用也存在很大的问题。当妥协才是解决问题的最终方式时,武力会使正在被压制的少数民族变得更为激进。甚至在类似这样的环境中,武力的使用也会使现有的民族问题复杂化,使长期的政治和解更加困难。

从上述分析中得出的令人忧虑的结论之一是,如果政府确实想支持单一文化观(出于民族团结和狭隘的政治原因)和高压工具(因为独裁动机或对武力有效性的错误相信),那么它就会倾向于支持强制同化政策——最有暴力倾向和最不成功的政策选择。①

政策问题

政府关于民族问题的政策经常受到三种普遍问题的困扰:降低政府行为有效性的时效问题,执行问题和政治困境。

时效问题:政府对民族问题的反应经常滞后,或是因为领导人在专注于其他事务,或是因为领导人认为民族问题不紧迫,或是族群的政治影响力不够。泰国政府一直漠视北部和东北部的山区部落,直到50年代出现外部安全问题后才开始重视,澳大利亚和新西兰政府也忽视本土居民面临的问题达数十年,而巴基斯坦政府对民族问题的忽视导致了1971年的分裂以及未分离地区的持续民族动乱。

类似的,斯里兰卡政府对泰米尔人残酷的政策最终导致民族激进和暴力冲突的暴发。印度尼西亚政府主要关心国家的完整性和加强对边疆地区的控制,并没有将缓和边远地区的民族群体的矛盾放在优先地位。从60年代末开始,马来西亚政府一直将重点放在提高占国家人口多数的马来人的

① 这应该被认为是一种假设,需要进一步调查论证。本书中对该系列案例的考察不多,不足以对此提议做出权威性的验证。

经济和教育地位上，安抚占少数的华人和印度人最多只是其第二考虑。甚至在许多方面表现很好的印度，也无法及时解决某些地区的和宗教的问题。简而言之，如何使政府关注到民族问题，并对民族问题有所作为是一个普遍性问题。

在多数情况下，政府只有在不得不采取行动时才对民族问题有所作为。来自外部的安全威胁，无论是真实存在的还是凭空想象的，都会使政策制定者关注对边疆地区的控制。如上所述，泰国政府被迫在50年代开始更加关注北部和东北部地区的山区部落。经济问题同样也会促使政府解决长期存在的但却在此之前一直被忽视的民族问题。再如，新西兰政府在80年代加倍努力满足毛利人提出的需要资源丰富的土地、森林、渔场的要求，甚至广播的要求，因为不解决这些要求就会妨碍政府处理政府资产和进行经济私有化的工作。更普遍的情况是，政府一直处于观望状态，直到民族危机加剧了。不幸的是，当危机出现时（即是民族恐惧增强、群体被激化、时间日趋紧迫、经济资源变得有限和政治制度走向失败的时候），错误往往更容易产生，选择更为有限，政府也更易于诉诸武力，从而使成功解决危机的几率也变得更低一些。换句话说，政府更可能在会导致失败的时候才开始解决民族问题。

相反的，政府在民族问题不大和相对容易解决时很少有所行动。[①] 当国家的制度稳固时，中央政权不会感受到来自民族问题的威胁。当经济繁荣时，民族群体的不满和暴动通常会比较少，因为他们也不愿影响经济运行。在这样的条件之下，政府几乎不会感受到解决复杂的、潜在的民族问题的紧迫感。结果，政府经常错过由制度的强大和经济的增长所带来的机会。处于能解决民族问题时期的政府也常常是忽视民族问题的政府。

然而，持续的忽视通常会导致民族问题的恶化和民族群体的激化，这反过来又导致政府最终采用高压政策来解决民族问题，冲突由此升级。政府的疏忽和拖延经常是民族暴动的先兆。

---

① 参见族群冲突（Horowitz，Ethnic Groups in Conflict，p. 684）。

执行问题:执行问题在所有政策领域都很普遍。就民族问题来说,主要有三个执行问题。[①] 第一,领导人和政府在就民族问题表达关心和主动推行某项政策时毫无诚意,经常虚张声势。领导人和政府只是想给人们一种他们关心民族问题的印象,以期能安抚国内或国际势力。他们希望这种华丽的辞藻和冠冕堂皇的声明能代替真正的行动。比如缅甸政府不止一次郑重承诺过要尊重该国少数民族的权利,但它们的行动却往往违背了自己的誓言。

第二,即使政府的本意是真诚的,政策难以保持对问题持久、高度的关注。没有中央权力的持续关注,政策通常无法顺利实施。例如,菲律宾前总统费迪南德·马科斯1986年倒台,旨在给予部落民族更多区域自治权和保护他们祖先故土的新宪法得到通过,1989年授权法起草,但直到1996年该法案仍被国会委员会搁置在一边,未得到通过。只占总人口3%的民族部落也无法使此问题得到高层长期的关注。

第三,即使高层开始关注眼前的问题,有限的制度能力和资源也削弱了其执行能力。对那些刚从殖民统治中解放出来或正在努力发展政治、经济的国家来说,制度和资源的限制颇多。菲律宾的一个例子足以说明这一点。1957年,国家一体化委员会成立,被授权为毛利人和部落民族修建学校和提供财政资助。然而,该委员会只有很少的预算,也无法做出什么成绩,最后被迫于1975年解散。

政府对政策的不主动、不完全主动或延迟实施,会使他们想解决的民族问题和想安抚的民族群体随着时间的推移使矛盾加剧和被激化。同样重要的,执行问题破坏了政府的信誉。而信誉一旦没了,就很难再重新建立。结果,政府就更不可能提出建设性地解决民族问题的方案了。

政治困境:在多元民族社会中,从来没有一个政府可以在民族问题方面保持中立。政府是由有民族联系的个体构成的,一个政府的构成可能从总体上反映出国家人口的民族构成。伴随着民族联系产生了民族选民。在多

① 在特定政策领域的执行问题将在后面予以讨论。

元民族社会中,政府领导人面临的最艰难的政治困境就是如何处理服务和回报选民与满足其他民族需求之间的紧张关系。31 领导人和政府都专注于前者,这对他们执政很关键,甚至使他们不惜以平等、高效地处理其他民族群体的事务和民族问题为代价。结果,这种短期的政治之需引发并加剧了长期的民族问题,并使这些问题愈演愈烈。

不幸的是,当领导人和政府真正关注民族问题时,他们不可避免地偏向于采取他们认为能够快速解决这些问题的方式:关于忧虑的庄重宣言、冠冕堂皇的声明、不切实际的政策以及高压政策工具,包括武力的使用。如上文所说,高压工具和武力的使用经常达不到预期目的,除了不能像期望的那样快速、永久的解决现有的民族问题,还加剧并延长了民族间的对抗。其带来的结果通常不是政治有序和社会和谐,而是持续的暴力冲突。令领导人和政府沮丧的是,他们发现激化矛盾容易,缓和矛盾困难,尤其是在民族冲突方面。深思熟虑的领导人和政府会发现,在通常情况下,大部分民族问题不会有快速的解决方式。因此,如果政府想认真解决民族问题,他们需要做出持续的努力和长期的甚至无限期的政策承诺。不过,这与领导人和政府优先考虑的短期政治目标是矛盾的。

总之,这是多民族社会固有的政治困境(如何妥善处理服务选民的需要跟解决其他民族群体问题之间的紧张关系,以及在短时间内解决问题的意愿和解决民族问题需要持续、长期的行动间的关系),这也向我们解释了为什么政府经常不能有效的解决民族问题的原因。[①]

政策领域

有了这样一个总体框架,我们从 8 个特定领域探讨政府政策:民主和专制政治体系、联邦和中央集权政治体系、公民政策、平民和少数民族权利政策、语言政策、宗教政策、教育政策和经济政策。我针对每个领域对民族关

① 正如唐纳德·霍维茨(Donald Horowitz)所说,当涉及到许多民族问题的有效处理时,“这已不是智力问题,而是政治问题”。参见族群在冲突(Horowitz, Ethnic Groups in Conflict, p. 684)。

系和问题有重要影响的政策和纲要进行了确认，并解释了这些政策的成功或失败之处。因为某一时间在某一地方行得通的政策不一定在其他条件下也行得通，我描述了在什么条件下政策会成功和在什么条件下政策会失败。随着这一章节的逐步展开，我也针对每个领域提出了一些政策建议。

我的建议是政府应通过非政治化的方式来缓和民族紧张关系。从实践来说，这就意味着要建立和维持法治，让公民认识到国家主义和自己的公民身份，要广泛地保护公民权利，而不是特定的少数民族权利；支持世俗主义，而不是建立官方宗教；尊重语言多样化，促进多语言的发展；教育和经济领域的优惠和积极政策要建立在广泛认同的基础上。很显然，专制政权不可能促进法治，对民族群体别有企图的领导人不可能赞成民族中立政策。然而，想积极的解决民族问题——即促进民族群体间稳定与和谐，领导人应尽力使民族问题非政治化。

民主体系与专制体系

我们知道事事如意是不可能的，就像民主体系固然很好，但其在缓解多民族社会中民族间的紧张关系方面也有不尽如人意的地方。① 斐济和斯里兰卡曾深受民主的困扰。印度虽然有着很强的民主传统，但它独立后也不

---

① 要详细了解多民族社会中民主体系经历的问题，可参见多元社会的民主（Arend Lijphart, Democracy in Plural Societies（New Haven, Conn.：Yale University Press, 1977））；族群在冲突（Horowitz, Ethnic Groups in Conflict, especially chaps. 7 – 10）；民族主义，种族冲突和民主（Larry Diamond and Marc F. Plattner, eds., Nationalism, Ethnic Conflict, and Democracy（Baltimore, Md.：Johns Hopkins University Press, 1994））；人权观察（Human Rights Watch）中的玩弄"公共牌"：公共的暴力和人权（Playing the "Communal Card"：Communal Violence and Human Right（New York：Human Rights Watch, 1995））；民主体制下的区域性民族冲突（Saul Newman, Ethnoregional Conflict in Democracies（Westport, Conn.：Greenwood Press, 1996），especially chaps. 1, 7）；在种族冲突中的权力分享和国际调解（Timothy D. Sisk, Power Sharing and International Mediation in Ethnic Conflicts（Washington, D. C.：U. S. Institute of Peace Press, 1996），especially chap. 3）。也可参见和解的代价：比较政治中的种族冲突管理（Donald L. Horowitz, "Making Moderation Pay：The Comparative Politics of Ethnic Conflict Management"）和分享权力的方法（Arend Lijphart, "The Power – Sharing Approach"），两者都摘自在多种族社会的冲突和和平进程（Joseph V. Montville, ed., Conflict and Peace – making in Multiethnic Societies（Lexington, Mass.：Lexington Books, 1990），pp. 451 – 475, 491 – 509）。

是一点麻烦都没有。巴布亚新几内亚民主选举出的政府未能防止布干维尔岛叛乱的暴发,更未能结束叛乱。澳大利亚民主选举出的政府引发了土著社区一系列严重的问题,但他们却一直未予以重视。新西兰民主选举出的领导人未对毛利人普遍存在的社会和经济问题做出及时的反应。

无可否认,民主体制在解决民族问题时有不尽如人意的地方。当民族群体力量弱小、不易诉诸暴力时,他们很可能在很长一段时间内都会受到残酷的对待,他们的遭遇也得不到政府的重视,这种情况就曾发生在澳大利亚土著居民和新西兰毛利人身上。另一问题是候选人在选举时经常打"民族牌",这反过来又使社会两极分化。政客们会公开的向某一民族群体发出呼吁,并向他们承诺改进其生存环境。这就导致了政客间的相互叫板,每个人都试图胜过对方,从而赢得民族群体的支持。而对一个群体的承诺往往就是对其他群体利益的损害,这就最终导致了两极分化。这正是斯里兰卡在二十世纪五六十和七十年代发生的事情。政客间的相互叫板引起了对僧伽罗人选票的疯狂追逐,从而使得僧伽罗人的政治计划得到更为猛烈的推进,泰米尔人的顾虑却得不到重视。结果造成了民族的两极化、泰米尔人的激进,并最终引发了内战。

在某些情形下,少数民族成为国家发生的所有不幸的替罪羊:政客们将煽动民族恐惧作为一种赢得选举支持的方式。例如,印度教极端分子提出伊斯兰游牧民族遍布全国,从而造成民众的恐慌。具有讽刺性的是,斐济的一些政客以他们国家正被印度移民接管而激起斐济人的恐惧。从目前来看,这样的民族呼吁会带来一些麻烦,更重要的是,从长远来看,它们可能导致民族两极化、激进和暴力冲突的发生。①

然而,在某些重要方面,民主体系很好地解决了民族问题。民主为大大小小的民族群体提供了一种机制。在这种机制下,族群能够参与政府构建、能够参与决策过程、并对政策的制定做出影响。因此,民主解决了民族忧

① 忽视弱小民族群体、做出民族呼吁以及将经济和社会问题归咎于少数民族等这些问题,并不只有民主体系才会遇到,专制领导人同样会做出这样的政治行为。我要感谢查尔德提出这一点。

虑，降低了民族群体诉诸武力的可能性。例如，在印度，民主和世俗传统有助于其政府在大部分时间内控制印度教与伊斯兰教间的紧张关系。在密克罗尼西亚、巴布亚新几内亚和瓦努阿图，民主的统治方式明显地缓和了潜在的民族间的紧张关系。在菲律宾，民主体制的回归使解决摩洛问题成为可能，如果该国在整体上推行民主和法治，那么区域自治计划更可能产生摩洛人所要求的真正自治的可能性就会大大增加。民主也为人民提供了一种表达他们对失败政策的不满和制定新的、更具建设性的政策的机制。在澳大利亚和新西兰，公共压力促使政府改变了对土著居民的政策。在斯里兰卡，公众对战争的厌倦导致了 1994 年的选举和新政府承诺与泰米尔叛乱者谈判，并使新政府最后主动提出了和平政策。民主是一种相对更加透明的体系，这减少了少数民族对未知领域的恐惧。民主还会在民族群体间形成高水平的公共讨论和政治互动，这为民族调和与冲突解决提供了有效的途径。①

另一方面，从短期看，专制政权通常能够压制和控制民族异议者。例如，马来西亚和新加坡虽然已经被专制政权统治了数十年，但它们的社会一直比较稳定、安宁。一些亚洲官员认为这种“亚洲方式”(即把社会秩序置于个人自由之上，以及由此形成的中央强权统治)是这一地区的许多国家相对和平和繁荣的原因之一。一些评论家回应说这只是专制统治放的烟雾弹，他们认为这一地区的许多国家(缅甸和印度尼西亚、巴基斯坦和菲律宾)所经历的激烈的暴力冲突，是因为中央强权统治的存在，还认为专制体制存在结构性问题，而这又将引起严重的稳定问题。从定义上看，专制体制将一些群体挡在了权力大门之外，同时，它又凭借镇压、强制和武力等手段来维持当权者的政治霸权。如上述讨论的，镇压导致民族群体被激化从而诉诸于武力。激进和诉诸于武力的想法一旦产生，就难以平息，这意味着被压制的群体在中央政权力量薄弱时会发起猛烈的回击。

苏哈托专制政权从 1966 年就开始维持印度尼西亚的秩序，但近期一系

① 我要感谢史蒂芬提出这一点。

列现象也显示民族冲突正愈演愈烈，而且不仅仅局限在如亚齐省、东帝汶和伊里安查亚等惯常纠纷地区。苏哈托对伊斯兰的拥护加剧了穆斯林和基督教之间的紧张关系，另外，人们也普遍意识到了政权对华裔印尼人的偏袒，使这些人从国家的经济增长中获得了巨大的利益。当苏哈托退出印尼的政治舞台后，尤其是与经济从多年的高速增长突然降下来时，这些问题将可能加剧。另一个得益于经济增长的专制国家是马来西亚。可以肯定的是，当这种经济繁荣景象衰退时，一直反对政府亲马来人政策的华人和印度人，将会更加直言不讳的对政府进行批判。简而言之，即使专制体系在短期成功的压制了民族问题，但从长远来看它还是会将这些问题复杂化。用温斯顿·邱吉尔的话说，如果民主是多民族国家最糟糕的选择，那其他的选择也许会更加糟糕。

虽然对民主和专制体系的尝试及其存在的忧患进行系统的讨论不在本书研究范围之内，但另外两个问题值得重视：在多民族民主环境中宪法框架的重要性以及协和式与整合式制度的相对价值。

宪法框架：从理论上讲，宪法限定并指导政府的行为。当然，在许多国家里，宪法对政府行为影响很小或根本没有影响。专制政权建立宪法主要是为了维护公共关系。在发生过军事政变的国家里（如斐济、巴基斯坦和泰国），宪法常常会失效。简而言之，宪法经常没有影响力。这就是理论和实践之间的巨大差距。

但有时情况也会相反，宪法也能具有持久的有效性。有着强大宪法和法治传统的国家一般都很好的维持了民族和平与和谐。密克罗尼西亚、巴布亚新几内亚、新西兰和瓦努阿图都有着强大的宪法（除了巴布亚新几内亚存在布干维尔岛叛乱），它们都算得上是民族安宁的岛国。澳大利亚在60年代末开始转变对本土居民的政策，通过修改宪法赋予了土著居民以公民身份，并将其列入国民人口普查中。类似的，菲律宾在1986年开始转变对部落民族的政策，当时前总统费迪南德·马科斯被赶下台后，新的政府便开始起草了给予部落民族更多保护的新宪法。虽然印度在处理民族问题方面差强人意，但它强大的宪法传统及其对法治的重视为其积极的处理民族问题做出了重要贡献。①

要想建立持久有效的宪法，领导人应牢记三条指导方针。第一，宪法应建立在包括所有主要政治群体和民族群体代表在内的广泛协商的基础之上。从一开始就建立广泛基础的政治支持非常重要。这道理看似浅显，但却没有几个领导人能够做到。宪法出自只涉及个别精英在内的讨论，而这样的宪法常常在后来遇到问题。例如，斯里兰卡独立后的第一个宪法是由英国人和僧伽罗领导人制定的，而泰米尔代表们只是参与了这一程序的最后阶段。类似的，1947 年，克伦族联盟没有参加缅甸独立后制定的第一个宪法的讨论。泰米尔人与克伦人后来都质疑这些宪法框架的合法性，并最终向各自的中央政府发动了战争。

第二，如果对宪法条款及其保障不予执行，或执行不力，那也是无意义的。如上所述，菲律宾政府迟迟不通过旨在为部落民族提供更多区域自治权的宪法条款。对宪法不能有效的实施将最终破坏宪法的信誉度，如不能建立强大的法庭、通过授权法以及拨款给一些特殊团体等。建立强大的、独立的法庭尤其重要，因为需要法庭来解释意思含糊的宪法条款（经常是故意制定成这样的），需要法庭帮助解决民族群体间的争端，也需要法庭来督促政府采取行动（如澳大利亚和新西兰）。

第三，宪法的权威性一旦丧失，便很难再重新建立。例如巴基斯坦在 1956 年、1962 年和 1973 年分别出台了新的宪法，其中最后一个宪法在军事管理时期被终止了。因此，许多巴基斯坦人对宪法框架的有效性或持久性失去了信任。深思熟虑的领导人因此变得更为谨慎，一旦宪法框架建立，他们便十分注意避免削减宪法效力的事情发生。当然，仍有许多领导人不惜以破坏国家的长期政治稳定为代价，采取各种方式让自己进入或留在权力核心中。

协和式与整合式制度。学术界争论的一大焦点是关于协和与整合方式

---

① 这并不是说印度的宪法是无瑕疵的，英迪拉·甘地在他就任期间实施了应急治理和强制性统治。

在民主环境中对民族冲突管理的相对价值。[①]

对这两种方式的拥护建立在这样的前提之上，在多民族的民主国家里，政治权力必须在族群间分享。这是建立公正、有效、稳定和持久政治体系的关键所在。然而，学者们对哪一种是最好方式意见不一。[②]

一些学者赞成协和式体系，这一体系主要有四个特点。[③] 第一，在协和式体系中，所有主要群体的代表都参与到政府中，尤其是政府的执行机构，这会促使无民族界线的“大联盟”在选举后形成。第二，均衡性是高层政府职位、议会代表、公务员和公共资金分配的指导原则，政府中有民族群体代表，并按照民族群体的比例予以提拔。第三，少数民族群体享有否决权，以保证其权益得到保障。第四，赋予少数民族群体足够的自治权，以解决只涉及他们自身利益的问题。

协和式的能量在于它能够保证少数民族参与到政府协商中来。事实上，少数民族群体可以对政府做出的损害他们利益的行为行使否决权。不过，这一方式也有一些弊端。[④] 第一，为了成功，协和式体系必须依赖那些愿意而且能够彼此合作的精英，这些精英们必须在选举后形成基础广泛的联盟，必须能够使追随者支持他们。然而，这些往往很难做到。第二，协和式体系依赖配额、限制和否决，而不是积极的合作动机。因此，民族间的对话更倾向于带有竞争性，而不是合作性。第三，协和式体系加强并固定了民族身份，成为民族群体的一部分是个体参与到政治过程和从政府部门获益的一种途径。

其他学者赞成整合方式，这一方式不再强调民族身份确认，而提倡民族

---

① “整合”一词来自种族冲突中的权力分享和国际调解（Sick，Power Sharing and International Mediation in Ethnic Conflict）第三章。

② 要了解这一争论的概要，同样参见种族冲突中的权力分享和国际调解（Sick，Power Sharing and International Mediation in Ethnic Conflict）第三章。

③ 参见多元社会的民主（Lijphart，Democracy in Plural Societies）和分享权力的办法（Lijphart，“The Power – Sharing Approach’）。

④ 参见种族冲突中的权力分享和国际调解（Sick，Power Sharing and International Mediation in Ethnic Conflict）第三章。

间通过“付出适当的代价”进行合作。[1]

在民主环境中，这就意味着要为政客们设计出合理的选举动机，以期获得一个以上族群的支持。而这又给了政客们明确的动机以使自己的言行更为稳重，更为令人信服。正如一位学者所说，这应该是“为政客和有分歧的群体提供缓和过激行为的理由，而不是为其提供旨在防止他们寻求霸权、以打败对方为目的的障碍”。[2] 从实际来看，这意味着设计出这样一种体系：分散对民族党派的支持，鼓励各党派在选举前与其他党派达成协议，最理想的是形成建立在广泛基础上的多民族党派和联盟。[3]

关于民族冲突管理的协和式和整合式的讨论不在本书涉及范围之内，本书侧重于政策，而不是政治制度。然而，我个人更赞成旨在淡化民族身份和为政治缓和创造动机的整合方式。在本章的后面部分，我将讨论不同的政府是如何在不同的政策领域采取不同的措施使民族问题非政治化，从而缓和民族紧张关系的。

联邦制与中央集权制

许多学者认为，在民族群体聚居的国家里，采取区域自治和联邦制是解决民族问题的有效方式。事实上，本书的一些作者也赞成他们所研究的国

---

① 参见分裂社会中的民主（Donald L. Horowitz, “Democracy in Divided Societies,” in Diamond and Plattner, Nationalism, Ethnic Conflict, and Democracy, pp. 35 – 55）；付出适当的代价（Horowitz, “Making Moderation Pay,” especially pp. 471 – 474）；族群在冲突（Horowitz, Ethnic Groups in Conflict, especially chaps. 7 – 10, 14 – 15）。要了解整合式，参考同上。

② 参见种族冲突中的权力分享和国际调解（Sick, Power Sharing and International Mediation in Ethnic Conflict, p. 41）。

③ 参见冲突中的族群（Horowitz, Ethnic Groups in Conflict, p. 632）。

家区域自治。①

本书中对一些案例的研究并不能最终证明联邦制在处理民族问题方面比中央集权制要好,但的确有一些能够支持这一说法的依据。本书中有两个国家采用按照民族界线定义的联邦制或半联邦制:密克罗尼西亚和印度(澳大利亚的联邦制不是按照民族界限定义的)。联邦制看似使密克罗尼西亚保持完整,但该国仅仅是从1986年才开始成为独立的实体。其前景如何还是未知数。印度的案例更好的证明了区域自治和联邦制在民族冲突管理方面的作用。印度是由以民族和语言界定的邦构成的,这些邦都被授予相当大的权力,这种体制经常被描述为是半联邦制。这种按照民族界定邦的方式满足了许多民族群体渴望拥有一种能够为他们所认同的政治结构的需求。同时,这也赋予了民族群体对其政治、经济和文化命运更多的控制权。简而言之,这种区域自治有助于平衡民族和国家需求,平衡各邦与中央政权之间的关系。一个很好的例子就是它们帮助印度缓和了泰米尔纳德、旁遮普、东北和其他地区民族间的紧张关系,并使国家保持完整。与许多国家的领导人出于自私原因的认为相反,区域自治不一定导致国家的分裂和

① 参见本书中印度的章节,巴基斯坦的章节,斯里兰卡的章节以及缅甸的章节。对民族冲突管理的协和式和整合式的相对价值持强烈反对意见的艾伦·李帕特(Arend Lijphart)和唐纳德·霍维茨(Donald Horowitz),肯定了区域自治安排和联邦制度的效力。例如可以参见权力分享的办法(Lijphart,"The Power - Sharing Approach," p. 494);付出适当的代价(Horowitz,"Making Moderation Pay," pp. 471 - 472)。要了解更多关于区域自治和联邦制的优缺点,参见联邦政治和民族主义(Murray Forsyth, Federalism and Nationalism (New York: St. Martin's Press, 1989));自治,主权,和自决:冲突权力的融合(Hurst Hannum, Autonomy, Sovereignty, and Self - Determination of Conflicting Rights (Philadelphia: University of Pennsylvania Press, 1990));国际政治中行使自决权的少数民族(Alexis Heraclides, The Self - Determination of Minorities in International Politics (London: Frank Cass, 1991));联邦制和联邦的比较:从传统竞争中走向未来(Michael Burgess and Alain - G. Gagnon, eds., Comparative Federalism and Federation: Competing Traditions and Future Directions (Toronto: University of Toronto Press, 1993));联邦制度:多种族的挑战(Graham Smith, Federalism: The Multiethnic Challenge (London: Longman, 1995));重塑联邦制度:市民,市场和在世界变化中的政府(Karen Knop, Sylvia Ostry, Richard Simeon, and Katherine Swinton, eds., Rethinking Federalism: Citizens, Markets, and Governments in a Changing World (Vancouver: UBC Press, 1995));自治:种族冲突的灵活解决(Ruth Lapidoth, Autonomy: Flexible Solutions to Ethnic Conflicts (Washington, D. C.: U. S. Institute of Peace Press, 1996))。

政权的垮台。事实上,这样的制度有助于阻止分裂主义的抬头。

本书中研究的一些国家之所以经历了民族战争正是因为领导人都坚持在集权主义下对国家实行高度的控制。缅甸、巴基斯坦、菲律宾和斯里兰卡长期的中央集权体制的存在很大程度上导致了民族不满。值得注意的是,1996年,菲律宾政府赋予摩洛人在南部更多的自治权,从而达成了和平解决民族问题的协议。这就证明了集权体制无法很好的处理民族问题,而区域自治和联邦制是妥善解决民族冲突的有效方式。

然而,联邦制并不是万能的。如澳大利亚的联邦制所经历的,其联邦制期望使各个州在对待少数民族方面能够自决,但他们对待少数民族的政策经常是错误的、带有歧视性的。另外,联邦制会产生重叠的、不明确的权限。政策执行也会十分困难,因为它通常要依靠两级或更多层政府间的合作。而且,由于政府权力分配到中央、州和地方三级,这使得政策主要的,配置资源的工作变得复杂困难。

通过对本书中使用、误用或不使用地区自治和联邦制的国家的研究,我们对那些考虑采用此体制来应对少数民族的要求的政策制定者六条建议。第一,尽快行动不拖延。中央政权一般不愿意在冲突初期提出联邦制或区域自治,因为他们担心地方分权会弱化他们的权力并导致脱离。然而,当民族冲突愈演愈烈并发展成暴力冲突时,调和将更加困难,民族叛乱者将更不可能接受任何一种妥协。[①] 斯里兰卡政府几十年来一直拒绝给予泰米尔人充分的自治权,这最终导致了该国内战于80年代初爆发。90年代中期,政府领导人向泰米尔人提出了区域自治的一揽子计划,但由于多年的不公正待遇和持续的战争已经变得激进的泰米尔人拒绝接受除完全政治独立外的任何其他条件。如上所述,如果该国政府在50年代、60年代或70年代就提出区域自治,那么战争很可能就不会爆发。

第二,为有着强烈争议的谈判做好准备。民族人口构成总是在不断变

---

① 参见对于解决种族内战的可行和不可行方法(Chaim Kaufmann,"Possible and Impossible Solutions to Ethnic Civil Wars," International Security, Vol. 20, No. 4 (Spring 1996), pp. 136 – 175)。

化的，常常是由多数群体迁移到少数民族地区引起。因此，中央政权和民族群体对如何界定少数民族控制区域这一敏感问题常常难以达成一致。这一问题就曾阻碍菲律宾政府和摩洛人之间 70 年代和 80 年代时期的谈判。80 年代中期，摩洛领导人要求棉兰老（Mindanao）和苏鲁（Sulu）所有的 23 个省取得自治，即使穆斯林已不再是其中的 18 个省中的多数人口。而 1996 年政府与摩洛人达成的协议中只包括 14 个省。

第三，要为自治政策在中央建立广泛的政治支持基础。将中央集权体制转变为地方分权的体制这一过程必然包含了国内政治权力的重新分配。

坦率地说，如果少数民族赢，中央政权则输，而后者绝对不会对发生这样的事情感到高兴。要赢得这场博弈，中央政府的领导人就必须在温和派中建立起强大的支持基础。在斯里兰卡，前总统钱德里卡·库马拉通加在 1995 年提出的关于给予泰米尔人更多自治权的提议遭到了僧伽罗极端分子、佛教僧侣和机会主义政治对手的反对。其是否能将此提议继续坚持下去，让我们拭目以待。

第四，采取措施实施区域自治条款。这就意味着要给予地区和地方机构真正的决策权和重要的财政和经济资源的控制权。亚洲的一些国家，像缅甸、马来西亚和巴基斯坦，都是“伪联邦制”的践行者：区域自治体制只是以多种形式存在于纸上，其对地区的政治和经济事务的管理却几乎没有或只有很小的影响。伪联邦制欺骗不了任何人，尤其是该体制旨在安抚少数民族。

第五，区域自治和联邦制不是万能的，它们是复杂的和低效的；它们为地方政权提供了更多寻求歧视政策的机会；它们突出了民族地区身份这一概念。区域自治和联邦制或许是对想获得更多自治权的民族需求最可行的回应，但这一方式成本过高。而且，该体制在突出民族身份和使民族关系政治化这两点上是值得商榷的。

第六，由于民族人口构成和民族政治学在不断变化，中央政权应把与以区域为基础的民族群体的谈判作为一项长期进行的事业。任何一种区域自治都不可能成为永久解决问题的方式。

公民政策

公民政策极其重要,因为其有助于界定一个国家的政治同一性,该政策决定谁有权生活在和参与到国家的政治生活中。该政策常常对民族关系有着重要影响,因此,其总是颇具争议。

如上所述,在本书研究的许多国家中,殖民遗留影响使民族环境复杂化。英国的殖民统治使大量的外国劳动力涌入缅甸、斐济、马来西亚、新加坡和斯里兰卡,也使大量的欧洲移民进入了澳大利亚和新西兰。

结果,关于公民身份的争论在这些国家中愈演愈烈。缅甸 1947 年宪法对公民身份的定义很宽泛,这使得大多数居民,包括刚移民过来的,都能轻易成为国家的合法公民。然而,议会于 1948 年通过的公民法,却使印度人很难成为其合法公民。1962 年军事接管后,政府宣布罗兴亚人不再具有该国国籍。60 年代、70 年代和 80 年代的不同时期,军方采取措施将罗兴亚人驱逐出了国家。军政府还建立了三个公民等级(完全的、半正式和移民),旨在使一些少数民族(特别是印度人、克伦人和掸族人)成为真正的二等公民。在斯里兰卡,独立后的政府采取措施拒绝赋予内地泰米尔人以公民身份,因为这些泰米尔人最初是由英国人带来在农场工作的。最后超过半数以上的内地泰米尔人被遣送回了印度。[①] 在澳大利亚,土著居民直到 60 年代末才被承认具有公民身份。

除了殖民遗留影响,公民政策还涉及到一个重要问题:公民身份是从狭义的民族方面定义还是从广义的公民方面定义。如果是前者,那么公民身份主要建立在民族身份基础之上。例如,澳大利亚的公民身份在 60 年代前主要从民族方面定义,这使得土著居民不是也不能成为公民。数十年来,土著居民能够成为公民的唯一方式就是被划归为非土著居民。此外,缅甸和斯里兰卡在制定公民法时也强调民族身份问题。[②]

---

① 1947 年,内地泰米尔人占斯里兰卡总人口的 12%;到 80 年代为止,这一比例变为不足 6%。在 80 年代末,最终留在斯里兰卡的内地泰米尔人被赋予了公民身份。

② 在欧洲,德国是以民族来定义公民身份的一个特例。

当从广义的公民方面来定义公民身份时,公民身份面向任何一个出生在或长期居住在该国的人,只要他或她达到居住标准,了解国家的法律,并愿意对国家效忠。[①] 例如,澳大利亚自60年代开始就采用此方法来定义公民身份,另外,印度和泰国长期以来对公民身份的确认也一直沿用此定义方法。

印度是以世俗化、多元民族为前提建立的国家。泰国国家主义则是建立在这样的基础之上:人们可通过学习泰语和宣誓对国家效忠而“成为”泰国人。[②] 新西兰和巴布亚新几内亚也是将公民身份建立在公民标准基础之上的。

建立在民族定义基础上的公民政策天生就存在问题。这种政策歧视少数民族和移民,毫无疑问,这会加强少数民族对自己民族身份的认识并造成民族间的紧张关系。少数民族认为,如果他们在这个基本问题上受到歧视,他们将长期受到中央政权不公平的对待,而当这样的情况发生后,分裂主义运动便极有可能得到发展。尽管建立在公民标准基础上的公民政策缓和了许多群体间紧张关系,但这一政策也不是万能的。当多数民族在国家生活中的统治地位受到新移民和新文化的侵蚀时,他们必然会感受到威胁。而且,在一些地方,如印度尼西亚对东帝汶和伊里安查亚采用了宽松的公民政策,是为了达到其进行势力扩张的目的。然而,建立在公民标准基础上的公民政策比建立在民族标准基础上的公民政策更易达到使民族非政治化和缓和民族间紧张关系的目的。因此,总的来说,公民概念的公民政策为那些寻求长期政治稳定和民族和谐的领导人提供了更大的帮助。

公民和少数民族权利

① 参见后苏联国家的民族主义和危机(Snyder,“Nationalism and the Crisis of the Post - Soviet State,” p. 81)。对这一问题更多的讨论可参见多元文化公民(Will Kymlicka, Multicultural Citizenship (Oxford: Oxford University Press, 1995), especially chap. 2)。

② 70年代前,成为泰国人的前提之一还包括必须是佛教徒。此标准的取消是为了加强穆斯林和泰国各邦间的联系。

首先,政府无论是针对广泛的公民权利还是对特定的少数民族权利制定政策,其首先考虑的都是自己对政治权利及自由的态度。缅甸、印度尼西亚、马来西亚和新加坡等专制主义国家对所有公民的权利都加以限制。采用民主体制和拥有相对强大的宪法的国家,如澳大利亚、密克罗尼西亚、印度、新西兰、巴布亚新几内亚和瓦努阿图,通常都详细规定并尊重当地居民的政治权利。

当然,国家对公民权利的规定还要依赖政府的民族目标。持单一文化观和同化政策的政府主要是限制而不是保护少数民族的活动自由。在这样的情况下,少数民族群体的权利虽然在原则上得到认可,但实际却仍经常受到践踏。例如,60 年代之前,澳大利亚土著居民享受不到公民该有的基本政治权利,同时,政府还专门制定了法律,限制他们在本国结社和运动的自由。另外,在 70 年代之前,土著居民甚至连保护他们家庭完整的权利都受到政府的严格限制。缅甸 1947 年的宪法赋予根据民族划定的邦退出联盟的权利,但这些条款后来并没有得到强有力的执行。斯里兰卡独立后,宪法就规定,禁止通过任何歧视民族的法律,然而这一条款在 1948 年和 1949 年新议会通过带有歧视性的公民法时就完全删掉了。僧伽罗人最终发现多数统治是民主的本质,而少数民族权利经常受到轻视。1979 年防止恐怖主义法案的出台极大地增强了中央政府镇压泰米尔激进分子的权力。许多泰米尔人后来未经审判就被拘留了。

在多元文化观和法制传统影响较深的国家,政府能够也确实付出了努力来保护和发展少数民族社区。[①] 他们主要寻求两套主动性政策,第一套是针对少数民族群体的文化权利。它由旨在保护少数民族文化的法律和纲要构成,包括语言和宗教惯例及其他传统的做法。密克罗尼西亚、印度、新西兰、巴布亚新几内亚和瓦努阿图都在这方面付出过努力。[②] 第二套是由

---

① 更多的讨论可参见少数民族权利:一种比较的分析(Jay A. Sigler, Minority Rights: A Comparative Analysis (Westport, Conn.: Greenwood Press, 1983), especially chaps. 6 – 7);少数民族文化的权利(Will Kymlicka, ed., The Rights of Minority Cultures (Oxford: Oxford University Press, 1995))。

② 语言政策和宗教政策将在本章的后面分别进行详细论述。

旨在保护少数民族政治权利和确保少数民族能够在政府机构与国家的政治生活中被合适代表的法律和纲要组成的。例如，在新西兰议会里，120个席位中有5个是为毛利人（他们在1996年10月选举时取得了13个席位）准备的。印度议会的543个席位中的119个是为贱民（印度种姓制度中地位最低级的人）和贱民部落准备的。邦议会的席位也同样为他们预留出来。

想真心为保护少数群体做出努力的民主领导人应记住4条指导原则。第一，宪法和法令对少数民族群体的保障是非常重要的，但光有它们还不够，它们不是万能的。保护少数群体的关键在于消除威胁他们生存的歧视模式。这就又要求政府除了需要制定正式的法律保障外，还要做出持续的政治和教育努力。

第二，政府应强调针对全体公民的广泛的公民权利，而不是针对特定群体的权利。如果所有人都享有公民权，并且都得到尊重的话，那么对少数人权利的保障也就是多余的了。反过来，如果所有人的公民权都被践踏，那么关于少数人权利的条款也不可能为少数群体提供太多保障。而且，对于一些少数人权利条款应更多地以广泛的公民权的形式表现出来，因为这有助于使民族问题非政治化。另一方面，对少数人权利的保障这一做法几乎总是存在争议。如果它们加剧了民族差异和引发民族对抗，就更达不到预期目的了。

第三，如果是为少数群体做出了积极的努力，那么政治领导人应试图建立广泛基础的联盟，以支持这种努力，从而降低民族对抗的潜在性。最后，这一领域与其他所有领域一样，要进行持续的努力来保证政策的实施。因为政策实施的失败将最终导致少数民族理想的破灭，引发他们的不满，从而使民族问题复杂化。

宗教政策

政府在对待宗教和宗教群体方面要面对两个问题：国内群体关系问题

和群体间关系问题。[①]

政府在管理国内群体关系方面最容易跨越的一道屏障就是允许群体和个体具有信仰自由。本书中研究的大部分国家都愿意将这一最基本的宗教自由权利赋予公民。[②] 与之相反，政府管理国内群体关系的深层屏障是抵制建立官方宗教的诱惑，这也是很多国家没能做到的。

当政府选择某一宗教作为国家的官方宗教时，其他宗教信仰的公民必然会感到自己受到了轻视和威胁。尽管如此，马来西亚、巴基斯坦和斯里兰卡政府仍采取措施将一种信仰凌驾于其他信仰之上。印度尼西亚政府官方认可穆斯林、新教、天主教、印度教和佛教等 5 种宗教。澳大利亚的 1948 年公民法要求移民对上帝宣誓效忠，这造成了一些非基督教徒的困扰。相反的，印度、密克罗尼西亚、新西兰、巴布亚新几内亚和瓦努阿图没有建立官方宗教，这就至少消除了一种引起民族关系紧张的根源。换句话说，世俗主义有助于这些国家的民族非政治化进程。

政府在管理群体间关系时会遇到两个难以克服的障碍。一是快速和积极的行动，以防止或调停群体间的冲突，如宗教场所争端、宗教游行和社区暴力等。然而许多政府常常未能有效的解决这些问题。在一些案例中，政府未能摆脱党派偏见，政客们发现镇压宗教团体的支持者很难，即使这些支持者就是麻烦的制造者。在其他案例中，政府官员仅仅是想避开有着强烈争议和似乎难以驾驭的问题。结果，政府遇到群体间宗教争端时经常犹豫和裹足不前，寄希望于复杂的问题会以某种方式自动解决。甚至在处理许多民族问题方面有着不错表现的印度，在回应社区暴力方面表现得也很缓慢和低效。巴基斯坦政府在这方面更差，因为其激化了宗教极端分子并加速了宗派主义暴力的升级。

如果说有什么不同的话，政府管理群体间关系时必须面对的第二个问题更具挑战性：给予不同的宗教群体以更多的容忍。印度政府在这方面比

① 参见本书中关于印度的章节。

② 另外，摩洛人也因为宗教原因受到殖民者和菲律宾政权的迫害。

亚太地区其他国家所做的努力要多,取得的成绩也更大。五十多年来,印度领导人一直在倡导世俗主义和宗教信仰自由的好处。然而,印度长期存在的社区暴力表明政府持续的努力也不能完全消除群体间的问题。

语言政策

在那些根据语言来界定民族的国家里,语言政策显得异常敏感。在这样的民族环境中,语言政策影响群体生存的前景,以及群体成员参与政府、受到政府机构(法院、警察和行政部门)公平对待、接近政府部门、利用教育机会和寻求经济机遇(包括政府雇用和私人雇用)的能力。另外,语言在许多人看来有一种重要的象征价值。政府在制定语言政策时遇到的挑战是如何在促进国家团结的需要和保持民族同一性的渴望间达到一种持久的平衡。

许多政府在这方面做的都不错,甚至在情况很复杂、很敏感的情况下都做得相当好。

印度政府在处理这样的问题方面很熟练,制定了"三种语言政策",规定在正式商务和教育中可以使用印度语、英语和非印度语三种语言。另外,政府按照语言界线划分各个邦,因此也给予了那些按照语言定义的各民族群体更多的自治权。马来西亚政府在语言问题上也显示出了灵活性,虽然马来语被提升为国家语言,但英语仍被保留为半官方语言,以安抚国内的华人和印度人。巴布亚新几内亚大约有1000种语言,而该国政府对国家语言的多样性也显示出了极大的尊重。Tokpisin,一种在巴布亚新几内亚通用的混杂语,已被默认为国家语言。密克罗尼西亚政府同样在语言问题上显示出了极大的宽容,尽管语言多样化问题较之其他问题更容易处理。曾经同时被英国和法国统治的殖民国家瓦努阿图,英语、法语和比斯拉马语(Bislama)都是官方语言,而且大部分报纸和广播都同时使用这三种语言。该国教育使用的主要是英语和法语,大部分瓦努阿图人都会多种语言。从70年代初开始,新西兰政府就大力发展毛利人的语言和文化。印度尼西亚和泰国政府不得不应对在异源社会中打造国家同一性这一艰巨的任务,而他们最终在塑造国家语言(分别是印度尼西亚语和泰语)发展方面变得富有侵略性。同时,他们也允许在政府事务外继续使用少数民族语言。

在其他一些国家里,错误的语言政策导致了民族两极化和民族暴力。巴基斯坦独立后,虽然其总人口多数是由居住在该国东部的孟加拉人构成,但其政府把该国西部地区穆哈吉尔和旁遮普人说的乌尔都语(Urdu)作为国家唯一的官方语言。尽管这一政策声称是为了建立国家同一性,但它也使得穆哈吉尔和旁遮普人在政府机构和军事机构中的代表数量长期超额。在斯里兰卡,1956年官方语言法的通过使占该国人口多数的僧伽罗人的语言——僧伽罗语,成为国家的官方语言。此举激怒了泰米尔人,他们认为新政策是排外的和不合法的。另外,它也对该国的就业产生了冲击。因此,斯里兰卡政府的语言政策成为接下来几十年内斗争的主要源头。虽然泰米尔语在1977年被承认为国家的官方语言,但这种安抚性的举动是在僧伽罗人和泰米尔人两极化、泰米尔人已变得激进后才实施的。缅甸政府几十年来一直奉行语言扩张主义,认为建立和保持国家同一性要统一语言。结果,这项措施却使许多少数民族因此变得疏远。

政府要制定缓和紧张关系,语言政策(密克罗尼西亚、印度、新西兰、巴布亚新几内亚和瓦努阿图在这方面做得不错)一般要做四件事情。第一,他们要包容甚至尊重民族多样性,尤其要谨防通过语言灭绝来威胁少数民族的文化生存。在多数情况下,他们允许学校教授少数民族语言。第二,这些国家通常都有两种或两种以上的官方语言。这就保证了各民族群体的平等性。从更实际的层次上说,它至少确保了一些民族语言在政府事务中的使用。这反过来使得少数民族群体成员更容易参与政府、接触政府事务,同时也确保了其能在公务部门或私营部门获得就业机会。第三,在诸如密克罗尼西亚和印度的联邦或半联邦制环境中,少数民族语言被指定为各邦和各地方的官方语言。这进一步确保了相关群体的文化生存。第四,在语言政策方面表现良好的政府经常试图弱化语言在政治中的突出性。许多国家,都是通过实行多语言化来做到这点。

教育政策

教育政策应根据两个标准来加以评估:每个民族群体成员获得平等教育机会的程度和学校中教授的本国民族历史和民族问题的内容。通常,前者得到大家更多的关注。

本书所研究的国家中只有少部分能够做到提供平等的教育机会这一点。印度尼西亚和泰国比其他国家做得都好,主要是因为它们决定打造强大的国家同一性,使每个孩子,尤其是少数民族成员,能够上学已经成为其建立国家同一性的重要部分。例如,泰国从20世纪初就开始实行义务教育。从19世纪60年代末开始,马来西亚政府为了增加马来人的教育机会,发起了一系列的运动。这就涉及到对学校的大量投资(达国内生产总值的6%)和马来人上大学的低入学标准。虽然这一努力成功地提高了马来人的受教育水平,但却由于英语院校开始用马来语授课,对汉语院校的补助取消和对印度语院校政府拨款的不足而使华人和印度人产生了巨大的不满。在印度,政府制定的关于在学校中为"贱民"(印度种姓制度中地位最低级的人)保留地方的政策没取得任何成果,只有这些社区中的少数精英成为该政策的受益者,而对"贱民"的歧视仍广泛存在。

一些地方的教育政策则是完全失败的。斯里兰卡在19世纪70年代减少了泰米尔人的大学录取名额,从而为僧伽罗学生提供更多的名额。这激怒了将高等教育视为促进社会和经济发展的主要方式之一的泰米尔人。许多泰米尔人越来越深信他们不会受到僧伽罗人的公平对待,促使他们把脱离出去作为唯一的选择。斯里兰卡政府限制性的教育政策极大的推动了国家内战的爆发。

在澳大利亚和新西兰,虽然对土著居民的歧视没有引发暴力冲突,但数十年在教育方面的不公对待导致了这些社区出现了许多问题:低收入水平、高失业率、健康和居住问题以及高犯罪率。澳大利亚和新西兰政府分别从19世纪60年代末和70年代初开始,在对待土著居民方面开启了新的篇章,向前迈进了重要的一步。不过,在教育领域和其他政策领域仍有很多地方有待改进。

根据以上所述,可归纳出四点政策指导方针。第一,如果政府想为某个民族群体(或所有人口)提供更好的教育机会,就必须付出长期的努力,如马来西亚和泰国政府所做的一样。这些努力要持续数十年,而不仅仅是几年。第二,政府必须在教师、设施方面投入大量资金,并为有天赋却没有钱上学的学生提供资助。马来西亚在提高马来人教育水平方面之所以很成功,因为政府愿意而且能够为这一努力投入大量资金。第三,政府在设定优惠入学政策和录取名额时要高度谨慎,因为这些政策必然会引起没有享受到特殊待遇的群体的激烈反对。这反过来又导致民族两极化。偏向于多数民族的政策极其容易带来各种问题,因为少数民族会认为他们的生存正在受到威胁,如马来西亚和斯里兰卡。[①] 在斯里兰卡,少数民族的这种认知导致了他们的激进和战争的最终爆发。第四,既然针对某一特定群体的优先投资及录取政策和其他的录取名额限定政策必然会引发争议,领导人和政府应尽力将这些积极行动建立在广泛认同的基础之上。尽管这是安全度过随之而来的政治和社会风暴的关键因素之一,但这通常很难。

在学校教授什么内容的民族历史和民族问题也很重要。领导人和政府总是不愿正视国家历史中不愉快的一面,多数民族成员也不愿承认过去的错误行为。群体总是想美化和粉饰他们自己的历史。课本和教学教授的通常都是得到净化后的历史。[②]

例如,澳大利亚政府任命的一个委员会直到 1997 年才承认一项自 1918 年起到 20 世纪 70 年代初实施的政府关于强行将土著居民的孩子从他们父母身边带走的政策,而这一政策,毫无疑问,属于种族灭绝的一种形式。[③] 缅甸和印度尼西亚的专制统治者则积极致力于把过去对待少数民族的事实以一种温和、利己的方式表达出来。

---

① 多数民族可能会反对偏向于少数民族的政策,但他们可能感受不到他们的生存受到威胁。

② 参见后苏联国家的民族主义和危机(Snyder,"Nationalism and the Crisis of the Post - Soviet State");安全的困境和种族冲突(Posen,"The Security Dilemma and Ethnic Conflict")和民族主义和战争的臆测(Van Evera,"Hypotheses on Nationalism and War")。

③ 参见澳大利亚原住民儿童的搬迁(Alan Thornhill,"Australia Rues Removal of Aboriginal Children," Boston Globe,May 21,1997,p. A2)。

在这一问题上,几乎没有国家能处理好。印度相对来说更诚实和更能自省。它的大部分政府都能努力将包容作为一种政治和社会准则。从19世纪70年代初开始,新西兰政府承认并补偿过去对毛利人的虐待。其他政府也应做出同样的努力。如果领导人和政府想促进民族稳定和公平,他们必须承认过去政府和多数民族所犯的重大错误,并确保学校能够教授未加粉饰的历史。这是实现真正调和的关键之一。少数民族的领导人同样需要这样做。这一问题值得学术界、政策制定者和教育界予以更多的重视。

经济政策

领导人和政府应认识到针对全国的总体经济政策总会牵涉到各民族,宏观经济政策的变化很少会以相同的方式影响所有群体。例如,关于建立计划经济体制的决定,会牵涉到中央对少数民族群体控制的程度。

新西兰政府在19世纪80年代做出的经济私有化和减少一些社会保障计划的决定沉重的打击了毛利人和太平洋岛民。随着保障计划的撤销,失业率上涨,尤其是在少数民族社区的失业率急剧上升。值得赞扬的是,新西兰政府做出了一些努力以缓和这一冲击,但是这并不能完全将毛利人和太平洋岛民从经济冲击中解救出来,直到19世纪90年代中期,这一遗留影响仍然存在着。善意的政府协同各方,努力减少总体经济政策对少数民族社区的破坏性影响。

农业和土地改革政策尤其重要,因为它们通常对民族地理分布和民族群体的命运有着直接影响,这些影响经常是可控的。例如,在斯里兰卡,中北部和东部地区的农业开发项目旨在推动僧伽罗人定居在泰米尔地区,进而以人口优势“夺回”这些地区。这一举措毫无疑问会受到将这些地区当作自己辖区的泰米尔人的深恶痛绝。印度尼西亚政府鼓励爪哇人和巴厘人从他们稠密的居住岛搬到人口相对稀少的地方,如伊里安查亚、加里曼丹、苏拉威西岛和苏门答腊岛,目的是减少爪哇和巴厘的人口压力,并发展其他地方的农业。这一计划不可避免的引发了民族间的紧张关系,因为土著居民不愿他们的土地被新来的移民所占有。在马科斯时代的菲律宾,部落和摩洛地区的土地争夺和再定居的目的是使政府官员致富,削弱摩洛对南部地区的控制,并促进经济发展。斐济政府极其关注土地所有权的问题,因为他们在维护斐济人对国家的统治权方面是坚定不移的。深思熟虑的领导人会协同各方努力,预测农业和土地改革政策对特定民族社区的影响,善意的领导人也会一起努力,使各种破坏性影响降到最低。

最后,本书为经济领域的积极行动政策提供了一些指引。首先,应区分旨在帮助多数民族或以少数民族为主的计划。在本书研究的国家中,积极行动经常是为了改善多数民族的命运,而这些人在许多情况下已经在经济领域享有许多特权。例如,在巴基斯坦,政府政策一般偏向于占统治地位的旁遮普人。在缅甸,政府政策偏袒于缅甸人。

在斯里兰卡,政府政策往往有利于僧伽罗人,而这些政策之所以被合理化是因为需要它们来平衡支持泰米尔人的英国人制定的政策。马来西亚政府从 19 世纪 60 年代末开始致力于提高马来人的经济地位,以补偿其过去遭受的不公。

政府在帮助劣势少数群体方面付出的努力是有限的。印度一项长期的政策是为"贱民"保留一些政府机构的职位。19 世纪 70 年代,巴基斯坦为少数民族在政府职位中提供了一些配额。在菲律宾,费迪南德·马科斯于 70 年代在摩洛地区实施了一些开发政策,但这些政策被摩洛人看作是政府想加强南部地区和其他地区间的联系,并削弱摩洛人的自治权力的借口。从 19 世纪 70 年代起,新西兰政府才开始为毛利人的经济权利作出努力。

这些计划很少能给目标群体带来巨大的经济利益,而且它们几乎总是伴随着其他群体的激烈反对。既然经济领域的积极政策与教育领域的积极政策一样必然会引起争议,那么领导人和政府应尽力将这些举措建立在广泛认同的基础之上。尽管,这份工作难度颇大,但这是确保积极行动政策走向成功的关键。

政策建议

最后,作为总结,我提出两套更广义的政策建议:一套是对那些想通过积极的方式解决本国民族问题；一套是对那些关心各国民族稳定和公正的国际力量提出的。

关于国家领导人的指导方针

针对以上讨论的主题和政策参数，我建议那些想要建设性地解决民族问题，以促进民族团体间的稳定和和谐的领导人，需尽量遵循以下指导方针：

第一，领导人应仔细思考长期政策目标。具体而言，就是领导人应有如何构建本国民族关系的观念，而且这些观念应得到大多数人的支持。然而，问题是不同的民族群体对如何构建民族关系经常有着根本不同的见解，那些人口数量上占优势的、强大的群体自然支持单一文化观，而少数民族群体更侧重于多元文化观。因此，国家领导人要面临的挑战就是要对这些问题进行全国范围的讨论，并达成广泛的共识。针对这一基本问题，无法达到全国认同的国家只能推迟这种必然性产生的时间，但很有可能加剧已有的民族问题。

国家领导人应该牢记，抱有那些不切实际的错误观念是最糟糕的，甚至比没有观念更糟糕。国家领导人通常偏爱一元化观，因为他们关心国家的政治团结和领土完整。一元观易与大量的民族选民产生共鸣，保证强大的中央政府的合理化。然而，一元文化政策并不一定是切实可行的。澳大利亚、新西兰、菲律宾和斯里兰卡政府已经认识到一元文化主义在本国不会持久，从而最终改变了它们的路线方针。缅甸、印度尼西亚、马来西亚和巴基斯坦政府试图将单一文化观强加于少数民族，结果产生了大量的问题。维护政治团结这一愿望是合理的，但许多分裂问题都是政府自己造成的，如因为领土扩张造成的印度尼西亚在东帝汶和伊里安查亚问题，因为政府对少数民族的不当政策造成的缅甸、巴基斯坦、菲律宾和斯里兰卡的问题。人们可能认为一元文化观和同化计划可能引发分裂主义，虽然从表面看，他们是试图去阻止分裂发生的。也可能认为多元文化观和调解政策在缓解民族紧张关系和遏制分裂趋势方面比一元文化观和同化政策做得要好。但这并不是说采取多元文化观就万无一失了，只不过是它们更易于使民族问题达到和解，并由此形成政治稳定。因此，许多国家领导人会发现这与他们原来所认为的恰恰相反。即使如此，出于利己的政治原因考虑，许多领导仍将继续采用单一文化观和中央集权体制。

第二，领导人应从战略上考虑他们所使用的把民族观念转化为现实的政策工具。特别是，领导人应谨防过于依赖武力之类的高压政策工具。对于那些正面对着看似棘手的民族问题的领导人来说，高压政治非常具有吸引力，因为它提供了快速、永久解决政策难题的希望。然而问题是，武力常常无法解决眼前的民族问题，而且从长远来看，它很有可能使民族问题复杂化。正如缅甸、印度尼西亚、斯里兰卡和其他地区的领导人所发现的一样，矛盾升级容易，平息难，民族群体一旦被激化，便很难安抚。从高压向劝诱方式转变其实很难，因为当少数民族已经被残忍的对待了几年甚至几十年后，我们很难再使他们相信政府是一个可信赖的伙伴。

另一方面，高压工具也并不总是无效和不正确的。很明显，对于那些强势力量长期压制着弱小民族的社会来说，高压工具可能会更为有效。例如，英国殖民者成功的控制了澳大利亚，印度尼西亚军事力量有效地控制了东帝汶和伊里安查亚。值得注意的是，在这些案例中，没有一个政府做到了同化少数民族和赢得民心的事情。高压工具在占领土地上异常有效，但在赢得民心方面却相对逊色。它不仅不会实现民族的和解，相反的，它使和解变得更加困难。然而，在另一些条件下使用武力可能更为合适，当脱离者拒绝妥协时，当分离活动可能导致国家分裂时，当好战群体拒绝接受局外人客观提出的公正的政治妥协建议时。[①] 然而，问题是领导人总是认为分离运动对国家的长治久安构成了威胁，并声称他们提供的和平协议是公正的。以这样的理解和态度，再加上对武力解决民族问题的误解，导致了政府采取政治上自毁式的行为：过度依赖武力使得民族问题更加恶化、政治调和更加困

① 关于好战群体引发的问题可参阅和平进程的破坏者的问题（Stephen John，“Spoiler Problems in Peace Processes，” International Security，Vol. 22，No. 2（Fall 1997））。

难、政治分裂更加容易。

第三,领导人和政府不应忽视民族问题,寄希望于它们会自动消失。民族问题很少会自动消失。事实上,如果忽视民族问题,它们会更加恶化。当机遇的窗口出现时,领导人应该试着利用它们。窗口会打开,也会关闭,这也就是为什么我们称之为“窗口”的原因。实际上,这意味着领导人应在事情运行顺利的时候采取行动,即当与民族群体的关系相对稳定,经济态势良好,政府在国内的政治地位稳固时,这个时候成功机率最大。

不过,在这些条件下采取行动需要一定的主动性,这往往是许多政治家所缺乏的。大部分政治家只有在危机出现时才会采取行动,即当民族群体被煽动起来时,经济问题不断增加,政治麻烦不断出现。而这时采取行动的成功机率则很小。

第四,生动的声明和亮眼的政策必须辅以有力的执行。声明本身是不能产生作用的,但如果光说不做就可能产生反效果了。对政策的部分实施或延缓实施会引起怨言,并进一步加剧民族问题。高层领导的持续关注和长期的资源承诺是解决长期问题方法,如民族问题的有效方法。

最后,领导人要认识到,民族冲突是多民族社会所固有的,它无法被根除,只能得到控制。[①] 没有快速或永久解决民族问题和冲突的方法。因此,尽管前景还不甚明朗,领导人和政府还是应做好打持久战的准备。

如果不是领导人和政府总是反其道行之的话,这些建议诸如仔细考虑长期目标;战略性的思考政策工具的使用或误用;及时解决眼前的问题;确保言践于行;并准备好打持久战等已经被不止一次地提及,但领导人和政府的所作所为常常与此背道而行。政策决定一般受所谓的领导人短期的政治考虑和狭隘的规划视野所左右。在民族政治关系紧张的国家中,很少有领导人能够超越这些政治考虑,成为真正的政治家,像圣雄甘地和纳尔逊曼德拉这样的领袖太少了。

① 参阅种族政治(Esman,Ethnic Politics,p.261)。

关于国际力量的指导方针

本着公平的精神，我在这里也给可能涉足这些问题的国际力量(非邻国家、地区组织、国际组织和非政府组织)提五条一般性指导方针。

第一，国际力量要认识到他们的利益也经常受到其他国家，甚至是远距离的国家的民族冲突的影响。几乎所有的民族冲突都会波及到一些地区，很少有与世隔绝的。并且这些冲突对地区安全也构成了威胁。

民族暴力冲突会引发难民潮，破坏地区经济活动，并导致邻国的军事入侵。邻国经常干预其他国家的民族争端问题，以转移或削弱其在该地区竞争对手的实力，从而导致国与国之间的战争。如果地区安全是国际所关心的，那么民族冲突也应是这样。民族冲突非常重要，因为它们会对地区和国际组织造成损害，如促进和平与安全的联合国，旨在保护人权的国际行为规范，国际法和国际秩序等。这些损失难以估量，但它们却实际存在着，而且是由国际体系中的所有成员共同负担。不应当允许美国和其他国家的政策制定者声称某国的民族问题对于非邻国家和国际社会不重要。实际上，这些问题非常重要，因此，国际力量要付出更多努力来防止、控制和解决民族冲突。

第二，民族问题通常很可怕，但并不一定是无法解决的。民族差异不一定会导致暴力冲突，民族暴力也不一定是难以驾驭的。例如，在20世纪最后的几十年，澳大利亚、密克罗尼西亚、马来西亚、新西兰、新加坡、泰国和瓦努阿图几乎没有经历过持续的暴力冲突。印度和巴布亚新几内亚也很好地解决了多民族间的差异问题。澳大利亚和新西兰也因为改变了对待土著居民的方式而使国家转危为安。这也是为什么解决菲律宾政府和摩洛族之间的内战是有希望的原因所在。因此，国际力量不应绝望并全身而退，民族问题并不一定是难处理的。而且，国际力量也不应以“民族冲突是难以驾驭的”作为旁观的借口，因为这是站不住脚的。

第三，在许多情况下，国际力量能够就民族问题采取积极的行动。根据上述的分析，我们提出的建议之一就是国际力量应更加关注政府和政府政策，并将此作为解决国内民族冲突的支点。许多影响民族冲突的因素，如人口结构发展趋势和现代化问题等,其实都很难影响到很久以后的民族关系。各界政府是相对独立的个体,但它们之间又存在一定的继承性。所以,同样地,政府的决定、行动和政策也具有一定的独立性和传承性。因此,国家政府及其政策会成为国际力量研究的主要对象,并且受到国际力量或多或少的影响。

第四,国际力量要认识到对于别国的事务,什么时候可以介入,而什么时候不能介入。当国际行动得到当地的同意和配合时,国际力量可在防止、管理和解决该地区民族冲突方面做出巨大贡献。而国际社会也应将其大部分的精力和资源投入这种合作性事业中。尽管国际行动有时在受到该地区一方或多方政党势力的反对时也能有效解决该地区的问题,但毫无疑问,这种情况下的代价是巨大的,同时成功率也是最低的,因为此时国际力量必然采用了高压政策。当然我们并不是说不能采取高压行动。当冲突的人力和政治成本很高时,特别是当类似大屠杀的道义迫害发生时,高压行动是被允许的。当国际社会能够提供当地政党势力改变自身行动的清晰战略、政策意愿和政治共识时,在这样的情况下,国际社会仍有很多工作可做。[①] 简言之,高压行动的实施应该是有选择性的、谨慎的和果断的。

最后,国际力量应就民族问题在特定的国家里采取双轨式战略。[②] 一条轨道旨在促进政治和经济发展以及维护公民权利的持续的、长期的努力,并推翻政治、经济和文化上的歧视模式。为这些地区的国际行动设计蓝图不在此书研究范围之内,不过,本书提出了一些行动指南,如帮助进行民主转型、为需要经济援助的国家开发"小型马歇尔计划"等。[③] 国际社会应主要致力于这些长期性的努力。第二个轨道是针对民族问题升级并朝着暴力冲突方向发展的国家采取更强势的措施。但这并不意味着防止暴力冲突的

---

① 参阅联合国和内部冲突(Chantal de Jonge Oudraat,The United Nations and Internal Conflicts)。

② 此论点详见内部冲突和国际行动(Brown,Internal Conflict and International Action,pp. 606 - 614)。

③ 关于"小型马歇尔计划"可参阅联合国及其内部冲突(de Jonge Oudraat,The United Nations and Internal Conflicts),想了解更多关于长期行动方面的内容,参阅同上,第606—624页。

产生是国际社会唯一关心的问题。事实上,从长远来看,促进政治、经济和社会公正的发展才是防止民族暴力发生的关键所在。

结论

在本书中,我们已经展示了在多民族社会中政府政策是如何影响民族关系的发展路线和轨道的。在这一结束篇章中,我提出了考虑这些问题的框架,以及一些分析概论和政策建议。当然,我们仍需对本书中讨论的这些政策领域做大量的研究和分析。例如,可针对某一方面的政策,如语言政策、教育政策和宗教政策等,出一本书甚至一系列书加以研究。

我相信,清楚地了解政府政策是如何影响民族群体和民族问题对学术和实践来说都是很重要的。如果学者想要针对民族关系的动态和民族冲突的起因提出一套完整、统一的理论,就必须认真考虑政府的政策。这些经常被忽视的因素构成了广义分析等式的重要部分。而且,关注等式的这一部分是非常有用的,因为在所有影响民族关系和民族冲突的因素中,政府政策最具可操作性。例如,民族人口状况和地理分布通常变化缓慢,宏观经济发展和现代化进程又难以准确控制。政府政策虽然不是无限伸缩的,但相对而言是有一定弹性的。如果希望有关民族关系动态的学术研究最终能够形成一套解释民族冲突起因和为冲突预防、冲突管理和冲突解决提供战略的理论,那么,对政府政策给予特别关注就显得尤为重要了。这是一个学术研究能够对重要的现实问题产生重大影响的领域。

责任编辑:陈寒节
责任校对:湖 傕
图书在版编目(CIP)数据

亚太地区的政府政策和民族关系/(英)布朗,(法)甘古力主编;张红梅 译. -北京:东方出版社,2013.10
(民族关系与公共政策译丛)
书名原文:Government policies and ethnic relations in Asia and the pacific
ISBN 978-7-5060-6824-6

Ⅰ.①亚… Ⅱ.①布… ②甘… ③张… Ⅲ.①民族政策-研究-亚太地区 Ⅳ.①D730.62

中国版本图书馆 CIP 数据核字(2013)第 212759 号

亚太地区的政府政策和民族关系

YATAI DIQU DE ZHENGFU ZHENGCE HE MINZU GUANXI

Michael E. Brown [英]米歇尔·E.布朗
Šumit Ganguly[法]苏米特·甘古力 主编

张红梅 译

東方出版社 出版发行
(100076 北京市朝阳门内大街 166 号)

北京龙之冉印务有限公司印刷 新华书店经销

2013 年 10 月第 1 版 2013 年 10 月北京第 1 次印刷
开本:710 毫米×1000 毫米 1/16 印张:33.75
字数:496 千字 印数:0,001-3,000 册

ISBN 978-7-5060-6824-6 定价:69.00 元

邮购地址:100076 北京市朝阳门内大街 166 号
人民东方图书销售中心 电话:(010)65250042 65289539

服务电话:(010)65250042